DIE ENTSTEHUNG DER KATHEDRALE

HANS SEDLMAYR

DIE ENTSTEHUNG DER KATHEDRALE

Mit einem Vorwort
von
Bernhard Rupprecht

VMA-VERLAG, WIESBADEN

Um ein Nachwort des Autors (in der ersten Auflage 1976) und ein Vorwort von Bernhard Rupprecht (in der zweiten Auflage 1988) vermehrter
Nachdruck der 1950 im Atlantis-Verlag A.G., Zürich erschienenen Ausgabe.

VMA-Verlag 2001
Wiesbaden

Lizenzausgabe mit freundlicher Genehmigung der ADEVA, Graz
Alle Rechte vorbehalten

Druck und Bindung: GGP Media GmbH, Pößneck

ISBN 3-928127-79-9

VORWORT

Es stand für Hans Sedlmayr außer Zweifel, daß die gotische Kathedrale, im engeren Sinn die Kathedralen der ersten Hälfte des 13. Jahrhunderts im französischen Kronland, „höchster Gipfel" der europäischen Kunst sind (9). Vor diesen Meisterwerken gäbe es „nur eines: Bewunderung mit allen Fasern" (507). Auf jeder Seite dieses umfangreichen Buches ist zu spüren, wie sehr sein Verfasser von seinem Gegenstand gepackt, ergriffen ist, wie ihm die Begeisterung sprachlichen Glanz, Kühnheit der Ideen und tiefreichende Intuition verleiht. Die Kathedrale verkörpert das Klassische in einem überhistorischen Sinn, weil in ihr als Gegenstand der Kunst „Geistiges und Sinnliches sich am nächsten kommen . . . , Geist und Natur sich, im Werk harmonisch vermählt, die Waage halten" (507).

Die Kathedrale sieben Jahrhunderte nach ihrer Glanzzeit wiederzugewinnen, sie in ihrem ursprünglichen Sinn zu verstehen und dann auch „erleben" zu können, das ist das Anliegen des Buches von Hans Sedlmayr. Angesichts des Ranges und der Vielschichtigkeit der Kathedrale ein schwindelerregender Anspruch, dem Sedlmayr mit einem in der Geschichte der Kunstwissenschaft beispiellosen Aufgebot an Fragestellungen, Methoden, Bündelung unterschiedlicher Disziplinen, Ideenkonstrukten und Thesen antwortet. Bei der Lektüre der funkelnden Argumentationen, der souveränen Zusammenschau verschiedener Wissensgebiete und ihrer Ausrichtung auf das „Leitbild" hinter allem Fragen und Forschen wird dem Leser der Eindruck unabweislich, daß er es mit einem Autor zu tun hat, der auf dem Fundament der Wissenschaftlichkeit mit Geistreichtum und Kühnheit der Ideen eine Art Kathedrale der historischen Kulturwissenschaften errichtet hat. In diesem Sinn ist Sedlmayrs Kathedrale selbst ein Monument der kunstgeschichtlichen Literatur; so ist das Buch schon bei seinem ersten Erscheinen verstanden worden, und jede Befassung mit der Kathedrale kann einer Auseinandersetzung mit Sedlmayrs zentralen Gedanken und Einsichten nicht ausweichen.

Aber die Kathedrale ist nicht zuhanden, ihr Bild – sowohl materiell wie als Idee – ist „zerfallen". Die Aufgabe besteht darin, dieses Bild als ein „neues, haltbares und befriedigendes" wiederherzustellen (20). Der erste Schritt dazu ist die Ergänzung des materiellen Bestandes, die Hinweise auf die ursprüngliche Ausstattung, vor allem aber auf die so gut wie bei allen Kathedralen verlorene Farbigkeit. Die so komplettierte Kathedrale wird nun auf ihre zentralen Phänomene befragt und Hans Sedlmayr schält als konstituierende Elemente die als Form und Sinn selbständige Zelle des überwölbten Baldachins heraus, der in seiner Reihung den Innenraum der Kathedrale formt, ferner die seit Hans Jantzen als diaphan bezeichnete Struktur des Wandaufbaus, der in den riesigen, mit Glasmalerei gefüllten Fenstern „selbstleuchtend" wird. Diese und „nur diese zwei konstitutiven Elemente" (48) bilden auf der Grundlage eines vereinheitlichten Planes den Innenraum der Kathedrale. Dieses aus Gesehenem und Begrifflichem errichtete Elementargerüst wird angereichert und verlebendigt mit einer Fülle von zum Teil großartigen und neuen Beobachtungen und Bezeichnungen, die das im eigentlichen Sinn des Wortes strahlende Bild der Kathedrale über den historischen Abstand hinweg aufleuchten lassen.

Die von Sedlmayr erschaute Ganzheit der Kathedrale reicht jedoch weit über die Gegenstände der traditionellen Kunstgeschichte mit ihrer meist isolierten Behandlung der Gattungen Architektur, Skulptur und Malerei hinaus. Bereits die einleitenden, der Rekonstruktion des ursprünglichen Zustandes gewidmeten Kapitel sprengen die Grenzen der Fachwissenschaft: die ganze Kathedrale konstituiert sich nicht allein aus Gegenständen der bildenden Kunst, zu ihrer historischen Wirklichkeit gehören auch die jeweilige Kirchenmusik, die liturgischen Vollzüge, das Schauspiel im weitesten Sinn mit „Tanz und Musik, von geistlichen und weltlichen Elementen, von Mysterienspiel und Posse" (45).

Dieses in seiner Struktur und Phänomenalität erschaute Gesamtbild einer idealen Kathedrale ist für Sedlmayr „Inbegriff und Quellpunkt aller Künste" (45); alle mit den Künsten befaßten Wissenschaften müssen sich deshalb nach Sedlmayrs Vorstellung an der Wiederherstellung, Beschreibung und Erklärung der Kathedrale beteiligen. Freilich war es Sedlmayr allein, der den entsprechenden Disziplinen diesen Konvergenzpunkt vorgab. Musik- und Theaterwissenschaft, die Philologien und Historie waren nach Fragestellungen und Methoden nicht durchwegs auf solche Indienstnahme vorbereitet; der Zugriff des Kunsthistorikers Sedlmayr auf Ergebnisse und Erkenntnisse benachbarter Wissenschaften konnte deshalb bei aller Legitimität des Antriebs mitunter gewisser gewaltsamer Züge nicht entbehren.

Allen ernsthaften Betrachtern der Kathedrale konnte nicht entgehen, daß besonders im Innenraum die künstlerische Erscheinung der Architektur aufgrund einer technisch/konstruktiven Veranstaltung möglich ist, die dem vorgezeigten Aufbau nicht selbst innewohnt. Die enorme Entschwerung der Wand bis zum fragil erscheinenden Gitterwerk, ihre differenzierte Belastung durch die Schub und Druck verteilende Gewölbekonstruktion und die Auslagerung des Stützapparates ermöglichten die „unwirklichen" Aspekte des Kathedralraumes, seine Höhe, seine spezifische Leichtigkeit, seine Helligkeit, seine Dynamik. Im Gegensatz zu vielen Forschungen – besonders des 19. Jahrhunderts – sieht Sedlmayr in den gewaltigen technischen Leistungen der Kathedralbaumeister nicht das eigentliche geschichtliche Ereignis, vielmehr versteht er sie als Instrumente eines alle konstruktiven und künstlerischen Dimensionen übergreifenden Zweckes. Er begreift die „verborgene Konstruktion" als Voraussetzung eines „Illusionismus", den das Kathedralgebäude den Sinnen hinstellt. Der in Sedlmayrs Forschen und Denken entscheidende Schritt war, hier nicht stehenzubleiben, sondern zu fragen, „was denn durch diese ‚unwahrhaften' Formen vorgetäuscht werden sollte" (91f.).

Die Überschrift des dritten Abschnittes gibt die Antwort auf diese Frage: „Die Kathedrale als Abbild des Himmels". Daß Kultarchitektur in symbolischer Weise Bedeutungen trägt, war längst bekannt. In der Kathedrale jedoch über Symbolik hinaus sinnlich wahrnehmbare, konkrete und unabweisbare Bilddimensionen festzustellen, nicht nur mehr Bedeutung zu glauben und zu wissen, sondern Darstellung, bildliche Realisierung des „Himmels" wahrzunehmen, das war ein Umbruch in der Sichtweise der Kathedralgotik, ja der ganzen Architekturgeschichte und -hermeneutik, der vielen als revolutionär erschien.

Um seine Sichtweise der Kathedrale zu untermauern, mußte Sedlmayr eine ganze Reihe von methodischen Schritten unternehmen. Mit aller Schärfe waren die Begriffe Symbol und Abbild gegeneinander abzugrenzen. Dann war „Himmel", insbesondere der von der gotischen Kathedrale verbildlichte spezielle Inhalt des himmlischen Jerusalem zu präzisieren. An biblischen, liturgischen und poetischen Quellentexten fehlte es nicht; die die Sedlmayrsche Sicht entscheidenden Probleme waren der Modus des Abbildens und die von der Kathedrale dafür eingesetzten anschaulichen Instrumente. In dreizehn Kapiteln (Kap. 36–48) wird vom Herabschweben der Baldachine, über den Luminarismus, das neue gotische Menschenbild, die Kirchenmusik bis zur Zahlensymbolik die Bildlichkeit des Kathedralgebäudes in allen seinen Teilen demonstriert. Unabweisbar sind die von Sedlmayr zusammengebrachten Belege, daß der Antrieb zu solcher monumentalen Bildgestalt der

VIII

Drang des Zeitalters nach sinnlich wahrnehmbarer Nähe des ersehnten Heilsortes ist, daß der Wille zur „Schau" zur Ein-Bildung in Form der Kathedrale geführt hat.

Sedlmayr hat die Kathedrale ein „Gesamtkunstwerk" genannt, seiner Intention hätte vielleicht besser die Bezeichnung Gesamtbildwerk entsprochen. Denn wiederholt betont er, daß die Kathedrale nicht ein nur oder vorwiegend künstlerisches Ereignis ist, sondern daß sie „durch die Kunst hindurch auf ihr Urbild und ihren Ursprung" weist (157). Hier am deutlichsten bekennt Sedlmayr seine Nähe zu einer frühchristlichen Bildtheologie, die nicht beim Artefakt als solchem stehenbleibt, sondern im Verweis auf ein Eigentliches deutet; erst dadurch wird es der Dimension der Imago teilhaftig. Und er läßt keinen Zweifel daran, daß erst in der Erfüllung dieser Funktion das Artefakt über die „künstlerische Qualität" hinaus zu Rang und Wert gelangt, denn „die künstlerische Bewertung . . . in der autonomen Sphäre der Kunst . . . kann nicht das letzte Wort sein" (508). Vielleicht hat sich das herausragendste Kultgebäude der europäischen Kunst – eben die Kathedrale – für eine solche Absage an das l'art pour l'art geradezu angeboten.

In der Geschichte der Kunstbetrachtung und -deutung ist Sedlmayrs Sichtweise der Kathedrale von besonderer Bedeutung. Hat er doch die Architektur, wenigstens die Kultarchitektur, sozusagen heimgeholt in den Kreis der bildererzeugenden Künste; „die abbildende Architektur . . . ist niemals Nur-Architektur . . ." (100). Nicht mehr allein nach den Kriterien von Grund- und Aufriß, Proportion, Maß und Zahl, Raum und Körperform, Material, Konstruktion und Technik ist Architektur zu betrachten und zu bewerten, nein sie hat Thema und Inhalt, die sie zum Bild gestalten. Sie schließt alle anderen Künste ein, ihre Bilddimension macht sie zum Ort der umfassenden Synthese und Integration, Architektur ist „Ordnungsmacht für die anderen Künste" (100).

Das von Sedlmayr in Rekonstruktion, Beschreibung, Analyse errichtete Idealbild der gotischen Kathedrale wird im zweiten und dritten Teil seines Buches in die Geschichte gestellt. Hier entspricht Sedlmayr am meisten den vom Titel geweckten Erwartungen, in einer brillanten Kapitelfolge wird die gesamte europäische Geschichte des Kultbaus auf ihren Beitrag zur „Entstehung der Kathedrale" überprüft. Keine Epoche und keine Region bleibt ausgespart, von den Römern bis zu den unmittelbaren Vorformen der Kathedrale im 12. Jahrhundert wird ein mitreißendes Bild geschichtlicher Bewegung auf den Zielpunkt der Kathedrale hin entworfen. Wohl in keiner anderen seiner zahlreichen Schriften hat Sedlmayr seine Leidenschaft für die Geschichte und das Aufdecken eines sinnträchtigen Geschehens in ihr mehr verraten. Freilich reichen für den Entwurf und die Durchzeichnung eines derartigen Kapitels der Weltarchitektur auch die enorme Sach- und Literaturkenntnis und das geschliffene wissenschaftliche Rüstzeug, wie Sedlmayr sie besaß, nicht zu; eine mitunter das Genialische streifende Intuition und eine Darstellungsgabe mit künstlerischen Dimensionen mußten hinzutreten.

Der siebte Abschnitt des Buches über das keltische Element der Kathedrale ist vielleicht das eindringlichste Dokument für die Einsichten, die mit solchen Fähigkeiten zu gewinnen und zu vermitteln sind.

Zwar weist Sedlmayr einige Male auf Eigenbewegung der künstlerischen Dimension hin, sein Geschichtsbild jedoch ist gekennzeichnet von der Annahme der die Universal- also auch die Kunstgeschichte bewegenden Kräfte, „durch ‚Faktoren' . . . die jenseits des Formalen liegen" (304). Für die Entstehung der Kathedrale ist der entscheidende Antrieb, „den Kirchenbau aus einem Gleichnis des Himmels in ein Abbild zu verwandeln" (169), Kunstgeschehen und eben jener Drang zum schaubaren Bild greifen ineinander, um den „Wunderbau der Kathedrale" entstehen zu lassen.

X

Als „tiefster Grund" der geschichtlichen Wandlung wird die „Wandlung des christlichen Kults und der Religiosität" gesehen (348). Mit solchem Geschichtsverständnis behauptet Sedlmayr – und er hat das explizit getan – daß eine nur mit Kunst befaßte Historie gar nicht imstande ist, die Kathedrale auch nur zureichend wahrzunehmen, geschweige denn aufzuschlüsseln. Es ist keine Frage, daß Sedlmayrs Enstehungsgeschichte der Kathedrale auch deswegen so differenziert ausgefallen ist, weil er in ihr nicht nur den Höhepunkt „rein künstlerischer" Prozesse sieht, sondern die Verwirklichung eines Strebens nach einem sehr komplexen, Extreme und Gegensätze überspannenden Bildwerk.

Aus der die Formenwelt der Gattungen und Künste übergreifenden Komplexität der Kathedrale erklärt sich auch Sedlmayrs entschiedene Wendung gegen die Stilgeschichte, „weil es nicht gelingen wollte, mit den gewohnten Stilbegriffen das Eigentümliche der Kathedrale zu erfassen" (290). Denn solche Geschichts- und Kunstbetrachtung geht nicht „von der konkreten Einheit realer Kunstwerke" aus, sondern konstruiert „abstrakte Stilschemata", als Ideal „erscheint die Stilreinheit als letzte Harmonie – das aber bedeutet eine furchtbare Verarmung" (291). Die künstlerische Sensibilität Sedlmayrs erahnt, daß das puristische Stilideal der Kathedralgotik sich erst nach den Höhepunkten von Chartres und Reims ausbildet, daß mit der Uniformität des Stiles auch die doktrinäre Austrocknung anhebt.

Nicht nur in Entstehung und Vollendung erschöpft sich die Geschichte der Kathedrale. Sie ist ein Ereignis von Dimensionen, die selbst Geschichte machen. Dem europäischen Integrationsvorgang bis zum Ende des 12. Jahrhunderts entspricht zwei Generationen danach ein Phänomen der Zersplitterung und Zerlegung, dem Sedlmayr ebenso akribisch nachgeht wie der Entstehung. Wie andere Scharnierpunkte der Weltarchitektur, der griechische Tempel oder der römische Massenbau, hat auch die Kathedrale eine Nachfolge ebenso erzeugt, wie sie Reaktionen provoziert hat. Auch in dieser bis ins 16. Jahrhundert reichenden Perspektive besticht Sedlmayr mit brillanten und überraschenden Einsichten und Hypothesen. Nicht nur in der Architektur wird den „Folgen der Kathedrale" (Dritter Teil) nachgespürt, bis in die ikonographischen Wandlungen der Tafelmalerei der anhebenden Neuzeit gelingt es Sedlmayr zu demonstrieren, daß die „klassische" Kathedrale ein Schicksal der Bildkunst Europas war, das durch die Jahrhunderte Stellungnahmen eingefordert hat.

Mit Blick auf die Herrschergeschichte Frankreichs und Europas versucht Sedlmayr zu zeigen, daß die historische Wirklichkeit der Kathedrale sich nicht in der Geschichte und Integration aller Künste zum großen Bild erschöpft. Sie wird auch noch in engste Verbindung zum Aufstieg und Glanz des französischen Königtums bis zu Ludwig IX., der für die Reliquie der Dornenkrone die Sainte Chapelle erbauen ließ, gebracht. Ausgehend von St. Denis als Königsabtei und Reims als Krönungskirche der französischen Könige hat Sedlmayr die Kathedrale als die Königskirche des gesamten Europa bestimmt – zu jedem Königtum eine Kathedrale, zu jeder Kathedrale, wenigstens im Ansatz, ein Königtum. Eine solche Vorstellung entspricht sicher mittelalterlichem Denken: der aus allen Künsten integrierte Kult-Bild-Bau mit seiner Theologie, Liturgie und seinem Zeremoniell reicht hinein in den Bereich des Säkularen, das Königtum jedoch manifestiert in diesem Bezug seine Sakralität. Sedlmayr hat in der ihm eigenen kompromißlosen Konsequenz des Denkens und Argumentierens diese seine Idee bis zur Rigidität des Gesetzmäßigen gesteigert: er sieht in der Verbindung von Kathedrale und Königtum eine „historische Regel . . . Jede Ausnahme von dieser Regel bedarf besonderer Begründung" (402, 467).

Sedlmayrs Kathedralbuch hat nicht nur sofort beim ersten Erscheinen stärkste Beachtung gefunden, es hat die wissenschaftliche Kunstgeschichte bis zur Leidenschaftlichkeit erregt. Ging es doch um eine neue Sichtweise eines bislang als gesichert geltenden Gegenstands, den Sedlmayrs Buch neu konstituiert hatte und für den er die Begriffe und Methoden der seiner Ansicht nach einzig richtigen Seh- und Erklärungsweise mitlieferte. Er wollte den verlorengegangenen geistigen Aufriß der Kathedrale wiederherstellen und ein Jahrtausend Architektur- und Bildgeschichte danach ausrichten. Sowohl Sedlmayrs zentrale Ideen wie die praktizierten Methoden bedeuteten über weite Strecken nichts anderes als eine Suspendierung der als selbstverständlich nach Gattungen betriebenen Kunstgeschichte, die sich zurecht provoziert fühlen mußte.

Vieles von der in zahlreichen Rezensionen geäußerten Kritik wird man als Symptome von Widerspruchsgeist und Unfähigkeit, sich einem so radikal neuen Entwurf auszusetzen, auf sich beruhen lassen können. Auch die übliche Beckmesserei angesichts unbestreitbarer Ungenauigkeiten blieb nicht aus. Mit einer sehr selbstbewußten, oft das Herrische streifenden Behandlung einer immensen Fachliteratur hatte es Sedlmayr offensichtlich nicht darauf angelegt, sich Freunde zu machen.

Von der seinerzeit geäußerten Kritik sind ernster zu nehmen die Philologie betreffenden Erinnerungen, die Mahnungen wegen unvollständiger oder einseitiger Auswertung der Schriftquellen, der Hinweis, daß bei Deutungen solcher Schriften der Topik eine gewichtige Rolle zukommt. Auch ließ und läßt sich nicht übersehen, daß die Tragkraft historischer Faktizität nicht zureicht, um gewisse Ideen Sedlmayrs zu stützen – die Betrachtung aller Kathedralen als „Königsbischofskirchen" ist dafür ein Beispiel.

Auf angemessener Höhe des Niveaus sind dem Autor Hans Sedlmayr jedoch nur die wenigen Kritiker begegnet, die sich mit der zentralen These des Buches, nämlich einer abbildenden Architektur im hohen Mittelalter, auseinandergesetzt haben. Von dem von Sedlmayr als konstitutiv bezeichneten Bausteinen der Kathedrale wurde insbesondere der für so bedeutungsträchtig gehaltene „Baldachin" vielfacher Kritik unterzogen. Zu Abbildungsmodus und Bildbegriffen konnte wesentliches nachgetragen werden, und zurecht ist angemerkt worden, daß einige der zentralen ästhetischen Termini des Mittelalters von Sedlmayr nicht berücksichtigt waren, daß ferner das Verhältnis Bild : Allegorie keiner Klärung zugeführt wurde. Und ebenso gewichtig waren und sind die Hinweise, daß nicht nur viele der Begriffe, sondern auch die Arten des Sehens und Erlebens, mit denen Sedlmayr das Kathedral-Kunstwerk angeht, mit der Neuzeit zusammenhängen. Unabhängig von den Leistungen „an der Sache" gehört es jedoch zu den größten Verdiensten Seldmayrs, innerhalb der Kunstgeschichte – aber auch über deren Grenzen hinaus – eine Besinnung über den Realitätsgrad der Kathedrale und des mittelalterlichen Kunstwerks in Gang gesetzt zu haben. Daß die „Scheinerklärungen" (94) der Kathedrale als technisches Wunderwerk (das sie auch ist), als Stilverwirklichung und – wie man angesichts neuerer Bemühungen hinzusetzen darf – als Ergebnis und Ausdruck gesellschaftlicher Konstellationen weder den historischen noch den künstlerischen Sachverhalten gerecht werden, das hat Sedlmayr dargelegt. Auch wenn kompetente Kritik die Haltbarkeit manches Steines an seinem wissenschaftlichen Gebäude in Frage gestellt hat, so bleibt es doch seine glanzvolle Leistung, überzeugend dargelegt zu haben, daß Rang und Wert der Kathedrale auf der Veranschaulichung, der Ein-Bildung und Versinnlichung religiösen Gedankengutes beruhen.

Sedlmayrs Kathedralbuch ist vor vier Jahrzehnten niedergeschrieben worden. Die jetzt erreichte Distanz ermöglicht auch eine Reflexion auf die geschichtlichen Rahmenbedingungen, unter denen der Text entstand. Sie sind abgesteckt worden durch den Zweiten Weltkrieg, den Zusammenbruch von 1945 und dessen materielle, geistige und politische Folgen in den Nachkriegsjahren.

Knappe zwei Jahre vor der „Entstehung der Kathedrale", im Dezember 1948, erschien das Buch, das Sedlmayr weit über die Kunstgeschichte hinaus bekannt gemacht hat: „Verlust der Mitte". Unabhängig von den Einsichten, die bei der Durchleuchtung der bildenden Kunst „als Symptom und Symbol der Zeit" gewonnen wurden – dieses Buch war 1948 auch eine Anamnese der Katastrophe, eine Diagnose der „Moderne", keineswegs nur der Kunstmoderne, die einen geistigen Zustand beschrieb, der zum eingetretenen Zusammenbruch führen mußte.

Der Zusammenhang des „Verlust der Mitte" mit Sedlmayrs Kathedralbuch ist damals von wenigen Rezensenten nur gestreift worden; die Einbettung beider Schriften in die geschichtliche Situation ihrer Entstehungszeit scheint erst jetzt möglich. Aus dem Dunkel jener Jahre und der Besorgnis über den Weg des modernen Europa erhob sich die Lichtgestalt der Kathedrale. Der im „Verlust der Mitte" konstatierten „Zerspaltung der Künste" stand das Gesamtkunstwerk der Kathedrale gegenüber, dem „Angriff auf die Architektur" die Baukunst der Gotik als Ordnungsmacht, dem Stilchaos die Einheit des Bildes, der „verlorenen Hierarchie im Reich der Kunst" das der Kathedrale zugrundeliegende Leitbild, dem Ästhetizistischen und vor allem dem Interessanten als „Grundgefahr der Epoche" Rang und Wert der Himmelsimago der Kathedrale, dem „innerweltlich gewordenen Höllenbild" (bei Goya) das himmlische Jerusalem, dem Verlust des menschlichen Maßstabes die „Vermenschlichung" der Kathedrale (537). Und schließlich setzt Sedlmayr bei der Bestimmung der Kathedrale als Klassik und damit als „höchstes Maß der Kunst" den historischen „Augenblick" der Kathedrale bewußt in Analogie zum religiösen Heilszustand als „Fülle der Zeit" (507).

Damit wird in der Sicht Sedlmayrs die Kathedrale zum Brennpunkt aller Leistungen und Kräfte des Mittelalters von der Technik bis zur schaubaren Realisation von Bildern des Heils und sein Buch eine nach wie vor mitreißende Feier Alteuropas.

Diese summarischen Hinweise auf die geschichtliche Situation, in der Sedlmayr seine Forschungen zur Kathedrale zusammengefaßt hat, können nicht zur Begründung oder Relativierung seiner zentralen Gedanken dienen; deren Erkenntniswert muß sich immer wieder am Gegenstand selbst erweisen und bewähren. Diese Andeutungen sollen nur daran erinnern, daß auch der Gang der Wissenschaften in die Geschichte eingebunden ist. Überragende Leistungen der Wissenschaft, zu denen Hans Sedlmayrs Buch über die Kathedrale gehört, sind nicht selten durch schicksalhafte Erschütterungen ausgelöst, durch geschichtliche Ereignisse, die den Blick auf Erkenntnisse freigelegt und Historie einsichtig gemacht haben.

München   Bernhard Rupprecht

INHALTSVERZEICHNIS

ERSTER TEIL

DAS WESEN DER KATHEDRALE

I. Abschnitt: DIE ERGÄNZTE KATHEDRALE

II. Abschnitt: DIE PHÄNOMENE DER KATHEDRALE

III. Abschnitt: DIE KATHEDRALE ALS ABBILD DES HIMMELS

ZWEITER TEIL

DIE ENTSTEHUNG DER KATHEDRALE

IV. Abschnitt: DIE ENTSTEHUNG DER KATHEDRALE

A. Die Wurzeln der Kathedrale

B. Die Vorgeschichte der Kathedrale

VIII. Abschnitt: DIE KATHEDRALE ALS FRANZÖSISCHE KÖNIGSKUNST

DRITTER TEIL

DIE FOLGEN DER KATHEDRALE

IX. Abschnitt: DIE DIALEKTIK DER KATHEDRALE

A. *Die Übersteigerung der Kathedrale*

B. *Die Kapelle*

VORWORT

In gemeinschaftlicher Arbeit ist die Kathedrale entstanden, und nur in gemeinschaftlicher Arbeit kann sich auch ihre Erkenntnis gestalten, kann ihre „Auferweckung im Geiste" vollendet werden. Allmählich und nicht von einem einzelnen allein mußten die Gedanken, die sie einst ins Leben riefen, wieder gedacht werden und sie erst machen es möglich, das reiche, seit mehr als einem Jahrhundert erarbeitete Material von Einzelerkenntnissen zu einem neuen Gesamtbild zusammenzufügen, das die ganze Kathedrale, nicht nur ihre Architektur in sich begreift.

Als Darstellung wendet sich dieses Buch nicht nur an Fachleute, sondern an alle jene, denen die europäische Kunst teuer ist, als deren höchster Gipfel die Kathedrale erscheint. Kathedrale schlechthin nenne ich, wie das viele vor mir getan haben, die gotische Kathedrale Frankreichs im 12. und 13. Jahrhundert sowie ihre direkten Nachkommen. Genauer: jenen Kirchentypus, der durch die großen gotischen Bischofskirchen Nordfrankreichs verkörpert ist, den aber auch Abtei-, Kollegiats-, ja auch große Pfarrkirchen zeigen können — war doch die erste „Kathedrale" die Kirche einer Abtei, der Königsabtei von Saint-Denis. Als „Königskathedrale" hat sich dieser Typus über ganz Europa verbreitet. Neben ihm gibt es zwei Familien gotischer Kathedralen, die beide aus Seitenzweigen des gleichen nordfranzösischen Stammtypus hervorgewachsen sind: die englischen Kathedralen und die ostspanischen. Wenn im folgenden von der „Kathedrale" schlechthin die Rede ist, mag der Leser an eine konkrete Kathedrale, am besten an die von Reims, als Leitbild denken.

Ihn bitte ich zu bedenken, daß die Einführung in die großen philosophischen „Summen" des Mittelalters — zum Beispiel in die des Thomas von Aquin oder des Bonaventura — zwar klar sein sollte, aber nicht eigentlich „populär" sein kann. Auch die Kathedrale ist eine „Summe" mittelalterlicher „Anschauungen". Sie fordert zu ihrem vollen Verständnis die Bereitschaft, umsehen zu lernen, und so weit es sich um ihre Entstehung handelt, die Geduld, langsam das sich entfalten zu sehen, was zu seinem Werden Jahrhunderte gebraucht hat. Jene Geduld, die Rodin, der große Versteher der Kathedrale, übte, wenn er von sich sagt: „Ich möchte sogleich *verstehen wollen, aber ich fühle, daß ich, um das zu erreichen, mich selbst gründlich ändern müßte."*

Als Übersicht über die Forschung *wendet sich das Buch an die Fachgenossen. Sie bitte ich Folgendes zu berücksichtigen: Erst der Versuch, die Forschungsergebnisse eines Jahrhunderts miteinander zu einem konkreten Ganzen zu verbinden, zeigt, welche konstruktiven Gedanken die Kraft haben, den Wissensstoff zu organisieren — das aber ist der Prüfstein einer echten Theorie. Auch zeigt es sich dabei, daß die Forschung immer wieder, manchmal bis zum Überdruß, die gleichen Problemkomplexe behandelt und oft bis ins Feinste herausgearbeitet hat, während andere, kaum weniger wichtige, Partien unbeachtet liegen blieben und sozusagen noch im Rohen stehen. Es ist dem Einzelnen nur in bescheidenem Maße möglich, diese Situation zu ändern. Daraus ergeben sich gewisse Mängel dieser Zusammenfassung, die nur weitere Forschung und innige Zusammenarbeit der Forscher beheben kann.*

Die ungewöhnlich schwierigen äußeren Umstände, unter denen diese Arbeit entstehen mußte, müssen andere Mängel entschuldigen, die nicht aus dem Wesen des Unternehmens selbst folgen. Es war mir zum Beispiel nicht möglich, die ausländische Literatur seit 1939 systematisch heranzuziehen und auszuwerten. Auch muß ich leider annehmen, daß sich, besonders bei Zitaten und Hinweisen, Fehler eingeschlichen haben, die unter günstigeren Bibliotheksverhältnissen leicht zu vermeiden gewesen wären.

Der erste Gedanke zu dieser Arbeit bildete sich, angeregt durch eine Frage Otto Pächts, als Ergänzung zu den Ideen meines im Herbst 1931 gehaltenen Vortrags „Hellenistische, reichsrömische und nachmittelalterliche Architektur". Er bekam entscheidende Impulse durch Hans Jantzens bahnbrechenden Vortrag „Über den gotischen Kirchenraum" (1927), den ich erst damals kennen lernte. Meine Auffassung des gotischen Kirchenraums als eines „Baldachinraums" (siehe Kapitel 8) — die alles weitere trägt — habe ich 1932 in einem Vortrag mitgeteilt und in dem Aufsatz „Das erste mittelalterliche Architektursystem" (1933) niedergelegt.

Seit 1934 änderte die Arbeit ihren Horizont. Sie faßte — bestärkt durch eine geistvolle Bemerkung Michael Alpatovs — die Kathedrale nicht mehr bloß als Architektur, sondern als Gesamtkunstwerk und gleich darauf schon als Werk „abbildender Kunst" (siehe Kapitel 24 ff.). 1936 wurde der Abschnitt „Die

Phänomene der Kathedrale" in seither nur wenig veränderter Fassung niedergeschrieben und im selben Jahr für den Berner Kongreß eine gedrängte Skizze des Ganzen veröffentlicht, die meine Antrittsvorlesung 1936 und der Aufsatz „Die dichterische Wurzel der Kathedrale" weiter ausführten. Später haben Arbeiten meiner Hörer, zum Teil ausgehend von den Problemen eines Seminars im Wintersemester 1941, einzelne Kapitel durch gründliche Untersuchungen unterbaut; ich nenne die Dissertationen von Franz Unterkircher über den Sinn der deutschen Doppelchöre, von Adelheid Kitt über die Symbolik der romanischen Kronleuchter, von Hedwig Mersmann über das gotische Rundfenster und von Erika Kirchner-Doberer über die deutschen Lettner.

Den ursprünglichen Plan, die ganze Untersuchung auf die primären schriftlichen und monumentalen Quellen zu stellen, mußte ich bei Ausbruch des Krieges aufgeben.

Die hier vorgelegte Fassung des Textes ist in den Jahren 1946 bis 1949 entstanden, als zeitlich letztes Kapitel das über die „Königskathedralen" (Kapitel 167), welches inzwischen in einer etwas erweiterten Fassung in den Anzeigen der Österreichischen Akademie der Wissenschaften erschienen ist.

EINLEITUNG

Das Bild der Kathedrale im Verfall

1

Daß die gotische Kathedrale ein Höhepunkt der europäischen Kunst ist — diese Erkenntnis ist noch nicht sehr alt, nicht viel älter als hundert Jahre, und in diesen hundert Jahren seit dem Ende der Romantik ist vieles von der Erkenntnis des Wesens der Kathedrale schon wieder verloren gegangen. Das Wissen um das, was die Kathedrale ist, ist seit den Tagen der Romantiker zurückgegangen, verfallen. Erst seitdem ein neues Gesamtbild der Kathedrale entstanden ist, übersieht man ganz, wie unbeschreiblich großartig, leuchtend, umfassend und tief die Kathedrale von den Romantikern gesehen wurde. Dabei ist das umfassendste Bild nicht eigentlich in der Generation der Romantiker erreicht worden, sondern in der folgenden Generation bei Friedrich Kugler. Auf den Schultern von Hegel, Friedrich Schlegel und Schelling ist bei ihm ein Gesamtbild der Kathedrale umrissen, das bis heute nicht übertroffen worden ist. Die Romantiker und Kugler besitzen ihr tiefes Wissen vom Wesen der Kathedrale freilich nur in Form intuitiver Ahnung, nicht als positiv prüfbare Erkenntnisse, aber dieses Wissen enthält schon fast all das, was die neueste Forschung mit härteren Methoden sich mühsam wieder erarbeiten mußte (Vgl. den Anhang IV). Dieses Bild gibt noch heute die beste Einleitung zu einer Betrachtung der Kathedrale, und deshalb möchte ich die wesentlichsten Stellen aus Kugler hier wörtlich voranstellen:

„Der Zeit genügte das Abgeschlossene des früheren Kultusses, seine Erscheinung, seine bauliche Form nicht mehr; sie verlangte nach einer innigeren *Vergegenwärtigung* des Heiligen und Überirdischen, nach der unmittelbaren *Nähe* der wundervollen Geheimnisse, welche das Reich himmlischer Gnade zu erschließen geeignet waren. Das Leben selbst sollte sich im Widerschein solcher Nähe verklären." Eine besondere Beziehung des Menschen zu Gott zu symbolisieren, dieser Idee diente der ganze formale Aufbau der Kirche. „Das Mystische als die Art gotischer Gottbezogenheit ist der Totalität des gotischen Baus *eingewoben*. Es durchdringt alle Teile des Baus; es entwickelt sich, umgekehrt als wie beim Romanismus, dem *Lichte* entgegen; es bietet sich rings der *Schau* dar und findet in den freien Höhepunkten seine vollste und ergreifendste Entfaltung." („In der Baukunst bringt sie (die Gotik) den rauschhaften Lichtdrang des Menschen zum Ausdruck", sagt Friedrich Schlegel). „Auch das technische Endergebnis wäre ohne die völlige Umwandlung des geistigen Strebens, ohne die ideale Absicht, ohne den aufwärts und dem Lichte entgegenstrebenden Drang, ohne das Verlangen nach einer wundervollen Wirkung nimmer zutage getreten. In der Tat gewinnt das Innere des kirchlichen Gebäudes durch das Verschwinden alles desjenigen, was dem aufgegipfelten Raum seinen Halt gibt, indem es durch die Konstruktion nach außen gelegt war, eine *zauberähnliche Erscheinung*, deren Pflege und gesteigerte Durchbildung lediglich nur aus der eigentümlichen Stimmung des Geistes der Zeit hervorgehen konnte." Die Decke „wie in *schwebender* Bewegung von den aufsteigenden Stützen getragen, erscheint, massenlos, einer *Wundererscheinung* gleich". „Das System, in der mystischen Emporgipfelung seiner Räume und seiner baulichen Teile, bedurfte künstlicher Hebel, um solche Wirkung zu ermöglichen. Hierdurch war die künstlerische Aufgabe in ihren allgemeinsten Grundzügen eine *zweiteilige, schon von vornherein nach dem Maße einer einseitig idealistischen und einer einseitig statischen Berechnung gespalten*." Die Wände, durchströmt von weltfernem und geheimnistiefem Licht, sind „wie Teppiche von bunten Kristallen gewebt, wie das durchsichtige Mosaik der hell schimmernden Edelsteine, wo der Himmel durch die höchste Farbenpracht der Erde wie in lichten Flammen hervorbricht, der größten Pracht der Erde gleich und doch *mehr: wie ein Licht aus der Höhe*". (Und Hegel hatte erkannt, daß die Glasmalereien notwendig sind, wegen der „vollsten Abschließung" des Kirchenraums gegen das Äußere). „So war das gesamte Innere von bewegter Gliederung, von stetiger Entwicklung, von pulsierendem Leben erfüllt, alles im Ausdrucke aufstrebenden Dranges, frei von dem Gewichte des Stoffes, dem rings einströmenden Licht entgegendrängend, während das Licht selbst in glutfarbigem Wechsel niederströmte und die körperlosen Gebilde einer verklärten Welt mit sich trug — in Wahrheit der Offenbarung einer anderen Welt gleichend."

Der folgenden Zeit ist all das als poetischer Überschwang erschienen, sie glaubte das Wesen der Kathedrale von einer viel „positiveren", „realeren" Seite her fassen zu können. Heute erweist sich jene Kennzeichnung voll von reichsten Einzelerkenntnissen vielseitigster Art, die auf die realste Weise begründet und bewiesen werden können.

Bei Kugler ist vor allem erkannt die Dreiheit im Wesen der Kathedrale: Konstruktion, Kunst und mystische Bedeutung, und

14

erkannt ist auch die Spannung und Vermittlung zwischen dem vegetabilischen und dem kristallischen Wesen der Kathedrale. Die Vorstellungen von der Entstehung der Kathedrale sind freilich etwas vag. Der größte Irrtum ist eine falsche Auffassung vom Konstruktiven. In der Wertung der Kathedrale zeigt sich eine Neigung, sie — als Kunst der größten Weite (was zugegeben werden kann) und der größten Tiefe (was nicht zutrifft) — zu überschätzen.

Gegenüber diesem Gesamtbild der Kathedrale bei Kugler ist die Auffassung bei dem sonst so ausgezeichneten Schnaase schon ein erster Rückschritt.

Das Bild der Kathedrale, das die seit 1845 erscheinenden Bände der „Annales archéologiques" geben, ist noch viel reicher und vielseitiger als das des späten 19. oder des frühen 20. Jahrhunderts, aber so tief wie die Vision Kuglers ist es nicht.

2

Ein vollkommen neues Bild der Kathedrale erscheint, seit 1844, bei Viollet-le-Duc. Die Kathedrale wird von ihm zwar noch als Summe der Künste erfaßt, aber ihr formenschaffendes geistiges Prinzip ist ihm nicht mehr lebendig, das Konstruktive und das Künstlerische wird nicht mehr richtig unterschieden.

Das monumentale Werk Viollet-le-Ducs hat nicht nur eine ungeheure Mehrung des positiven Wissens gebracht, sondern auch manche Einzelerkenntnisse, die noch heute standhalten. Die Theorie vom konstruktiven Wesen der Kathedrale aber, auf die Viollet-le-Duc die Erklärung der Entstehung der Gotik gründet, ist — wie man erst seit kurzem eingesehen hat — unhaltbar gewesen. Und sie ist, ganz im Gegensatz zur eigenen Meinung Viollets — der dem romantischen Bild ein wissenschaftliches entgegensetzen wollte — nicht nur falsch, sondern höchst unrealistisch, „romantisch", während die Romantiker ein zwar vages und verschwommenes, aber realistisches Bild der Kathedrale besaßen (Anhang IV). Viollet hat alle ihre großen und positiven Erkenntnisse gestrichen und nur den Hauptirrtum übernommen: die Auffassung, das Kreuzrippengewölbe sei das erzeugende Element der gotischen Konstruktion. Er schreibt der gotischen Architektur Eigenschaften zu, wie sie die neue Glas-Eisenarchitektur seiner Tage besaß. Er hat keinen Sinn für die eigentümliche lebendige Stofflichkeit der Kathedrale. In diesem Sinn hat er auch die Kathedralen restauriert und dadurch verändert. Seine Theorie ist nicht nur von den Kunsthistorikern, die über Architektur schrieben, ohne statische Kenntnisse und konstruktive Erfahrung zu haben, sondern auch von den Technikern in hundert Jahren nicht widerlegt und immer wieder — wenn auch mit gewissen Mentalreservationen — nachgesprochen worden; zum Teil weil das konkret Technische so wenig interessierte, zum Teil weil seine Deutung der Vorgänge im Kreuzrippengewölbe dem Gefühl der Zeit entgegenkam. Nur wenige konnten sich ihr entziehen: unter ihnen rühmlicherweise Arcis de Caumont. Viollets große Schule hat seine Doktrin beinahe zum Dogma erhoben, so besonders der ausgezeichnete Choisy, dessen bestechende Klarheit über das Unhaltbare des Sachlichen hinwegtäuschte. Auch ein Dehio hat sich von den Grundgedanken Viollet-le-Ducs nicht frei gemacht. Noch 1933 konnte sie ein Gelehrter vom Rang eines Marcel Aubert im wesentlichen ungeändert vertreten.

Immer wieder wurde die These Viollets wiederholt, bis sie geradezu zum Axiom geworden war: „Tout l'art gothique dérive de la croisée d'ogives comme un grain de blé qui contient en germe une riche moisson" (E. Lefèvre-Pontalis, Seite 57). „Le principe générateur de l'architecture gothique est, *tout le monde le sait aujourd'hui*, la croisée d'ogives" (E. Mâle, Seite 116). Im gleichen Sinne viele andere.

In all dem hat man damals einen großen Fortschritt über die Romantik hinaus gesehen. „*L'esprit positif* de Viollet-le-Duc ne pouvait rechercher les causes de transformation de l'art dans le domaine idéal", rühmt sein Biograph Paul Gout, „il oppose à ces rêveries des faits précis et des raisonnements scientifiques." Sogar ein E. Brutails war überzeugt, daß „ces calculs pratiques" — nämlich Überlegungen, die auf Materialersparung abzielen — „donnent la raison d'être de l'élancement des églises gothiques et de leur immatérialité aérienne bien mieux que les considérations mystiques sur lesquelles on a développé de si éloquentes amplifications".

Mit dieser falschen Vorstellung von Wesen und Entstehung der gotischen Kirchenkunst verbindet sich eine nicht minder falsche Beurteilung ihrer Träger. Für Viollet-le-Duc ist sie wesentlich Kunst des aufkommenden Bürgertums der Städte und Kunst der Laien: indem man sie rühmt, rühmt man die eigene „positive", antiaristokratische und antikirchliche Gesinnung. Und ein Victor Hugo konnte von dieser Kunst behaupten: „verschwunden waren Mysterium, Mythus und Gesetz; Phantasie und Laune herrschte . . . ", „manchmal hatte ein Portal, eine Fassade, ja eine ganze Kirche (!) eine Bedeutung, welche zum Kult in keiner Beziehung stand oder der Kirche gar feindlich war".

16

Rekonstruktion der Kathedrale von Reims

Die großen Begründer der modernen „Stil"geschichte der Kunst, Riegl und Wölfflin, haben bezeichnenderweise keinen Zugang zur Kunst des hohen Mittelalters gefunden. Ihre Kategorien „greifen" an diesem Gegenstand nicht, weder die Grundbegriffe Wölfflins, noch Riegls Kategorien optisch-haptisch, subjektiv-objektiv. Mit ihnen lassen sich die spezifisch-mittelalterlichen Phänomene nicht wirklich beschreiben. Es ist höchst bezeichnend, daß in dieser Zeit der wissenschaftlichen Kunstgeschichte, in der für die Erkenntnis des Barocks und der Spätantike tragende Fundamente gelegt wurden, die Erkenntnis der hochmittelalterlichen Kunst ohne tieferen Fortschritt blieb. Diese Unfähigkeit, das Hochmittelalter wirklich zu verstehen, ist ein gewaltiger Einwand gegen die formale Stilgeschichte.

Der Weg, der weiterführen sollte, ist zuerst von Schmarsow und seiner Schule beschritten worden — und schon deshalb muß man ihn, trotz mancher Sonderbarkeiten, neben Riegl und Wölfflin zu den größten Begründern der „Stil"geschichte rechnen. Mögen die ersten Versuche, die spezifische Struktur mittelalterlicher Bauten zu beschreiben, allzu psychologisierend erscheinen, so bereiten sie doch jene „phänomenologische" Richtung der Kunstbetrachtung vor, die, unbelastet von Grundbegriffen, die deskriptiven Begriffe selbst noch aus dem Gegenstand gewinnt, den sie betrachtet. Aus Schmarsows Richtung ist Wilhelm Pinder hervorgegangen. Seine Analyse der normannischen Innenräume, von der Struktur ihrer Wand her, war ein entscheidender Durchbruch. Für die Analyse des gotischen Kirchenraums und seiner Struktur hat sie freilich zunächst nichts ergeben, aber hier lag ein Ansporn, auch die Unterscheidung: romanische — gotische Wand durch eine „phänomenologische" Analyse zu gewinnen. Dies sollte erst 25 Jahre später Jantzen gelingen.

4

So blieb die Erkenntnis der gotischen Kathedrale im ersten Viertel des Jahrhunderts auf einem tiefen Niveau. Die abstrakte Stilgeschichte hat für die Kathedrale kaum neue Ergebnisse gebracht. Sie übersieht überall das Konkrete. Sie übersieht die konkreten technischen Probleme der Kathedralen, mit denen sie sich nicht abgibt, wodurch sie an die überkommenen Anschauungen der Schule Viollet-le-Ducs gebunden bleibt. Sie übersieht die konkrete religiöse Funktion und Bedeutung der Kathedrale. „Wo der moderne Beobachter gerne eine sublime religiöse Ideenwelt vermutet, da war es vielfach mehr auf die Befriedigung des kultischen Dranges, einer höchst primitiv empfindenden, im Wunder- und Reliquienglauben dunkel das Göttliche suchenden Laienwelt abgesehen, die zum Himmel seufzte, weil ihr irdisches Los härteste Mühsal und roheste Unterdrückung war", sagt E. Gall in seinem hervorragenden Buch und übersieht dabei, daß die Bauherren der Kathedrale weder Laien, noch „primitiv empfindende" Geister waren; obschon es genügte, die Inschriften Sugers an St. Denis zu lesen, um auf die sublime religiöse Ideenwelt zu stoßen, die Gall leugnet. Entweder leugnet man infolgedessen mit Kömstedt ganz, daß die Kathedrale einen darstellenden Sinn haben könne. Oder wo man ihr symbolische Bedeutung zubilligt, sieht man in ihr nur „das Symbol des diesseitsflüchtigen und jenseitssüchtigen Gebets: sursum corda, empor die Herzen" (Weigert), faßt sie also nur als das Symbol eines Subjektiven, Innerlichen, nicht eines Objektiven. Und die abstrakte Stilgeschichte übersieht auch die konkreten künstlerischen Phänomene der Kathedrale. *Es fehlt ihr eine Techno-logie, eine Phänomeno-logie und eine Ikono-logie der Kathedrale.* Und nicht nur gelingt es ihr nicht, dem Verständnis der Kathedrale näher zu kommen, sondern sie zerreißt — mit unangemessenen abstrakten Begriffen hantierend — zum Schluß auch noch die innere Einheit der Kathedrale, die jedem künstlerisch empfindenden Menschen evident ist. Für Paul Frankl ist die Kathedrale vom Beginn des 13. Jahrhunderts ein hybrides Gebilde, halb gotisch, halb romanisch, und erst um 1250 wird sie zu einer stilistischen Einheit. Hier arbeitet noch derselbe Geist, dem man die Purifizierung so vieler mittelalterlicher Bauten zu „verdanken" hat.

Wo aber das Wesen einer Sache nicht erkannt oder nicht richtig erkannt ist, können auch die Vorgänge bei ihrer Entstehung nicht richtig beurteilt werden. Nachdem die Frage nach der Entstehung der Kathedrale höchst einseitig auf die Frage nach der Entstehung des Kreuzrippengewölbes, des Spitzbogens und des Strebepfeilers verengt worden war — später auf die Frage nach spezifisch „gotischen" Sonderformen des Kreuzrippengewölbes —, wird bei Frankl die Entstehung des sechsteiligen Gewölbes — also der typischen Gewölbeform der frühen Kathedralen — einem historischen *Zufall* zugeschrieben! Man wird diesen Gedanken kaum verstehen, wenn man sich nicht klar macht, daß mit ihm — bewußt oder unbewußt — die Übertragung des naturwissenschaftlichen Begriffs der „Mutation" auf die Kunstgeschichte versucht ist. Eine zufällig entstehende neue Form wird durch eine bestimmte historische Konstellation, in der sie erscheint, gleichsam ausgelesen und hochgezüchtet, zum Ahnen einer neuen „Art".

5

Diesem zerfallenen Bild der Kathedrale und ihrer Entstehung ein neues, haltbares und befriedigendes entgegenzustellen, ist die Aufgabe. Gelingt es, sie zu lösen, so wäre das ein Prüfstein dafür, daß die Kunstgeschichte seit 1925 große Fortschritte erzielt hat. Denn die Erkenntnis der Kathedrale ist vielleicht das schwierigste Problem, das der Kunstgeschichte — mindestens der des Abendlandes — überhaupt gestellt ist, zugleich aber auch jenes, das, richtig erhellt, am meisten Erkenntnislicht verbreiten kann.

Erster Teil

DAS WESEN DER KATHEDRALE

I

DIE ERGÄNZTE KATHEDRALE

„Unsere Kathedralen!
Die Menge steht still vor ihnen, unfähig,
die Pracht dieser architektonischen Un-
ermeßlichkeit zu verstehen, bewundert
sie jedoch aus natürlichem Instinkt. Oh,
die stumme Bewunderung dieser Menge!
Ich möchte ihr zurufen, daß es keine
Täuschung ist. Aber diese Schönheit ist
nicht so leicht zu verstehen."
„Böse Tage sind gekommen. Selbst jene
Geister, die ein reiner Trieb zur Be-
wunderung hinneigt, haben kein sicheres
Verständnis."

(Auguste Rodin: Die Kathedralen Frankreichs)

KAPITEL 1

Die ursprüngliche Farbigkeit der Kathedrale

Vom ursprünglichen Bestand der Kathedrale stehen heute
vor uns noch Architektur und Plastik, verwittert, gedunkelt,
die einzelnen Werkstücke und Figuren oft ausgewechselt, das
Ganze naturhaft, wie ein unermeßliches graues Gebirge. Wo die
alten Glasfenster sich erhalten haben, ist ihr durchsichtiges Edel-
steinleuchten im Gegensatz zu der Stumpfheit des gealterten
und entfärbten Steins. Wie viel sie für das Erlebnis des Innenraums der Kathedrale bedeuten, weiß jeder, der Chartres mit
seinen alten Fenstern kennt, die Gottseidank auch den zweiten
Weltkrieg überdauert haben. „Über den grauen oder bemalten
Stein gießen sie ein Geriesel von Emaillen. Rubin, Saphir, Ame-
thyste steigern ihren reinen Glanz, und die ganze Kirche ist wie
ein enormer Schrein, der leuchtet" (R. Schneider). Alle plastischen Werke, Altäre, Ambonen, Werke der Kleinkünste stellen
sie in ein „neues Licht". Den unfaßbaren Raum selbst aber
baden sie in einem farbigen Medium von geheimnisvoller Qualität, in Chartres zum Beispiel in einem mystischen Rötlich-Vio-
lett, gegen das gehalten das Licht des Tages draußen vor der
Kirche weiß und nüchtern scheint.

Aber ursprünglich war die ganze Kathedrale — wenn auch

23

nicht jeder ihrer Teile — innen und außen in Farbe gehüllt. Es dürfte zwar zu weit gehen, eine gotische Kathedrale in ihrem heutigen Zustand einem gotischen Altarschrein, der seine farbige „Fassung" eingebüßt hat, zu vergleichen. Doch lenkt dieser Vergleich die Phantasie wenigstens in die richtige Richtung.

Ähnliches gilt auch für das romanische Kirchengebäude. Das Neue an der gotischen Kathedrale ist nicht, daß sie farbig gefaßt war, sondern die besondere Art ihrer Farbigkeit. Sie ändert sich von Epoche zu Epoche, von Kathedrale zu Kathedrale, und an demselben Bau unterschied sich die Farbigkeit des Innenraums und der nach außen gewendeten Teile.

Um wenigstens vor dem geistigen Auge das Aussehen der farbigen Kathedrale entstehen zu lassen, muß man zunächst bedenken, daß der bemalte Werkstoff ursprünglich licht war: „les cathédrales étaient blanches". Der weiche Kalkstein der Île de France, Picardie, Champagne hat ein gelbliches oder grünliches Weiß. Auch der rötliche Sandstein von Straßburg ist ursprünglich gewiß um vieles lichter gewesen.

Der Stein wurde nicht dick angestrichen. Man muß, um zu einer halbwegs richtigen Vorstellung zu kommen, im Vergleich mit modernen Wiederherstellungen alter Bemalung — wie in der Sainte Chapelle von Paris — nicht vergessen, daß die Kunst der Steinbemalung eine seit dem Barock nicht mehr geübte Fertigkeit ist. Die Art des Farbauftrags wechselt mit den Zeitaltern: sie war kräftiger auf der klassischen Stufe, pastellartig zart und lasierend auf gewissen Stufen des 14. Jahrhunderts.

Mit dem Aufkommen der gotischen Kathedrale wird die farbige Skala auf andere Grundtöne gestimmt. Nicht die Erdfarben: Rot, Grün, Braun und Weiß dominieren, wie in vielen romanischen Fresken, sondern ein neuer Dreiklang aus Rot, Blau und Gold oder Gelb (mit dem Gold gemeint ist). Als Nebenfarben kommen Purpur, Grün und Weiß und in den Konturierungen und Unterstreichungen Schwarz vor. Das ist im Grunde das gleiche farbige System, das auch den Eindruck der Glasfenster bestimmt. Allgemein wird man vielleicht noch sagen dürfen, daß die Farben am Außenbau lichter und lebhafter genommen wurden.

Gleiches gilt auch für die Skulptur der Kathedrale. Spuren von Farbe findet man überall an der Kathedral-Plastik und an den skulpierten Kapitellen. Ganz farbige Stücke mit alter Fassung haben sich nur selten erhalten: Bréhier erwähnt zwei Statuen vom Lettner der Kathedrale in Clermont, heute im Museum in Clermont: „dont les vêtements aux couleurs chaudes sont rehaussés de jolis ornements dorés en relief." Zweifellos hat es auch ganz vergoldete Statuen gegeben, so in Reims „les admirables statues des soubassements" und die Engel in den Baldachinkrönungen der Strebepfeiler und am Chorhaupt. Auch die Figuren im Bogenfeld des Westportals von Chartres trugen Vergoldung.

An der Sainte-Chapelle von Paris — die gleichsam ein verselbständigter Teil einer Kathedrale ist — läßt sich vielleicht am besten das Bild eines farbigen *Innen*raums wiedergewinnen, wenn man von einigen Neuerungen absieht, die die klassischen Kathedralen gewiß nicht kannten (siehe Kapitel 140). Der heutige Zustand geht auf die Restaurierung des 14. Jahrhunderts zurück, die sich in der Oberen Kapelle auf erhaltene Farbspuren stützen konnte, aber den ursprünglichen Eindruck sicherlich stark vergröbert hat. Schon um 1323 hatte Jean de Jandun die erlesenen Farben dieser Kirche und die kostbaren Vergoldungen der Statuen gepriesen. Eine Miniatur aus dem Missale des Jacques Jouvenel des Ursins *) stellt den Chor der Oberen Kapelle dar und zeigt ihre Gewölbe mit goldenen Sternen auf blauem Grund besät und die Rippen vergoldet. Auch hier tritt zu Blau und Gold als dritte dominierende Farbe das Rot, in den Säulen der Arkaturen. Nicht die kleinste Fläche des Steins blieb unbemalt. Das Ganze wirkt wie ein riesiger kostbarer Schrein, der die Kapelle nach ihrer Bestimmung, die heiligen Reliquien zu bergen, ja auch tatsächlich ist.

Gut festgestellt ist die ursprüngliche Farbigkeit der südlichen Vorhalle der Kathedrale von Lausanne, aus der ersten Hälfte des 13. Jahrhunderts, die im Mittelalter unter dem Namen der „porta picta" bekannt war. Die Malereien bedecken das ganze Innere der Vorhalle. Die Gründe sind blau, in der Wölbung mit goldenen Sternen besät; die Gliederungen, Säulen und Kapitelle sind von milchigem Weiß, gehöht durch rote und goldene Stellen in den Kapitellen. Zwei goldene Stäbe begleiten den starken Rundstab der Kreuzgewölbe, der ziegelrot ist. Die chevrons (Giebel) sind blau, mit Goldsternen bedeckt.

Ein rotes und blaues Vierpaßmuster schmückt die weißen Draperien der großen Statuen, während die farbigen Gewänder anderer Statuen vergoldete Ornamente tragen. Die Säume sind entweder golden auf schwarzem Grund, oder schwarz auf goldenem Grund.

Im Tympanon, das in den Halbschatten der Wölbung liegt, sind die Tönungen lichter, und die Draperien, alle weiß und golden, heben sich von einem einfarbig blauen Grund ab. Die architektonischen Profile sind mit Gold überzogen.

Alle Tönungen haben den gleichen chromatischen Wert: die

---

*) Das Original zerstört; reproduziert in dem Buch von Le Roux de Lincy, Paris et ses historiens, Seite 537.

25

weißen sind milchig, die blauen stark mit Weiß durchmischt, und die roten, *durchsichtig wie Aquarelltöne,* sind aufgetragen auf einer Schicht von Bleiweiß, das ihre Lebhaftigkeit dämpft. Der Charakter dieser Polychromie stimmt überein mit den Beobachtungen, die Viollet-le-Duc an anderen Denkmälern gemacht hat.

Farbspuren haben sich in geringem Umfang an fast allen bekannten Kathedralen erhalten.

An Notre-Dame in Paris hat Viollet-le-Duc zahlreiche Spuren von Malerei und Vergoldung gefunden: „nicht sowohl an den flachen Mauerteilen als vielmehr an den Profilen, Säulen, Ornamenten und Statuen. Dieselbe Beobachtung kann man unter den Portalen der Kathedrale von Reims und Amiens machen, und selbst die an der Spitze des großen Giebels des Kreuzschiffs der Kathedrale von Paris angebrachten Ornamente, welche gegen 1257 ausgeführt wurden, waren vergoldet auf dunkelrotem und schwarzem Grund."

„Die Farbgebung am Äußeren der Gebäude ist viel greller als die im Inneren; da sind grellrote Töne, hellgrüne, ins Orange gehender Gelbocker, schwarze und weiße unvermischt, seltener blaue."

„Die Statuen sind nach der alten Methode durch schwarzbraune Linien nachgezeichnet, welche die Züge des Gesichts, den Saum der Draperien, die Stickereien und Falten der Gewandung hervortreten lassen. Ebenso sind die Ornamente sehr kräftig mit schwarzen Linien nachgezeichnet. Zuweilen waren unter den vorspringenden Teilen der Traufleisten, Gurt- und Dachgesimse Rundstäbe in rotem oder grünem Ton durch weiße oder gelbe Perlen hervorgehoben und gaben dadurch den Profilen eine eigenartige Feinheit."

Was nun die Bemalung der Stirnseite von Notre-Dame betrifft, so handelte es sich nicht darum, etwa nur die Bogenfelder der Portale zu bemalen, sondern darum, eine zusammenhängende Bemalung herzustellen, die sich fast über die ganze Fassade erstrecken sollte. „Indessen hatten die Künstler des Mittelalters niemals die Idee, eine Fassade von 70 Meter Höhe und 50 Meter Breite . . ganz mit Farbe zu *bedecken,* vielmehr brachten sie auf dieser ungeheueren Fläche nur eine partielle Bemalung an. So waren an Notre-Dame die drei Türen mit ihren Bögen und Bogenfeldern ganz vergoldet; die vier Nischen, welche diese Türen miteinander verbinden und vier Kolossalstatuen enthalten, waren ebenfalls bemalt. Darüber bildete die Galerie der Könige ein breites, ganz vergoldetes Band. Die Bemalung oberhalb dieses Bandes war nur mehr mit den beiden großen Fensterarkaden unter den Türmen und dem Mittelradfenster verbunden, das in

Gold strahlte. Der obere Teil, der sich in der Höhe verliert, war im Steinton belassen."

„In dieser Bemalung spielte die schwarze Farbe eine bedeutende Rolle. Sie konturierte die Profile, füllte den Grund, umschloß die Ornamente, zeichnete die Statuen in breiten, mit richtigem Formgefühl gezogenen Linien. Die schwarze Farbe erschien da wie eine Retuschierung, von Meisterhand ausgeführt, um den Formen das Kalte und Trockene zu nehmen."

Diese Angaben Viollet-le-Ducs, der als Leiter der Restaurierung von Notre-Dame und so vieler Kathedralen über Erfahrungen aus erster Hand verfügte wie kein anderer, ergeben zusammengefügt noch immer kein vollständig anschauliches Bild, nicht einmal für die Fassade allein. Übrigens dürfte das, was sich an Notre-Dame feststellen läßt, nur mit Vorsicht zu verallgemeinern sein, denn gerade die Fassade dieser Kirche geht auch in der architektonischen Gestaltung einen eigenen Weg.

Den farbigen Gesamtplan einer Kathedralen-Front in großen Zügen gibt in einzigartiger Weise der von einem Ingenieur des 17. Jhs. J. J. Arhart, getreulich kopierte sogen. „Bauriß B" für Straßburg. Der Grund-Dreiklang tritt hier ganz rein, sozusagen ohne die Nebenstimmen, hervor. „Die einzelnen Teile dieser Zeichnung sind mit den Farben Rot, Gelb und Blau bemalt, in deren Verteilung ein bestimmtes System zu erkennen ist. So wurden die Hohlkehlen und Rundstäbe am Maßwerk der zurückliegenden Rose sowie aller jener Architekturteile, welche sich der Wand am nächsten angliedern, und außerdem noch einige Profilglieder der Gesimse rot, die Kapitellchen, Krabben und das Blattwerk gelb gefärbt. Die Art, wie das Gelb verteilt ist — es bildet meist kleine, leuchtende Fleckchen —, deutet auf Gold. Rot und Gold verbunden mit der Wandfläche, die vielleicht hellgelb (ähnlich wie bei Jung-St. Peter zu Straßburg) gedacht war, führen im Eindruck. Dazu tritt sparsamer verwendet — und zwar hauptsächlich in den unteren Zonen des Baus — die blaue Farbe. In Blau gegen Rot heben sich die verschiedenen hintereinander liegenden Schleierflächen voneinander und von dem hellen Grund ab: das Gold beherrscht die bevorzugten Stellen, im großen die Portale, im kleinen die Baukrönungen.

Weil man die Formen nun rasch erfassen und auseinanderhalten kann, gewinnt der Bau an Durchsichtigkeit und Klarheit, zugleich aber auch an Reichtum.

Wie weit der Plan „B" hinsichtlich der Bemalung bei dem ausgeführten Bau berücksichtigt wurde, müßte noch genauer erforscht werden. Grundsätzlich steht nach den eingehenden Untersuchungen von Knauth fest, „daß im Äußeren die Portale mit ihrem reichen ornamentalen Schmuck, die Statuen, Baldachine, Hohlkehlen mit davorliegendem Laubwerk, reich bemalt waren, wobei Gold, Zinnoberrot und Ultramarinblau die Hauptrolle spielten, daneben aber auch andere Farben, Grün, Purpur und Weiß vorkommen." . . . „Die Mauerflächen behielten dabei im großen und ganzen ihren Werksteincharakter, wobei nur das Scheckige der verschiedenfarbig getönten Einzelstücke durch aufgetragene leichte Farblasur, die jedoch Korn und Charakter des Steins nicht beeinträchtigte, harmonisch gestimmt wurde; gleichzeitig waren die Fugen in bestimmter Kontur mit Weiß übermalt."

Auch die Dächer hatten an der ursprünglichen Farbigkeit teil: „Die Dächer glänzten in leuchtenden Farben, sei es durch Zusammenstellung glasierter Pfannen, sei es durch Malerei und Vergoldung, die auf Bleiplatten aufgetragen war", sagt Viollet-le-Duc von Notre-Dame zu Paris. An der Notre-Dame von Châlons-sur-Marne zeigten die Bleitafeln des Dachs eingravierte Ornamente und Figuren, wobei die mit einer schwarzen Masse gefüllten vertieften Linienführungen durch Bemalung und Vergoldung abgehoben wurden. Die Flächen des bleiernen Chordachs am Dom zu Köln gaben diesem Gotteshause ein Aussehen, sagt Phleps, „als ob Goldschmiede es erdacht und aufgebaut hätten, wie man in der bunten Gliederung der damaligen Reliquienschreine etwas Verwandtes erblicken darf. Durch flache Zinnlötung, mit vielfach vergoldeten Zieraten damasziert, trug es in großen Buchstaben Verse auf die heiligen Drei Könige. Auch die reich durchbrochenen Dachkämme waren in ein Kleid aus Gold und Farben gehüllt."

Sempers Entdeckung, daß der griechische Tempel ein farbiges Gesamtkunstwerk gewesen ist, ist nach und nach weiteren Kreisen der Gebildeten bekannt geworden. Das Wissen darum, daß die Kathedralen, nicht nur ihre Glasfenster, ursprünglich in Farben strahlten, ist sogar für die Kunsthistoriker bestenfalls ein angelesenes Wissen geblieben und hat sich nicht in eine lebendige Vision der farbigen Kathedrale umgesetzt. Ja, es besteht bei vielen zweifellos ein gewisser Widerwillen, sich die Kathedrale farbig vorzustellen. Er wird — darauf hat L. Bréhier hingewiesen — vielleicht am besten überwunden durch die Erinnerung an die farbige und goldene Fassade von San Marco in Venedig und durch den Versuch, sie sich ihrer Farbe beraubt vorzustellen.

Unter den Nicht-Fachleuten hat wohl G. K. Chesterton am überzeugendsten die *farbige* Kathedrale gesehen: „Heute sprechen wir von grauen gotischen Bauwerken, aber als sie weiß und leuchtend in den nordischen Himmel wuchsen, mit Gold und glühenden Farben geschmückt, da müssen sie ganz anders ausgesehen haben, wie ein neuer Hochflug der Baukunst, so überwältigend vielleicht wie in unserer Zeit die Luftschiffe."

KAPITEL 2

Die ursprüngliche Ausstattung der Kathedrale

Die Betrachtung des berühmten Hüttenbuchs des Villard de Honnecourt, das um 1235 entstanden, heute in der Ausgabe H. Hahnlosers allgemein zugänglich ist, „läßt entfernt ahnen, in welchem Maße der gotische Bau in der Idee seiner Schöpfer eine Einheit bildete, mitsamt seinen Skulpturen, seinen Malereien und seinem Mobiliar, und wie bruchstückhaft heute der Eindruck eines Raums aus dem 13. Jahrhundert ist, da doch kaum Ausstattungsstücke aus der gleichen Zeit erhalten sind" (Schürenberg).

Zum vollen ursprünglichen Eindruck der Kathedralen ist es unerläßlich, sich in der Vorstellung ihre typische Ausstattung Stück für Stück zu ergänzen — ein mühsames Unternehmen, das einmal für eine bestimmte Kathedrale — zum Beispiel die von Chartres oder Reims — bis ins einzelnste durchgeführt werden müßte.

Das wesentlichste vorweggenommene Ergebnis einer solchen Betrachtung ist, daß die Ausstattung der frühen und der klassischen Kathedralen keineswegs so „uniform" ist, wie in den Kathedralen des späteren 13. und 14. Jahrhunderts, vielmehr von schöner unpedantischer Freizügigkeit, daß die Formen der einzelnen Ausstattungsstücke monumentaler, weniger filigran und sehr viel weniger „gotisch" in dem Sinn sind, den der wissenschaftskundige Laie unserer Tage erwarten würde.

Im einzelnen hat diese Betrachtung auszugehen von Ort und Gestalt der Altäre, denn alle Kathedralen haben eine Vielzahl von Altären. Der Erstling der gotischen Kathedralen zum Beispiel, der Bau Sugers in Saint-Denis, 1140-44, hatte deren einundzwanzig.

Es ist sehr auffallend, daß es im Organismus der Kathedrale *zwei* ausgezeichnete Stellen gibt: Die eine ist die Vierung. Das ist jene Stelle, wo in *allen* Kathedralen — ohne Rücksicht auf ihre Entwicklungsstufe und ihre „persönliche" Besonderheit — ein riesiger quadratischer Baldachin, der mit dem Bau eins ist, seine Träger (Dienste) bis zu dem Boden der Kathedrale senkt. Die zweite ausgezeichnete Stelle ist unter dem Scheitel des sternförmigen Gewölbes jenes halbierten Rund- oder Polygonbaus, mit dem der Chor schließt. Ohne etwas über die Liturgie der Kathedrale zu wissen, rein aus ihrer Gestalt, müssen wir also annehmen, daß die Kathedrale *zwei gleichwertige Hauptaltäre* be-

Hochaltar der Kathedrale von Arras, Rekonstruktion

saß. Das ist auch tatsächlich so gewesen: der eine Hauptaltar ist der Choraltar, Altar der Geistlichkeit, der zweite der Vierungsaltar, Altar der Laien — der sogenannte Kreuzaltar. Es kann wohl vorkommen, daß diese Altäre sich etwas verschieben, aber ihr idealer Aufstellungsort ist der so bezeichnete. Dazu kommen dann Nebenaltäre in den Chorkapellen und gelegentlich auch solche in den Emporen des Chorumgangs, nur selten weitere Altäre auf der Hauptachse der Kirche. Dagegen sind Altäre in den Seitenschiffen in der Regel nicht anzunehmen; erst später — in der nachklassischen Kathedrale —, als Kapellen an die Seitenschiffe angeschlossen wurden, standen in diesen Kapellen Altäre.

Den ungegliederten rechteckigen Block des Altars mit seiner vorkragenden Tischplatte verkleiden immer an der Stirnseite, nicht selten an allen Seiten, auch an der Rückseite, „Antependien" aus kostbarem Metall oder kostbaren Stoffen, die heute den meisten Altären fehlen.

In der Regel scheint der Hauptaltar (Choraltar) von einem quadratischen Gehäuse umschlossen gewesen zu sein, das meist aus vier dünnen Pfeilern oder „Stangen" besteht, zwischen denen Vorhänge aufgehängt sind, die zurückgezogen werden können: ein „Zelt" *ohne* oberen Abschluß. Das scheint dafür zu sprechen, daß man die große Wölbung über dem Bau und ihre Träger als das eigentliche riesige Altar-Ciborium aufgefaßt hat. In Sens, Chartres, Rouen z. B. waren die Träger des Gehäuses vier Säulen aus Bronze, in Reims sechs Säulen, mit Silber verkleidet; zwei von ihnen trugen eine stehende Engelsfigur aus vergoldetem Silber, die anderen Figuren in betender Haltung, ebenfalls Engel. Ähnlich am Altar von Arras (Abb. Seite 30).

Doch kommen auch richtige Ciborien über den Altären vor. Auch sie darf man sich keineswegs so filigran vorstellen wie die hoch- und spätgotischen Altarciborien. Sie sind eine Umsetzung der romanischen Altarciborien — Beispiele für diese das große Ciborium in Santiago de Compostela*) oder das von Sant'Ambrogio in Mailand — in die Formensprache der Frühgotik. Ihre typische Gestalt ist überliefert in Glasfenstern von Chartres, Le Mans, Bourges und der Sainte-Chapelle und in dem Hüttenbuch des Villard, dort in zwei Formen, einer älteren und einer jüngeren (Tafel 18 und 36 bei Hahnloser). Fragmente eines schönen frühgotischen Altarciboriums haben sich in St. Denis erhalten (Braun Seite 33). Das plastische Ciborium über der Bundeslade am Marienportal von Notre-Dame in Paris ist die verkleinerte Nachbildung eines Altarciboriums des 12. Jahrhunderts.

Solche Ciborien gab es auch über Altären in den Chor- und in

---

*) Abgebildet bei Rohault de la Fleury III, 34.— Vgl. Braun Seite 210—11.

den erst später aufkommenden Seitenkapellen der Nebenschiffe, scheinbar aber nie über dem Kreuzaltar.

Statt von einem Ciborium kann der Altar auch von einem frei schwebenden Baldachin aus kostbarem Stoff überdacht sein. Solch ein Baldachin besteht typisch „in einem an einem Seil oder einer Kette über dem Altar herabhängenden, mit Zeug überspannten, rings um den Rand herum mit einem Behang versehenen, viereckigen und dann flachen oder runden und dann kegelförmigen Gerüst" (J. Braun) — in letzterem Fall bildet er eine Art schwebenden Zeltes. Diese Gestalt hatte zum Beispiel der Prachtbaldachin der Sainte-Chapelle in Paris, den eine Miniatur des 1871 verbrannten Stundenbuchs des Reimser Erzbischofs Jouvenel des Ursins († 1473) wiedergab.

Auf dem Altar, auf den früher niemand etwas anderes zu stellen gewagt hätte als den Kelch und das Evangelienbuch, stehen seit dem 11. und besonders dem 12. Jahrhundert ein Kreuz mit dem Gekreuzigten und vereinzelt schon seit dem 12., dann überall seit dem 13. Jahrhundert zwei Leuchter — eine scheinbar kleine und doch bedeutungsvolle Neuerung. Große Leuchter, die vor und neben dem Altar standen — vom Format der uns besser bekannten großen barocken Bodenleuchter — hatte es schon früher gegeben. Suger ließ sieben Lampen aus Silber wiederherstellen, die vor dem heiligen Altar hingen und Tag und Nacht brannten, wobei es unklar bleibt, wo diese Lampen aufgehängt waren. Die liturgischen Bücher hat man sich — wie Kelch und Patene — monumental vorzustellen, in großem Format, ihre Bildseiten oft ähnlich gegliedert wie die Glasfenster — nach Art der sogenannten „Bibles moralisées".

Der Meßwein wird in einer Mauernische aufbewahrt, den eine aus der Mauer vorkragende Baldachinkrone — von der Art wie die Baldachinkronen über den Statuen der Portale — überwölben kann. Oder es ist die Nische von jenen wimperggekrönten Blendarkaden umrahmt, die als wandgestaltendes Motiv überall am Außenbau wiederkehren. — Auch die Piscine ist ähnlich ausgestattet.

Der typische Behälter für die Eucharistie sind die eucharistischen Tauben — meist Limoger Emailarbeiten in ornamental vereinfachter Vogelform. „Hatte der Altar einen Überbau, so hing die Taube von der Mitte des Gewölbes an einem Kettchen über den Altar herab. Selbst da, wo kein Ciborium den Altar überdeckte, erhielt sich der Gebrauch der hängenden Tauben, indem man dieselben an einem Krummstab, der über den Altar hervorragte, frei schweben ließ: Altar der Kathedrale von Arras, 13. Jahrhundert. Sehr sinnig hängt das Gefäß mit dem Brote, „das vom Himmel herabgestiegen ist", in den Händen eines herabschwebenden Engels; so in der Notre-Dame von Paris und in der Notre-Dame von Rouen" (J. Hertkens).

Monstranzen kommen erst seit dem 14. Jahrhundert vor, gehören also nicht zum Bestand der „klassischen" Kathedrale.

Hinter dem Hochaltar erhebt sich oft ein Aufbau, der einen Reliquienschrein trägt und seinerseits wieder von einem Ciborium überbaut sein kann. So gab es in St. Denis einen Aufbau in Form einer „Pyramide". Das hohe Reliquienschaugerüst der Sainte-Chapelle ist schon filigraner als die geläufige Form dieser Reliquienbühnen in der Kathedrale des 12. und frühen 13. Jahrhunderts.

Im 12. Jahrhundert kommen die ersten Altarretabel auf — Tafeln in getriebener Metallarbeit (und nur in unbedeutenderen Kirchen aus bemaltem Holz), in ihrer Gestalt oft ganz ähnlich dem frontalen Antependium des Altars. Sie ragen hinter der Rückenkante des Altars als eine Art niederer Rückwand auf. Der Grund ihres Daseins — ihre „raison d'être" — ist noch nicht geklärt. Obwohl sie in ihrer Einansichtigkeit der Vielseitigkeit des Chorbaus der Kathedrale widersprechen, ist doch auch in den Kathedralen mit ihnen zu rechnen. So hatte zum Beispiel die Kathedrale von Sens einen 3 Meter breiten und 1,3 Meter hohen Altarretabel aus dem 12. Jahrhundert, der 1760 eingeschmolzen wurde: aus kostbarstem Material mit der Darstellung der Majestas in einer Raute mit Vierpass sowie Mariä und Johannes des Täufers.

Auf der Achse des Hochaltars steht der Kreuzaltar — für uns ein ungewohnter Anblick. Hinter ihm ragt im Schiff bisweilen ein großes Kreuz auf; in St. Denis war es sechs Meter hoch und von kostbarster Ausführung.

Sehr unzulänglich unterrichtet sind wir über den typischen Platz und die typische Gestalt des Ambo, der „Kanzel", zur Verlesung der Epistel und der Evangelien. Im allgemeinen hat man mit nur einem Ambo zu rechnen, der auch auf der Mittelachse des Kirchenraums stehen konnte; seltener mit zwei Ambonen, die symmetrisch rechts und links vom Altar verteilt waren (siehe Doberer). Von der monumentalen Pracht ihrer Ausstattung, die sich streng in der Fläche hält, können die Emails des Klosterneuburger Altars einen Begriff geben, der aus einem Hauptwerk westlicher Ambonenkunst — um 1180 — im 14. Jahrhundert in seine jetzige Gestalt umgearbeitet wurde.

Ein schönes Lektionspult — unerwarteterweise nicht auf der Vier-, sondern auf der Dreizahl aufgebaut — zeigt das Hüttenbuch von Villard (Tafel 13 bei Hahnloser). Unten Getier, Ministranten, die Rauchfässer schwingend, drei Evangelisten, oben der Adler — Johannes-Symbol — als eigentlicher Pultträger. Ein berühmtes Riesenpult mit den vier Evangelisten, das in der Mitte des Mönchschores stand, hatte Abt Suger in St. Denis aufgestellt. Für das Taufbecken sei nur eine typische Möglichkeit genannt, die neu und im 12. Jahrhundert, zweifellos in der Kathedrale, aufgekommen ist: auch hier überwölbt das Becken ein aus der Wand vorkragender monumentaler Kronenbaldachin.

Weitere typische Bestandstücke des Innenraums der Kathedrale ergeben sich aus der praktischen Notwendigkeit, im Chor den Raum der Geistlichkeit einerseits vom Umgang, anderseits von der Laienkirche abzusondern. Die typische Form der Abgrenzung gegen den Umgang dürften Gitter gewesen sein, welche die Intervalle zwischen den Säulen füllten. Steinerne Maßwerkgitter, allerdings meistens aus spätgotischer Zeit, haben sich erhalten. Im Chor entsteht so ein „Innenchor". Auch Vorhänge mögen dieselbe Funktion übernommen haben. Im Vorchor steht, mit dem Rücken gegen den Umgang gekehrt, das Chorgestühl. Die Monumentalität seiner Ausgestaltung zeigen die Muster bei Villard: große, klassisch anmutende Ranken bilden die Wangen (Tafel 54b und 57 bei Hahnloser). Es ist zu vermuten, daß es Beispiele gegeben hat, bei denen die einzelnen Sitze der Sessio durch hölzerne Statuenbaldachine ähnlich überbaut waren wie z. B. in Naumburg. Neben der linken Sessio erhob sich auf der Evangelienseite des Altars nach Art eines Thronsitzes die Kathedra des Bischofs, meist auf Stufen erhöht und von einem Baldachin aus kostbarem Stoff überdacht.

Eine für uns völlig ungewohnte und befremdende Gestalt ergibt sich seit dem Ende des 12. Jahrhunderts in jenen Kathedralen, die die offene Seite des Chors gegen die Laienkirche durch den Lettner verstellen — eine bühnenförmige Schranke, die ungefähr ein Fünftel der Höhe der Gewölbedienste erreichte und den Einblick in den Chorraum fast vollständig verbaute

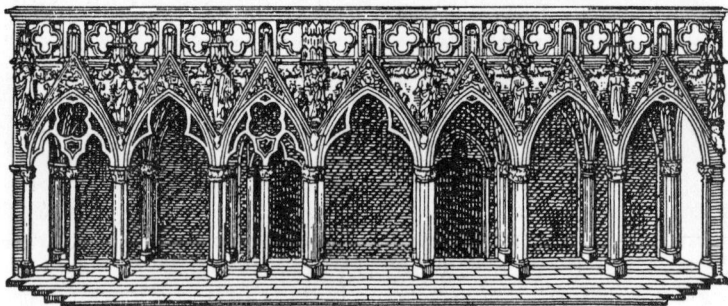

Lettner des Straßburger Münsters

(vgl. unten Kapitel 47 und 100). In Chartres spannte er sich
— 7¹/₂ Meter hoch — zwischen die beiden östlichen Vierungs-
pfeiler, in Bourges stand er im 8. Langhausjoch. In Kathedralen
mit Lettner lehnte sich an dessen Stirnseite der Kreuzaltar.

Für den Eindruck des Innenraums der Kathedrale sind noch
die großen ornamentalen und Bild-Teppiche zu ergänzen, die
mindestens an großen Festen aufgehängt wurden, ohne daß wir
eine genaue Vorstellung davon besitzen, wo sie typisch angebracht und wie sie verteilt waren.

Der Fußboden der Kathedrale war oft reich durchgestaltet. Der
alte Fußbodenbelag des Sanktuariums der Kirche von St. Nicaise
in Reims wurde gebildet durch Platten aus graviertem Stein,
von denen sich 35 Platten mit Szenen aus dem alten Testament erhalten haben. Die Gravierungen waren mit Blei aus-
gegossen und jede Platte von einem 2 cm breiten Band aus
schwarzem Marmor eingefaßt, die Fliesen bildeten ein Rauten-
muster. Das Ganze hatte die Eleganz eines Teppichs. Der Fußboden von St. Rémy in Reims war im gesamten Chor und
Sanktuarium eine „immense peinture en mosaïque à personnages".
Für St. Denis ist ein keramischer Fußboden überliefert.

Ein klassisches Beispiel der Gestaltung der Kirchentüren hat sich
an Notre-Dame von Paris erhalten. Die prachtvollen antikischen
Ranken — einigermaßen ähnlich denen des Chorgestühls bei
Villard — geben einen anschaulichen Begriff davon, wie alles
und jedes Werk, das zum lebendigen Ganzen der Kathedrale
gehört, den Geist hoher Monumentalität atmete.

KAPITEL 3

Die Kirchenmusik in der Kathedrale

Es gibt ein Element, das für das Gesamterlebnis der Kathedrale in ihrer gottesdienstlichen Funktion von ähnlicher Bedeutung ist wie die Glasfenster und das zum vollen Eindruck uns
schmerzlich fehlt: die diesen Räumen angemessene, mit ihnen und
für sie entstandene Kirchenmusik.

Was von ihr in Notenschrift erhalten ist, muß auf dem Um-
weg über historische Erkenntnisse so weit verlebendigt werden,
daß es wenigstens in Umrissen dem geistigen Ohr hörbar wird
und sich mit der Anschauung der Kathedrale lebendig verbindet.

Es ist ungemein aufschlußreich zu hören, daß gerade an einem
Ort, der für die volle Ausbildung des Innenraums der Kathedrale von entscheidender Bedeutung ist, an der Kathedrale von
Paris, sich in der zweiten Hälfte des 12. Jahrhunderts Neuerungen
von epochemachender Bedeutung in der Musik vollziehen. „In

Paris gelingt es der Schule von Notre-Dame, sich zu stilbestim-
mender Bedeutung aufzuschwingen." „Zum erstenmal in der
Geschichte der Mehrstimmigkeit tritt eine *Säkularkirche* weg-
weisend hervor" (Otto Ursprung). „Durch zwei Musikschrift-
steller des 13. Jahrhunderts sind uns zufällig die Namen der
beiden großen Meister erhalten, welche ... die Bahnbrecher des
neuen musikalischen Stils wurden." In fast allen übrigen
Fällen versagt bis zum 14. Jahrhundert alles Nachforschen nach
den Namen der Komponisten. (Dies und das Folgende nach Rudolf Ficker.) Es ist der Magister Leoninus, dessen Tätigkeit in
die Zeit nach der Mitte des 12. Jahrhunderts fällt, also genau in
dieselbe Zeit, in der die neue Kathedrale Maurice de Sullys entscheidende Ideen in der Baukunst bringt. Sein Werk wird fort-
gesetzt und überboten von seinem Nachfolger Perotinus, der,
zwischen 1213 und 1238 urkundlich nachweisbar, seit dem Ende
des 12. Jahrhunderts an der Kathedrale von Notre-Dame gewirkt haben muß — ein Zeitgenosse des berühmten Philosophen
und Dichters De Grève, Kanzlers von Notre-Dame. Seine beiden
großen Organa quadrupla, das Organum „Viderunt" und das
Organum „Sederunt", dürften 1198 und 1199 zum erstenmal
aufgeführt worden sein, als unter dem Erzbischof Odo von Sully
die Feste des Weihnachtsfestkreises einer durchgreifenden Neu-
ordnung unterzogen wurden — also ungefähr in derselben Zeit,
als die berühmte Fassade entworfen wurde. Friedrich Ludwig
bezeichnet, nach Rudolf Ficker in scharfer Erkenntnis und mit
vollem Recht, Perotin als einen der größten Meister der Musik.
Wie nur ein Albertus Magnus erhielt er schon von den Zeitgenossen den Beinamen „Magnus".

In der Form des „Organum" erhebt sich der mehr- (zwei-,
drei- oder vier)stimmige Aufbau über dem starren Fundament
einzelner Töne einer alten gregorianischen Choralmelodie; sie
bildet den *cantus firmus*, der choraliter vorgetragen wird. Die
einzelnen Töne werden im „Organum" zu langen Haltetönen
umgebildet. So erstreckt sich zum Beispiel das F am Beginn des
zweiten Teils von Perotins Organum quadruplum „Sederunt
principes" über 130 Takte. Nur an wenigen Stellen gewinnen
auch die cantus firmus-Töne rhythmisches Leben und werden
— nach Art der sogenannten „Discantus-Technik" — der Bewegung der Oberstimmen organisch eingegliedert.

Der Komponist legt also seinem Werk ein konstruktives
Schema fremder Töne zugrunde. Der eigentliche schöpferische
Vorgang spielt sich in den *Oberstimmen* ab, deren realistische
Bewegtheit in denkbar schärfstem Gegensatz steht zu der un-
bewegten Starrheit des Choralfundaments. Dabei ist es möglich,
daß jede Stimme einem anderen musikalischen „Modus" an-

gehört, einem anderen rhythmischen Schema für die Melodien-
bildung, wobei im wesentlichen trochäische, jambische, daktyli-
sche und anapästische Rhythmen benutzt werden, seltener auch
solche, die aus lauter breves und lauter longae bestehen. Aber
nicht nur das: auch motivisch werden die einzelnen Stimmen
oft erstaunlich unabhängig gestaltet.

Den entscheidenden Schritt zur Entwicklung und Ausbreitung
der mehrstimmigen Musik tat der Leiter des Chors von Notre-
Dame in Paris, Magister Leoninus, „optimus Organista". In dem
klassischen Werk mehrstimmiger Kirchenmusik des 12. Jahrhunderts, dem „Magnus liber Organi de Gradali et Antiphonario",
einem großen Zyklus geeigneter Meß- und Offiziums-Melodien,
führt Leoninus in seinen *zweistimmigen* Kompositionen die
prinzipielle rhythmische und damit auch volle melodische Selbständigkeit der Oberstimme (Duplum) durch gegenüber der
Hauptmelodie (Tenor), der musikalischen Trägerin des Ganzen.

Leonin war von der Technik der Schule von St. Martial in
Limoges ausgegangen, die während der ersten Hälfte des
12. Jahrhunderts die führende Stellung innehatte.

In den Bearbeitungen Perotins greift dann die Rhythmik der
Oberstimme auf den Tenor über, jedoch so, daß der Sonder-
charakter der choralen Stimme gewahrt bleibt. Über das Organum duplum hinausgehend schafft der „optimus discantor"
seine drei- und vierstimmigen Kompositionen.

Liturgisch gesehen liegt der Schwerpunkt dieser mehrstimmigen Musik in dem alten *Gebets*gottesdienst; im *Opfer*teil der
Messe hat sie zunächst keinen Platz gefunden, ausgenommen
allein das die Messe schließende „Benedicamus Domino". Ferner
haben die Responsorien des Offiziums eine organale Vertonung
erfahren.

In feinsinnig geprägten Fachausdrücken rühmt der sogenannte
Anonymus IV, der englische Historiograph der Notre-Dame-
Schule, die Schönheit der alten Organa. In der Tat, „wir können
sein Entzücken noch heute nachfühlen" (Otto Ursprung).

Den Charakter dieser Musik schildert Rudolf Ficker: „Die
Organa Leonins unterscheiden sich zwar äußerlich wenig von
den zweistimmigen Kompositionen der Frühgotik. Aber die
rhythmische Durchbildung der Oberstimmen verleiht seinen
Werken eine Spannkraft, die in der damaligen Zeit als vollständig neu empfunden wurde. Aber erst in den großen drei-
und vierstimmigen Kompositionen Perotins, in seinen Organa
tripla und quadrupla ist dann auch wieder der Anschluß an die
alte räumliche Monumentalwirkung gewaltiger Klang- und
Akkordmassen vollzogen, die jetzt gleichzeitig gepaart ist mit
dem hinreißenden Schwunge rhythmischer Energien. Perotins

Organa, über verhältnismäßig kurzen Choralformeln gearbeitet, erreichen mitunter die Länge ausgewachsener Symphoniesätze. Es ist die Musik der großen Steigerungen, die kaum mehr ihresgleichen in der Musikgeschichte hat. Alles ist hier auf Bewegung eingestellt. Über Wortsilben voll mystischer Tiefe strömen weitgeschwungene Tonketten dahin, bald schattenhaften flüchtigen Schemen gleich, bald gesteigert zu orgiastischem Taumel. Und all dieser *sinnliche Zauber* wird überstrahlt durch die Macht der religiösen Idee, die in den mit eherner Unerschütterlichkeit festgehaltenen Haltetönen des Cantus firmus verkörpert und gebannt erscheint."

„In den Organa Perotins hat dieser nordische Drang, den schlichten Sinn des Choralsymbols zu gigantischer Größe zu steigern, seine höchste Erfüllung gefunden. So wächst z. B. die kurze Choralphrase des „Descendit de coelis" („Gott stieg herab vom Himmel") in der Bearbeitung als Organum zu erschütterndem visionärem Ausdruck empor: man vermeint aus fernen Höhen die Lichtgestalt des Heilands herabschweben zu sehen, um der schuldbeladenen Menschheit Erlösung zu bringen. Immer stärker wird die Bewegung, immer mächtiger die Erscheinung, bis der letzte Schlag den Beginn des Mysteriums der Menschwerdung des Gottessohnes kündet. Und es gibt in der Musikliteratur keinen machtvolleren, alle Grenzen sprengenden Ausdruck des Jubels wie die Allelujas des großen Pariser Meisters."

„In diesen Kompositionen gebührt neben Männer- und Knabenstimmen ein Hauptteil der musikalischen Wirkung vor allem den zahlreich verwendeten Instrumenten. Die Handschriften enthalten freilich darüber nicht die geringsten Angaben; wir sehen nur drei oder höchstens vier Systeme, dichtgedrängt mit eckigen Notenköpfen, und die spärlichen Textworte, die dem Cantus firmus unterlegt sind. Das ist alles. Wir kennen hingegen aus zahlreichen Berichten und bildlichen Darstellungen das überaus reichhaltige Instrumentarium dieser Zeit an allerhand Streich-, Zupf-, Blas- und Schlaginstrumenten. Wer daher hier nur Systeme mit Notenköpfen sieht, nicht aber auch den gewaltigen Orchesterapparat mithört, der hinter diesen Notenköpfen verborgen ist, und diesen zum Erklingen zu bringen vermag, dem wird auch jener alte Bericht über die Wirkung dieser Musik unverständlich bleiben müssen, der besagt, daß das Erscheinen dieser Musik bei den gebildeten Zuhörern Entrüstung und Skandale hervorgerufen habe, während hingegen das gemeine Volk erschüttert und zitternd das Schnarren des Orgelgebläses, den gellenden Lärm des Cymbelspiels, die Harmonie der Flöten und anderer Instrumente bewunderte."

Diese neue Musik ertönt aber nicht nur *in* der neuen Architektur, sondern sie wirkt mit ihr zusammen, ja interpretiert sie in gewissem Sinn. Was würden wir dafür geben, wenn wir sie in ihrer vollen ursprünglichen Qualität in einer Kathedrale erklingen lassen könnten! Dadurch, daß mindestens das Instrumentale an ihr unwiederbringlich verloren ist, ist uns eine wichtige Hilfe zum vollen „anschaulichen" Verständnis der Kathedrale und ihrer konkreten Gesamtwirkung *im* Gottesdienst verloren.

KAPITEL 4

Die sichtbare Liturgie

Für das anschauliche Verständnis der Kathedrale ist es unerläßlich, sich die Vorgänge des Kathedral-Gottesdienstes möglichst genau vorzustellen.

Man hat mit einer sehr großen Zahl von assistierenden Klerikern zu rechnen. Ein zeitgenössischer Augenzeuge, der sogenannte chroniqueur d'Anchin, der die Kirche im Jahre ihrer Einweihung 1182 besichtigte, berichtet aus Notre-Dame in Paris: „vidi eum (episcopum) in quadam *non solemni* festivitate, cum hora vespertina decantabatur, non in cathedra episcopali, ut moris est, sed cum ceteris psallentem et sedentem in choro, *vallatum plus quam centenario clericorum numero.*" *(!)* Man gewinnt damit ein Maß für das Aufgebot an Geistlichkeit bei den großen Festgottesdiensten der Kathedralen, zum Beispiel bei ihrer Weihung oder bei den sogenannten Schaukrönungen des Königs und der Königin, zu der die Geistlichen weiterer Diözesen herbeiströmten — ganz zu schweigen von der Feier des „sacre" selbst, der Krönung in Reims. Leider wissen wir zu wenig über die Choregie, zum Beispiel der großen Festprozessionen oder Einzüge. Die Weihe des heiligen Wassers in der Abteikirche von Saint-Denis schildert Abt Suger als einen wunderbaren *Tanz,* bei dem zahllose Würdenträger der Kirche das Becken umschritten, strahlend in weißen Gewändern, die Bischöfe prächtig angetan mit Mitren und kostbaren Kaseln, die durch kreisrunde Ornamente verschönert waren.

Eine Neuerung ist das Aufkommen des liturgischen Farbkanons im 12. Jahrhundert, der jedem Fest und Festkreis seine ihm zukommende Farbe zuteilte. Es spricht viel dafür, daß diese Neuerung von Frankreich und in diesem Fall wohl von Paris, Sens oder Reims ausgegangen ist, höchst wahrscheinlich von einer Weltkirche. Um dieselbe Zeit kennt der liber ordinis der Prämonstratenser noch keine Farbenregel, sondern verlangt, daß die Kaseln alle unius coloris seien (Jungmann 142). Unter Innozenz III. († 1216) wird die Neuerung von Rom anerkannt; in ihr scheint sich eine gesteigerte *Einfühlung* in die „Seele" von Farben und Festen auszudrücken.

Viel wesentlicher ist, daß die gesamte Liturgie einen neuen Mittelpunkt erhält: in der *Elevation* der Hostie. Wieder gehen die wesentlichen liturgischen Neuerungen, die von epochemachender Bedeutung sind, von derselben Gegend aus, wo sich auch das Neue in Architektur, Skulptur und Musik gebildet hatte, von Franzien und besonders von Paris, und vollziehen sich in derselben Zeit: die Anfänge vermutet man um 1120 (Dumoutet) oder jedenfalls in der ersten Hälfte des 12. Jahrhunderts, der erste Höhepunkt liegt um 1200 in Paris. Nachdem zuerst die Hostie noch *vor* der Konsekration, bei den Worten „accepit panem", höher emporgehoben worden war, verstärkt sich dieser Ritus. Das Interesse des Volkes richtet sich auf die *Gegenwart* des Herrn in der Hostie. Die Befürchtung, das Volk möchte in der unkonsekrierten Hostie ein bloßes Brot, „purum panem", anbeten, führt um 1200 zur Verfügung des Bischofs von Paris, die Hostie sei erst *nach* der Wandlung emporzuheben, dann aber so hoch, daß sie von allen gesehen werden könne. Die Elevation wird der neue Höhepunkt der Messe, der damit einen ganz neuen anschaulichen Sinn erhält. „Auch des eucharistischen Christus will man durch *Schauen* teilhaftig werden" (Herwegen). Der neue Ritus ist der Ausdruck für das Bedürfnis, mit dem eucharistischen Christus, der nach der Abendmahlslehre dieses Jahrhunderts in der Hostie *ganz* gegenwärtig ist, *„in visu"* zu kommunizieren. „Nun strahlt von der erhobenen Hostie *wie vom heiligen Gral* Wunderkraft und Heil aus auf alle, die sie *sehen"* (Ant. Mayer).

Wie sehr in der Kathedrale alles von der „Schau" bestimmt ist, zeigt noch eine verhältnismäßig untergeordnete Eigenheit. Schon die spätere Romanik hatte als Hostienbehälter eucharistische Tauben gekannt. Jetzt wird die Taube oder ein menschengestaltiger Engel mit einer mechanischen Vorrichtung an einer, wohl möglichst wenig sichtbaren Schnur vom Gewölbe zum Altar heruntergelassen: schwebend bringt er vom Himmel das Himmelsbrot. Ein szenischer Apparat wird in den Gottesdienst eingefügt, der, wenngleich symbolisch gemeint, doch den Eindruck einer echten Wundererscheinung annähern soll.

Es zeigt sich in diesen gottesdienstlichen Neuerungen zugleich auch ein neues Verhalten zum Kunstwerk überhaupt. Die wenigen erhaltenen Zeugnisse, die sich auf das wirkliche Kirchengebäude — nicht auf ein bloß erträumtes — beziehen, zeigen ein „Schwelgen in sinnlich-geistigen Eindrücken" vor allem des Auges und des Ohres, im Grunde aber aller Sinne.

KAPITEL 5

Das kirchliche Schauspiel

Fast ebenso aufschlußreich für die Anschauung der Kathedrale ist es, sich zu dem eigentlichen Kern der Liturgie die neuen Formen des liturgischen Dramas vorzustellen, die aus unscheinbaren Keimen erwachsen waren. Man wagt es, Christus, der bisher in der Liturgie vom Priester nur symbolisch verkörpert worden war, im Drama *leibhaft* auftreten zu lassen. In einer dem Osterspiel hinzugefügten Erscheinungsszene erscheint nun *der Auferstandene* Maria Magdalena. Später kommen dazu Szenen mit dem die Höllentore sprengenden Christus und die Szene mit dem ungläubigen Thomas. Aus der ursprünglich schlichten und kurzen Begehung wird durch dichterische Bearbeitung ein in Text und Handlung immer umfangreicheres Osterspiel. Auch die Weihnachtsliturgie wird ähnlich ausgebaut.

Der Stoff ist dem Volk vertraut und wird nicht erfunden, sondern durch Neuverbindungen, Umdichten, Hinzudichten, Abstreichen bloß neu gestaltet, und zwar entweder mehr liturgisch oder mehr weltlich (H. Rupprich).

Die Sprache der ältesten Stücke ist lateinisch mit eingestreuten französischen Versen. Aus der ersten Hälfte des 12. Jahrhunderts — also aus der Zeit vor der Entstehung der Kathedrale — ist ein „Sponsus" genanntes Spiel von den klugen und törichten Jungfrauen (dem Osterfestkreis zugehörig) überliefert, in dem der ganze Text zunächst lateinisch gesprochen und gesungen und dann in der Vulgärsprache paraphrasiert wird. Seit der Mitte des 12. Jahrhunderts — im Zeitalter der Kathedrale — gewinnt das Französische mehr und mehr die Überhand, und zugleich zeigt sich der dramatische Instinkt immer mehr bemüht, die gegebene liturgische Form zu durchbrechen, und das Spiel aus der Liturgie herauszulösen. Sprachlich kommt das darin zum Ausdruck, daß man das Lateinische nunmehr auf die unmittelbar dem Ritual entnommenen Fragen und Antworten einschränkt, räumlich darin, daß man das Spiel vom Kircheninneren loslöst. So kann man in der zweiten Hälfte des 12. und im 13. Jahrhundert von einem halbliturgischen Spiel sprechen. Nicht mehr das Kirchenschiff war die Bühne, sondern — wie heute bei dem „Jedermann" in Salzburg — der Raum vor dem Portal der Kirche, die Szene ein Gerüst, auf dem die einzelnen Schauplätze, meist durch kleine architektonische Gehäuse (Mansionen) angedeutet, nebeneinander erscheinen. In einem wohl aus der Normandie stammenden Fragment der „Resurrection" aus dem 12. Jahrhundert gibt es schon elf verschiedene Schauplätze auf der Bühne (um 1500 werden es bis zu 70 sein). Dabei wird die Kirche selbst in gewissem Sinn in die Bühne einbezogen: zum Beispiel ertönt im Adamsspiel die Stimme Gottvaters aus dem Kircheninneren. Die Zahl der auftretenden Personen wurde stark vermehrt, neben den Klerikern spielten auch Laien mit; schon um 1147 hört man von Laienspielern (Cohen 54). Auch ein Agieren in den Zuschauerraum hinein ist bekannt, und es fehlt nicht an schon recht komplizierten Bühnenmaschinen.

Erhalten sind aus dieser Zeit das Fragment eines Auferstehungsspiels, die sogenannte „Nativité de Chantilly", aus späterer das Spiel von St. Nikolaus und Jean Bodel, das Miracle de Théophile von Rustebuef und das sogenannte Adamsspiel.

Letzteres, aus der Mitte des 12. Jahrhunderts stammend, behandelt sozusagen in drei Akten den Sündenfall der Stammeltern sowie den Brudermord Kains und schließt mit der Prophetenprozession. Von allen erhaltenen Stücken steht es in engster Beziehung zu der Welt der Kathedrale. „Es ist ein ausgesprochenes Erzeugnis höfischer Kultur, wie der Ordo representationis erkennen läßt, der genaue Hinweise auf die kunstvolle Ausstattung des Paradieses, auf Kostbarkeit der Gewänder und Vornehmheit des Spiels enthält" (Jan). Man findet im Adamsspiel noch geistliche Kleider, aber sie nehmen eine besondere Form an, sie laïzisieren sich (Cohen). Die Sprache ist von einer Reinheit und Anmut des Stils, die daran gemahnt, daß die zweite Hälfte des 12. Jahrhunderts das Goldene Zeitalter der mittelalterlichen französischen Dichtung ist, in dem sich der höfische Roman entwickelt. Ihm entspricht auch der Geist dieses Spiels, in dem zum Beispiel der Teufel nicht wie im älteren Drama als ein häßlicher Dämon erscheint — geschwänzt, gehörnt und grimassierend —, „sondern als eine Art galanter Verführer, der auf die Mutter des Menschengeschlechtes durch den Zauber einer blumenreichen Sprache einwirkt" (Cohen).

Das Adamsspiel ist deshalb wie kein zweites geeignet, in den Geist des neuen Dramas einzuführen, das untrennbar mit den festlichen Höhepunkten der Kathedrale verbunden ist.

Voll von Aufschlüssen sind schon die Anweisungen für die „Regie" des Stücks, die durch ihre Genauigkeit verblüffen. „Daß das Paradies auf einem genügend hohen Platz vorgestellt werde; daß Vorhänge und Stoffe aus Seide es umgeben in solcher Höhe, daß man die auftretenden Personen nackt von den Schultern aufwärts sehen könne; duftende Blumen und Laubwerk sollen in Girlanden aufgehängt sein; daß es verschiedene Bäume umschließe, an denen Früchte hängen, damit der Ort aufs allerangenehmste erscheine. Auftrete dann der Erlöser umhüllt von einer Dalmatica, und vor ihn seien placiert Adam und Eva. Adam bedeckt von einer roten Tunika, Eva von einem weißen Frauen-

gewand. Beide sollen sich vor der göttlichen Person (figura) auf-
stellen, Adam näher, das Gesicht ruhig, Eva etwas bescheidener,
und Adam sei wohl belehrt über den Augenblick, in dem er zu
antworten hat, damit er weder zu früh noch zu spät mit seiner
Antwort komme. Nicht nur er, sondern alle Personen sollen angewiesen sein, gesetzt zu sprechen und ihre Gesten in Übereinstimmung mit den Dingen zu machen, von denen sie zu sprechen
haben; sie sollen im Vers weder eine Silbe hinzufügen, noch eine
weglassen, sondern sie sollen sie mit aller Sauberkeit aussprechen
in der Ordnung dessen, was sie zu sagen haben. Wer vom Paradies zu sprechen hat, der blickt es an und zeigt darauf mit der
Hand."

„Dann beginnt die Lektion (leçon) — ein Ausdruck, der dem
Ritual zugehört und zeigt, daß es sich um ein halbliturgisches
Spiel handelt —: „In principio creavit Deus celum et terram."
Wenn sie beendet ist, singt der Chor die Antwort: „Formavit
igitur Dominus." Figura (die göttliche Person) spricht dann zu
Adam und hält es ihrer Würde nicht zuwider, ihn französisch
zuerst in Achtsilbern, dann in Zehnsilbern anzureden. Figura—
Gott zieht sich dann in die Kirche zurück . . . Das Stück spielt
gewissermaßen in ihrem Schatten, auf dem Vorplatz, und Adam
und Eva nehmen sittsam ihre Plätze im Paradies ein. Während
dem bewegen sich vor der Szene die Dämonen — per plateas,
das heißt auf dem öffentlichen Platz, — mit entsprechenden
Gesten. Sie zeigen Eva die verbotene Frucht, wie um sie zu über-
reden, davon zu essen, bis Diabolus, der Teufel, auftaucht.

Lebhafter Dialog. Adam bleibt standhaft, und der Teufel, ver-
ärgert, geht bis zu den Pforten der Hölle, wo er sich mit den Dämonen unterhält. Dann macht er einen Rundgang unter den
Zuschauern des Parterres (wie heute die Clowns im Zirkus). Eine
mit Kunst fabrizierte Schlange (artificiose composita) rollt sich
um den Stamm des Baums und reicht Eva die verbotene Frucht
hin.

Nach der malediction, die von Figura ausgesprochen wird,
der die Unglücklichen aus ihrem reichen (somptueux) Paradies
vertreibt, erheben sich die Teufel, beladen die beiden mit Ketten,
und ziehend und stoßend führen sie sie in die Hölle, während
andere ihnen entgegenkommen und sie mit Freudengeheul empfangen. Ein großer Rauch und Schreie erheben sich aus der Hölle,
wo Kochtöpfe und Pfannen aneinander geschlagen werden, damit man den Lärm draußen höre. Das ist schon der höllische
Donner der folgenden Zeitalter."

Im zweiten, dem Abel-Kain-Akt, fließt das Blut Abels naturalistisch aus einem kleinen, mit einer Blase verschlossenen Topf,
den Abel verborgen hält und Kain mit seinem Dolch durchsticht.

Im dritten Akt defilieren die Propheten. Einer nach dem anderen tritt aus der Kulisse hervor, und jeder spricht laut sein Wort, „damit das Publikum glaube, daß Christus der wahre Messias ist" (Cohen).

Diese Hinweise sind hier gegeben, nicht um den „Hintergrund" der Kathedrale kulturgeschichtlich auszumalen, sondern um jene Formen des Schauspiels und der Dichtung, die zur Kathedrale gehören, in das Gesamte der Anschauung einzubeziehen. Denn Dinge wie der Wunsch nach Schau, das Eindringen weltlicher Elemente in das Schauspiel usw. sind für die Beurteilung der Kathedrale als Kunstwerk durchaus nicht gleichgültig, da sie die Attitüde verraten; in der die Teilnehmer am Gottesdienst und an den kirchlichen Festspielen auch dem Bau und seinen Bildwerken — und der Musik — gegenübertraten.

KAPITEL 6

Die Narrenspiele in der Kathedrale

Aber die Welt der Kathedrale umschließt viel größere Widersprüche als wir erwarten würden. Wie der Welt ihrer heiligen Gestalten die Zerrbilder in Konsolen und Wasserspeiern gegenüberstehen, so tritt dem liturgischen und halbliturgischen Schauspiel das „Narrenspiel" gegenüber.

Nur mit äußerster Befremdung lesen wir, was der Chronist der Stadt Laon, Melleville, aus dem 13. Jahrhundert von den Narrenspielen zu berichten weiß, deren Schauplatz die Kathedrale war. „Mit noch größerer Extravaganz wurde das Fest der Narren gefeiert. Am Vorabend des Festes der heiligen Drei Könige, nach der Prim, versammelten sich die Kaplane und Vikare und wählten aus ihrer Mitte den Patriarchen der Narren. Nachdem er gewählt war, überreichte das Kapitel ihm sowie seinen Freunden Wein und Brot und eine Summe von acht Pariser Pfunden oder mehr, um die Kosten eines Mahls zu bestreiten. Die einen maskierten sich, die anderen vermummten sich mit den groteskesten Gewändern, die man sich vorstellen kann: es waren Kostüme halb aus geistlichen Habiten, halb aus Gewändern des Theaters zusammengeflickt, oder eine Mischung aus Männer- und Frauenkleidern. Nach den unanständigsten Scherzen *in der Kirche* marschierte das Gefolge in Prozession durch die Stadt, mit Fackeln und Wachslichtern.

Das Fest der Narren dauerte zwei Tage, am Vorabend und am Tag der Epiphanie. Der Gottesdienst dieser beiden Tage war den Narren ausgeliefert, die ihn mit Grimassen, Verrenkungen der Glieder und quodlibets ohne Zahl feierten. Derjenige, der die größten Extravaganzen beging, wurde am meisten applaudiert. Die Narren verbreiteten sich dann in den Straßen, hielten sich auf den öffentlichen Plätzen auf und machten Scherze, um das Volk zu unterhalten. Das Fest wurde beendet durch ein Schauspiel, das man *in der Kirche* aufführte: das Thema war immer aus der heiligen Schrift genommen; aber die Mysterien wurden hier auf schalksnärrische und lächerliche Art dargestellt."

Laon ist nicht die einzige Stadt, wo uns von solchen Weisen alter Volkslustbarkeit im Raum der Kathedralen erzählt wird. Melleville nennt das Eselsfest zu Beauvais, das „in der Bekleidung eines Esels mit geistlichen Gewändern und in seiner Umführung durch die Kirche mit anschließender Ausgelassenheit" bestand, das Fest der Herzogin in Cambrai, das Fest des Riesen Gayant in Douai als Parallelen zum Narrenfest in Laon. „Erst im späten Mittelalter scheint die Masse dieser — germanischen, keltischen und spätantiken — Volksbräuche aus den Kathedralen abgewandert zu sein" (Karlinger).

Was es nun so schwer macht, den Sinn solcher Gebräuche, — die uns tief befremden, ja erschrecken — zu begreifen, hat wohl Jean Paul am besten eingesehen: „Je unpoetischer eine Nation oder Zeit ist, desto leichter sieht sie Scherz für Satire an, so wie sie nach dem vorigen umgekehrt die Satire mehr in Scherz verwandelt, je unsittlicher sie wird. Die alten Eselsfeste in den Kirchen, der Geckenorden und andere Spiele der poetischeren Zeit würden sich jetzt zu lauter Satiren ausspinnen.... *Der Scherz fehlt uns bloß aus Mangel an — Ernst,* an dessen Stelle der Gleichmacher aller Dinge, der Witz trat, welcher Tugend und Laster auslacht und aufhebt."

Hier fühlt man lebhaft den inneren Abstand, der uns von diesen Zeiten trennt.

KAPITEL 7

Der ursprüngliche Maßstab der Kathedrale

Erst so gesehen erscheint die Kathedrale als das, was sie einst war: als Inbegriff und Quellpunkt *aller* Künste, nicht nur von Architektur, Skulptur und Malerei, sondern auch von Schauspiel, Tanz und Musik, von geistlichen und weltlichen Elementen, von Mysterienspiel und Posse.

Es genügt nicht, ihre objektive Gestalt wiederherzustellen — was für keinen Augenblick ganz gelingen kann, denn die Kathedrale ist ein beständig wachsendes Gebilde —, sondern wiederhergestellt werden muß auch die Art des Erlebens, mit ihren gan-

45

zen Spannungen, in denen die Menschen ihrer Zeit sie betraten und betrachteten.

Im allgemeinen betrat man die Kathedrale ganz unvermittelt vom Treiben der Gasse oder des Marktes her — was Menschen anderer, zum Beispiel ostasiatischer, Religiosität nicht wenig befremdet. Nur selten war vor der Kathedrale ein Atrium eingeschaltet. Eines aus dem 14. Jahrhundert (1316 bis 1348) ist für die Kirche St. Nicaise in Reims überliefert. Durch ein gotisches Giebelportal, gegenüber dem Haupteingang der Kirche, trat man in den Vorhof ein, der von einer zinnenbewehrten, mit Säulen besetzten Mauer umgeben und von kleinen Wimpergen bekrönt war. An den Ecken der Mauer, zu jeder Seite der Pforte „étaient suspendues deux échauguettes" (Givelet).

Dazu muß etwas berücksichtigt werden, wovon bisher noch nicht die Rede war — was freilich nicht nur für gotische Kathedralen, sondern ebenso für die romanischen Großbauten gilt: der ursprüngliche Maßstab, die Diskrepanz zwischen Mensch und Bau, die den Menschen winzig vor der göttlichen Majestät macht und die anderseits schon viel stärker als die Romanik das Unmeßbare des Baus—nicht direkt, sondern durch Vermittlungen— auf den Menschen bezieht.

„Diese Wirkung ist heute kaum mehr in ursprünglicher Gewalt nachzuempfinden, weil wir gegen die Wirkung einer Architektur von übermenschlichen Maßen abgestumpft sind. Unsere Großstadtbauten, seien es Warenhäuser, Geschäftspaläste, Schwimmbäder oder nur Mietskasernen, haben durchwegs die natürliche Proportion zum Menschen verloren. Was kann uns heute der Raum eines solchen Domes sein, da schon so viele Bahnhofshallen seine Größe erreichen? Wie anders mußte der Mensch jener Zeit in diesen Räumen bis zum horror, bis zum taumeligen Schwindel ergriffen werden, der kaum andere als zweistöckige Gebäude kannte, die er an seiner eigenen Größe zu messen vermochte, während die Dome als maßstablos, als unmeßbar erschienen, über jede Berechnung zum Symbol unfaßbarer Gottesmacht sich weitend" (H. Weigert).

Man müßte imstande sein, die Kathedralen mit den Augen eines nur in ländlicher Umgebung aufgewachsenen Menschen oder eines Kindes zu sehen, um ihre ursprüngliche Wirkung nicht nur gleichnisweise und blaß, sondern real und mit voller Kraft zu erfahren. —

Bei der Wiedergewinnung des ursprünglichen Gesamterlebnisses kann aber die Erkenntnis nicht stehen bleiben. Um es auf eine höhere Stufe zu heben, muß sie es vorübergehend in der wissenschaftlichen Analyse verlieren.

II

DIE PHÄNOMENE DER KATHEDRALE

„Ich bewundere wieder und es ist mir,
als könnte ich jetzt die Gründe meiner
Bewunderung besser bestimmen. Ich bin
guter Dinge wie ein guter Arbeiter. Ver-
stehen ist meine Aufgabe, und auf diesen
Punkt sammle ich alle meine Kräfte. Ich
betrachte."
„— Doch wo beginnen?
— Es gibt da keinen Anfang. Nehmt es
wie es kommt, verweilt bei dem, was
euch am meisten lockt. Und arbeitet. Ihr
werdet nach und nach zum Ganzen ge-
langen. Die Methode wird aus dem ge-
steigerten Interesse herauswachsen; die
Einzelheiten, die euer Blick beim ersten
Anschauen sondert, um sie zu zergliedern,
werden sich vereinigen und das Ganze
bilden."

(Auguste Rodin)

„Der Ignorant, der Gleichgültige zerstört
schon durch sein bloßes Anschauen die
schönen Dinge."

(Auguste Rodin)

KAPITEL 8

Die Baldachinarchitektur

Die „Anschauungen", die wir von unserer Architektur auf die anderer Epochen übertragen, sind dem Betrachten einer Kathedrale nicht gewachsen. Vor ihr versagen unsere Augen, *weil* unsere „Anschauungen" versagen. Wir bringen es zu keinem gestalteten Sehen ihres Gefüges.

So ist zum Beispiel — um gleich mit einem grundlegenden Phänomen aller Innenraum-Architektur zu beginnen — das Verhältnis von seitlicher und oberer Begrenzung des Raums ein ganz anderes als wir es gewohnt sind. Es gibt nicht Tragwände und eine auf ihnen liegende Wölbung oder Decke, wie an den meisten Bauten der Antike, der Renaissance, des Barock. Es gibt nicht die Decke mit Innenträgern und nach außen Füllwände, wie in modernen Eisenbeton-Glas-Bauten. Trennt man im Sehen der Kathedrale „Wand" und „Decke", so muß einem die „Gliederung" ihrer Wände als sonderbar und unverständlich erscheinen.

Die Elemente, aus denen der Innenraum der Kathedrale sich aufbaut, sind nicht Tragwände und Decken, sondern „Baldachine" und Füllwände. Vom Innenraum her gesehen gibt es in der ganzen Vielfältigkeit der Kathedrale nur diese zwei konstitutiven Elemente. Das Primäre ist dabei die Idee des Baldachins.

Um die Kathedrale so zu sehen — und nur so erklärt sich dem Auge ihr Gefüge —, muß man sich jene Form ins Ungemessene vergrößert vorstellen, die uns als Überbau über Altären ganz geläufig ist. Vier Säulen tragen — das ist eine seit altchristlichen Zeiten vorkommende Altarform — ein Kreuzgewölbe und schließen ein Raumprisma ein, das nach allen Seiten offen ist. Denkt man alle Bogen des Kreuzgewölbes spitzbogig, alle mit plastischen Wülsten — „Rippen" — besetzt, die Säulen in Bündel starker Rundstäbe verwandelt, den ganzen Baldachin geweitet, vergrößert, in die Höhe gezogen, so gewinnt man das Grundelement, aus dessen Abwandlungen sich der Innenraum der Kathedrale restlos aufbaut. Hochgezogene Baldachine über rechteckigem Grundriß bilden das Mittelschiff der Kathedrale, ein quadratischer Riesenbaldachin die Vierung, ein Baldachin über halbrundem oder unvollständig polygonalem, meist zwölfseitigem Grundriß die Apsis. Niedrigere quadratische Baldachine reihen sich zu Seitenschiffen — und wo es Emporen gibt, zu dem Emporenschiff —, unregelmäßig polygonale, häufig mit fünfrippigem Gewölbe, bilden die Joche des Chorumgangs und gleichfalls polygonale die Chorkapellen; in den Vorjochen zum Chor oder dem Vorjoch zur Hauptkapelle des Chorumgangs erscheinen rechteckige Baldachine. In keinem Bauteil des Innenraums gibt es eine andere Gestaltung eines Raumteils als die aus Baldachinzellen. (Eine Tonne, wie in den Emporen der Kathedrale von Mantes, ist ein Fremdkörper.) 63 solcher Zellen bilden den Raum der Kathedrale von Reims, 92 den der Kathedrale von Köln. Nur in Frühformen gibt es gelegentlich, so im Chorumgang, Gewölbe- und Raumformen, die sich nicht als Baldachine auffassen lassen. Die Möglichkeiten, vielfältigste Raumformen aus Abwandlungen der Idee des Kreuzrippenbaldachins zu gestalten, gibt der Spitzbogen mit seiner unbegrenzten Anpassungsfähigkeit, die es erlaubt, bei verschiedenen Jochbreiten gleiche Höhe der Bogen und Gewölbescheitel festzuhalten und so die einzelnen Baldachinzellen zu Baldachinfolgen einheitlicher Raumwirkung zusammenzuschließen und zwischen verschiedenen Grundrißformen zu vermitteln und zu modulieren.

Die geschlossenen Teilflächen der Baldachinwölbungen sind

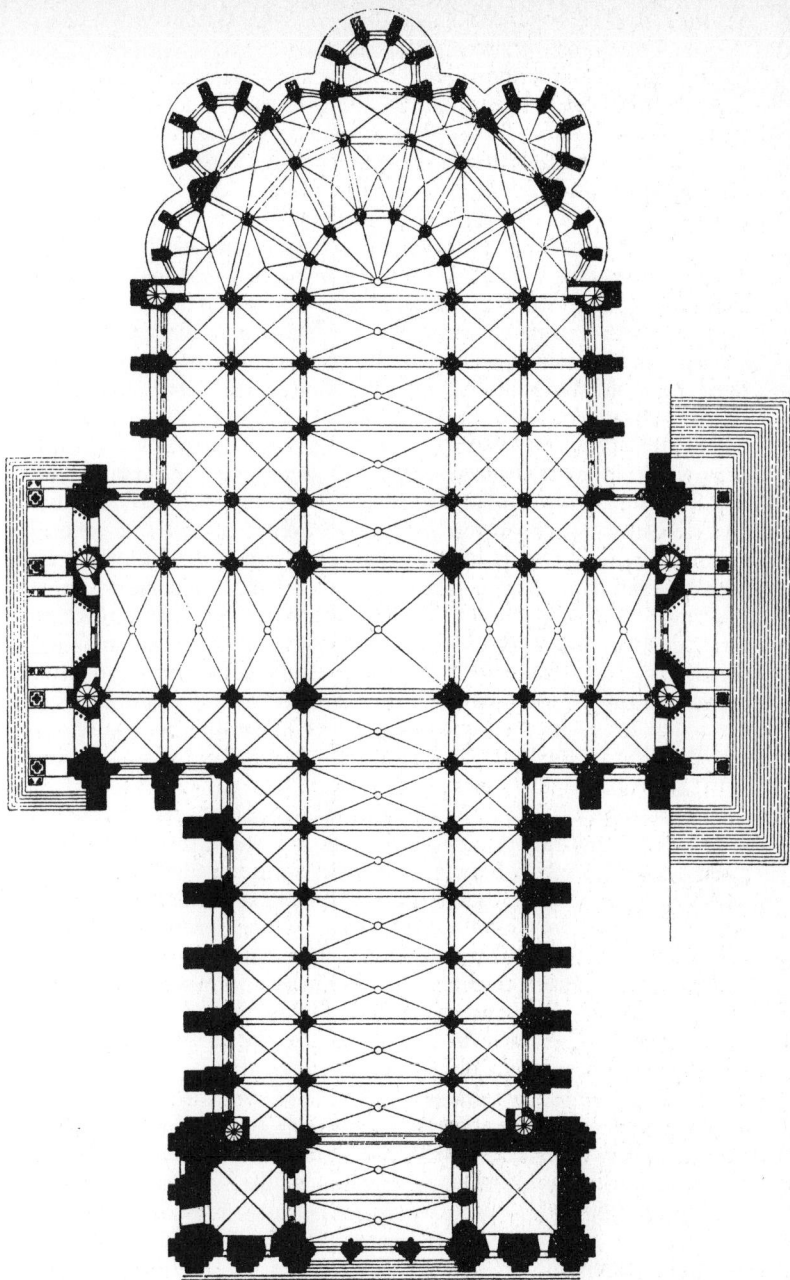

Grundriß der Kathedrale von Chartres

in der klassischen Kathedrale wohl häufig, wenn nicht immer, bemalt gewesen und zwar mit Blau, also einer ausgesprochenen Raumfarbe. Daß auch sie von Maßwerk durchbrochen und mit einer Raumschicht und einer zweiten raumschließenden Fläche hinterlegt werden — ähnlich wie die Seitenwände — kommt erst vom 15. Jahrhundert an und nur ausnahmsweise vor (Beispiel: St. François in Chambéry, Mailänder Dom).

Sobald man, im Innenraum der reifen Kathedrale stehend, ihr Gefüge aus lauter Baldachinen aufgebaut sieht, sieht man notwendig auch die Wand als Füllung zwischen den Trägern der Baldachine. Sie erscheint als solche, weil man sie im Sehen als noch „dünner" empfindet als die ohnehin schon dünnen Trägerschäfte der leichten Wölbungen, zwischen denen sie steht. Damit wird aber nicht nur die Grenze des Raums im Sehen anders gegliedert, sondern auch der Raum selbst bekommt einen anderen Charakter. Die Baldachine — jeder einzelne von ihnen, unter dem wir gerade stehen — können den Raum nie so einschließen, wie durchlaufende Mauern es tun. Sie begrenzen den Raumteil, den sie umschließen, ja nur oben — durch die Wölbung — und an den Ecken. Das Luftige und Leichte der Baldachine gibt dem ganzen Bau etwas „Ätherisches", aber nichts unbestimmt Flutendes. Der Raum baut sich vielmehr aus lauter durchsichtigen Baldachinzellen zusammen wie ein Kristall aus seinen Teilkristallen. Auf keinen architektonischen Raum paßt dieses Bild besser als auf den Innenraum der Kathedrale.

KAPITEL 9

Die „diaphanen" Füllwände

In der Kathedrale gibt es also — für das Auge, aber auch technisch genommen — keine Tragwände, sondern nur Füllwände.

Als Ganzes gesehen haben die Füllwände nicht selten geradezu den Charakter des *Ausgespannten:* das ist von feinsichtigen Betrachtern schon öfters hervorgehoben worden. Es gibt Fälle, wo von den Architekten der Kathedrale dieser Charakter mit stärkster Absichtlichkeit herausgearbeitet wurde. Für den Außenbau sind ein klassisches Beispiel die Vorhallen der berühmten, in der Revolution zerstörten Kirche von St. Nicaise in Reims. Dort war die Rückwand zwischen den Baldachinen, die die Vorhalle überdachten, mit einem feinen Steinmetzrelief in Fleur-de-Lys-Muster überzogen und sicherlich auch bemalt, was der Wand den Charakter eines textilen Stoffs gab und die Vorhalle wie ein Gerüst mit dazwischen gespannten Teppichen erscheinen ließ. Gelegentlich mochte auch im Innenraum die Bemalung von undurchbrochenen Wänden oder Wandteilen diese als Vorhänge

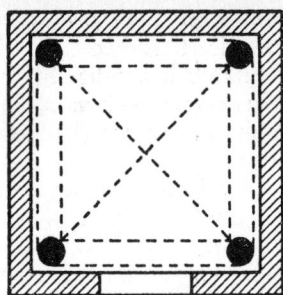

Grundrißschema eines (antiken) Baldachins mit Hüllwänden und eines
(gotischen) Baldachins mit Füllwänden

erscheinen lassen — zumal in den Seitenschiffen, wo dieses Motiv
schon in romanischer Zeit vorkommt (Vermutung nach Karl
Oettinger). Das Gefühl, wonach ein Bau aus vertikalem starrem
Skelett und dazwischen gespannten Wänden besteht, wirkt noch
im französischen Schloßbau des 15. und 16. Jahrhunderts nach,
wo die Rundtürme wie unverrückbare mächtige Pfeiler in der
Wand stehen und die Trakte — dünner als die Türme — als
zwischen diese „Pfeiler" der Anlage gespannte Füllungen betont
werden.

Ganz eigenartig ist das Gefüge der einzelnen Wandfüllungen
in den Hochräumen der klassischen Kathedrale: sie bilden ein
Gitter.

In der obersten Zone, wo der Innenraum des Hochschiffs unmittelbar an den freien Außenraum grenzt, kann man nicht eigentlich von Fenstern sprechen, sondern die Wand selbst besteht
aus einem Gitterwerk aus dünnen Steinstäben und durchscheinenden, aber nicht durchsichtigen Glasflächen

In der nächst tieferen Zone, wo der Innenraum des Hochschiffs an den toten Raum unter den Pultdächern der Seitenschiffe stößt, ist die Wand in Arkaden aufgelöst und mit einer
seichten Raumschicht unterlegt. Die eigentliche, raumschließende
Wand liegt etwas zurück und wird für das Auge oft vom Raum-
schatten hinter dem Gitter der Arkaden leicht verhüllt, bleibt
aber sichtbar. Es ist auf der klassischen Stufe die einzige Stelle
des ganzen Innenraums, wo geschlossene Wand in ununter-
brochener Fläche stehen bleibt. In vielen späteren Kathedralen
wie im Neubau in St. Denis ist auch diese Stelle in eine durch-
scheinende Gitter-Glaswand verwandelt.

In der untersten Zone öffnet sich in der Wand je eine große
Spitzbogenarkade: der Raum des Hochschiffs ist hier begrenzt

durch die Räume der Seitenschiffe, und diese sind gegen den Außenraum selbst wieder durch große Gitter-Glas-Wände abgeschlossen.

In der klassischen Kathedrale gibt es also von undurchsichtiger Mauermasse nur noch Reste: die Räume sind begrenzt durch steinernes Gitterwerk, Raum und leuchtendes Glas.

Diese „Gitterwand" des Hochschiffs ist nun in verschiedener Schichtung mit einem durchgehenden „optischen" Raumgrund — und zwar einem optischen Dunkelgrund oder einem farbigen Lichtgrund — unterlegt, wie es zuerst H. Jantzen in seiner bahnbrechenden schönen Arbeit über den gotischen Kirchenraum dargelegt hat. Er nennt diese Form der „raumunterfütterten" Wand die *diaphane" Wand*. Im gotischen Triforium (dem Laufgang) haben wir das Prinzip dieser diaphanen Wand gleichsam in reiner Form vor uns. Aber ebenso wie in der Zone des Triforiums der flache Raum des Laufgangs als Raumfolie hinter der Wand wirkt, ebenso wirken in den klassischen Kathedralen des 12. und 13. Jahrhunderts (welche die Seitenschiff-kapellen noch nicht kennen) die Seitenschiffe. Sie werden zu schmalen Raumschalen für das Hochhaus. Sie laufen *deshalb* in der reifen Kathedrale immer auch an den Querhausarmen entlang. „Die Wand als Begrenzung des gesamten Langhauskörpers ist nicht ohne Raumgrund auffaßbar und erhält durch ihn ihren Wirkungswert. Der Raumgrund zeigt sich als optische Zone, die der Wand gleichsam hinterlegt ist. Im Terminus „Hinterlegung" spricht sich der Charakter der Bezogenheit vom Wandkörper zum Raumgrund aus" (Jantzen). Für die Wirkung der Diaphanie ist es gleich, ob der raumhafte Grund wie im Triforium als eine Schattenzone erscheint, oder ob dieser Grund wie in den Seitenschiffen und Emporen mit farbig glühendem Licht durchsetzt wird. Die Fensterregion ordnet sich der diaphanen Wand mit verschiedenartigen Lösungen ein. Entweder fällt die optische Zone mit dem farbigen Lichtgrund der Fenster zusammen; das heißt: Tiefraum wird gleichsam in die Fläche gepreßt — wie es die Wahrnehmungslehre an den sogenannten „Verdichtungsflächen" beschreibt (Oberfläche des Schnees). Gerade das unterscheidet die tiefe Wirkung alter Fenster von der platten Flächigkeit moderner, die „wie ein durchsichtiges Linoleum aussehen". „Oder auch die Fensterregion wird zweischalig wie das Triforium gestaltet, eine Lösung wie sie für die gotischen Bauten der Normandie charakteristisch bleibt" (Beispiel Coutances, Bayeux).

„Von der Konstruktion aus gesprochen, bedeutet das Zwei-schalensystem (franz. „mur évidé") dasjenige Prinzip, das die Gesamterscheinung der diaphanen Struktur ermöglicht. Nur muß man den Ausdruck „Zweischalen-System" im weiteren Sinn nehmen, „insofern als es die Umhüllung des gesamten Hochschiffkörpers durch eine Raumschale bezeichnet" (H. Jantzen). Der Hochschiffsraum steht gleichsam in einem Mantel aus Hüllräumen, wobei die Grenze des Raummantels in jedem Geschoß des Hochschiffs der inneren Gitterwand um eine Stufe näher rückt und im obersten Geschoß mit dem faktischen Raumverschluß des Hochschiffs zusammenfallen kann. Sehr gut sieht Focillon: „Les nefs des Cathédrales sont enveloppées d'une sorte de volume secondaire ou plutôt d'une cage de verre lumineuse."

Dadurch steigert sich nach oben zu die Intensität des mystischen Lichts. Dieses Umhüllen mit Lichträumen ist wirklich „bâtir avec de la lumière" (Schneider).

Sich diesen Charakter der Wand in der Kathedrale mit Geduld klar zu machen, ist von entscheidender Wichtigkeit. Zwischen massiven ummantelnden Wänden würden die gleichen Baldachine sich nicht frei entfalten, ihre ihnen eigene Räumlichkeit nicht ausstrahlen können. Man sieht das augenfällig im Vergleich des Langhauses von Le Mans mit seinem Chor. Erst die Zartheit und das Durchschienene (Diaphane) der raumummantelten Wand gibt dem ganzen Raum seine fast überirdische Leichtigkeit.

Es genügt aber nicht, den gotischen Innenraum bloß von der Wandstruktur her zu kennzeichnen. Diese „diaphane", zweischalige Wandform zeigt zum Beispiel in Reinkultur die Fassade von Notre-Dame in Dijon (Abb. Seite 416) und doch wäre ein aus analogen Wänden gestalteter Innenraum nicht gotisch. Der Raum der Kathedrale ist vielmehr zu kennzeichnen und zu *sehen* als *Baldachinraum mit diaphanen Gitter-Füllwänden.*

KAPITEL 10

Die selbstleuchtenden Wände

So ätherisch und zart-materiell dem Auge die Begrenzung des Innenraums der Kathedrale auch erscheint — wobei man von dieser Begrenzung immer nur einen Teil sieht, die anderen Teile nur ahnt —, so verschließt sie doch für das Erlebnis den Innenraum geradezu *hermetisch* gegen die Außenwelt. Wenn Max Dvořak an einer der schönsten Stellen seiner Studie über die Gotik noch meinen konnte, die großen Glasfenster begrenzten den Kirchenraum, zugleich aber stellten sie eine Verbindung mit dem unbegrenzten *Weltraum* her und diese Verbindung werde durch das natürlich einfallende Licht vermittelt, so ist diese Beobachtung bestimmt nicht richtig. Schon Dehio hatte erkannt: „Das gotische Fenster ist nur im Sinne der Konstruktion eine

Öffnung, für den Raumeindruck dagegen eine Wand, körperlos ätherisch durchlichtet" (Dehio II, 137-38). In der Kathedrale befindet man sich in einem Raum, der mit dem natürlichen Weltraum in keiner Verbindung steht, schon durch die geheimnisvolle Qualität seines vom natürlichen Licht scharf unterschiedenen „dunkelfarbigen" Lichts als etwas „ganz anderes" gekennzeichnet und gegen den Naturraum durch seine Glaswände — die eben *keine Glasfenster* sind —, seien sie materiell auch nur einige Millimeter dick, ebenso fest verschlossen ist wie der romanische Dom durch seine viele Meter dicken Mauern.

Denn das Licht, das die Kathedrale erhellt, scheint überhaupt nicht von außen zu kommen. Wenn man den Eindruck ganz unbefangen beschreibt, muß man sagen: das Licht geht von den Wänden selbst aus, *die Wände leuchten.* Der Eindruck rührt davon her, daß die Glasscheiben zwar lichtdurchlässig, aber durch ihre starke Färbung undurchsichtig sind. Der Eindruck ist zwingend bei diffusem Außenlicht und besonders in der Dämmerung. Dann kann nicht einmal das Wissen darum, daß das Licht von außen kommt, das Erlebnis der geheimnisvoll selbstleuchtenden Wände ändern. Es hat dann auch gar keinen Sinn mehr, von Fenstern zu sprechen. Aber auch ein Sonnen- oder Mondstrahl, der durch dieses farbige Medium geht, scheint nicht von außen zu kommen, sondern von einem aufglühenden Teil der Wand ausgesendet zu werden, wie von einer selbstleuchtenden, strahlenden Materie. Dabei ändert sich bei verschiedenem Außenlicht die Leuchtfähigkeit der Wand: sie verdunkelt sich und glänzt wieder auf, wenn eine Wolke draußen vorüber zieht oder die Tageszeit sich ändert.

Daß mit den Glasfenstern eine Wand gemeint ist, wird oft durch Motive der Fenster selbst betont. An den großfigurigen Fenstern der Elisabethkirche in Marburg an der Lahn, aus der Mitte des 13. Jahrhunderts, ist in den Zwickeln der Bogen, unter denen die Figuren stehen, und in den Hintergründen der Baldachine das Quadermauerwerk in Glasmalerei durchgeführt; ähnlich, wenn auch nicht so deutlich ausgesprochen, ist der Charakter bei den ungefähr gleichzeitigen Straßburger Fenstern. In noch höherem Maße zeigen die hochgotischen Fenster des Kölner Doms die Mauerstruktur der Glaswand (Frey). Daß die Architektur der Kathedrale auch noch der Wandmalerei Aufgaben stellte, zeigen S. Boisserées Beschreibung des Doms von Köln und Paul Clemens Untersuchungen zur gotischen Monumentalmalerei der Rheinlande.

Sieht man die „Glasfenster" richtig als „leuchtende Wände", dann wird die hermetische Abgeschlossenheit dieses Innenraums, der keine Fenster hat, noch stärker empfunden.

Ins Hochschiff der Kathedrale flutet Licht aus zwei Quellen. Von hoch oben — man muß vor Abbildungen nie vergessen, daß die Scheitel der „Fenster" in Höhen bis zu 40 Metern (Höhe eines 6-8 stöckigen Hauses) liegen — strömt eine Fülle von Licht von gewaltigen selbstleuchtenden Flächen in den Raum herab. Licht von gleicher geheimnisvoller Qualität kommt seitlich herein, in Wirklichkeit durch die Glaswände der Seitenschiffe, im Erlebnis aber aus unsichtbaren verborgenen Lichtquellen. Diese Lichtströme, der steil von oben einfallende und der horizontal von weitem kommende, mischen sich: die Zone der größten Helligkeit liegt dabei hoch über unseren Häuptern. Die *Lichtfülle* ist außerordentlich, denn der Teil der Kathedrale oberhalb des Triforiums ist ja ein wahres Glashaus. Die Glasfenster von Chartres bedecken eine Fläche von 2000 Quadratmetern. Trotzdem ist die Kathedrale nicht eigentlich hell.

Eine solche Lichtfülle hat es in gewölbten Räumen wohl nur in den gewaltigen Baldachinsälen der römischen Kaiserthermen und in den noch gewaltigeren Baldachinräumen der justinianischen Kirchenkunst gegeben. Aber die Qualität des Lichts ist dort und hier vollkommen verschieden. Das Licht der klassischen Kathedrale erhält seine Qualität von dem tiefen *Rubinrot* und *Saphirblau,* das in den Scheiben dominiert: es ist bei aller Kraft des Leuchtens ein schweres und buntes Licht, dem Leuchten der Edelsteine vergleichbar, die nach mittelalterlichem Volksglauben von innen heraus leuchten, nicht das gold- und honigfarbene Licht der justinianischen Kirchenräume.

KAPITEL 11

Übergreifende Form

Die Wandfläche der einzelnen Füllwände und ihrer „Gitter" zeigt dem, der sie gestaltet zu sehen vermag, eine Art von Formgefügen, für die es in der uns geläufigen Architektur, in der Architektur der Antike, auch der frühchristlichen, und der seit der Renaissance nichts Vergleichbares gibt.

Das einfachste Paradigma dieser Gefüge geben die Arkaden im Mittelgeschoß der Hochwand der Kathedrale von Amiens. Da faßt ein größerer von Bündelpfeilern getragener Spitzbogen eine Arkade aus drei kleineren Spitzbogen zusammen, die in gleicher Kämpferhöhe ansetzen und auch den gleichen Krümmungsradius haben wie der größere. Die Arkade setzt gegen den großen Bogen um eine seichte Wandstufe zurück (auch an ihrer Rückseite) und gibt sich so deutlich als Füllung zu erkennen. Das eigentümliche dieser Struktur ist ein Zerlegen der Wand in

Bestandteile erster und zweiter Ordnung, in übergreifende und übergriffene Formen. „Ganz von selbst — auch ohne die Überlegungen, die man anstellen kann, um die Formverhältnisse augenfälliger zu machen — ist im unmittelbaren Eindruck eines solchen Wandstücks die Dualität der die Wandeinheit aufbauenden Bestandteile ganz stark gegeben" (Sedlmayr).

Ich habe diesen Typus von Gefügen, der zuerst an justinianischen Bauten des 6. Jahrhunderts festzustellen ist, um einen einfachen Namen dafür zu haben, nach seinem wesentlichsten Bestandteil *„übergreifende Form"* genannt, und dieser Name ist allgemein angenommen worden (Abb. Seite 57).

Die so beschriebene „übergreifende Form" ist die einfache Ausprägung eines in zahllosen verschiedenartigsten Abwandlungen immer wiederkehrenden Motivs der „mittelalterlichen" Architektur — sowohl im östlichen wie im abendländischen Mittelalter, und zumal unserer hoch- und spätmittelalterlichen Architektur. Es gibt kaum einen hochromanischen oder gotischen Bau von Bedeutung, an dem sie nicht mindestens in andeutender Form erscheint, an vielen Bauten und besonders in der Kathedrale bestimmt sie das gesamte Gefüge. Vom 13. Jahrhundert an werden die Variationen und Kombinationen unübersehbar: neben dem einfachen Übergreifen kommen zwei- und mehrfaches, sowie wechselseitiges Übergreifen, Einschachtelungen, Verschränkungen und komplizierteste Hierarchien übergreifender Formen vor. Die Einführung geschweifter Bogen (Kielbogen) und solcher aus elliptischen Bogenästen (Eselsrücken) macht die Kombinationen und Variationen der Gefüge unübersehbar: eine mathematische Theorie der Möglichkeiten dieses Formprinzips wäre denkbar, denn ihm liegt ein Formen- und Zahlendenken vom Typus höherer Mathematik zugrunde.

Ein so durchaus mittelalterliches Phänomen wie das gotische „Maßwerk" entsteht in engstem Zusammenhang mit der besonderen gotischen Ausprägung dieses Prinzips, in der Fläche zwischen übergreifendem und übergriffenen Bogen.

Weil diese Form eine ausschließlich „mittelalterliche" und — abgesehen von mißverstehenden Wiederholungen des 19. Jahrhunderts — für uns verlorene ist, bereitet sie dem modernen Betrachter besondere Schwierigkeiten. Sie wird entweder als bloße „Gruppierung" von Formen nur oberflächlich erfaßt, im Romanischen von dem bloßen „Stützenwechsel" nicht unterschieden, oder als ein rein „rhythmisches" Motiv gewertet.

Ohne ihr richtiges Verständnis kann die Wand der Kathedrale nicht richtig gesehen werden. In der klassischen Kathedrale ist nämlich der ganze obere Teil der Wand, vom Erdgeschoß aufwärts (und manchmal mit Einbeziehung des Erdgeschosses) eine

Übergreifende Form: Fenster

einzige äußerst geistvoll und fein gegliederte übergreifende Form.

Es lohnt, mit dem Auge diesen komplizierten Bildungen, die zunächst im Sehen unbewältigt bleiben, bis ins einzelnste nachzugehen; man lernt dabei etwas von mittelalterlicher Anschauungsweise kennen, das durch nichts anderes zu ersetzen ist. Wer dazu die Geduld nicht hat, wird das Gefüge der Kathedrale nie richtig erfassen — so wie der die mittelalterliche Philosophie nie erfassen wird, dem das Durchdenken der scholastischen Beweise „zu langweilig und zu langwierig" erscheint. Impressionistisch kann eine gotische Wand nicht erfaßt werden.

Reims: Eine riesige Arkade — gebildet aus den jüngsten Diensten der Baldachinträger und dem Schildbogen des Gewölbes — übergreift die beiden oberen Stockwerke und von dem unteren die Arkade (nicht deren Träger). Im obersten Stockwerk übergreift sie zwei spitzbogige Fensterarkaden, im mittleren vier kleine Triforiums-Arkaden. Die Stockwerke sind durch Gesimse scharf voneinander getrennt.

Straßburg: Die riesige Arkade — gebildet wie oben — reicht hier bis zum Boden der Kathedrale hinab und übergreift alle drei Stockwerke: im obersten zwei große Arkaden, von denen jede wieder zwei noch kleinere übergreift, im Triforiumgeschoß vier kleine Arkaden, die ihrerseits je zwei kleinste Arkaden übergreifen, im Erdgeschoß eine ganz große Arkade.

Amiens A: Die riesige Arkade — gebildet wie oben — übergreift zwei Stockwerke. Sie übergreift zunächst zwei sehr hohe und schlanke Arkaden, deren mittlerer Pfosten durch beide Stockwerke durchgreift. Jede dieser Arkaden übergreift ihrerseits im obersten Stock zwei Fensterarkaden und im Triforiumgeschoß eine Arkade (jene, die wir oben beschrieben haben), die ihrerseits wieder zwei kleinste Arkaden übergreift. Das ist ein klassischer Fall des mehrfachen, *hierarchischen* Übergreifens.

Amiens B: Dieses Gefüge wird noch bereichert durch ein einzelnes späteres Fenster in Amiens, an dem die kleinen Arkaden des obersten Geschosses ihrerseits noch zwei kleinste übergreifen. Es übergreift also die Schildbogenarkade des Baldachins zwei kleinere, diese wieder zwei kleinere, und jede dieser noch einmal zwei kleinere Arkaden — eins, zwei, vier, acht — und das allein im obersten Geschoß (Gall, Abb. 11).

Dabei ist die Abschlußform der Arkaden überall der schlichte Spitzbogen.

Über der Arkade des Erdgeschosses steht noch der einzige zusammenhängende Rest undurchbrochener Wand. Kleinere, nicht mehr zusammenhängende Reste, Wandzwickel, stehen noch über der übergreifenden Arkade und um die Dreipaß-Öffnung des

Triforiumgeschosses. Im obersten Geschoß aber ist auch der kleinste Rest geschlossener Steinwand verschwunden: Maßwerk nistet in den Zwickeln jeder der hierarchisch übergreifenden Bogen und schafft auch die kleinsten Mauerpartikel fort, verwandelt sie in das Gitter einer durchschienenen, selbstleuchtenden Wand. Stufenweise, von unten nach oben aufsteigend, wird also der Erdenrest stumpfer Materie vollständig aufgezehrt und sublimiert.

KAPITEL 12

Das Schweben des Baus: Innenraum

Bei der Beschreibung der riesigen Baldachinzellen, aus denen der Innenraum der Kathedrale sich aufbaut, habe ich die Träger der Baldachine zunächst als einzelne enorm schlanke Rundschäfte oder als Bündel solcher beschrieben, die vom Boden der Kathedrale bis zum Ansatz der Wölbungsrippen in einem Zug aufsteigen.

Diese Beschreibung kann aber nur als eine erste Näherung an die wirklichen Verhältnisse dienen. Sie gilt nur für vereinzelte Bauten einer sehr frühen Entwicklungsstufe der Kathedrale und wieder für solche der nachklassischen Stufe. So gehen zum Beispiel im Chor der Kirche von St. Germer (um 1150) einzelne Rundwülste von oben bis unten durch, später noch (um 1190) in der Apsis des südlichen Kreuzschiffes der Kathedrale von Soissons.

Auf der „vorklassischen" Stufe (um 1160-1200) und auf der „klassischen" verhalten sich aber die Träger der Baldachine ganz anders als an diesen Beispielen und geben dadurch dem ganzen Gefüge des Innenraums einen anderen Charakter.

Auf der vorklassischen Stufe — vertreten durch Laon und die alten Teile von Notre-Dame — reichen die Dienstbündel, die hier aus besonders dünnen Diensten bestehen, nicht bis zum Boden der Kirche, sondern nur bis zur Deckplatte der massiven dicken Rundpfeiler, die zugleich die Arkaden des Erdgeschosses und diese Baldachinträger tragen. Es entsteht dadurch ein Gegensatz, ein „Sprung", zwischen der Zone der „Säulen" im Erdgeschoß und allen über ihr stehenden Teilen des Baues. Das Erdgeschoß wirkt hier massiv irdisch, die Säulen haben gedrungene „romanische" Proportionen, wie sie sonst nirgends am Bau vorkommen. Deckt man in einer Abbildung die oberen Bauteile ab, so würde man nach der Betrachtung der Rundpfeiler allein niemals erwarten, daß der Aufbau so weitergeht wie er es tut. Die Zone der Rundpfeiler wirkt wie ein massives Sockelgeschoß, ähnlich, nur viel extremer, wie manchmal die Erdgeschosse von Palastkirchen — sei es nun die in Aachen oder in Versailles — wo die „eigentliche" Architektur erst mit den Obergeschossen beginnt.

Auf dieser Sockelzone sitzt nun erst die Baldachinarchitektur, die von ganz anderer filigraner Bauart ist als ihre Basis. Über den massiven Sockelpfeilern, die fest auf der Erde stehen, scheinen die Baldachine mit ihren unbegreiflich dünnen Trägern, und damit der ganze obere Bau, gleichsam zu *schweben*.

Den Eindruck des Schwebenden haben vor solchen Bauten fast alle Beschauer seit jeher gehabt. Es ist ein irreales Schweben, mit nichts vergleichbar.

Nur an *einer* Stelle senken sich die Baldachinträger wirklich bis zur Erde: an den Ecken der Vierung. Hier steht der größte der Baldachine gleichsam wie ein riesenhaftes Altarciborium auf dem Boden.

Eine so deutliche und dann allerdings noch viel schärfere Scheidung von „unterem" und „oberem" Bau wird erst die spätmittelalterliche Spätform der Kathedrale wieder bringen: der Veitsdom in Prag.

In der klassischen Kathedrale aber ist das Verhältnis von „Oben" und „Unten" ein vieldeutiges, äußerst subtil und geistvoll. Aber auch äußerst befremdend für unsere architektonischen Anschauungen.

In Chartres und in Reims stehen im Erdgeschoß Bündelpfeiler. Obwohl durch ein Kapitell geschieden, setzt die eine Halbsäule dieses Bündels den ältesten Dienst bis zur Erde fort.

In Amiens aber reichen von den fünf Diensten die beiden jüngsten nur bis zum Ansatz des obersten Wandgeschosses, die beiden mittleren bis zur Deckplatte der Erdgeschoßsäulen, und nur der älteste Dienst erreicht von oben bis unten in einem Zug über die Säulen des Erdgeschosses durchlaufend den Boden der Kathedrale. Das Dienstbündel ist also nur oben am Ansatz der Baldachinwölbung komplett, nach unten zerfasert es sich.

Aus dieser Tatsache nun — die jedem antiken Empfinden als absurd und widrig erscheinen muß —, daß nämlich die Träger der Baldachine an ihrem Fuß dünner sind als an ihrem Scheitel, ergibt sich dem Auge, das im Sehen diese Form wirklich erfaßt hat, ganz von selbst der Eindruck, daß die Baldachinträger nicht von unten aufwachsen, sondern sich von oben, von der Wölbung *herunterlassen,* gleichsam wie Luftwurzeln.

In englischen Kathedralen erreichen mitunter die Dienstbündel nicht mehr die Deckplatte der Erdgeschoßzone, sondern enden halbwegs an der Wand des zweiten Geschosses auf kleinen Konsolen. Dann wird der Eindruck, daß einer von unten aufwachsenden Wand sich das Gewölbe mit seinen Trägerbündeln von oben entgegensenkt — oder zwischen den Hochwänden hängt wie ein Spinnennetz mit herabgelassenen Fäden — *zwingend.*

Das eingesehen zu haben ist auch deshalb wichtig, weil man an der Kathedrale gewöhnlich nur das Aufwachsen, zum Himmel-Streben ihres Raums einseitig betont und dabei übersieht, daß einer Bewegung *von unten nach oben* — die in den wie Lanzen nach oben weisenden Spitzbogen anschaulich wird — eine andere Bewegung *von oben nach unten* entgegen kommt.

Wohl nur in der gotischen Baukunst gibt es die Möglichkeit, einen Bau nach *unten* zu erweitern, indem man — wie es bisweilen geschehen ist — den Fußboden ausbricht und die „Fäden" der Dienste nach unten verlängert.

In der Spätgotik werden sich dann diese Absenker der Gewölbe ganz hinaufziehen, und die Gewölbe werden — völlig irrational und dadurch als ganz unabhängig von der unteren Zone gekennzeichnet — hoch oben willkürlich in die Schäfte der riesigen Pfeiler einschneiden, die fest vom Boden aufwachsen: die untere und die obere Sphäre haben sich völlig getrennt. Dieses Abtrennen setzt in England schon sehr früh ein. Die Sphären, die in Amiens z. B. ganz aufeinander hin geordnet und vielfach miteinander verwachsen sind, treten in scharfer Zweiheit auseinander.

Ein herrliches Beispiel einer ganz in die Luft gehobenen Kleinarchitektur war das Reliquiengehäuse über dem Reliquienaltar im Chor der Kathedrale von Arras vom Ende des 14. Jahrhunderts *) (Abb. Seite 62). Es zeigt das irreale Schweben, das im Bau selbst angelegt ist, auf die Spitze getrieben.

KAPITEL 13

Das Schweben des Baus: Fassade
Die überschnittenen Geschosse

Auch am Außenbau der reifen Kathedrale erscheinen Formenzusammenhänge, die — ohne Parallele in den uns gewohnten Vorstellungen von Architektur — von unseren Augen erst erschlossen werden müssen.

Es ist in den Beschreibungen der Kathedral-Fassaden noch nicht genügend betont worden, daß das Aufbauen nach der Höhe

---

*) Gezeichnet nach Aufnahmen aus dem 18. Jahrhundert von Lassus, reproduziert bei Didron, Annales archéol. VIII, p. 180 und im Bulletin monumental, Band 87—88 (1928—29), auf der Tafel nach Seite 396.

Schwebende Architektur: Reliquienaltar der Kathedrale von Arras,
Rekonstruktion

Prinzipien folgt, die uns ganz fremd sind. Es genügt nicht zu sagen, daß die Kathedral-Fassade aufwächst, nicht einfach dasteht. Der Unterschied ist viel prägnanter.

Wir finden an den uns gewohnten Bauten die Stockwerke eines auf das andere gesetzt oder im Eindruck einheitliche Flächen in Stockwerke unterteilt. Hier aber wachsen die höheren Teile des Baus hinter den niedrigeren hervor, ohne daß man sieht, wo die Fußpunkte sind, von denen sie aufsteigen (Abb. Seite 17).

An der Hauptfassade der Kathedrale von Reims wird man — wenn man das Grundsätzliche der Anschauung erfaßt hat — mehrere solche Schichten unterscheiden. Zuunterst und in der vordersten Schicht stehen die Vorhalle und ihre Flanken mit fünf großen Giebeln. Dahinter kommen, aus den Winkeln des Giebel-Zickzacks, die vier großen Fialen mit ihren Sockeln zum Vorschein. Hinter diesen liegt eine hohe Wandzone, bestehend aus vier seichten Vorsprüngen und drei Feldern, zwei schmalen an den Flanken und dem breiten Feld mit der großen Rose dazwischen, und noch immer in der *gleichen* Fläche (mit seinen vier Vorsprüngen, die als Verkröpfungen erscheinen) das Band der Königsgalerie, das Türme und Mitte zusammenbindet.

Erst hinter den Giebelkronen der Königsgalerie wachsen die „eigentlichen" Türme auf, und in der Mitte schaut — ein höchst bezeichnendes Motiv — ein kleines Dreieck hervor, das man unmöglich als einen aufgesetzten kleinen Giebel sehen kann, sondern zwingend als die Spitze eines großen Dreieckgiebels empfindet, der zu zwei Drittel seiner Höhe von der Königsgalerie verdeckt wird. Dadurch wird es uns aber versagt, das Obergeschoß der Türme in der Vorstellung dort aufhören zu lassen, wo das Auge sie verschwinden sieht. Zwingend empfindet man vielmehr, daß ihre Form hinter die Königsgalerie — über der sie zum Vorschein kommt wie über den Wipfeln von Bäumen — tief hinunterreicht, ohne daß man genau angeben könnte, wo sie nun eigentlich endet und fußt.

Der Eindruck, daß Geschoß hinter Geschoß aufsteigt, folgt nicht daraus, daß die Geschosse der Tiefe nach gestaffelt sind (daß sie es sind und wie sie es sind, sieht man besonders scharf in der Profilansicht). Würden die Geschosse von Stockwerken gebildet, so würde man sie trotz der Staffelung nach der Tiefe als aufeinander stehend empfinden — wie beim babylonischen Turm. Die wesentlichste Voraussetzung für den geschilderten Eindruck ist vielmehr, daß jedes höhere Geschoß von Endigungen des niederen überschnitten wird — hier in Reims besonders durch die kronenartig aneinandergereihten spitzen Giebel, mit denen zwei Geschosse schließen. Durch diese spitzen Endigungen — die „Wimperge" und „Fialen" — löst sich jede Schicht für das Auge von der hinter ihr aufsteigenden ab, und *sie* machen es unmöglich, die oberen Geschosse als auf den unteren stehend anzusehen. An der Hauptfassade von Notre-Dame in Paris, wo von diesem Mittel kein Gebrauch gemacht ist, wird man im ersten Eindruck die Geschosse — obwohl sie stark nach der Tiefe gestaffelt sind — als aufeinander stehend empfinden. Und nur bei genauem Zusehen zeigen ganz schwache Überschneidungen an, daß auch hier die höheren Geschosse als hinter den tieferen zum Vorschein kommend gemeint sind.

Den Sinn dieses eigenartigen Gefüges erfaßt man im Sehen ganz unmittelbar. Nur das untere Stockwerk steht auf einer festen horizontalen Basis, die oberen scheinen, mehr oder weniger zwingend, hintereinander *aufzuschweben.* Ganz deutlich ist der Effekt an dem obersten Geschoß der Türme in Reims (dagegen nicht in Amiens!), schwächer, aber deutlich genug an der gleichen Stelle von Notre-Dame in Paris.

Dieses Prinzip entspricht am Außenbau dem, was auch im Innenbau zu beobachten war: auch dort „schwebten", vermöge ganz anderer Mittel, über dem fest aufstehenden Erdgeschoß die oberen Geschosse. Das Zuspitzen von Formen nach unten ist ein sehr einfaches Mittel, um eine Form „in Schwebe" zu versetzen. Es wird überall angewendet, wo diese Absicht besteht. So spitzt an der Kathedrale das steile Ansteigen der Fensterbänke (abgesehen davon, daß es über die wirkliche Dicke der Wand hinwegtäuschen hilft) die dadurch angeschnittenen Teilungspfosten der Fenster nach unten zu. Ein besonders klarer Fall sind die gotischen Buchstaben. Während die romanischen auf festen Grundlinien fußen, enden die Schäfte gotischer Buchstaben nach unten in Spitzen. Sie scheinen deshalb, verglichen mit den romanischen, nicht zu stehen, sondern in einem unsichtbaren Rautengitter zu schweben (Kapitel 106).

Das hier beschriebene Phänomen möchte ich „Prinzip der überschnittenen Geschosse" nennen. Vielleicht könnte man sich sogar einigen, in der Fachsprache fortab von Stockwerken nur in dem Normalfall aufeinander stehender Stockwerke zu sprechen und das Wort „Geschoß", in dem das Dynamische des Aufschießens schon mit anklingt, nur für den hier beschriebenen Sachverhalt zu verwenden. Ein „Geschoß" in diesem Sinn kann mehrere Stockwerke umfassen.

Dieses Prinzip der schwebenden Geschosse ist dann in höchster Entfaltung zu sehen an dem berühmten „Riß B" für die Fassade von Straßburg, entstanden um 1275. Hier zählt man nicht drei oder vier Stufen, sondern fünf Hauptstufen und ebensoviel Zwischenstufen. Man erfaßt dieses Prinzip in höchster Klarheit an den in Profilansicht sich darstellenden seitlichen Strebe-

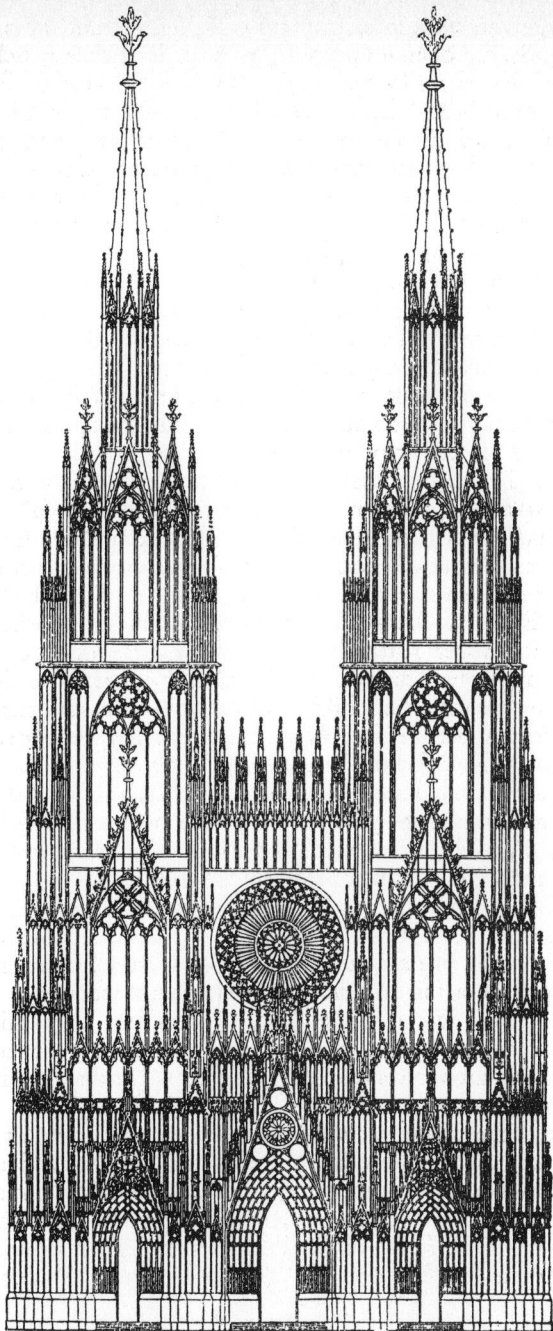

Straßburger Münster, sogenannter „Riß B"

pfeilern: Bündel von Kristallen, von denen der höhere immer hinter dem niedrigeren aufschießt (Abb. Seite 65). Übrigens hat dasselbe zuinnerst „gotische" Prinzip, das an der Fassade von Reims jedes gekrönte Geschoß über der Krone des tieferen aufschweben läßt, um 1300 die Form der dreifachen Krone, der päpstlichen Tiara erzeugt (siehe G. Ladner).

Splitterflächen

Die Geschosse, die in dieser geschilderten Weise zu einem vertikalen Aufbau verknüpft werden, sehen selbst ganz anders aus als das, was wir so zu nennen gewohnt sind. Es sind nicht kompakte Wände, die in Zickzackkronen schließend sich hintereinander hervorschieben. Von geschlossener Wand entdeckt das Auge z. B. an der gesamten Hauptfassade der Kathedrale von Reims kaum mehr als Partikel; knapp unterhalb der Königsgalerie und unterhalb der großen Doppelfenster des „Rosengeschosses" sind noch unaufgelöste Wandreste zu sehen. Nicht auf Wände trifft das Auge, sondern auf *zwei* Elemente, die wir im nachmittelalterlichen Bauen überhaupt nicht kennen und die auch der Romanik fremd waren: auf *Baldachine*, die sich mit spitzen Dachpyramiden (den „Riesen" der Fachsprache) als architektonische Körper von der Schicht, vor der sie stehen, abheben, und auf Arkaden, Arkadengruppen, Arkadenreihen, die mit spitzen Dreiecksgiebeln (den „Wimpergen" der Fachsprache) in schmalen Flächen von der Wand gleichsam abblättern.

Jene die Strebepfeiler endigenden Baldachine nennt die Fachsprache „Fialen". Wir nennen nur solche „Fialen" Baldachine, die Freiraum zwischen ihren Stützen — mögen es vier, sechs oder acht sein — einschließen, nicht die Fialen, die einen körperhaften Kern haben. Man muß dabei *sehen,* daß diese Baldachine der Fassade im Kleineren und von außen gesehen dieselbe Form haben, die im Riesigen den Innenraum der Kathedrale erschafft. Hat man Gelegenheit, von einem Gerüst in ihre Wölbung hineinzublicken, so sieht man sie mit Kreuzrippen ebenso ausgesetzt wie die Riesenbaldachine, deren Modell sie gleichsam sind. Ihre Funktion ist es, die einzigen körperhaften Glieder der Fassade, die Strebepfeiler, zu verräumlichen.

Noch entscheidender für den Außenbau aber ist die Idee, alle Wand mit einzelnen äußerst dünn erscheinenden, gitterartig durchbrochenen Teilflächen zu besetzen und die zusammenhängende Wand für das Auge in solche Teilflächen aufzuspalten. Diese für alles hochgotische Gestalten unentbehrliche Form

Splitterfläche (Wimpergarkade): Fenster des Kölner Doms

hat bisher keinen eigenen Namen, denn das Wort „Wimperg" bezeichnet nur ihren oberen Abschluß. Infolgedessen ist auch das Prinzip, das sie verkörpert — und das Epoche gemacht hat wie wenige — bisher nicht genügend erkannt. Es hat für die Gestaltung der gotischen Wand am Außenbau eine ähnlich grundlegende Bedeutung wie das Baldachinprinzip für den Innenbau. Auch hier schwebt als Ideal vor, die ganze Außenansicht einer Kathedrale, Körper (Strebepfeiler) und Flächen, *restlos* aus Abwandlungen dieses einzigen Grundmotivs aufzubauen, ein Ideal, das der erwähnte „Riß B" für die Fassade von Straßburg um 1275 praktisch genommen realisiert hat (Abb. Seite 65).

Ich schlage vor, dieses konstitutive Element der gotischen Außenform *„Splitterfläche"* zu nennen und von einem Prinzip der Zerlegung in Splitterflächen zu sprechen.*) Peter Meyer spricht in erwägenswerter Weise von der gotischen „Filigranplatte" (Abb. Seite 67).

Aus diesen beiden Elementen: Baldachinen und Splitterflächen baut sich z. B. die gesamte Hauptfassade von Reims samt den Türmen auf. So wird das Rosengeschoß von vier Baldachinen in der vorderen Schicht und von je zwei durchsichtigen Splitterflächen zwischen den Baldachinen gebildet (über die Rose Kapitel 18). Jede einzelne dieser Splitterflächen ist hier nach dem Prinzip der „übergreifenden Form" gebaut: eine große Spitzbogenarkade übergreift zwei kleinere, deren Bogen in gleicher Kämpferhöhe ansetzen und die jede wieder eine tiefer angesetzte Kleeblatt-Arkade übergreifen. Maßwerk füllt die Zwickel: ein durchsichtiger Vierpaß dem Kreis eingeschrieben den mittleren, zwei durchsichtige Dreipässe die unteren. Jede einzelne Gruppe wird von dem Wimperg bekrönt, das Feld zwischen Wimperg und Spitzbogen ist mit einem geschlossenen Dreipaß ausgesetzt. Dieses Gefüge kann als Idealmodell einer solchen Splitterfläche gelten (Abb. Seite 67).

Sind hier über den Wimpergen noch Reste von Wand unaufgezehrt, so ist in der nächsten Zone — der Königsgalerie — überhaupt nichts mehr von der Wand zu sehen. Das Geschoß ist — in der Frontansicht — ein Band von Splitterflächen. Sie sind ganz ähnlich gebaut wie die geschilderten, aber einfeldig.

Die beiden Hochtürme bestehen ihrer Grundform nach aus

---

*) Im Französischen schlage ich vor „facette" zu sagen. Dieser Name hat den Vorteil, einerseits mit Face = Gesicht, Front zusammenzuhängen — und die Splitterflächen sind ja die Fronten der Baldachine und Mauern —, anderseits an das Auskristallisiert-Sein eines Körpers in vielen solchen Flächen und das Kristallische einer solchen Struktur zu erinnern. Vielleicht sollte man ihn in die deutsche Fachsprache übernehmen. Doch trifft auch der Ausdruck „arcature gablée" das Wesen der Sache besser als das deutsche „Wimperg". Die angemessene Übersetzung wäre: „Wimpergarkade".

fünf Baldachinen — einem „alten" großen und vier ihn um-
hüllenden „jungen" —, die mit einander verwachsen wie eine
Kristalldruse. Dabei kristallisiert hier die Grenze jedes Baldachins
in durchsichtige schlanke Splitterflächen aus (man vergleiche dagegen die Baldachine des Rosengeschosses): die fünf sichtbaren
Seiten der Eckbaldachine — welche die Kanten des Turms durchlichten — werden von je einer lanzettförmig schlanken ein-
feldigen Splitterfläche gebildet, die in sich ganz ähnlich gebaut
ist wie die übergriffenen Arkaden der großen Fenster des Rosengeschosses. Dazwischen erscheinen die vier sichtbaren Seiten des
gleichfalls achteckigen Turmkerns als zweifeldige Splitterflächen
— es sind die größten am ganzen Bau. Die Kämpfer aller Arkadenbogen setzen in gleicher Höhe an. Die Bauart der großen
Facette brauche ich hier nicht mehr zu beschreiben.

Der Sinn dieses universalsten Motivs gotischen Gestaltens ist
klar: die Splitterflächen erscheinen ebenso dünn, wie die Gitter-
Füllwände im Inneren und ebenso durchlichtet, schwerelos wie
diese. Den von ihnen besetzten Formen wird die Massivität in
beinahe unglaublichem Maße genommen. Man sieht das schön
an der Fassade von Mantes, wo um 1300 einem Teil der massiven
Mauer Splitterflächen vorgeblendet wurden.

Auch die Außenflächen der Kathedrale verwandeln sich nun in
ein Gefüge aus Gitter-Flächen. Wo überhaupt noch geschlossene
Fläche aus technischer Notwendigkeit stehen bleibt, sieht es aus,
als wäre in diesem durchsichtigen Gespinst zufällig ein kleiner
Rest opaker Materie hängen geblieben. Auch diese geschlossenen
Reststellen — z. B. an Schäften von Strebepfeilern — erscheinen
als *potentiell* durchsichtig. Es ist falsch, solche Formen und ihr
Maßwerk als der Wand „teppichhaft aufgelegt" zu empfinden.
Das ist nur materiell so: für das Auge ist das Primäre das Stab-
und Maßwerk der Splitterflächen; die Materie erscheint, wo sie
überhaupt zu sehen ist, nur als „Füllung" in diesen unendlich
fein und sinnvoll gesponnenen Gitter-Schleiern.

Die Splitterflächen sind aber mehr als ein Mittel, der Wand
die Schwere zu nehmen. Es gibt zahlreiche andere Möglichkeiten,
das zu bewirken, ohne dabei dem Bau diesen Charakter eines
völlig unwirklichen Gespinstes zu geben, der mit den stärksten
materiellen Opfern bezahlt werden muß. Denn die Verwandlung des Außenbaus in ein zauberhaftes Filigran hat zur Folge,
daß die Werkstücke ununterbrochen erneuert und ausgetauscht
werden müssen, so daß die Kathedralen dieser Art, von ihrer
Entstehung angefangen bis auf den heutigen Tag, fast ununterbrochen — wenigstens zu Teilen — im Gerüst stehen müssen.

KAPITEL 15

Das Strebewerk

Für das Strebewerk an den Flanken und am Chorhaupt der gotischen Kathedrale gilt in noch höherem Maße dasselbe, was man immer wieder für fast alle Motive feststellen muß, aus denen sie sich aufbaut: unsere Anschauung weiß mit diesen Formen zunächst nichts anzufangen. Sicherlich falsch ist die Auffassung, nach der das Strebewerk nur ein nachträglich „dekorierter" und dadurch ästhetisch erträglich gemachter technischer Notbehelf wäre. So gewiß das Strebewerk zunächst aus einem bestimmten technisch-konstruktiven Ideal entspringt, so sicher besitzt es für die gotische Anschauung künstlerischen Eigenwert. Es wäre sonst unverständlich, warum dieses Motiv von den Kleinkünsten — an Monstranzen, Sakramentshäuschen, Altarbekrönungen und bei vielen anderen Gelegenheiten, an denen es keinerlei verstrebende Funktion hat — immer wieder aufgegriffen wurde.

Das Strebewerk der Kathedrale von Reims eignet sich gut für das Unternehmen, sich anschaulich klar zu machen, welche rein künstlerische Funktion seinen Formen im Gesamtgefüge der Kathedrale zugewiesen ist.

Das Strebewerk besteht hier — künstlerisch genommen — aus zwei Elementen. Das eine sind die schon von den Fassaden her bekannten Baldachin-Fialen, die dort an die Fassade angelehnt stehen, hier aber frei stehend das Schiff und Chorhaupt umstellen; dieses Motiv umringt den ganzen Körper der Kirche, wie ein Gürtel von kleinen Türmen. „Die jüngere, zuerst in Reims vertretene Auffassung macht aus dem Strebepfeiler ein selbständiges *turmähnliches* Gebilde", hatte schon Dehio richtig beobachtet. — Am Chor von Reims steht hinter ihnen ein zweiter, innerer Kranz einfacher Fialen.

Daß eine Kernform von vertikal aufschießenden Trabantenformen umringt und gleichsam verhüllt wird, ist aber ein allgemeiner Zug gotischen Bauens, der sich auch dort beobachten läßt, wo die umringenden Formen keine Verstrebung des Kerns leisten. So werden gotische Türme nicht selten von kleinen Türmchen begleitet; besonders an Turmhelmen ist dieses Umringtsein von Turm-Fialen ein häufiges Motiv. Einige Beispiele für viele: die Endigung der Hochtürme von St. Étienne in Caen, von Coutances, von St. Denis (alle aus dem Anfang des 13. Jahrhunderts), im kleinen ganz ähnlich die Dächer der großen Fialen über der Vorhalle der Kathedrale von Amiens. An dem Abschluß der Baldachinpfeiler von Reims wird die „alte" achtseitige Pyramide („Riese") von vier vierseitigen umstellt. In ungezählten Varianten begegnet man dem Motiv des Umringens an den Baldachinkronen des 13. Jahrhunderts über Statuen. Auch von „jungen" Rundpfeilern umhüllte „alte" Rundpfeiler (also keine Bündelpfeiler) kommen vor, z. B. im Langhaus von Laon. Diese allgemeine Vorliebe konnte also die technisch geforderte Form der freistehenden Strebepfeiler in eine freiwillig begrüßte verwandeln.

Das zweite Element sind die Strebebogen, die sich ansteigend von Strebepfeilern zur Wand oder von Strebepfeiler zu Strebepfeiler spannen. Das Sich-Zuneigen eines Bogensegments einer anderen von ihr *unabhängigen* Form (im gotischen Spitzbogen dem zweiten Segment) entgegen ist ein konstitutiver Zug des gotischen Spitzbogens. Diese „Vokabel" hat darum innerhalb der gotischen Formensprache nichts Befremdendes. Daß dabei die Rücken der Bogen in großen Schrägen ansteigen, fügt sich dem Gesamtklang deshalb gut ein, weil große ansteigende Schrägen überall am Außenbau der Kathedrale sich finden.

Auch hier bemüht man sich, dem Strebebogen möglichst viel von der stumpfen Mauermasse zu nehmen, sei es, daß man ihn geradezu wasserstrahlartig dünn bildet, wie an Notre-Dame in Paris, sei es, daß man seine Mauerfläche mit Maßwerkformen durchlichtet, wie in Köln, oder sie in ein durchsichtiges Arkaden-Stabwerk verwandelt, in eine steinerne Harfe, wie in Amiens.

Durch das Anlaufen der Strebebogen wird die Wand des Hochschiffs und des Chors in flache, durch die Kulissen der Brücken voneinander getrennte Felder verwandelt, die fast ganz von den Hochfenstern eingenommen sind. Auch hier ist es die letzte Konsequenz, diesen Feldern die Gestalt von Splitterflächen zu geben, deren Wimpergplatte über den Dachansatz aufsteigt und das Dünne dieser Flächen augenfällig macht. Amiens gegenüber Reims zeigt, um wie viel zarter die gleiche Grundform dadurch erscheinen kann.

Im Gesamteindruck der Kathedrale ist also die Chorseite ein ebenso vollgültiger Aspekt wie die Hauptfassade und meist wichtiger, als die Ansicht der Querschiffs-Fassaden. Sie verkörpert das gotische Ideal im Vollräumlichen, die Fassade im Flächigen. Dabei werden Schräg-Durchblicke durch die Brücken der Strebebogen erzwungen, ohne daß man von *bild*mäßigen Durchsichten oder gar von „malerischen" Ausschnitten sprechen dürfte. Dieses Zerstückeln des Raumeindrucks trägt vielmehr dazu bei, die körperhafte Geschlossenheit der Form zu lösen, Raum zwischen die Flächen zu tragen und die Einheit des Ganzen im ständigen Zerfallen und sich Wiederaufbauen aus Teilelementen zu erfahren — lauter Dinge, an die der Betrachter der Kathedrale auch im Innenraum und an der Fassade sich gewöhnen muß.

Besonders dort, wo zwei Kränze von Strebepfeilern und doppelte oder allenfalls gegabelte Strebebrücken mit ansteigenden Gitterarkaden auftreten, entsteht jener „hochphantastische" Eindruck (Lübke), auf den gerade auch die Choransicht der Kathedrale mit bewußter Absicht angelegt wurde (Tafel III).

KAPITEL 16

Skulptur unter Baldachinen

Das knappe Dutzend eigentümlicher Gestaltungsformen und Anschauungen, die wir bisher erfaßt haben, reicht fürs erste aus, um sich *sehend* in und vor der Kathedrale zurecht zu finden — so weit die Kathedrale Architektur ist. Aber untrennbar gehören zu ihr Skulptur und Glas*bilder* (nicht nur die Farbigkeit der Verglasung). Und wiederum: auch hier muß unsere Anschauung von gewissen, scheinbar selbstverständlichen Gewohnheiten abgehen, um die Dinge in angemessener Weise zu sehen.

Es ist vor allem noch lange nicht genug hervorgehoben, daß der größte Teil aller Vollskulptur an den Kathedralen unter Baldachinen steht. Erst Panofsky hat das ganz erkannt: „Es ist ausdrucksvollste Symbolik, daß die gotische Statue nicht leben kann ohne ihren Baldachin". Das Prinzip kommt an und mit den Kathedralen auf und verschwindet dann nicht mehr bis zum Ende des Mittelalters. Sogar das auf einem Platz frei stehende „Monument" steht unter einem Baldachin: das Reiterbild Ottos I. in Magdeburg; in Frankreich noch im 16. Jahrhundert das Reiterstandbild Franz' I. im Ehrenhof von Fontainebleau. Ausnahmen von diesem Prinzip der Aufstellung — dem erst die werdende Renaissance die Nischenstatue und die wirkliche Freiskulptur entgegensetzen wird — kommen an der Kathedrale vor, bedürfen aber jedesmal einer besonderen Begründung.

Diese Statuenbaldachine gehören untrennbar zur Skulptur. „Die Notwendigkeit der von der gotischen Statue gesuchten Verbindung mit der Architektur liegt in dem Problem, die kubische Existenz des statuarischen Körpers zu sichern" (H. Jantzen). Das ist ein Zusammenhang, der uns ganz fremd ist, was seinen deutlichen Ausdruck darin findet, daß die Skulpturen fast immer ohne die zugehörigen Baldachine abgebildet werden. Der Baldachin stellt die Skulptur unter ganz eigenartige anschauliche Bedingungen. Oft vermag die Einbeziehung des Baldachins Aufschlüsse über die richtige Art der Betrachtung zu geben.

Es gibt an der Kathedrale zwei verschiedene Arten von

Figuren-Baldachinen. Das eine sind kleine polygonale, fast immer achteckige Kronen, die *ohne Stützen*, bloß angeheftet an einen Pfeiler, über den Figuren schweben und mit Vorliebe die Form eines kleinen vielfach gegliederten Zentralbaus annehmen — sie gemahnen an Architekturmodelle. Unter solchen Stadtkronenbaldachinen steht an den „klassischen" Kathedralen die überwiegende Zahl der monumentalen Statuen der Portale — jede Statue unter ihrer eigenen, mit unendlicher Phantasie abgewandelten Krönung. Nur in Reims haben sich die vollkörperlichen Baldachine in eine Reihe miteinander verwachsener rechteckiger Baldachinzellen verwandelt, die in der Front jede ihren eigenen, aber vollständig uniformierten Wimperg tragen. Dasselbe Motiv des Baldachins erscheint — oft in einigermaßen rudimentären Ausprägungen — zu Baldachinreihen verwachsend auch über jener szenischen Skulptur, welche die Streifen der Portal-Bogenfelder („Tympana") besetzt. Dadurch bilden sich seichte Raumbühnen, die Figuren lösen sich mehr oder weniger vom Körpergrund. Es ist die Form des Reliefs, die der Baldachin-Statue entspricht.

Diese schwebenden Baldachine und Baldachin-Serien gehören zur *Figur*, nicht zur Architektur. Läßt man sie leer, so sind sie am Bau ganz sinnlos, ja störend, und rein als architektonisches Glied überhaupt nicht zu verstehen.

Dagegen gehört der andere Typus von Baldachinen, unter denen an der Kathedrale Vollskulptur steht, der der Ciborium-Baldachine, zuerst zur Architektur und bietet gewissermaßen nur nebenbei den Skulpturen einen Aufstellungsort. Es sind jene meist quadratischen oder rechteckigen, seltener — zum Beispiel an Turmkanten — vieleckigen Fialen-Baldachine *mit Stützen*, deren Form und architektonische Funktion wir schon kennen: sie ersetzen die körperhaft massive Form von Strebepfeilern durch eine freiräumliche und durchlichtete. Ihnen gibt die eingesetzte Statue einen körperhaften Kern, als dessen Gehäuse sie nun erscheinen. Auch sie können zu Reihen zusammenwachsen: zum Beispiel am Südportal von Chartres. An der nachklassischen Kathedrale stehen sie mitunter über Eck, so die Baldachinfialen über dem Hauptportal von Reims, und vergittern die eingesetzte Figur wie in einem Käfig, so in Straßburg an der Kante des Hochturms.

Den Gegensatz zwischen diesen beiden Baldachinformen kann man schön ablesen an Stellen der Kathedrale, wo die beiden Aufstellungsarten einander begegnen, zum Beispiel an der Nordfassade in Reims neben der Statue des Königs Philipp August.

Außer diesen beiden Aufstellungsformen von Skulptur gibt

es als untergeordnete Möglichkeit an der Kathedrale noch zwei andere.

Skulptur steht unter flachen Arkaden, gleichsam in die Fläche projizierten Baldachinen. Für die Monumentalskulptur ist diese Aufstellung selten. Sie zeigen die vier Statuen an den Strebepfeilern der Hauptfassade von Notre-Dame und die Königsgalerien (die man aber auch als gleichsam in den Bau hineingezogene Reihen von Stützenbaldachinen auffassen kann). Häufig steht unter Arkaden Reliefskulptur geringeren Formats; zum Beispiel am Sockel des Beau-Dieu und der Vierge Dorée von Amiens, an den Gewänden der Südvorhalle von Chartres und des Mittelportals in Amiens.

Die seltenste Aufstellungsweise der Vollskulptur ist die als freie Endigung von Baugliedern. Man muß hier mit dem Urteil sehr vorsichtig sein, denn ein großer Teil der Bildwerke an solchen Stellen scheint auf die Restauratoren des 19. Jahrhunderts zurückzugehen. Die klassische Kathedrale stellt sogar an Stellen, wo man es nicht erwarten würde, die Skulptur unter Baldachine: die scheinbar frei als Endigung auf der Spitze der Strebepfeiler stehenden Figuren auf der Zeichnung der Chorseite von Reims in Villard de Honnecourts Hüttenbuch (Hahnloser Tafel 61) haben bei genauerem Zusehen über sich noch kleine Mauerkronenbaldachine (Abb. Seite 75).

Ja sogar über einzelne vollplastische Köpfe setzt man Baldachine, wie z. B. im Umgang der Kathedrale von Auxerre.*)

Die Kathedrale bietet also die Möglichkeit, dieselbe Figur unter sehr verschiedene anschauliche Bedingungen zu versetzen und zwar unter solche, die uns durchaus ungewohnt sind. Die *Baldachine* bedeuten für die Statue dasselbe, was die Baldachine für den Innenraum bedeuten: Verräumlichung. Man muß sich nur einmal die gesamte romanische Plastik vor Augen rufen, um den Unterschied anschaulich zu haben. Der Baldachin schafft eine Raumhülse und eine, wenn auch noch so geringe, freiräumliche Entfaltungs-Sphäre um die Vollfigur. Anderseits bewirkt er ihre Vereinzelung. Dabei ergeben die hier geschilderten Typen der Aufstellung Übergänge von einem *beinahe* vollplastischen Aspekt zu einem beinahe flächenhaften. Damit soll nicht behauptet werden, daß tatsächlich *jede* Figur für den besonderen Aufstellungsort berechnet ist, an dem sie erscheint; in dem Großbetrieb der Kathedrale, der sich über Jahrzehnte, ja Jahrhunderte hinzog, wäre das undenkbar. Aber grundsätzlich ist diese Möglichkeit gegeben und oft mit weisestem Gefühl für die Wertigkeit plastischer Formen ausgenutzt.

*) Abbildungen bei King, The studybook of medieval architecture, London 1868, Bd I, Tafel 33 H.

Übergreifende Formen und Statuen am Chor der Kathedrale von Reims

KAPITEL 17

Das Schweben der Skulptur

Nicht weniger ungewöhnlich als die Krönung der Statuen durch Baldachine und ihr Einschließen in Fialen-Gehäuse ist die Anbringung der Figuren. Auch da gibt es viel Möglichkeiten: von einem Angeheftetsein an die Säulen der Portalgewände bis zu einem festen Fußen auf Postamenten und Sockeln.

Unter die Füße der Figuren, die nicht auf einer horizontalen Fläche stehen, sondern steil nach unten weisen, sind plastische Wülste geschoben, welche die Gestalt von Tieren, Dämonen oder auch von Wolken haben können und konsolenartig zu dem Säulenschaft vermitteln, an den die Figuren angeheftet sind (Chartres Südportale). Von da ausgehend gibt es Übergänge — welche verschiedenen historischen Entwicklungsstufen entsprechen — von einem noch sehr labilen „Stehen", zum Beispiel auf den abschüssigen Flächen eines kleinen Giebeldachs (Clemen-Hürlimann Tafel 48), bis zu einer Verwandlung dieser unfesten Gebilde in feste Konsolen mit horizontaler Standfläche.

Diese Konsolen nehmen häufig selbst die Form von Baldachinkronen an, oder, genauer, die Form des *unteren* Teils solcher Baldachine: Arkaden und Mauer-Motive. Zwischen diese architektonischen Konsolen und die Füße der Figuren können sich — das ist noch kaum beachtet worden — Wolkenkissen schieben: die Figuren fußen auf Unfestem. In dem Schatten dieser Fußbaldachine nistet eine verborgene, noch kaum erforschte Welt von dämonischen und grotesken Wesen. Bei dieser Aufstellungsweise sind die Figuren eingespannt zwischen zwei schwebende Pole, denn es kann kein Zweifel sein, daß jene Mauer- und Stadtkronenbaldachine als schwebend gemeint sind, und werden dadurch selbst in einen Zustand des Schwebens — richtiger des In-Schwebe-Seins — versetzt. Diese Aufstellungsweise verbindet also „die kubische Existenz der skulpierten Figur mit dem Eindruck der Schwerefreiheit (Schwebung). Dieser Eindruck der Schwerefreiheit konnte sinnfällig nur dann erreicht werden, wenn der Körper als über den Boden erhoben gezeigt wurde" (H. Jantzen). Das Eingespanntsein zwischen zwei Kronenbaldachine (oder zwischen Rudimente von solchen) ist die kanonische Form der Anbringung von Skulptur in den Archivolten der Portale. Die Krönung der unteren Figur ist zugleich Träger der oberen.

Freilich ist diese „Schwebung" der Skulptur — die zuerst H. Jantzen beschrieben hat — kein natürliches Schweben wie in den Deckengemälden des Barock, wo die himmlischen Gestalten im Äther, in ihrem „Element", wie in Wasser schwimmen. Es ist kein dynamisches Schweben wie in den Stuckglorien des Barock, wo verklärte Leiber von Wolken hinaufgetragen werden. Aber das Stehen auf Wolkenbänken oder zwischen schwebenden Architektur-Nimben ist doch wie eine nichtillusionistische Vorform dazu (Tafel II). Es ist ein übernatürliches und statisches In-Schwebe-Sein, anschaulich entsprechend dem Schweben architektonischer Gefüge, wie wir es am Innen- und Außenbau der Kathedrale beschrieben haben. „Das Problem der gotischen Säulenfigur ist identisch mit dem Problem der im gotischen Raum schwerelos aufwachsenden Hochschiffswand" und noch mehr, fügen wir hinzu, mit dem Schweben der den Bau konstituirenden Baldachine — „deren technischer Stützpunkt außerhalb des Wandkörpers im Strebewerk liegt." Was Jantzen hier konstatiert, ist an der hl. Anna am Trumeau von Chartres Nord in exemplarischer Reinheit sichtbar geworden.

Daneben gibt es an der Kathedrale aber auch stehende Skulptur, gibt es die Statue. Sie gehört, im großen ganzen gesehen, zu den Baldachinfialen. Unter diesen stehen die Statuen auf festen struktiven Sockeln, und das — für unsere durch die Renaissance bestimmte Auffassung — Ungewöhnliche ist nur, daß diese Sockel auffallend schmal im Verhältnis zu den Körpern der Statuen sind, oft absichtlich so gebildet, daß sie noch schmäler erscheinen (Engel-Strebepfeiler von Reims) und daß sie den Schwerpunkt der Figuren auffallend hoch in den oberen Teil ihres Baldachingehäuses emporheben. Der eine Extremfall ist dabei, daß der Träger der Statue sich in eine pilzförmige „Kolbenstange" verwandelt, deren schattender Teller den tragenden Schaft aufzehrt. Wenn die Fialen in großer Höhe sich durchsichtig gegen den freien Luftraum abheben, kommt es geradezu zu einer „Illusion" des Schwebens.*) Das andere Extrem ist ein antikisch gewichtiges Stehen auf niedrigen Sockelplatten; Beispiel: die schweren Gestalten des Sixtus-Portals von Reims, auf ihrer niedrigen Sockelbank.

Wie Figuren an Säulen angeheftet sein können, so kann in der klassischen Kathedrale auch das Ornament der Kapitelle in einer sehr sonderbaren Weise angebracht sein: die naturnah gestalteten Zweige und Blätter sind nicht mit dem Kelch des Kapitells verwachsen, sondern legen sich um den nackten Schaft, der nur durch Ringwülste eine Kapitellzone angedeutet hat, frei herum. Auch diese Blattkränze schweben, oder richtiger: sie halten sich „in Schwebe".

---

*) Wie ähnliche Gedanken gleiche Formen erzeugen, dafür gibt ein merkwürdiges Beispiel eine Darstellungsweise des Schwebens bei primitiven Völkern (z. B. auf Madagaskar): der Tänzer, der einen schwebenden Adler „abbildet", steht auf einem dünnen, gedrehten und verzierten Pfahl, dessen oberes Ende sich zu einer Art Teller verbreitert (Abbildung bei F. Schnack, Große Insel Madagaskar).

KAPITEL 18

Labile und antipodische Formen

Eine der absurdesten Formen der Kathedrale kann man an den Strebebogen des Langhauses von Chartres beobachten. Die Mauermasse der Strebe-Brücke ist von einer kurzstämmigen Rundbogenarkade durchbrochen, die einen oberen Bogen trägt und auf einem unteren Bogen fußt. (An den Strebebrücken des Chors ist die Arkade spitzbogig und von dünnen Pfosten getragen.) Dabei stehen die Träger dieser Arkaden nicht senkrecht zur Erde, sondern senkrecht zu dem Kurvensegment, auf dem sie fußen; die Arkade macht die Krümmung des unteren Bogens mit, ihre Säulchen *taumeln* (Tafel III). Die Labilität dieser Form ist extrem und in allem Bauen vor und nach der Gotik undenkbar; höchstens in der „modernen" Baukunst um 1920 könnte es dem Grade, nicht der Art nach Ähnliches geben.

An Strebepfeilern ist dieses Motiv von Chartres einzig in seiner Art, aber das gleiche Phänomen liegt einer der wesentlichsten Formen der Kathedrale zugrunde: den großen Fensterrosen der Fassaden. Unsere Anschauung, die so wenig bereit und geübt ist, ins einzelne zu gehen, sieht impressionistisch ungenau an dieser Stelle zunächst nur ein Spitzenmuster, eine Blütenform, ein „Maßwerk". Kaum einmal findet man es hervorgehoben, daß dieses Muster an der Mehrzahl der frühen Fensterrosen in der Hauptsache durch eine kreisende Arkade gebildet wird: also das Motiv der Strebepfeiler von Chartres zum vollen Kreis geschlossen hat. Neben einer Form, bei der die Scheitel der Arkade an der Peripherie liegen, kommt eine zweite vor, bei der sie am Zentrum zusammentreffen — in dem einen Fall konvergieren die Träger der Arkade gegen den Fuß der Arkade, im anderen gegen ihren Scheitel. Später kommt sogar eine Form vor, die beide verschränkt (Rouen). In allen diesen Fällen gibt es Arkaden in *jeder* Lage zum Lot, also auch eine, die *auf dem Kopf* steht (Tafel V).

Die Begeisterung, mit der diese Form des Radfensters aufgegriffen wurde und überall eine rein ornamentale Aufteilung der Rundfenster verdrängte, läßt ahnen, *wie* tief sie einer aus dem Geist der Kathedrale selbst entspringenden Vorliebe entsprechen muß.

Wer nicht imstande ist, sich über das Unerhörte dieser Form, die jedem architektonischen Denken zutiefst widerspricht, zu wundern, dem kann sich etwas sehr Wesentliches an der Kathedrale nicht erschließen.

Die Gleichgültigkeit gegen das Einstellen von Formen in der Richtung der Schwerkraft äußert sich auch in der Anbringung

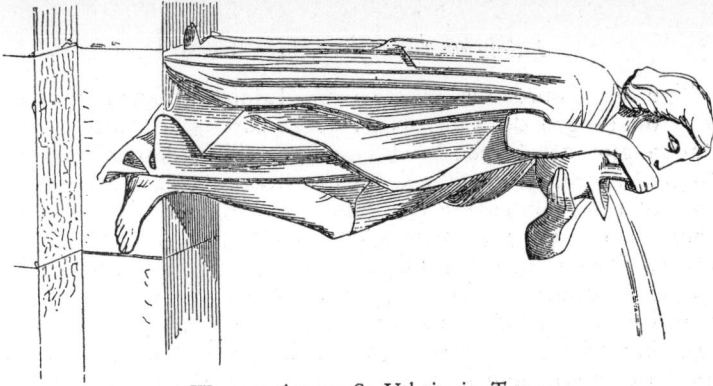

Wasserspeier an St. Urbain in Troyes

der Skulptur. Was den Säulen geschehen kann, kann — möchte man sagen — grundsätzlich auch der menschlichen Gestalt geschehen (und umgekehrt). So können in den Archivolten der Portale die Figuren die Krümmung der Bogenlaibungen mitmachen, sich samt ihren Sockeln und Kronen aus dem Lot neigen und im Scheitel des Bogens in einer der Horizontalen angenäherten Lage schweben. Ja im Extremfall kann eine menschliche *Standfigur* horizontal an der Wand befestigt werden: der wasserausgießende stehende Mann als Wasserspeier an St. Urbain in Troyes (Abb. oben).

Wenn man das alles erst wirklich gesehen hat, wird der Abscheu der Renaissance gegen den „Irrsinn" solcher Formen erst ganz verständlich.

KAPITEL 19

Verzerrte, überschnittene und gebogene Formen

In den Rad- und Rosenfenstern werden Formen nicht nur „auf den Kopf" gestellt, sondern zugleich auch verzerrt: die Arkadensäulen konvergieren oder divergieren. Hier ergibt sich diese Verzerrung zwangsläufig aus dem Einbauen einer Arkade in ein Rund oder das Segment eines Rundes.

Es kommt aber nicht nur in den Radfenstern, sondern auch an anderen Stellen vor, mit Vorliebe an den Turmhelmen. So wie senkrechte Wandflächen mit filigranen Blendarkaden verhüllt werden, um ihnen das Ungegliederte und Stumpfe zu nehmen, so können auch die langgezogenen Dreieckflächen, die einen Turmhelm bilden, in gleicher Weise gegliedert werden. Den Dreiecken werden Arkaden eingeschrieben, die das Kon-

79

vergieren der Dreieckschenkel in ihrer ganzen Struktur mitmachen: auch hier ergibt sich die bizarre Form verzerrter Arkaden mit gegen den Scheitel konvergierenden Arkadenträgern, z. B. an den Dächern der großen Fialen-Baldachine an der Hauptfront von Reims.

Diese verzerrten Arkaden können nun nach dem Prinzip der übergreifenden Form selbst wieder kleinere Arkaden übergreifen. Bei konvergierenden Arkadenträgern ergeben sich dabei die sonderbarsten Möglichkeiten. An der großen „Rose" von Reims zum Beispiel spannt sich eine große spitzbogige Arkade zwischen zwei konzentrische Kreise: ihre Scheitel berühren den „Radkranz"; ihre Stützen, gleichsam die „Felgen", fußen auf der Nabe. Jede dieser verzerrten Arkaden übergreift zwei kleine Dreipaß-Arkaden und eine rundbogige, auf deren Scheitel die beiden ersteren fußen. Maßwerk im Vierpaß füllt die Zwickel unter den Spitzbogen, Maßwerk im Dreipaß die Zwickel zwischen den Spitzbogen und dem äußeren Kreis. Mit Verwunderung entdeckt das Auge, daß hier das Motiv der übergreifenden Arkade, das ähnlich so oft an dem gleichen Bau vorkommt, kreisend und verzogen die prachtvolle Blütenform erzeugt, die man zuerst sieht.

In den Gewölben der englischen Spätgotik steigert sich dieses Motiv, auf gekrümmte Flächen komplizierter Drehkörper projiziert, zu phantastischen Bildungen. Auch gibt es in der Spätgotik in der ebenen Kreisfläche sphärisch verzerrte („verzogene") Bildungen.*) Wenn irgendwo, so hat es hier einen Sinn, von „nichteuklidischem" Ornament, ja auch von verzerrter Architektur zu sprechen. Auch im Grundriß der Kathedralen — nämlich in den Chorumgängen — gibt es sphärisch verzogene Baldachine, also Raum-, nicht Flächenformen.

Zu den „Bizzarrerien" der Kathedrale gehört auch die Form der „hinkenden" Arkade, die in den durchsichtigen Harfen der Strebebrücken am Chor von Amiens erscheint. Hier spannt sich zwischen den oberen Strebebalken und den unteren Strebebogen eine Arkade, deren Stützen alle in der Lotrechten stehen und, da der Abstand zwischen gerader Schräge und Kurve an verschiedenen Stellen verschieden groß ist, je nach ihrer Stellung gekürzt oder verlängert sind. Es sieht aus, als ob eine zwischen parallelen Schrägen in gleichmäßiger Treppe ansteigende Arkade in ihrer Basis durch eine Kurve unregelmäßig abgeschnitten worden wäre, und als anschaulicher Eindruck dieses Abgeschnittenseins der Füße ergibt sich: die Arkade „hinkt". Das ist eine Form, die außerhalb der gotischen Anschauung als „Unform" aus-

---

*) Vgl. zum Beispiel die Wirbel der Abb. 13 bei L. Behling.

geschlossen ist. Ansteigende Arkaden gibt es auch an den Giebeln romanischer Bauten, besonders in Italien; dabei kommen zwei Arten der Staffelung vor. Bei der einen sind die Träger gleich lang, das Ansteigen besorgen steigende Arkadenbogen, die sie verbinden. Bei der anderen sind die Arkadenbogen normal, das Ansteigen wird durch Verkürzung der Stützen um je eine Treppenstufe erreicht. In beiden Fällen aber vollzieht sich das Ansteigen auf einer treppenförmigen, aus Horizontalen und Vertikalen gefügten Basis. Hier aber gleitet die Basis der steigenden Arkade in abschüssiger Kurve ab. (Die Einzelarkade ist wiederum in einfacher übergreifender Form gebaut.)

An diesem Einzelmotiv kann man noch einmal die Vorliebe für „labiles Stehen", das in der Skulptur erkennbar wurde, feststellen und zugleich in prägnantester Weise die Gleichgültigkeit der Gotik gegen fixierte Proportionen einsehen: ein und dieselbe Arkade wird von verschieden langen Stützen getragen — so wie anderseits über ein und demselben Stützen-Intervall sich Spitzbogen ganz verschiedener Höhe bilden können.

Eine noch andere extrem anti-antike Möglichkeit des Gestaltens ist es, ursprünglich vertikale Formelemente in Kurven umzubiegen. So werden zum Beispiel in Reims die Strebebogen an ihrer oberen und unteren Kante von einem schlanken Rundstab eingefaßt, ganz ähnlich dem, der außen die Ränder der Hochfenster rahmt. Sehr bezeichnend ist es dabei, daß diese Glieder — ganz wie vertikale Dienste — mit einer ausgebildeten Basis beginnen. Man hat den Eindruck eines dünnen Säulchens, das umgebogen worden ist wie ein Bäumchen oder ein Stengel. Von dieser Form her *sieht* man erst, daß in der entwickelten Gotik auch die Rippen der Wölbung als ein Umbiegen der vertikalen Dienste aufgefaßt werden, was darin zum Ausdruck kommt, daß das Kapitell der Dienste jetzt ganz verschwindet.

Erst in den extremsten „Auswüchsen" des Barock — so in den gebogenen, „sitzenden" Säulen Pozzos — kann es, ganz vereinzelt, gebogene „Ordnungen" geben.

KAPITEL 20

Das Größte und das Kleinste
Gradualismus und Kumulation

Betrachtet man mit den bisher gewonnenen „Anschauungen" das Gesamtgefüge der Kathedrale, so wird das Auge noch Manches finden, worüber es sich wundern muß.

Eines davon ist die ungeheure Spannweite der Größenverhältnisse zwischen den größten und den kleinsten Formen *gleicher*

Art, die noch fest mit dem Bau verbunden sind. Starke Spannungen zwischen großen und kleinen Formen gibt es selbstverständlich an Bauwerken aller Zeiten. Hier aber erreichen *die gleichen* Formen, die im kleinen die großen wiederholen, Maße von Verkleinerungen — oder, von den kleinen her gesehen, die großen Maße der Vergrößerungen, — wie an keiner anderen Architektur. Da gibt es riesige Baldachine von 40 Meter Scheitelhöhe, der Höhe eines achtstöckigen Hauses, und solche von der Größe eines Puppenhauses oder einer Miniatur. Es gibt Splitterflächen so hoch wie mittelalterliche Giebelhäuser, und solche von allerkleinstem Maß. Es gibt Kreuzblumen, deren Plattform vielen Menschen Raum bietet, und solche — noch ebenso fest mit dem Bau verbundene — die man mit zwei Fingern umspannen kann. Vor den größten Formen fühlt man sich winzig wie in Brobdingnag, vor den kleinsten riesig wie in Liliput. Zahlenmäßig hält sich die Spannweite der gleichen Motive am Bau in dem relativ bescheidenen, fürs Auge aber überwältigenden Verhältnis von ungefähr 1 : 100. Nimmt man dazu aber Kleinformen der Ausstattung, welche die großen Formen wiederholen, z. B. Monstranzen, Reliquiare, Bücher, so dürften Spannungen bis zu 1 : 1000 und noch größere vorkommen.

Diese Formen verraten eine Ausweitung des Dimensions-Gefühls, die der Antike ganz fremd ist. Sie fordern den Beschauer auf, es mitzumachen, und zwar weit über die physischen Möglichkeiten seines Sehen-Könnens hinaus. Sein Auge wird gezwungen, von den Formen her, die er klar und gewissermaßen in menschlichen Verhältnissen erfassen kann, bis ins Kleinste hinabzusteigen und sich wieder bis zur Erfassung des schier unfaßbar Großen auszuweiten. Von einem Standpunkt zum Beispiel, von dem aus man die großen Splitterflächen an der Fassade von Reims gut erfassen kann, kann man kleine und immer kleinere Formen gleicher Art absteigend überall an der Fassade erkennen, dann nur noch ahnen. Um sie aber scharf zu sehen, müßte man das Auge eines Falken haben. Man kann sagen, daß erst seit der Erfindung des Teleskops die Einzelheiten der Kathedralen wirklich zu *sehen* sind.

Dieses Erlebnis bietet uns die organische Natur höchstens in Ansätzen, in gewissen ihrer Bereiche; im allgemeinen sind die Spannungen zwischen der größten und der kleinsten Ausprägung der *gleichen* Form viel geringer. Ein Baum, der Blätter trüge, die sich verhielten wie eins zu hundert, wäre etwas sehr Sonderbares. Aber es gibt solche Abstände in der Welt der Kristalle, es gibt sie im ganzen Kosmos. Im alltäglichen Erleben gibt es etwas Ähnliches, wenn wir bei Goldschmiedearbeiten die Lupe aufsetzen müssen, um die kleinsten Einzelheiten noch scharf zu erkennen, was bei antiken Goldschmiedearbeiten nie gefordert werden könnte. Und es gibt dieses Erlebnis vor Bildern der Van Eyck und ihrer Nachfolge, in denen sich in einem kleinen Spiegel ein Stück Welt verkleinert aber klar spiegelt — und ein winziger Kiesel noch so deutlich zu sehen ist, wie große Dinge in einem umgekehrten Fernglas.

Man kann sagen: objektiv ist in dieser Hinsicht die Kathedrale die Analogie des Kosmos — wirklich ein Mikrokosmos; das oft mißbrauchte Wort hat hier einen prägnanten Sinn. Subjektiv genommen erscheint sie nicht für das Auge eines Menschen geschaffen, ist in ihrem Bau „impressionistisch" als Augeneindruck nicht zu erfassen, sondern nur in einem geistigen Transzendieren des körperlichen Sehens: Ahnen und Vorstellen muß mit dem Sehen zusammenarbeiten zur „Vision" des Ganzen.

Dabei wird der Geist und das Auge vom Größten zum Kleinsten über vermittelnde Stufen geführt. In den Einschachtelungen der oben beschriebenen „übergreifenden Form" steigt man von großen Formen über kleinere zu kleinsten ab und umgekehrt wieder auf. Überall vermitteln mittlere Stufen zwischen den Extremen; und indem sie unter den kleinsten, von einem bestimmten Standpunkt her noch voll sichtbaren, noch kleinere ahnen lassen, setzen sie das geistige Sehen über das körperliche hinaus fort.

Ein Beziehen der Kathedrale auf das Maß der menschlichen Gestalt, wie es der Klassizismus versucht hat, widerspricht ihrem Wesen.

Mit dem *Unübersehbaren* hängt zusammen das Prinzip der großen Zahl, der Häufung gleichartiger Formen. Schon die Zahl der einzelnen großen Raumzellen, aus denen sich der Innenraum der Kathedrale zusammenbaut, ist weit größer als an jedem romanischen Bau. Die Zahl der Splitterflächen, die in Reihen und Bündeln die Fassade des Risses B von Straßburg bilden, ist buchstäblich kaum mehr zu zählen. Die Zahl der „Krabben" ist „Legion". Die Archivolten eines *einzigen* großen Kathedralen-Portals, wie des Mittelportals in Reims, tragen über 70 Figuren. Die volle plastische Besetzung einer Kathedrale hat man auf 2 000 Figuren geschätzt. Wohl nur in der indischen Kunst gibt es eine solche, und manchmal noch größere, Häufung von Skulptur. Die Glasfenster der Sainte Chapelle — eines verhältnismäßig kleinen Baus — schließen 1 500 Figuren ein, die 125 Fenster von Notre-Dame in Chartres angeblich rund 10 000 Figuren. Es gibt wohl in der ganzen Weltgeschichte der Kunst keine gemalten Zyklen von diesem Umfang.

KAPITEL 21

Die Stofflichkeit der Kathedrale

Die Kathedrale ist tatsächlich nur Stein und Glas. Aber gemeint sind mit ihrem Gefüge andere Materialien. Ganz gewiß ist das bei den Glasfenstern. Sie leuchten nicht nur ähnlich wie Rubine und Saphire, sondern sie sollen wirklich den Eindruck von edelsteinernen Wänden machen — und tun das auch. Aber dasselbe gilt auch für den ursprünglich bemalten oder vergoldeten Stein. An manchen Stellen, wie an den vergoldeten Fensterrosen, ist ganz offenbar Gold mit ihm gemeint, an anderen Stellen eine Art verklärter, sublimierter Stein. Man hat oft auf das Goldschmiedartige des Steinwerks hingewiesen. Dieser Hinweis ist mehr als ein „poetischer" Vergleich — er beschreibt richtig ein Phänomen der Kathedrale. Die ideale Stofflichkeit, die dem gotischen Künstler für das Bauwerk vorschwebte, finden wir in manchen Goldschmiedearbeiten — zum Beispiel Reliquiaren der klassischen Zeit — verwirklicht. Von den Dächern der gotischen Kathedralen behauptet Viollet-le-Duc: „Manchmal brachten Glastafeln, auf dem Fond mittelst Kitt befestigt und mit einer Unterlage von Zinn oder Gold versehen, sehr lebhafte Lichteffekte zwischen den matten Tönen hervor." Heute, wo die alte Fassung des Steins verschwunden ist, kommt sie uns nur ausnahmsweise zu Bewußtsein, am besten dort, wo die alten Glasfenster noch funkeln und den Stein in ihrem Licht verwandeln. Wir müssen uns die Kathedrale nicht nur farbig vorstellen, sondern sie ganz in die Atmosphäre dieser Stoffe tauchen, um sie so zu sehen, wie sie gemeint war. Dann werden ganz andere Ausdruckswerte lebendig. Der Bau soll „leuchten", „funkeln", „glitzern", „gleißen". Deshalb höht Schnee, der auf der Kathedrale liegt und von der Sonne beschienen wird, ihre Erscheinung auf. Er bleibt ganz anders als an nachmittelalterlichen Bauten nirgends in kompakten Polstern liegen, sondern zeichnet mit glitzernden Punkten und Linien die Formen nach, gleichsam wie die einzelnen Kerzen bei einer Illumination, und das Licht der Sonne gibt dem Gespinst der Formen etwas von dem ihm natürlichen Glanz.

Merkwürdig ist, daß auch das vegetabilische Ornament an diesem Juwelenhaften des ganzen Gefüges teilhaben kann. Auch die skulpierten Pflanzen werden als etwas den Edelsteinen Verwandtes empfunden — eine Auffassung, für die viel später die gotische Malerei noch manchen Beweis bringen wird. Uns erscheint eine Blüte eher verwandt einem Schmetterling oder Vogel, ein Blatt einer Feder, ein Baum einer Wolke. Für die Gotik besitzen sie aber die eigentümliche Qualität des „Juwels".

So kann auch das Blut, das aus der Seitenwunde Christi quillt, durch Rubine dargestellt werden (so schon an dem berühmten Hochkreuz, das Abt Suger für St. Denis anfertigen ließ).

Neben dem Edelstein ist das materielle Ideal der Kathedrale der Kristall. Kristallhaft ist zunächst schon ihr räumliches Gefüge. Abgesehen von der Wölbung gibt es an der Kathedrale nur ausgespannte, ebene Flächen; Krümmungen sind ausgeschlossen; im Grundriß baut sie sich aus „Eckpunkten" und Geraden auf. So wie ein Kristall ist sie nur von Ebenen und Kanten begrenzt, und in ihrem Gefüge ein Gitter. Darin liegt das „Spröde" des gotischen Raums. Kristallhaft ist aber auch ihr Verhältnis zum Licht. Und zwar einmal das Durchsichtige, Durchschienene. Dann aber auch das „Leuchten von innen heraus", das wir als Grundphänomen der gotischen Wand beschrieben haben: „Denn auch der Kristall ist eine Quelle reinen durchsichtigen Glanzes — er leuchtet gleichsam von innen her", wie es der Volksglauben von den Edelsteinen annimmt, die ja Kristalle sind. „Das Feuer aber, das man an ihnen rühmt, ist jener gesteigerte Glanz, jenes eigene Leuchten, das wie eine geheimnisvolle Kraft von ihnen ausgeht und sich den Dingen mitzuteilen scheint" (Killian). Kein Wunder, daß eine Phänomenologie des Kristalls stellenweise zu Sätzen kommt, die geradezu Phänomene der Kathedrale beschreiben. Wie der Kristall steht ihr Bau in innerer Affinität zum Licht.

Trotz allem wäre es falsch zu sagen, die Kathedrale verleugne den Stein-Charakter; sie bewahrt ihn durchaus, idealisiert ihn nur, und zwar nach zwei Richtungen hin. Einerseits auf das Edelsteinartige, Verklärte, Un-Dumpfe und Kristallhafte. Anderseits — das darf an der klassischen Kathedrale nicht übersehen werden — auf das Lebendige, Warme, Sinnliche, im ganzen aber auf das von *Geist* und *Blut* Erfüllte hin (Bedeutung der roten Farbe für die klassische Kathedrale nach Karl Oettinger). Erst die „doktrinäre" Gotik wird diese zweite Tendenz austreiben und am Bau damit das Organische verdorren lassen und skeletthaft machen.

KAPITEL 22

Die Spiegelung der Kathedrale im Gralstempel des Jüngeren Titurel

Bisher haben wir rein aus der eingehenden Betrachtung der Kathedrale die Einstellung wiederzugewinnen versucht, in der diese oft so befremdlichen Phänomene überhaupt sichtbar werden. Die so gewonnenen „Anschauungen" werden bestätigt durch die Beschreibung des Gralstempels im „Jüngeren Titurel" des Albrecht von Scharffenberg, dessen Dichtung um 1260-70 entstanden ist.

Auf einer mehr als hundert Klafter breiten, glatten, mondhell schimmernden Platte eines Berges aus Onyx in Salvaterre in Spanien erhebt sich der Tempel als gewaltige Rotunde mit einem dem heiligen Geist zu weihenden Hauptchor im Osten, drei Portalen nach den anderen Himmelsrichtungen und einem Kranz von 72 achteckigen Chorkapellen und 36 sechsstöckigen Glockentürmen.

Man sollte nicht mehr bestreiten, daß dem Dichter dabei ein zum vollen Vieleck ergänzter, ins Phantastische übertriebener Chor einer gotischen Kathedrale vorgeschwebt hat. Schon allein die ausführliche Schilderung der Fenster weist zweifellos auf eine entwickelte gotische Architektur. Das Ganze ist gegenüber dem Vorbild „multipliziert" und zugleich, was Einzelformen anbelangt, ins Deutsche übersetzt: die Glockentürme zum Beispiel sind in Türme verwandelte Strebepfeiler, die den Bau umringen. Deutsch ist auch die Ergänzung zum vollen Zentralbau, in derselben Weise, wie die Liebfrauenkirche von Trier den Chor einer französischen Kirche zum vollen Vieleck ergänzt — doch könnte dabei auch das Vorbild der runden Templerkirchen mitgespielt haben —; deutsch und zugleich typisch für die Stufe um 1260 ist die gewaltige Kumulation von Einzelelementen, wie sie in anderer Weise auch die Risse für Straßburg zeigen. Gotisch-französisch ist aber die Stofflichkeit des Baus. Die Ausmalung mit scheinbar frei erfundenen Einzelheiten verrät ein großes Feingefühl des Dichters für die Formenwelt der Kathedrale; sein Werk „bekundet deutlich und umfassend wie kein anderes Werk der Zeit gotische Geisteshaltung" (Schwietering).

In der dichterischen Beschreibung dieses Wunderbaus kehrt nun fast jedes der von uns bisher herausgearbeiteten Phänomene der Kathedrale wieder und bestätigt, daß auch für die entzückten Zeitgenossen dieselben Dinge wichtig waren wie für uns.

Erstens: Der Eindruck des *Schwebens*. Von einem Schweben des ganzen Gralstempels wird zwar nicht mit ausdrücklichen Worten gesprochen, aber wenn man sich die geschliffene Scheibe aus Onyx vorstellt, auf welcher der Bau sich erhebt, so steht der Tempel auf etwas nur für das Tastgefühl, nicht aber für das Auge Festem: er schwebt. Daß wir richtig interpretieren, zeigt das Motiv der goldenen Adler, die die Turmspitzen des Grals-tempels krönen: sie sind auf Kreuze aus durchsichtigem Kristall aufgelötet, damit sie — nach den eigenen Worten des dich-terischen Berichts — frei zu schweben scheinen:

„Ûz gold ein ar gerötet gefiuret und gefunket,
ûf ieglîch kriuz gelötet: verre sehnde nieman des bedunket,
wan daz er vlügelinge selbe swebete:
daz kriuz er von der lûter gesiht verlôs, darûf er sich
                                                 enthebete."

Anschaulich dasselbe bedeuten jene Bauten auf gläsernen Bergen, wie sie in anderen Schilderungen phantastischer Architekturen in der gleichen Zeit vorkommen. Hier erscheint also das Motiv der schwebenden Architektur und der schwebenden Skulptur.

Im Innenraum des Gralstempels ist der Fußboden dem Meere nachgebildet: über dem spiegelblanken Onyxgrund liegt eine Kristallschicht wie eine klare Eisdecke, zwischen beiden Schichten gleiten von Gebläsen getriebene edelsteinerne Fische umher. Das letztere phantastische Motiv — ein Beitrag zum Prinzip des Labilen, denn der Bau erhebt sich nun gleichsam auf einem Meer — ist hier etwas Einmaliges. Die Schilderung des blank polierten, spiegelnden Fußbodens begegnet dagegen in Architekturbeschreibungen des 13. Jahrhunderts häufig. „Der estrich war als ein Glas, lûter, grüne, spiegelvar" oder er ist überhaupt ein Spiegel. Das wirft die Frage auf, ob nicht auch in der Kathedrale — mindestens in der nachklassischen — der Stein des Fußbodens auf Hochglanz poliert war. Ist man erst einmal auf diese Möglichkeit aufmerksam geworden, so scheint es unwahrscheinlich, daß bei dem überall sich äußernden „Sinn für eine neue Raumweitung, die jede stumpfe Begrenzung meidet und überall zum Lichten und Belebten strebt", diese große Fläche opaker Materie stehen geblieben wäre.

Für das Schweben der Skulptur gibt es im „Jüngeren Titurel" weitere Belege. Schwebende Engel tragen die Balsamlampen in jedem Chor:

„Dar ob dann engel swebten zwô klâfter hôch gemezzen,
als si di lieht dâ hebten und operhalp wart mit gesicht ver-
                                                          gezzen
der strang, swie si die engel musten halten
unz ûf an das gewelbe"

(die Stricke verschwanden für das Auge). Überhaupt spielt das Wort „sweben" eine große Rolle.

Daß auch das Licht als schwebend — und zwar herabschwebend — empfunden wird, dafür gibt es Belege an anderer Stelle des „Jüngeren Titurel": „daz lieht von hohe swebende".

Zweitens: *Das Baldachinmotiv.* In der Schilderung des Gralstempels werden die Gewölbe so beschrieben:

„Die cleinen und die grôzen gewelb gar unverdrozzen
mit swîbogen understôzen ie von vier ecken uber sich ge-
slozzen,
und dâ di ecke nider was gesetzet
evangelisten viere warn ie dâ mit rîchheit nicht geletzet."

Das Gewölbe, das von je vier „sich setzenden" Ecken aufsteigt und mit „swîbogen" unterfangen ist, ist die klare, exakte
Beschreibung eines Kreuzrippengewölbes. Da aber die Wand des
Baus durchsichtig ist, handelt es sich zweifellos um Baldachine.
Das Eigentümliche eines Baldachingewölbes tritt sehr klar hervor an einer anderen Stelle. Dort ist die Rede von einem Gewölbe, „das sich auf Säulen setzet": in unserer Terminologie also
von einem Baldachin. Bemerkenswert ist dabei, daß das Gewölbe
in dieser Redensart als *von oben sich herabsenkend* empfunden
wird.

Baldachine über Heiligenstatuen werden ausdrücklich beschrieben: sie heißen „ciborie" (Strophe 329).

Drittens: *Die durchsichtigen und leuchtenden Wände.* Bezeichnenderweise werden Fenster und Wand nie scharf unterschieden.
Die Fenster sind statt aus Glas aus Edelstein, nicht anders wie
das Gewölbe, oder aus „lieht cristallen", aber auch die ganze
Wand ist aus vielfarbigem, zum Teil leuchtendem oder licht-
durchlässigem Edelstein oder aus „clar lieht lûter gesteinen". An
anderen Stellen wird die Wand so geschildert, daß man durch sie
hindurchgehen kann: sie hat keine Türe, hindert aber nicht Ein-
und Austritt. Das ist eine sehr feine Umschreibung des „mysteriö-
sen" Charakters einer diaphanen Gitterwand. Auch in dem altfranzösischen Prosaroman vom heiligen Gral wird es so vorgestellt, daß die Evangelisten durch das Glas der Fenster schrei-
ten, ohne es zu verletzen.

Viertens: *Labile und bewegliche Formen.* Zu dem Motiv der
unter dem Onyxboden herumgleitenden edelsteinernen Fische
kommen andere. Laubgewinde aus Goldschmiedearbeit, mit
Emailen naturalistisch gefärbt (wie zweifellos auch das Blattwerk der steinernen Kapitelle in den Kathedralen grün gefaßt
war), hängen in den Kapellen über dem Chorgestühl in klafter-
langem Blättersturz herab und *schwanken* und klingen bei jedem
Lufthauch leise. Das ist nicht so zu deuten, als ob es solche Arbeiten wirklich gegeben hätte, sondern als poetisches Weiter-
spinnen eines Eindrucks, der an den Formen der wirklichen
Kathedrale, z. B. an dem naturfrischen Blattwerk ihrer Kapitelle, das scheinbar *Bewegliche* empfindet. Doch kennt auch die
Kathedrale faktisch bewegliche Gebilde. So läßt sich zum Beispiel an dem Lektions-Pult, das Villard de Honnecourt zeichnete

(Hahnloser Tafel 13), der Kopf des Adlers bewegen, „wenn der Diakon das Evangelium liest". Das Motiv des Engels aber, der aus dem Gewölbe herabfliegend das Himmelsbrot bringt, würde man gewiß für eine reine Phantasie gehalten haben, wenn es nicht für die wirkliche Kathedrale historisch belegt wäre:

> „und swenne der priester singen wolt,
> sô wart eine borte aldâ gezücket.
> ein tûbe einn engel brâhte der kom ûz dem gewelbe
> herab geflücket.
> Ein rat in wieder furte enmitten an der snure
> mit fluge gên in rurte di tûbe und nam den engel, sam si fure
> ûz dem paradîse gelîch dem hêren geiste."

Fünftens: *Das Umringen einer Kernform durch Trabantenformen*. Wie positiv dieses Motiv gewertet wurde, zeigt sich aufs deutlichste daran, daß es hier für die Schilderung des idealen Sakralbaus benutzt und ins Phantastische übersteigert wird.

Sechstens: *Kumulation der Motive*. Die zweiundsiebzig Chöre, die an den Mittelbau anschließen, und die sechsunddreißig sechsstöckigen Glockentürme sind Ausdruck der an der wirklichen Kathedrale überall zu beobachtenden Neigung zur Häufung gleicher Formen. Der Gralstempel wird darin noch überboten von einem Tempel zu Ehren Mariä, den Albrecht von Scharffenberg im Geiste ersinnt (Lichtenberg Seite 44): „vor dem die Herrlichkeit des Gralstempels etwas verschwindend Kleines sei; eine Meile soll er im Durchmesser haben, ein Kranz von 500 Chören, von denen jeder die Größe des Gralstempels hat, soll ihn umgeben." Erinnert man sich daran, daß im Zentrum des Gralstempels unter der Vierung als Allerheiligstes eine kleine Nachbildung des Tempels mit einem Altar im Hauptraum steht, wo der Gral aufbewahrt wird, so ermißt man die *Ausweitung des Dimensionsbewußtseins* ins Kleine und ins Große, Übergroße.

Siebentens: *Die neue Stofflichkeit*. Nirgends ist von ungeläutertem Stein die Rede. Der Gralstempel besteht „ûz edelm lieht gesteine", aus Edelsteinen, Kristall, Glas, Gold, edlen Metallen, Email und Edelholz (lignum aloë). Auch das Gewölbe ist aus edlem Material: „Von dort erstrahlen auf reinem Saphirgrund (also auf tiefem Blau) gold- und silberfarbene Edelsteine als Sonne und Mond und helle Karfunkel (hellrot) als Sterne. Perlen und Korallen folgen der Rippenführung, Smaragde sind die Schlußsteine." Es ist der typische Blau-Rot-Gold-Grundakkord der Kathedrale und gleichsam die platonische Idee ihrer Stofflichkeit dargestellt.

Achtens: *Die Lichtfülle*. Die ganze Schilderung des Wunderbaus, „die von wirklicher Architekturanschauung getragen ist"

(Lichtenberg), wird durchstrahlt vom Erlebnis des Lichtes und des Lichten. Im Mittelpunkt der Schilderung steht die mystische Wirkung des durch farbige Fenster gebrochenen Sonnenlichts; zwölf Strophen (26-36 und 44) sprechen nur von dem Lichtglanz der Fenster, deren Erlebnis sich in vielen Einzelheiten wiederspiegelt: wie dem Auge das unerträgliche Feuer der Berylle und Kristalle durch farbige Steine gemildert wird, wie sich die lichtdurchglühten Steine, deren Namen an Überirdisches klingen, im roten Golde spiegeln und eindeutig starke Farben durch schwarzen Jaspis gehoben werden(!). Ineinanderflimmernde Farbflecken kleingemusterter Fenster steigern sich zu funkelndem Edelgestein, das den Raum mit künstlichem Sonnenlicht erfüllt und ihn durchgeistigt zu eigenem Erlebnis (Strophe 36):

„ie nach dem steine verwête sich di sunne / diu was durch
venster gebnde über al den tempel sunder ougenwonne."

„Der Titureldichter steigert sein Erlebnis über die Licht und Glanz strömenden Fenster hinaus zu unerhörter Wirkung. Edelsteine schmücken nicht nur die Fenster, sondern sind auch verschwenderisch über Wand und Wölbung gebreitet. Es leuchten also nicht nur die Fenster, sondern der ganze Raum strahlt und funkelt, alle feste Gewände, selbst das Gewölbe löst sich in lauter Glanz und Licht" (Schwietering 119 und 120). Die edelsteinerne Wölbung leuchtet in überirdischem Glanz wie das Firmament. In „liehter wîte" dehnt sich der Raum. Die Türen sind aus Gold. Aber auch die Dachflächen sind goldbelegt und zur Milderung der Blendwirkung mit plahmâl — das ist Nielloverzierung — versehen (siehe oben Kapitel 1).

Die Schilderung des Gralstempels bestätigt und kommentiert so in einzigartiger Weise nicht nur die oben festgestellten Phänomene der Kathedrale, sondern sie macht uns auf weitere, noch nicht beachtete, aufmerksam. So zum Beispiel auf die geänderte *Akustik* der Kathedrale:

„Swelcherleie stimme im tempel wart erklenget
Von edelkeit der gimme, von wîte und ouch von hoehe wart
gelenget
der widergalm *in hellem dône sueze*
gelîcher wîs dem walde, der wider gît im meien vöglîn
grueze."

Zusammenfassend: Alles, was Albrecht von Scharffenberg als Züge des Gralstempels schildert, kommt wirklich oder doch als „Intention" an der Kathedrale vor. Wer die Kathedralen des mittleren 13. Jahrhunderts durch die Brille der Gralstempel-Schilderung sieht, wird sie richtiger — nämlich vom spezifisch gotischen Erleben her — sehen als bisher. Für die klassische Kathedrale um 1220-30 sind allerdings gewisse Abstriche zu machen.

KAPITEL 23

Die verborgene Konstruktion und der „Illusionismus" der Kathedrale

Außer den bisher geschilderten, „in die Augen fallenden" Phänomenen der Kathedrale gibt es andere, die sich nur in einer besonderen Einstellung erschließen. Dazu gehören z. B. die höchst sinnreich und kunstvoll nach eigenen Systemen geordneten Maßverhältnisse, die von den romanischen in bezeichnender Weise abweichen. Für ihre Erschließung hat am meisten Walter Überwasser geleistet (vgl. dazu S. 536-37). Die Vermutungen Goodyears, wonach auch in den Kathedralen ein kunstvolles System absichtlicher Abweichung von der Norm der Vertikalen und Horizontalen als bewußte „refinements" festzustellen sei, hat sich freilich als unhaltbar erwiesen.

Zu diesen „verborgenen" Phänomenen der Kathedrale gehört auch die Konstruktion (über die eigentlich konstruktiven Probleme ausführlich im Anhang I).

Eigentümlich ist das Verhältnis, in dem die *tatsächlich* die Wölbung bildenden und sie tragenden Teile zu den *scheinbar* die Wölbung bildenden und tragenden Teilen und die tatsächlich den Raum nach außen abschließenden Mauern zu den scheinbar die Hochräume der Kirche begrenzenden „diaphanen" Wänden stehen. Von den Haupträumen der Kirche (Langhaus, Querschiff, Hochchor) her gesehen sind die Mauern verhüllt durch das oben geschilderte System „diaphaner" Wände. Auch die Träger der Wölbung sind zum Teil in und hinter diesen Wänden verborgen; statt ihrer scheinen die oben geschilderten unwirklich dünnen Stabbündel die Wölbung zu tragen, und die Wölbung selbst erscheint durch die Zartheit der sie gliedernden Kreuzrippen viel leichter, als sie tatsächlich ist. Niemand, der in die luftigen Gewölbe von Reims hinaufblickt, kann ahnen, daß sie massiver und schwerer gebildet sind als die meisten romanischen Wölbungen. Sie sind bis zu 60 cm dick.

Dieses Verhülltsein der technischen Konstruktion hat bisher am besten Pol Abraham gekennzeichnet. Er spricht von der „pratique constante de *la superposition* . . . *d'une architecture adventice à la maçonnerie nécessaire*", von dem Streben „de simuler dans l'éspace un *édifice ideal et aérien,* véritablement libéré des entraves de la matière, . . . isolé de la maçonnerie massive qui, d'ailleurs, la rend possible", von den „colonnettes adventices,

91

qui dissimulent *la pile utile, devenue absolument invisible* . . .
dans l'édifice même pour un spectateur non averti". Und zusammenfassend von dem *„procédé destiné à créer une illusion"*.

Damit ist das entscheidende Wort gefallen: im Verhältnis zu
der technischen Konstruktion ist die sichtbare Architektur der
Kathedrale eine *Illusions*-Architektur (Abb. Seite 93).

Darin ist aber ein weiterer rätselhafter Zug der Kathedrale
aufgedeckt. Ich spreche gar nicht davon, daß es von einem rein
konstruktiven Denken her nie zu verstehen ist, warum die
scheinbar die Wölbung tragenden Teile *noch* schlanker gebildet
werden als die ohnehin schon sehr schlanken verborgenen Pfeiler,
die faktisch die Wölbung tragen. Wenn in den normannischen
flachgedeckten Kirchenräumen vor der Wand sehr schlanke Glieder stehen, so haben diese Glieder keine struktive Funktion —
ein technisches Denken würde sie „dekorativ" nennen — und
können deshalb beliebig dimensioniert werden. Wenn aber in
einem System, das — technisch gesehen — ganz darauf aus ist,
tragende und füllende Teile zu sondern, die tragenden Teile
nicht in ihrer natürlichen Dimension sichtbar gemacht werden, wenn man sogar den Anschein zu erwecken versucht, als
stünden diese Glieder nicht fest auf der Erde, sondern schwebten
über unseren Häuptern, so kann das nicht mehr technisch verstanden werden. Schon Dehio hatte gesehen: „Die Dienstgruppe,
welche die Rippen der Hochschiffsgewölbe trägt, ist eine Kunstform und hat weit mehr ästhetische als konstruktive Bedeutung"
(Dehio II, 549). Kein technisch Denkender kann daran Gefallen
finden; ihm müßten die Hallenkirchen des Poitou, die ihre
schlanken Pfeiler in natürlichen Dimensionen zeigen, besser zu-
sagen und sein Ideal einer „gotischen" Konstruktion reiner verkörpern. Ein moderner, funktionell denkender Architekt, der
„das gotische System" darstellt, wird es immer in dieser „ver-
nünftigen" Form darstellen.

Aber auch rein künstlerisch genommen ist diese Diskrepanz
nicht befriedigend. Gerade das nur-ästhetisch gerichtete späte
19. und frühe 20. Jahrhundert hat — nachdem die fable con-
venue von der technischen Zweckmäßigkeit der Kathedralen-
Formenwelt aufgegeben war — der Kathedrale immer wieder
vorgeworfen, daß sie nicht „ehrlich", daß sie „unwahrhaft" sei,
daß sie etwas vortäusche.

Man hätte verstehen sollen, daß diese Absicht, etwas vorzu-
täuschen, typisch ist für eine an die Sinne sich wendende darstellende Kunst, für eine *Illusionskunst,* und man hätte fragen
müssen, *was* denn durch diese „unwahrhaften" Formen vorgetäuscht werden sollte. Gewiß ist diese Illusionsarchitektur von
ganz anderer Art als die „malerische" und „perspektivische"

Illusionsarchitektur: Notre-Dame in Dijon

Illusion barocker Architekturen, aber Illusion gibt auch sie. Illusion *wovon?*

*

Wenn man den ganzen Kreis der bisher geschilderten Phänomene überschaut hat, ist die Kathedrale noch viel rätselhafter als sie im ersten Eindruck erscheint. Um die vielen Rätsel, die sie aufgibt, zu lösen, ist es notwendig, über die ästhetischen und stilistischen Scheinerklärungen ebenso wie über die technizistische hinauszugehen.

III

DIE KATHEDRALE ALS ABBILD DES HIMMELS

„Ach, die Wiedergeburt beeilt sich nicht. Wie viel Studium ist nötig, um den alten Gedanken in seiner Reinheit wiederzufinden. Es bedarf einer Durchwühlung, nicht der Erde, vielmehr des Himmels, dessen was sich den Augen darbietet und dennoch bei hellem Tageslicht so tief begraben ist, als ob man es dem Erdinnern streitig machen müßte. Man kann sagen, daß das Licht unserer Zeit diese ganze Pracht in ein Leichentuch hüllt."

„Jene bewunderungswürdigen Werkleute, die ihr Denken auf den Himmel konzentrierten und dazu gelangten, sein Abbild auf der Erde festzuhalten . . ."

(Auguste Rodin, Die Kathedralen Frankreichs)

KAPITEL 24

Das „Transzendente" der Kathedrale und was es bedeutet

Die Kathedrale stellt mit Mitteln aller Künste den Himmel, das Himmlische Jerusalem dar — und zwar mit denselben Zügen, die das Himmelsbild der geistlichen Dichtung des 12. Jahrhunderts bestimmen. Von dieser Einsicht her bekommt alles das, was bei einer — sei es auch noch so subtilen — Betrachtung der Phänomene unerklärlich bleiben muß, seinen Sinn und seine klare Begründung. Das „Transzendente" der Kathedrale erhält erst von dieser Erkenntnis her seinen präzisen Sinn.

Daß die Kathedrale „irgendwie" über sich hinausweist, ist seit jeher und immer wieder empfunden worden.

Den Innenraum der Kathedrale nennt Franz Kugler in seiner Geschichte der Baukunst (1859): „In Wahrheit der Offenbarung eines Mysteriums gleich, welches die Sinne befängt, die Geister mit sich reißt und die kunstvollen Mittel zur Erzielung seiner Wunder vergessen macht." Julius Lange entlockt sein Anblick

95

den Ausruf: „Das ist in Wahrheit eine andere Welt." Ernst Gall erkennt den „visionären Charakter" der Kathedrale.

Aber was ist das, worauf die Kathedrale hinüberweist, welches ist das Mysterium, das sie offenbart, was ist der Inhalt dieser Vision?

Es scheint, daß der Schlüssel zum innersten Sinn und Wesen der Kathedrale schon gefunden ist, wenn Paul Clemen einem Abschnitt seines schönen Buchs über die französischen Kathedralen die Strophe des mittelalterlichen Kirchweihhymnus voranstellt: „Urbs Hierusalem beata / Dicta pacis visio / Quae construitur in coelis / Vivis ex lapidibus" — wenn es bei Mâle vom Eintreten in die Kathedrale heißt: „Monde transfiguré où la lumière est plus éclatante que celle de la réalité, où les ombres sont plus mystérieuses. Déjà nous sommes au sein de la Jérusalem céleste" — wenn R. Schneider erkennt: „les verrières lumineuses ouvraient à l'extase des fidèles la vision du paradis" — wenn Bony fragt: „Pourquoi d'ailleurs s'élanceraient-elles (les cathédrales) vers l'idole d'un paradis stratosphérique, *puis-qu'e elles sont elles-mêmes le paradis"* — wenn Bréhier bei der Beschreibung der Engelswächter am Chorhaupt von Reims sogar feststellt: „La milice gracieuse . . . donne à la cathédrale un charme unique de poésie en évoquant *la Jérusalem céleste dont l'église est l'image matérielle."*

Aber nirgends ist dieser Schlüssel benutzt, um damit wirklich das tiefere Verständnis der Kathedrale und ihrer Entstehung zu erschließen, es wird mit der Idee nicht wissenschaftlicher Ernst gemacht, sie gleitet sogleich ins bloß Literarische und Metaphorische zurück. Das „transzendente" Element der Kathedrale ist fast schon zu oft hervorgehoben worden. Dieses mißbrauchte Wort streift aber alles Nebelhafte ab und bekommt einen konkreten Sinn. Ja, die Kathedrale weist über sich hinaus auf ein anderes, dieses andere ist aber nichts abstrakt Allgemeines, sondern das, dessen Abbild sie ist: *der Himmel,* wie ihn den Menschen des 12. Jahrhunderts die Dichtung vorgestellt hatte.

Um diese so offen zu Tage liegenden Einsichten fest zu begründen, zum Rang wissenschaftlicher Erkenntnis zu erheben und für die Erkenntnis der Kathedrale und ihrer Entstehung fruchtbar zu machen, müssen mehrere Voraussetzungen erfüllt sein.

Erstens muß das Wissen davon zurückgewonnen werden, daß Architektur eine darstellende, abbildende Kunst sein kann und in vielen gewaltigen historischen Epochen abbildende Kunst gewesen ist.

Man muß lernen, den Symbolsinn des Baues von seinem abbildenden Sinn zu unterscheiden.

Zweitens: Man muß wissen, daß die christliche Kunst bis hinein ins hohe Mittelalter sich den „Himmel" bildlich nicht so vorgestellt hat, wie wir ihn uns besonders seit dem Barock vorstellen — als ein ätherisches Wolken- und Lichtreich —, sondern, fußend auf der Geheimen Offenbarung des Johannes und auf anderen Stellen der heiligen Schrift und apokrypher Schriften, unter der Gestalt einer himmlischen Architektur: als Himmelsstadt, himmlischen Thronsaal, Himmelsburg.

Drittens: Daß es für diese Zeiten und auch für die Zeit der Kathedrale, das spätere 12. und 13. Jahrhundert, *selbstverständlich* war, daß das Kirchengebäude den Himmel, das himmlische Jerusalem darstellt. Und daß diese Symbolik des Kirchengebäudes nicht ein gelehrtes, Theologen vorbehaltenes Sonderwissen bildete, sondern daß sie jedem Gläubigen, der das Kirchengebäude betrat, von vornherein gewiß und gegenwärtig war. (In welchem Maße es durch den Bau selbst ihm zu Bewußtsein und seinen Sinnen nahe gebracht wurde, das hängt wesentlich von der besonderen Gestalt des Kirchengebäudes ab.)

Viertens: Man muß wissen, daß gerade im frühen 12. Jahrhundert die geistliche Dichtung das Himmelsbild der Apokalypse zu einer dichterischen Vision des Himmelsbaus ausgesponnen hatte, die in wesentlichen Zügen mit dem Himmelsbild der Kathedrale übereinstimmt. (Wobei die genetisch-historische Frage, ob das letztere von der ersteren abhängig sei, hier noch nicht aufzuwerfen ist.)

Von diesen Erkenntnissen ist nur die zweite einigermaßen verbreitet. Es ist bekannt, daß das christliche Kirchengebäude seit dem vierten Jahrhundert bis zur Kathedrale das Himmlische Jerusalem bedeutete. Gerade dieses Wissen läßt es aber als hoffnungslos erscheinen, aus einer Tatsache, die auch für das altchristliche und romanische Kirchengebäude zutrifft, das besondere Wesen der gotischen Kathedrale tiefer zu verstehen, geschweige denn ihre Entstehung.

Erst wenn man erkennt, daß die gotische Kathedrale aus dem Bild der Himmelsstadt *andere* Züge heraushebt als die altchristliche und die romanische Kirche, daß auch die Art der bildlichen Zuordnung von irdischem Bau und vorgestellter Himmelstadt eine andere ist, wird es möglich zu zeigen, daß dieser abbildende Sinn untrennbar zur Kathedrale gehört, ihre Formen bis ins einzelnste hinab erfüllt und daß er die Entstehung der Kathedrale in genau angebbarer Weise mit bestimmt.

Es ist Aufgabe der nächsten Kapitel, zuerst die vorauszusetzenden Einzelerkenntnisse zu sichern.

KAPITEL 25

Architektur als abbildende Kunst

Daß zum Beispiel der altägyptische Tempel der fünften Dynastie darstellenden Sinn hatte, ist schon seit längerer Zeit bekannt. Mit seinen Pflanzensäulen, deren braune Basen das Erdreich bezeichnen, und dem gestirnten Himmel seiner Decke stellt er dar, was wir das „Jenseits" nennen würden; und darstellend verkörpert er es. Seit längerer Zeit gesichert ist auch die abbildende Bedeutung des sumerischen und babylonischen „Zikurat", dessen berühmtester Vertreter der „babylonische Turm" war. Mit seinen sieben verschieden gefärbten Stufen, zu denen eine achte, so hoch wie der ganze Stufenbau, unter der Erde vorgestellt wird, ist er Abbild des unter- und oberirdischen Kosmos; die Terrassen selbst sind als sieben übereinander getürmte Himmel aufzufassen. Auf der obersten steht — im „siebten Himmel" — der Himmelstempel der Gottheit, selbst Urbild des irdischen Tempels zu Füßen des ganzen Baus, in dem das Abbild der Gottheit bewahrt wird und die Gottheit „erscheint". Der Hochtempel von Uruk hatte den Namen „Escharra", das ist „Tempel des Alls".

Seit aber in den dreißiger Jahren unseres Jahrhunderts der abbildende Sinn altindischer Stufentempel und byzantinischer Kirchen neu ins Bewußtsein gehoben, der des ägyptischen Tempel-Pylons, südostasiatischer Tempel- und Königsstädte und der altchristlichen Basilika — dazu in den vierziger Jahren der romanischer Lichtkronen — entdeckt wurde, hat sich die Gesamtauffassung der historischen Architektur in einer Weise gewendet, die man geradezu als kopernikanische Umkehrung des bisherigen Geschichtsbildes bezeichnen kann.

Wenn es bisher scheinen konnte, als ob nur in wenigen uralten Hochkulturen und später höchstens in vereinzelten historischen „ricorsi" der Architektur ein darstellender Sinn verliehen worden wäre, darf man heute schon mit Gewißheit behaupten, daß vom Aufkommen monumentaler Architektur angefangen und seit ihrer Herrschaft über die anderen Künste in *allen* Kulturen und Epochen die darstellende Architektur mindestens für den Sakralbau — zu dem auch der Königspalast zu zählen ist — als der Normalfall vorauszusetzen ist, während die Kulturen und Epochen, in denen die große Architektur nichts darstellt, sondern nur *ist*, weitaus in der Minderheit bleiben.

Dabei sieht es im ersten Überblick so aus, als ob nur jene Zeiten, die eine naturalistische, auf das Diesseits gerichtete Malerei und Bildhauerei kennen, die Architektur bedeutungsfrei lassen, während alle Epochen mit einer auf das Überweltliche gerichteten, grob gesprochen: „symbolischen", Kunst gerade in einer *alle* Künste in ihren Dienst ziehenden darstellenden Architektur wurzeln. Es sind im wesentlichen nur die mittlere antike Kunst, die europäische seit der Renaissance, sowie die spätere ostasiatische (chinesische und japanische), die die abbildende Architektur aufgeben. Aber selbst in diesen Zeiten wirkt die ältere und man darf sagen ursprünglichere Auffassung nach.

Dabei gehört dieser „abbildende" Sinn — anders als manche nachträglich unterlegte Symbolik — nicht nur untrennbar zur anschaulichen Gestalt des Gebäudes, die ohne ihn gar nicht voll verstanden werden kann, sondern er hat auch formbildende Kraft. Wenn sich einmal überhaupt die Augen für diesen Sachverhalt wieder geöffnet haben, sieht man einen abbildenden Sinn unmittelbar auch Bauten an, bei denen wir die konkrete Bedeutung des Abbilds nicht kennen, und zwar eben daran, daß die Gestalt dieser Bauten — rein architektonisch betrachtet — etwas Phantastisches, Irrationales hat, das über sich hinausweist. So ist zum Beispiel bei den etruskischen Grabanlagen vom Typus des Porsenna-Grabs — mit ihren geradezu grotesken Formen — ein abbildender Sinn (möglicherweise überlagert mit symbolischen Elementen) ebenso zu vermuten wie an den Stockwerkstelen von Aksum, obwohl wir ihn noch nicht entziffern können. Und so müßte man in der „hochphantastischen" Erscheinung der gotischen Kathedrale einen abbildenden Sinn auch dann suchen, wenn er nicht mehr festzustellen wäre.

Was stellen nun Architekturen dar? Wenn man den trivialen späten Fall ausscheidet, in dem Architekturen andere irdische Architekturen ab- und nachbilden (wie manche Bauten Hadrians in Tivoli), so stellen wenn nicht alle, so doch die meisten der hier gemeinten Architekturen den Himmel oder die Welt, den gesamten Kosmos, dar.

Der „Himmel" kann dabei selbst ein Urbild der Welt sein, Erde *und* Himmel umfassend, wie im ägyptischen Tempel. Der Himmel kann sein: Himmelszelt, Himmelsgewölbe oder Himmelsbau und hier wieder Himmelsstadt, Himmelsburg, Himmelssaal; oder ein Teil des Himmels: Himmelstor. Mehrere Bedeutungen können sich durchdringen und überlagern.

Oder die Architektur stellt die Welt dar, Himmel *und* Unterhimmlisches umfassend — wie im Zikurat —, den Kosmos, den Weltenbau, und zwar unter den verschiedensten mythisch-kosmologischen Vorstellungen. Das Weltall kann ein stufenförmiger Bau oder Berg (der Weltberg „Meru" der Inder) sein, oder auch ein Weltenwagen (indische ratas oder vimanas). Es kann vorgestellt und architektonisch gestaltet werden als Weltenbaum — wie in einer anderen Gruppe von indischen Tempeln, deren eigentümliche, unserem architektonischen Empfinden zunächst scheinbar widerstrebende Gestalt nur so zu verstehen ist.

Ob es eine Darstellung der Unterwelt durch Architektur gibt — wie man das vom kretischen „Labyrinth" vermutet hat —, bleibe dahin gestellt. Nur eine Darstellung der Hölle durch Architektur scheint vollkommen undenkbar und wesensunmöglich: denn Architektur ist ihrem Wesen nach „Ordnung", die Hölle aber Chaos. In der Hölle könnte es nur Ruinen geben.

Ob und welche andere Themen daneben dem architektonischen Gestalten noch zugänglich sind, bleibe hier offen.

In jedem Fall aber werden Wesenheiten dargestellt, die sich jeder natürlichen Erfahrung entziehen und nur einer geistigen Schau per analogiam zugänglich sind.

Von daher ist nun aber das, was zuerst nur faktisch festgestellt werden konnte, *wesensmäßig* zu verstehen: daß bei einem Übergang zu einer die Erfahrung der *Sinne* darstellenden Kunst die abbildende Architektur nach und nach verdrängt wird und ihre Rolle an eine neuartige Form mikrokosmischer Malerei abgibt. Kennzeichen einer solchen Malerei des Sinnenhaften sind immer und überall: die Darstellung des nicht „Objektiven", der Schatten, der Beleuchtung, der „Perspektive".

Erst diese Malerei ersetzt dann im Laufe ihrer Entwicklung das übersinnliche Himmelsbild, das mit Mitteln der Architektur zur Anschauung gebracht werden konnte, durch ein Himmelsbild, dem die Erfahrung des „natürlichen" Himmels zugrunde liegt und das nur mehr mit malerischen Mitteln gestaltet werden kann: der Himmel als lichtes Wolken- und Luftreich. Und dieses malerische Himmelsbild bestimmt in abgeleiteter Weise auch noch die „aufgeklärte" Vorstellung vom Himmel bis in unsere Tage.

Die abbildende Architektur aber ist niemals Nur-Architektur, sondern immer ein mehr oder weniger umfassendes Gesamtkunstwerk. Sie schließt — selber „bildende Kunst" — nicht nur Elemente der Plastik und Malerei mit ein, Ornamentik, schmückende Künste, Kleinkünste und Schrift, sondern auch Musik, dramatische Künste, choregische Künste, Ornat und Zeremoniell — sämtliche bezogen auf den kultischen Mittelpunkt, den die Architektur umschließt. Sie ist *„Ordnungsmacht für die anderen Künste"*.

KAPITEL 26

Abbild und Symbol. Arten des Bildes

Warum kann man in allen diesen Fällen nicht einfach von einem „Symbolsinn" oder einer „symbolischen (sinnbildlichen

Bedeutung" von Architekturen sprechen? Ist es nötig, so weit zu gehen, daß man solche Architekturen als Werke *abbildender* Kunst bezeichnet?

Ich halte das für notwendig, um zwei Klassen grundverschiedener Sachverhalte klar auseinanderzuhalten.

Beim Symbol liegen Bild und Abgebildetes (das im Bild Gemeinte) auf verschiedenen Ebenen. Wenn, wie F. Unterkircher nachgewiesen hat, in den doppelchörigen ottonischen Kirchen sich die Doppelpoligkeit von Imperium und Sacerdotium spiegelt, so darf man einen solchen Kirchenbau als „Symbol des Reichs", oder besser als „symbolischen Ausdruck der Reichsidee" bezeichnen, es hätte aber keinen Sinn, von einem Abbild des Reichs zu sprechen.

Wenn dagegen die indischen Stufentempel terrassenförmig sich aufbauende Häuser und Dächer zeigen, aus deren Fenstern Selige (ghandarva) blicken, so darf man zweifellos dieses Gebilde als Abbild einer Himmelsstadt bezeichnen, denn Abbild und Abgebildetes — oder Bild und Urbild — liegen hier auf einer Ebene: beides sind Bauten. Sonst dürfte man folgerichtig ja auch die plastischen Bilder der Seligen dieser Himmelsstadt nicht als Abbilder (Bilder), sondern nur als Symbole von Seligen bezeichnen. Was unsinnig, unlogisch wäre.

Die Unterscheidung ist also zweifellos in der Sache selbst begründet und bliebe es auch dann, wenn fließende Übergänge zwischen Abbild und Symbol nachgewiesen werden könnten.

Dieser abbildende Sinn kann von der Kathedrale gar nicht abgetrennt werden, ohne daß das Verständnis des Ganzen — und schließlich auch ihrer formalen Besonderheiten — darunter leidet. Er eröffnet einen neuen Weg zum Verständnis der Gesamtbedeutung der Kathedrale, der auch ihre Ikonologie mit einschließt.

Innerhalb der Klasse „Architektur als abbildende Kunst" begegnet man nun den verschiedensten Arten des Abbildens, der Zuordnung von Vorbild und Abbild.

Aus der gemeinchristlichen Vorstellung von der Himmelsstadt hebt zum Beispiel — wie die folgenden Kapitel zeigen werden — die altchristliche Basilika ganz andere Seiten heraus als der romanische Dom, die ottonischen Lichtkronen, die gotische Kathedrale oder ein Rauchfaß des 12. Jahrhunderts. Aber nicht nur das; es werden am gemeinten Vorbild nicht nur verschiedene Züge herausgehoben, sondern auch das Prinzip der Zuordnung und, wenn man so sagen darf, die tertia comparationis sowie der Grad der Abbreviatur sind jedesmal andere.

Es zeigt sich hier, daß unser Begriff des „Bildes" viel zu abstrakt und starr, viel zu wenig abwandlungsfähig ist, um der

Wirklichkeit gerecht zu werden. Wie in vieler anderer Beziehung übertreffen uns auch darin weit ältere Zeiten. Dionysius Areopagita z. B. kennt fünf verschiedene, hierarchisch gestufte Arten des Bildes, und das hohe Mittelalter kennt im Hinblick auf die Kreatur vier Arten der Bildhaftigkeit: umbra, vestigium, imago, similitudo. In jedem dieser Fälle verknüpft das Bild die diesseitige, objektive Welt mit der transzendenten Welt der Ideen. Eine umfassende und tief begründete Lehre vom Bild wird zweifellos im Hauptfundament einer höher strebenden Kunstgeschichte stehen müssen. Wir verzichten darauf, sie spekulativ zu umreißen, und betrachten nur empirisch-historisch verschiedene Arten der Zuordnung von Urbild und Abbild in den folgenden Kapiteln.

Damit ist noch nicht berührt die *Funktion* des Bildes für den *Betrachter*. Wie es für die mittelalterliche Deutung der hl. Schrift einen mehrfachen Schriftsinn gibt, so für das Bild einen mehrfachen Bildsinn: neben dem rememorativen Sinn steht ein allegorischer, ein tropologischer (auf die Seele bezogener) und ein anagogischer (auf das Jenseits bezogener). Vergl. dazu unten Kapitel 43. Hier schon sei festgestellt, daß der gestaltgebende Bildsinn der Kathedrale *vorwiegend* der anagogische ist.

Innerhalb der Klasse „Architekturen mit symbolischer Bedeutung" aber wird man vor allem scharf unterscheiden müssen zwischen jener allgemein gültigen und verbindlichen Symbolik, die vom Gebäude nicht getrennt werden kann, ohne seinen Sinn zu beeinträchtigen — da sie seine Gestalt mit bestimmt, nennen wir sie integrale Symbolik oder Primärsymbolik (J. Braun) — und jenen Ausdeutungen des Kirchengebäudes und seiner Teile, die nie wirksam waren, bloß hinzugedacht wurden und für seine Gestalt belanglos sind: additive oder sekundäre (und tertiäre) Symbolik. Nicht diese „sekundäre oder tertiäre", sondern nur die primäre Symbolik des Kirchengebäudes geht uns an (J. Braun).

Auch wird man unterscheiden müssen zwischen der esoterischen Symbolik, die allgemein bekannt, anerkannt und volkstümlich war, und jenen oft außerordentlich spitzfindigen und ausgeklügelten Ausdeutungen, die entweder nie volkstümlich waren, sondern nur in den Spekulationen von theologisierenden Interpreten des Kirchengebäudes existierten — eine Musterkarte solcher Deutungen hat Huysmans in seinem merkwürdigen Buch „Die Kathedrale" zusammengetragen — oder, wenn sie volkstümlich waren, einen sozusagen „okkulten" Charakter hatten und in ihrer Art eher zum Aberglauben als zum Glauben zu zählen sind.

Auch zwischen Symbol und Symbolisiertem gibt es seinerseits die mannigfachsten Arten von Zuordnung. Beim Verfolgen ihrer

Unterschiede wird man auf das Problem der „Allegorie" stoßen, das wir nicht aufrollen. Zum echten Symbol gehört, daß es bereits in sich enthält, worauf es hinweisen soll. Das echte Symbol ist nicht bloß hinweisend (wie die Allegorie), sondern wirklichkeitsgefüllt (F. Weinhandl).

Abbildsinn und symbolischer Sinn können sich in mannigfaltiger Weise verbinden, mischen, nebeneinander stehen oder auch einander überlagern.

Nicht unwesentlich, auch für das konkrete Verständnis der Kathedrale, ist es, von vornherein anzunehmen, daß die Beziehung zwischen Abbild und Abgebildetem, Symbol und Symbolisiertem im früheren und hohen Mittelalter eine viel engere war, als es unserer Vorstellung dieser Verhältnisse entspricht. Abbild und Symbol können die gemeinten Personen oder Dinge stellvertreten, wenn schon nicht „verkörpern", sie können in *dieser* Hinsicht sich dem Sakrament *nähern,* zu Sakramentalien werden und gleichsam sakramentale Funktion übernehmen. Ihre Funktion ist im allgemeinen an erster Stelle die *anagogische:* sie führen „per visibilia ad invisibilia", an zweiter Stelle eine rememorative.

Dazu verdient noch der Hinweis Beachtung, daß gerade dort, wo als Grenzfall das Bild mit dem Abgebildeten gleichgesetzt wird, solches Bild der äußeren „Ähnlichkeit" am wenigsten bedarf (Kurz und Kris). Erst „wo jener Glaube an die Identität von Bild und Abgebildetem im Schwinden begriffen ist, tritt ein neues Band auf, um beide zu verbinden: die *Ähnlichkeit".* Wenn aber das Sinnbild als irgendwie ähnlich mit dem Übersinnlichen angenommen wird, gewinnt das „sinnliche" Bild außerordentlich an Wert.

KAPITEL 27

Himmelsbedeutung des mittelalterlichen Kirchengebäudes

Wie so viele gewaltige Bauten vorchristlicher Kulturen bedeutet auch das christliche Kirchengebäude seit dem 4. Jahrhundert den Himmel. Und zwar wird der Himmel dabei hauptsächlich unter zwei eng miteinander verbundenen Bildern gefaßt: unter der Vorstellung der himmlischen Stadt und des himmlischen Thronsaals, denen sich — wie wir noch sehen werden — weitere Himmelsvorstellungen anschließen oder unterordnen: Die Vorstellung von der Himmels*stadt* kennen auch andere Kulturen; ein Beispiel aus der indischen Sakralkunst wurde oben erwähnt. Die christliche Himmelsstadt aber ist das „Himmlische Jerusalem", und die maßgebende Quelle dafür ist die „Geheime Offenbarung".

Die Grundtatsache, daß das christliche Kirchengebäude das „himmlische Jerusalem" bedeutet (und in gewissem Sinne *ist*), ist für das vierte und fünfte Jahrhundert aus Schriftquellen mannigfacher Art, vor allem auch aus den Kirchenvätern, ausführlich zu belegen (siehe das nächste Kapitel). Für das frühe und späte Mittelalter sind solche literarische oder epigraphische Belege viel seltener. Wenn man aber nach solchen sucht, übersieht man meistens, daß es Quellen viel entscheidenderer Art gibt, vor allem eine schlechthin „grundlegende". Man darf sich nicht dadurch beirren lassen, daß bei den die geistige Bedeutung des Kirchengebäudes behandelnden theologischen Autoren des Mittelalters — besonders bei dem immer wieder herangezogenen Durandus und Siccardus — davon so wenig die Rede ist, daß das Kirchengebäude das himmlische Jerusalem bedeutet. Denn diese Bedeutung ist sozusagen *selbstverständlich*, sie ist die „wörtliche", während die vorgebrachten sich schon auf den Bahnen der mehrfachen Auslegung des primären „Wortsinns" bewegen. *Die primäre Bedeutung des Kirchengebäudes aber ruht auf einem ehernen Fundament, denn sie ist begründet in der Liturgie der Grundsteinlegung des Kirchengebäudes und der Kirchweihe*, die bis in unsere Tage gültig ist.

Noch heute sprechen die Handlungen bei der Kirchweihe deutlich davon, daß hier der Grund zu einer Stadt gelegt wird. Während das Volk außerhalb der Kirche harrt, singt der Bischof mit dem Klerus in der Kirche die Litanei von allen Heiligen und vollzieht alsdann eine merkwürdige Zeremonie. „Schon vorher hat ein Kleriker, während der Chor den Hymnus ‚Veni creator spiritus' anstimmte, die vier Hauptecken der Kirche mit handbreiten Streifen gestreuter Asche kreuzweise verbunden. Nach der Litanei beginnt der Pontifex von links nach rechts vorschreitend mit dem Stab in die Asche des einen Kreuzarmes das griechische und des anderen das lateinische Alphabet zu schreiben. *Hier übt der Bischof die Funktion des altrömischen agrimensors aus*. Durch dieselbe geometrische Konstruktion, mit der auf dem Bauplatze die Richtung der Kirche von Westen nach Osten festgelegt worden ist, bestimmt er jetzt den Punkt im östlichen Teil des Gebäudes, an dem der Altar errichtet werden soll. Wenn der Konsekrator statt des Zauberzeichens des Augurs das griechische und lateinische Alphabet schreibt, so will er durch die beiden Weltsprachen des Altertums die Weltkirche und durch die Reihe der Buchstaben von A bis Ω, von A bis Z, die ewige Dauer symbolisieren" (Herwegen).

Unterdessen singt der Chor das Canticum „Benedictus", in dem Christus als das aufgehende *Licht aus der Höhe* gepriesen wird.

In der Kirchweihmesse selbst oder auch zum feierlichen Einzug in die Kirche wurde von alters her der Kirchweihhymnus „Urbs beata Hierusalem" gesungen. In Frankreich ist er zuerst im 10. Jahrhundert, im Pontificale der Kirche von Poitiers, nachweisbar. Er verdrängt den älteren Hymnus „Christe cunctorum dominator . . .", der ins 7., mindestens aber ins 8. Jahrhundert zurück geht und in verschiedenen Fassungen überliefert ist. Die Fassung „Urbs Hierusalem caelestis" stammt erst aus dem 17. Jahrhundert, von Urban VIII.; in ihr kommt zum Ausdruck, daß es notwendig schien, das Jerusalem, von dem gesungen wurde, ausdrücklich als das himmlische zu bezeichnen. Im Mittelalter war das nicht notwendig.

(1) Urbs Jerusalem beata, dicta pacis visio
Quae construitur in coelis, vivis ex lapidibus
Et angelis coornata velut sponsa nobilis

(2) Nova veniens e coelo nuptiali thalamo
Praeparata ut sponsata copuletur domino
Plateae et muri ejus ex auro purissimo

(3) Portae nitent margaritis adytis patentibus
Et virtute meritorum illuc introducitur
Omnis, qui ob Christi nomen hic in mundo premitur

(4) Tonsionibus, pressuris expoliti lapides
Suisque aptantur locis per manus artificis
Disponuntur permansuri sacris aedificiis

(5) Angulare fundamentum lapis Christus missus est
Qui compage parietum in utroque nectitur
Quem Sion sancta suscepit, in quo credens permanet

(6) Omnis illa Deo sacra et dilecta civitas
Plena modulis in laude et canore jubile
Trinum Deum unicumque cum favore praedicat.

Drei weitere Strophen gelten als später hinzugefügt.

Diese Hymne — die andere Hymnen und Sequenzen paraphrasieren — sagt mit vollständiger Deutlichkeit: „das Kirchengebäude, dessen Grund wir legen und das wir weihen, ist Abbild des himmlischen Jerusalem", nein: *ist* das himmlische Jerusalem; dieser Gedanke zieht sich „gleich einem goldenen Faden durch Vesper, Matutin und Laudes des Kirchweihfestes" (A.Wintersig).

In den Gebetstexten der Kirchweihmesse sind „Ideen von

der Wohnung Gottes, von der *Stadt auf dem Berge, der Halle Gottes (aula dei), der Pforte des Himmels, den Zelten des Gebetes und des Opfers,* Erinnerungen an Jakob, der den Stein zum Altar salbte, auf dem er im Schlafe die Himmelsleiter geschaut, an Moses, der dem Herrn den Brandopferaltar errichtete, an Zachäus, der den Heiland in sein Haus aufnehmen durfte, die Motive."

„Aber sie alle sind eingetaucht in *das allesbeherrschende Bild des himmlischen Jerusalem* in der Geheimen Offenbarung, in das Bild der ewigen Verklärung der Kirche, der Braut des Gotteslammes. Der Abglanz dieser wunderbaren *Himmelsvision* bildet die Grundstimmung des Weiheritus, der Messe und des Officiums der Dedicatio ecclesiae, und diese alles beherrschende Idee verleiht dem Kirchengebäude seine geistige Bedeutung" (Herwegen).

Diese Bedeutung wurde dem Gläubigen immer wieder von neuem eingeprägt, einmal durch die Liturgie am Jahrestag der Kirchweihe — in der die Epistel sich ganz besonders auf das himmlische Jerusalem bezieht — und dann durch immer wiederkehrende Bezüge in der Liturgie, in Episteln, Hymnen und Sequenzen des gesamten Kirchenjahres. Wer sie im einzelnen zu überschauen wünscht, mag die Darstellung von A. Wintersig nachlesen.*)

Und überdies haben — was für die verschiedenen Epochen des christlichen Kults noch im einzelnen zu belegen wäre — homiletische Erklärungen immer wieder dafür gesorgt, daß diese Bedeutung des Kirchengebäudes in den Gläubigen lebendig bleibe.

Wenn sie für den durchschnittlichen Kirchenbesucher unserer Zeit nicht mehr lebendig ist, so liegt das an historischen Entwicklungen, die für das Mittelalter keineswegs gelten. Hier war die Gleichung Kirchengebäude = Himmlisches Jerusalem durch alle Jahrhunderte hindurch unmittelbar gewiß, und es kann sich höchstens darum handeln, im einzelnen historisch festzustellen, in welchen Epochen und in welchen Gebieten diese Symbolik besonderes Gewicht gewann und für die bildende Kunst fruchtbar wurde. Gerade in der gallikanischen Kirche scheint sie schon frühzeitig stark betont gewesen zu sein.

Zu dieser konstanten und kontinuierlichen Quelle der Gleichung Kirche = Himmlisches Jerusalem treten dann weitere schriftliche und epigraphische Zeugnisse aus allen früh- und hoch-

---

*) Vgl. im römischen Pontificale den „Ritus consecrationis seu dedicationis ecclesiae", die Officien des Kirchweihfestes und der Oktav, nebst Meßgesängen, Epistel, Postcommunio.

mittelalterlichen Jahrhunderten und nicht zuletzt auch Gleichsetzungen bildlicher Art. So gehen zum Beispiel auf Bildern des Weltgerichts die Seligen oft in eine Kirche ein, die das neue Jerusalem vorstellt (Menzel I, 397). Noch im 14. und 15. Jahrhundert strahlt aus dieser Kirche zuweilen aus Fenstern und Türen der Goldglanz des himmlischen Elements. So auf einem Bild des Fra Angelico da Fiesole zu Florenz (Menzel, ebenda).

Anderseits ist das „Neue Jerusalem" schon in der Geheimen Offenbarung gleichgesetzt nicht nur mit dem Himmel, sondern auch mit dem Paradies, mit dem Berg Sion, mit der Braut Christi. Daher diese himmlische Stadt auch als Personifikation der Kirche in ihrer himmlischen Verklärung aufgefaßt werden kann. An diese Gleichungen schließt sich eine weitere an, wenn Maria einerseits in Anlehnung an die Allegorese zum Hohen Lied IV als zeitweiliger Himmel Christi mit dem Himmel, anderseits aber mit der Kirche gleichgesetzt wird: „Significatur per Mariam ecclesia" (Anselm von Laon). Gerade diese Gleichsetzungen sind für die Ikonologie der Kathedrale von hoher Bedeutung.

Rupert von Deutz zum Beispiel identifiziert das Paradies mit der Kirche. Die durch Christus geläuterte, in Christus geeinte, mit Gott versöhnte und auf ewig verbundene Menschheit ist zugleich die Kirche und das Paradies (Menzel II, 192).

Das Neue Paradies, das derart mit dem Neuen Jerusalem gleichgesetzt wird, wird aber oft auch als *ein Garten* vorgestellt, in welchen die Gerechten *vor* dem Jüngsten Gericht kommen sollen.

Für die „Geistigen" jener Jahrhunderte verbinden sich mit dieser Gleichsetzung „das Kirchengebäude ist Abbild des Himmlischen Jerusalem" noch weitere subtile Gedanken:

Sie kennen die Stelle aus Clemens, nach der die hl. Schriften und die Apostel davon sprechen, daß die Kirche nicht erst jetzt bestehe, sondern anothen sei d. h. doppelsinnig „von Anfang an" wie „von oben".*) Die vorweltliche Kirche, die *Himmelskirche* bestand also nach dieser Auffassung von dem Augenblick an, da Gott reine Geistwesen geschaffen, die bestimmt waren, ihn durch steten Lobpreis zu verherrlichen. Die Himmelskirche ist nach dieser platonischen Denkweise der Archetypus, das Urbild der irdischen Kirche **), das Muster der ecclesia orans, der die Liturgie feiernden Kirche. So war es grundsätzlich möglich, auch das himmlische Kirchen*gebäude,* von dem die hl. Schriften sprechen, als Urbild des irdischen Kirchen*gebäudes* anzusehen. „Mit der Himmelskirche muß darum die Kirche auf Erden in

---

*) Vor allem Galater 4, 26—27
**) Clem. rom., II. Cor. 14, 3

steter Gemeinschaft stehen". „Im Paradies liegt für die altchristliche Ecclesiologie der Ursprung der Kirche, die auf Erden sichtbar wird" (Heiler). Das Denken der alten Kirche ist beherrscht von der Idee der himmlischen Präexistenz der ecclesia, die von der Idee einer himmlischen Präexistenz des Kirchengebäudes nie ganz scharf abzutrennen war.

KAPITEL 28

Das Aussehen des Himmlischen Jerusalem

Das *Aussehen* des Himmels ist vor allem gegeben durch die Visionen des Johannes in der Geheimen Offenbarung. Dabei war es für die künftigen Ausdeutungen wesentlich, daß das Bild der Himmelsstadt und des Himmelstempels miteinander wechseln. Das Himmlische Jerusalem ist ja nicht nur himmlischer Thronsaal, nicht nur „unerschütterliches Königreich" (Hebräerbrief 12, 28), sondern auch Tempel und Heiligtum, in das Christus als himmlischer Hohepriester (ebenda 9, 24) eingetreten ist (Erik Peterson).

Die für das Kirchengebäude und seine Ausstattung wesentlichen Stellen sind:

Geheime Offenbarung Kapitel 1, 11 (sieben goldene Leuchter);

Kap. 2, 7 (das Lebensholz, das in meines Gottes Paradies steht);

Kap. 2, 10 (ich will Dir die Krone des Lebens geben);

Kap. 3, 5 (Wer überwindet, soll mit weißen Kleidern geschmückt werden);

Kap. 3, 12 (Wer überwindet, den will ich zum Pfeiler in meines Gottes Tempel machen);

Kap. 3, 12 (das Neue Jerusalem, das vom Himmel herniederkommt);

Kap. 4, 1 (Nach diesem sah ich, und siehe eine offene Tür im Himmel);

Kap. 4, 2 (und siehe im Himmel stand ein Thron);

Kap. 4, 4 (Und diesen Thron umkreisten vier und zwanzig Thronen, und auf diesen Thronen saßen vier und zwanzig Älteste in weißen Gewändern gekleidet und mit goldenen Kronen auf ihren Häuptern);

Kap. 4, 5 (Vor dem Throne brannten sieben Lampen);

Kap. 4, 6 (Auch strömte vor dem Throne gleichsam ein Glaskristall ähnliches Meer);

Kap. 5, 8 (und goldene Schalen voll Rauchwerks);

Kap. 5, 11 (die Stimmen vieler Engel; ihre Zahl war zehntausendmal zehntausend und noch tausendmal tausend);

Kap. 6, 9 (sah ich unterhalb dem Altar die Seelen derer, die wegen der Worte Gottes und des Bekenntnisses, an das sie sich hielten, hingewürgt worden sind);

Kap. 8, 3 (Ein anderer Engel kam und trat vor den Altar mit einem goldenen Rauchfaß ... auf dem goldenen Altar vor dem Throne Gottes);

Kap. 11, 2 (Des Tempels äußeren Vorhof laß nur weg ...);

Kap. 11, 4 (die zwei Leuchter, die vor dem Herrn der Erde stehen);

Kap. 14, 1 (Ich sah und siehe! das Lamm stand auf dem Berge Sion);

Kap. 14, 2 (Auch hörte ich ein Getön, als wenn Harfenspieler auf ihren Harfen spielten);

Kap. 14, 3 (Sie sangen ein neues Lied vor dem Throne);

Kap. 15, 5 (Nach diesem sah ich, und siehe! es wurde aufgetan der Tempel des Offenbarungszeltes im Himmel);

Kap. 15, 8 (Und der Tempel ward voll Rauch von der Herrlichkeit Gottes);

Kap. 20, 11 (Jetzt sah ich einen großen weißen Thron);

Kap. 21, 1 (Nun sah ich einen neuen Himmel und eine neue Erde);

Kap. 21, 2 (Auch sah ich, Johannes, die heilige Stadt, das neue Jerusalem, herabkommen von Gott aus dem Himmel, zubereitet wie eine Braut, die für ihren Bräutigam geschmückt ist);

Kap. 21, 3 (Und ich hörte eine starke Stimme vom Throne, die sprach: Siehe, Gottes Wohnung unter den Menschen. Er wird bei ihnen wohnen, sie werden sein Volk sein, und Gott wird selber als Gott bei ihnen sein);

Kap. 21, 10 (Jetzt kam einer der sieben Engel ... und redete mit mir und sprach: Komm ich will dir das Weib, des Lammes Braut zeigen);

Kap. 21, 10 (Und zeigte mir die heilige Stadt, das Jerusalem, welches von Gott aus dem Himmel herabkam.)

Kap. 21, 11 (Sie hatte den Strahlenglanz Gottes. Ihr Glanz war wie der köstlichste Edelstein, wie der kristallartige Jaspis);

Kap. 21, 12 (Groß und hoch waren die Mauern; zwölf Tore hatte sie und über den Toren zwölf Engel);

Kap. 21, 14 (Die Mauer der Stadt hatte zwölf Grundsteine, auf diesen standen die zwölf Namen der zwölf Apostel des Lammes);

Kap. 21, 18 (Ihre Mauer war aus Jaspis gebaut, die Stadt war reines Gold, wie reiner Kristall);

Kap. 21, 19 (Die Grundsäulen der Mauer waren mit allerhand Edelsteinen geziert);

Kap. 21, 21 (Die Straßen der Stadt waren reines Gold, dem durchsichtigen Kristalle gleich);

Kap. 21, 23 (Die Stadt bedarf nicht der Sonne, noch des Mondes zu ihrer Beleuchtung; denn die Herrlichkeit Gottes erhellet sie);

Kap. 21, 27 (Aber nichts Unreines ... wird hineinkommen, nur die welche geschrieben stehen im Lebensbuche des Lammes);

Kap. 22, 1 (Und er zeigte mir einen Strom des Lebenswassers, der glänzend wie Kristall, vom Throne Gottes und des Lammes floß);

Kap. 22, 2 (In der Mitte ihrer Straßen stand des Lebens Holz);

Kap. 22, 3 (Da ist nichts Verbannungswürdiges mehr);

Kap. 22, 5 (der Leuchte und des Sonnenlichtes bedürfen sie nicht mehr);

Kap. 22, 15 (Ausgeschlossen bleiben die Hunde, die Zauberer, die Hurer, die Mörder, die Götzendiener, und Jeder, der Betrug liebt und übt). —

Zu diesen Stellen aus der Geheimen Offenbarung kommen dann besonders die *aus dem Buche Tobias,* Kapitel 13:

Vers 12 (Du wirst wie ein heller Glanz leuchten);

Vers 16 (mit Türmen befestigte Tore der Himmelsstadt);

Vers 20 (Die Pforten Jerusalems werden von Saphir und Smaragd gebaut werden, und aus Edelsteinen ringsum ihre Mauern);

Vers 21 (Mit weißem und reinem Marmor werden alle ihre Gassen gepflastert werden). —

Weniger wichtig sind die Stellen bei *Jesaias* 54, die als Verheißung des Neuen Jerusalems gedeutet wurden:

Vers 11 (siehe ich will deine Steine wie einen Schmuck legen und deinen Grund mit Saphiren legen);

Vers 12 (und deine Fenster ⟨bzw. Zinnen⟩ aus Kristallen machen und deine Tore von Rubinen und alle deine Grenzen aus erwählten Steinen). —

Ferner konnten sich die mittelalterlichen Darstellungen des Aussehens der Gottesstadt stützen auf die *Vision Henochs.* Dieses apokryphe Buch datiert (nach Boswell) aus dem 2. vorchristlichen Jahrhundert, enthält aber nachchristliche Hinzufügungen, die zum Teil aus der Apokalypse des Johannes entnommen sind. In Kapitel 14 wird der Himmel geschildert als weites *Haus,* dessen Tore offen stehen, gebaut aus Kristall und mit kristallenem Boden. Darin thront die Herrlichkeit Gottes, umgeben von zehntausend mal zehntausend Heiligen.

In der vielgelesenen Vision des Salvius bei Gregor von Tours *), die den Himmel gleichfalls als prächtiges Haus schil-

*) Hist. Franc. lib. VII, c. 1

dert, erscheinen fünf typische Charaktere französischer Himmelsschilderung: der gleichförmige helle Lichtglanz, die Ruhe, die tiefe Harmonie des Daseins, *der süße Wohlgeruch* und die Schönheit der Engel (vgl. Kapitel 175 unten).

In der Vielfalt der Züge, mit denen die Geheime Offenbarung das Himmelsbild ausstattet, liegt von Anbeginn an die Möglichkeit, den Nachdruck auf das eine oder andere dieser Elemente zu verschieben. Darin gründen wesentlich die historischen Wandlungsmöglichkeiten des christlichen Kirchengebäudes, sofern es als Abbild des Himmlischen Jerusalem aufgefaßt wurde.

Der Spielraum der gestaltenden Phantasie wird dann erweitert durch die sprachlichen Bilder, die in den Gebetstexten der Kirchweihmesse erscheinen. Besonders das Wort von der „porta coeli" und der „aula dei" war geeignet, die gestaltende Phantasie zu befruchten.

„Schauererregend ist dieser Ort. Hier ist das Haus Gottes und das *Tor des Himmels*. Und es heißt: *Halle* des Herrn" (Gen. 28, 17; Introitus der Kirchweihmesse).

„Wie lieblich sind Deine *Gezelte*..." (Psalm 83, 2).

„Sogar der Sperling findet eine Wohnstätte, und die Schwalbe ein Nest für sich, wo ihre Brut sie bergen, bei deinen Altären, Herr Zebaoth, mein König und mein Gott" (Psalm 83, 4). —

Die Schilderungen des himmlischen Paradies*gartens* aber gehen meistens aus von der apokryphen Petrus- und Paulus-Apokalypse.

KAPITEL 29

Die altchristliche Basilika als Darstellung des Himmlischen Jerusalem

Zuerst wohl in konstantinischer Zeit, dann ganz nachdrücklich um die Wende des 4. zum 5. Jahrhundert in der im Osten mit dem Namen Theodosius I., im Westen mit dem des Papstes Damasus I. bezeichneten Epoche ist das Himmelsbild der Apokalypse mit der schon im dritten Jahrhundert (?) entstandenen Gestalt der christlichen „Basilika" verbunden worden. Dieser neue Bedeutungsgehalt des christlichen Kirchengebäudes hat von da an entscheidend sowohl ihre Ikonologie wie ihre Gestalt bestimmt.

Erkannt zu haben, daß die altchristliche Basilika Bild des Himmlischen Jerusalem ist, ist das große Verdienst des in diesem Kriege verschollenen Lothar Kitschelt. Denn das Wissen davon, daß schon bei den theologischen Autoren des 4. Jahrhunderts das christliche Kirchengebäude mit der Himmelsstadt gleichgesetzt wurde, war unfruchtbar geblieben, weil sich diese Vorstellung mit dem Aussehen der christlichen Kirche nicht verbinden wollte; die in der Apokalypse des Johannes geschilderte Gottesstadt hat scheinbar nichts, was mit der Gestalt der Basilika verglichen werden könnte. Hier hat Kitschelt eingesetzt und gezeigt, daß die Gestalt der Basilika als Abbreviatur eines typischen spätantiken Stadtbilds aufgefaßt werden kann und auch tatsächlich so aufgefaßt worden ist. Dabei entspricht die Fassade verschiedenen Formen des spätantiken Stadttors, das Langschiff der typischen ein- oder zweigeschossigen Arkadenhallenstraße antiker Städte, ein Kreuzschiff mit Nebenschiffen (wohl zu unterscheiden von dem Querhaus), wo es vorhanden ist, dem cardo (Haupt-Querstraße) der antiken Stadt, der „Triumphbogen" den in den Straßenzug eingefügten spätantiken Triumph- oder Ehrenbogen, endlich das Sanctuarium der Anlage dem Hauptgebäude, das in der heidnisch-antiken Stadt ein Heiligtum, der Kaiserpalast, ein Prätorium oder ein Theater sein konnte, hier aber Bild eines Thronsaales ist und daher die typischen Formen antiker Thronsäle annehmen kann: (halbierter) Zentralbau, Quersaal mit Apsis, Trikonchos usw. Der Altar ist Thron Christi, das Altarziborium das Thronkiborion.

Die genetisch gesehen aus ganz anderen Wurzeln erwachsene Grundform der Basilika wird also in einer „interpretatio christiana" *umgedeutet* zur Abbreviatur der typischen Züge einer antiken Stadt. In diesem abbreviierten Bild erscheinen jene beiden Teilbilder miteinander verbunden, die schon bei Johannes das Bild des Himmels bestimmen: *himmlische Stadt und himmlischer Thronsaal*. Ähnliches hatte sich innerhalb der heidnischen Antike vorbereitet, wenn zum Beispiel im Diokletianspalast von Spalato die Hauptstraße der Kaiserstadt auf den Thronsaal zuläuft.

Die Möglichkeit, das himmlische Jerusalem unter dem Bilde einer spätantiken Stadt zu sehen, würde allein schon das bekannte Apsismosaik von Santa Pudenziana in Rom beweisen, dessen Entstehung genau in die Zeit fällt, in der die Vorstellung von der Himmelsstadt die künstlerische Phantasie aller Bereiche mächtig befruchtet (damals entstehen die sogenannten Stadttor-, richtiger Himmelsstadtsarkophage). Daß mit der dort wiedergegebenen Architektur, vor der Christus thront, das himmlische Jerusalem gemeint ist, ist unbestritten. Diese Architektur setzt sich aber zusammen aus einzelnen Elementen einer spätantiken Stadt, darunter einem sigmaförmigen Platz mit Arkadenhallen, der nach dem Plan von Madaba auch im wirklichen Jerusalem vorhanden war. Natürlich geschieht Auswahl und Zusammenfügung der Elemente in der Abbreviatur des

Mosaikbilds nach anderen Grundsätzen als im architektonischen Abbild.

Das alles hätte auch aus den Monumenten allein erschlossen werden können; man wäre wohl schon längst darauf aufmerksam geworden, wenn man sich nicht allzusehr an die *räumliche* Schilderung der Himmelsstadt geklammert hätte, die allerdings keinerlei direkte Ähnlichkeit mit dem Kirchengebäude hat.

Nun ist aber die Gleichung: „Kirche gleich Himmlisches Jerusalem" durch zahlreiche literarische Zeugnisse belegt. Kitschelt hat nachgewiesen, daß die Vorstellung, das Kirchengebäude selbst — nicht nur die in ihm sich versammelnde Gemeinde — verkörpere die Himmelsstadt, der zeitgenössischen, zumal der patristischen Literatur durchaus geläufig ist. Aus dem reichen von ihm herangezogenen Quellenmaterial hebe ich nur einige wesentliche Stellen heraus. Die älteste dürfte die bekannte, ungefähr 314 in Tyrus gehaltene eusebianische Kirchweihrede sein. In ihr wird die Basilika als „Stadt des Herrn der Heerscharen", die Stadt unseres Gottes angesprochen. Ähnlich äußert sich Eusebius über eine der hervorragendsten Basiliken, die Grabeskirche zu Jerusalem: „... gerade am Grabmal des Erlösers wurde *das neue Jerusalem* gebaut, jenem altberühmten gegenüber, das durch die Gottlosigkeit seiner Einwohner mit völliger Verwüstung hat büßen müssen". Ja man kann sich mit viel Recht fragen, ob der Gedanke dieser Gleichung nicht gerade hier, an der „mater ecclesiarum" aufgekommen ist. Cyrillus von Jerusalem gibt in einer seiner um 345 in derselben Grabeskirche gehaltenen Katechesen das Aussehen des oberen Jerusalem geradezu als Unterscheidungsmerkmal des katholischen Kirchengebäudes gegenüber den Kultbauten der Häretiker an. Ebenso wird die basilikale Kirche des Weißen Klosters bei Sohag in Mittelägypten von dem Abt Schenute, unter dem sie zwischen 430 und 440 errichtet wurde, als Himmlisches Jerusalem gefeiert. Baläus sagt von der Kirche in Keneschrin, sie sei kein gewöhnliches Haus, sondern *ein Himmel auf Erden*. Auch Inschriften sichern diese Vorstellung, die somit über jeden Zweifel erhaben feststeht. So trug die sogenannte Propyläenkirche in Gerasa die Inschrift (nach Psalm 86): „Es liebt der Herr die Tore Zions, mehr als alle Wohnungen Jakobs. Herrliches ist Dir verheißen, oh *Stadt Gottes.*"

Demgegenüber sind alle allegorischen Auslegungen des Kirchengebäudes von sekundärer Bedeutung; sinnlos wäre es, in ihnen das Wesen der Basilika erkennen zu wollen. „Primär ist die Vorstellung der Himmelsstadt; sie ist der „buchstäbliche Sinn", nicht eine unter den vielen symbolisch-allegorischen Auslegungen" (Kitschelt).

Die stärkste Stütze für die These Kitschelts scheint mir aber die im 4. Jahrhundert entstandene neue Ikonologie des Kirchengebäudes zu sein. Nicht Christus der „Retter", in der neutralen, auch dem Judentum und der Antike bekannten Gestalt des „Guten Hirten" ist jetzt das Hauptmotiv im Bilderzyklus des Kirchengebäudes, welches man das „Bekenntnisbild" genannt hat (Jungmann) — wie in der Kirche der Rettung, deren Ikonologie uns die kleine Hauskirche in Dura an der Ostgrenze des Reiches erschlossen hat (232-37). Auch nicht Christus als Lehrer der wahren Philosophie — ein Bekenntnisbild, das an Sarkophagen und in Katakombenfresken überliefert, zweifellos Hauptbild christlicher Kirchenräume war (Kollwitz) und, gemischt mit den neuen apokalyptischen Motiven, noch in Santa Pudenziana, rein in San Aquilino in Mailand nachklingt. Sondern Christus als Herrscher. Diese Vorstellung der „majestas Domini" gehört organisch zur Vorstellung von dem himmlischen Reich, dem Himmelsstaat und der Himmelsstadt. So wie die verschiedenen Formen des Sanctuariums im Grunde immer einen Thronsaal meinen, so meinen die verschiedenen Formen der Apsisbilder des 4. und 5. Jahrhunderts im Grunde immer den „rex verus", den „rex gloriae", den Kosmokrator. Der Majestas in der Apsis entsprechen am Triumphbogen Darstellungen, die ihr ikonographisches Gegenstück in kaiserlichen Triumphbögen haben (Grabar), im Langhaus die „gesta dei". An der Außenfassade der Kirche wiederholt sich meistens die Majestassymbolik. Auch die Reliefs der Kirchentore nehmen oft die Königssymbolik auf: wenn zum Beispiel an der Ambrosius-Kirche von Mailand David als königlicher Vorfahr und Antetypus Christi gezeigt wird. Eine gewaltige und eindrucksvolle, für Jahrhunderte gültige Christi-Königs-Ikonologie ist im Laufe des 4. Jahrhunderts entstanden. In ihr verbinden sich — wie im Kirchengebäude selbst — Motive der spätantiken heidnischen, und zwar der imperialen, Kunst mit solchen der Apokalypse.

Entsprechendes zeigt die Liturgie. „Der Kult der himmlischen Kirche hat eine ursprüngliche Beziehung zur politischen Welt .. Daher wird Gott auch als König gesehen, und darum wird hervorgehoben, daß seine Priester königliche Priester sind". „Weil der Kult der Kirche diese ursprüngliche Beziehung zur politischen Sphäre hat, darum können Zeremonien aus dem Kaiserkult in die Messe übernommen werden" (wie das Delbrück und Alföldi ausführlich nachgewiesen haben). „Dazu rechne ich die Prozessionen innerhalb der Messe, sei es mit dem Evangelium, sei es mit eucharistischen Elementen, die das Schwenken der Weihrauchgefäße und das Kerzentragen kennen. Hier halte ich eine Beeinflussung durch Zeremonien aus dem Kaiserkult für sehr wahrscheinlich" (Peterson). Unter diesem Gesichtspunkt wäre auch zu klären, ob nicht die symbolischen Kultgesten in Kapitel 4 und 5 der Geheimen Offenbarung mit der politischen Symbolik in Verbindung stehen: die Proskynese, das Verhüllen der Hände usw. (Dazu Alföldi, A. Grabar.)

Diese neue Gesamtbedeutung des Kirchengebäudes, seiner Bilderwelt und der zugehörigen Liturgie, bestimmt nun aber auch den „Stil" des christlichen Kirchengebäudes auf dieser Stufe. Das Abbild der ewigen Himmelsstadt muß vor allem die zeitfreie Ewigkeit des Himmlischen atmen. Seine Bilder müssen gereinigt sein von den Elementen der Körperlichkeit, irdischer Räumlichkeit und Zeitlichkeit — wie das schon Plotin von den „pneumatischen" Bildern gefordert hatte, dessen Auffassung des Bildes, mit entsprechenden Modifizierungen, damit ebenso grundlegend für die christliche Bildkunst auf Jahrhunderte wird, wie die neuplatonische Philosophie für das christliche Philosophieren. Damit lenkt die christliche Gesamtkunst ein in die Tradition jener großen altorientalischen Sakralkunst, die ein ähnliches Ziel anstrebte: ein vom Zeitlichen gereinigtes Sein zu vermitteln. Dazu müßte man die Kennzeichnung der altägyptischen Kunst durch G. v. Kaschnitz vergleichen; nicht zufällig hat vor allem Riegl immer wieder auf gewisse formale Beziehungen zum Altorientalischen verwiesen.

Neu aber ist die Rolle des Lichtelements — wenn nicht Strzygowski damit recht behalten sollte, daß hier das Persien Zoroasters und seiner Nachfolge Wesentliches vorbereitet hatte. Das Abbild der Himmelsstadt auf Erden wird über die gewöhnliche Stadt erhoben nicht nur durch gesteigerte Pracht, die keineswegs „Verweltlichung" ist, sondern im Gegenteil gerade dem Abbild des Himmels aus seinem Wesen heraus zukommt — in diesem Sinn hatte Konstantin verlangt, daß seine Neubauten christlicher Kirchen alle weltlichen Gebäude an Größe und *Glanz* übertreffen sollten. Sondern erhoben wird sie vor allem durch die Sublimierung des Materials. Die feinen Bodenmosaiken — denen von Kaiserpalästen gleichend und wie diese oft mit kosmischer Symbolik —, namentlich aber das Goldmosaik der Wände schaffen diese erhöhte Sphäre. Besonders sichtbar wird das in der abschließenden Zone. Die offenen Sparrendächer der Prunkbasiliken waren vergoldet oder trugen im Anstrich ihres Gebälks goldene Sterne auf blauem Grund (Sackur). Nach Eusebius läßt ein solcher vergoldeter Dachstuhl das ganze Langschiff „wie in Lichtstrahlen aufleuchten". „Diese Gestaltungen der Dachzone tragen wie nichts anderes zur Versinnlichung der Vorstellung bei, daß diese Straße einer himmlischen Stadt angehört; sie galten, wohl im Gegensatz zum natürlichen Himmel über einer profanen Straße, als übernatürliche gestirnte oder goldene Himmel" (Kitschelt). „Gold ist hier nicht Kostbarkeit und Schmuck, sondern wie in byzantinischen Ikonen die Farbe der Farben, das Wunder der Wunder, genannt Assist, die Gottheit bezw. der Himmel in seiner Leuchtkraft" (nach v. Eckardt).

Das justinianische Kirchengebäude als Abbild des Kosmos

In der kurzen justinianischen Epoche vollzieht sich eine Änderung im Gesamtsinn des Kirchengebäudes. Dieser Umschwung ist deshalb so bedeutungsvoll, weil rein *kunst*historisch gesehen hier das Schisma zwischen West- und Ostkirche anzusetzen ist. Von da ab gehen, was die Gestalt des Kirchengebäudes betrifft, die beiden getrennte Wege. Gemeinsam bleibt ihnen auch dann noch — bis zur Hochromanik um die Mitte des 11. Jahrhunderts, der Zeit des Schismas im historischen Sinn — die Auffassung der Wand, die frei von plastischen Gliederungen ist, und die grundsätzliche Auffassung des Bildes (auch wenn über die Funktion der Bilder verschiedene Auffassungen bestehen).

Die justinianischen Neuerungen sind sogleich sichtbar an der Architektur, und zwar schon an ihr allein. Die Ähnlichkeit des Kirchengebäudes mit der antiken Stadt — deren Bestandteile auch jetzt noch dieselben sind wie im vierten und fünften Jahrhundert — ist geschwunden. Sein Grundelement sind nun riesige gewölbte Kuppelbaldachine. Eine gewaltige Neuerung, denn bis dahin war — und auch das nur ausnahmsweise — höchstens die Stelle über dem Sanctuarium gewölbt. Der Baldachin — gleichsam von oben in die Füllwände übergreifend, in denen jetzt zum erstenmal „übergreifende Formen" entstehen (Sedlmayr) — wird zum Bauelement aller Art von Kirchengebäuden. Es gibt jetzt Kirchen, die das Langhaus aus zwei oder drei Baldachinen bilden (wie die Hagia Eirene) oder kreuzförmig aus fünf oder sechs (wie die Apostelkirche und die Johanneskirche von Ephesus). An einen quadratischen Baldachin können zwei halbierte Rundbaldachine angeschoben werden (Hagia Sophia von Konstantinopel) oder auch drei oder vier: Baldachin-Trikonchos und -Tetrakonchos.

Daneben gibt es achteckige und achteckig-ovale Baldachin-Kirchenräume (Wiranschehir), vielleicht auch sechseckige. Fast jedes der bedeutendsten Kirchengebäude dieser Zeit zeigt eine eigene individuelle Form.

Auch ohne etwas über den Abbildungssinn dieser Räume zu wissen, auch wenn das Goldmosaik, in dem ihre Apsiden und

Wölbungen vom Hauptgesims aufwärts erstrahlten, nicht erhalten wäre, wüßten wir sofort: diese Bauten sind Abbilder des Himmels. Aber nicht mehr des Himmels als Himmelspolis, sondern des Himmels in kosmischem Sinn. Und tatsächlich ist die kosmische Symbolik in der justinianischen Epoche überall nachzuweisen. Schon in den Fußbodenmosaiken z. B. der Hagia Sophia ist sie angeschlagen. Überdies ist es ausführlich und mehrfach belegt, daß man — sehr verständlicherweise — in diesen Bauten ein irdisches Abbild des Himmels sah.

Diese neue Baugestalt war entstanden, als gegen Ende des 5. und am Beginn des 6. Jahrhunderts (Kirche von Korykos, Ilissosbasilika bei Athen) in sonst noch flachgedeckten Basiliken an der Stelle über dem Altar, vor der Apsis, ein riesiger mit dem Bau zusammengewachsener Baldachin errichtet worden war: gleichsam in die Wände der Basilika von oben eingerammt. Er ist im Grunde ein ins Gewaltige vergrößertes kuppelgewölbtes Altarciborium, und da das Thronkiborion schon lange kosmische Himmelsbedeutung hatte, wächst diese mit der Baldachinform zum Hauptthema auf.

Aus dieser Baugestalt ist eine Ikonologie des Kirchengebäudes zu erwarten, welche die Themen der Kirchenkunst des vierten und fünften Jahrhunderts sozusagen in kosmische Beleuchtung rückt und ebenso vielseitig ist wie die Gestalt des Kirchengebäudes selbst. Das bestätigen auch die spärlich erhaltenen Reste. Kreuzigung und Jüngstes Gericht (zum Beispiel bei Kosmas Indikopleustes) werden in ihrer kosmischen Bedeutsamkeit dargestellt. Sogar in Profanbauten, z.B. in Thermen, erscheinen jetzt großartige kosmologische Bilderkompositionen (Thermen im Winterbad von Gaza). Die Leiturgia wird zu einer dramatisch-mystischen Verkörperung der „Oikonomia" Gottes in der Welt (Andreades).

Wie überall dort, wo ein Baldachinsystem herrschend wird, steht dahinter ein tiefes Lichterlebnis. Seine geistesgeschichtliche Wurzel meinen wir in den großen Visionen eines hierarchisch geordneten Lichthimmels bei Dionysius Areopagita zu fassen, dessen Werk dem Ende des fünften Jahrhunderts, also der Zeit angehört, in der das justinianische Architektursystem sich vorbereitet. Der mystische Charakter dieses Lichterlebnisses ist z. B. Prokop von Gaza vollkommen gewiß: „man darf nicht behaupten, von außen erleuchte die Sonne den Raum. Der Glanz entsteht im Inneren." *)

Mit diesem Erlebnis eines Lichthimmels, der sich „von oben" auf die Erde senkt, Prokops Schilderung der Kuppel der

---

*) Dionysius Areopagita. Siehe Migne Patr. graec. 3, 119—583

Hagia Sophia entsprechend, hängt in einer erst noch zu erforschenden Weise die Kategorie des „Sophianischen" zusammen, die für diese und auch die folgende Zeit so große Bedeutung besitzt. In theologischer Sprache ist die Sophia die ewige Kirche, der Anfang, das himmlische, das vom Himmel herabsteigende Jerusalem.

KAPITEL 31

Das mittelbyzantinische Kirchengebäude als Abbild des Kosmos

Auf der justinianischen Epoche beruht auch der mittelbyzantinische Kirchenbau, obwohl er aus einem gewissen Widerspruch gegen die als allzu äußerlich empfundene Großartigkeit der justinianischen Kirchengebäude entsteht. Noch während der Regierungszeit von Justinians Nachfolger Justin II. setzt die Reaktion ein, und von dieser und der folgenden Generation wird der Kirchentypus geschaffen, der im Osten für Jahrhunderte, in Rußland sogar bis an die Schwelle unserer Zeit der kanonische werden sollte. Neben der „Kirche des himmlischen Jerusalem" ist er der langlebigste Kirchentypus, den die christliche Kunst überhaupt kennt, und verdient schon deshalb sorgfältigstes Studium. Doch ist er für das Verständnis der Kathedrale von geringerer Bedeutung als die „Himmelsstadtkirche" und die justinianischen Lichthimmel.

Diese Langlebigkeit verdankt die mittelbyzantinische Kirche zum Teil ihrer außerordentlichen Abwandlungsfähigkeit. Es ist eigentlich falsch, von einer Kreuzkuppelkirche zu sprechen; richtig sollte man von einem Kreuzkuppel*prinzip* reden, das alle möglichen Kirchenformen aus sich ausgliedert oder in sich aufnimmt, das sich mit der Idee der Langhausbasilika, des Trikonchos, Tetrakonchos, ja sogar der des Breitraums verbinden kann (Brunov).

Den Kern bildet jedesmal ein verselbständigter Kuppelbaldachin auf mächtigen, aber körperlos gemachten Pfeilern, *samt* den ihn verstrebenden Wölbungen und den dazwischen entstehenden Eckräumen. An diese Kernzelle schieben sich Seitenschiffe und Galerien an, umgeben ihn manchmal wie ein Theater und schaffen Gebilde von unerschöpflich reichen und vieldeutigen Beziehungen ihres Raums und seiner Teile. Die Himmelsbedeutung ist festgehalten, aber die äußere Größe der Repräsentation des kosmischen Raumes wird abgelehnt; die Räume werden kleiner und in manchen Epochen fast unbegreiflich klein. Wenn schon die Kuppel der Palastkirche der byzantinischen Kaiser im 9. Jahrhundert, der sogenannten Nea, nur acht Meter Kuppeldurchmesser hatte, so gibt es später Kirchen mit Haupträumen von nur zwei Metern Durchmesser — also geradezu Zwergkirchen — und doch von innerer Monumentalität.

Am Außenbau erscheint ein ganz neues Bauglied: der von hohen Fenstern durchlichtete Kuppeltambour — den die Antike nicht kennt — als Lichtträger par excellence. Ihn umgeben oft in eindrucksvoller Gruppe vier kleinere Kuppeln: Form des „Pentatrullos".

Auf diese formalen Dinge war hier nur einzugehen, weil sie die neue Gesamtbedeutung des Kirchengebäudes zeigen und seine Ikonologie mitbegründen. So ist zum Beispiel der große Lichtbringer, umgeben von vier ihm gleichenden kleineren Lichtspendern, am Außenbau vielleicht Sinnbild Christi und der Evangelisten, sozusagen eine ins Architektonische und Vollkörperliche umgesetzte Majestas-Darstellung. Das ikonologische System dieser Kirchenform ist ebenso langlebig wie sie selbst; es ist noch immer kosmisch orientiert. Am altrussischen Kirchengebäude — dem Enkel des mittelbyzantinischen — läßt sich der innige Zusammenhang von abbildender Bedeutung des Baus und symbolischen Bildelementen, von Ikonologie und Liturgie besonders klar verfolgen.

Die vier Teile des Kircheninneren symbolisieren die vier Weltrichtungen. Das Innere der Kirche ist das Weltall. Der Altar ist das Paradies, das nach Osten verlegt wurde. Die kaiserliche Tür des Altars heißt auch die Tür des Paradieses. In der Osterwoche bleibt die Haupttür in den Altar während des ganzen Gottesdienstes offen; der Sinn dieses Brauchs ist deutlich im Osterkanon ausgedrückt: „Christus ist aus dem Grabe auferstanden und hat uns die Türen des Paradieses geöffnet." Demgegenüber ist der Westen das Gebiet der Finsternis, des Grams, des Todes, das Gebiet der ewigen Wohnungen der Verstorbenen, welche der Auferstehung des Gerichtes harren. Die Mitte des Kirchengebäudes ist die Erde. „Nach den Vorstellungen des Kosmas Indikopleustes ist die Erde viereckig und wird von vier Wänden begrenzt, die von einer Kuppel überwölbt sind. Die vier Teile des Kircheninneren symbolisieren die vier Weltrichtungen."

„Durch die Malereien des Raumes für die Betenden werden die verschiedenen Entwicklungsphasen der irdischen Welt (in zeitfreiem Neben- und Übereinander) dargestellt. Über der Erde schwebt die Gestalt des Schöpfers. Die Gestalten der Urväter erinnern an die Verheißung des Erlösers. Die Propheten symbolisieren das Alte Testament; die Darstellungen der wichtigsten Geschehnisse der Evangelien, der Apostelgeschichte sowie Abbildungen der ökumenischen Konzile das Neue Testament; die Einzeldarstellungen der Apostel, Bischöfe, Märtyrer, Asketen versinnbildlichen an Wänden und Pfeilern die Stützen der

Kirche Gottes auf Erden. Die bildlichen Darstellungen der orthodoxen Kirche enthalten *eine symbolische Darstellung des Weltalls und dessen Werdens"* (Brunov-Alpatov).

Daß sowohl das justinianische wie das mittelbyzantinische
Kirchengebäude kosmischen und Himmels-Sinn trägt, ist durch
zahlreiche Schriftstellen aus allen Jahrhunderten bezeugt. Als die
heidnischen Sendboten des normannisch-russischen Großfürsten
Wladimir von Kiew das Schauspiel des Gottesdienstes zum
erstenmal in der Kathedrale der göttlichen Weisheit in Konstantinopel erlebt hatten, da erzählten sie nach ihrer Rückkehr, sie
hätten nicht gewußt, *„ob sie sich im Himmel oder auf Erden be-
fänden."* „Ein unnachahmliches Werk", schreibt ein Grieche des
12. Jahrhunderts über die Hagia Sophia, *„wahrhaftig die Himmelssphäre auf Erden".* An dem Gottesdienst der orthodoxen
Kirche teilnehmen aber heißt in der liturgischen Sprache *„sich in
den Himmel versetzen";* denn: ἡ ἐκκλησια ἐστινό ἐπιγειος οὐρανῖος
= die Kirche ist der Himmel auf Erden (Pseudo-Germanos).

KAPITEL 32

Das vorromanische und romanische Kirchengebäude
als Himmelsburg

Wenn bei der Weihe einer romanischen Kirche der Kirchweihhymnus „Urbs Hierusalem beata" gesungen und damit das Kirchengebäude zum Abbild der Himmelsstadt erklärt wird, so
liegt das tertium comparationis nicht mehr in jenen Zügen, die
das altchristliche Gebäude zur Himmelsstadt gemacht haben. Das
Charakteristische einer mittelalterlichen Stadt, des „burgus",
sind nicht die Hallenstraßen, sondern die festen Mauern und
Türme. Wenn also die Gleichung Kirche gleich Himmelsstadt
festgehalten wird, muß man in der Erscheinung des Kirchengebäudes ein Hervortreten dieser Züge erwarten. Und das ist
wirklich der Fall.

Auf dem Weg von dem frühchristlichen Kirchengebäude des
Westens zum frühmittelalterlichen und dann zum romanischen
ändert sich nach und nach der Charakter der Wand. Sie wird
dicker; aus größeren Steinen sorgfältig gefügt, zeigt sie oft das
Massive des Mauerwerks unverputzt; zum Schluß wird sie mehr-
stufig — wobei jede Stufe schon selbst Mauerstärke hat; am an-
schaulichsten ist das im Stufenportal — und ungeheuer kompakt,
wie in urtümlichen Bauten, gleichsam für die Ewigkeit gebaut.
Die Fenster werden kleiner, mitunter schmal wie Schießscharten.

Bezogen auf den Darstellungssinn bedeutet das, daß in der
Vorstellung vom Himmlischen Jerusalem jetzt in symbolischer

Weise das Geschützte, Dauernde, das „Feste" betont wird, die die „polis menusa", das Unerschütterliche, das „asaleuton". Die außerordentliche, durch technische Gründe allein nie zu motivierende Stärke der Mauern des romanischen Kirchengebäudes — es gibt im 11. Jahrhundert Mauern bis zu sieben Meter Dicke — ist nur so, symbolisch, ganz zu begreifen. Daß allein schon das Motiv der schützenden Mauer genügt, um die Vorstellung der Himmelsstadt hervorzurufen, zeigt zum Beispiel der Teil eines karolingischen Buchdeckels, heute im Fitzwilliam-Museum von Cambridge*): die liturgische Handlung ist von turmbewehrten Stadtmauern umgeben, weil sie sich eben in der Himmelsstadt vollzieht.

Noch greifbarer wird das neue Bild der Himmelsstadt in dem Motiv der Türme. Schon seit dem sechsten Jahrhundert — etwa seit der Zeit Gregors des Großen — bestimmen sie im Westen die Außenerscheinung des Kirchengebäudes mehr und mehr, so daß schließlich die Vorstellung der „Kirche" bei uns mit der des Turmes so eng verbunden wird, wie in der Ostkirche mit der der Kuppel. Schon frühmittelalterliche Schriftquellen, und dann romanische immer wieder, setzen oft Pfarrkirche und Turm einfach gleich: „turris sive ecclesia".

Die Türme erscheinen im Ostteil der Kirche an jener Stelle wo in der altchristlichen Kuppelbasilika die Kuppel sitzt, und auch später sind sie, oft ragend, aufgebaut über einer inneren Vierungskuppel. An der Westseite bilden sie sich entweder, zu zweit das Hauptportal flankierend, eine Art Stadttor — ähnlich, nur viel imposanter, wie schon in syrischen Beispielen — oder es wird hier an die Langhauskirche eine zentrale Turmkirche — „turris sive ecclesia" — über einer Torhalle angeschoben, also eine Kirche über einem Stadttor, wie sie (mit Kuppel statt mit Turm) der Osten kennt. Diese Turmkirche im Westen ist oft dem hl. Michael und den Engelchören geweiht, der hier als Anführer der himmlischen Heerscharen das Torkastell (castellum) der Himmelsburg gegen die im Dunkel des Westens lokalisierten Mächte des Bösen verteidigt (Gruber).

Dieser Bedeutungswandel bereitet sich im Westen schon innerhalb der altchristlichen Kunst vor, wo auf Sarkophagen um 400 die „arx caelestis" erscheint. Er ist literarisch durch alle Jahrhunderte zu belegen — auch die Lichtkronen ottonischer und romanischer Kirchen sprechen nicht selten von der „arx caeli" (aber auch von der „curia lucis") — und für die romanische Kunst Deutschlands im elften und zwölften Jahrhundert, bis zum Ende der staufischen Epoche, ist *die Bezeichnung der Kirche als „Himmelsburg"* ebenso häufig wie die Schilderung des himmlischen

---

*) Dehio, Geschichte der deutschen Kunst, I, Abb. 399.

Jerusalem als „himmlischer Burg". Die Arbeiten von H.Lichtenberg und besonders von F. Heer enthalten dafür reichste Belege. Hand in Hand damit geht eine Verschiebung des Schwerpunkts der Ikonologie in *allen* Künsten. So ist zum Beispiel schon für die Zeit Gregors des Großen ein Hostienbehälter in Turmform überliefert (wobei vielleicht die Vorstellung vom „Turm Davids" mit hereinspielt): Beweis dafür, wie eng die Vorstellung vom Turm auf das Zentralmysterium des Glaubens bezogen ist. Noch immer ist, wie in der altchristlichen Himmelsstadt, das „Zentralbild" der Apsis Christus der Herrscher, aber jetzt vor allem gefaßt als Heerkönig und strenger Richter über Tod und Leben. Die Heiligen und die Engelsscharen sind sein Heerbann, Michael der Feldherr des himmlischen Reichsheeres. Das Bild seines Sieges über die abgefallenen Engel ist eine der großen ikonographischen Neuerungen dieser Zeit. In Schriftquellen wird Petrus gelegentlich als Burgvogt der Himmelsburg bezeichnet; und ähnliches mehr. Im Utrecht-Psalter kämpft Christus sogar selbst mit der Lanze — als „männermordender" Gott — gegen seine Feinde. Gleichsam der vorweggenommene Kommentar dieser neuen Ikonologie ist schon im neunten Jahrhundert der „Heliand". Ein Nachklang dieser Vorstellung von der Himmelsburg ist noch Luthers „Ein feste Burg ist unser Gott."

Natürlich steht hinter dieser *Auffassung der Kirche als Himmelsburg* vor allem die *kaiserliche* Kirche des Westens (Heer).

Im Gegensatz dazu scheint die reformierte Mönchskirche — also vor allem Cluny — bis zu dem gewaltigen Neubau von Cluny III. stärker an der Vorstellung der Himmels*stadt* festgehalten zu haben. Aber auch hier verschiebt sich der Schwerpunkt der Darstellung auf andere Elemente als in der altchristlichen Himmelsstadt. Daß seine von zwei Hochtürmen flankierte Westseite ein Stadttor — nach dem Muster antiker Stadttore, von denen sich imposante Beispiele gerade in Burgund lange erhalten haben — ist (Schulze), das langgezogene Hauptschiff eine Straße und der gewaltige, vielfältig „wie eine Stadt" sich auftürmende Ostteil mit seinen „Häusern" und „Türmen" das großartige Bild einer Stadt, war in jener Zeit, da in den „abbreviierenden" Darstellungen der Buch- und Wandmalerei, später der Bühne einige kleine Versatzstücke genügten, um eine Stadt darzustellen, ohne weiteres einleuchtend, auch wenn sich die einzelnen Elemente des architektonischen „Bildes" ganz anders zusammenfügten als in einer wirklichen mittelalterlichen Stadt.

Die Darstellungsweise ist weniger „realistisch" als in der altchristlichen Himmelsstadtkirche, und das Schwergewicht hat sich entschieden auf den Außenbau verschoben.

Gesetzt den Fall, wir wüßten nichts von dieser Außengestalt, die das Wehrhafte, Turmbewehrte, Burghafte betont, so wäre rein nach der Gestalt des vorromanischen und romanischen Kircheninnenraums sein Darstellungssinn nur schwer zu erschließen.

Hier im Innenraum sind die Fenster kleiner geworden, das Mosaik tritt zurück zugunsten der Malerei, zum Schluß sogar die Malerei zugunsten des nackten Quaderverbandes. Die Farbskala der Wandmalerei wird stumpfer, irdischer, zuzeiten fast ganz auf Rot-Braun-Grün-Weiß beschränkt: die Erdfarben. Das heißt, die Wand hat den Charakter der lichten Materie aufgegeben, das Licht hat sich an einzelne Stellen zurückgezogen: in die schmalen Fensterschlitze mit ihren Glasfenstern, an die goldenen Altarverkleidungen und in die Lichtkronen. Der Kirchenraum liegt oft in gruftartigem Dunkel.

Trotzdem besteht auch für den Innenraum — im großen ganzen gesehen — immer noch die Gleichung: Kirche gleich Himmlisches Jerusalem. Aus manchen literarischen Einzelzeugnissen verschiedenen Gewichts sei hier nur eines herausgehoben:

Der Zisterzienser Caesarius von Heisterbach, der in seinem „Dialogus miraculorum" zu Beginn des 13. Jahrhunderts Berichte wunderbarer Geschehnisse sammelt, schildert ein Erlebnis Peter des Einäugigen, Abtes von Clairvaux, im Dom zu Speyer. Während die Mönche, die den Abt begleiten, ihr Gebet rasch beenden, um in der Kirche umherzugehen und ihre Architektur zu besichtigen — sie bestaunen die „structura *stupendae* magnitudinis" —, verharrt der Abt im Gebet. „Er bedachte und genoß *nicht die vergängliche Architektur, sondern den Bau des Himmlischen Jerusalem.* In dieser Andacht erschien ihm die Jungfrau Maria und segnete ihn. Der Abt versteht den vergänglichen, steinernen Bau als Symbol des ewigen und geistigen Baus des himmlischen Jerusalem, des Gottesreichs, und der in den jenseitigen Bau Entrückte schaut visionär die Königin des Reiches, Maria. Die Begleiter empfinden Bewunderung, der Abt empfängt das Wunder" (Weigert).

Zu dieser Erhebung des Geistes bedarf es freilich keiner anschaulichen Entsprechungen zwischen dem sichtbaren und dem unsichtbaren Bau, sie kann sich vielmehr ebensowohl nach dem Prinzip der „unähnlichen Ähnlichkeit" vollziehen, das Dionysius Areopagita als Grundlage der geistigen, pneumatischen Kunst entwickelt hatte. Doch gab es zweifellos auch im Innenraum des romanischen Kirchengebäudes eine direkte Darstellung des Himmels. Sei es, daß er, wie wahrscheinlich in dem staufischen Bau von Speyer II, durch die Ausmalung der Gewölbe bezeichnet war, so wie z. B. in den alten Kirchen von St. Kunibert und St. Gereon zu Köln sich goldene Sterne auf blauem Grund um die

Sonne konzentrierten (Fiorillo I 399). Sei es, daß die Entsprechung im Charakter des „Geschützten" gesehen wurde. Sei es endlich, daß im Charakter der Architektur gerade das Schauererregende, das Terribile betont wurde, mit Bezug auf die Worte der Kirchweihliturgie: „Terribilis est locus iste. *Vere est aula Dei et porta coeli"*. Stand doch schon über dem Bogen der Altarapsis in der Basilika des Heiligen Martin zu Tours, um 460, der von Venantius Fortunatus überlieferte Vers: „Quam metuendus est locus iste: verum templum Dei est et porta coeli".

Jedenfalls ist die symbolische Gleichung nicht so klar aufzulösen wie am Außenbau.

„Man wirft der abendländischen Religiosität und ihrer Kunst oft vor", sagt Hubert Schrade, „daß sie jene beziehungsreiche Mystik nicht kenne, in der der Osten lebt. Doch wird sich, wenn man tiefer dringt, eine bestimmte Symbolik auch des westlichen Kirchengebäudes aufzeigen lassen. Das *Triumphkreuz* gehört hierher. *Es ist* über den Häuptern der Gläubigen *im „Himmel" der Kirche angebracht*. Daß es dort angebracht wurde, geschah weniger der allgemeinen Sichtbarkeit zuliebe. Es gehörte in den „Himmel", weil dort der Ratschluß des Opfertodes Christi gefaßt worden war. Mit anderen Worten, man ist weit davon entfernt, hier die *historische* Kreuzigungsszene als solche vorstellen zu wollen. Wir brauchen nur an die Gesamtkomposition von Halberstadt und in der Wechselburger Darstellung an die Figuren unter dem Kreuz, an Maria und Johannes, besonders aber an den „alten Adam" zu erinnern, der zu Füßen des Kreuzes das Blut des neuen Adam im Kelche auffängt. Dazu halten noch Engel die Querbalken des inneren Kreuzes. Sie haben es mit dem Gekreuzigten vom Himmel, der durch Vater und Taube repräsentiert wird, herabgetragen. *Sie tragen es täglich herab, wenn unten in der Messe die Transsubstantiatio vollzogen wird*."

Aus dieser Beobachtung Schrades würde hervorgehen, daß in *spätromanischen* Kirchenräumen vor allem der *obere* Teil der Kirche — sei es ihr offenes Sparrendach, sei es die Wölbung — als „Himmel" im engeren Sinn angesehen wurde.

Auf solche Zusammenhänge weist auch der von Adelheid Kitt erschlossene Abbildsinn der ottonischen und romanischen Lichtkronen. Auch sie schweben vom „Himmel" herab; dieser Vorgang vollzieht sich zumal an den großen Kirchenfesten und macht es anschaulich, daß sich die himmlische Kirche mit der irdischen vereinigt.

KAPITEL 33

Ottonische und romanische Lichtkronen als Abbilder
des Himmlischen Jerusalem

Dort wo die romanische Architektur mit der Schwere ihrer
Bau-Massen und dem Dunkel ihres nächtlichen Raums in Kraft
war, dort konnte die Vorstellung von der im Licht strahlenden
Gottesstadt sich mit den Bauten selbst nicht verbinden. Sie setzt
dort an die *Licht*träger dieser Räume an und bestimmt bis hinein in die kleinsten Einzelheiten ihre Gestalt. Die großartigen
Lichtkronen der ottonischen und frühromanischen Dome sind,
wie Adelheid Kitt ausführlich erwiesen hat, als Abbild des
Himmlischen Jerusalem aufzufassen; die Inschriften dieser Werke
selbst bezeugen vielfach ihren abbildenden Sinn. Dieser Nachweis ist darum so wichtig, weil er die auch heute noch verbreitete
Skepsis gegen solche Fragestellung widerlegt. Trügen die Kronleuchter nicht Inschriften, die mit höchster Klarheit — meist anknüpfend an den Kirchweihhymnus „Urbs Hierusalem beata" —
diese Gebilde als Darstellungen der Himmelsstadt erklären, so
wäre die Deutung wahrscheinlich erbittert bestritten worden. Es
zeigt sich aber auch ebenso gewiß, daß diese Bedeutung nicht
nur nachträglich zu den aus rein künstlerischen Voraussetzungen
entstandenen Werken hinzugetragen wurde, sondern deren Ausbildung, bis in die kleinsten Einzelheiten hinein, schöpferisch
bestimmt hat. Wer das aber für die Kleinarchitektur der Lichtkronen gelten lassen muß, kann es für die Großarchitektur der
Kathedrale nicht mehr ausschließen.

Erhalten ist nur ein Bruchteil des ursprünglichen Bestandes,
literarisch überliefert aber sind zahlreiche Exemplare. Man kann
sagen, daß mindestens im Deutschland des 11. Jahrhunderts
wohl keinem Dom und keiner größeren Abteikirche diese Lichtkrone fehlte.

Die „coronae" (dies der geläufige lateinische Ausdruck) sind
riesige metallene Reifen, von einem Gestänge gehalten, das oben
in einer Kugel zusammenläuft und an einer Kette von der Wölbung ziemlich tief herabhängt. Ihr Umfang variiert von 4 bis 7
Meter (!) — ist also größer als der Hauptraum mancher mittelbyzantinischen Kirchen; der oft ornamental verzierte oder durch-
brochene Kronreif ist 60 bis 70 cm hoch. Seine Normalgestalt
ist 24- oder 12teilig, seltener 8- oder 16teilig. Er ist meist mit
kleinen Türmen besetzt, die als Tore oder Ädikulen gebildet
sein können, in denen Figuren erscheinen. Das Material ist gewöhnlich vergoldetes Erz. Der obere Rand ist mit zahlreichen
Kerzen besteckt zu denken, man hört von hundert (genau: 96)
Kerzen (Abb. Seite 126).

125

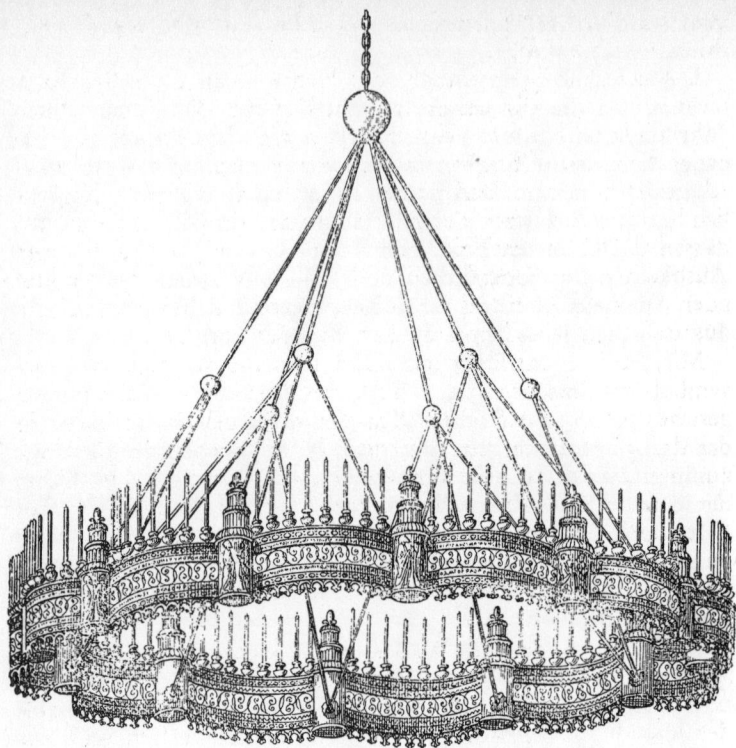

Lichtkrone von Reims

Diese äußere Beschreibung „erfüllt" sich erst wenn man den abbildenden Sinn hinzunimmt. Von allen uns bekannten Darstellungen des Himmlischen Jerusalem halten diese Lichtkronen sich am getreuesten an die Angaben der Geheimen Offenbarung. Sie geben als pars pro toto die Mauer der Himmlischen Stadt (1), das kostbare Material der Mauern, in die Edelsteine eingefügt sind (2), ihre Türme und Tore (3), mitunter auch ihre himmlischen Tor- oder Turmwächter (4), auf Grund der Stelle Offenbarung 21, 14 (wonach an der Mauer des himmlischen Jerusalem 12 Pfeiler mit den Namen der 12 Apostel angebracht sind; die Engel auf ihren Zinnen (5). Sie stellen aber zugleich durch die Vielzahl ihrer Lichter den überirdischen Lichterglanz der Himmelsstadt dar (6), durch die reiche Verzierung das „Geschmückt-sein" der Stadt (7), die vom Himmel herabschwebt „wie eine Braut". Und endlich ist (8) auch noch dieses Herabschweben aus dem Himmel den Sinnen nahegebracht, besonders wenn man sich über der Licht-Krone die Himmels-Wölbung der Architektur hinzudenkt.

Die gelegentliche Achtzahl der Krone kann diese Symbolik nicht stören, denn in der Acht (siehe Kapitel 45) sah man durch Jahrhunderte hindurch den Hinweis auf Jenseitiges, auf die ewige Seligkeit. Übrigens ist gerade für Aachen, wo der achteckige Kronleuchter Barbarossas hängt, durch Alkuin ausdrücklich bezeugt, daß schon der Bau selbst das Himmlische Jerusalem darstellte. (Rein „stilistisches" Motiv ist dagegen das kurvige Ausbauchen der Sechzehneckseiten.) — Wenn statt der Apostel oder neben ihnen Engel erscheinen, so steht dahinter die Stelle aus Isaias: „Zwölf Engel wachen über die Stadt."

Mit dieser Darstellung der Himmelsstadt verbindet sich die symbolische Bedeutung der Teile des Gestänges. Vollkommen gesichert ist der symbolische Sinn für die große Hauptkugel, in der das immer nach dem gleichen Prinzip angeordnete Gestänge zusammenläuft: die goldglänzende Kugel — strahlend im Lichte der Kerzen — stellt die Sonne dar, die Sonne aber ist Symbol Gottes (siehe Kapitel 41). An der Krone von Speyer trägt sie an der Unterseite einen Vierpaß mit den vier Wesen. Dann darf man annehmen, daß die kleineren Kugeln Sterne bezw. Engel symbolisierten.

Der Ort, an dem die Lichtkrone aufgehängt war, war ursprünglich gewiß die Stelle über dem Hauptaltar (Chorquadrat oder Vierung) oder dem Kreuzaltar (?), und die ganze Symbolik der Krone ist in gewissem Sinn bezogen auf die Symbolik des Altars.

Angezündet wurden die Kronen nur zu Hochämtern und an hohen Feiertagen. Ihren vollen erlebnismäßigen Sinn entfalten sie im Dunkel der feierlichen Nacht- und Frühmorgengottesdienste. Man kann sich dieses Erlebnis in einer Zeit, in der reines Licht im Dunkel der Nacht nur selten und sparsam leuchtete, gar nicht überwältigend genug vorstellen. Sogar uns — denen das Licht von hundert Kerzen in einer einzigen stärkeren Glühlampe erscheint — kann ein Weihnachtsbaum mit 100 Kerzen noch mächtig ergreifen.

Man versteht, daß mit solchen Visionen der Himmelsstadt ihre gemalten Darstellungen in Fresken oder Büchern nicht wetteifern konnten.

Diese Lichtkronen sind eine Sonderleistung der deutschen Kunst, enstanden als Ausklang der ottonischen Zeit, deren Geist sie mit höchster Kraft verkörpern. Ihr Prototyp, den wir wohl in dem verschollenen, zwischen 1010 und 1020 entstandenen Kronleuchter des Hildesheimer Doms zu suchen haben, ist wahrscheinlich eine geistige Schöpfung des Bernward von Hildesheim, ebensosehr aus theologischem wie aus künstlerischem Geist. Vielleicht begreift man hier am reinsten, daß es für den Künstler des Mittelalters keine erhabenere Aufgabe geben konnte, als ein Bild der Lichtstadt Gottes zu schaffen.

Lichtkronen in Frankreich

Uns interessieren in diesem Zusammenhang vor allem die französischen Beispiele, weil gerade sie zeigen, wie schon *vor* der Kathedrale „dreidimensionale" Abbilder der Himmelsstadt auftreten, in denen sich das Schwergewicht der Darstellung gerade auf das *Licht*erlebnis verschoben hat.

Am besten unterrichtet sind wir über die Lichtkrone der romanischen Kathedrale von Bayeux. Sie wurde von dem Erbauer des Doms, dem Bischof Odo von Conteville (1046-77) gestiftet. Ihr ursprünglicher Platz war der Chor; erst nach dem Umbau der Kathedrale, nach 1159, hing sie wahrscheinlich in der Vierung über dem Kreuzaltar. Sie erfüllte die ganze Breite des Schiffs, war aus kostbarem Metall gearbeitet, zwölfgliedrig mit hohen „Laternen", also mit Türmchen, besetzt und trug 96 Kerzen.

Die Verse, mit denen sie ringsum beschrieben waren, führen mit hoher Klarheit in den anagogischen Geist dieser Kunst auf ihrer romanischen Stufe ein: sie geben manchen Aufschluß dafür, wie man in dieser Zeit Gebilde der Kunst, also auch Architekturen, von den Gläubigen verstanden haben wollte. Ich gebe sie deshalb in vollem Umfang mit einigen leichten Änderungen der Übersetzung wieder: *)

1 *Engel bewohnen die Stadt* seit jeher und sind die Besitzer,
Und der Name der Stadt heißt Schau des himmlischen Friedens
(supremae pacis visio).
Ihre Mauer ist stark [hier denkt man mehr an die Mauer
des Kirchengebäudes als an die des Kronreifs],
Denn sie ruht auf dem Grunde des Glaubens,
Tugenden bergen die Türme auf festem Felsen des Glaubens.
5 *Diese Stadt muß jeder der glaubt, im Geiste betrachten*
(contemplari)
Und ihr Bild im geheimen Schrein der Erinnerung bergen.
Wer sie betreten will, dem ziemt nicht verwegene Eile,
Seufzend, weinend und büßend muß man den Eintritt verdienen.
Ihr zuliebe mußten die Heiligen Kämpfe bestehen,
10 Bis sie in ewigem Glück genießen die Freuden des Sieges.
Wer an den Mauern der Stadt umsichtig Wache gehalten,

---

*) Der lateinische Text bei A. Kitt (siehe Literaturverzeichnis)

Schaut mit ruhigem Aug entgegen *dem richtenden König*.
Nach dem Bilde der Stadt verzieren den Tempel Diademe,
Zweimal zwölf der Ältesten sind dort ihre *Wächter*.
15 *Wächter* sind die Apostel vereint in heiliger Zwölfzahl,
Ebensoviele Propheten, die ersten Boten des Heiles.
Ihnen gehorchen Mitbürger der Stadt, erfüllen den Auftrag
Unaufhörlich rufend: Oh heiliges Volk komm, komme,
Laufe eilends herbei, damit Deine Flucht nicht zu spät sei.
20 Das auch ists, was allen der Hirte sagt in der Predigt:
Feindliche Geister umlauern das Volk ohne Ende.
Wenn sich einer nach Kräften bemüht, um Bürger zu werden,
Nahe dem Ziel schon ist auf langem Wege der Mühen,
Wachen sie ängstlich und sinnen darauf ihn zu stürzen,
25 Fiel erst ein Bürger der Stadt, erfüllt sie teuflische Freude.

(Vers 26 bis 29 ist unvollständig: es ist die Rede von blinder Begierlichkeit, von richterlichem Recht gegenüber den Armen und den Mächtigen.)

30 Gerne versöhnt sich die Gunst des Goldes mit schreiendem Unrecht:
Lügt auch die Zunge des Reichen, das Gold macht Lüge zur Wahrheit;
Was ein Armer auch Wahres spricht, man schilt ihn doch Lügner,
Also wird die Tugend bedrängt im Kampf mit dem Laster.
Doch weil selten die Zunge tönt und Lehren vergehen,
35 Sollen, was Worte verschweigen, darum die Beispiele zeigen.
Nicht mit Worten, sondern mit Beispielen soll sich erfüllen
Herz und Ohr des Volks in frommer Begier nach dem Heile.
                    Hier in der Mitte
Sitzt als König das Lamm, entsprossen dem Leibe der Jungfrau
Wird es zum Tode geführt, denn sterben muß es, so sättigt
40 Sich im Verlangen nach ihm der Mensch mit gläubigem Herzen.
Bald wird ganz es zur Speise und ganz zum heiligen Tranke,
Denn sein Fleisch wird wahrhaftig zur Speise und sein Blut zum Tranke.
Ewig bleibt es doch gleich, bleibt eins mit dem ewigen Vater.
Was bedeutet der Reif und rings die ragenden Türme?
45 Glaubet nur unserem Wort, nichts anderes wollen sie sagen
Als was gesungen, gelesen dem rohen Volke gezeigt wird.
Möge zum Lohn für die Gabe Odo der ehrwürdige Bischof
48 Oben in *himmlischer Burg* die Palme des Friedens gewinnen.

Typisch „romanisch" an diesem Gedicht ist das Denken in kriegerischen „politischen" Gleichnissen, typisch überhaupt der anagogische Sinn, die Beziehung auf den Altar und das Altarsakrament unter der Krone; untypisch die moralisierenden und die — wenn es zu sagen erlaubt ist — sozialkritischen Stellen.

Auf einer Platte unter der Hauptkugel stand, nach einer einleuchtenden Annahme von A. Kitt, der Doppelvers:

„Euch den Bürgern der Himmelsstadt sei Friede und Ehre.
Hoffnung fasse die Welt: besiegt ist der Wolf vom Lamme."

Es war also auf dieser Platte das Lamm über der Mitte der Krone thronend dargestellt. —

Eine riesige Krone, aus Erz, Gold und Silber in kostbarster Weise gearbeitet, hing in der Mitte des Chors im dritten Bau von Cluny; doch ist über sie sonst nichts bekannt.

Eine sehr bedeutende Krone besaß die Abteikirche St. Rémy in Reims. Sie hing in der Mitte des Chores, hatte 18 Fuß Durchmesser und trug 96 Kerzen. Nach einer erhaltenen Abbildung aus dem 16. Jahrhundert entsprach die Schwingung ihrer einzelnen Kranzstücke der Gestalt des Aachener Barbarossa-Kronleuchters. Sie gehörte sicherlich dem späten 12. oder erst dem 13. Jahrhundert an. Nach den alten Abbildungen war sie ihrer Form nach eine Darstellung des Himmlischen Jerusalems, den Text der Inschrift bildeten die Anfangsverse des Johannes-Evangeliums. Danach muß man annehmen, daß die Krone das „Licht, das in der Finsternis leuchtet", symbolisierte. Doch schließt das nicht aus, daß sie „mutua et secundaria significatione" auch die Himmelsstadt bedeutete (Abb. Seite 126).

Über die Lichtkrone im Chor von Saint Germain-des-Près in Paris und die beiden „roues de fer", die in der Kathedrale Notre-Dame in Paris hingen, ist so gut wie nichts bekannt. Die beiden letzteren trugen jede 100 (wohl 96) Kerzen, die am Tage der „purification de Notre-Dame" angezündet werden sollten (also möglicherweise Mariensymbolik).

Auch die gewaltige Lichtkrone in der Grabeskirche zu Jerusalem (Sauer 403, Anm.) wird französischen Ursprungs gewesen sein.

Man muß also annehmen, daß hie und da auch in den gotischen Kathedralen des späteren 12. und des 13. Jahrhunderts noch solche Lichtkronen hingen. Dies würde keineswegs dagegen sprechen, daß nicht auch die Kathedrale selbst ihrerseits das Himmlische Jerusalem abbildete. Solche Pleonasmen sind im mystisch-symbolischen Denken durchaus möglich; bedeutet doch auch in der byzantinischen Kirche sowohl die Kuppel wie das durch die Ikonostasis verschlossene Allerheiligste gleicherweise den Himmel. In einem „modernen", stilgeschichtlichen Sinn ist allerdings die Lichtkrone ein Fremdkörper in der Kathedrale schon deshalb, weil sie ihr Lichterlebnis gerade im nächtlichen Gottesdienst entfaltet, bei dem die Kathedrale ihre eigene Lichtvision — die der „leuchtenden Wände" — nicht entfalten kann.

KAPITEL 35

Die Kathedrale als Abbild des Himmels

Das Himmelsbild der geistlichen Dichtung des 12. Jahrhunderts

„Caelestia exempla sunt terrestrium"
(Bernhard von Clairvaux)

Auch bei der Grundsteinlegung und Weihe der gotischen Kathedralen wurden dieselben Hymnen gesungen — gerade auch für die erste „Kathedrale", den Neubau der Abteikirche von St. Denis unter Suger (1137) ist dies ausdrücklich bezeugt. Auch hier sind die Worte des Hymnus zunächst im übertragenen anagogischen Sinn zu verstehen. Die berühmten Inschriften an den Portalen von St. Denis sagen ja ganz klar, worauf es im Grunde ankommt und in aller mittelalterlichen Kunst ankommen mußte: die Gläubigen zu „erleuchten", „ut eant per lumina vera ad verum lumen" (Kapitel 78).

Aber darüber hinaus können die Worte des Hymnus und die Stellen aus der Offenbarung nun unmittelbar *anschaulich* auf das Kirchengebäude bezogen werden. Denn so wie dort steht jetzt im Mittelpunkt des Erlebens ein gewaltiges Lichtereignis. Selbst für uns abgebrühte Epigonen hat die Kathedrale auch im buchstäblichen Sinn „den Strahlenglanz Gottes" (Geheime Offenbarung 21, 11). *Ihr* Glanz *ist* „wie der köstlichste Edelstein", ihre Mauern scheinen wirklich aus Edelsteinen zu bestehen und es ist kaum mehr poetische Steigerung, von ihr zu sagen, „die Stadt war wie reiner Kristall".

Die Übereinstimmung geht freilich nach einer Seite weniger weit als an den romanischen Lichtkronen, die den Grundriß, die Mauern, Tore, Türme und Türhüter der heiligen Stadt abbilden und sich überhaupt äußerst getreu und sozusagen „sachlich" an die Schilderung des Vorbilds halten.

Gemeinsam mit den Lichtkronen ist die Schilderung eines überwältigenden Lichtglanzes, das Gebautsein aus kostbaren Materialien: Gold und Edelsteinen, und besonders auch das Schweben des Baus.

Über die Lichtkronen weit hinaus geht aber das Himmelsbild der Kathedrale dadurch, daß es nicht unerreichbar und klein, wie eine ferne Vision über den Häuptern schwebt, sondern uns in sich aufnimmt und Glanz und Pracht des Himmels in überwältigenden Verhältnissen *den Sinnen nahe bringt.* Die Gläubigen des 13. Jahrhunderts, die in die Kathedrale eintreten, sehen sich sozusagen in den „Himmel auf Erden" versetzt und nehmen, zusammen mit den Bewohnern der himmlischen Kirche, die sich im

Gottesdienst mit der irdischen vereinigt und deren Chöre hier erschallen, in unmittelbar sinnlichem Genuß teil an der *Seligkeit* der Anschauung des Himmlischen, das sie zuallererst in der Form der Schwerelosigkeit des Baus, des überirdischen Lichtes und des überirdischen Gesanges berührt. „Il n'est pas douteux que la verrière lumineuse ouvrait à l'extase des fidèles la vision du Paradis" (R. Schneider). Deshalb wird der Zauber der gotischen Kathedrale durch nichts so sehr zerstört als durch das Fehlen der „edelsteinernen" Wände, die dieses Himmelslicht erzeugen, und dadurch, daß die ihm angemessene Musik in diesen Räumen nicht mehr erschallt.

Das gotische Kirchengebäude kann jetzt, unter Absehen von seiner symbolischen Bedeutung, als sinnlich nahe Darstellung des Himmels aufgefaßt werden. Es stellt uns den Himmelsbau — den kein Auge gesehen — so vor Augen, als könnten wir ihn mit *leiblichen* Augen sehen, mit allen Sinnen erleben, etwa mit *dem* Realitätscharakter, mit dem man eine sinnengesättigte „Vision" oder einen höchst lebhaften Traum „sieht".

Zug um Zug entspricht es darin dem neuen Himmelsbild der gleichzeitigen geistlichen Dichtung.

„Die einzelnen Elemente, die seit der Apokalypse des Johannes zur Schilderung der Gottesstadt verwendet wurden, haben in der geistlichen Dichtung bis ins späte 11. Jahrhundert hinein ihren geistlichen Symbolwert bewahrt. Die Edelsteine z. B., aus denen Fundament, Tore und Mauern der Stadt bestehen, sind Symbole der Gottesstreiter. Die Durchsichtigkeit — ein Zug, der in abendländischen Texten besonders betont wird und die ganze Stadt „in godes scôni samo daz durhliehte glas alliu durhscouwig joh durhluter" erscheinen läßt — ist Sinnbild der bis ins innerste lauteren Tugenden der Himmelsbewohner. Dieser sinnbildliche Wert, nicht das mit Sinnen vorgestellte optische Bild bestimmt die Auswahl der Einzelzüge. Seit dem 12. Jahrhundert beginnt aber auch für diese Art des geistlichen Schrifttums eine neue Periode. Ohne den Symbolsinn ganz aufzugeben, treten die anschaulichen Elemente in der Schilderung der Himmelsstadt mehr und mehr hervor und werden ihrem sinnlichen Eigenwert zuliebe aufgesucht: die leuchtenden Wände aus Edelsteinen, die Durchsichtigkeit von Mauern und Toren, klar wie Kristall, die Straßen aus geläutertem Gold oder Glas, vor allem die überirdische Lichtfülle, die von keiner natürlichen Quelle ausgeht, der Engelsgesang und der himmlisch süße Duft, der die ganze Stadt erfüllt." In der Gesamtvorstellung fügen sich diese Einzelzüge bald zum Bild einer himmlischen Stadt, bald zu dem einer Himmelsburg oder des Himmelssaals (Lichtenberg).

Nun gibt es für die Gleichsetzung der gotischen Kathedrale

Schwebender Himmelsbau: Tafel eines Triptychons von Hieronymus Bosch

mit dem neuen Jerusalem schriftliche und bildliche Belege. Von dem Dichter des Jüngeren Titurel wird dem Gralstempel, den wir oben als eine Phantasie über Motive der Kathedrale erkannt haben, ein abbildender Sinn ausdrücklich zugeschrieben: „*Der jerusalem exempel in vrône paradîse ist hie zem gral der tempel.*" Wie leicht sich die Assoziation:Architektur gleich Himmel einstellte, ermißt man daran, daß schon das Leuchten eines schneeweiß gekalkten Gemäuers oder eines Bleidaches, das weit über die See hin glänzt, dem Dichter erscheint „als iz ein Himmel wäre" (Lichtenberg 100). Da diese Gleichsetzung vollkommen geläufig ist, werden nun mit der größten Unbedenklichkeit bekannte Kirchengerätformen der Kathedrale in das dichterische Bild des himmlischen Thronsaals versetzt. So eng berührt sich auch das Gegenständliche des irdischen Gotteshauses mit seinem jenseitigen Urbild (Lichtenberg 25-26). Und wenn bei Van Eyck Maria mit der Krone am Haupt in dem verkleinerten Gehäuse eines typischen Kathedralen-Innenraums steht (Tafel XVI), so heißt es, daß der Maler sie „im Himmel" darstellt, daß also auch für ihn die Gleichung Kathedrale gleich Abbild des Himmels lebendig war (Tolnai). Noch am Ende der Gotik wird in einem Triptychon des Hieronymus Bosch, das ein Stich von H. Cock überliefert, der Himmel, in dem Gott thront, in den Formen einer typischen gotischen (im einzelnen allerdings schon mit Rundbogen instrumentierten) Architektur vorgestellt, die auf Wolken *schwebt*, das himmlische Paradies aber als Garten mit Zelten und einem von Engeln bemannten Schiff (!) (Abb. Seite 133).

Der Verwandlung des Himmelsbildes vom 11. zu dem des 12. und 13. Jahrhunderts entspricht die verschiedene Weise, wie in Lichtkronen des 11. und 12. Jahrhunderts einerseits, in der Kathedrale anderseits das Himmelsbild gefaßt wird.

In der Absicht, die Besucher gewissermaßen „wirklich" in die Himmelsstadt zu versetzen, steht das frühchristliche Kirchengebäude der gotischen Kathedrale näher als beide dem romanischen Dom, dessen Bedeutung nicht so klar in Gleichsetzungen aufgelöst werden kann und der auch eindrucksmäßig stärker im Dunkel des Geheimnisses bleibt. Während aber in der frühchristlichen „Basilica" an erster Stelle das *Stadt*-sein der Himmelsstadt zur Darstellung kommt, wird hier das *Himmlisch*-sein des Himmelsbaus, das Licht-sein der „Lichtstadt" mit Mitteln aller Künste sinnlich ausgemalt. Nicht auf das stadtmäßige Aussehen des Kirchengebäudes wird Wert gelegt — die überkommene Form des gotischen Kirchengebäudes mit seinem kreuzförmigen Grundriß gleicht ja längst nicht mehr einer Stadt —, sondern auf jene „poetischen" Züge, auf die sich auch in der Dichtung der Nachdruck verschoben hatte. Auf diese Züge muß man achten, wenn man unmittelbar einsehen will, wieso die Kathedrale den Zeitgenossen den Himmel nicht nur gedanklich bedeuten, sondern ihn lebendig vor Augen stellen konnte.

Das frühchristliche Kirchengebäude ist eine repräsentative und realistische Darstellung der himmlischen Polis unter dem Bilde einer antiken Stadt — mit dem Nachdruck auf dem Innenraum. Das romanische Kirchengebäude enthält repräsentative Elemente einer mittelalterlichen Stadt (burgus) oder Burg — am Außenbau; der Innenbau ist noch nicht „dechiffriert". Die romanischen Lichtkronen sind getreue Schilderungen des Himmelsbildes der Apokalypse — mit jener Mischung sinnlicher und symbolischer Elemente, wie sie der apokalyptischen Schau entsprechen — von der Stadtmauer her gesehen. Die gotische Kathedrale endlich ist sinnlich nahe, poetische Darstellung des Himmelsbaus — zunächst vom Innenraum her, in der vollendeten Kathedrale aber mit Einbeziehung des Außenbaus. In ihr rivalisieren die bildenden Künste mit dem Himmelsbild der geistlichen Dichtung, das sie weit überbieten.

Für uns ist das Wissen um diesen *abbildenden Sinn der Kathedrale* nicht bloß eine „geistesgeschichtliche" Parallele oder eine theologische Angelegenheit, die nur lose als ideologischer Überbau mit der Wirklichkeit des Kunstwerks zusammenhängt, sondern es ist mit entscheidend für das konkrete *Sehen* solcher Gebilde, deren Formen in einem ganz neuen Sinn aufleuchten und für uns einleuchtend werden, sobald man um diesen Darstellungssinn weiß.

Die Analogie zur Wendung in der Liturgie (siehe oben Kapitel 4) ist sogleich evident: der Wunsch nach *Schau* hat für das Kirchengebäude zur Folge, daß der am Gottesdienst Teilnehmende gleichsam schon leiblich in den Himmel versetzt, mit den Engeln am himmlischen Kult teilnimmt. Und dieses Erlebnis des Himmels wird mit verklärten *Sinnen* genossen, *alle* Sinne sind daran beteiligt. „La joie *physique* que donnent ces trésors de Golconde s'achève donc en pur mysticisme" (R. Schneider). Der Himmel ist „*mystisch versinnbildlicht*" (J. Schwietering), in der Kathedrale wie in der Dichtung. Erst diese Einsicht führt uns an die tiefsten Wurzeln des „süßen neuen Stils" der Kathedrale.

KAPITEL 36

Das Himmelsbild der Kathedrale I:
Baldachine, leuchtende Wände, überirdisches Licht

Aus dieser gesicherten Gesamtbedeutung der Kathedrale, Abbild des Himmels zu sein, werden die Phänomene der Kathedrale erst wirklich verständlich. Fast jedem der charakteristischen Motive und Züge, die eine rein aufs Formale gerichtete Betrachtung der Kathedrale aufdeckt, kommt ein abbildender Sinn zu. Wesentliche Züge sind schon in der Geheimen Offenbarung vorgebildet, aber nun sinnlich nahegebracht und poetisiert; andere sind erst später dazugekommen. Ich hebe nur die wichtigsten heraus.

Die großen Baldachine, aus denen sich der ganze Kirchenraum aufbaut, bedeuten zweifellos den Himmel, oder besser und richtiger „die Himmel" (Mehrzahl). Das wäre für die Gläubigen sicherlich auch ohne weitere Verdeutlichung klar gewesen, denn sie erkennen in diesen von Trägern gehaltenen Wölbungen, zumal in der größten Wölbung über dem Hauptaltar der Laien, leicht die Form des Altarciboriums wieder, die ihnen ganz geläufig ist. Das Wissen darum aber, daß das Ciborium, der Baldachin über dem Altartisch — damit über dem Thron des unsichtbaren Christus des Meßopfers — den Himmel bedeutet, ist nie ganz verloren gegangen. Noch heute heißen in unserer Volkssprache Baldachine über Thronen „Thronhimmel" und der in Prozessionen über dem Allerheiligsten auf vier Stangen getragene Schirm Trag„himmel".

Zu allem Überfluß sind aber die Wölbebaldachine des Kirchenraums sehr häufig mit goldenen Sternen auf blauem Grund bemalt gewesen. Wiederhergestellte alte Bemalung dieser Art hat die Sainte-Chapelle (Kapitel 1).

Die gewaltige Größe und Höhe dieser Raumbaldachine, unter denen die Gläubigen selber stehen, bewirkt es, daß der Himmelssinn nicht bloß sinnbildlich mitgedacht wird — wie bei den mehr zeichenhaften Baldachinkronen der Statuen —, sondern daß sie anschaulich als architektonisch verfestigte Himmels„gewölbe", als Saphir-Himmel, aufgefaßt werden. Wer unter diesen Wölbungen steht, sieht sich „im Himmel".

Daß mit dem Glühen der Glaswände der Kathedrale Wände aus Edelsteinen gemeint sind, braucht nicht mehr bewiesen zu werden. Ihr tiefes Rot und Blau bildet „Rubin" und „Saphir" ab, die untergeordneten Farben andere Edelsteine. Man muß dazu wissen, daß dem Mittelalter die Vorstellung geläufig war, daß farbiges Glas die dem Licht wesensverwandte Materie sei und aus edlen Metallen oder Edelsteinen hergestellt würde (Oidtmann 36). Daß die Glasfenster „von selbst" zu leuchten scheinen — wie wir es oben beschrieben haben —, hat seine Entsprechung in den Himmelsschilderungen der Dichter, die selbstleuchtende Wände kennen. Im mittelalterlichen Volksglauben wird den Edelsteinen die Fähigkeit, selbst zu leuchten, zugeschrieben. Aber auch das Durchschienene der Wände entspricht

Zug um Zug der Himmelsdichtung, die von durchsichtigen Wänden zu berichten weiß und die Pracht des durchscheinenden Materials schildert.

Der „Lichtraum der Baldachine und die diaphane Lichtwand wirken zusammen, dem Innenraum der Kathedrale eine Lichtfülle mitzuteilen, wie sie kein anderes Sakralgebäude der Weltgeschichte besitzt." Von keiner irdischen Quelle scheint dieser Lichtglanz auszustrahlen und illustriert so die Stelle der Geheimen Offenbarung: „Sie hatte den Strahlenglanz Gottes. Ihr Glanz war wie der köstlichste Edelstein, wie der kristallartige Jaspis" und „die Stadt bedarf nicht der Sonne, noch des Mondes zu ihrer Erleuchtung; denn die Herrlichkeit Gottes erhellet sie, und ihre Leuchte ist das Lamm." Die Meisterschaft der Künstler „läßt die hunderttausendfache Herrlichkeit des Himmels erschütternd ahnen" (Lichtenberg).

KAPITEL 37

Das Himmelsbild der Kathedrale II:
Das Geläuterte, das neue Menschenbild

Zu den stehenden Zügen des Himmelsbildes der vorgotischen geistlichen Dichtung gehört es, daß der Himmelsbau aus Gold, Kristall und Edelsteinen besteht. Der gemeinsame Grundzug dieser Stoffe ist das „Geläuterte", wie es denn auch im Graduale der Kirchweihmesse heißt: „Dieser Ort ist von Gott gemacht, ein unschätzbares Mysterium, *makellos."* Der Edelstein ist wie der Kristall geläuterter Stein, das pure Gold geläutertes Metall. Auch dieser Zug wird ursprünglich in der Dichtung rein symbolisch genommen: Edelsteine und Gold sind Symbole der reinen, geläuterten Seelen. Dann aber tritt auch hier mehr und mehr der anschauliche Wert des Bildes in den Vordergrund. Das Himmelsgebäude besteht, anders als irdische Bauten, nicht aus schweren und dumpfen, sondern aus lichten, leichten, lauteren, verklärten Stoffen. Das ist aber jenes Ideal einer „goldschmiedhaften" Stofflichkeit, dem auch die Kathedrale zustrebt.

Man darf damit zwei andere Dinge in Verbindung bringen: die Ausstoßung des Tierbildes aus diesem „Himmelreich" und den Verzicht auf die Grüfte.

Aus der Tatsache, daß die Kathedrale den Himmel nicht nur bedeutet, sondern anschaulich darstellt, folgt, daß die Krypten verschwinden müssen. Gewiß hat das Auflassen der Krypten auch einen rein formalen Sinn: es trägt bei zur Vereinheitlichung und „Durchsichtigkeit" des Hauptraums. Aber wie überall fällt auch hier der formale Sinn zusammen mit dem bedeutungsmäßigen: aus der Lichte des neuen Himmels muß alles Dunkle und alles Unterirdische ausgestoßen werden.

Auch im Gralstempel des „Jüngeren Titurel", dem Bruderbau der Kathedrale gibt es keine Grüfte mehr, sie werden leidenschaftlich abgelehnt:

„ob si da haeten grüfte? nein, herre got enwelle,
daz under erden slüfte reine diet sich immer valsch geselle,
als etwenne in grüften wirt gesammet.
man soll an liehter wîte kristen glouben künden und Kristes
ammet" (82, 1).

Mit der Kathedrale ist auch die Zeit der dämonischen und tierhaften Mischwesen im Bildschmuck der Kirche vorbei — nur an wenigen abgelegenen Stellen werden sie noch zugelassen. Im Himmel hat das tierische Element keinen Platz: „Aber nichts Unreines wird hineinkommen, nur die welche geschrieben sind im Lebensbuche des Lammes" (Offenbarung 21,27). An Stelle der Chimären romanischer Kapitelle erscheint das Blatt- und Blütenkapitell. Blattgewinde und Blume gehören in ihrer Lauterkeit zum Schmuck des neuen Paradieses, der Himmelsstadt. Höchstens anmutig aufgefaßte „lichte" Tiere — zum Beispiel Singvögel — werden zugelassen. Die Reste des Dämonischen aber verharmlosen zur „Drôlerie". (Vgl. aber Kapitel 47.)

Es ist übrigens bemerkenswert, daß jene Epochen, die eine extrem massive und dunkle Architektur bevorzugen — wie die babylonisch-assyrische und die romanische — die großartigsten Auffassungen des dämonischen Tieres hervorbringen, während die lichten und die verräumlichten Frei-Architekturen — wie die griechische und gotische, aber auch teilweise schon die ägyptische — ein lebensvolles Verhältnis zur Pflanze entwickeln. Man sollte dieses Problem nicht durch einen Kurz-Schluß lösen (vgl. dazu Kapitel 97).

In diesem Absehen von allem Dumpfen, Dunklen und Dämonischen gründet die spezifische „Heiterkeit" und „Jugend" der frühen mit der Kathedrale erwachsenden Gotik.

Auch die Veränderung des Menschenbildes vom Romanischen zum Gotischen kann man, im Inhaltlichen, von hier aus am besten verstehen. Es ist der Übergang zu der *verklärten,* das heißt von allem Dämonischen geläuterten Menschengestalt.

KAPITEL 38

Das Himmelsbild der Kathedrale III:
Das Schweben

Aber auch das „Schweben" der Kathedrale, das ihren anschaulichen Charakter so stark bestimmt, hat darstellende Funktion. In der geistlichen Dichtung erscheint das Motiv nicht häufig. Trotzdem gehört es seit jeher mit zu der Vorstellung von der Himmelsstadt. Die betreffende Stelle der Geheimen Offenbarung (Kap. 21) — „Auch sah ich, Johannes, die heilige Stadt, das neue Jerusalem, herabkommen von Gott aus dem Himmel, zubereitet wie eine Braut, die für den Bräutigam geschmückt ist" — wurde in großartiger Weise schon von den romanischen Lichtkronen ausgewertet. Die Architekten der Kathedrale haben die Vision des Johannes sozusagen bauend „beim Wort" genommen.

Das himmlische Jerusalem schwebt nicht nur in den Lüften. Es schwebt *herab,* um sich im Gottesdienst mit dem irdischen Kirchengebäude zu verbinden. Die unsichtbare Kirche vereinigt sich mit der sichtbaren, die „obere" Stadt mit der unteren. „Adjungitur ista ecclesia quae nunc peregrina est, illae coelesti ecclesiae ubi angelos cives habemus" *). Diese Beziehung spiegelt sich in der vorklassischen und klassischen Kathedrale mit vollendeter Anschaulichkeit. Auch wenn man diesen darstellenden Sinn gar nicht ahnt, kann man ihren Innenraum gar nicht anders beschreiben als eine schwebende überirdische Architektur, die sich auf eine feste von irdischen Maßen niedergelassen hat oder, mit dieser zusammengewachsen, sie durchdringt.

Und wenn es auch nicht häufig vorkommt, so ist das Motiv des Herabschwebens doch der zeitgenössischen Dichtung nicht fremd: ein Saal steht da „als ob das himmlische Paradies sich auf die Erde *gesenkt* hätte" (Lichtenberg 48).

(Nach dem Ende des Mittelalters lebt das Motiv der schwebenden Stadt in verweltlichter Form weiter. Swifts „Insel Laputa" kann man geradezu als eine Parodie des himmlischen Jerusalem ansehen. Zum Schluß wird das Motiv im 19. Jahrhundert in die Späre des Technisch-Utopischen versetzt: seine letzte Verwandlung ist die „Stadt in den Lüften" im gleichnamigen Roman des Jules Verne und in den banaleren Phantasien seiner Nachfolger.)

Endlich hängt mit der Absicht, den Himmel zu schildern, auch das zusammen, was wir oben als Prinzip des Labilen beschrieben haben: es illustriert das „Übernatürliche" dieser Welt. So wird

---

*) Hl. Augustin, Sermo 341,9. Migne, Patr. lat. 39, Spalte 1500.

zum Beispiel in den Archivolten die Vision der Apokalypse von den vierundzwanzig Ältesten, die den Thron Gottes *umkreisen*, beim Wort genommen. Die taumelnden und kreisenden Formen der Architektur geben Einblick in eine Welt, in der die irdischen Gesetze aufgehoben und deren Tatsachen mystischer Natur sind (Tafel XII).

Deshalb könnte zum Beispiel eine „Fensterrose" nie an einem gotischen Profanbau, und sei es das Schloß des Königs, erscheinen. Und es ist kein Zufall, daß ein verwandtes Bild sich Dante an der Stelle der Paradiesschilderung einstellt, wo die menschliche Fassungskraft an ihre Grenzen geführt ist.

KAPITEL 39

Das Himmelsbild der Kathedrale IV:
Die große Zahl

Auch die Kumulation der Formen an der Kathedrale — der architektonischen wie der plastischen — kann von der Gesamtbedeutung der Kathedrale her noch einmal und tiefer verstanden werden: sie gehört zur anschaulichen Schilderung des Himmels. Vielzahl der Himmel, Vielzahl der Himmelsbewohner, das Unübersehbare, die „Myriaden" sind typische Züge gewisser Himmelsbilder; zum Beispiel auch jenes Himmelsbildes, das den indischen Stufenbauten mit ihren gewaltigen Häufungen gleichartiger plastischer und architektonischer Motive zugrundeliegt (wobei übrigens auch dort die Idee des Baldachins — der eben ein allgemein verbreitetes Himmels-Symbol, ein „Archetypus" ist — in Kumulierungen erscheint).

In den kanonischen Quellen findet sich freilich nur die Vielzahl der Himmelsbewohner, so zum Beispiel in der Apokalypse des Johannes Kap. 4, 4: „Und diesen Thron" — den Thron des Lammes — „umkreisen vier und zwanzig Thronen und auf diesen Thronen saßen vier und zwanzig Älteste in weißen Gewändern gekleidet und mit goldenen Kronen auf ihren Häuptern", und weiter Kap. 5, 11: „Jetzt sah ich hin, und rings um den Thron, um die Lebendigen und um die Ältesten hörte ich die Stimme vieler Engel; ihre Zahl war zehntausendmal zehntausend und noch tausendmal tausend".

Solange man dieses Himmelsbild symbolisch nimmt, braucht eine reale Entsprechung nicht zu bestehen. In einer sinnbildlichen Kunst können einige wenige Gestalten eine Menge bezeichnen.

Sobald aber der Wunsch entstanden ist, die Herrlichkeit des Himmels mit Mitteln aller Künste *sinnfällig* zu machen, ist es begreiflich, daß man das Unfaßbare, alles Vorstellen übersteigernde der himmlischen Verhältnisse durch das Prinzip der Formenhäufung sichtbar zu machen trachtet. Die *unfaßbar* große Zahl wird durch die *sehr* große Zahl der Formen abgebildet. So wird zum Beispiel die zitierte Stelle bei Johannes abgebildet durch die gewaltigen Bogenlaibungen der Kathedrale mit ihrer schier unübersehbaren Zahl von Figuren (Tafel XII). Neben den 24 Ältesten sind es oft doppelt so viele Engel.

Ganz allgemein: die unübersehbare Zahl, die „Myriaden" ihrer Einzelformen erweisen die Kathedrale als Widerspiegelung der Himmelswelt, als „irdischen Himmel" (Tafel XII).

Die Vielzahl und Vielfalt dieser Formen ist unübersehbar, aber sie ist nicht zufällig — wie später die Formen der Natur in den gemalten „Weltspiegeln" des 15. und 16. Jahrhunderts —, sondern von strengen Ordnungen durchwaltet. So wie die unzähligen Heerscharen der Engel und der übrigen Himmelsbewohner sich in Chören ordnen, so ordnen sich auch die Formen der Kathedrale in großen „Chören" (das Wort nicht als Bezeichnung eines Raumteils, sondern einer „Ordnung" genommen). Im Himmel gibt es keine Vereinzelung, keine Ein-samkeit; die Bewohner der Himmelsstadt sind „seliges Volk". Das Prinzip der Kathedralformen ist die Statuen*reihe*, der Figuren- und Formen*chor*, die Baldachin*allee*.

KAPITEL 40

Himmelsbedeutung des Außenbaus der Kathedrale —
„Porta coeli"

Wenn in bevorzugter Weise der *Innen*raum der Kathedrale das Abbild des Himmels ist, so tragen doch auch die äußeren Hauptansichten Himmelsbedeutung, und zwar gesondert der äußere Chorbau und die Fassade, beziehungsweise die Fassaden. Dabei mischen sich in einer Weise, die rational nicht aufgelöst werden kann, abbildende mit im eigentlichen Sinn symbolischen Motiven.

Daß mindestens in gewissen Fällen auch der gesamte Außenbau unter die Leitidee der „Himmelsstadt" oder „Himmelsburg" gestellt wurde, beweisen die Engel in den Fialen von Reims, die den *ganzen* Bau umringen. Man darf sie mit Sicherheit als Himmelswächter auf den „Türmen" der Himmelsstadt ansehen (nach der Stelle bei Isaias). Das Motiv, daß an den Zinnenreihen der Himmelsstadt oder Himmelsburg Engel Wache halten, findet sich auch in der Dichtung, auch an den Lichtkronen, und ist liturgisch begründet im 4. Responsorium am ersten Novembersonntag „*Auf Deine Mauern, Jerusalem, habe ich Wächter gesetzt /*

bei Tag und Nacht schweigen sie nicht / mit dem Lob des Namens des Herrn" (Tafel XI).

Von daher darf man aber annehmen, daß besonders die Chorseite als Abbild der Himmelsstadt auch in jenen Fällen verstanden wurde, wo die Engel fehlen: denn gerade hier am Chorpolygon besteht jene Beziehung zum Grundriß der Himmelsstadt, die dem Gesamtbau abgeht. Und damit zugleich auch eine starke anschauliche Ähnlichkeit zu den Lichtkronen, als deren phantastische Vergrößerung ein Gebilde wie der Chorschluß in Reims erscheint (vgl. Abb. Seite 126).

Die Westfassade aber steht unter dem Leitgedanken der „Porta coeli". Literarische Vorbilder gibt es dafür nicht, wohl aber kommen Abbildungen des himmlischen Tores vor, so zum Beispiel in den beiden Medaillons über dem Hauptportal der Kathedrale von Sens. Sie haben als Grundform ein zweitürmiges, ins Phantastische übersteigertes Stadttor nach Art jener römischen Stadttore mit hohen Flankierungstürmen, wie sie auf französischem Boden noch bis ins 17. Jahrhundert erhalten waren, zum Beispiel in Lyon und in Autun (Bandmann). Aber auch ihre Einzelmotive stehen unter dem Leitgedanken „Eingang ins Paradies".

Diese Idee der „Porta coeli" bestimmt auch die gesamte Ikonologie der Kathedralen-Fassade in allen ihren Abwandlungen. So erscheinen an der Porta paradisi sinnvollerweise zwei Zentralthemen: Christus und Maria.

Christus ist die Tür zum Heil: „Ich bin die Tür. Wer durch mich hineingeht, der wird selig werden" (Ev. Joh. 10, 9). Diese Stelle ist oft ausgelegt worden. Nach Gregor steht Christus *im Tore,* weil er durch die Menschwerdung gleichsam auf die Schwelle zwischen Gottheit und Menschheit getreten ist (II. hom. 1, 15). Für Sicardus und den ihn wiederholenden Durandus bedeutet das Atrium Christus, durch den der Eintritt ins himmlische Jerusalem stattfindet (womit zugleich gesagt ist, daß das Innere der Kirche das himmlische Jerusalem ist). Es ist gewiß gestattet, diese Deutung vom Atrium auf das Portal und die Portalfassade auszudehnen.

Die durch Eva geschlossene *Pforte des Paradieses* ist durch Maria wieder geöffnet worden: „Porta paradisi primaeva clausa per Evam / Nunc est per sanctam cunctis patefacta Mariam" (Inschrift des Widmungsbildes in einem Evangeliar Bernwards von Hildesheim). In diesem Sinne ist auch Maria selbst „Pforte des Himmels".

Diese wenigen Stellen mögen genügen. Von hier aus läßt sich die Ikonologie der Fassaden entwickeln.

Noch bei Memling — in seinem Danziger Jüngsten Gericht —

ist der Eingang zum Paradies ein gotisches Kirchenportal. Kristallene Stufen führen hinauf, auf den Galerien machen Engel Musik (Tafel VI). Daß die „Bildsäulen" an den Portalen der frühen Kathedralen außer ihrer formalen Bedeutung auch symbolischen Sinn haben, hat schon Mâle erkannt: „Statuen die Form von Säulen zu geben, ist ebensosehr eine mystische wie eine plastische Idee." Die Gleichsetzung der Apostel mit Säulen findet sich im Galaterbrief 2, 9: „Jakobus, Kephas und Johannes, die als Säulen angesehen wurden."

Die primäre Symbolik der Säulenfiguren am Portal ist gleichfalls auf den „Eingang des Himmels" zu beziehen, sie ist eine anagogische, betrifft jene Ereignisse und Gestalten, die den Himmel vorbereiten, prophezeien oder aufschließen, und ist m. E. am klarsten umschrieben in der Stelle bei Augustin (De civitate Dei, Buch XX), welche die Ikonologie von Tympanon *und* Gewände begründet: „De judicio novissimo deque testimoniis cum novi tum veteris instrumenti, *quibus denuntiatur futurum"*. Dort werden genannt: Salomon, „regina Austri", Petrus, Paulus, David, Moses — „annonciateurs et rois" (Mâle). Doch kann auch hier die primäre Bedeutung von sekundären und tertiären überlagert sein: die Königin von Saba z. B. erscheint hier einerseits als Sybille, als Prophetin des Kreuzes — das den Himmel „öffnet" —, anderseits als Vorbild für die Freude der Seligen im Himmel (Lutz und Perdrizet).

In den „Kronenbaldachinen" der Statuen an der Fassade mischt sich abbildende und symbolische Funktion. Diese architektonischen Kleingebilde sind zunächst abkürzende Zeichen, sie bedeuten „Stadt"; die gemeinte Stadt ist zweifellos das neue, himmlische Jerusalem. Das ist schon lange erkannt und darf als gesichert gelten, obgleich die Vorstellung von einem achteckigen Grundriß der Himmelsstadt literarisch nicht nachzuweisen ist (vgl. aber Kapitel 45). Diesen achteckigen Grundriß zeigt, außer den Lichtkronen, übrigens auch die deutsche Reichskrone, die K. Burdach als ein Abbild der himmlischen Stadt der Apokalypse 21, 16 ff mit ihren goldenen, edelsteinbesetzten Mauern und ihren Perlentoren erwiesen hat. Ich vermute, daß die Statuenkronen meistens vergoldet waren. Zeitgenössische Quellen nennen diese „luftigen Gebilde" schlechthin „Hierusalem" (Arnoult). Bisweilen — wie über dem Sixtus in Reims (Vitry Abb. 38) — bringen Engel die „Krone der Gerechtigkeit" (II. Brief an Timotheus 4, 8).

Die Statuen, über deren Häuptern diese Gebilde schweben, tragen also die „Krone der himmlischen Stadt". Sie sind dadurch als Bürger der Himmelsstadt gekennzeichnet. So ist es auch durchaus sinnvoll, daß über dem Taufbecken und über der

Sessio — dem steinernen Chorgestühl, wie es sich z. B. im Naumburger Westchor (restauriert) erhalten hat — die gleichen Stadtkronen erscheinen. Formal hat man sich unter ihnen die lebendige Figur des Täuflings, der im Taufakt zum Bürger der Himmelsstadt wird, und die lebendigen Statuen der „Engelsgleichen" — das ist ein stehender Ausdruck des Mittelalters für die Geistlichen, besonders die Mönche — vorzustellen. Erst dann erfüllen sie ganz ihre formale und symbolische Funktion.

Es ist sonderbar, daß diese bekannte Bedeutung der „Kronenbaldachine" nicht schon lange die Bedeutung der Kathedrale aufgeschlossen hat, oder mindestens die des Chorteils, dessen Modelle diese Kleinarchitekturen gleichsam sind (Abb. Seite 414).

KAPITEL 41

Das Sonnenfenster

In diesen übergreifenden Gesamtsinn der „Porta coeli" fügt sich, seit durch Hedwig Mersmann der abbildende und symbolische Sinn wieder entziffert ist, auch die großartige Form des Radfensters ein, das bis ins Spätmittelalter die dominante formale Mitte fast *jeder* Kathedralen-Fassade bildet. Dem formalen Dominieren des Motivs in der Mitte der gesamten Fassade entspricht diese abbildende und symbolische Bedeutung.

Schon daß hier die Form des Rundfensters bewahrt bleibt, zu einer Zeit, da sonst die letzten Rundbogen aus dem System der Kathedrale ausgetilgt waren, hätte darauf bringen können, daß die Bedeutung dieser Form nicht im Formalen allein bestehen kann. Nimmt man dazu das gesicherte Wissen darum, daß diese gewaltigen Räder ursprünglich meist golden oder goldgelb gefaßt (oder auch rot, wie in Straßburg) waren, so könnte ein Kind ihren abbildenden Sinn erkennen: es sind — wie es das „strahlende" Rad seit Urzeiten war — Bilder der Sonne (Tafel V).

Vergleichsweise hat man wohl auch davon gesprochen: die Fenster wirkten von innen „wie große glühende Sonnen, wie eine einzige Glorie, ein großer strahlender Heiligenschein um die göttliche Gestalt im Kernkreis". Dieses poetische Bild ist beim Wort zu nehmen: das Rad *ist* Bild der Sonne, die Sonne aber ist Christus. „Advero juxta spritualem intelligentiam sol Christus est" heißt es bei Isidor von Sevilla, und in unmittelbarster Nähe der Kathedrale wiederholt den gleichen Gedanken beinahe mit denselben Worten Hugo von St. Victor um die Mitte des 12. Jahrhunderts, eben als das Sonnenfenster an der Kathedrale erscheint.

Auch eine Hymne des hl. Bernhard singt: „Generans prolem,

aequitatis solem, lucis auctorem". Allen Gläubigen aber ist diese Gleichsetzung mitgeteilt durch den Antiphon vom 21. Dezember, dem Tag der Wintersonnenwende: „O oriens splendoris", „Oh aufgehende Sonne, Glanz des Lichts . . . .".

Die Gleichung Rad gleich Sonne gleich Christus wird auch durch die folgende Beobachtung erhärtet: wie alte Hostieneisen zeigen, waren die großen — seit dem 9. Jahrhundert üblichen — Hostien im Mittelalter oft ähnlich gestaltet wie die Radfenster (Mersmann Anm. 67). In anderen Fällen bezeichnet das strahlende Rund nicht Christus selbst — der in diesem Falle in das Zentrum oder die Nabe des Rades versetzt wird —, sondern die „Glorie" Christi. Eine Gleichung, die wiederum an Nimben in Radform zu belegen ist.

Der primäre Sinn des Motivs — derjenige der Majestas Christi — wird überlagert von weiteren sekundären und tertiären Bedeutungen: Rad des Gerichts, himmlisches Jerusalem, Weltall, Fortunarad, um nur jene herauszuheben, die von Form und Ikonologie des Fensters nicht abzutrennen sind. Gerade dieses Gebilde ist geeignet zu zeigen, wie sich mehrere symbolische Bedeutungen in *einer* Form „verdichten" können.

Die Majestas-Bedeutung des Rades kann am besten an den italienischen Beispielen, die sich besonders im Gebiete von Assisi und Spoleto konzentrieren, belegt werden (Mersmann). Dort sind in plastischer Form die vier apokalyptischen Wesen um die Kreisperipherie in den vier Eckzwickeln angeordnet (wobei sich eine gewisse Ähnlichkeit mit dem System mittelbyzantinischer Kuppelmosaiken vom Typus der Hetoimasia ergibt). Manchmal steht das Lamm oder der Christuskopf im Kernkreis. Aber schon die Symbole der vier Wesen allein würden keinen Zweifel lassen, daß das Rad selbst die Majestas Domini bedeuten muß. Es vertritt geradezu die Stelle des thronenden Christus in gemalten Majestas-Bildern. Da nun die Radfenster in Italien ohne jeden Zweifel aus Frankreich übernommen sind, und es von vornherein unwahrscheinlich ist, anzunehmen, dieser Symbolsinn wäre ihnen erst in Italien mitgeteilt worden, darf man mit höchster Gewißheit erschließen, daß auch der Sinn der französischen Radfenster an den Kathedralen kein anderer war; dies aber um so mehr, als nach dem Gesamtprogramm der Kathedralen-Front an dieser Stelle dieses Motiv vollkommen sinnvoll, ja das sinnvollste überhaupt ist. In Frankreich sind zwar die ergänzenden Reliefs der vier Wesen sehr selten, doch fehlen sie nicht ganz. Und gerade das früheste bisher nachgewiesene Beispiel hat sich an einer kleinen südfranzösischen Kirche des frühen 12. Jahrhunderts erhalten — in Saint Gabriel (Provence) — wo die vier Wesen den kleinen Oculus der Westfassade mit seiner reichgeschmückten Laibung umgeben. Aber auch an der „ersten" Kathedrale, an dem großen Radfenster der Westfassade von St. Denis, hat der Restaurator sie an dieser Stelle ergänzt, und da solches symbolisches Denken dem 19. Jahrhundert ganz fremd geworden war, muß man wohl annehmen, daß es irgendwelche Anhaltspunkte dafür an dem alten Bau gegeben hat. In vielen anderen Fällen sichern die Darstellungen der Glasbilder die Majestasbedeutung.

Der Schauplatz der „Majestas" ist aber seit jeher eben das Himmlische Jerusalem. Schon auf einer Gruppe frühchristlicher Sarkophage — den sogenannten Stadttorsarkophagen — bedeutete eine *Reihe von Arkaden* die Himmelsstadt Jerusalem. Zweifellos dieselbe Bedeutung haben noch jene Arkadenreihen, in deren Zwickeln kleine Türme und Mauermotive im Relief gegeben sind, wie zum Beispiel an der Königsgalerie von Paris. Daß es kreisförmige Darstellungen der Himmelsstadt gibt, beweisen allein schon die Lichtkronen. Überdies kommen in die Fläche umgeklappte Arkaden als Darstellung des Himmlischen Jerusalem in mittelalterlichen Miniaturen vor. Damit ist die Vermutung H. Mersmanns gut begründet, daß das Radfenster auch als in die Fläche umgeklappte Kreisarkade gesehen werden kann und in diesem Fall das Himmlische Jerusalem darstellt. Diese Vermutung wird zur Gewißheit erhoben durch den Umstand, daß das französische Mysterienspiel diese Vorstellung kennt: „In Frankreich läßt man hinter der Gestalt Gottvaters ein Rad kreisen, an dem mehrere Reihen hölzerner Engel befestigt sind. Es handelt sich offenbar um die Darstellung der um Gott kreisenden himmlischen Hierarchien" (Borchardt). Die „Radglorie" zeigt übrigens, halbiert, auch ein Altarretabel aus Quedlinburg im Kaiser-Friedrich-Museum.*) Ferner sprechen dafür die Zwölfzahl (oder Vierundzwanzigzahl) der Speichen und die Reste alter Bemalung, die man an den westlichen Rundfenstern der Kathedralen von Paris und Rouen festgestellt hat: goldene Sterne auf blauem Grund, also Himmel.

Gottvater, Christus, das Christuslamm oder auch Maria als Himmelskönigin, thronend in der Mitte einer „Glorie", ist der Mittelpunkt einer großartigen Ordnung konzentrischer Kreise. Die mehr ruhend oder mehr kreisend gedachten Ordnungen sind durchdrungen von dem göttlichen Licht, das vom Mittelpunkt ausstrahlt (Mersmann 92). Sie können bedeuten: die Sonne — mit Bezug auf Psalm 18, 6-7: „In die Sonne hat er sein Zelt gesetzt" — den Himmel, das Kreisen des Kosmos — in dessen Mitte

---

*) Abb. im Bildband zu Wilhelm Pinders „Kunst der deutschen Kaiserzeit".

Christus steht —, aber auch das Rad des Gerichts. „In Verona und Trient können wir noch heute zeigen, wie der Fortuna mit ihrem scheinbar ungerechten Walten im Leben der Menschen der gerechte Richter des jüngsten Tages entgegensteht. Dem Glücksrad am Nordquerschiff von Trient entspricht im Westen (an der Hauptfassade) das Rad der apokalyptischen Majestas" (Mersmann).

Den besten Kommentar zu den komplexen Bildmöglichkeiten dieser Sonnenfenster geben die Glasbilder der drei großen Fenster„rosen" von Chartres, alle aus dem zweiten Jahrzehnt des 13. Jahrhunderts.

„Im Westen steht das Gericht. In der Mitte thront Christus, um ihn die vier Wesen. In den Medaillons Engel, Auferstehende, der Leviathansrachen und Abrahams Schoß." Hier dominiert also die Vorstellung vom Rad des Gerichts.

In der Mitte des Nordfensters thront Maria mit dem Lilienszepter, das Christkind auf dem Schoß. Sie ist von der Taube des heiligen Geistes, von Engeln, von den Königen Judae und allen ihren Vorfahren umgeben. Bedeutung: Maria als Königin im Himmel.

Im Südfenster nimmt wieder Christus die Mitte ein, segnend mit dem Kelch, um ihn Engel, die vier apokalyptischen Wesen und die musizierenden 24 Ältesten: der eucharistische Christus in der Glorie des himmlischen Jerusalem.

Daß die Bedeutung „Himmlisches Jerusalem" sowohl dem ganzen Kirchengebäude, wie der Chorpartie, wie dem riesigen Rundfenster für sich zukommen kann, ist innerhalb eines mystisch-symbolischen Denkens unanstößig und kein „logischer Widerspruch".

Im Sonnenfenster am südlichen Querhausarm der Kathedrale von Lausanne (nach 1235) — das nach Art des westlichen Rundfensters von Chartres gebaut ist —, umkreisen kleinere Sonnen die große Zentralsonne. In ihr thront Gott, umgeben von den vier Wesen, es folgen die vier Jahreszeiten mit den zwölf Monaten, dann die vier Elemente mit den Tierkreiszeichen, Mond und Sonne, endlich die vier Paradiesesströme mit den acht Winden und acht Vertretern halbmenschlicher Völkerschaften. Das Ganze ist ein Bild der göttlichen Weltordnung, des überirdischen und irdischen Kosmos, von höchster Großartigkeit.

„Das immer riesigere Bild der Sonne hoch über dem Hauptportal, in seinem geheimnisvollen Strahlen und Glühen gleichsam noch materiell verhüllt für den, der *vor* der Porta Coeli steht, aber „von Angesicht zu Angesicht" dem sich enthüllend, der in das Innere des Himmlischen Jerusalem eingegangen ist, ist bleibender überwältigender Ausdruck einer christlichen

Sonnenmystik und, historisch gesehen, Symptom eines tief be-
deutungsvollen Umschwungs zur Schau der Sonne im geistigen
Sinn." Der alte Gedanke von Christus dem wahren „Sol" (siehe
H. Rahner), der „Sonne der Gerechtigkeit" (Dölger), *findet erst
jetzt in der christlichen Kunst seine anschauliche Gestaltung.*
„Kaum begreiflich—und wahrhaftig nur aus einer Verfinsterung
des Geistes und der Herzen zu verstehen —, daß diese Be-
deutung der Form jemals übersehen werden konnte und der
Kunstgeschichte unserer Tage im allgemeinen unbekannt ist"
(H. Schwarz).

Daß auch im ägyptischen Tempelpylon an analoger Stelle, in
der Mitte zwischen zwei turmartigen Gebilden, das Bild der
Sonne thront, ist — selbstverständlich ohne jeden konkreten Zusammenhang — so zu verstehen, daß beide Gebilde eben das
„Tor des Himmels" abbilden (siehe Dombart). Auch dort kann
an die Stelle der Sonne die Inkarnation der Sonne treten.

KAPITEL 42

Ikonologie des Innenraums. Die Glasbilder

> „Ja die Glasmalerei redet eine ganz an-
> dere Sprache, als man auf Erden gelernt
> zu haben glaubt, eine Art himmlisches
> Chaldäisch . . ."
>
> (Julius Lange)

Wenn man an der Fassade erkannt hat, in welchem Maße sich
die Ikonologie im Ganzen und in allen einzelnen Abwandlungen
einer Gesamtbedeutung des Baus — „Porta Coeli" — unterstellt, wird man nicht mehr glauben können, daß die Glasfenster
des Innenraums in erster Linie eine Art riesiges Lehrbuch der
Religion oder eine überdimensionale „Biblia Pauperum" sind.
Das können sie schon nach ihrer Anbringung hoch oben — zehn
bis dreißig Meter über den Häuptern der Betrachter, die sie belehren sollten — nicht sein. Auch wäre ihre Anordnung in schmalen vertikalen Kolumnen dem didaktischen Zweck denkbar unan-
gemessen. Den zeilenmäßig angeordneten großen Querbildern,
in monumentalem Format, kann die Funktion, die des Lesens
Unkundigen durch das Bild zu belehren, zugeteilt werden, wenn
sie auch gewiß nicht die wahre „raison d'être" dieser Bilder trifft.
In der Kathedrale widerspricht die Annahme von einem vorwiegend didaktischen Bildsinn der Glasbilder zuinnerst ihrem
Wesen.

Denn hier sind wir „im Himmel", und nicht so sehr Belehrung erwartet uns hier als Erleuchtung. Aber auch bei Vinzenz von Beauvais selbst gilt, daß das Bild über alles Lehrhafte hinaus einen kultmystischen Sinn hat (P. Bogler).

Nun gibt es allerdings weder Schriftstellen noch Schilderungen der geistlichen Dichtung, wonach die Edelsteinwände der Himmelsstadt *Bilder* trügen. Ihr Gesamtsinn ist also nur zu erschließen; vor allem durch Analogie mit der Ikonologie der Fassade.

Das Wesentliche des Erlebnisses ist dabei, daß die ganze Bilderwelt des Innenraums in eine völlig geläuterte Materie übertragen erstrahlt. „Das Glas ... bietet dem mittelalterlichen Maler wie kaum ein anderes Material die Möglichkeit, das Dargestellte als transzendente geistige Existenz auch *stofflich quasi real* zu charakterisieren. Und zwar einmal durch die dem mittelalterlichen Menschen selbstverständliche Gleichsetzung von Licht und Geist, und zweitens dadurch, daß das Glas als scheinbar selbstleuchtende Materie unmittelbar an sich (nicht, wie die neuzeitliche Malerei, durch psychologische Differenzierung des Dargestellten) die geistige Wirkensgewalt des Göttlichen, Transzendenten veranschaulicht" (Engels). Die Figuren sind in diese Lichtwand hineingestellt, gewissermaßen in die imaginäre Lichtmaterie der Wand eingefügt (Frey).

Diese „himmlischen Bilder" haben ihre Existenz im Himmel, weil sie hier die „Figur" — das heißt das geistige Wesen und Essenz — des gesamten Heils- und Weltgeschehens der Zeitlichkeit entzogen darstellen, es unvergänglich — „typice et figuraliter" — „figurieren".

Ihr wesentlichster Bildsinn ist also — in die mittelalterliche Sprache übertragen — der „typische". Es sind Typen, aufbewahrte Urbilder im zeitlosen, ewigen Sinn und daher in die reine sublimierte Sphäre der Fläche entrückt, die innerhalb der christlichen Kunst seit jeher als die „höhere" Form des Bildes gegenüber der körperhaften Skulptur gilt, und die sich hier durch den reinen Edelsteinglanz der Bilder anschaulich als eine heilige, reine, unvergängliche, göttliches Leben ausstrahlende, *verklärte* Sphäre erklärt.

„Die Schriften der mittelalterlichen Theologen heben diese ausgezeichnete materielle Beschaffenheit der Bildfenster immer wieder hervor. Nach Sicardus *strahlen sie wie im Spiegel das Jenseits rätselhaft wider* (Bezug auf Korinther I 13, 12). Nach Durandus, Bischof von Mende, *„claritatem veri solis id est Dei in ecclesiam id est in corda fidelium transmittunt, inhabitantes illuminant"*. Dieses „illuminant" ist durchaus wörtlich und nicht nur in einem übertragenen Sinn zu verstehen; denn das unterscheidet ja die Glasmalerei von aller übrigen Bildkunst sinnfällig am meisten, daß sie — wohlbeschaut — „das Transzendente nicht nur in einer besonders adäquaten Weise darstellt, sondern es zugleich gleichsam *aktiviert*" (Engels).

Alle Bilder, die in dieser Lichtmaterie erscheinen, nehmen an diesen Qualitäten teil.

So ist es aber auch zu verstehen, daß bis zur Überschreitung des klassischen „Augenblicks" der Kathedrale *körperhafte* Bilder — und wären sie auch vergoldet — im Inneren nicht zugelassen werden (vgl. aber Kapitel 95 und 140).

Das Programm eines solchen Kathedralzyklus und die Ikonologie, die jedem Bild seinen bestimmten Platz anweist, zu rekonstruieren ist eine gewaltige Aufgabe. Groß sind schon die äußeren Schwierigkeiten der Wiederherstellung, da komplette Zyklen kaum erhalten, bei den wenigen erhaltenen die Scheiben nicht selten nachträglich versetzt sind oder ein begonnenes einheitliches Programm durch andersartige abgeändert und umgedeutet worden ist. Die bisherige Methode, welche die gesamte Bildwelt der Kathedrale — innen und außen — in verschiedene „Spiegel" aufteilen und so entziffern wollte, ist aus mehreren Gründen verfehlt. Sie ist verfehlt, weil es zur richtigen Deutung der Bilder wesentlich darauf ankommt, an welcher Stelle des Baus und in welchem Zusammenhang ein Bild ursprünglich stand. Sie ist aber auch verfehlt, weil sie bei dieser Auslegung sich vor allem auf den Traktat des Vinzenz von Beauvais stützt, dem nach seiner Absicht ein ganz anderer Aufbau zugrunde liegen mußte als den Theologen, die das Bildprogramm einer Kathedrale festlegten; sein Werk gehört auch einer späteren Schicht an, als die großen Kathedralen des frühen 13. Jahrhunderts, die dieses Programm — das im 12. sicherlich in vielem noch schwankend und unbestimmt gewesen war— in größter Fülle und Bestimmtheit zeigten.

Wenn es heute auch noch nicht möglich ist, den Aufbau eines solchen Bildgebäudes konkret nachzudenken, so steht doch wenigstens im Großen die Einstellung fest, von der her das Ganze dieses Bilderkosmos gesehen werden muß.

KAPITEL 43

Die himmlische Liturgie der Kathedrale — Der Altar

So wie die formale Betrachtung der Kathedrale unvollständig ist ohne die Einbeziehung der sichtbaren Liturgie und der ihr zugehörigen Musik, so ist auch die Deutung der Kathedrale als Bild des Himmels unvollständig ohne die Einbeziehung des Abbild-Sinns der Liturgie und Musik in diese Deutung. Wüßten

150

wir darüber sonst gar nichts, so müßte man aus der gewonnenen Einsicht, daß die Kathedrale Abbild des Himmels ist, mit Notwendigkeit erschließen, daß auch die Liturgie als Abbild einer himmlischen Liturgie aufzufassen ist.

Doch gilt das zunächst — ebenso wie die Vorstellung von der Kirche als dem himmlischen Jerusalem — ganz allgemein nicht nur für die Kathedrale, sondern für alle Formen mindestens der „alten" Kirche. Ganz allgemein ist seit dem 4. Jahrhundert „aller irdische Kult als ein Teilnehmen an dem Kult aufgefaßt, der Gott im Himmel von den Engeln dargebracht wird", was Erik Peterson nicht nur an Stellen aus der Heiligen Schrift und den Kirchenvätern, sondern auch aus der Tradition der Kirche, wie sie sich in der Liturgie ausdrückt, ausführlich nachgewiesen hat. Das Nahen zur Himmelsstadt aber besteht in der Teilnahme an dem Kult, der in der Himmelsstadt von den Engeln selbst begangen wird. Die irdische Liturgie ist ein Abbild der himmlischen, die Geistlichen sind Abbilder der Engel. Es gibt eine Symbolik des Mönchskleides, die dieser Gleichsetzung zugrundeliegt. Nach der Idee der Kirche ist das kanonische Stundengebet der offiziellen Psalmsinger der Reflex des Lobpreises der Engel und Seligen in der Himmelsstadt (Peterson).

„Der Kultus der Kirche ist nicht die an einen Tempel gebundene Liturgie einer menschlichen Religionsgesellschaft, sondern ein Kult, der durch den ganzen Kosmos geht, an dem Sonne, Mond und Sterne teilnehmen, der aber vor allem ohne den durch die Himmelfahrt Christi aufgerissenen Himmel gar nicht denkbar ist. Ist doch der Himmel der Engel, wenn man so sagen darf, der zentralste, der geistigste Teil des Kosmos. Mag darum der Lobpreis von Sonne, Mond und Sternen usw. in der Liturgie auch fortfallen können, niemals wird im Kult der Kirche der Hymnus der Engel fortfallen können. Der Lobpreis der Menschen kommt erst zum Lobpreis der Engel hinzu" (Peterson).

Wenn nun das Neue des Himmelsbildes der Kathedrale gerade sein sinnlich anschaulicher Charakter ist, so wäre von hier aus eigentlich eine neue Versinnlichung dieser Zusammenhänge in der Liturgie zu erwarten. Doch ist die eigentliche Liturgie selbst als der konservativste Bestandteil der Kathedrale solchen Neuerungen — die zum Beispiel in einem neuen sinnlich unmittelbaren Anspielen auf das Engelmäßige durch neue Formen der liturgischen Kleidung bestehen könnten — verschlossen. Daß aber das Bewußtsein von dem Zusammenhang zwischen irdischer und himmlischer Liturgie gerade an der Kathedrale sehr lebhaft geworden ist, bekundet auf das deutlichste allein schon der plastische Zyklus der Engel, der außen hoch *oben* das Chorhaupt der Kathedrale von Reims umsteht — also die Stelle, wo sich *unten* im Chor der irdische Gottesdienst vollzieht. Diese Engel, als Diakone gekleidet, tragen liturgische Geräte: Meßbuch, Kelch, Rauchfaß usw. und umgeben Christus, der als Hohepriester geschaut wird, so wie die assistierenden Geistlichen den zelebrierenden Priester, am Höhepunkt der Messe das Abbild Christi, umstehen. Das Aufkommen der *Verbildlichung* dieser himmlischen Liturgie durch die Kunst kann ich hier nicht verfolgen; es scheint, daß hier die justinianische Epoche — vielleicht unter dem Einfluß der Schriften des sog. Dionysius Areopagita — einen Markstein bildete.

Daß aber himmlische und irdische Liturgie aufs innigste miteinander verbunden sind — so wie sich im Gebäude der Kathedrale die „obere" und die „untere" Kirche aufs engste verbinden (wodurch der ihr eigentümliche vertikale Aufbau des Innenraums überhaupt erst ganz verständlich ist) —, zeigt sich daran, daß im 13. Jahrhundert nach alten Rubriken im Kanon auf das „per Christum Dominum nostrum" nicht das „Amen" gesprochen wird, sondern daß es heißt: *„hic respondent angeli"* (Mitteilung Prof. Jungmann).

Auch in der Liturgie der Kathedrale überlagern sich der eigentlich abbildende Sinn und symbolische oder allegorische Sinngebungen. In der Meßliturgie des 12. und 13. Jahrhunderts (in Frankreich?) treten allegorische Züge neu auf, so wenn das Verbergen der Patene die Zurückgezogenheit des Herrn vor seinem Leiden symbolisierend andeutet, die Verneigung des Hauptes am Schluß des Totenmemento das Hinscheiden Jesu; das Erheben der Stimme beim „nobis quoque peccatoribus" den Ruf des Hauptmanns; die Fünfzahl der Kreuzzeichen bei der Schlußdoxologie des Kanons die fünf Wunden Christi; wenn die Vorverlegung der Mischung von Wein und Wasser als Symbol der Auferstehung gilt, der Friedensgruß „pax domini" als Gruß des Auferstandenen, endlich das Erheben der Hände und Augen vor dem letzten Segen als die Himmelfahrt.

Nach Innozenz III. († 1216) ist in der Messe fast das gesamte Lebens- und Erlösungswerk des Herrn vom Eintritt in die Welt bis zur Himmelfahrt in Wort und Handlung dargestellt.*)

Jene neue allegorische Interpretation der Liturgie ist also eine *rememorative,* während der Bezug auf die himmlische Liturgie *anagogischen* Charakter hat. Im ersten Fall wird Vergangenes, im andern Fall Zeitloses, Ewiges durch symbolische Elemente vergegenwärtigt. Dort ist die Entsprechung eine *allegorische,* hier eine *„typische",* nämlich dem Verhältnis Typus und Antitypus entsprechende.

Geht es zu weit, wenn man die anagogische Auffassung in

*) Migne, Patrologia latina, Bd. 127, Sp. 773. „De sancti altaris mysterio".

der Hauptsache mit dem Hauptaltar der Kathedrale, die rememorative mit dem Kreuzaltar in Verbindung bringt? Natürlich nicht so, daß die eine die andere ausschlösse, sondern nur im Sinne eines Dominierens der einen vor der anderen.

Aufschlußreich für die Art, wie solche symbolische Handlungen *erlebt* wurden, ist die Schilderung der Konsekrations-Zeremonie der neuen Vorhalle von Saint-Denis nach Abt Suger. „Sie war sorgfältig daraufhin angelegt, die Idee der Trinität zu symbolisieren." Da war — nach den Worten Sugers — eine „glorreiche Prozession dreier Männer, die drei unterschiedliche Bewegungen ausführte. Die drei Männer verließen das Gebäude der Kirche jeder durch ein einzelnes Tor, gingen die drei Haupttore der Kirche entlang und betraten sie, ‚drittens‘, gemeinsam durch ein anderes einzelnes Tor" (Panofsky). In dieser Weihezeremonie ist also die Kirche die Wohnung des dreipersönlichen und dreieinigen Gottes. Die Freude aber, mit der Suger diesen feierlichen Vorgang oder den der Wasserweihe schildert, gibt uns einen Begriff davon, in welchem Maße der mittelalterliche Mensch höherer Geistigkeit den abbildenden und symbolischen Sinn von Formen und Vorgängen unmittelbar *erlebte,* ja genoß.

Noch ein Wort über die *Bedeutung des Altars* in der Kathedrale. Der Altar scheint in dieser Zeit mitunter mit besonders starkem Bezug auf den Himmelsthron der Himmelsstadt gesehen worden zu sein. Die sieben Leuchter, die in Sugers Bau von Saint-Denis (wie übrigens schon zur Zeit Karls des Kahlen) vor dem Hauptaltar standen, sind — ebenso wie die sieben Lampen — nur im Hinblick auf Kapitel 1, 12 (und 4, 5) der Geheimen Offenbarung zu verstehen, also in Gleichsetzung des Altars mit dem Himmelsthron. Die Umkleidung des Altars mit Gold, wie gleichfalls in Saint-Denis, weist darauf hin, daß der Altar mit dem goldenen Altar gleichgesetzt wird, der nach der Geheimen Offenbarung 8, 3 *vor* dem Thron steht. Diese anagogische Bedeutung ist — wenn sie nach J. Braun auch nur selten vorkommt — durch Schriftquellen belegt: der Altar ist *Bild* jenes himmlischen Altars, von dem der Seher wiederholt spricht (Offenbarung 6, 9; 8, 3; 11, 1; 14, 18). Aber auch die beiden Leuchter, die um diese Zeit zum ersten Mal auf den Altar gestellt werden — ein Motiv, das bisher unerklärt blieb —, dürfen vielleicht durch Bezug auf Kapitel 11, Vers 4 der Geheimen Offenbarung erklärt werden.

Sogar der Weihrauch hat „abbildenden" Sinn. Diese kühn erscheinende Behauptung wird durch die Gestalt der Weihrauchfässer bewiesen*), die Motive des Himmelsstadtbildes auf-

---

*) Vgl. die Abbildungen bei J. Braun, Das christliche Altargerät.

nehmen, *weil* es auch vor dem Thron der Himmelsstadt das
Schwingen von (goldenen) Weihrauchschalen gibt: Geheime
Offenbarung 5, 8 und 8, 3. In der „Diversarum artium schedula"
des Magisters Theophilus vom Ende des 11. Jahrhunderts wird
die Herstellung eines Rauchfasses in Gestalt einer Nachbildung
des Himmlischen Jerusalem ausführlich beschrieben, unter Be-
rufung auf Ezechiel XLVIII, 32. Der Weihrauch in der irdischen
Kirche ist anagogisches Abbild des Weihrauchs im himmlischen
Gottesdienst, von dem es in der Geheimen Offenbarung K. 8, 3
heißt: „Ein anderer Engel kam und trat vor den Altar mit einem
goldenen Rauchfaß. Diesem wurde viel Rauchwerk gegeben, um
es bei den Gebeten aller Heiligen auf dem goldenen Altar vor
dem Throne Gottes darzubringen. Und von dem Rauchwerk aus
des Engels Hand stieg mit den Gebeten der Heiligen der Rauch
zu Gott empor."

Der *Duft* des Weihrauchs aber ist seinerseits Abbild des himmlischen Dufts, der in kaum einer der dichterischen Schilderungen
der Himmelsstadt zur Kennzeichnung des Himmels fehlt. Nicht
nur mit dem Auge — mit allen Sinnen wird das Erlebnis des
Himmels genossen.

KAPITEL 44

„*Musica coelestis*"

Wie die Kathedrale Abbild des Himmelsbaus, wie die Liturgie der Kathedrale Abbild der himmlischen Liturgie ist, so ist
auch die in der Kathedrale ertönende Musik Abbild einer „musica coelestis oder divina".*)
Die mittelalterliche Auffassung der Musik ist besonders klar
überliefert in dem „Speculum musicae", einer den großen philosophischen und theologischen „Summen" des Mittelalters eben-
bürtigen Musikenzyklopädie (um 1325) des Jakobus von Lüttich,
einem Zeitgenossen Dantes. Alle Musik ist hingeordnet auf die
höchste weil seinsmächtigste Stufe: musica coelestis oder divina.
Sie ist eine in der natürlichen Offenbarung gründende *unsinn-
lich-unhörbare*, nur spekulativ zugängliche Musik, die ihren
höchsten Sättigungsgrad nur der Kontemplation öffnet. Von ihr
als dem tragenden Seinsgrund befindet sich jede überhaupt mögliche Musik in Daseinsabhängigkeit. Musik vermag deshalb nicht
anders als symbolisch erfaßt zu werden, als Symbol der Über-
natur und unbedingten Überlegenheit der musica coelestis, die

---

*) Das ganze Folgende ist zum allergrößten Teil gekürztes und um-
gestelltes Zitat nach Willibald Gurlitt.

der Feier und Verherrlichung dessen dient, der alle Seinsordnungen geschaffen hat, „quod omnia ordinatur in unum finem, qui est deus".

Der gleichen Auffassung ist grundsätzlich das ganze Mittelalter, allerdings mit bezeichnenden Unterschieden:

Remigius von Auxerre (841-908) kommentiert einmal im Hinblick auf die Musik das Wort imitari: „imitari scilicet persequi, quia veram musicam non potest musica imitari." Hier im frühen Mittelalter ist das Gefühl des Abstands zwischen dem Urbild und dem Abbild noch stärker. Aber im Grunde ist er, nur durch Zwischenstufen verhüllt, auch bei Jakobus von Lüttich noch da.

Wir erkennen heute: „Sehr zu Unrecht wurde dieser ganze Symbolismus als gelehrte Theorie oder Ballast bezeichnet" (L. Schrade).

„Als die zugehörigen Musiker, ‚optimi musici', erscheinen die den übersternlichen Raum bevölkernden Heerscharen, die Engel, Erzengel, nebst allen Heiligen und Seligen — also die gleichen Wesen, die an dem himmlischen Kult teilnehmen, von dem eben auch die Himmelsmusik ein Teil ist. Optimi heißen sie, weil ihnen die Fähigkeit einwohnt, Gott und die göttliche Ordnung nicht nur im Spiegel, Abbild und Gleichnis, sondern „intuitive", d. h. ohne Vermittlung der Sinne, von Angesicht zu Angesicht zu schauen. Dieses supranaturale Schauen mag *entfernt* vergleichbar sein dem Musizieren und Hören erinnerter oder auch nur vorgestellter, also nicht sinnlich wahrnehmbarer Musik (übrigens liegt darin auch ein Hinweis auf die vorgotische Anschauungsweise von „Bildern"). Hierin gründete die überragende Bedeutung der *Engelsmusik* (musica angelica)."

„Ihr folgen in der Stufenleiter, von ihr daseinsabhängig, *musica mundana* und *musica humana*. Musica mundana als Musik des Makrokosmos, die Harmonie der bewegten Sphären, der planetarischen und der Erdsphäre, das Zusammenpassen im Bau und Wechsel der Gezeiten; musica humana als Musik des Mikrokosmos, die Harmonie des bewegten menschlichen Orga·nismus, das Zusammenpassen im Bau von Seele und Leib."

„Schließlich folgt als letzte, im Sinne des gläubigen Realismus unwirklichste, daher geringste Stufe des Musik-Seins: *musica instrumentalis* oder *organica*, auch *sonora*, worunter die allein sinnlich-hörbare Musik zu verstehen ist, und zwar einerlei ob sie durch Werk- oder Spielzeuge oder durch die menschliche Singstimme verwirklicht wird — also keineswegs als Gegenbild der gesungenen Musik, sondern diese mit umfassend."

„Diese musica instrumentalis aber — und dabei schwebt dem Verfasser des speculum musicae eben die Kirchenmusik vor —

ist *nichts anderes als das Abbild von dem Urbild der universalen himmlischen Musik.*"

„Aus der transzendentalen Bedingtheit aller hörbaren Musik, die nur *eine* Seinsart des Musikalischen neben anderen, und zwar die unwirklichste und geringste darstellt, ergibt sich die hintergründige Symbolhaftigkeit der musikalischen Kunst des gotischen Mittelalters, ihres Tonsystems und ihrer Instrumente (als Abbilder des Kosmos) sowohl wie ihrer Klanglichkeit und ihrer Bauformen. Das Klangliche der Musikinstrumente und der Singstimmen wird in ein Überklangliches hinausgedeutet" — so wie im Bau der Kathedrale das Sichtbare auf ein im Grunde Unsichtbares bezogen ist (Jantzen).

Daraus ergibt sich eine sinnreiche Symbolik der Instrumente, auf die ich hier nicht eingehe (siehe L. Schrade). Die Orgel zum Beispiel konnte vom Mittelalter als „expression suprême du cantique" empfunden werden „où le prophète appelle *toutes les créatures*" — die in den „Stimmen" der Orgel verkörpert sind, vom Windesbrausen bis zur vox humana — „à glorifier le Seigneur".

Sehr aufschlußreich für das Verständnis der Attitüde, die mittelalterliche Betrachter dem Gesamtkunstwerk der Kathedrale gegenüber einnahmen, ist das, was Schrade für das Erleben mittelalterlicher Musik im allgemeinen festgestellt hat: „Der durch die Musik bewirkte Affekt, im Mittelalter fast durchgehend nur an *sinnliche, nicht an subjektive seelische Gründe rührend* ... hat gar keinen unmittelbaren Zugang zu dem anderen Reich der „vera musica". Ein „Dualismus von sinnlichen und rationalen Werten bestimmt das Erleben. Die reale Tonwelt bezieht sich auf jene Musik, die nicht nachgeahmt werden kann, erst durch die Symbolmöglichkeiten, die das musikalische Instrument bietet. Denn es bedurfte ja erst der Engel, die die Instrumente vom Himmel herabbringen, um der „unwahren Musik" eine existentielle Gültigkeit zu geben. Gregor der Große hat die Mittlerrolle, die dem Instrument zukam, ganz hervorragend geschildert."

Die epochemachende Verwandlung des Charakters der Kirchenmusik, die mit Leonin und Perotin in genau derselben Zeit und von denselben Zentren her einsetzt, in der auch die tiefgehende Verwandlung der Architektur sich vollzieht, muß also auf eine nicht minder tief reichende Veränderung im Verhältnis dieser neuen musica sonora zu ihrem Urbild, der musica coelestis, hinweisen. Sie genauer zu bestimmen ist Aufgabe der Musikgeschichte dieser Epoche, die ebenso wie die Geschichte der anderen Künste nicht bloße Beschreibung der formalen Wandlung sein kann. In der oben herangezogenen Charakteristik der epochemachenden Pariser „ars nova" um 1200 ist der verstärkte

„sinnliche" Charakter dieser Kunst hervorgehoben. Offenbar kam es auch für die Musik darauf an, sie dem sinnlichen Erfassen *näher* zu bringen, ohne daß deshalb ihr Über-sich-hinausweisen verloren ging. (Dazu Kapitel 98.)

In der Kathedrale — dem vor unseren leiblichen Augen herabgeschwebten Abbild der himmlischen Stadt — erklingt die musica coelestis, die keines Menschen Ohr je vernommen, die im Musizieren nur Engeln, im Hören nur Heiligen zugänglich ist, *als ob* wir sie sinnlich nahe hören könnten, nicht zur Ergötzung der Kirchengänger, sondern zu ihrer Erschütterung und zum Preis und zur Verherrlichung Gottes.

Alle Künste wirken zusammen, um uns mit sinnlichen Mitteln eine Ahnung der Herrlichkeit und Seligkeit des unsichtbaren Himmels zu geben.

Man wird jetzt beser verstehen, wie falsch in der Kathedrale ein Verhalten ist, das sich auf Kunst als solche, und nicht durch die Kunst hindurch auf ihr Urbild und ihren Ursprung richtet. Anderseits läßt sich nicht verkennen, daß sich auf dieser Stufe der Versinnlichung des Übersinnlichen bereits in allen Künsten Elemente vordrängen, die für sich, abgelöst von ihrem Symbolcharakter, ein Eigenleben zu führen beginnen.

KAPITEL 45

Symbolik der Zahlen an der Kathedrale. — Die Achtzahl.

Daß auch die in allen Teilen und Schichten der Kathedrale, im Großen wie im Kleinen, angelegten Zahlenverhältnisse — mögen sie verhüllt oder offenbar erscheinen — symbolischen Sinn tragen und weitere symbolische Zusammenhänge stiften können, darf man von vornherein als gesichert annehmen. Doch ist das an sich nichts Neues gegenüber der älteren mittelalterlichen Kunst, neu sind höchstens gewisse neue Formen und die Zuordnungen dieser Symbolik.

Nur auf eine unter ihnen sei hier näher eingegangen und zwar deshalb, weil sie die *anagogische* Bedeutung der Kathedrale, die uns immer wieder begegnet ist, noch klarer hervortreten läßt, und zugleich auch, weil sie zeigt, wie vielfach abbildende und symbolische Bedeutung sich verschränken können, wie vielseitig die Zuordnungsmöglichkeiten sind: auf die *Bedeutung der Achtzahl.*

Am konkretesten faßbar wird die Symbolik der Achtzahl — die Dölger für das christliche Taufhaus untersucht hat — für den achten Ton der Skala. Das Kapitell von Cluny (um 1095), das diesen Ton in einer, leider verstümmelten, figuralen Skulptur versinnbildlicht, trägt die Inschrift: „Octavus sanctos omnes docet esse beatos". Hierin ist zunächst die Beziehung zu den acht Preisungen der Seligen dargestellt. Allgemeiner muß man in diesem „numerus" den Hinweis auf ein Vollkommenes sehen. Denn die Oktav ist als wiederhergestellte vollkommene Konsonanz gleichsam Rückkehr zur ursprünglichen Harmonie und „Seligkeit" der Eins, der Prim (Leo Schrade).

In seinem Ethos wird dem „numerus octonarius" erstens das in allen Zügen ausgeglichene Maß des hohen Alters zugeschrieben: es heißt, daß der achte Ton den Greisen gehöre, daß er ernst und angenehm und sanft sei — wie auch der erste Ton als ein ernster galt.

Die zweite Kennzeichnung, welche der Traktat „de modorum formulis et cantuum qualitatibus" gibt, besagt: der achte Ton sei in allem vollkommen und übersteige die irdischen Arbeiten und alle Mühsal. Durch den Tetrardus (die Septime) wird die Seligkeit ausgedrückt, aber sie ist noch mit irdischer Last behaftet; erst durch den achten Modus findet die ewige Ruhe und Glückseligkeit den ihr gemäßen Ausdruck.

Insofern eben eignet ihm ein das Endliche übersteigendes Wesen: er weist auf Jenseitiges hin. „So tritt an letzter Stelle der Tonleiter über die Grenzen der realen Tonwelt hinausweisend das Jenseits selbst mit den Verheißungen aller Seligkeiten". Das „Octavus sanctos omnes docet esse beatos" wird jetzt tiefer verständlich. Die Einheit und die Zahl Acht sind die deutliche Grenze, an denen das Irdische sich mit dem Jenseits berührt (Leo Schrade).

Steht das aber für den achten Ton fest, dann ist es gewiß nicht bedenklich, die Achtzahl der Figurenbaldachine — die seit Laon geradezu kanonisch wird — in dem gleichen Sinne zu deuten. Hier legt ja schon das Motiv der Stadtkronen die Beziehung auf das himmlische Jerusalem nahe. Die Achtzahl verstärkt diese Bedeutung und baut sie noch mehrfach aus: sie gibt, „mutue" (wechselseitig), Anspielungen auf die Verheißung, auf die Seligkeiten, auf eine Ruhe wie die des Alters — man denke dabei an die 24 Ältesten der Apokalypse —, auf die Gerechtigkeit und Vollkommenheit; sie bedeutet das ewige Leben.

Wo solche Baldachine (wie in dem Beispiel unserer Tafel II) aber über dem Taufbecken erscheinen, lebt die alte Symbolik der Achtzahl der christlichen Taufkirche wieder auf. Die Acht bezieht sich dann vor allem auf den Umstand, daß der Täufling die Verheißungen der Seligkeiten und den vollkommenen Zustand der Himmelsstadt zugleich mit der Bürgerkrone dieser Stadt empfängt.

Und nun erst erklärt es sich, daß es auch achteckige Darstellungen der Himmelsstadt — wovon weder Apokalypse noch Apokryphen etwas wissen — geben kann: sowohl in den Lichtkronen, wie im Oktogon der Palastkapelle von Aachen (vgl. Kapitel 40).

(Dagegen dürfte den achteckigen Schloßbauten Friedrich Barbarossas in Hagenau und Friedrichs II. in Apulien — Castel del Monte — nicht die christliche, sondern eine antike Symbolik der „ogdoàs" zugrundeliegen, nach der die Acht Sinnbild der Gerechtigkeit ist. Das Mittelglied bildet dabei offenbar die Vorstellung vom „rex justus".)

Wenn diese Symbolik für die Baldachine und Kronen gesichert ist, dann darf man — mindestens als gut fundierte Hypothese — noch zwei andere Gleichungen ins Auge fassen:

Die so häufige Konstruktion des Chors gotischer Kirchen als unvollkommenes Achteck hinge dann vielleicht damit zusammen, daß — wie Suger für St. Denis ausdrücklich feststellt — der Chor der „Berg Sion": das himmlische Jerusalem (in anagogischer Bedeutung) ist. Häufiger ist freilich die Zwölfzahl.

Und auch in der für die reife Kathedrale — wiederum seit Laon — so typischen Überleitung ihrer Türme aus dem Viereck ins Achteck dürfte man die gleiche Symbolik suchen, die durchaus eine gestaltgebende, eine primäre Symbolik ist: sie wären Übergang von der Welt, welcher die Vierzahl, zum Himmel, welchem die Achtzahl zugeordnet ist. —

An dem Numerus erwacht die Anamnesis an alles Göttliche, das die Realität beherrscht.

Gerade aber wenn man an einem Beispiel, wie dem der Acht, die hohe Esoterik dieser Art von Symbolik durchschaut hat, wird man erst voll einsehen, in wie hohem Maße *sinnenhaft* das Himmelsbild der Kathedrale ist. Ihre Himmelsbedeutung erfassen wir nicht in erster Linie durch den Intellekt, sondern wir sehen, hören, riechen und schmecken sie. Ein Kind könnte sie erkennen.

KAPITEL 46

Die Sphäre der Hölle an der Kathedrale

Der Gesamtsphäre des Himmels, die von der Kathedrale selbst gebildet wird, steht an der Kathedrale gegenüber eine Sphäre des Höllischen. Es ist sehr oberflächlich, darin nur die Ausgeburten einer spielerischen oder humorvollen Phantasie der Bildhauer zu sehen — nach Art der modernen Faschingsscherze —, obschon das Komische untrennbar zu dieser Sphäre gehört. Es gibt sie grundsätzlich nur an der *Außenseite* der Kathedrale, denn in das Innere des Himmels kann nichts Unreines eingehen. „Ausgeschlossen bleiben die Hunde, die Zauberer, die Schamlosen, die Mörder, die Götzendiener und jeder, der Betrug liebt und übt" (22, 15). Sie werden an abgelegene Stellen, außerhalb der Himmelsstadt gebannt, und hier erscheinen denn auch die Bilder aller dieser „Verworfenen" (vgl. aber Kapitel 47).

Und zwar beschränkt sich diese kakodämonische Welt im wesentlichen auf zwei Zonen: auf die dunkelschattenden Höhlungen unter den architektonischen Konsolen-Baldachinen, auf denen die Heiligen stehen, oder auch den Platz unmittelbar unter deren Füßen (symbolisches Bild dafür, daß die Heiligen das Unreine „unter sich" gebracht haben), und auf die luftige und ausgesetzte Zone der Wasserspeier oder auch des Kirchendachs selbst, wo sie im ungewissen Licht stürmischer Wolkennächte ihre ganze Dämonie entfalten. Beide Zonen sind der eingehenden Betrachtung entrückt, sowohl die kaum sichtbaren Nester des „Unheils" unten, wie seine Horste oben. Man ahnt die Gegenwart dieser Wesen oft mehr als daß man sie sieht, und doch sind sie — anders als die Chimären der Romanik — mit einem Grade der „Leibhaftigkeit" ausgestattet, der hinter jener der heiligen Gestalten nicht zurücksteht und ihre reale Existenz wahrscheinlich und glaubwürdig macht. Ja die Realistik des Häßlichen scheint mitunter die Realistik des Schönen, des Lieblichen zu übertreffen.

In dieser Sphäre des Höllischen, welche hier durch die Bildhauer der Kathedrale *zum erstenmal realisiert* worden ist — denn die Romanik kennt keine von der Welt des Heiligen scharf unterschiedene Sphäre des Dämonischen — gibt es weder Kohärenz, noch sinnvolle Ordnung und Logik. Sie muß sich der Gesetzlichkeit des Himmelsbaus gleichsam widerwillig fügen, und indem sie von jener ihre Plätze angewiesen erhält, nimmt sie die Form des *gebändigten* Chaos an. Ihre Gestalten sind bald ganze Figuren, Paare oder Gruppen, sehr oft in verzerrten, verrenkten oder absurden Stellungen, bald bloße Köpfe oder Masken. Hier gibt es auch keinen durchgehenden Größenmaßstab wie in den Figurenzyklen der heiligen Welt (Tafel XIII).

In „heillosem" Durcheinander sammelt sich in den einzelnen „Häusern" dieser beiden Zonen ein Pandämonium des Unreinen. Es reicht von wirklichen und chimärischen Tieren und Monstren bis zu Fratzen und Zerrbildern des Menschlichen, die alle Grade der Entstellung durchlaufen können, vom Grotesken, Häßlichen, Gemeinen, Obszönen und Mißgeborenen bis zu Teufels- und Spukgestalten oder zur „satyrischen" Schönheit menschengestaltiger Dämonen und Masken. Besonders die Verzerrung der menschlichen Gestalt und zumal des Menschenantlitzes, in dem Dämonisches haust, bildet ein unerschöpfliches Thema.

„Am Hochschiff der Reimser Kathedrale hat der geniale Meister der um 1230-40 geschaffenen Masken in der Zone der Wasserspeier die Gnadelosen, von der Erkenntnis des Heils" — und fügen wir hinzu: von der Aufnahme in die Himmelsstadt — „Ausgeschlossenen als Schwachsinnige und Wahnsinnige geschildert und nicht nur die Merkmale des Psychopathischen, sondern auch seine Gründe in Abnormitäten der psychophysischen Konstitution begriffen" (Weigert). Hier ist die Gleichsetzung der höllischen Welt mit der Welt des Wahnsinns angebahnt, die einmal in Bruegels „Duller Griet" gipfeln wird. Doch mischt sich überall in das Entsetzliche des Höllischen das Komische ein, das im Himmel keinen Platz hat. Auch eine gewisse Bonhomie des Satanischen fehlt nicht.

Die Schöpfer dieser Höllensphäre der Kathedrale, welche aus unscheinbaren Anfängen erwachsen ist, wetteifern an Erfindungskraft und visionärer Erfassung der Gesetze des Dämonischen mit den großen dichterischen Gestaltungen der Hölle, die — meistens ausgehend von den Höllenschilderungen apokrypher Apokalypsen — gerade um 1150 in der berühmten und vielgelesenen Höllenvision des irischen Mönches Tundalus einen ersten Höhepunkt erreicht hatte.

Diese Höllenzonen der Kathedrale sind noch viel zu wenig erforscht.

Die Kathedrale ist also ihrer Architektur nach Himmel und Erde, himmlische und irdische Kirche, ihrer Gestaltenwelt nach Himmel und Hölle. Aber ihre Hölle ist zusammenhanglos, sie ist noch nicht eine Höllen*welt* für sich.

KAPITEL 47

Die Antinomien der Kathedrale

Die Gleichung Kathedrale gleich Himmel und Hölle geht scheinbar glatt auf. Doch bleiben Widersprüche offen, die nicht verschwiegen werden sollen und nicht übersehen werden dürfen.

Da ist zunächst die Tatsache des Kreuzaltars. Die Existenz zweier Hauptaltäre auf der Hauptachse der Kirche ist weder aus dem künstlerischen, noch aus dem sinnbildlichen Organismus des christlichen Kirchengebäudes zu begreifen. Sie ist ja auch keineswegs nur der gotischen Kathedrale eigen, sondern ein Vermächtnis des vorromanischen frühen Mittelalters. Aber auch dort ist das Motiv weder immanent künstlerisch, noch aus der inneren Geschichte der Religion allein zu verstehen — obwohl großartige Versuche gemacht worden sind, ihn nachträglich in den theologisch-künstlerischen Gesamtsinn des Kirchengebäudes einzufügen —, sondern nur aus der äußeren Geschichte der Kirche, nämlich aus der wachsenden Absonderung der Klerikerkirche von der Laienkirche (siehe Jungmann). Aber gerade innerhalb der Kathedrale, die überall die Tendenz zur Vereinheitlichung zeigt, wirkt es störend. Auch sind zwei gleichwertige Altäre „im Himmel" symbolisch sinnlos.

Und trotzdem bedeutet das Ausscheiden des Kreuzaltars aus der Kathedrale eine Verarmung. Denn gerade vom Kreuzaltar war — wohl schon seit dem elften Jahrhundert — die Vergegenwärtigung des *Todes* Christi ausgegangen, wodurch das christliche Kirchengebäude seine größte bildliche Fülle erreicht, denn es umspannt jetzt das Leiden des Gottmenschen *und* die Verherrlichung des Gottmenschen in einem Raum. Und zugleich damit sowohl die anagogische wie die rememorative Betrachtung der Mysterien, die sich später spalten sollten.

Man sieht, wie hier die künstlerischen Tendenzen mit den religiösen in Widerstreit zu geraten beginnen.

Noch viel mehr bedeutet das Erscheinen des *Lettners,* seit dem Ende des 12. Jahrhunderts (siehe Kapitel 2), eine Störung des künstlerischen Organismus der Kathedrale und ihres abbildenden Sinns. Von diesem her gesehen ist es völlig sinnlos, im Himmel einen sich verschließenden inneren Himmel zu bilden, der den Blicken der Gläubigen unzugänglich ist. Auch vom Gottesdienstlichen her gesehen ist diese Kirche in der Kirche absurd. Zu verstehen ist das Aufkommen des Lettners nur aus rein praktischen Gründen: die großen Kathedralkapitel verlangen einen eigenen ausgesonderten Raum in der Kirche, um ungestört von den Laien das Chorgebet zu verrichten und interne gottesdienstliche Handlungen zu vollziehen. Historisch gesehen ist der Lettner also sichtbarer Ausdruck der Absonderung der (Welt-)Geistlichkeit von den Laien, einer Absonderung, die sich schon früher angebahnt hatte, aber erst jetzt zur Kulmination kommt (vgl. Kapitel 100).

Aus dem symbolischen Gesamtsinn der Kathedrale *nicht* zu begründen ist es endlich, wenn dämonische Mischwesen und weltliche und komische Elemente, seien sie auch zu Drôlerien verharmlost, ins Innere der Kathedrale eindringen und hier an Chorgestühl, in Kapitellen, Zwickelreliefs und Schlußsteinen ihr skurriles Wesen treiben. Dazu gehört das Eindringen der Narrenspiele in die Kirche (siehe oben Kapitel 6). Diese Erscheinungen sind auch volksgeschichtlich, aus dem Beharren vorchristlicher Elemente zu verstehen. Doch weisen sie vielleicht darauf hin, daß das Erdgeschoß der Kathedrale — wo sie erscheinen —

noch als irdische Sphäre, als Sphäre des Menschen in der Versuchung gesehen wird.

KAPITEL 48

„Anagogicus mos":
Der nach oben führende Weg

„Und ist kein Ding vom Dienste frei /
zu weisen ein anderes als es sei."

Das Neue am gotischen Verhältnis zum Symbol ist, daß es sich in sinnliche Gestalten *ein-gebildet* hat. Was daraus für das Erleben der Welt — und nicht minder des Kunstwerks — folgt, hat Huizinga für den „Herbst des Mittelalters" so prachtvoll geschildert, daß uns nur übrig bleibt, ihn zu zitieren:

„In ihrer Vereinigung mit dem Realismus und der allegorischen Personifikation hat der Symbolismus den mittelalterlichen Geist *gleich einem Lichtstrome durchleuchtet.* Die Psychologie mag geneigt sein, den ganzen Symbolismus mit der Bezeichnung Ideenassoziation zu erledigen. Die Geschichte der Geisteskultur hat jene Denkform ehrfurchtsvoller zu betrachten. Der Lebenswert der symbolischen Erklärung alles Bestehenden war unschätzbar. Der Symbolismus schuf ein Weltbild, dessen Zusammenhang inniger war, als das kausal-wissenschaftliche Denken es zu geben vermag. Er ergriff mit seinen starken Armen das ganze Reich der Natur und die ganze Geschichte. Er schaffte sich darin eine unlösliche Rangordnung, eine architektonische Gliederung, eine hierarchische Subordination. Denn in jedem symbolischen Zusammenhange muß eines tiefer und eines höher stehen; gleichwertige Dinge können nicht einander als Symbol dienen, sondern es können nur beide zusammen auf ein Drittes hinweisen, das höher ist als sie. In dem symbolischen Denken ist Raum genug für eine unermeßliche Vielfältigkeit von Beziehungen der Dinge zueinander. Denn jedes Ding kann mit seinen verschiedenen Eigenschaften gleichzeitig Symbol für mehrere Dinge sein, es kann aber auch wieder mit ein und derselben Eigenschaft verschiedene Dinge bezeichnen; die höchsten Dinge haben gar ihre tausendfachen Symbole.*) Kein Ding ist zu niedrig, das Höchste zu bedeuten und darauf hinzuweisen zu seiner Verherrlichung. ..... Alle Dinge bieten *dem Emporsteigen des Gedankens zum Ewigen hinauf* Stütze und Halt; alle heben sich gegenseitig von Stufe zu Stufe in die Höhe. Das

---

*) Vgl. z. B. die Gleichnisse der Lauretanischen Litanei.

symbolische Denken stellt sich dar als eine fortwährende Transfusion des Gefühles von Gottes Majestät und Ewigkeit in alles Wahrnehmbare und Denkbare. Es läßt das Feuer des mystischen Lebensgefühls niemals erlöschen. Es durchdringt die Vorstellung jedes Dings mit erhöhtem ästhetischen und ethischen Werte . . *Man stelle sich den Genuß einer Welt vor, in der jeder Edelstein im Glanze aller seiner symbolischen Werte funkelt,* in der die Identität von Rose und Jungfräulichkeit mehr ist als ein dichterisches Sonntagskleid, in der sie das *Wesen* beider umfaßt. Man lebt in einer wahren Gedankenpolyphonie. Wie durchdacht ist alles. In jeder Vorstellung erklingt ein harmonischer Akkord von Symbolen. Der Geist steigt auf zu jenem Rausche der Gedanken, jenem präintellektuellen Verfließen der Identitätsgrenzen der Dinge, jener Dämpfung des verstandesmäßigen Denkens, welche das Lebensgefühl auf seinen Gipfel emporheben" (Huizinga 297-98).

„Das ausgehende Mittelalter zeigt diese ganze Gedankenwelt in ihrem letzten Ausblühen." Entstanden ist aber das, was Huizinga schildert, nicht nur *gleichzeitig* mit der Kathedrale, sondern in hohem Maße *durch sie.* Für das romanische Denken und Vorstellen gelten seine Sätze noch nicht. Diese Transfusion von Himmlischem und Irdischem, Gedanklichem und extrem Sinnlichem, Verstand und Gefühl gibt es erst seit der Mitte des 12. Jahrhunderts — gibt es erst seit der Kathedrale, in der das Unbenennbare „klangreich und farbig, zugleich verschwommen und *schwebend* zum Ausdruck gebracht ist".

Zweiter Teil

DIE ENTSTEHUNG DER KATHEDRALE

IV

DIE ENTSTEHUNG DER KATHEDRALE

> „Und der Dichter war es, der den Werkmeister geleitet und recht eigentlich die Kathedrale errichtet hat."
>
> (Auguste Rodin)

A

Die Wurzeln der Kathedrale

KAPITEL 49

Die wesentlichen Faktoren bei der Entstehung der Kathedrale

Maßgebend für die Entstehung der Kathedrale und damit der „Gotik" ist die Ausbildung eines neuartigen Baldachinsystems mit diaphanen Füllwänden. Damit erscheint in der Geschichte der europäischen Kunst das vierte originelle Baldachinsystem, nach dem mittelrömischen des 1., dem justinianischen des 6. und dem lombardischen des frühen 12. Jahrhunderts, und wie jene beiden ersten macht es Epoche: es bringt eine neue Konzeption des Raumes, den *Licht*raum. In der Idee des Baldachinraums liegt implizit mit eingeschlossen ein neues Verhältnis zum Licht und zu den Körpern, das, wo es sich durchsetzt, jedesmal besondere Formen der durchlichteten Wand schafft, hier die Form der *diaphanen Gitterwand*, wie sie zuerst Jantzen beschrieben hat. In jedem echten Baldachinsystem wird die Wand zu etwas Sekundärem; das künstlerisch Primäre sind die Baldachine, die den Raum nur nach oben schließen, nach den Seiten mit ihren Trägern bloß abstecken.

Man könnte also das Auftreten vollständiger *Kreuzrippenbaldachine* — keineswegs aber des Kreuzrippengewölbes für sich — als Kriterium für den Beginn des Gotischen in der Architektur nehmen — ebenso wie die *Baldachinfigur* als Beginn des Gotischen in der Skulptur —, wenn nicht das noch durchaus romanische Baldachinsystem der Lombardei zeigte, daß das Epochemachende nicht das Baldachinsystem an sich ist, sondern jenes neue Verhältnis zum Licht und Raum, das das Baldachinsystem der Kathedrale und ihre Wand bestimmt. Auch genetisch

167

gesehen ist die neue Wandform entscheidender als die Baldachinstruktur an sich. Dieses Kriterium rückt den Beginn der Gotik wieder an die richtige Stelle: knapp vor 1140; während dort, wo das Kreuzrippengewölbe als entscheidende „Formante" der Gotik angesehen wurde, der Beginn der Gotik — allen übrigen historischen Tatsachen widersprechend — auf die Zeit um 1100, dort wo gewisse Einzelformen als bestimmend angesehen werden, auf die Zeit um 1190 oder gar um 1250 verschoben werden müßte. Die Bestimmung der Epoche ist eben nur möglich auf Grund einer Bestimmung des eigentlich konstitutiven Phänomens.

Die überschlanke Bildung der Baldachinglieder und das „überirdische" Licht der selbstleuchtenden Wände läßt keinen Zweifel, daß dieses künstlerische System eines Lichtraums von Anfang an entwickelt ist, um einen überirdischen Raum abzubilden. Nicht nur die fertige Kathedrale, auch ihre Entstehung ist nicht zu begreifen, ohne daß man ihren abbildenden Sinn miteinbezieht. Die Idee, mit neuen technischen und formalen Mitteln, unter Heranziehung aller Künste, die seit langem feststehende Himmelsbedeutung des romanischen Kirchengebäudes *sinnfällig* zu machen, hat aktiv auf die Verwandlung romanischer Formen eingewirkt und zur Kathedrale geführt. Und die gleiche Idee hat von da an das Werden der Kathedrale und die Veränderungen ihrer Gestalt mitbestimmt. Zuerst vom Chor ausgehend den Innenbau, dann seit Laon die Fassade, seit Chartres auch die Langseiten und die Chorpartie. Weder St. Denis, noch die Fassade von Laon, noch Chartres, noch Reims, noch Straßburg lassen sich ohne das Einwirken dieser Idee in ihrer Gestalt wirklich erfassen. Die These, „die unmittelbare Einwirkung religiöser Ideen erstreckt sich nicht auf das künstlerisch Anschauliche" (R. Kömstedt), läßt sich nicht aufrechterhalten.

Allerdings vermag die Idee, die Himmelsbedeutung der Kathedrale zu einem Himmels*bild* auszugestalten, von sich allein aus nicht das Kirchengebäude zu verwandeln. Wo die romanische Kirche mit ihren kompakten Wänden in Kraft ist, kann sie nicht ansetzen. Es muß aus immanent künstlerischen Tendenzen eine Bewegung in Gang gekommen sein, die dem Bau das Massige und Schwere, Undurchsichtige bis zu einem gewissen Grad wenigstens nimmt. Dieser Prozeß hat sehr weitschichtige Voraussetzungen, die bis hundert Jahre vor die Entstehung der Kathedrale zurückreichen — Voraussetzungen formaler *und* konstruktiver Art. Es erfordert große Geduld und Genauigkeit, den Verästelungen dieses Prozesses nachzugehen, in dem sich das grundlegend Neue — eben das neue architektonische Baldachinsystem — Schritt für Schritt im Hinzukommen neuer Formen unter fortwährender Umänderung und vor allem *Umdeutung* älterer Formen herausdifferenziert. Wenn der Wunsch, den Kirchenbau aus einem Gleichnis des Himmels in ein Abbild zu verwandeln, diesen Prozeß auch nicht in Gang bringen konnte, so greift er, doch von einer gewissen erreichten Stufe an, aktiv formgestaltend, mächtig in diesen Prozeß ein, und erst in diesem Zusammenwirken von autonom künstlerischer Raumidee und abbildendem Sinn entsteht der Wunderbau der Kathedrale.

Konstruktiv ermöglicht wird diese neue künstlerische Raumkonzeption — wie auch in jedem anderen Baldachinsystem — durch ein technisches System von Wölbungen mit getrennten Auflagern, die auf ausgesonderten Pfeilern ruhen. Dabei werden diese die Gewölbe tragenden Pfeiler — wie oben gezeigt worden ist — durch die im künstlerischen Eindruck allein hervortretenden Baldachine maskiert und sublimiert. Die konstruktive Voraussetzung der Kathedrale und des gotischen Systems ist aber nicht von der Gotik, sondern von bestimmten Richtungen der Romanik geschaffen worden, vor allem von der normannischen; die Gotik hat es nur verbessert. Dieses technische System der Kreuzgewölbe ist nichts anderes als eine Renaissance des römischen Wölbesystems, das die einmalige und absolut originelle Leistung des Römertums darstellt. So sonderbar es klingt, so beruht — *technisch* gesehen — das künstlerisch antiantike System der Kathedrale auf der Wiederbelebung dieser originär römischen Erfindung. Das ist eine Feststellung, die sich mit aller Genauigkeit erweisen läßt und m. E. nicht bestritten werden kann, wenn sie auch liebgewordenen Anschauungen widerspricht. Man konnte sich darüber nur so lange täuschen, solange man annahm, ein Kreuzrippenbaldachin funktioniere konstruktiv anders als ein Gratkreuzgewölbe. Schon Ernst Gall, nach ihm V. Sabouret und Pol Abraham sind dieser Auffassung entgegengetreten (siehe Anhang I).

Zusammenfassend: Das neue Baldachinsystem ist notwendige, aber nicht hinreichende Bedingung für die Entstehung der Kathedrale, die neue Konstruktionsweise der Kreuzgewölbe auf gesonderten Trägern ihrerseits notwendige, aber nicht hinreichende Bedingung für die Entstehung des neuen Baldachinsystems.

Das *Hinzutreten des abbildenden Sinns*, die Absicht, mit neuen reichen Mitteln aller Künste die alte Himmelsbedeutung der Kathedrale zu einem anschaulichen Himmelsbild auszugestalten, gibt dann diesem System einen ungeahnten Auftrieb und schafft die Hochräumigkeit, das Zartgliedrige, das Schwebende, Zauberhafte des *Lichtraums* der Kathedrale.

Die Konstruktion und eine neue künstlerische Konzeption des

Raums ermöglichen die neue Vision, die neue Vision stellt den Künstlern und auch den Konstrukteuren neue Aufgaben. Den Konstrukteuren die Aufgabe, die Wölbungen auf besonders hohe und schlanke Träger zu legen; den Künstlern die Aufgabe, diese kühne Konstruktion und den ihr Halt verleihenden Strebeapparat (welcher an der frühen Kathedrale ganz unsichtbar ist) in und hinter einer „Illusionsarchitektur" zu verbergen, die scheinbar die Gesetze der schweren Materie aufhebt.

Das Visionäre, das im engeren Sinn Künstlerisch-Architektonische und das Konstruktive greifen also bei Entstehung der Kathedrale ineinander und treiben sich gegenseitig zu immer höheren Zielen.

Die Vereinigung dieser entscheidenden Faktoren vollzieht sich um 1140 in der Île de France. Um 1180 tritt zum architektonischen noch ein plastischer Faktor hinzu, der nicht nur die Plastik, sondern auch die Architektur bestimmt.

In einem äußerst komplexen Vorgang bereiten sich die Elemente der Kathedrale vor, entsteht die neue Konstruktion, das neue Baldachinsystem, endlich die Kathedrale selbst. In einer reich verzweigten, aber im ganzen doch erstaunlich gradlinigen Entfaltung geht sie zur Form ihrer größten Fülle über.

Will man den Faden nicht verlieren, so muß man auf jeder Stufe der Vorgeschichte, der Vorbereitung, des Werdens und der Entfaltung der Kathedrale Klarheit über das gegenseitige Verhältnis dieser drei entscheidenden Faktoren und von 1180 ab dazu eines weiteren, vierten gewinnen.

Man muß zugleich jeden dieser Faktoren auf die Elemente zurückführen, aus denen er sich bildet, und für jede neu auftretende Form, für jedes „Motiv", das in diesem Prozeß als movens wirkt, seine „raison d'être" ergründen.

KAPITEL 50

Himmelsbild der Dichtung und Himmelsbild der Kathedrale

Die Frage ist nun: Festgestellt ist die auffallende Übereinstimmung des Himmelsbilds der Kathedrale mit dem der geistlichen Dichtung des 12. Jahrhunderts; wie ist sie geschichtlich zu verstehen? Entstehen beide unabhängig voneinander? Und wenn ja, in welcher Reihenfolge? Ist das Himmelsbild der Dichtung vielleicht schon eine Spiegelung des Himmelsbildes der Kathedrale? Oder umgekehrt die Kathedrale selbst schon unter dem Eindruck der neuen dichterischen Himmelsvision entstanden? Hat also die Kathedrale eine „dichterische Wurzel", in dem prägnanten Sinn wie sie Wilhelm Pinder für die plastische Gruppe der Pietà nachgewiesen hat?

Die Frage schließt in sich die Frage nach der Chronologie. Für die Kathedrale ist sie gut gesichert, die Chronologie der geistlichen Dichtung dieser Zeit ist aber, so viel ich sehe, reichlich unbestimmt; sie arbeitet vielfach mit so vagen chronologischen Größen wie „11. Jahrhundert", „Mitte des 12. Jahrhunderts". Immerhin läßt sich mit den mir zu gebote stehenden Mitteln wenigstens einwandfrei feststellen, daß der Übergang von einer sinnbildlichen zu einer versinnlichenden Darstellung sich in der Dichtung *früher* vollzieht als am Kirchengebäude; um wieviel früher bleibt offen.

Dabei scheint für Frankreich die insulare Dichtung vorangegangen zu sein, wie auch die Architekten der Kathedrale zur Verwirklichung ihrer neuen sinnennahen Himmelsvision Elemente aus der westenglischen, nicht-normannischen Kunst herangezogen haben (siehe unten Kapitel 69 und 71).

Entgegen meiner eigenen älteren Ansicht scheint aber dieses Himmelsbild, welches möglicherweise schon *vor* der ersten Kathedrale von der geistlichen Dichtung Frankreichs übernommen worden war, auf die *Entstehung* der Kathedrale nicht eingewirkt zu haben. Der erste Bau, der in großartig neuer Weise das Tor der Himmelsstadt darstellt, ist eine Fassade, die von St. Denis. So viel ich sehe, wird nirgends in der Dichtung das Himmelstor in dieser Weise geschildert. Hier überwiegen allerdings noch die symbolischen Elemente über die anschaulichen. Und erst im Chor — der von einem mit gewaltiger visionärer Kraft begabten, jüngeren Meister stammt — erreicht das architektonische Himmelsbild *den* Grad von sinnlicher Nähe, den die neue Himmelsvision der Dichter schon früher erreicht hatte.

Wohl aber scheint es möglich, daß bei der neuen Vertiefung der Lichtvision auf der Stufe Chartres-Reims die Schilderungen der geistlichen Dichtung auf das aus eigener Kraft erreichte Himmelsbild der Architektur einwirken. Besonders das Motiv der *Wände aus Edelsteinen*, das man jetzt bauend beim Wort nimmt, dürfte primär ein dichterisches Motiv sein. Einen solchen Einfluß der Dichtung auf die Architektur anzunehmen, scheint um so eher erlaubt, als er sich für die Gestalten der Skulptur um diese Zeit konkret nachweisen läßt. Erst von dieser Zeit an kann man von einer „dichterischen Wurzel" der Kathedrale im prägnanten Sinn sprechen.

Um 1250 wird dann die Kathedrale ihrerseits rückwirkend Vorbild für die dichterische Schilderung von Gebäuden himmlischer, überirdischer Art.

B

Die Vorgeschichte der Kathedrale

Die Vorbereitung der Kathedrale in der Normandie: Der Vorgang in seinen Hauptzügen

Daß die Normandie und das normannische England Wesentliches für die Entstehung der Kathedrale geleistet haben, ist schon seit langem bekannt. Zuerst hat das wohl vor mehr als hundert Jahren de Caumont festgestellt.

Tatsächlich ist die Leistung der Normandie in technischer Hinsicht größer, in künstlerischer aber geringer und auch anders geartet, als man bisher angenommen hat.

Sie hat — abgesehen von der Modulierarbeit der Gewölbe — so gut wie das ganze *konstruktive System* der frühen Kathedrale geschaffen. Wenn man das Wesentliche im Konstruktiven sieht, müßte man die große Epoche um 1080 in der Normandie statt um 1140 in der Île de France beginnen lassen.

Von den zwei konstitutiven Ideen, die das *künstlerische System* der Kathedrale ausmachen — dem Kreuzrippenbaldachin und der diaphanen Wand — hat sie die erstere entscheidend vorbereitet, die andere antizipiert.

Für den Kreuzrippenbaldachin bereitet sie die Elemente vor: die Dienste und die Kreuzrippen, ja sie bringt die beiden schon in Berührung. *Aber es kommt zu keinem wirklichen Kreuzrippenbaldachin, nicht einmal zu einer echten Vorform.*

Dagegen schafft sie schon um 1060-70 ein System der Wand, das in erstaunlicher Weise das Aufrißsystem der gotischen Wand vorwegnimmt und im Keim sogar das Prinzip der Diaphanie enthält. Man darf diese Wandform als prägotisch bezeichnen.

Sie zeigt ferner erstaunlich früh die Neigung zu einer systematischen Vereinheitlichung des gesamten Kirchengebäudes nach Wandform, Gewölbeform und gleicher Höhe aller Bauteile — ausgenommen davon bleibt aber die Apsis.

In keiner Weise scheint sie das dichterische, „lyrische" Element der Kathedrale vorzubereiten. Es ist aber meines Wissens noch nie untersucht worden, wie sich die formale Erscheinung des normannischen Kirchengebäudes zu seiner symbolischen Bedeutung verhalten hat.

Notwendig wäre eine Untersuchung über die Farbigkeit des normannischen Kirchenraums und ihre vorauszusetzende Wandlung auf den verschiedenen zeitlichen Stufen. Ich wage vorwegzunehmen, daß die Farbigkeit durch die romanische Skala der Erdfarben bestimmt gewesen sein muß — etwa in der Art des Bildteppichs von Bayeux — und daß diejenigen beiden farbigen Elemente, die für die Kathedrale eine so entscheidende Bedeutung haben, in ihrem System keine Hauptrolle spielten: das Blau, die Raumfarbe, und das Gold, die Lichtfarbe, die Farben des gotischen Baldachins.

Der Vorgang der Entfaltung der normannischen Architektur von 1020 bis nach 1100 bietet eine erstaunliche Analogie zu einem ähnlichen Ablauf in der kaiserrömischen Architektur des ersten nachchristlichen Jahrhunderts. Wie dort bilden sich zuerst plastische Glieder *vor* der Wand aus, die später die „Füße" der Gewölbe aufnehmen werden (I. Phase). Es erscheint die Begrenzung eines Hauptraums durch Hüllräume (II). Es entsteht das Kreuzgewölbe und wird, technisch gesehen, von Trägern getragen, die *in* der Wand verborgen sind (III). Nur spielt sich dort der ganze Vorgang im Bereich anthropozentrischer architektonischer Formen ab, hier an Formen die ins Überwirkliche transponiert sind. Der Dienst verhält sich zur Säule gleichsam wie der Engel zum Menschen. Das scheint mir mehr als ein poetischer Vergleich.

Der entscheidende Moment ist die Zeit zwischen 1060 und 70. Das System, das auf dieser Stufe entsteht, ist epochemachend wie wenige. Es fällt mit der größten Expansionskraft des Normannischen zusammen.

KAPITEL 52

Das eine Element des gotischen Baldachins tritt auf:
Der „Dienst"

Zuerst unter allen jenen Formen, die zusammen die Kathedrale bilden werden, entsteht 120 Jahre vor der Kathedrale die Form, die später der „Dienst" des gotischen Baldachins sein wird.

Bei ihrem Entstehen gehört sie noch ganz zur Wand. Sie erscheint zuerst an Bauten, die sicherlich ungewölbt und auch nicht auf Wölbung hin angelegt waren. Schon Caumont hatte ihre Funktion, Gliederung der Hochwand zu sein, erkannt; dafür spricht, daß sie auch am Außenbau, an Apsiden, erscheint und daß sie im Innern manchmal nicht bis zum Auflager des Dachs hinaufreicht. Pinder hat in subtilen Untersuchungen gezeigt, wie sich die objektive Form „Dienst" in Gruppierungen der Wandelemente vorbereitet, und hat ihre Funktion genauer beschrieben: sie erzeugt die *stehenden* Wandfelder — gleichsam

im Zweidimensionalen der Wand das, was die Türme im Drei-
dimensionalen sind.

Doch können solche vertikale Gliederungen in der Form ge-
längter Halbsäulen oder Halbpfeiler auch *in* der Wand entstehen. An ihren Scheiteln durch Arkaden zusammengebunden,
bilden sie die vorderste Schicht einer mehrstufigen romanischen
Wand. So erscheinen sie in Speyer, um die gleiche Zeit. Aber nur
in dem normannischen System stehen, wie einst in der antik-
römischen Halbsäulenwand, *zum erstenmal seit dem Ende der
Antike plastische Gliederungen v o r der Wandfläche.* Das unterscheidet *formal* den „Wulst" von anderen ähnlichen Formen und
befähigt ihn zu seiner künftigen Funktion, eben „Dienst", die-
nendes Glied der Wölbung zu sein. *Diese Wiederkehr der Antike auf einer neuen Ebene ist von unermeßlichen historischen
Folgen.*

Die Herkunft der Form „Dienst" ist umstritten. Zwei Ableitungen stehen sich gegenüber: aus antiken Halbsäulengliederun-
gen durch Längung der Form, die schon in der provinzialrömi-
schen Kunst, zum Beispiel an spanischen zweistöckigen Aquä-
dukten vom Typus Tarragona, dienstähnliche Glieder erzeugt,
ganz ähnlich wie sie die aus Resten des römischen Verulamium
errichtete Kirche von St. Albans (nw. von London, 1077-1088)
zeigt. Oder: aus der nordischen skandinavischen Baukunst durch
Übertragung der „Masten" aus dem Holzbau in den Steinbau. Für
die erste Ableitung spricht, daß gelängte Formen keineswegs nur
in der Normandie und nicht nur am Innenbau vorkommen; die
schlanken Halbsäulen in der Wand von Speyer hat noch niemand aus dem Holzbau ableiten wollen. Auch gibt es gelängte
Halbpfeiler an Bauten ausgesprochen südlichen und östlichen
Typus'. Für die zweite Ableitung läßt sich geltend machen, daß
gelängte Formen dieser Art als Wandgliederung eines *Innenraums* bisher im antiken Bereich nicht nachgewiesen sind, sondern nur im Holzbau der nordischen Mast- und Stabkirchen,
und daß nur dort sich die Zerlegung in tragende und füllende
Organe findet. Dann, daß die Dienste häufig kein ausgebildetes
„Kapitell" haben. Doch gibt es auch das an östlichen Bauten.

Die Entscheidung dieser Streitfrage ist für die genetische Beurteilung des gotischen Systems nicht ganz gleichgültig. Mir
scheint es, daß beide Ableitungen in sinnvoller Weise miteinander und mit der Theorie Pinders verbunden werden müssen
und zusammengesehen mit der umfassenderen Frage nach der
Zerlegung des liegenden spätantiken Kirchenraums in einzelne
stehende „Turmräume".

Die Gliederung der Hochwand durch „Stäbe" führt zunächst zu drei Unterarten der „Stabwand". Gemeinsam ist

ihnen allen, daß die Wand, an die sich die Stäbe anlehnen, einschichtig und im Verhältnis zur Höhe und Breite des Wandjochs relativ dünn ist. Bony hat dafür den Namen „mur mince" geprägt. Diese Unterarten sich klar zu machen ist wichtig, weil schon hier Zusammenhänge mit dem typisch gotischen Aufriß-System der Wand sichtbar werden, welche — losgelöst vom Gewölbe und rein auf ihre vertikale Gliederung hin betrachtet — ja ein Sonderfall der „Stab"wand ist.

Bei der einen Unterart umgreifen die Stäbe nur je *eine* Erdgeschoßarkade. Ein frühes Beispiel — und wohl das früheste erhaltene für Dienste überhaupt — ist hier der Chor von Bernay (nach Dehio um 1025, nach Frankl um 1040, nach Rupprich-Robert um 1050 entstanden). Dann das ursprüngliche Schiff der Kathedrale von Bayeux, die als Hauptkirche der Normandie ein entscheidender Bau gewesen sein muß (nach 1046), die Kirche am Mont-Saint-Michel (ca. 1060), die St. Trinité von Caen (1059-66) usw. In England erscheint diese Wandform mit den Kathedralen von Winchester (1079-93) und Ely (um 1080).

Bei der zweiten Wandform umgreifen die Stäbe je *zwei* Bogen der Erdgeschoßarkade. Das frühe Beispiel ist hier der gewaltige Bau der Abteikirche von Jumièges, nach Pinder um 1040, nach Gall um 1054. Das System wurde als „novum genus aedificationis" noch *vor* der Eroberung Englands in der Königsabtei von Westminster, einer Stiftung Eduard des Bekenners, übernommen. Eine zweitaktige Wandgliederung hat auch die Kathedrale von Durham. Diese Wandform ist relativ selten.

Eine dritte Wandform ist gleichsam eine Vereinigung der beiden ersteren. Hochdienste stehen zwischen jeder Arkade, aber es sind starke, mit einem Mauerband unterlegte, und schwache Dienste unterschieden. Beispiele: St. Étienne in Caen (zwischen 1064/66 und 77), St. Vigor in Cerisy-la-Forêt (um die gleiche Zeit). Das sind diejenigen Kirchen, die in jedem zweiten Joch quer über das Schiff einen Schwibbogen von Dienst zu Dienst schlagen.

Eine vierte seltene Wandform endlich zeigt dreitaktigen Wechsel: St. Vigor in Bayeux, in England Shrewsbury. Ihr entspricht in Italien — mit breiteren Raumverhältnissen — das System von San Miniato al Monte in Florenz.

Die erste Wandform bleibt nicht auf die Normandie beschränkt. Sie kann sich auch mit einer Tonnenwölbung verbinden, zum Beispiel in St. Étienne in Nevers, Conques, St. Sernin in Toulouse, St. Jago da Compostela.

Nur die erste und die dritte Wandform mit ihrem „raschen" Wandrhythmus ist von den gotischen Kathedralen weitergeführt worden. Dagegen gibt es unter allen Abwandlungen der Kathedrale keine einzige mit zweijochigem Rhythmus, wie ihn zum Beispiel noch das Langhaus von Le Mans zeigt.

KAPITEL 53

Eine Vorform der „diaphanen Wand" entsteht

Die eine Voraussetzung für das System der Kathedrale ist das Entstehen von Kreuzrippenbaldachinen, die zweite das Entstehen der „diaphanen Wand".

Das System dieser Wand bereitet sich zwischen 1060 und 70 in der Normandie vor.

Wenn man die normannische Wand bisher als Vorform der gotischen untersuchte, hat man hauptsächlich die *vertikale* Gliederung der Wand analysiert. Man hat aber zu wenig beachtet, daß sich um 1060 aus der beschriebenen einjochigen Dienstwand ein ganz neuer Wandtypus entwickelt. Die begrenzende Wandfläche des Hochschiffs wird gleichsam aufgezehrt. Noch wichtiger: um den Hauptraum des Hochschiffs legt sich in *allen* Geschossen *ein Mantel aus Hüllräumen*. Ähnliche Tendenzen sind gleichzeitig auch in anderen Landschaften zu beobachten, aber nirgends so entschieden wie in der Basse-Normandie.

Das Neue wird deutlich an einem Vergleich des Wandsystems von Mont-Saint-Michel mit dem von Cerisy-la-Forêt, beide um 1065. In der Emporenzone entstehen jetzt die großen und hohen Arkaden, die wie Brückenbogen von Dienst zu Dienst reichen und die Wandfläche auf geringe Reste über der Arkade reduzieren (Gall). Noch auffallender ist die Wandlung in der Lichtgadenzone. *Hier verwandelt sich die einfache Wand in eine zweifache, zweischalige* — „le mur est ainsi dédoublé en deux pellicules, reliées seulement à leur sommet" (Bony); die äußere Schale besorgt den Abschluß und enthält das Fenster, die innere ist in eine durchlaufende Arkadenstellung aufgelöst; zwischen den beiden Schalen ein Zwischenraum: der Laufgang, als „galerie éclairée" (Abb. Seite 178).

Wenn H. Jantzen in seiner bahnbrechenden Kennzeichnung des gotischen Kirchenraums feststellt: „Man kann die Bestrebung, die Wand mit raumhaftem Grund zu unterlegen, besonders deutlich an der wechselnden Gestalt der Triforienzone verfolgen", so muß man hinzufügen: früher als an der Triforienzone, die es auf dieser Stufe noch nicht gibt, erscheint diese Tendenz in der Zone des Lichtgadens. Oder vielleicht richtiger: auf dieser Stufe sind Triforien- und Lichtgadenzone noch eins, das dritte Geschoß von Cerisy-la-Forêt ist zugleich Ahne der durchfensterten Triforien der Hochgotik. Jedenfalls liegt in dieser

Zone genau das vor, was Jantzen als „diaphane Wand" beschrieben hat. Aber auch *nur* in diesem Stockwerk.

Der Laufgang liegt bei dieser Wandform in der Dicke der Wand; doch kommt auch schon ein leichtes Hinausrücken der Außenschale über die Decken der Emporen vor. Um hier im dritten Stockwerk die zweischalige Wand schaffen zu können, mußte man die Wand des Hauptschiffes der Tiefe nach verstärken. Diesen Übergang vom „mur mince" zum „mur épais" hat Bony vorzüglich herausgearbeitet. Man kann sagen: was die Mauer in der Fläche verliert, kompensiert sie in der Tiefe. Sichtbar wird die Verstärkung der Mauer in den mächtigen Arkadenbogen der beiden unteren Geschosse. Auf diesem zweistöckigen Viadukt stehen ziemlich unvermittelt die sehr zarten Arkaden einer durchsichtigen Galerie („portique" sagt zutreffend Bony). Rolland hat für diese Wandform statt der von Bony eingeführten Bezeichnung „mur épais" den Ausdruck „mur évidé" vorgeschlagen; die erste Bezeichnung trifft den Charakter der beiden unteren Stockwerke und sozusagen den Grundriß; der zweite den des obersten Stockwerks.

Mit dem Aufkommen des „mur épais" verschwinden am Außenbau die strebepfeilerartigen Wandverstärkungen und werden durch reiche Blendgliederungen ersetzt (Bony).

Von dieser Wandform des „mur épais" gibt es auch eine Abart *ohne* Dienste. Beispiele sind nur aus England bekannt — so in Southwell um 1110 — und bleiben vereinzelt.

Schule gemacht hat nur die Wandform *mit* Diensten. Sie erscheint in der Normandie noch vor Cerisy in St. Étienne in Caen, zwischen 1060 und 1070 — das als Gründung Wilhelms des Eroberers und Hauptbau der normannischen Residenz wohl der Prototyp gewesen ist; im normannischen England in dem prachtvoll straffen Wandsystem von Ely, Peterborough, Romsey, alle um 1080 begonnen.

Dabei entwickeln sich zwei Varianten. Die eine läßt die große Arkade der Empore *ganz* offen, unverstellt: St. Étienne in Caen.

Die andere stellt unter den großen Bogen der Empore, der *als übergreifende Form funktioniert,* eine zweiteilige übergriffene Arkade, die wesentlich dünner ist; nach der treffenden Bezeichnung Peter Meyers eine Arkaden*kulisse.* Sie verschleiert dadurch die wahre Dicke des großen Bogens — besonders wenn die Arkade im Grundriß gegen das Innenschiff zu verschoben ist (Durham) — und vermittelt so zwischen der Massigkeit des Erdgeschosses und der Zartheit der oberen Bogenstellung. Sie vermittelt auch der *Zahl* nach: *ein* Bogen unten, *zwei* in der Empore, *drei* (oder auch vier) im Fenstergeschoß. Beispiele: Cerisy, Ely, Peterborough, Romsey.

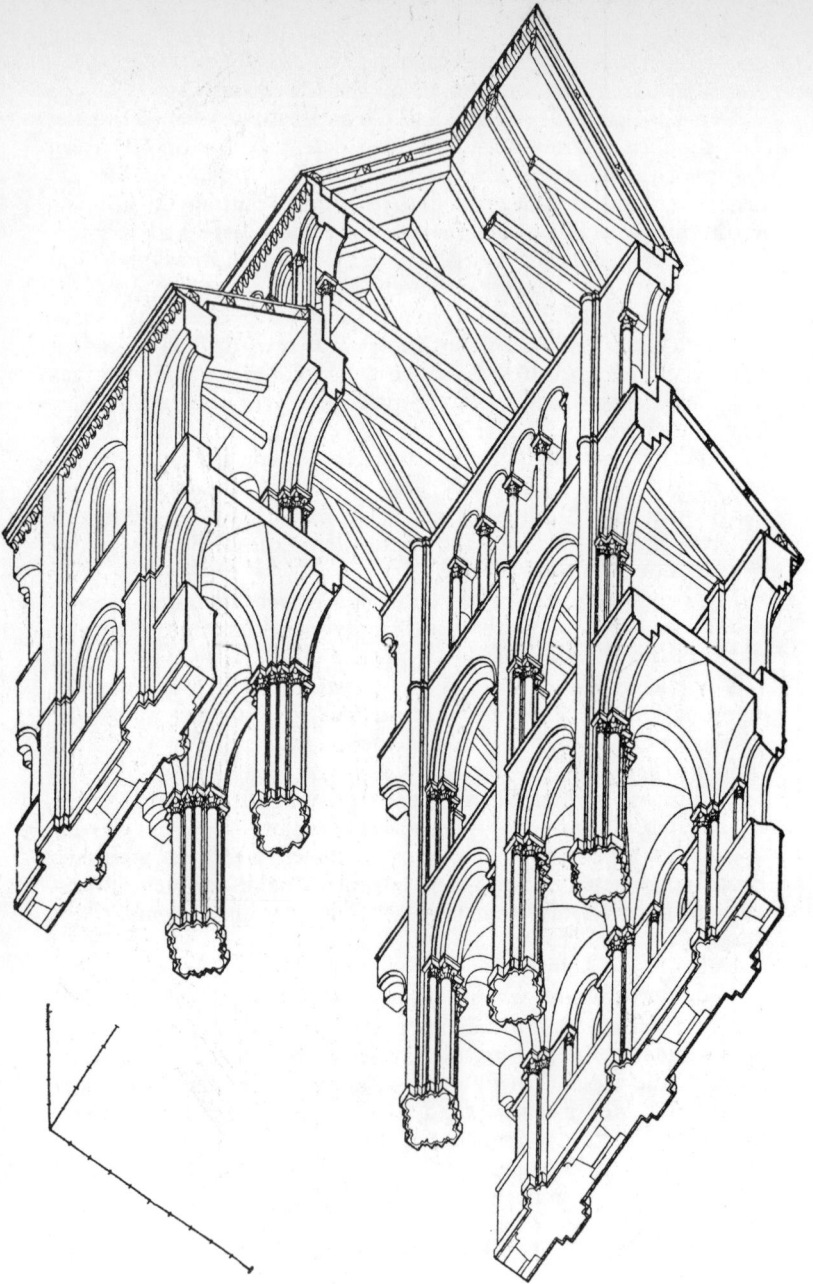

System von St. Étienne in Caen

System von Notre-Dame in Noyon

Dieser *Typus des „mur épais mit Diensten und verstellter Empore"*, den Cerisy schon um 1060 zeigt, nimmt nun tatsächlich in erstaunlicher Weise das Wandsystem der gotischen diaphanen Wand vorweg. „À un siècle de distance Cerisy préfigure Laon et le Choeur de Saint-Rémy: on serait tenter de parler d'une expérience prégothique." Und doch muß noch viel geschehen, um aus dieser Vorform die echte gotische diaphane Wand zu gewinnen (Kapitel 82; vgl. die Abb. Seite 178 und Seite 179).

Es ist richtig: „Nulle autre école romane n'a connu ce goût des vides, cette architecture réduite à des arcs et des piles" (Bony). Nicht richtig ist es zu sagen: „le mur épais a tué la muralité". Denn nur im materiellen Sinn gilt: „il n'y reste plus aucun pas de mur." Trotz der Öffnungen ist die Massivität der Wand in den beiden unteren Stockwerken sehr fühlbar, ja sogar noch gesteigert (Jantzen). Die „muralité" bleibt bestehen.

Falsch ist es auch zu sagen: „Le mur épais .., chère à la Normandie, *se continue* à l'époque gothique." Ein kontinuierlicher Zusammenhang besteht nicht, die Kathedrale setzt vielmehr ganz neu an, um in einem neuen Anlauf die Form der echten diaphanen Wand zu schaffen.

Zweifellos aber handelt es sich bei dieser Wandform um eine wirkliche architektonische Revolution: in wenigen Jahren hat sich alles geändert.

Ein diaphanes Wand*stück* erscheint also zuerst als „galerie éclairée" im Langhaus von Coutances (um 1050), in Cerisy-le-Forêt und in St. Étienne in Caen.

Dann übernehmen das gleiche Prinzip die *Apsiden*. In St. Étienne in Caen (seit 1066) wird das *obere Stockwerk* der Apsis in einen durchlichteten Laufgang vor den Fenstern verwandelt; es folgen später Lessay, Boscherville, Saint Gabriel. In der Sainte Trinité von Caen dehnt sich das Prinzip auf das *untere Stockwerk* der Apsis aus, „pour obtenir un effet de structure ultralégère. La encore le mur évidé détruit donc les pleins, et *tend à un illusionnisme que développeront les gothiques*" (Bony).

Endlich erscheint das gleiche Motiv an der *inneren Fassadenwand*, wo bis dahin die Galerien der Seitenschiffe immer durch eine offene Plattform verbunden gewesen waren. Nun stellt St. Étienne in Caen — der Bau, in dem das Prinzip des „mur évidé" sich am stärksten durchgesetzt hat — gegen 1080 die Verbindung durch einen Laufgang in der Dicke der Mauer her, der sich nach außen in einer Fensterreihe öffnet. — Dagegen behalten merkwürdigerweise die Kreuzarme bis ins 12. Jahrhundert hinein ihre „plate-forme terminale", so z. B. St. Georges in Boscherville.

Der „mur épais" bleibt zunächst lokalisiert in der Basse-Normandie von Coutances bis Caen. Er erreicht ziemlich rasch die Ost-Normandie — Trinité von Fécamp, um 1090 — und England, dort dringt er mit der Eroberung ein und wird sofort von einem Ende des Königreiches bis zum anderen aufgenommen und für drei Jahrhunderte fundamentales Axiom der englischen Architektur (Bony). Dagegen erreicht er nicht das Beauvaisis, die Maine oder das Avranchin, die noch im 12. Jahrhundert dem System des „mur mince" treu bleiben. Um 1100 ist in der Normandie der Höhepunkt der Fruchtbarkeit des neuen Prinzips überschritten; es stellt sich eine Art „Atonie" ein, ja sogar eine „décadence" (Bony).

KAPITEL 54

Entstehung der neuen Konstruktion I: Die Träger des Gewölbes

Es ist höchst überraschend zu sehen, daß sich in dem normannischen System des „mur épais", zwanzig bis dreißig Jahre bevor die ersten Kreuzgewölbe erscheinen, massive Tragepfeiler ausbilden, die fähig sind, später diese Gewölbe aufzunehmen.

Man darf dabei nicht vergessen, daß nicht nur bei einer Eindeckung des Hauptschiffs mit Kreuzgewölben *einzelne Stellen der Wand stärker beansprucht* werden als die übrige durchlaufende Wand. Auch ein Schwibbogensystem, wie es die Normandie um diese Zeit kennt, fordert die Verstärkung gewisser Wandpfeiler, ebenso eine Tonne mit Quergurten, ja auch ein Dachstuhl von bestimmter Bauart. In allen diesen Fällen ist die Beanspruchung aber kleiner als bei Kreuzgewölben und kann durch relativ schlanke Vorlagen an der Innen- und Außenseite der Hochwand geleistet werden, ohne das System des „mur mince" zu verlassen.

Das Überraschende ist nun, daß sich im System des mur épais, in der Wand verborgen, Pfeiler von einer Mächtigkeit ausbilden, *als ob* sie Kreuzgewölbe aufnehmen sollten, obwohl sie höchstens einmal Schwibbogen zu tragen und zu verstreben hatten. Im Grundriß des Laufgang-Geschosses ist die Ausbildung dieser Pfeiler klar zu erkennen. Zwischen der inneren und äußeren Schale entstehen „véritables contreforts intérieurs", wie schon Bouet feststellte, „où la coursière doit se creuser en étroits tunnells". „Les contreforts visibles de la technique du mur mince sont simplement passés à l'intérieur du mur épais." „Ainsi l'étage supérieur de Cerisy ou de St. Étienne présente une structure par cellules qui répond à une nouvelle méthode de stabilité" (nach Bony. Vgl. unsere Abb. Seite 178).

Von einem Schwibbogensystem her gesehen ist es vollkommen richtig, von „contreforts" zu sprechen: diese *contreforts intérieurs* werden aber beim Einsetzen von Kreuzgewölben in dieses System zu *Tragepfeilern*, und die Verstrebung übernehmen andere Organe.

Im Aufriß ist es gar nicht so leicht, die tatsächlichen Dimensionen dieser in der Wand verborgenen Pfeiler herauszusehen. Die Dienste täuschen immer wieder über die wirklich tragfähigen Pfeilermassen. Man muß in der Vorstellung den *schwächsten* Querschnitt dieser Pfeiler aufsuchen und ihn durch alle Stockwerke hindurchführen. In dem System von Cerisy zum Beispiel kann man sich die Innenwand des zweischaligen Obergeschosses — die durchsichtige Arkade — herausgenommen denken, dann zeigen die in der Wand steckenden Pfeiler ihre Endigungen unverhüllt — in einer Art, die einigermaßen an das römische System der sogenannten „Mercati di Trajano" erinnert.*) In der äußerst straffen Gliederung dieses rein normannischen Systems gelingt dieses Herausschälen in der Vorstellung noch verhältnismäßig leicht. Man versuche es aber einmal an der Wand *der* Kirche, die als erste Kreuzgewölbe auf diese Träger gelegt hat, an der von Durham, und man wird überrascht sein, wie massig im Kern diese *konstruktiven* Träger des Gewölbes im Verhältnis zu den die Hochwand gliedernden Diensten sind.

Genau sind diese Verhältnisse noch nie untersucht worden, obwohl eine solche vergleichende Ermittelung des statisch (nach unserem heutigen Wissen) notwendigen und des tatsächlichen Trägerquerschnitts auf dem Weg vom 11. ins 13. Jahrhundert manche Aufschlüsse auch über das Konstruktive hinaus geben wird.

KAPITEL 55

Die neue Konstruktion II:
Im System des „mur épais" bereitet sich ein Strebewerk vor

Das normannische System des mur épais erhielt in der konsequenten Durchbildung seiner Seitenschiffe und Emporen ein latentes Strebewerk, das so leistungsfähig war, daß es über alle konkurrierenden Systeme der Verstrebung siegte und von 1140 bis gegen 1190 *die* kanonische Form des Strebewerks auch in der frühen Kathedrale bleiben konnte.

Das Sonderbare ist, daß dieses System *nicht als Strebewerk* entstanden ist. Entstanden ist es vielmehr aus dem Wunsch, die

*) Abb. bei Werner Technau, Die Kunst der Römer, Berlin 1940 (Abb. 149).

Mauer des Hochschiffs zu öffnen und den Hochraum der Kirche mit Hüllräumen in allen Geschossen zu ummanteln.

In dem Augenblick aber, als man sich entschließt, auf dieses System der „dicken Wand" sechsteilige Kreuzgewölbe aufzulegen, bekommen seine Organe eine neue Funktion. Die verborgenen massiven Pfeiler, die ursprünglich bestimmt waren, Schwibbogen zu verstreben, verwandeln sich in Träger des Gewölbes — für die Zwischenrippe muß sich jetzt ein weiterer Trägerkopf ausbilden. Das Gerippe der Gurt- und Arkadenbogen, die die einzelnen Raumjoche des kreuzgewölbten Seitenschiffs und der Empore von einander und Empore und Seitenschiff vom Hauptschiff trennen, bekommt die Funktion eines Strebewerks. Es erweist sich als dieser Aufgabe „gewachsen" wie zunächst kein anderes.

Die Gurtbogen der Seitenschiffe und der Emporen verstreben die Gewölbeträger an zwei Stellen. Die Arkaden, mit denen sich Seitenschiff und Empore gegen das Hauptschiff öffnen, *versteifen* in gleicher Höhe die Gewölbeträger untereinander. Diese technische Funktion der Arkadenbogen, gerade jener der Empore, ist nicht immer beachtet worden. Sie tritt natürlich nur ein, wenn sich in jedem Wandjoch nur *ein* Bogen wie eine Brücke in einem Viadukt von Pfeiler zu Pfeiler spannt (Gall). Im Erdgeschoß ist das nur der Fall bei der eintaktigen Wand, die mit dem Typus von Mont-Saint-Michel aufgekommen ist. Im Emporengeschoß aber steht dieser *eine* Bogen erst im System von Cerisy. Die Tatsache, daß er zwei kleinere Bogen, die vollkommen entlastet nur einen kleinen und dünnen Wandzwickel zu tragen haben, übergreift, läßt es übersehen, daß die Arkade ohne echte Mittelstütze in *einem* Bogen von Pfeiler zu Pfeiler „strebt". Fehlt diese übergriffene Arkade, so ist die Ähnlichkeit mit einem mehrstöckigen Viadukt vollkommen. Sie besteht nicht nur im Anschaulichen, sondern in der Gleichheit der technischen Funktion (Abb. Seite 178).

Sobald sich auf dieses Wandsystem die Wölbung legt, spannt sich zuoberst, wo das Gewölbe die Wand trifft, jetzt ein *dritter* Bogen von Pfeiler zu Pfeiler: der zunächst plastisch unbetonte Schildbogen des Gewölbes.

Das ganze System ist für die überkommene Raumform der Basilika — das heißt eine Raumform, die das Hauptlicht *von oben her* empfangen soll — konstruktiv von größter Durchsichtigkeit, Vernünftigkeit und Logik. Man muß es mit der Schwerfälligkeit des lombardischen Systems vergleichen, um die Überlegenheit dieser straffen Konstruktion richtig zu würdigen.

Zu diesem Strebeapparat haben die normannischen Architekten nur noch *ein* Organ dazu gebildet, um ihn vollkommen zu machen: Strebebogen, unter der Schräge der Emporendächer verborgen, die die Auflager der Gewölbe verstreben („épaulent"). Zunächst, um 1100, haben diese Streben die Form dreieckiger Mauerzungen oder -sporne, die von Durchgängen durchbrochen sind, oder es sind schwibbogenartig übermauerte große Halbkreisbogen unter dem Holzdach der Emporen (Durham Chor). Um 1125 nehmen sie die Form von Viertelkreis- oder Kreissegment-Streben an, die zum Teil übermauert sind (Durham Schiff, Sainte Trinité in Caen): es sind die direkten Ahnen jener Strebebogen, die erst gegen 1190 zum erstenmal offen über den Emporendächern erscheinen werden. Bis dahin ist von diesem ganzen Strebewerk an der Außenseite nichts zu sehen.

KAPITEL 56

Die neue Konstruktion III:
Die Gewölbe

Das entscheidende Ereignis für die Bildung jenes konstruktiven Systems, mit dem die gotische Kathedrale arbeitet, ist nicht die Entstehung der Wölbung des Hochschiffs überhaupt, sondern die Verwendung von *Wölbungen mit getrennten Auflagern* über den Hauptträgern der Kirche (siehe Anhang I/III).

Die Unterscheidung der Wölbungen mit durchgehenden Auflagern — Tonne, Klostergewölbe, Kuppel auf Trompen — von den Wölbungen mit gesonderten Auflagern (voûtes à retombées multiples) — Gratgewölbe, Kuppel mit Pendentifs, Hängekuppel, Schwibbogengewölbe — ist für die technischen Probleme der Konstruktion grundlegend. Die Beachtung dieses Unterschieds hätte viele Irrtümer erspart: eine so vielversprechende Arbeit wie die Heinrich Glücks über den Wölbbau hat viel dadurch verloren, daß sie diesen Unterschied nicht bedacht hat. Die Unterscheidung ist konstruktiv entscheidend, denn zu den Wölbungen mit durchgehenden Auflagern gehört als Träger die *Wand*, zu den Wölbungen mit gesonderten Auflagern der Trage-*pfeiler*, mag er isoliert für sich stehen oder in oder hinter einer Wand verborgen sein.

Die bekanntesten unter diesen Wölbungen à retombées multiples sind das Kreuzgewölbe — das seinerseits nur ein Sonderfall der Gratgewölbe, nämlich ein Gratgewölbe über viereckigem Grundriß ist — und die Kuppel auf Pendentifs.

Das Kreuzgewölbe war die epochale Erfindung der römischen Baukunst: reinster Ausdruck des römischen Geistes im Gebiete der Wölbung, so wie die Halbsäulen-Bogenwand im Gebiete der Wand. (Seine Rückführung auf prähistorische Wurzeln —

von H. Glück gefordert — würde vielleicht die „Quellgebiete" dieser Form noch tiefer erkennen lassen.)

In kleinem Maßstab, über den quadratischen oder schwach rechteckigen Jochen der Seitenschiffe, erscheint es seit ungefähr 1040 am Rhein mit Speyer I, in der Normandie mit Bernay und Jumièges. Dieses Wiederaufgreifen des Kreuzgewölbes muß zusammengesehen werden mit dem Wiedererscheinen plastischer Gliederungen *vor* der Wand, wie sie gleichfalls die römische Baukunst kannte. *Für die Zeit um 1040 bis 1060 läßt sich eine erste Beschäftigung mit den damals noch zahlreich erhaltenen Resten altrömischen Baudenkens, mindestens für Deutschland, eingehend beweisen,* für die Normandie vermuten.

Zur Blüte kommt die Form des Kreuzgewölbes aber erst um 1080, als das Stilwollen dieser Zeit mit seinem Verlangen nach dem „Schweben" diese wiederentdeckte römische Form groß macht. Erst damals erscheint sie in Westeuropa — *zum erstenmal seit altrömischer Zeit* — als oberer Abschluß monumentaler Räume, und zwar in drei Gegenden:

am Rhein in dem Umbau des Speyerer Doms durch Heinrich IV. (begonnen nach 1083, vollendet vor 1106), zweifellos mit kaiserlichem Anspruch (E. Lehmann) und in seinem Gefolge in einer kleinen Gruppe sehr unterschiedlicher Bauten;

in der Normandie — wo die ersten erhaltenen Beispiele das Chorjoch von St. Nicolas in Caen (vollendet nach 1083) und das Chorjoch der Trinité (nach 1090) sind —, sowie

in England: Chor von Durham (um 1100).

Dabei ist es für das konstruktive Wagnis belanglos, ob die Kreuzgewölbe mit Rippen ausgestattet sind oder nicht.

Später ist die burgundische Gruppe. Sie wird gebildet von einer kleinen Minorität von Bauten um 1120, die eine Art Gegenbewegung gegen die herrschende Bauweise bildet, die dem riesigen tonnengewölbten Bau von Cluny III folgt. Ihre be·deutendsten erhaltenen Vertreter sind Vézelay und Ancy-le-Duc. Die Gratgewölbe von Vézelay sind eher Kuppeln mit Graten (plis de retombées) als eigentliche Kreuzgewölbe.

Für die Entstehung der Kathedrale ist wesentlich aber nicht so sehr die Konstruktion monumentaler Kreuzgewölbe — denn von den rein quadratischen Kreuzgewölben konnte schwerlich ein Weg zu den Gewölbeformen der Kathedrale gefunden werden —, sondern das Erscheinen von oblongen, sechsteiligen, trapezförmigen und dreieckigen „Kreuz"- oder besser Gratgewölben. Und hier hat so gut wie alles die Normandie und England geleistet.

Quadratische Gewölbe kommen hier nur selten vor. *Die frühesten überhaupt bekannten sind vielmehr die oblongen.* Und in

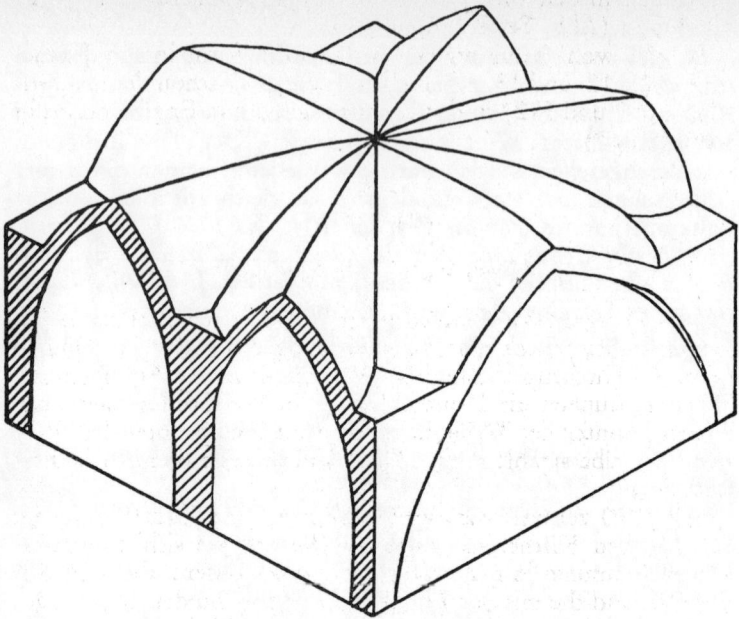

Schema einer sechsteiligen Wölbung

kleinen Maßstäben gibt es schon sehr früh unglaublich vielfältige Gewölbeformen. Schon um 1080 waren die normannischen und englischen Architekten erfahren „in vaulting not merely squares and oblongs . ., but trapeziums and triangles, as in Winchester crypt, ca. 1080, and in Gloucester ambulatory . . . . There are even hexagonal groined vaults in the eastern apses of Gloucester transept. Or sometimes, as in Worcester Crypt, they covered the apse not with a semi-dome but a series of triangular groined vaults. Or, in the ambulatories, they banished the trapezium by vaulting the bays alternately in squares and triangles" (Bond p. 295). Sogar die sechsteilige Wölbung ist in Saint-David's und in Norwich schon vorgeahnt.

Hier und nur hier liegen die Vorformen für die reichen Gewölbeformen der Gotik.

Berücksichtigt man das, dann kann das Erscheinen achtteiliger und sechsteiliger Gewölbe großen Maßstabs — wie im Kapitelhaus von Jumièges (1101-1109) und in St. Étienne in Caen

186

(wohl erst in den 20er Jahren des 12. Jahrhunderts) nicht mehr verblüffen (Abb. Seite 186).

Es gibt wohl keine wesentliche Gewölbeform in den Kathedralen des 12. und 13. Jahrhunderts, die nicht schon damals zwischen 1080 und 1120 in der Normandie oder in England erprobt worden ist.*)

KAPITEL 57

Neues Verhältnis zum Licht

Der Übergang zu Gewölben mit gesonderten Auflagern bedeutet zugleich auch eine neue Führung des Lichts im Hauptraum des Kirchengebäudes. Bei Wölbungen dieser Art sitzen die Fensteröffnungen als Lunettenfenster in den Schildmauern unmittelbar unter der Wölbung. Licht fällt knapp unter der Wölbung ein, überstrahlt ihren „Fuß" und läßt sie dadurch leichter erscheinen.

Seit 1080 zeichnen sich im Hinblick auf die Lichtführung im europäischen Kirchenbau zwei Gebiete ab, die sich durch eine klare Trennungslinie auseinander halten lassen: die mit den *dunklen* und die mit den *hellen* Wölbungen. Zu den ersteren gehören die tonnengewölbten Kirchen *ohne* Lichtgaden, oder nur mit *kleinen* Fenstern unter der Tonne, und die kreuzgewölbten, deren Schildbogen auf eine schlecht belichtete Empore münden, wie die der Lombardei. Zu der zweiten gehören die kreuzgewölbten mit einer Fenstergruppe unter dem Schildbogen des Gewölbes, wie am Rhein, in Burgund, in der Normandie und im normannischen England. Ferner die mit Kuppeln auf Pendentifs, wie in Aquitanien. Endlich die tonnengewölbten mit stark durchfenstertem Lichtgaden, wie in Burgund.

Für diese letzte Gruppe ist beispielhaft der große dritte Bau von Cluny.

Seine kühne Neuerung ist, unmittelbar unter dem Ansatz der Tonne einen Lichtgaden einzuführen, in dem *drei* durchlichtete Öffnungen statt des bisher gewohnten einen schmalen Fensters, auf ein Wandjoch entfallen. Sein kleines Querschiff ist zwischen 1088 und 1100, die gesamte Chorpartie einschließlich des minor chorus — des kleinen Mönchchors im Langhaus — von 1100 bis 1107, das Schiff von 1107 bis 1122 entstanden. Fast genau zur gleichen Zeit wie in Speyer II und in Durham setzt sich so innerhalb des *älteren* Wölbesystems der Tonne eine Steigerung der

---

*) Abbildungen: Bond 1925 (Winchester Crypt), 293 (Gloucester Ambulatory), Bond 1922 (Worcester Crypt).

Lichtfülle nach oben durch. Für den *Gesamt*raum ist der Gewinn gering: der Raum von Cluny III war eher dunkel.

Diese Gruppe der „hellen" Wölbungen stellt dabei die neuen technischen Probleme. In Cluny wird das Wagnis einer Durchbrechung der unverstrebten Hochwand, auf der die Tonne aufliegt, durch die Einführung der spitzbogigen Tonne bewältigt, die einen geringeren Schub auf die Wand ausübt.

Die gotische Kathedrale führt diese Tendenz, möglichst viel Licht unmittelbar unter die Gewölbe einzuführen, weiter und seit Chartres auf den Gipfel des Erreichbaren.

KAPITEL 58

Das zweite Element des gotischen Baldachins erscheint: Das Kreuzrippengewölbe

Die Frage nach der Entstehung der Kreuzrippengewölbe hat lange zu den umstrittensten Fragen der ganzen abendländischen Kunstgeschichte gehört. Sie hat sich bedeutend vereinfacht, seitdem man eingesehen hat, daß sie mit der allgemeineren Frage nach der Entstehung der „Rippe" nur sehr lose zusammenhängt.

Für diese gibt es eine einheitliche Antwort überhaupt nicht, da die Rippe zu verschiedenen Zeiten und in verschiedenen Gegenden und mit ganz verschiedener Funktion aufgetreten ist. Es gibt sie nicht nur im Abendland, sondern auch in Armenien, auch in der islamischen Kunst. Jedoch „ursprünglich" nur auf Boden, der einmal von den Römern erreicht worden war. Die Ansicht, daß es wahrscheinlich römische Vorformen gegeben hat, hat deshalb das meiste für sich.

Nicht nur ihre Gestalt ist sehr verschieden, sondern auch ihre Funktion. Sie kann rein formgestaltend sein, wie in den freischwebenden Rippen-Sternen unter islamischen Kuppeln. Sie kann in mächtiger Ausbildung zur Verstärkung von Gewölben an schwer belasteten Stellen, im Untergeschoß von Türmen und Vorhallen zum Beispiel, eingesetzt werden; wobei die Rippen manchmal mehr Volumen haben als die kleinen Kappen dazwischen. Hier ist ihre Rolle so wenig dekorativer oder plastischer Art, daß man sie zum Beispiel im Turm von St. Aubin in Angers unter einer Kuppel verborgen (!), also als ästhetisch nicht befriedigende Konstruktionsform aufgefaßt hat (Focillon 146).

„Nous ne pensons plus que l'ogive soit née par miracle, dans un territoire privilégié, à l'abri des incertitudes et des erreurs. Elle à été expérimentée, tentée, sur plus d'un point, non seulement en Europe, mais en Asie, non seulement dans des monuments chrétiens, mais dans des monuments islamiques. Ici elle est constructive, et là elle est plastique. Elle n'est pas bandée uniquement sous des voûtes à pénétration, mais sous des coupoles, sous des voûtes en arc de cloître et même sous des berceaux. Elle n'apparaît pas seulement sous des nefs, mais sous des porches, des clochers, des cryptes, des réfectoires. La forme des son profil est très variable, depuis la section énorme des ponts rectangulaires de maçonnerie construits sous les porches du Midi de la France, jusqu'au nerfs très minces des voûtes angevines. Tantôt elle part de l'angle de la travée, tantôt du milieu des côtés. Tantôt elle est construite en matériaux légers, tantôt en pierres rudes et pesantes (Focillon).

In diesem Zusammenhang kommt es aber nur auf *jene* Form des Kreuzrippengewölbes an, die die Vorform für den kommenden gotischen Kreuzrippenbaldachin bilden konnte. *Sie allein ist zu untersuchen.*

Dazu ist zu sagen, daß es diese Vorform nur im englisch-normannischen Bereich gibt: in England Seitenschiffe im Chorteil von Durham (1093-94), Seitenschiffe des Querschiffs von Winchester (1107), nördlicher Kreuzarm von Durham (1110), desgleichen in Peterborough (nach 1118), nördliches Seitenschiff von Gloucester (1122); auf dem Festland Kapitelsaal in Jumièges (1101-1109), Chor und Vierung in Lessay (um 1100), Saint-Étienne in Caen (ca. 1120), St. Paul in Rouen.

Für diese Grupe ist charakteristisch: 1. ihre Wölbeformen sind sehr vielfältige: rechteckige, quadratisch-achtteilige, quadratisch-sechsteilige Kreuzrippengewölbe, aber selten einfach quadratischen; 2. die frühesten Beispiele sind rechteckig; 3. der Rippenquerschnitt ist kreisförmig oder dem Kreis angenähert; 4. die Diagonalrippen bilden ein Kreis*segment;* die Kurve der Kappen, dort wo sie an die Wand anlaufen, ist meist gestelzt; 5. die Rippen sind verhältnismäßig schmal und bewirken keine Verbesserung der Statik.

Schon die vier ersten dieser Eigenschaften definieren eine klar umschriebene Gruppe, die sich von allen anderen Vorkommen der Rippen scharf unterscheidet.

KAPITEL 59

Die Entstehung des normannischen Kreuzrippengewölbes

Über die Entstehung dieser Form gibt es heute hauptsächlich vier Theorien:

1. Entstehung aus reichsrömischen Vorbildern. Die besten Kenner der Materie, darunter ein so vorsichtiger Forscher wie Gall, hatten schon angenommen, daß es Rippengewölbe in der antik-römischen Baukunst gegeben hat. Neuerdings hat Focillon, Rivoïra folgend, wiederum auf das erhaltene Beispiel in der „Sette bassi" genannten Ruine einer römischen Villa in der Campagna hingewiesen, das 123-124 datiert ist. Es zeigt schöne Rippen, die in dem Gußmauerwerk der Gratgewölbe eingebettet 70 cm breit sind und 30 cm vorspringen; sie kreuzen sich ohne Schlußstein und haben in der Tat manche Züge gemeinsam mit gewissen Wölbungsformen im Norden Italiens und in der Provence. Ich glaube, man darf annehmen, daß solche Gewölbe verbreiteter waren, als dieses eine Beispiel es vermuten läßt. Aber für die Ableitung des Typus „Durham" leisten sie nichts. Dazu müßten erst noch römische Beispiele über rechteckigem Grundriß und mit torusförmigem Profil gefunden werden, und obwohl dies theoretisch nicht gänzlich auszuschließen ist, scheint es doch eher unwahrscheinlich, daß es solche je gegeben hat. Immerhin wäre zu bedenken, daß sich gelegentlich — zum Beispiel in der Wölbung des Vestibüls der Piazza d'oro in der Villa Hadriana — die Grate einer Kappenwölbung zu rippenartigen Wülsten ausbilden (ähnlich denen in Heisterbach).

2. *Das normannische Rippengewölbe entsteht durch Weiterführung der plastischen Wülste der Wand über die Wölbung* (Theorie Galls). Gegen diese Theorie ist mit Recht eingewendet worden, daß durch die Wanddienste bloß Gurtrippen (Gurtbogen) gefordert werden (gerade die behalten aber zunächst noch das rechteckige Profil), aber keine Diagonalrippen (Frankl). Zunächst ist ein Zusammenhang zwischen Kreuzrippe und Dienst auch gar nicht da: die Kreuzrippen finden nach unten in den Diensten der Hochwand keine Entsprechung. Sie enden entweder ganz stumpf und verschliffen wie in Lessay, in Konsolen wie in Durham oder Boscherville, oder sie setzen sich in kurzen Stummeln fort, die frontal zur Hochwand stehen wie auch die Köpfe der Konsolen. Der Versuch eines Zusammenschlusses ist gar nicht gemacht (Tafel VIII).

Ganz auffallend ist das in der Vierung von Lessay, wo man unbedingt einen Dienst für die Diagonalrippe erwarten würde, und in den normannischen Apsiden, soweit sie Rippengliederung haben. Da legen sich technisch funktionslose Rippen über die glatte Viertelkugelwölbung, welche die letzte geschlossene Fläche im Bau war, ohne daß sie sich nach unten in senkrechten Wandgliedern fortsetzen. Anderseits gibt es auch Dienste, die in der Gewölbezone keine Fortsetzung finden, wie z. B. der Riesendienst in der Stirnwand des Querhauses von Lessay.

3. *Die Rippenwölbung wäre eine Kreuzung zwischen Gratgewölben und Schwibbogendecken* (Theorie Heinrich Glücks).

Diese Theorie ist geistreich, sie sucht das schon festgefrorene Problem durch einen originellen Gedanken in Fluß zu bringen, aber sie ist unhaltbar. Ihr Vorzug ist, daß es im Bereich der Schwibbogendecken ähnlich vielfältige Konstellationen gibt wie im Bereich der Rippengewölbe. Die Schwibbogen können sich kreuzen, und zwar ausgehend sowohl von der Mitte der Wand, wie — worauf Glück sonderbarerweise nicht hingewiesen hat — *von den Ecken, also diagonal* (siehe Kapitel 67), sie können auch sternförmige Konfigurationen bilden. Man kann darauf hinweisen, daß es Schwibbogendecken und -wölbungen in der Normandie gibt, noch dazu unmittelbar vor dem Erscheinen der Rippengewölbe, daß sich gelegentlich, wie in der Krypta von Gloucester oder in der Sainte Trinité von Caen, Schwibbogen und Rippengewölbe zu — allerdings hybriden (und unfruchtbaren) — Neubildungen verbinden können.

Aber diese Theorie ließe sich nur beweisen, wenn sich Formen aufweisen ließen, bei denen die Kappen der scheinbaren Rippenwölbung zwischen wirkliche *Schwibbogen* gemauert waren. So sind in S. Ambrogio in Mailand und nach Kingsley-Porter in einigen anderen lombardischen Kirchen, die die Kreuzgewölbejoche trennenden Gurtbogen eigentlich nur die im Schiff sichtbaren Teile richtiger Schwibbogen. Auch in der Vierung von Lessay ist das Gewölbe so zwischen Schwibbogen gespannt, von denen sichelförmige Stücke zu sehen sind. Aber gerade diese Auffassung, bei der *das Primäre noch immer die Mauer* und die Wölbung etwas Sekundäres ist, verschwindet mit der Gotik und schon in ihren echten Vorformen vollkommen. Und gerade an den *Diagonalbogen* kommen richtige Schwibbogen, zwischen welche die Kappen gemauert wären, *nicht vor*.

Auch wird durch diese Hypothese das halbrunde Profil der Rippen nicht erklärt.

Es scheinen mir also heute nur noch folgende Theorien in Kraft zu sein, die beide eng zusammengehören:

4a. *Die Rippe ist eine Plastisierung der Wölbung,* so wie der Dienst eine Plastisierung der Wand (Gall). Das zeigen am schönsten jene normannischen Apsiden, bei denen die Rippen *keinerlei technische Funktion* haben.

Aber nur an den Gewölben mit gesonderten Auflagern liegen die Rippen an einer funktionell und formal ausgezeichneten Stelle.

Hier liegt die formale Betonung der Grate so nahe, daß man sie schon sehr früh und sehr oft mit malerischen Mitteln unterstrichen hat. (Merkwürdigerweise wurde diese Tatsache übersehen.) Das zu tun, liegt überall *dort* nahe, wo man das Kreuzgewölbe nicht als eine Art „Kuppel mit Falten" auffaßt wie in der byzantinischen Baukunst (Choisy) — in diesem Fall wird man dazu neigen, durch die Bemalung konzentrische Kreise zu betonen —, sondern als eine *Kreuzung von Graten* — und erst dann ist es eigentliches „Kreuz"gewölbe. Schon aus dem 6. Jahrhundert gibt es das Beispiel der durch gemalte „Bahnen" betonten Grate (in der Kapelle des erzbischöflichen Palastes in Ravenna) und von da an findet sich diese malerische Hervorhebung durch alle Jahrhunderte, sei es, daß die Grate durch ornamentale Bänder oder durch figurale Motive betont werden.

4b. Die *Tektonisierung der Grate* — sei es durch gemalte Bahnen, sei es durch plastische Rippen — ist aber nur dort möglich, wo die Grate *in gerader Linie* verlaufen. Bei quadratischen Kreuzgewölben (Kreuzgewölben im engeren Sinn) ist das kein Problem, da hier die Grate auf jeden Fall im Grundriß gerade, die kürzeste Verbindung zwischen den Eckpunkten sind. Bei rechteckigen, trapezförmigen und unregelmäßigen Gewölbeformen müssen aber die Grate, um tektonisiert werden zu können, zuerst *begradigt* werden.

Und hier setzt die *Theorie Bilsons* ein, die er schon im Jahre 1899 veröffentlicht hatte und die, wenn sie richtig verstanden worden wäre, viele Umwege erspart hätte: *ein Zwischenglied zwischen den gewöhnlichen Gratgewölben und den Gratgewölben mit Rippen sind die Gratgewölbe mit begradigten Graten.*

Diese Theorie erweist sich allen anderen überlegen dadurch, daß sie die postulierten „missing links" nachweisen kann.

„L'apparition de l'ogive en Angleterre à la fin du XIe siècle se produit avec un caractère de soudaineté qui déconcerte l'esprit· Sans aucun tâtonnement préliminaire on voit subitement se développer au choeur de Durham, en 1093, un système de voûtement déjà parfait et que n'annonçaient nullement les voûtes nervées mais *sans* pénétrations du clocher nord de Bayeux, vers 1070, ou de Saint-Croix de Quimperlé, en 1083."

„Durham ne pouvant guère toutefois passer pour un commencement absolu, la seule hypothèse qui pût se présenter à l'esprit était que la nervure avait dû être soudainement *adaptée* à une technique de voûtements d'arêtes déjà très évoluée et prête à la recevoir. C'est que M. Bilson a senti et d'ailleurs en grand partie démontré: étudiant les vôutes barlogues normandes et anglonormandes, qui sont fréquentes à partir de 1080, il a prouvé qu'elles étaient déjà en rupture absolue avec les principes romains de voûtement, *puisque les arêtes y sont arbitrairement dotées d'un tracé rectiligne,* au lieu de suivre la ligne sinueuse qu'exigerait les lois de pénétration des volumes. De l'arête rectiligne à l'emploi de la nervure, il n'y avait qu' un pas; l'architecte de Durham n'a eu qu'à le franchir."

„Rien n'a jusqu' à présent infirmé cette théorie" (Bony) — die von der Forschung viel zu wenig beachtet worden ist. Für sie spricht mit Nachdruck, daß die frühesten Kreuzrippengewölbe in der Normandie und in England und die ihnen vorangehenden Gratgewölbe großen Maßstabs über *rechteckigem* Grundriß entwickelt worden sind, nicht über quadratischem, wie man es nach der üblichen Definition dieser Gewölbe erwarten sollte. Noch besser zeigen die von Bony vorgeführten Gratgewölbe über unregelmäßigem Grundriß die große Neuerung der — im Grundriß — geradlinigen Grate.

Der Architekt, der zuerst die Grate eines rechteckigen Gewölbes *geradlinig* führte, hat die Grate des Kreuzgewölbes nicht als Ergebnis der Durchdringung zweier *krummer Flächen* aufgefaßt, sondern als Kreuzung zweier *gerader Linien,* die nun ihrerseits den Verlauf der Flächen bestimmen. *Die Rippen zeichnen diese Linien plastisch nach.* (Übrigens gibt diese Theorie der Entstehung der Rippe Pol Abraham recht, der mit Nachdruck die „graphische" Funktion — den „graphisme" — der Rippe betont hat.) Das erleichtert nicht nur die Konstruktion ungemein, sondern nimmt den betonten Kurven der Wölbung das sonderbar Unbestimmte, gleichsam wie mit freier Hand Gezeichnete, das innerhalb des byzantinischen Systems nicht nur toleriert, sondern gesucht wurde, in dem straffen Organismus der normannischen Baukunst aber ein Ärgernis sein mußte. *Diese Umdeutung der Grate ist die kopernikanische Wendung in der Geschichte der Kreuzgewölbe.* Das Ereignis und John Bilson, der es zuerst durchschaut hat, verdienen in der Kunstgeschichte berühmter zu sein als sie es sind.

KAPITEL 60

Kreuzrippengewölbe und Wand

Diese Rippenwölbungen wurden im normannisch-englischen Gebiet mit ganz verschiedenen Wandformen verbunden.

Durham. Ein zweijochiges Wandfeld wie in Jumièges, aber von ganz sonderbarer Bauart: mit größter Absichtlichkeit ist hier das normannische Dienstpfeiler-System mit dem westenglischen Mammutpfeiler-System vom Typus Gloucester von Joch zu Joch gemischt, was einen phantastischen, chimärischen Eindruck ergibt. Um 1090 waren die westenglischen Landschaften mit ihrer bodenständigen Tradition dem normannischen Herrschaftsbereich einverleibt worden; man darf annehmen, daß hier ein bewußter Ausgleich versucht wurde. Das normannische Pfeilersystem umgreift in jedem Joch das westenglische. Dieser Wandform zuliebe hat man zu einer höchst eigentümlichen

Wölbeform gegriffen. *Je zwei querrechteckige Kreuzgewölbe sind zu einem Wölbefeld zusammengefaßt*, was ganz klar darin zum Ausdruck kommt, daß zwischen diesen Feldern der Gurtbogen fehlt (im Chor erst bei dem Neubau der Gewölbe um 1235 eingefügt), während die Doppeljoche durch dreifache Dienste voneinander getrennt sind, die genau der Pfeilergliederung der Arkadenbogen entsprechen (Tafel VIII). Dieses System ist in Lindisfarne nachgeahmt worden, aber für die weitere Entwicklung ohne Folgen geblieben.

Lessay. Hier verbindet sich das Kreuzgewölbe mit dem eintaktigen normannischen Wandtypus des „mur mince" — der dabei verstärkt werden muß. Jedem Wandjoch entspricht ein *rechteckiges* Gewölbe: derselbe rasche Rhythmus, wie in der Wand, auch in der Gewölbezone. Vom Technischen her gesehen ist das insofern das vollständigste System, weil die rechteckigen Gewölbe bei gleicher Bauart weniger Schub ausüben als die quadratischen. Von hier ist *ein* Arm des Hauptstroms der frühen Kathedrale ausgegangen.

St. Étienne in Caen. *Zum erstenmal sechsteilige Gewölbe verbunden mit dem Wandsystem des „mur épais"*. Diese Verbindung ist die fruchtbarste geworden. Auf ihr beruhen die maßgebenden frühen Kathedralen. Dabei ist es noch nicht genügend erklärt, weshalb in diesem System das sechsteilige Gewölbe über das rechteckige, das sich sehr gut auch mit dieser Wandform hätte verbinden lassen, gesiegt hat. Offenbar war das Gefühl für das quadratisch zentrierte Raumjoch, das mit dem Schwibbogensystem aufgekommen war, noch sehr stark.

H. Glück dürfte richtig gesehen haben, daß dieses sechsteilige System durch Übertragung einer achtteiligen Wölbung von einem geschlossenen quadratischen Raum auf das zweiseitig „offene" Langschiff entsteht. Gewiß aber ist das Vorbild solcher achtteiliger Wölbungen nicht in den Vierungstürmen zu suchen, sondern in Kapitelsälen — wie dem von Jumièges —, wo es sich über niedrigen und allseits umbauten Räumen gefahrlos erproben ließ.

Im Augenblick wo diesem Wandsystem das Kreuzgewölbe aufgelegt wird, muß die Gruppierung der Fenster im Obergeschoß dem Gewölbebogen angepaßt werden, und zwar übernimmt man von England die dreiteilige Form der „petite coursière anglaise" mit ihrem aufgipfelnden Mittelbogen, die dort zuerst in Winchester unter einer Flachdecke aufgetreten war.

In allen diesen Systemen bedeutet das Einziehen der Wölbungen zwischen die ursprünglich frei hochtragenden Wände zunächst einen Verlust: der Raumaufschwung sackt von oben her ein.

So ist es verständlich, daß einzelne Bauten versuchen, die Gewölbe nicht so tief, im Niveau der Gesimslinie zwischen Emporen und Fenstergalerie, anzusetzen, sondern etwas höher: in der Höhe der Kapitelle der „coursière anglaise". Beispiele dafür sind die Sainte Trinité von Caen (die schon deshalb *nach* St. Étienne anzusetzen ist) und Ouistreham. In französischen Kathedralen kommt diese Lösung nie vor, dort wird der neue Aufstieg des Raums durch den Übergang zu einer *vier*stöckigen Wandform erreicht werden.

In allen diesen Fällen kommen zwar Kreuzrippen mit Diensten in Berührung, aber nirgends ist der Versuch eines Zusammenschlusses gemacht. Besonders auffallend ist das in Durham, wo ja drei Dienste — ein alter und zwei junge — vorhanden sind, aber alle drei den gegliederten Gurtbogen bedienen, während die Diagonalrippe dicht neben den jungen Diensten auf kleinen Konsolen totläuft (Tafel VIII).

Das zeigt: *Dienst und Kreuzrippe haben, von zwei verschiedenen Seiten kommend, zusammengefunden.* Die Dienste wachsen aus der Wand von unten auf — das Gewölbe senkt sich mit seinen Rippen von oben zwischen die Wände, die eben noch immer das Primäre sind. In dieser Genese deutet sich aber schon jener Zug an, der die Struktur der reifen Kathedrale bestimmen wird: der Bewegung von unten nach oben kommt eine von oben nach unten entgegen, dem Ascensus ein Descensus. Ein Zusammenschluß von Dienst und Rippe findet aber nicht statt, *ein Baldachin entsteht nicht* — nicht einmal eine echte Vorform eines solchen.

KAPITEL 61

Ansätze zu einer Vereinheitlichung des gesamten Kirchenraums

Der hochromanische Kirchenraum war ein Inbegriff vielfältiger Raumformen. Die Romanik hat sich um die Möglichkeit einer Vereinheitlichung wenig gekümmert, ja sogar mit einer gewissen Vorliebe die verschiedenartigsten Wand- und Wölbungsformen „chimärenhaft" (Brutails) an einem Bau vereint: zum Beispiel Tonne über dem Hauptschiff, Gratgewölbe über den Seitenschiffen, Klostergewölbe auf Trompen über der Vierung, Halbkuppel über der Apsis. Nur vereinzelte Ansätze zu einer Vereinheitlichung lassen sich hie und da feststellen, aber nirgends gehen sie so energisch vor wie im normannischen Gebiet.

Die Tendenz zur Vereinheitlichung des Kirchenraums zeigt sich innerhalb des normannischen Systems zuerst in der Wand und zwar daran, daß das Triforium über alle Teile des Baus durchzulaufen beginnt. Darin ist das normannische England vorangegangen, indem es zunächst die Kreuzarme in das System der Laufgänge einbezog — ebensosehr aus ästhetischen wie aus praktischen Gründen —, so schon in Norwich (seit 1096), zwanzig Jahre später in Peterborough; der Typus dürfte aber in die 80er Jahre zurückreichen. Von dort hat dieses System die Trinité von Fécamp als erste auf dem Festland übernommen. Bony, der diese Erscheinungen untersucht hat, sieht in dieser „unification de l'ordonnance" mit Recht „le terme logique et comme l'ambition latente detoute l'architecture du mur épais." Denn „tout niveau de circulation, sitôt créé, tend à fermer son circuit et à faire le tour complet de l'édifice." „La même logique s'imposera à l'architecture gothique française après son adoption du triforium passage."

Ähnliche Tendenzen zur Vereinheitlichung nicht nur des Aufrisses der Wand, sondern auch ihrer Hinterlegung mit gleichartigen Raumzellen sind ungefähr zur gleichen Zeit auch an anderen Stellen, sehr großartig zum Beispiel an der Kirche St. Sernin in Toulouse, zu beobachten.

Aber nicht ergriffen ist von dieser Tendenz noch die Wölbung. Erst innerhalb des Systems der Gratgewölbe besteht die Möglichkeit jede einzelne Zelle des Raums mit Wölbungen einzudekken, die alle als Anpassungen einer und derselben Grundform an verschiedenartige Grundrisse erscheinen. Am vehementesten äußert sich das in dem Augenblick, in dem man sich dieser Vereinheitlichung zuliebe entschließt, ein so überwältigend eindrucksvolles Motiv wie den über die Wölbungen der Schiffe sich erhebenden Turmraum über der Vierung aufzugeben. Noch die Kathedrale von Durham, die sonst außerordentlich konsequent Chor, Langhaus, Querhaus und Seitenschiffe mit rechteckigen Rippengewölben deckt, hat ihn bewahrt. *In Lessay steht an der analogen Stelle nur mehr ein gewölbtes Joch von gleicher Höhe wie Schiff, Querschiff und Chor,* ausgezeichnet nur dadurch, daß es quadratisch und dadurch mächtiger ist. *Damit ist aber schon die vereinheitlichte Scheitelhöhe vorweggenommen, wie sie die Regel für alle gotischen Kathedralen ist;* Ausnahmen wie der offene Vierungsturmraum von Laon bedürfen einer besonderen Begründung.

Es gibt im normannischen Kirchengebäude aber einen Bauteil, der bis zum Schluß nicht in die Vereinheitlichung einbezogen wird: die Apsis.

Sie ist der altertümlichste Teil, wie 800 Jahre früher noch immer mit einer glatten Viertelkugel gewölbt. Die Stockwerke bauen sich in rein horizontaler Teilung auf, senkrecht durchgreifende

Glieder, wie im Langhaus, gibt es selten. Meist verläuft die Stockwerksfuge auch nicht in derselben Höhe wie im Langhaus und im Chorraum. Das flach gedeckte oder auch schon gewölbte Langhaus hat drei Fensterzonen, die Apsis nur *zwei*. Der Raum sinkt an dieser liturgisch bedeutendsten Stelle ab, die sich vor den straffen und herrischen Formen des übrigen Baus durch eine betont weiche Lichtführung auszeichnet, beinahe so als hätte man an dieser Stelle einen Rest des Altchristlichen bewahrt.

Um auf der Stufe, die das Langhaus flachgedeckt hat, diesen Raumteil dem übrigen Raum anzupassen, müßte man sich entschließen, die *Apsis flachgedeckt* zu belassen: ein ganz ungewöhnlicher Entschluß. Denn seit altersher ist auch in flachgedeckten Bauten diese Stelle immer gewölbt gewesen. Der Entschluß, an dieser Stelle auf Wölbung und damit auf das eindrucksvolle Motiv des großen Apsisbildes zu verzichten, ist das stärkste Symptom des Strebens nach Vereinheitlichung. Ihn tut zuerst England, Peterborough Chor (seit 1117). Da man aber zu dieser Zeit schon überall zur Wölbung übergeht, mußte dieser Versuch Episode bleiben.

Sobald die führenden Bauten ihre gewölbten Hauptschiffsräume mit Kreuzrippen besetzen, versucht man vereinzelt, diesen Rippenwölbungen die Apsiswölbung dadurch anzugleichen, daß man der Halbkugel Rippen unterlegt (Boscherville, nach 1114, — übrigens ein sicherer terminus ante für die frühesten echten Rippenwölbungen der Normandie). Gerade an dieser Stelle wird es offenbar, daß die Rippen *keine* konstruktive Bedeutung haben.

Damit ist die Wölbung *oberflächlich* den anderen Wölbungen angeglichen. Im Grunde steht hier unter lauter Wölbungen mit gesonderten Auflagern noch immer eine mit durchgehendem Auflager.

Aber auch in diesen Bauten gibt es oft noch Teile, die nicht rippengewölbt sind, zum Beispiel die Seitenschiffe (Lessay). Der erste in *allen* Teilen rippengewölbte Bau wird nicht in der Normandie erscheinen. Nach Galls Vermutung wäre es die Abteikirche St. Lucien de Beauvais gewesen.

197

C

Die Geburt der Kathedrale

KAPITEL 62

Der Vorgang bei der Entstehung der Kathedrale in den Hauptzügen

Der Gedanke, die erzeugende Kraft der Gotik in einer neuen Konstruktionsidee zu finden, ist in dem Augenblick zusammengebrochen, als man erkennen mußte, daß alle wesentlichen konstruktiven Neuerungen schon in der Normandie „erfunden" worden sind. Ein Versuch, die alte Theorie in modifizierter Weise zu retten, war die Hypothese, es gäbe besondere „gotische" Formen des Rippengewölbes, die wesentlich anders funktionieren als die normannischen. Diese Hypothese ist durch Sabouret und Abraham beseitigt worden. Nach eingehender Prüfung aller Faktoren ergibt sich: *„Es gibt im Hinblick auf die statischen Verhältnisse keinen Unterschied, der es erlauben würde, romanische und gotische Gewölbe zu unterscheiden. Die Gotik ist von der Statik her nicht zu definieren"* (Rave; siehe Anhang I). Diese liebgewordene Idee ist für immer begraben.

Die erzeugende Idee des gotischen Kirchenraums ist vielmehr jene Auffassung eines Lichtraums von kristallhafter Struktur, die sich im Erscheinen eines *Baldachinsystems mit diaphanen Gitterfüllwänden* ausdrückt. Will man dieses System *im Entstehen* fassen, so muß man auf die Entstehung neuartiger Rippenbaldachine achten, die sich von der Wand emanzipieren. Ihre allmähliche Ausbildung läßt sich auf das genaueste verfolgen.

Gleichsam ein Vorspiel zu der Entstehung des neuen Baldachinsystems der Kathedrale bildet die Wiederbelebung des justinianischen Baldachinsystems in dem der Île-de-France benachbarten Aquitanien, seit ungefähr 1110, und das Erscheinen eines romanischen Baldachinsystems in der Lombardei, zwischen 1110 und 1130. Gerade durch einen Vergleich mit diesen Systemen läßt sich das Neue und Eigentümliche des kathedralen Systems noch besser erfassen, und es läßt sich verstehen, weshalb die Kathedrale *nur* aus den normannischen Voraussetzungen erwachsen konnte.

Es ist zu achten auf die Vereinheitlichung des ganzen Raumgefüges nach Aufriß, Gewölbeform, Durchgehen aller Stockwerke auf gleichem Niveau, (und in extremen Fällen auch im Grundriß), und insbesondere auf die Einbeziehung der Apsis in die Struktur des übrigen Baus. Denn erst durch all das entsteht ein Baldachin*system*.

Hierbei liegt die *technische* Leistung in der Ausbildung einer Gewölbeform, die — ohne prinzipiell anders zu funktionieren als das Gratkreuzgewölbe — Schub und Druck vermindert (siehe Anhang I), sich ohne Härten jedem gegebenen Grundriß anpaßt und es möglich macht, den vielgestaltigen Raum der Kathedrale in geschmeidigen Übergängen restlos aus Abwandlungen einer Grundform — der des Kreuzrippengewölbes — aufzubauen. Das geschieht durch Einführen des an Tonnenwölbungen in Burgund schon erprobten Spitzbogens in das Kreuzrippengewölbe, und gerade darin besteht, auf dieser frühen Stufe, die Leistung der Île de France.

Ferner ist zu achten auf das Entstehen einer dünnen, durchlichteten, „diaphanen" Wand.

Endlich: auf den Wunsch, den neuen Lichtraum hochragend und überirdisch leicht erscheinen zu lassen, was sich im Übergang zu einem vierstöckigen Wandsystem und zum Schweben des Baus ausspricht.

Und auf den neuen „Luminismus", der sich in mannigfaltigen Formen — im Motiv des durchgehenden Kapellenkranzes, dem Verzicht auf die Krypten, in der neuen Hochblüte der Glasfenster und in einer neuen Farbskala — äußert und mit einem neuen „Lyrismus" der Formen, einer neuen Schönheitlichkeit und Klarheit zusammengeht.

Hier spielt aber, wie wir oben betont haben, schon sehr wesentlich der neue Abbildsinn der Kathedrale herein, der die Vision der himmlischen Lichtstadt den Gläubigen *nahe* bringen will (vgl. oben Kapitel 49).

Bei diesen Neuerungen spielt um 1120 und 40 die Picardie eine recht wesentliche Rolle, dann die Île-de-France. Sie gipfeln um 1140 in der großen Synthese von St. Denis, das seinen alten Ruhm als Schöpfungsbau der „ars nova" behält. Und zwar verkörpert sich das Neue jetzt am klarsten in dem „Lichtgehäuse" der Apsis, während diese im normannischen System lange der altmodischste Teil des Baus gewesen war. Ein zweiter, zunächst noch zurückhaltender, Pol des Neuen entsteht in der Synthese weit hergeholter Formen an der Fassade.

Basis des ganzen Vorgangs ist die von der Normandie geschaffene konstruktive und formale Grundlage. Sie wird in vielem beibehalten, ihr anschaulicher Charakter verwandelt sich aber vollkommen.

Neu ist die Entdeckung der französischen Forschung, daß in diesem Entstehungsvorgang der Kathedrale nicht nur burgundische Elemente hereinspielen, sondern auch *westenglische* — aus dem nicht-normannischen England — und auf dieser Stufe die Gestaltung der Kathedrale mitbestimmen. Westenglischer

Herkunft sind die Kappengewölbe über den Apsiden, vielleicht die „schwebenden" Dienste, die Vierstöckigkeit.

Das aquitanische Baldachinsystem

Die aquitanischen Kuppelkirchen (territorial sind sie auch in das Gebiet der „Bauschule" des Poitou eingestreut) bilden ihrem gesamten Typus nach eine fest geschlossene Gruppe der romanischen Baukunst Frankreichs und des gesamten Abendlandes. Sie unterscheiden sich von den übrigen „Schulen" nicht nur durch die abweichende Form der Wölbung — die Kuppel —, sondern dadurch, *daß Wand und Wölbung bei ihnen überhaupt in einem ganz anderen Verhältnis stehen als bei allen übrigen Richtungen.* Das ist noch nicht genügend hervorgehoben worden. Sie legen die Wölbung nicht auf die Wand, sondern auf ausgesonderte massive Tragepfeiler. Die Wand ist tatsächlich nur abschließende Füllung — in manchen Fällen, wie in Fontevrault, sogar nur Hüllwand, die *hinter* den Tragepfeilern, von ihnen deutlich gesondert den Abschluß darstellt. Sie ist aber so massiv gebildet, daß sie nicht als Füllung erscheint. Das verwischt die für das Abendland unerhörte Neuheit des Gefüges etwas; trotzdem kann gar kein Zweifel bestehen, daß wir es mit einem echten *Baldachinsystem* zu tun haben. Man braucht zum Beispiel nur den Dom von Le Puy mit jenen Kirchen zu vergleichen, um zu sehen worauf es ankommt. Auch da besteht die Wölbung aus einzelnen Kuppeln (genau genommen Klostergewölben), aber man kann die Wand nicht wegdenken, ohne daß die Kuppeln den Halt verlieren würden. An den aquitanischen Kuppelkirchen kann man es ohne weiteres. Sie sind echte Baldachinräume, auch im technischen Sinn.

Diese einfache Einsicht ist imstande, die alte Streitfrage, ob diese Bauten aus der justinianischen Baukunst Konstantinopels übernommen oder autochthonen Ursprungs sind, endgültig zu klären.

Denn in der Geschichte der Weltarchitektur sind konsequente Systeme von selbsttragenden Wölbebaldachinen nichts weniger als häufig. Vor dem 12. Jahrhundert gibt es — wenn man von dem verhüllten Baldachinsystem der mittelbyzantinischen Baukunst absieht — überhaupt nur zwei: das mittelrömische und das justinianische. Wenn nun auch noch die charakteristischen Grundrisse der justinianischen Baukunst erscheinen — einfache lange Säle aus zwei oder drei Baldachinen (Typus Hagia Eirene), kreuzförmige im griechischen Kreuz (Typus die Apostel-

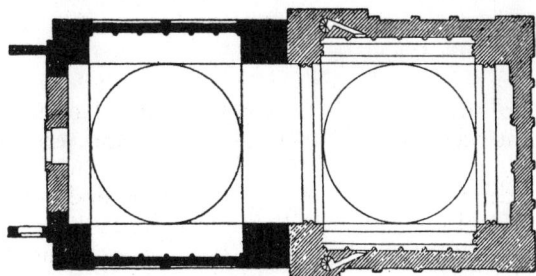

Längsschnitt und Grundriß von St. Etienne in Perigueux

kirche von Konstantinopel) oder im lateinischen (Typus die Johanneskirche von Ephesus) —, kann man nicht mehr im Zweifel sein, daß die aquitanischen Kuppelkirchen nach dem Vorbild der justinianischen entstanden sind, und das wieder darf man wohl mit dem ersten Kreuzzug in Zusammenhang bringen. Die Umformungen betreffen einmal das Handwerkliche: die justinianischen Gewölbeformen sind in einer unbyzantinischen, autochthonen Mauertechnik hergestellt. Aber gerade das ist sehr begreiflich: die Handwerker lernen immer viel schwerer um als die Architekten, sie halten gerade auch in Südfrankreich beim Import der Renaissance noch lange an ihren alten gotischen Handwerksgewohnheiten fest. Umgeformt wird auch die Struktur der Wand, die wie überall in der Romanik als etwas Kompaktes, Steinernes und Undurchdringliches aufgefaßt wird; man läßt Mosaik und Marmorverkleidung fort, übertüncht die natürlichen Steinfugen nicht und bringt an der Wand jene Blendgliederungen an, die charakteristisch sind für die romanische Auffassung der mehrstufigen Mauer. Allerdings nur sparsam: es ist gerade bezeichnend für die aquitanischen Bauten, daß sie viel mehr glatte ungestufte Wand stehen lassen als die übrigen romanischen „Schulen" — auch das ein Merkmal ihrer byzantinischen Abkunft. Die Skulptur tritt an ihnen nur selten, gleichsam nur zufällig und aufgepfropft auf. Leider steht es nicht fest, ob ihre Innenräume Wandmalerei in großen Flächen trugen.

Es ist wohl kaum zu bezweifeln, daß die gewaltigen lichten Baldachine für ihre Erbauer Himmelsbedeutung hatten — ebenso wie die ihrer justinianischen Vorbilder —, und zwar auch dann, wenn sie nicht bemalt gewesen sein sollten.

Die Chronologie ist noch immer nicht genügend geklärt. Nach Rey wäre der früheste Bau, die Kathedrale von Cahors, um 1100 anzusetzen, nach Enlart erst nach 1112, die folgenden in den zehner und zwanziger Jahren. Jedenfalls ist die ganze Gruppe bedeutend früher als die Entstehung der ersten Baldachinräume im Norden (Abb. Seite 201).

Der Unterschied dieses Baldachinsystems gegenüber dem der Kathedrale ist die ungegliederte Form der Baldachinwölbung und der Baldachinträger. Beide bestehen ursprünglich aus puren Flächen; plastische Gliederungen fehlen ihnen ganz. Wenn man später das Bedürfnis fühlt, den Kuppel*trägern* Halbsäulenwülste vorzulegen und den Tragebogen plastische Gurten zu unterziehen, so bereichert dies die *untere* Zone in einem noch romanischen Sinn, läßt aber die Wölbung unverändert.

Erst wenn, seit 1150, dieses Gliederungsbedürfnis auch die Gewölbe ergreift und rein „dekorative", technisch funktionslose Rippen sich kreuzweise über die Kuppel — und über neue

Mischformen aus Kuppel und Kreuzgewölbe (die voûtes domicales) — legen, wird eine starke Angleichung an das System der Kathedrale erreicht, eine so starke wie sie in *keinem* anderen romanischen Stil möglich war — denn nur hier war ein ausgebildetes Baldachinsystem schon da.

Nun liegen auch hier zwei Baldachinsysteme übereinander: ein ausgebildetes technisches System freitragender Kuppelbaldachine und unter diese gleichsam eingezogen ein rein *form*bildendes, technisch funktionsloses System von Kreuzrippenbaldachinen. Das ist aber sehr ähnlich wie in der Kathedrale, wo dem technischen System viel höherer und schlankerer kreuzgewölbter Baldachine ein rein ästhetisches — plastisch-„graphisches" — System noch schlankerer Kreuzrippenbaldachine unterstellt ist. Beidemale bewirkt das zweite System, daß die technischen Baldachine viel leichter und zarter erscheinen als sie tatsächlich sind. In dem vorangehenden, rein aquitanischen, Baldachinsystem dagegen waren die Baldachine im konstruktiven und ästethischen Sinn *eins* (Abb. Seite 201).

An sich wäre *denk*möglich eine Entwicklung, die eine noch größere Angleichung an die Kathedrale bringt. Dazu hätte man die Wölbungsträger schlanker und höher machen müssen, ihnen Verhältnisse geben, wie sie unter den erhaltenen byzantinischen Baldachinbauten nur San Vitale in Ravenna mit seinen quasigotischen Proportionen (Andreades) zeigt. Das hätte dann dazu genötigt, für diese Träger ein Strebewerk zu entwickeln, wie es denn auch San Vitale entwickeln mußte. Gerade wenn man sich diese Möglichkeit vorstellt, sieht man am besten ein, wie wenig modulationsfähig die Kuppel als Grundelement des Baldachinsystems im Verhältnis zum Kreuzgewölbe und zumal zum Kreuzgewölbe mit *spitz*bogigen Kappen ist.

Vor allem aber: die unterlegten Kreuzgewölbebaldachine erleichtern zwar im Eindruck die massiven technischen Baldachine wesentlich, lassen diese aber offen stehen, während im System der Kathedrale die technische Konstruktion hinter den diaphanen Wänden verborgen bleibt und die sichtbaren, unwirklich zart und leicht gebildeten, Baldachine die Illusion eines Raumes schaffen, für den die Gesetze der Schwerkraft aufgehoben sind. Diese Illusions-Architektur konnte nur im Ausgehen von dem *die Konstruktion in der Wand verbergenden System* der Normandie erreicht werden.

Die durch angesehene Forscher (Viollet, Dehio) vertretene Meinung, die aquitanische Schule hätte eine eigene gotische Lösung neben der Kathedrale anzubieten gehabt, ist kaum zu halten. Sie hat ja den Kreuzrippenbaldachin aus der eben geborenen Kathedrale des Nordens übernommen.

KAPITEL 64

Das lombardische Baldachinsystem

Um 1120-30 entsteht in der Lombardei ein neuartiges Baldachinsystem, das erste autochthon romanische: in dem Neubau von S. Ambrogio in Mailand steht es in vollkommen ausgebildeter Form vor uns (Kluckhohn).

Hier kommt das System dem von mir aufgestellten Idealschema eines „übergreifenden" Baldachinsystems sehr nahe. Ganz eindeutig lassen sich unterscheiden die zwei Grundelemente des Baldachinbaus: Baldachine und Füllwände. Dabei decken sich die künstlerische und die technische Struktur besonders weitgehend. „Die künstlerisch primären Bestandteile: die Baldachine, sind auch die technisch primären, die übergriffenen Füllwände sind auch technisch zweiter Ordnung". Die Füllwände sind nicht nur fast ganz von den Baldachinträgern gelöst, sondern sie sind so weit wie möglich überhaupt getilgt, indem sie in Arkaden aufgelöst sind. Der Hauptraum baut sich aus drei (oder vier) großen quadratischen Kreuzrippenbaldachinen auf. Für die Diagonalrippe sind eigene diagonal stehende Dienste ausgebildet. *Alle einzelnen Glieder der Baldachinträger reichen bis zur Erde.* Der Mittelraum ist umgeben von den Hüllräumen der Seitenschiffe mit ihren Emporen, die vom Hauptschiff her als raumhafte Dunkelfolie wirken (Abb. Seite 205).

Fraglich ist die Gestaltung des Chorjochs und damit die der Lichtführung. Es dürfte aber alle Wahrscheinlichkeit für sich haben, daß im Chorjoch die ursprüngliche kuppelartige Wölbung höher angesetzt war und hier starkes Licht von oben auf den Hochaltar fiel. Das Gehäuse über dem Altar (aus dem frühen 13. Jahrhundert) ist selbst ein kleiner Kreuzrippenbaldachin, mit Spitzgiebeln; es nimmt die Gestalt hochgotischer Altarciborien vorweg.

Ob den Baldachinen Himmelsbedeutung zugeschrieben war, ließe sich wohl nur entscheiden, wenn Spuren einer Bemalung gefunden werden könnten, die darauf hindeuten. Jedenfalls aber kann in einem solchen Bau — der wie so viele romanische Kirchen ein Dunkelraum ist (Jantzen) — der Nachdruck der Himmelsschilderung nicht auf dem Lichterlebnis gelegen haben.

Die technischen Probleme sind hier nicht wie in der Kathedrale durch die Höhe der Wölbungsträger gestellt, sondern durch das Streben nach großer Spannweite und durch die Anwendung eines aus dem reinen Rundbogen konstruierten Kreuzgewölbes, das immer eine der Kuppel sich nähernde Form und damit einen Seitenschub ergibt (vgl. Anhang I). Ihn neutralisieren nicht wie im aquitanischen System die breit ausgebildeten Schildbogen, sondern die Kreuzgewölbe der Emporen.

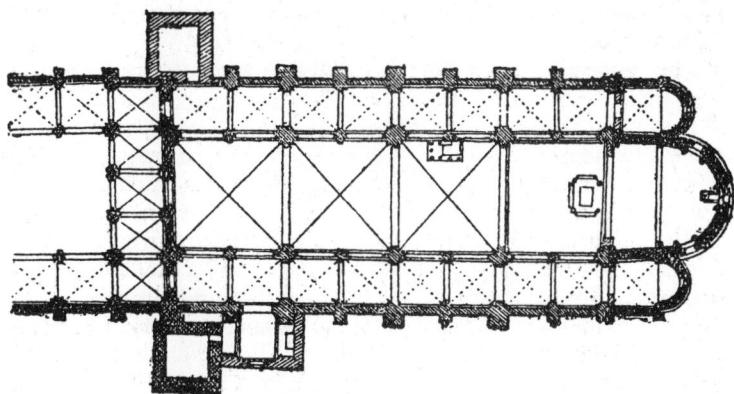

Längsschnitt und Grundriß von S. Ambrogio in Mailand

Die Datierung hat lange geschwankt, der Bau wurde sogar bis ins späte 12. Jahrhundert hinaufgeschoben. Einen sicheren terminus ante quem aber ergibt eine gut zu datierende Gruppe österreichischer Bauten mit Bandrippen, die von hier ausgehen; an ihrer Spitze der Bau Leopolds III. von Österreich in Klosterneuburg, nach den Forschungen K. Oettingers um 1130. Sucht man nach einem terminus post quem, so kommt es nicht auf die Bandrippen an, sondern auf *das Vorkommen von Baldachinen mit Bandrippen.* Gibt es ausgebildete vor Sant' Ambrogio? Ich beweifle es. Wie überall wird auch hier der Schöpfungsbau nicht ein untergeordneter provinzieller Bau gewesen sein, sondern die berühmte Hauptkirche einer Stadt, die in dieser Zeit eine bedeutende politische, kirchliche und kulturelle Rolle spielte. Ein wenig beachtetes Kriterium für die Datierung gibt aber der diagonal stehende Dienst. Nach all dem, was für die Architektur und Skulptur in Frankreich noch auszuführen sein wird (Kapitel 66), ist dieses Schrägstehen ein typisches Phänomen für die Stilstufe um 1120-30. Dazu paßt das überlieferte Baudatum von 1128. Kluckkohn läßt den Bau schon um 1110 beginnen; das ist möglich, weil das Diagonalstellen der Dienste erst in der *Kapitellzone* hervortritt, die gewiß erst in den zwanziger Jahren entstanden ist.

Auch bei der Frage nach dem Ursprung dieses Systems muß man den Blick auf die „Baldachinwerdung" richten. Baldachinbauten in großem Stil gab es in Mailand aus justinianischer Zeit; der Baldachingedanke brauchte hier nicht aus dem Orient geholt zu werden. Freilich ist aus dem justinianischen System etwas ganz anderes geworden. Das Kreuzgewölbe mit Bandrippen konnte man aus Südfrankreich nehmen. Entscheidend für die Ursprungsfrage dürfte sein, ob es gelingt Formen noch nicht vollkommen ausgebildeter Bandrippen*baldachine* nachzuweisen, die als Vorstufen jener von S. Ambrogio gedeutet werden können.

Das romanische Baldachinsystem von S. Ambrogio zeigt für die Kathedrale mehrere Dinge:

Erstens, daß am Beginn des 12. Jahrhunderts die Idee des Baldachinbaus „in der Luft" lag.

Zweitens, daß die Entwicklungsmöglichkeiten aus dem Rundbogen konstruierter quadratischer Kreuzgewölbebaldachine sehr beschränkt sind.

Drittens und vor allem, daß zur Entstehung des gotischen Kirchenraums der Baldachin zwar notwendige, aber nicht genügende Voraussetzung ist, solange das ihm innewohnende Lichtprinzip nicht befreit wird. Und dazu genügt es nicht — wie es, auf dem System von S. Ambrogio aufbauend, San Michele in

Pavia getan hat —, die Baldachine zu erhöhen und in die gewonnene Fläche über den Emporen eine spärliche Lichtquelle einzusetzen. Sondern die Wand selbst muß „diaphan" werden.

KAPITEL 65

Vorformen der gotischen Skulptur entstehen

Zu ungefähr der gleichen Zeit, als im Norden Frankreichs die ersten echten Kreuzrippenbaldachine entstehen — im zweiten und dritten Jahrzehnt des 12. Jahrhunderts —, war im Süden an mehreren Stellen — in Nordspanien, Südfrankreich, Italien — eine Loslösung der plastischen Figur aus dem Flächenzwang (Reliefzwang) des Romanischen in Gang gekommen. Bei der Entstehung der vollkörperlichen Skulptur gibt es nach unserem heutigen Wissen drei zuerst nebeneinander laufende, dann ineinanderlaufende Wege zu demselben Ziel:

1. Eine in ziemlich starkem Relief an den Rundschaft einer Säule oder Archivolte angeheftete Figur macht die Rundung des Schaftes mit und erobert sich durch die Gewölbtheit des Schaftes ein Stück Vollplastik. Man kann diesen Vorgang beobachten an manchen Archivolten des Saintonge. Das Beispiel aber, das sich am besten datieren läßt, sind Säulen vom ehemaligen Hochaltar der berühmten Wallfahrtskirche Santiago da Compostela, heute im Kloster San Pelayo de Antealtares. Sie werden ungefähr 1135 datiert, also sicherlich *vor* den Säulenfiguren am Portal von St. Denis. Diese Genesis ist noch an vielen Figuren von Chartres I deutlich zu sehen, ja auch auf späterer Stufe — Chartres II — ist sie nicht ganz verwischt. Zu dieser genetischen Form gehört das Motiv der beiden übereinanderstehenden Figuren, von denen die obere auf den Schultern der unteren steht.

2. Eine Figur wird — als eine Art Karyatide — in einen vorgegebenen architektonischen Rundpfeiler „eingebildet", ersetzt also ein Stück seines Schafts. Solche „säulenhaft geschlossene Figuren treten zuerst im Inneren von Kirchen auf, und zwar in den Trompen" (Rothkirch). Sie sind manchmal durch das Kapitell über ihrem Haupt deutlich als Ersatz einer Rundstütze charakterisiert. Beispiele an den Trompensäulchen von Santiago da Compostela oder in Jaca. Die Chronologie ist unsicher; möglicherweise ist diese Form älter als die vorhergehende(?). In Nordfrankreich findet sich diese Gleichsetzung von Figur und Säule zum Beispiel an dem Nordportal von Bourges, in unausgesprochener Form in Chartres; die Figur ist dem ursprünglichen

Säulenschaft zugleich angeheftet, zugleich vertritt sie ihn. Später noch am Portal von Senlis.

3. Eine Figur wird in einen über Eck stehenden Block hineingedacht, gleichsam von zwei Seitenansichten in ihn hineinprojiziert; sie stößt mit einer vorderen Kante *diagonal* in den Raum hinaus. Dieser Vorgang ist schön zu beobachten in Toulouse — an dem um 1125 zu datierenden Portal des Kapitelsaals im Kreuzgang des Augustiner-Klosters von Toulouse, der 1812 bis 17 demoliert wurde. Es ist das erste uns bekannte „portal historié des statues" (Rey); zwei der erhaltenen Figuren tragen die Signatur ihres Meisters, Gilabertus. Etwas später, um 1140, sind die kubischeren und ruhigeren Gestalten an den Eckpfeilern des Kreuzgangs in Arles. Dasselbe Prinzip in kleinem Maßstab am Portalgewände von Ferrara (um 1135) und früher schon, um 1125, an den Bogenwülsten poitevinischer Portale (Rothkirch).

4. An diesen läßt sich noch eine vierte Form des Übergangs zur Rundplastik beobachten: sie bildet sich in Mulden, wie ein Kern in einer Schale (Aubert 127).

Das Erscheinen der Diagonalfigur bedeutet für die Skulptur nicht minder eine Epoche, wie das Auftreten diagonaler Glieder in der Architektur.

Es ist das Verdienst E. Panofskys, das Prinzip, dem diese Skulptur, von verschiedenen Seiten kommend, zustrebt, *als ersten Anfang eines durchaus Neuen, eben des Gotischen* erkannt zu haben. Zwar geht es vielleicht zu weit, von „protogotischer" Skulptur zu sprechen; ich würde den Ausdruck „prägotisch" vorziehen. Erst im Augenblick, wo die Figur sich als „Säule vor der Säule" darstellt und mit dem Figurenbaldachin verbindet, ist ihre Emanzipation aus der Fläche gesichert und das gotische Prinzip der „Schwebung" (Jantzen) gegeben. Erst dann ist sie wirklich protogotisch.

Wie durch einen geheimen Aufruf entstehen die Vorform des architektonischen raumbildenden Baldachins und die Vorform der vollkörperlichen Skulptur — die von Anfang an aufeinander hingeordnet sind — in räumlich weit getrennten Gebieten zur *gleichen* Zeit.

KAPITEL 66

Eine Vorform des gotischen Kreuzrippenbaldachins entsteht

In der Lombardei tritt uns der Kreuzrippenbaldachin um 1125 in vollkommen ausgebildeter Gestalt entgegen. In Nordfrankreich war die Verbindung der Kreuzrippengewölbe mit den Wanddiensten — die im normannischen System noch unverbunden sind — um diese Zeit eben erst angebahnt.

Ein vollständiger Kreuzrippenbaldachin einfachster Bauart, wie ihn Sant' Ambrogio zeigt, besteht aus einem Gefüge von sechs Arkaden: zwei Diagonalbogen, zwei Gurtbogen und zwei Schildbogen. Zu jeder Arkade gehören die ihr entsprechenden beiden „Dienste".

Die nordfranzösischen Vorformen des gotischen Baldachins sind in zweifacher Hinsicht unvollkommen. Es fehlen einerseits die Schildbogenrippen. Und es fehlen anderseits die den Diagonalarkaden zugehörenden Dienste.

Zur Entstehung eines vollständigen Baldachins müssen zunächst zu den Diagonalrippen Dienste hinzuwachsen. Das früheste Beispiel sind die Dienste in den jüngeren westlichen Jochen des Langhauses von Lessay (Normandie), die ich noch vor 1120 datieren würde. Aber noch stehen sie mit ihrem Kapitell *frontal* zur Wand. Es bleibt eine Unklarheit. Wären die Gewölbe nicht erhalten, so könnte man sie für begleitende Dienste eines verstärkten Gurtbogens halten.

Erst wenn Dienste mit diagonal gestelltem Kapitell und schräger Basis auftreten, setzen sich die diagonalen Rippen der Wölbung in eigenen Trägern nach unten fort. Diese schräg stehenden Stäbe sind *das erste Glied der Hochwand, das sich nicht mehr an die frontale Parallelschichtung der romanischen Wand hält und schon darin Anzeichen eines völlig Neuen und von weit in die Zukunft weisender Bedeutung.* Sie sind aus der Wand heraus — gesetzt den Fall, die Wölbung wäre verloren — nicht mehr zu verstehen, sondern gehören primär zur Wölbung, der sie dienen. Erst jetzt sind sie eigentliche „Dienste". Sie konstituieren den Kern eines echten Baldachins und sind somit Symptom einer epochemachenden Umwertung des gesamten Raums.

Man sollte meinen, eine dermaßen charakteristische und „kritische" — neue Grundanschauungen kennzeichnende und Zeitalter scheidende — Form sei schon längst historisch-genetisch untersucht. Das ist nicht der Fall. Weder die Typologie noch die Chronologie, noch die Topologie dieser Form ist wirklich geklärt.

In der Normandie sind die frühesten über Eck stehenden Dienste, die durch die *ganze* Höhe der Wand durchgehen, die im Querhaus der Trinité von Caen. Erst hier beginnt die Wölbung „im Fußboden Wurzel zu fassen" (Rose 13). Gall datiert sie zwischen 1100 und 1120, sicherlich zu früh. Denn das zweite Beispiel in der Normandie, an dem diagonal stehende Dienste nachgewiesen sind — selbstverständlich ein sicheres Anzeichen dafür, daß Kreuzrippengewölbe vorhanden waren —, die Kathedrale von Évreux, erhält Gewölbe erst nach dem Brand von 1119, nach Bonnenfant 1126. In die gleiche Zeit fallen auch die frühesten Beispiele in der Picardie und Franzien und wohl auch die frühesten *Diagonal*dienste in der Lombardei und in Piemont, sowie die diagonal stehenden Ecksäulen in Südfrankreich, zum Beispiel in der Turmhalle von Moissac. Diese werden von französischen Forschern um 1125 datiert, was vollkommen zu den nördlichen Beispielen stimmt. Überdies läßt sich aus inneren Gründen zeigen, daß diese Form stilistisch in das dritte Jahrzehnt gehört. Man wird also diese Baldachine der Trinité frühestens um 1120 anzusetzen haben.

Etwas älter wären dann jene Beispiele, die nur diagonal gestellte Dienst*stummel* ausgebildet haben: Vierung und Langhaus der Trinité von Caen; Vierungsturm, Querhaus und Langhaus von St. Étienne in Caen. Sie liegen genetisch gesehen zwischen den „Frontaldiensten" von Lessay und den Diagonaldiensten im Querhaus der Trinité, also zwischen 1110 und 1120 näherungsweise.

In der Picardie hat St. Étienne von Beauvais die ältesten Diagonaldienste in den Nebenschiffen, nach Gall um 1120-30 — was gewiß stimmt —, bald darauf auch im Hauptschiff, möglicherweise nach dem Vorbild von Évreux. Hier kann man im Querhaus die Entwicklung zu jüngeren Formen mit spitzbogigen Gurtbogen und feinem dreigliedrigen Profil klar verfolgen, die man mit Gall knapp vor St. Denis ansetzen wird, um 1140. Es ist mit hoher Wahrscheinlichkeit anzunehmen, daß auch der führende Großbau von Beauvais, die Abteikirche Saint-Lucien, Vorformen von Kreuzrippenbaldachinen zeigte. Da sie 1119 noch nicht ganz vollendet war, müßten ihre Gewölbe ungefähr in diese Zeit fallen und wären dann möglicherweise die frühesten echten Kreuzrippenbaldachine überhaupt (?).

Unter diesem Gesichtspunkt müßte nun auch in der Île-de-France nach Vorformen echter Baldachine gesucht werden. Nicht mehr das Erscheinen von Kreuzrippengewölben allein ist entscheidend, sondern *das Erscheinen von diagonalen Diensten, ohne die es einen gotischen Baldachin nicht gibt.* Diese Untersuchung kann ich hier nicht durchführen, da mir gegenwärtig weder die Denkmäler noch die Publikationen im nötigen Umfang zugänglich sind. Die folgenden Beispiele wären daraufhin durchzuprüfen.

In der Ile-de-France sind die ältesten Kreuzrippengewölbe nach Aubert die im Chorumgang von *Morienval* (nach Aubert gegen 1125); in der letzten Travée des südlichen collatéral der Kirche von *Rhuis* (Oise); im Chor von *Cauffry* (Oise); im Chorjoch von *Morienval;* im nördlichen Kreuzarm von *Cambronne* (Oise); im Chor von *Bellefontaine* (Oise), nach Aubert ca. 1135-40; im Chor von *St. Martin des Champs in Paris;* im Schiff der Prioratskirche von *Airaines* (Somme); in der Bischofskapelle von *Laon;* in der Vorhalle von *St. Denis.*

Nach Gall kommen dazu: das Gewölbe unter dem Nordturm der Westfront von *Chartres;* das Chorgewölbe von *St. Pierre de Montmartre,* 1134 begonnen und 1147 geweiht; das Gewölbe im Chor der Abteikirche *Notre-Dame de Josaphat,* nach Gall ca. 1120 (?); nach Focillon *Foulanges,* ferner Gewölbe im Chor der Kirche von *Lucheux* (Somme), *Lay-le-Multien, Saint Martin de Laon, Lafaux* und andere. Es sind fast durchaus kleinere Kirchen, die daraufhin zu prüfen wären, ob und in welchem Stadium der Ausbildung sie *Baldachinräume* zeigen.

Die Erkenntnis, daß beim Werden des Baldachins drei oder vier Typen genetisch aufeinanderfolgen: Kreuzrippen mit zugehörigen Frontaldiensten, Kreuzrippen mit Diagonalstummeln, Kreuzrippen mit Diagonaldiensten *ohne* Schildbogen und erst nach diesen Kreuzrippen mit Diagonaldiensten und Schildbogen, das heißt komplette Baldachine, gibt die Möglichkeit, diese frühen Beispiele genetisch zu ordnen, wobei m. E. Typus zwei und drei in den zwanziger Jahren entstanden ist und sich bis zum Auftreten kompletter Baldachine in St. Denis, Sens, Le Mans — und nur sehr vereinzelt darüber hinaus — hält. Es ist kaum notwendig hinzuzufügen, daß diese genetische Ordnung nicht überall die chronologische abbildet.

Ein schönes Beispiel eines schildbogenlosen, aber sonst vollkommen entwickelten Baldachins ist in *Morienval* erhalten. Dort steht im Vorchor ein feingliedriger Baldachin mit diagonalen Diensten, sorgfältig gefügten Kappen und dreigliedrigem Rippenprofil, aber *ohne Schildbogen* zwischen den Wänden: ein „véritable dais de pierre", an dem sich Spuren von Polychromie erhalten haben (leider ist aus der mir zugänglichen Literatur nicht zu ersehen, welcher Art sie sind). Auch geistig erfüllt er die Funktion eines Baldachins, denn er erhebt sich als ein mit dem Bau verwachsenes riesiges Ciborium über den Reliquien des hl. Annobert, die 1122 nach Morienval gekommen waren. Im Umgang aber sind die Rippen — gleichfalls auf diagonalen Gliedern schwer und scheinbar altertümlich — bedingt dadurch, daß sie wie in einem Turmgeschoß die Masse der dicken Mauer tragen, in die der Pseudo-Umgang des Chors hineingehöhlt ist. Beide sind meiner Meinung nach fast gleichzeitig, doch von verschiedenen Meistern (Abb. bei Focillon).

In der Vorhalle von St. Denis, dem ältesten Teil des Baus, gibt es diagonal gestellte Dienste für die Kreuzrippen; Schildbogen fehlen. *Hier zeigt es sich aber, daß sich ein echter Baldachin nicht bildet, wenn nicht alle Fußpunkte der Diagonal- und der Gurtrippen in gleicher Höhe liegen.**)

---

*) Vgl. die Abbildungen bei Gall, Abb. 8 (Seite 37); de Lasteyrie, fig. 16.

Vom Territorialen her gesehen kann man mit bedeutender Sicherheit sagen, daß die schildbogenlose Rohform des Kreuzrippenbaldachins zuerst in der Picardie systematisch auf einen ganzen Bau angewendet worden ist — hypothetisch, daß vielleicht überhaupt in diesem Augenblick die Picardie den Primat und die Aufgabe einer Vermittelung zwischen der Normandie und der Île-de-France hatte. Sie hat zur Kathedrale noch eine zweite sehr wesentliche Form beigesteuert: das große Radfenster, gleichfalls ein typisches Produkt der Stufe des „labilen Stils" um 1125. Trifft diese Vorstellung von dem Primat der Picardie bei der Schöpfung der ersten, noch unvollständigen Baldachine zu, so wäre ihre Leistung für die Entstehung der Kathedrale eine höchst wesentliche.

Konstruktiv bringt die Picardie die Form des Kreuzrippengewölbes mit halbkreisförmigen Diagonalbogen und gestelzten Gurtbogen — Seitenschiffe von Beauvais (nach Gall um 1120-30), — sowie die Kappen aus geschnittenen Steinen. Die konstruktiven Vorteile dieser Gewölbeform (siehe Anhang I) werden mit schweren ästhetischen Nachteilen bezahlt: die verschiedenen Bogenformen ergeben arge Disharmonien (vgl. z. B. Gall Abb. 53), die erst die Einführung des Spitzbogens auflösen wird.

Jedenfalls darf man die diagonal stehenden Rippen-Träger nach allem als eine charakteristische Schöpfung der Stilstufe „um 1125" ansehen, gerade in ihrer Emanzipation von der Wand. Es ist genau die gleiche Zeit, in der sich an verschiedenen Stellen unabhängig voneinander die Skulptur noch schüchtern aus der Frontalität der romanischen Wandschichtung löst und sich anschickt, durch Stellung über Eck die Vollräumlichkeit zu erobern (Kapitel 65).

Zugleich aber ist das eigentümliche unsichere Stehen dieser Baldachine, die erst auf der Stufe 1140 im Abschluß des Schildbogens einen festen Halt finden und ein klares tektonisches Ganzes bilden werden, ebenfalls charakteristisch für das „Labile" der Stufe um 1125, das sich noch in einer ganzen Reihe von Formmotiven äußert: in den tangential schwebenden Figuren der Archivolten südlicher Portale, in dem — noch unter dem Dach verborgenen — Motiv des Strebebogens, der zwar tektonische Funktion hat, als Formgebilde aber einseitig und labil erscheint, und am klarsten in dem unarchitektonischen Motiv des Radfensters, das architektonische Formen auf den Kopf stellt. Es sind dieselben Züge, die die Portale der Stufe 1120-25 — wie die von Vézelay oder Neuilly — von der neuen Tektonik der Portale um 1140, z. B. Carennac, unterscheiden und sich ebenso in der Malerei wiederfinden. So gesehen ist auch der Meister der Vorhalle von St. Denis noch ein Angehöriger jener Stufe, während der Meister des Chors die klare Tektonik der jungen Generation verkörpert.

Mit dieser ersten Rohform des Baldachins ist zwischen den noch frontal empfundenen Wänden ein Gebilde entstanden, das den Raum in einer bisher nicht gekannten Weise empfinden läßt. Der Baldachin ist immer auf eine Mitte bezogen, die sich sehr bald in dem Schlußstein betonen wird. Er ist, wie N. Brunov es schön formuliert hat, „Hülle einer Individualität", mag er über einem Altar errichtet sein, über einem Thron, über einer Reliquie oder einer Statue, oder auch nur über der Menge der Gläubigen. (Nur nebenbei sei bemerkt, daß zuerst um 1143 die Form eines Tragbaldachins für den Westen literarisch bezeugt ist.) Er betont gleichsam eine unsichtbare Gestalt. Ein solcher Raum wird aber von der Mitte gegen seine Ränder erlebt, nicht vom Rand zur Mitte. Und endlich ist er — wie seit Urzeiten so auch bei dieser seiner verwandelten Wiedergeburt — unmittelbar verständliches Bild des „Himmels". Was die Bemalung seiner Wölbung wahrscheinlich von Anfang an überdeutlich gemacht hat.

KAPITEL 67

Ältere Vorfomen der Diagonaldienste

Wenn diagonal stehende Bauglieder vor der Wand in der Normandie, der Picardie und Franzien sowie in der Lombardei für das 12. Jahrhundert etwas durchaus Neues sind, so gibt es Vergleichbares in der Weltgeschichte der Baukunst doch schon früher.

Nicht nur finden sich diagonal kreuzende Schwibbogen in der armenischen Baukunst, sondern zu ihnen gehören auch *diagonal stehende Pfeiler,* so daß man geradezu von einer Vorform des Kreuzrippenbaldachins sprechen könnte, freilich eines *ungewölbten* Baldachins, dessen diagonale Schwibbogen eine *flache* Steindecke tragen. Beispiel: die Vorhalle der Apostelkirche von Ani (jedenfalls vor 1072; von Baltrusaitis werden dieser Bau und die anderen verwandten in das 10. oder 11. Jahrhundert datiert).

Da überdies an anderen Monumenten der armenischen Hauptstadt in der gleichen Zeit sowohl Bandrippen wie vollkommen ausgebildete *Schildbogen* vorkommen, sind hier — mehr als hundert Jahre vor den nordfranzösischen Beispielen — sowohl einzelne Elemente wie auch typische Verbindungen von Elementen des westlichen Baldachinbaus vorweggenommen.

Eine Übertragung von Armenien her wäre durchaus vorstellbar. Nach der Einnahme von Ani durch die Griechen 1045 und durch die Seldschuken 1064 war ein Strom von armenischen Emigranten nach dem Westen gegangen: gerade auch für Frankreich ist eine armenische Diaspora ausdrücklich bezeugt. Eine Wölbung wie die des Turmgeschosses von Bayeux, bei der die Rippen der Wölbung von der *Mitte* der Quadratseiten ausgehen, ist geradezu typisch armenisch; die Übereinstimmungen sind so enge, daß an einer direkten Übertragung in diesem Fall kaum zu zweifeln ist. Das System der sogenannten „Tour Guinette" in Etampes, aus dem zweiten Viertel des 12. Jahrhunderts, entspricht vollkommen dem der Vorhalle der Apostelkirche von Ani. Wie dort tragen Schwibbogen eine flache Decke: Proportionen und Beziehungen zwischen den Teilen sind fast *identisch* (Abb. bei Viollet-le-Duc und bei Baltrusaitis).

Trotzdem wird aber eine vorsichtige Forschung sich nicht verleiten lassen, anzunehmen, die diagonalen Bauglieder wären von Armenien her eingeschleppt oder auch nur angeregt worden. Denn um diese Zeit ist die Emanzipation plastischer Glieder aus den Frontalschichten der Wand im Westen überall von selbst in Gang gekommen. Die armenische Form kann gelegentlich einmal übernommen werden, weil sie eben einer autochthon entstandenen Tendenz entspricht.

Wenn auch der sich kreuzende Schwibbogen eine spezifisch armenische Form zu sein scheint, die bisher sonst nirgends nachgewiesen ist, so gibt es diagonalstehende Glieder in der gleichen frühen Zeit doch auch im Westen, obschon nur wenige Beispiele erhalten sind. So tragen z. B. in der kleinen quadratischen Kapelle des Oratoriums des hl. Zeno an Sta. Prassede in Rom (entstanden zwischen 817 und 824) vier *diagonal gestellte Säulen* das Kreuzgewölbe, an dem durch Mosaikmalerei Diagonalbahnen ähnlich betont sind wie in der Kapelle des erzbischöflichen Palastes in Ravenna.

Das Motiv ist also im 12. Jahrhundert nicht absolut neu. Aber in Verbindung mit dem anderen Diagonalmotiv der Kreuzrippen bekommt es eine neue Bedeutung. Man kann sagen, daß ohne dieses „Übereckempfinden" plastischer Glieder die ganze Gotik nicht denkbar wäre. Worauf meines Wissens zuerst O. Pächt hingewiesen hat, ohne noch die tektonischen Folgerungen zu durchschauen.

KAPITEL 68

Der vollständige Kreuzrippenbaldachin entsteht
Der Schildbogen

Den frühen Baldachinen der Normandie und Picardie fehlt noch immer ein Bestandteil: der Schildbogen, genauer: die Schildbogenrippe oder der „Ortbogen".

Es ist eine weitere entscheidende Voraussetzung für die Ausbildung vollständiger Kreuz*rippen*baldachine, daß die Baldachine zu einem in sich geschlossenen Ganzen auswachsen, welches sich der Wand gegenüber selbständig macht. Die kritische Stelle, an der dieser Prozeß der Verselbständigung sich entscheidet, ist die Stelle, wo das Kreuzgewölbe (allgemeiner das Gratgewölbe überhaupt) sich an die Wand lehnt. Erst wenn sich hier das Gewölbe mit einem eigenen Bogen — dem *Schildbogen,* französisch *formeret* — von der Wand absetzt, wird der Baldachin vollständig ein nach allen Seiten in sich beruhendes Gebilde. Die Schildbogen sind, wie Focillon richtig formuliert, eine Art seitlicher Gurtbogen. So lange sie nicht ausgebildet sind, lehnt sich das Gewölbe an dieser Seite an die Wände und setzt diese mindestens ideell-künstlerisch voraus.*)

Es gibt daher, wenn man das Entstehen der Kreuzrippenbaldachine verfolgen will, nach den Diagonaldiensten keine Stelle, die wichtiger ist als jene, wo sich die Schildbogenrippe bildet. Man hat das bisher viel zu wenig beachtet. Am klarsten hat Marcel Aubert die Bedeutung der Schildbogen gesehen.

Vor der Kathedrale gibt es Ansätze zu Schildbogen diesseits der Alpen nur in zwei Gebieten, die beide mit Gratgewölben wölben: am Rhein und in Burgund. Die frühesten Schildbogen dürfte der Kaiserbau Heinrichs IV. in Speyer gehabt haben (?). Ausgebildete Schildbogen hat Maria Laach, das seit 1130 gewölbt wurde. Der Schildbogen löst die Gratkreuzgewölbe energisch von der Wand, so daß — mindestens potentiell — ein Baldachinsystem von Gratkreuzgewölben entsteht.

Auch in der burgundischen Gruppe lösen sich gratkreuzgewölbte Joche mit Schildbogen von der Hochwand, ja die Schildbogen bilden sogar ein eigenes sie tragendes Glied, einen Pilaster-Stummel, aus. Aber dieser Pilaster gehört noch zur Wand, die Loslösung ist im ganzen weniger energisch als an den deutschen Beispielen und der Eindruck des werdenden Baldachins schwächer. Auch sind die burgundischen Beispiele um mehr als zwanzig Jahre später als Speyer.

Die Normandie und die Picardie kennen den Schildbogen

---

*) Über den Schildbogen als *konstruktives* Element vergl. den Anhang I/III.

um diese Zeit noch nicht. An den Stellen, wo die Gewölbe an die Wand anlaufen, gibt es keinen plastisch betonten Wulst — wie an den anderen funktionell ausgezeichneten Stellen —, sondern nur eine unbetonte, in ganz unregelmäßiger Kurve verlaufende Mauernaht, „die deutlich das Ungeschick der Erbauer verrät" (Gall).

Für die Île-de-France stellt Marcel Aubert folgendes fest: „Les formerets, fréquents dans la région voisine de la Bourgogne, où l'on était habitué d'en monter sous les voûtes d'arêtes, on les trouve déjà dans les voûtes les plus anciennes ... comme à Ferté-Allais, manquent au contraire dans les plus anciennes voûtes de l'Aisne et de l'Oise, surtout dans le Beauvaisis, même sous les grandes voûtes qui couvrent la nef, comme à Cambronne et à Bury; ceux qui existent sont relativement récents."

Aus diesen Feststellungen ergibt sich aber eine, bisher im allgemeinen viel zu wenig beachtete, *Mitwirkung Burgunds für die Entstehung der ersten vollständigen Kreuzrippenbaldachine* und durch sie die Verselbständigung der Baldachine gegenüber der bisher herrschenden Wand. Also: in der Picardie Baldachine mit Kreuzrippen und Diagonaldiensten, aber *ohne* Schildbogen; in Burgund Kreuzgewölbe ohne Rippen, aber *mit* Schildbogen; die Vereinigung in der „Mitte": in der Île-de-France.

Die genaue Chronologie der Kreuzrippengewölbe *mit* Schildbogen muß erst noch erarbeitet werden. Nicht darauf kommt es an, wo zuerst in Franzien Rippengewölbe auftreten, sondern wann und wo der erste *vollständige* Baldachin erschienen ist und über welchem Bauteil er sich gebildet hat. Der Bau, der dieses ungeheuer zukunftsreiche Motiv zum erstenmal klar verkörpert hat, verdient in der Geschichte der europäischen Kunst berühmt zu sein. Er ist noch unbekannt. Jedenfalls zeigen es schon die ersten „gotischen" Kathedralen und frühen Großkirchen wie Sens, St. Denis, St. Germer.

So wie den Diagonalrippen eine Fortsetzung im vertikalen System der Träger zuwächst, so erhalten später auch die Schildbogen ihre eigenen „Dienste". Zunächst gibt es auch hier andere Möglichkeiten: „Les formerets retombent soit sur des corbeaux, ou sur des sortes de consoles, soit" — und das ist die zukunftsreichste Möglichkeit — „sur des colonnes propres comme à Villeneuve ou Verberie". Im ausgebildeten System der Kathedrale werden sich diese Dienste noch weiter hinabsenken.

KAPITEL 69

Die Vereinheitlichung des Kirchenraums vollendet sich

Schon in St. Étienne von Beauvais und möglicherweise vorher in St. Lucien waren zum erstenmal die Seitenschiffe und das Hauptschiff aus Baldachinzellen zusammengesetzt — allerdings noch aus unvollständigen. Aber erst die ersten „gotischen" Kathedralen zeigen die Vereinheitlichung eines vielfältigen Raumgebildes in allen Teilen und in dreifacher Hinsicht: einheitliches Baldachinsystem, einheitliche Wandform, einheitlicher Grundriß.

Ein frühes Beispiel eines Kirchenraums, der weitgehend in dem neuen Baldachinsystem durchgestaltet ist, gibt die Kathedrale von Sens, doch enden in den Jochen des Chorumgangs die Rippen noch auf Konsolen, und so wird es wohl auch in St. Lucien in Beauvais gewesen sein.

Um die Einheitlichkeit zu erreichen, mußte vor allem jener Teil des Kirchengebäudes, der bisher keine Baldachinstruktur hatte, sie erhalten: die Apsis.

Über *die Entstehung der Gratgewölbe mit Rippen über halbkreisförmigem, später polygonalem Grundriß*, welche die Apsis *aller* gotischen Kathedralen einwölben, gehen fast alle Untersuchungen hinweg. Man nimmt stillschweigend an, diese Gewölbeform sei einfach durch Anpassen des Kreuzrippengewölbes an einen halbrunden Grundriß entstanden. Nicht wenige Apsiden im Quellgebiet der Gotik legen aber ihre Rippen noch auf die geschlossene Viertelkugelfläche der Apsis.

Wiederum hat Jean Bony das Verdienst, auf genetische Vorformen aufmerksam gemacht zu haben.

In der Normandie und in England finden sich schon mehr als fünfzig Jahre vor der Entstehung der Kathedrale Gratgewölbe mit mehrfachen Auflagern über Apsiden, zunächst kleinen Formats. Einen frühen Versuch, die traditionelle Halbkuppel (cul-de-four) durch ein vierteiliges Gratgewölbe zu ersetzen, zeigt nach 1080 die kleine Apsis am südlichen Kreuzarme von St. Nicolas in Caen. Dazu hat Bony auf das sechsteilige Gratgewölbe der östlichen Kapelle des nördlichen Kreuzarmes von Gloucester hingewiesen; ähnliche Gewölbe am südlichen Kreuzarm und in den Kapellen des Chorumgangs. Sie lassen sich gut datieren; Chor und Transept von Gloucester sind 1089 begonnen und 1100 geweiht. Sie sind der „prototype indiscutable des voûtes d'hémicycle gothiques — vingt ans au moins avant la salle capitulaire de Jumièges".

Nicht nur die Apsiswölbung, auch die Wölbungen des Umgangs haben Vorstufen im normannischen und englischen Gebiet. Beispiel: die gewölbten Traveen des Chorumgangs von

217

Winchester mit ihren fünf Graten, im Jahre 1079, „dunkle Vorfahren, ein halbes Jahrhundert älter, des berühmten fünften Rippenastes am Chorumgang von St. Denis".

Das Kapitelhaus von Durham zeigt dann vor 1140 ein frühes Beispiel einer *Rippen*wölbung à retombées multiples über einer Apsis.

Das alles bildet eine Masse von Tatsachen erster Ordnung für die Erkenntnis der Vorstufen der gotischen Wölbungen über dem Chorhaupt und im Chorumgang.

Aber erst in St. Denis war die Chorpartie samt dem Umgang vollständig der Baldachinstruktur der übrigen Kirche angeglichen.

In den reifen Kathedralen gibt es dann — dem Ideal nach — keinen einzigen Bauteil, der nicht an der Baldachinstruktur des Ganzen teil hat. Halbtonnen, wie in den Emporen von Mantes, wirken als „tote" Fremdkörper. Auch die originellen dreiteiligen Gewölbe im Umgang von Notre-Dame sind als Kappen zwischen Rippen gebildet und können als dreiseitige Baldachine aufgefaßt werden.

Dieser Durchsetzung des Baldachingedankens im ganzen Bau geht parallel die Vereinheitlichung der Wandform und des ganzen Stockwerkaufbaus. Man trachtet, den durch Dienste geteilten Wandfeldern im Chor und Langhaus wenigstens annähernd *gleiche Breite* zu geben; wiederum ist der Spitzbogen ein geeignetes Instrument, um über kleine Unterschiede hinwegzumodulieren. Vollständig vereinheitlicht wird *der Aufriß*. Alle Stockwerke gehen durch Langhaus und Chor auf gleichem Höhenniveau durch. Für den Fußboden des Erdgeschosses bedeutet das zugleich den — auch aus anderen Gründen erwünschten — Verzicht auf die Krypten.

Dabei halten aber die frühen Kathedralen im Langhaus an den sechsteiligen Rippengewölben, das heißt aber an einem zweiteiligen Wandjoch und an dem „Stützenwechsel", richtiger an der Differenzierung der Hauptdienste und der Zwischendienste fest, wie sie das normannische System von St. Étienne in Caen aufgebracht hatte. Im Langhaus umgreifen zwei fünfteilige Hauptdienste einen einteiligen Zwischendienst, im Chorrund zwei Zwischendienste, so in Sens, oder vier wie in Noyon und wohl auch St. Denis (Abb. Seite 219 und 223).

Im Grundriß fordert das Streben nach Vereinheitlichung ein Durchführen der Seitenschiffe und der Emporen *in gleicher Tiefe* um das Chorrund. Denn nur so kann eine gleiche Durchbildung der Wand, auch der Tiefe und Belichtung nach, erreicht werden. Dort wo das Streben nach Vereinheitlichung besonders stark auftritt, wie in Sens, verzichtet man ihm zuliebe auf das

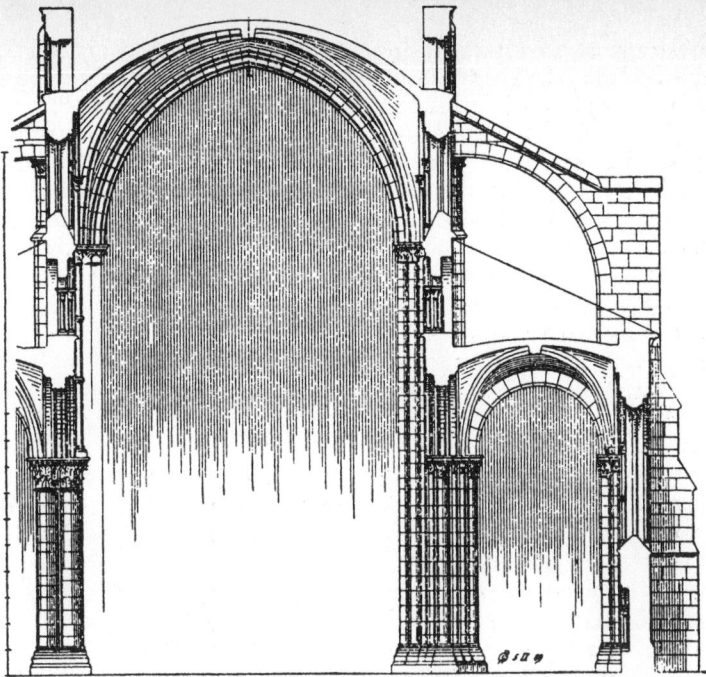

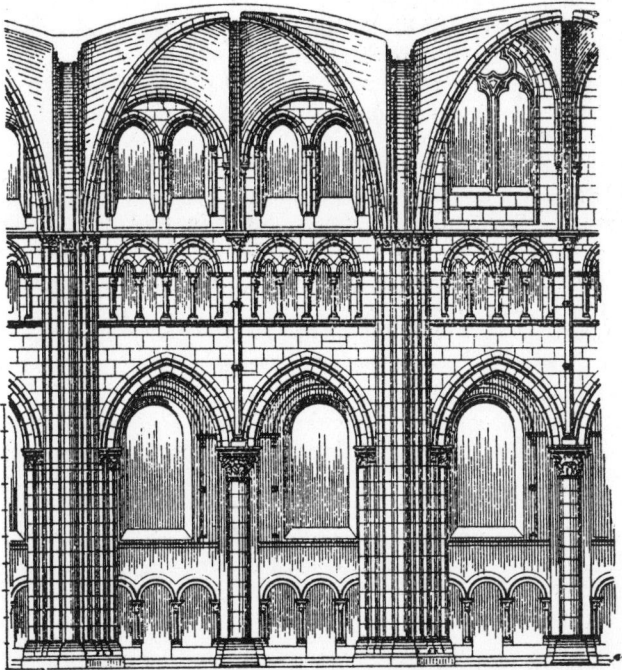

Aufriß eines Wandjochs und Querschnitt der Kathedrale von Sens

Querschiff und damit auf die Vierung. Ein völlig gleichmäßiger Raummantel legt sich an allen Seiten, mit Ausnahme der Stirnseite, um das Hochschiff und seine Endigung: es entsteht die „église continue" (Focillon).

Diesen Schritt — den später Notre-Dame wiederholen wird — machen die für die kommende Entwicklung maßgebenden Kathedralen, vor allem St. Denis, nicht mit. Sie suchen die Vereinheitlichung bei Bewahrung einer großen Vielfalt der Raumformen, nicht den Einheitsraum, der schließlich eine rechteckige Baldachinhalle wäre (Kapitel 153).

KAPITEL 70

Anfänge des Schwebens

In der Kathedrale von Sens erscheint eine Unterscheidung der Haupt- und Zwischendienste nicht nur nach der Stärke, sondern auch nach der Länge, die von da ab bis zur Neuerung der Notre-Dame von Paris von vielen Kathedralen aufgenommen worden ist. Die Zwischendienste reichen nicht, wie die Hauptdienste, bis zum Boden des Erdgeschosses, sondern endigen an der Deckplatte von Säulen, die an dieser Stelle die Arkaden des Erdgeschosses aufnehmen (Abb. Seite 219).

Diese Form ist innerhalb der Antike undenkbar. Sie erweckt zwingend den Eindruck, daß sich an dieser Stelle die Träger des Gewölbes *von oben* herabgelassen haben.

Im Chorrund wird dieses Motiv zum herrschenden. Man kann das Chorrund immer als einen halbierten Zentralbau auffassen. Ergänzt man es in der Vorstellung, so stehen im Erdgeschoß dieses Zentralraums lauter Säulen, darüber aber wird die Wölbung scheinbar von den dünnen Diensten getragen. Eine überirdisch zarte schwebende Architektur hat sich mit einer irdisch feststehenden vereinigt. Der hier ergänzten Form entspricht weitgehend das Aussehen der Londoner Templerkirche, erbaut um 1180, gewiß nach dem Vorbild französischer Templer-Rundkirchen.

Eine genetische Ableitung dieses höchst auffallenden Motivs ist, so viel ich sehe, bisher nicht versucht worden. Die festländische normannische Architektur kennt zwar auch eine Unterscheidung von Hauptdiensten und Zwischendiensten nach der Länge, aber so, daß der Zwischendienst *oben* kürzer ist als der Hauptdienst, im Stockwerk tiefer als dieser endet. Von diesem System, das scheinbar von dem flachgedeckten Bau von St. Étienne eingeführt worden ist, ist das von Sens gewissermaßen die Umkehrung. Dafür gibt es Vorstufen schon an flachgedeck-

Wandsystem der Kirche von Waltham

ten Bauten, und wiederum in England. Als *ein* Beispiel nenne ich die Kirche von Waltham, im Bau 1125-26.*)

Dieses Motiv scheint mir zu den für die Stilstufe von 1125 charakteristischen zu gehören, für welche die Intention des Schwebens — und des Unstatischen überhaupt — typisch ist. Und überdies scheint es mir typisch *englisch* zu sein, durchaus im Gegensatz zu dem fest auf der Erde Stehenden, Struktiven der normannischen Architektur, auch extrem anti-antik.

Es taucht hier und in Sens erst in Andeutungen auf, gewissermaßen noch gehemmt durch das normannische Dienstsystem, von dem es umgriffen wird. Aber es ist berufen, in der Gestaltung der Kathedrale eine große Rolle zu spielen.

KAPITEL 71

Übergang zur Vierstöckigkeit

Entscheidend für die frühe Kathedrale ist nicht das dreistöckige Wandsystem von Sens mit seinen niedrigen Emporen und der Breiträumigkeit des Raumquerschnitts geworden, son-

---

*) Abb. Escher 42

dern das vierstöckige System, wie es in St. Germer, Noyon, Senlis erscheint. Es spricht vieles dafür, daß der Prototyp des vierstöckigen Innenraumes in der Île-de-France der Suger-Bau von St. Denis gewesen ist.*)

Dieses vierstöckige System geht aus dem normannischen Aufriß mit *hohen* Emporenöffnungen dadurch hervor, daß es der Zone der Pultdächer über den Emporen eine eigene Wandzone im Innenraum entsprechen läßt, die sich zwischen die Zone der Emporenarkaden und die Fensterzone der Wölbung schiebt.

Künstlerisch bedeutet diese Mehrung der Geschosse eine Steigerung des Hochragenden. Bei gleicher Breite werden die einzelnen Wandfelder um ein volles Stockwerk höher; auch die Einführung des Spitzbogens in die Erdgeschoßarkaden — den zuerst in Nordfrankreich St. Omer in Lillers (Pas de Calais) aus Burgund und mit burgundischem System übernommen hatte — wirkt im gleichen Sinn. Dieselbe Tendenz zum Hochragenden äußert sich in der Veränderung der Raumverhältnisse. Im Querschnitt des Hochschiffs verhielt sich Breite zur Höhe in Sens nur wie 1:1,4, in St. Germer wie 1:2, in Noyon 1:2, Senlis 1:1˙9.

An sich freilich bedeutet die Steigerung der Steilheit des Raums und der Wandfelder noch keine spezifisch gotische Tendenz. St. Trophime in Arles hat um 1150 bei rein romanischer Gesinnung in seinem dunklen Raum sogar die äußerste Hochräumigkeit der reifen gotischen Kathedralen überboten, verhält sich doch in seinem Hauptschiff die Breite zur Höhe wie 1:3,5, in den Seitenschiffen sogar wie 1:4,2, während Amiens es nur auf 1:3,1, Beauvais auf 1:3,4 und erst Köln auf 1:3,8 bringt. Aber in der Verbindung mit der neuen Lichträumigkeit bekommt diese Steigerung einen neuen Sinn, sie steigt von St. Denis — mit geringen und jedesmal gesondert zu erklärenden Rückschlägen — bis Köln ständig an. Die vierfache Unterteilung der Wandfelder trägt zusammen mit der wachsenden Schlankheit der Wandgliederungen dazu bei, den Eindruck unermeßlicher Höhe noch über die tatsächlichen Verhältnisse hinaus zu steigern. „Multiplicity and complexity of parts, so effective in increasing the apparent seize of the Gothic churches was equally successful in magnifying their apparent height" (Bond 525).

Wie wichtig dieses vierte Geschoß den Erbauern der frühen Kathedralen wurde, ersieht man daran, daß sie ihm zuliebe formale und konstruktive Nachteile in Kauf nahmen. Denn formal ist die eingeschaltete Zone, die nicht durchlichtet werden

---

*) Die hier — nach Panofsky — wiedergegebene Abb. S. 223 zeichnet den Aufbau dreistöckig, doch läßt Crosby, gegenwärtig der beste Kenner des Suger-Baus, die Möglichkeit eines vierstöckigen Wandaufbaus offen.

Chor der Abteikirche St. Denis, rekonstruierter Längsschnitt

kann, zunächst eine Verlegenheit (siehe Kapitel 82); es hat mehr als dreißig Jahre gedauert, bis man für diese Stelle eine befriedigende und allgemein angenommene Lösung fand.

Konstruktiv ist die Einschaltung dieses Geschosses ein Wagnis, denn die unter dem Dach der Emporen verborgenen Strebemauern oder -bogen erreichen, selbst wo jenes steil hochgeführt wird, nicht den wirklichen Fuß der Gewölbe (Anhang I). Die Gewölbe bleiben jetzt gewissermaßen unverstrebt — ähnlich wie die Tonnen von Cluny III und seiner Nachfolge. Vierzig Jahre später hat man es fast überall für notwendig gehalten, diese Gewölbe durch hinzugefügte sichtbare Strebebogen über den Dächern zu sichern. Man hat also damals das System der frühen Kathedralen als konstruktiv mangelhaft empfunden. Wir erkennen daran, wie wenig die Logik des Konstruktiven und wie sehr der Drang nach einer überwirklichen Architektur das Bauen zur Zeit der Kathedrale bestimmte.

Um die Vierstöckigkeit der frühen Kathedrale zu erklären, pflegt man gewöhnlich auf die Kathedrale von Tournay zu verweisen. Das Wandsystem dieses Baus, dem vertikale Gliederungen vollkommen fehlen, ist aber von dem der Kathedrale allzu verschieden, um als Vorbild in Betracht zu kommen. Es

223

ist am ähnlichsten dem englischen „Viadukt"-System von Southwell, dem ein Fenstergeschoß hinzugefügt wurde. Ungefähr gleichzeitig mit dem Übergang zur Vierstöckigkeit in der Île-de-France tritt ein Beispiel vierzonigen Wandaufbaus auch in Burgund auf, bleibt jedoch vereinzelt: in den beiden östlichen Jochen der Vorkirche von Cluny III, die Conant um 1125, m. E. zu früh, datiert. Die Wand baut sich hier auf aus Arkade, Triforium, echtem basilikalen Lichtgaden und davon getrennten Lünettenfenstern, gehört also einem anderen Typus an als die der vierstöckigen Kathedralen (siehe dazu Kapitel 84).

Eine wiederum andere vier-, ja fünfstöckige Anordnung, entwickelt aus dem Typus des „mur épais", hat das Querhaus von Noyon (beendet 1165-70). Auch dieses System ist für die Kathedrale ohne Folgen geblieben.

Wieder, zum drittenmal, ist es das Verdienst Jean Bonys, auf unbeachtete Vorstufen hingewiesen zu haben. Sechzig Jahre vor der frühesten vierstöckigen Kathedrale der Île-de-France zeigt eine Gruppe von westenglischen Bauten in einzelnen Bauteilen ein vierstöckiges Wandsystem, das sich zur Ableitung besser eignet als das von Tournay und übrigens wesentlich früher ist, selbst wenn man mit dem Baubeginn von Tournay bis 1110 heruntergehen will: Tewkesbury und das benachbarte Pershore.

Beide Bauten sind gut datiert: Tewkesbury gegründet zwischen 1090 und 1100, Pershore — wohl von demselben Architekten — gegründet bald nach 1087, das Schiff vollendet 1123. Die Chorteile darf man in das letzte Jahrzehnt des 11. Jahrhunderts setzen.

Tewkesbury und Pershore repräsentieren ein außergewöhnliches System. Im Langhaus keine Emporen, sondern eine Hypertrophie des Arkadengeschosses, dessen riesige zylindrische Pfeiler — sonderbar und eindrucksvoll — mehr als die halbe Höhe des Aufrisses einnehmen. Im Chor dagegen Emporen — die ein neues Geschoß für Altäre bilden — und über den Emporen *ein „echtes" Triforium*. Dieses Triforium kündigt schon die französischen Triforien der Kathedrale an. Es ist um diese Zeit in der Normandie vollkommen unbekannt, wo die Triforien, wenn sie nicht als Blendtriforien ausgebildet sind, sich direkt auf die Dächer öffnen wie in Bernay, Mont-Saint-Michel, St. Nicolas in Caen, Lessay usw. Auch Sens folgt noch diesem normannischen Typus.

Die Vierstöckigkeit kommt dadurch zustande, daß Fensterzone und Laufgang, die in der Normandie immer verbunden waren, getrennt werden. Diese beiden oberen Geschosse laufen nun jedes für sich einheitlich durch, wobei die *praktische* Funktion des „dunklen" Laufgangs offenbar darin besteht, den Raum unter den Seitendächern zugänglich zu machen, während die Fensterzone von einem eigenen Laufgang bedient wird.

In Tewkesbury ist das vierstöckige System an der Ostwand der beiden Kreuzarme noch gut erhalten, nur sind die oberen Fenster beim Einziehen der Wölbung im 14. Jahrhundert vermauert worden. Die gleiche Anordnung läßt sich auch in Pershore erkennen. In beiden Fällen beschränkte sie sich nicht auf das Transept, sondern war in gleicher Weise auch im Chor durchgeführt (nebenstehende Abb.).

Querhaus der
Klosterkirche
Tewkesbury

„Diese englischen Bauten gehören nicht dem normannischen Bereich Englands an, an den man allzu ausschließlich denkt, wenn man von der englischen normannischen Architektur spricht. Sondern sie repräsentieren das bisher zu wenig beachtete *West*england, wo sich an den Ufern des Severn ein durchaus eigenständiges kulturelles Milieu und eine eigenartige Kunst entfaltet hatte. Nichts kann weniger normannisch sein als diese Baukunst des englischen Westens. Vertikal durchgehende Glieder und Bündelpfeiler sind unbekannt; der Typus der Schiffe und Chöre ist in allen Teilen ein völlig anderer als im normannischen England, in der Normandie oder im Norden Frankreichs" (Bony).

Da es für die Viergeschossigkeit dieser englischen Bauten Vorstufen in der Normandie nicht gibt, muß man eine andere Verbindung beachten, die gewöhnlich übersehen wird: die zwischen der englischen romanischen Kunst und der ottonischen Kunst Deutschlands „où l'Angleterre à été chercher l'inspiration de sa grande renaissance artistique de la fin du Xe siècle" (Bony). Damals übernimmt man in England den Kirchentypus mit West-Querhaus, Westwerke mit Eintürmen und ein ganzes Repertoire von Ornamenten. Diese Verbindung hat hier im Westen Englands länger als anderswo bestanden. Wilhelm der Eroberer hat in diesem Gebiet noch vier „lotharingische" Bischöfe vorgefunden und im Amt belassen (Bony).

Innerhalb der ottonischen Kunst aber gibt es, wenn auch nur vereinzelt, vierstöckigen Wandaufbau. Ein erhaltenes Beispiel gibt der „turris sanctae Mariae", die Peterskirche von Werden, geweiht 943. Zwischenglieder fehlen allerdings. Wenn man aber diese Hypothese Bonys annimmt, könnten die viergeschossigen Chöre des englischen Westens einerseits, Tournai anderseits, beide Erben eines ottonischen Formgedankens sein.

Für die Ableitung der vierstöckigen Kathedrale leistet das Vorbild von Tewkesbury und Pershore mehr als das von Tournai. Die Verbindungen zwischen der Île-de-France und dem englischen Westen müssen um die Mitte des 12. Jahrhunderts sehr lebendige gewesen sein (siehe Kapitel 122). Mit der Einführung der Vierstöckigkeit wird für den Innenraum der Kathedrale die *Chorpartie* bestimmend.

KAPITEL 72

Beginn der diaphanen Wand

Das neue Prinzip der kreuzrippengewölbten Baldachinräume bedeutet noch keine Gotisierung des Raums. Solange die neuen schlanken Baldachine noch zwischen romanisch massiven undurchlichteten Mauern stehen, kann sich die neue Lichträumigkeit, die potentiell zum Wesen jedes Baldachins gehört, nicht durchsetzen. Erst wenn auch die Wand „licht" wird — diaphan im Jantzenschen Sinn — entsteht der gotische Raumeindruck.

Diesen Übergang vollzieht von sich aus um diese Zeit nur die Île-de-France. Andere Landschaften übernehmen zwar das neue Baldachinprinzip, halten aber an der kompakten Wand fest. So gibt es um 1150 Bauten, die sehr rasch den Baldachinraum aufgreifen und ihn mit der schweren gestuften Wand und dem schweren quadratischen Rhythmus des „Romanischen" zu eigentümlich hybriden Wirkungen verbinden. Ein gutes Beispiel: das Langhaus der Kathedrale von Le Mans — bezeichnenderweise damals noch außerhalb des Gebiets des Kronlandes, mit dem es erst später vereinigt wurde — zeigt um 1150 noch diese Züge und im Kontrast zu dem hochgotischen Chor sehr scharf, was diesem Mischgebilde zum „Gotischen" fehlt. So wäre die französische Romanik weitergegangen. Ein großer Teil der staufischen Baukunst Deutschlands beruht auf diesem ungelösten Widerspruch.

Diese historischen Erfahrungen bestätigen durchaus Jantzens Einsicht, daß für den Eindruck des gotischen Kirchenraums die Gestaltung der Wand entscheidend ist.

Anderseits ist aber auch ein direkter Übergang von dem prägotischen Wandsystem von Cerisy zu dem von Laon nicht möglich. Zwar haben die maßgebenden frühen Bauten, Noyon, St. Germer, und wohl schon St. Denis im *Aufriß* an dieses System, das sie zu einem vierstöckigen ausgebaut haben, angeschlossen. Aber nicht übernommen haben sie aus dem System des „mur épais" gerade die *Dicke* der Wand. Die Wand mußte, um diaphan zu werden, zuerst dünner werden. Das heißt aber, sie mußte, um als ganzes diaphan zu werden, zunächst gerade jenes Teilmotiv aufgeben, das schon diaphan gewesen war: das zweischalige dritte Geschoß. Erst auf der Stufe von Laon wird dieses

Motiv wieder gewonnen werden, erst mit St. Denis II wird es durchsichtig werden.

Bei den neuen Ansätzen zur Gewinnung einer dünnen durchschienenen Wand ist *führend die Chorpartie*, die im normannischen System am rückständigsten gewesen war.

Im Erdgeschoß ist der entscheidende Schritt zur Diaphanie die Einführung von Säulen statt Pfeilern. In den Chören von St. Denis, Noyon, Senlis stehen nur mehr Säulen; die Dienstbündel setzen erst über den Säulen an. Aber „erst die Aufnahme der Rundstütze als eines plastisch geformten Körpers in das Arkadengeschoß erlaubt das ‚Durchscheinen‘ der Seitenschiffe als Grund" (Jantzen). Da die Wand nicht mehr wie im Romanischen als vielschichtig, sondern als einschichtig empfunden wird, lehnt man auch die hintereinander stehenden Säulenpaare — wie sie noch Sens angewendet hatte — ab.

Im Emporengeschoß steht bei den „modernen" Bauten — Noyon, Senlis und gewiß auch in St. Denis — im allgemeinen in jedem Joch *eine* offene Arkade; ausnahmsweise zwei gekoppelte Arkaden nebeneinander (Noyon), aber ohne übergreifenden Bogen. (Die unter den Hauptbogen eingezogene zweiteilige Arkadenkulisse wird erst Notre-Dame von Paris wieder bringen.) Das zweite Geschoß von Sens wirkt dagegen altertümlich: das dünne Säulchen, das die zweiteiligen Arkaden teilt, steht hier angeheftet an einen dahinter stehenden romanisch massiven Kurzpfeiler: die Wand als Ganzes wirkt zweischichtig und kompakt.

Eine Verlegenheit ist auf dieser Stufe noch das Triforiengeschoß. Es kommt zu keiner überzeugenden Lösung. Das romanische Blendtriforium (Chor von Noyon) wirkt in dem neuen System schon als ein Fremdkörper, und gegenüber dem System von Cerisy als ein Rückschritt. Die Durchbrechung mit schmalen spitzbogigen Öffnungen läßt viel Wand stehen und genügt nicht den Ansprüchen an „Diaphanie".*) Wie St. Denis diese Zone gestaltet hatte, ist nicht mehr zu ermitteln.

In der Fensterzone erscheint zunächst — in Noyon — noch ein innerer Laufgang. Der Fortschritt wird hier darin bestehen, das Fenster nach innen, annähernd in die Stirnebene der ganzen Hochwand zu schieben, den Laufgang nach außen zu verlegen und die durchschienene Fläche der Schildmauer zu vergrößern.

Wenn auch vieles noch unausgeglichen und besonders die Triforienzone nicht bewältigt ist, so zeigt der Vergleich mit Sens doch die Überlegenheit des neuen Systems, dem — sehr wahr-

---

*) Ich vermag ohne neuerliche gründliche Überprüfung nicht zu glauben, daß die rechteckigen Luken von St. Germer ursprünglich sind und würde kleinere spitzbogige, vielleicht gekoppelte, für möglich halten.

scheinlich — der Chor von St. Denis die Bahn gebrochen hat und das von da ab die Grundlage aller Experimente bis zu der allgemein angenommenen Wandform von Laon geworden ist. Noch deutlicher ermißt man die Größe der Wandlung dort, wo an *einem* Bau frühgotische und romanische Wandstruktur sich begegnen, zum Beispiel im Querhaus von Châlons-sur-Marne (Tafel 80 bei Gall).

KAPITEL 73

Der neue Luminismus
Kapellenkranz

Das neue Verhältnis zum Licht, das sich mit dem Übergang zur hellen Wölbung angebahnt hatte, steigert sich mit der Entstehung des Baldachinsystems. Das bedeutet nicht unbedingt Steigerung der *Helligkeit:* manche normannische Kirchen dürften heller gewesen sein als die frühgotischen. Nicht Helligkeit sucht man, sondern geheimnisvolle Licht*fülle* und „Verklärung". Zwar ist innerhalb der Entwicklung der diaphanen Wand die Tendenz deutlich, immer noch mehr leuchtende Fläche von oben zu entfalten. Die spitzbogige Überhöhung der Schildmauer vergrößert die Fläche, in der die Fenster sitzen, und die Fenster machen von dieser Möglichkeit Gebrauch: sie werden größer und bilden Fenstergruppen; gerade an dieser Zone wird fortwährend gebessert. An nicht wenigen Bauten ist die Lichtfläche nachträglich vergrößert worden (zum Beispiel in Sens). Doch halten sich die Fenster noch ganz im Rahmen der vom Schildbogen abgegrenzten Fläche, und das Anwachsen der Glasflächen mit ihrem *tief*farbigen Licht macht die Räume zunächst eher dunkler als heller. Trotzdem bedeutet es ein neues Verhältnis zum Licht, nicht zum natürlichen Tageslicht, sondern zum übernatürlichen Licht — einen neuen „Luminismus".

Noch viel deutlicher als in der Zone des Lichtgadens äußert sich der neue Luminismus in der Erdgeschoßzone des Chors. Er findet hier seinen Ausdruck in einer spezifischen Form, die erst mit der Kathedrale aufkommt: in dem Kranz der Chorkapellen.

Die Chorkapellen sind im Grunde nichts anderes als kleine Apsiden an einer großen. Die *durchfensterte* Apsis ist aber ihrem Wesen nach Lichtfänger. Man kann diese ihre Funktion in großartiger Weise an den römischen Kaiserthermen beobachten, die an der Stelle, wo das Warmbad liegt, ein starkdurchfenstertes Halbrund aus dem Bau hinausschieben — das manchmal noch kleinere Apsiden aus sich entsendet —, um möglichst viel Licht (und Wärme) einzufangen, genau so wie später barocke

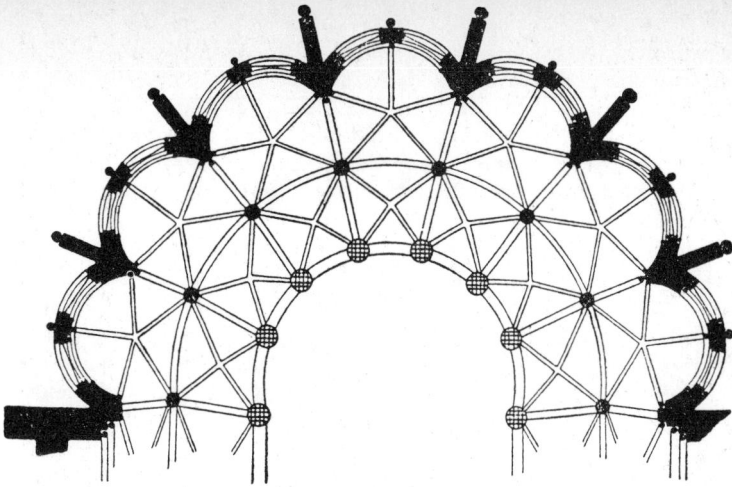

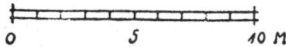

Grundriß des Chors der Abteikirche St. Denis

Schlösser ihre Mittelsäle aus dem gleichen Grund aus dem Baukörper herausbuchten. An der „Minerva Medica" umgibt ein Kranz solcher lichtfangender Kapellen den umbauten und daher dämmernden Fuß des Rundsaals, während von oben reichliches Licht durch sehr große Fenster kommt.

Genau so wie dort bedeutet 900 Jahre später das Anfügen eines Kranzes ausbuchtender Kapellen zunächst den Wunsch, noch mehr Seitenlicht hereinzuholen. *Neu ist nicht der Kapellenkranz als solcher, sondern die fortlaufende Anordnung der Kapellen dicht nebeneinander, so daß zwischen ihnen keine tote stumpfe Wandfläche übrig bleibt,* und die starke Durchfensterung. Ausstrahlende Kapellen hatten seit St. Martin in Tours viele Kirchen, spezifisch „gotisch" ist erst das Anschließen einer Kapelle an die andere: nicht nur Steigerung des Lichtglanzes, sondern *Vereinheitlichung des Lichts,* das der Umgang zu einem kontinuierlichen Lichtgrund zusammenfließen läßt.

Wie sehr dieses Motiv in Wahlverwandtschaft steht zu der gleichzeitig sich vollziehenden Verwandlung des Raums und der Wand, zeigt sich daran, daß kaum eine der Kathedralen auf diese Form verzichtet hat; nur jene, die die Vereinheitlichung auf einen Höhepunkt treiben.

Denn daß das Motiv auf die Chorpartie beschränkt blieb — obgleich sich Apsiden-Kapellen auch an die Querschiffe hätten

229

anschließen lassen — zeigt den Wunsch, der formal nunmehr vollkommen dem übrigen Bau angeglichenen Chorpartie noch eine *Steigerung* der Lichtfülle vorzubehalten.

Wie in der Vierstöckigkeit ist auch in dieser Hinsicht die Chorpartie jetzt führend: „Vielleicht kann man sagen, daß das Prinzip der diaphanen Struktur von hier seinen Ausgang genommen hat" (H. Jantzen).

Die Lichtfolie des Kapellenkranzes ist das Einzige, wodurch sich das Chorhaupt vor dem übrigen Raum auszeichnet — denn das große Apsisbild ist ihm durch die Zerlegung der Wölbung verloren gegangen (ein sehr großer Verlust) — und das wieder spricht dafür, daß das Wesentlichste in künstlerischer Beziehung — nämlich das, was imstande ist, das Allerheiligste auszuzeichnen — jetzt *im Lichte* gesehen wird.

KAPITEL 74

Die Glasbilder

Daß sämtliche Fenster des Neubaus von Saint Denis mit figurierten Scheiben verschlossen waren, ist an sich nichts Neues — wenn auch in der romanischen Kunst *vollständig* mit Bilderscheiben ausgestattete Kirchen selten gewesen sein dürften. Neu ist nur das Anwachsen der verglasten Flächen: in den Kapellen des Umgangs reichen sie fast bis zum Boden.

Wirklich neu aber wäre nach Engels die Gestaltung des einzelnen Glasfensters. Die spezifische Form des *Medaillonfensters,* das hier erscheint und für das gotische Fenster grundlegend wird, mag zwar schon früher dagewesen sein. Die in kreisförmig geschlossene Szenen aufgeteilte Darstellung — häufig in Textilien und dort sehr alt — kommt in gleichzeitigen und älteren deutschen Bilderhandschriften vor, vor allem in Handschriften der Regensburger Schule. Die französische Glasbildnerei macht aber daraus — und das ist das entscheidend Neue — ein *struktives* Mittel (Engels 46). Das Mosesfenster von Saint-Denis zeigt die erste bewußte Verwendung des Rundbildes in diesem Sinn.

Der Kreis hat, gegenüber dem quadratischen oder dem rechteckigen Feld, von sich aus etwas Schwebendes und zugleich Zeitloses. Die Anordnung mehrerer Kreise übereinander verleiht der Fläche der Fenster die gleiche *„Schwebung",* die zur gleichen Zeit Architektur und Skulptur mit eigenen Mitteln suchen. Noch auffallender wird das bei der Form der Raute, die in Kombination mit dem Kreisfeld auftritt: sie ist an der Kathedrale das früheste Beispiel jener nach unten zugespitzten Form, die wir oben (Kapitel 13) als universales Motiv gotischen Gestaltens erkannt haben, das zuletzt sogar das ruhende Paviment ergreifen wird.

Über die Farbigkeit dieser frühen Kathedralen-Fenster läßt sich nichts Bestimmtes sagen. Es spricht aber viel dafür, daß die Gesamtfarbigkeit — stärker als die der Stufe um 1200 — von jenem tiefen Blau beherrscht war: „ce bleu qui émeut comme la révélation de l'autre monde" (Mâle 68). Vielleicht darf man annehmen, daß der Zusammenklang von Blau und Grün, der zum Beispiel die Arbeiten der Werkstätten von Limoges bestimmt, aber auch manchen Handschriften der Jahrhundertmitte ihren feierlichen aber etwas kühlen Charakter gibt, gerade für die Stufe von St. Denis (Jessefenster) in die Kunst der Scheiben hereinwirkt. Doch zeigen schon die alten Scheiben von Chartres daneben als Hintergrund jenes tiefe Rubinrot, das mit dem Blau den charakteristischen Saphir-Rubin-Akkord der Kathedrale aufbaut; wobei in Chartres mit feinem Gefühl den stehenden quadratischen Scheiben das Rot, den schwebenden runden oder rautenförmigen das Blau zugeteilt ist.

Wenn irgendwo, so wird man in St. Denis — wo der Bauherr das Programm der Skulptur anordnete (Kapitel 76) — ein Gesamtprogramm der Glasbilder erwarten. Aus den geringen erhaltenen Resten ist es nicht zu rekonstruieren. Doch erkennt man zwei Dinge: Einmal die Neigung, Bilder des Alten Testaments auf die des Neuen antithetisch zu beziehen; die Austeilung der Fenster in zwei vertikal aufsteigenden „Strophen" kommt dieser Tendenz entgegen oder ist gar ihr zuliebe ersonnen und wirkt ihrerseits auf die Bildkunst kirchlicher Handschriften zurück (C. Morey). Zweitens eine anagogische Tendenz dieser Bilder (siehe Kapitel 78).

KAPITEL 75

Der Verzicht auf die Krypten

Die Krypta wird keineswegs nur von der Kathedrale abgelehnt. Sie hat in Frankreich überhaupt nie die Bedeutung erreicht wie in Deutschland oder Italien. Die Cluniacenser haben sie nie angenommen, ebensowenig „wie die Erben und Erneuerer der cluniacensischen Observanz im späten 11. und 12. Jhdt., die Zisterzienser, die in ihren Klosterkirchen keine Gruft- und Kryptenanlagen kennen" (Wallrath). Die gotische Kathedrale *muß* aber ihrem ganzen Wesen nach die Krypta ablehnen; in St. Denis — wo die alte Königsgruft selbstverständlich auch bei der gotischen Erneuerung bestehen bleiben mußte — ist sie so leicht und licht gehalten, als es unter den gegebenen Umständen überhaupt möglich war; in Bourges ist sie durch das Gelände erklärt und eigentlich keine Krypta, sondern eine lichte Unterkirche. Keine gotische Kathedrale hat unterirdische Grab- oder Kulträume.

Aus drei Hauptgründen sind sie in der gotischen Kathedrale unmöglich: weil sie die Vereinheitlichung des ganzen Baus stören, die sich auch auf die im gleichen „Spiegel" durchgehende Bodenfläche erstreckt; weil sie dem Luminismus der Kathedrale widersprechen; vor allem aber weil es in einem Bau, der als Abbild des Himmels gemeint ist, Grüfte nicht geben kann. So hat auf dem Höhepunkt der Kathedrale im 13. Jahrhundert Albrecht von Scharffenberg im Jüngeren Titurel ganz bewußt den Abscheu vor den Grüften ausgesprochen (Kapitel 22).

Die Beseitigung der Krypta im allgemeinen hat Wallrath überzeugend in Zusammenhang gebracht mit dem Wandel der Reliquienverehrung. Seit dem 11. Jahrhundert werden in Frankreich „die Gebeine der Kirchenheiligen und Märtyrer nicht mehr in der Gruft im Erdgrab belassen, sondern in die Oberkirche überführt, um dort ebenso wie die übrigen Reliquien den Gläubigen zur Verehrung *gezeigt* zu werden". Dieser Grund ist für die Kathedrale nicht entscheidend — denn sie hätte nach ihrer ganzen Idee die Krypten auf keinen Fall beibehalten können —, aber an ihm zeigt sich, wie der aufkeimende neue Wille zum Lichtraum Hand in Hand geht mit dem Bedürfnis nach Schau des Heiligen, die sich auf alles erstreckt: auf die Hostie, auf die Reliquien, auf den Charakter der Bilder, und in der Kathedrale auch auf das gebaute Himmelsbild, das Kirchengebäude. Die Reliquien sind nicht mehr „nur da", im Kirchengrund oder in Steinpfeiler verlegt, vielmehr will das *Auge* jedes einzelnen Gläubigen die Gebeine *sehen* und sehend verehren. Die Reliquien werden in der Oberkirche in kostbaren Schreinen hoch aufgerichtet. Die allgemeine Sucht des Zeigens und Aufweisens von Reliquien führt zur Errichtung von hochragenden Aufbauten, Türmen und Pyramiden. Es ist derselbe Drang, der später zu eigenen Reliquienmonstranzen aus Glas oder Kristall führt. Auch bei der Entstehung des Lettners — nicht nur als Schranke, sondern als Schaubühne — hat dieser Wunsch mitgespielt; wir wissen, daß die Lettnerbühne zu diesem Zweck der Darweisung von Reliquien benutzt wurde. Im späten 14. Jahrhundert hat das immer fortwirkende Bedürfnis zu einem so außerordentlichen Gebilde geführt, wie dem hoch oben zwischen zwei Säulen des Kirchenschiffs scheinbar frei schwebendem Reliquiengehäuse der abgebrochenen Kathedrale von Arras, dessen Anblick uns ein Stich nach Aufnahmen des 18. Jahrhunderts vermittelt (Abb. Seite 62).

Wenn diese ganze Bewegung auch erst im 13. Jahrhundert kulminiert, so hat sie sich doch schon bei der Geburt der Kathedrale mit vollständiger Klarheit ausgesprochen. Schon in Saint-Denis gab es ein hohes Schaugerüst zur Darstellung: „Turritus erat tumulus id est in modo pyramidis accuminatus" (Le Vallois). Abt Suger selbst motiviert in seinem Bericht über die Einweihung von St. Denis die Erhebung der Reliquien: sie sei geschehen „um sie den *Blicken* der Nahenden in würdiger, *mehr in die Augen fallender Weise* zeigen zu können".

KAPITEL 76

Keime des Künftigen: St. Denis Fassade
„Porta coeli"

Zum erstenmal in St. Denis ist die Fassade Inbegriff der „Porta Coeli" (siehe oben Kapitel 40). Alle ihre Einzelmotive und ihre gesamte Ikonologie sind diesem Bedeutungssinn unterstellt. Die ganze Front: ein von zwei Hochtürmen flankiertes Stadttor der Himmelsstadt, wie Tore irdischer Städte mit einem auf halber Höhe durchgehenden Zinnenkranz bewehrt. Im Tympanon des Hauptportals das Jüngste Gericht, Christus als „janua vera". In den Archivolten Engel und Selige. An den Gewänden die Vorfahren Christi. Über dem Hauptportal das neue Symbol der „majestas Christi": das Sonnenfenster.

Dieses ganze symbolische Programm, wie die symbolische Anschauungsweise, gehen auf Suger zurück; das verrät allein schon die Stelle in seinem „Libellus de consecratione...", wo er vom Chorbau der Kirche sagt: „In der Mitte heben zwölf Säulen, entsprechend der Zahl der Apostel, und ebensoviele in den Seitenschiffen, die Zahl der Propheten kennzeichnend, den Oberteil des Gebäudes empor", nach den Worten des Apostels, der im Geiste baut: „So seid ihr nun nicht mehr Gäste und Fremdlinge, sondern Bürger (der Himmelsstadt) mit den Heiligen und Gottes Hausgenossen, erbaut auf dem Grunde der Apostel und Propheten, da Jesus Christus der Schlußstein ist, welcher die Wände von beiden Seiten eint, in dem jedes Bauwerk, sei es geistig oder materiell, wächst zu einem heiligen Tempel im Herrn" (Panofsky).

Vor dem Innenraum verrät die Fassade einen großartigen Geist der Auslese und Synthese oft weit herangeholter Formen, die nur der bewußte Wille eines Bauherren so zusammenbringen konnte (Kapitel 131).

Die Ausgangsbasis bildet, so wie für den Innenraum, auch für die Fassade das Normannische, und zwar auch hier St. Étienne

233

in Caen. Verglichen mit der großartig straffen und herben Front dieser Kirche erscheint die „reiche, zarte, doch etwas unstabile Gliederung" (P. Meyer) der Fassade von Saint-Denis so unsicher wie die unentschiedenen Formen der Vorhalle. Erkennbar wird der Versuch, das Mitteljoch in der Fläche aufzugipfeln.

Diesem normannischen Stamm sind fremdartige heterogene Formen recht unvermittelt aufgepfropft: *unten* reiche Skulptur — große Tympana — wie in Burgund und in Südwestfrankreich; in den Archivolten tangential angeheftete Figuren wie in der Saintonge; am Gewände große Figuren wie im Gebiet von Toulouse, aber hier zum erstenmal zu monumentalem Format erhoben; *oben* als Krönung des Mittelfelds — aus der Picardie geholt, aber möglicherweise ebenfalls südwestfranzösischer Herkunft, worauf die tangentialen Figuren des Rads von Beauvais hinweisen — ein neues ungeheuer zukunftsreiches Hauptmotiv der Fassade: das Radfenster. Hier, in der Technik der Fassade fest eingefügt, verwandelt sich das Motiv des labilen Fortunarads, das am Querhaus von Beauvais noch in der Richtung des ganzen Baus *lief*, zum erstenmal zum *ruhenden* Zeichen der strahlenden Sonne (H. Mersmann). Das Speichenrad ist ja schon rein formal durchlichtete, diaphane Form — möglicherweise die älteste der Menschheit.

An dieser Fassade fühlt man stärker als den Architekten den Bauherrn, und wenn man die kommende Entwicklung nicht kennt, müßte man diese Klitterung unzusammengehörender Formen dilettantisch, ja fast barbarisch finden. Den Einfall Sugers, über dem linken Portal ein Mosaik anzubringen — wozu er nach seinem eigenen Bericht die Werkleute von weither kommen ließ — hat die Entwicklung freilich ausgeschieden. Aber den Motiven der Skulptur und des Sonnenfensters gehört eine große Zukunft. Die Einheit dieser Fassade ist noch keine stilistische, aber umsomehr eine starke symbolische: aus ihr sollte später die künstlerische Einheit erwachsen.

Im Ganzen des Baus stehen die *esoterische* Symbolik der Fassade und die *anschauliche,* an die Sinne sich wendende Symbolik des Chors einander fast als Gegensätze gegenüber.

KAPITEL 77

Die Geburt des Neuen: Saint-Denis Chor

„L'art des cathédrales a eu son Giotto
mais nous ne le connaissons pas"

(P. Abraham)

Der „süße neue Stil" der Baukunst erscheint frühlingshaft, noch unsicher und doch schon bezwingend an dem Bau, den man seit langem als den Schöpfungsbau der „ars nova" angesehen hat: in dem Chor von Sugers Neubau der Abteikirche von Saint-Denis (1140-44). Er bewährt seinen alten Ruhm durchaus, wenn auch in einem anderen und präziser angebbaren Sinn. *Nicht durch eine technische Neuerung macht er Epoche, sondern durch die neue „das Jenseits schon im Diesseits bejahende" Vision der Lichtstadt Gottes.* Im Dienste dieser Vision stehen seine großen formalen Neuerungen. Baldachinsystem und Vereinheitlichung der Struktur hat er wohl schon von vorangehenden Bauten übernommen. Vierstöckigkeit(?), Säulen im Chorerdgeschoß, Schweben des Oberbaus, durchlaufenden Kapellenkranz und kontinuierliches Licht, geschmeidige Gestaltung der Rippengewölbe, die neue Form des zweizeiligen Medaillonfensters und eine typologisch-anagogische Ikonologie bringt er wahrscheinlich zum erstenmal und schafft damit den *Prototypus der Kathedrale.* In diesen Punkten folgen ihm alle frühen Kathedralen bis zum Neubau von Chartres. Alle aber überbietet er in seinem Verhältnis zum Licht, das sich überall mit bis dahin unerhörter, visionärer Kraft äußert.

Sehr deutlich ist das schon an dem einzigartigen Motiv des „doppelten Umgangs". In Wahrheit gibt es einen solchen *nicht,* der Anschein eines zweiten Umgangs entsteht — wie schon Dehio richtig erkannt hatte — dadurch, daß die aus dem Vieleck konstruierten Chorkapellen, zwei ihrer fünf Seiten gegeneinander öffnend, miteinander verwachsen (Abb. Seite 229).

Es äußert sich ebenso an den dünnen und noch dazu von allen Seiten von Licht überstrahlten Säulen des Umgangs mit ihren feinen und schönheitlichen Kapitellen. Die Lichtführung um das Chorhaupt herum ist so, daß sie die Körperschatten durch Kreuz- und Gegenlicht so gut wie aufhebt, den Körpern also eine bisher nicht gesehene Verklärung verleiht. Ganz gleich wie diese Säulen — so zart wie man es nur noch in Senlis und Noyon sehen kann — müssen die Säulen im inneren Kranz gewesen sein, die die Hochwand des Chors und die Dienstbündel des Polygon-Baldachins trugen. Wie immer diese Hochwand im einzelnen gestaltet gewesen sein mag, sie muß wohl in drei Stockwerken hochsteigend über den lichtumflossenen zarten Arkaden des Erdgeschosses als schwebend erschienen sein, als der schwebende Bau der Himmelskirche, den die Apostel und Propheten „in die Höhe heben".

Gerade dieser vehemente Wille zum Licht- und Leichtmachen war der Grund dafür, daß dem Bau schon fünfzig Jahre später Einsturz drohte. Wie andere große Bauten, die nach kühnen Lichterneuerungen strebten — wie die Hagia Sophia, wie der dritte Bau von Cluny, dessen Gewölbe 1126 einstürzten —, hat er diesem Lichtstreben zuliebe die Stabilität aufs Spiel gesetzt. Wie E. Medding-Alp nachgewiesen hat, mußten schon um 1200 (nicht erst beim Neubau des Pierre de Montereau von 1231) die Arkadensäulen verstärkt werden. Die Vision war den konstruktiven Möglichkeiten der Zeit vorangeeilt.

Auf die Krypta zu verzichten, war der Kirche, die die Begräbnisse der Könige barg, nicht möglich; genug, daß sie so licht und luftig gestaltet wurde, als es möglich war. Alles was den einheitlichen Lichtraum der Kirche verstellt, wird abgelehnt. Suger läßt die hohen, vielleicht im 11. Jahrhundert errichteten, Querschranken entfernen. Sein eigener Kommentar zu diesem Vorgehen ist höchst aufschlußreich: „In novitate siquidem sessionis nostrae impedimentum quoddam, quo medium ecclesiae muro *tenebroso* seccabatur, ne speciositas ecclesiae magnitudinis talibus fuscaretur repagulis, de medio sustolli feceramus." Hier spricht der neue Sinn für „liehte wîte", den 120 Jahre später der Dichter des Titurel für die Kirche fordert.

Und endlich äußert sich das neue Verhältnis zum Licht auch an dem neuen Verhältnis zum Gold. Die Lichtbedeutung des Goldgrundes in mittelalterlichen Wand-Mosaiken, ihr Zusammenhang mit der Lichtsymbolik des gesamten Kirchengebäudes ist erwiesen. In St. Denis erscheint mit dem neuen Luminismus die Verwendung des Goldes nicht nur für die Ausstattungsstücke der Kirche — wo sie nie abgekommen war —, sondern an Bestandteilen, die fest mit dem Kirchengebäude selbst verbunden waren. Nichts ist bezeichnender als daß Suger für das Tympanon eines Portals auf das Mosaik griff. Stilistisch vertrug sich diese Technik mit der neuen Gesinnung nicht — Glasfenster und Mosaik schließen sich, obwohl in manchem nah verwandt, aus. Aber als Symptom ist der Einfall aufschlußreich. Denn es scheint mir gewiß, daß es ein *Gold*mosaik war. Zur Gänze vergoldet waren die ehernen Portalflügel, vergoldet möglicherweise die Portalskulptur, wahrscheinlich die Kapitelle und sicherlich das Sonnenfenster der Fassade. Hier fließen äußeres Licht, Gold und „inneres" Licht untrennbar zusammen.

Es ist vollständig erwiesen, daß das Kirchengebäude von Saint-Denis als Abbild des himmlischen Jerusalem angesehen

236

wurde. Bei der Grundsteinlegung wurde, wie Suger selbst berichtet, der Psalm: „Sie ist festgegründet auf den heiligen Bergen" in feierlicher Weise gesungen. Manche der Großen des Reiches, die mit dem König selbst zur Feier erschienen waren, legten echte Edelsteine mit in die Mauern des Fundaments, um in symbolischer Absicht das Wort der Apokalypse buchstäblich wahr zu machen — das der Erbauer der Chorkapellen künstlerisch versinnlicht hatte —: „Edelsteine sind alle deine Mauern". Auch bei der Herstellung der Glaswände der Kirche kamen Edelsteine zur Verwendung. Pulverisierte Saphire wurden nach dem Bericht von Sugers Biographen in großen Mengen in das Glas eingeschmolzen, um ihm jene blaue Farbe — die Himmelsfarbe — zu geben, deren Anschauung Suger entzückte; ein Vorgang, bei dem symbolische und künstlerische Absicht nicht zu trennen sind. Es gibt eben auch eine mystische Technologie der Kathedrale.

Für Saint-Denis mindestens ist es also gewiß: die neu herangezogenen und ad hoc erfundenen Formmittel stehen im Dienste einer überwältigenden Lichtmystik, und diese Lichtmystik bezieht sich inhaltlich auf den *Glanz der Himmelsstadt,* den sie anschaulich, wie nie bisher im Abendlande, schildert. *Inspiriert* ist diese Lichtmystik von dem Mann, der den Hausheiligen der Abtei, den „dreimal heiligen" Dionysius, dessen Werke sie als kostbares Heiligtum bewahrte, zum höchsten Glanze verhelfen wollte (Panofsky). *Künstlerisch realisiert* aber hat diese neue Lichtmystik der Erbauer des Chors, der „Giotto der neuen Kunst".

Ich glaube, daß sich als Lichtvision seit der Hagia Sophia, deren Glanz Suger nicht ruhen ließ, kein Bau mit St. Denis vergleichen konnte.

KAPITEL 78

Die Kirche Saint-Denis in den Augen ihres Erbauers

„Per lumina vera ad verum lumen"

(Suger)

Das was der im Geiste wiederhergestellte Bau und seine Ausstattung selbst aussagt, das was als persönliche Vorliebe seines Bauherrn überall durchleuchtet, wird in den schriftlichen Zeugnissen Sugers oft in erstaunlicher Klarheit mit Worten ausgesprochen, und zwar sowohl in den Schriften Sugers, die sich auf den Bau beziehen — in den Ordinationes (1140-41), dem Buch De consecratione (1144-46/47) und in dem Buch De administratione (1144-1148/49 —, wie in den Inschriften am Bau selbst und an seinen Ausstattungsstücken. Die Schriften Sugers sind nicht minder als der Bau ein einzigartiges Dokument. Mit Recht sagt ihr jüngster Herausgeber E. Panofsky: „Selten — im Grunde fast nie — hat ein großer Schutzherr der Künste sich bewogen gefühlt, einen rückschauenden Bericht über seine Absichten und seine Erfolge zu geben". Nach dem erhellenden Kommentar Panofskys erscheint es unbegreiflich, daß man jemals behaupten konnte, sie enthielten keine Aussagen über das Werden der neuen Kunst. Denn selten — oder im Grunde nie — hat ein Bauherr das Wesentliche des Neuen so klar ausgesprochen; nur liegt es eben nicht in irgendwelchen Einzelformen, sondern in dem „Neuen Licht". Es zeigt sich hier, daß die beredtesten Quellen stumm bleiben, wenn man nicht imstande ist, sie aus der Anschauung ihrer Zeit heraus zu lesen. Es ist eine einzigartige Fügung, daß wir in Sugers Schriften einen ebenso lichtvollen Kommentar zu der „ersten Kathedrale" besitzen, wie ihn der Dichter des „Jüngeren Titurel" für die Hoch-Zeit der Kathedrale geschrieben hat. Und diese einzigartige Quelle spricht noch vernehmlicher, wenn man als ihr Leitthema die Versinnlichung des Himmels durch einen irdischen Bau erkennt.

In allen diesen Zeugnissen des Bauherrn wird es zunächst klar, daß „Suger sich der stilistischen Unterschiede, die zwischen seinem modernen Bau *(opus novum* oder sogar *modernum)* und der alten karolingischen Basilika *(opus antiquum)* bestehen, scharf bewußt war. Er war sich durchaus klar über die künstlerischen Eigentümlichkeiten des neuen Stils. Er wußte, daß das Goldmosaik, das er über dem linken Seitenportal anbringen ließ, der „modernen Gepflogenheit" widersprach. Er empfand und läßt uns empfinden die neue Weiträumigkeit, wenn er davon spricht, daß das neue Chorhaupt „geadelt sei durch die Schönheit seiner Länge und Weite", das Erlebnis des Hochdrangs, wenn er beschreibt, wie sich das Mittelschiff des Chors auf den Säulen „plötzlich in die Höhe hebt" (columnae in altum *repente* subrigebant aedificium), er fühlt den „Sprung" von der Architektur des Erdgeschosses zu dem in die Höhe getragenen Oberbau.

Vor allem aber äußert sich in wahrem „Überfluß", verbal wie monumental, immer wieder eine begeisterte Vorliebe für das Licht, die claritas, und für die nach oben weisende, anagogische Bedeutsamkeit aller materiellen Qualitäten des Kunstwerks.

So fühlt er den Chor „durchstrahlt durch das wunderbare (mirabile) und ununterbrochene Licht der heiligsten (!) Fenster". (Mit Recht hat schon H. Jantzen bemerkt, wie sich in der Bezeichnung „lux continua" der Wesenszug der diaphanen, lichtunterlegten Wand klar ausdrückt). Er empfindet das Gold, das die Reliquienschreine verkleidet, als „strahlend wie die Sonne", also in jener erlebten Gleichsetzung von Gold und Sonne, die das großartige Sonnensymbol der Fassade geschaffen hat. Seine „enthusiastischen Beschreibungen des glänzenden Goldes und der leuchtenden Edelsteine" steigern sich aber in einigen der zahlreichen Inschriften, mit denen er alles, was unter seiner Leitung entstanden war — Teile des Baus, Altäre, Tore, Schreine, Glasfenster und Gefäße — zu versehen liebte, zu einer wahren „Orgie neuplatonischer Lichtmetaphysik":

> „Pars nova posterior, dum jungitur anteriori
> Aula micat medio clarificata suo.
> Claret enim claris quae clare concopulatur
> Et quod perfundit *lux nova*, claret opus
> Nobile . .

> Wenn erst der rückwärtige Teil verbunden ist mit dem
> vordern,
> Strahlt die Halle (die Kirche) mit ihrer durchlichteten
> Mitte.
> Denn klar ist, was in Klarheit vermählt ist mit Klarem,
> Und klar ist das edle Werk, das durchstrahlt ist vom
> *neuen Lichte.*

Wörtlich interpretiert scheint diese Inschrift eine rein ästhetische Erfahrung etwas unbeholfen zu paraphrasieren. Aber die Worte sind absichtlich so gewählt, daß sie auf zwei verschiedene Ebenen des Verstehens bezogen werden können. Die Formel lux nova ergibt einen guten Sinn mit Bezug auf die Verbesserung der Lichtverhältnisse, die durch die neue Architektur erreicht worden waren: aber gleichzeitig erinnert sie an das Licht des Neuen Testaments im Gegensatz zur Dunkelheit und Blindheit des Jüdischen Gesetzes (Panofsky). Von hoher Bedeutung ist die Feststellung Panofskys, daß Suger an drei Zitaten aus der Heiligen Schrift Einschiebungen vorgenommen hat, um den Schriftsinn der Stelle auf das *materielle* Kirchengebäude beziehen zu können. Wer eine Ahnung davon hat, was dem Mittelalter das „Wort" bedeutete, ermißt erst recht, *wie* wichtig Suger die anschauliche Symbolik seines Baus gewesen sein muß.

Auch das beständige Spiel mit den Worten *clarere, clarus, clarificare* enthüllt sich als voll von metaphysischer Bedeutung, wenn man weiß, daß der große Hausphilosoph der Abtei, Johannes Scotus — von Suger zweifellos oft studiert — in einer bemerkenswerten Diskussion über die Prinzipien, die ihn bei seiner Übersetzung des „heiligen" Dionysius leiten sollten, sich ausdrücklich für claritas als die angemessenste Wiedergabe jener zahlreichen griechischen Ausdrücke entschieden hatte, mit denen der Pseudo-Areopagite das Strahlen oder Leuchten bezeichnet, das vom „Vater der Lichter" ausgeht. (Übrigens gehört auch das deutsche Wort „verklären" zu den von der Mystik aufgebrachten neuen Prägungen.)

Vollends die Inschrift für die „goldenen" (vergoldeten) Türflügel des Hauptportals ist geradezu eine verdichtete Theorie der anagogischen Erleuchtung:

> Portarum quisquis attollere quaeris honorem
> Aurum nec sumptus, operis mirare laborem.
> Nobile claret opus, sed opus quod nobile claret
> Clarificet mentes, ut eant per lumina vera
> Ad verum lumen, ubi Christus janua vera.
> Quale sit intus in his determinat aurea porta:
> Mens hebes ad verum per materialia surgit,
> Et demersa prius hac visa luce resurgit."

> Wer immer du seist, wenn du strebst, zu erheben den
> Ruhm dieser Tore,
> Staune nicht an das Gold und den Aufwand, sondern
> die Arbeit.
> Edel erstrahlt das Werk, doch das Werk, das edel
> erstrahlet,
> Möge erleuchten die Geister, daß sie eingehen durch
> die wahren Lichter
> Zum wahren Licht, wo Christus das wahre Tor ist.
> Welcherart es im Inneren sei, bestimmt diese goldene
> Pforte:
> Der schwache Geist erhebt sich zum Wahren durch das
> Materielle
> Und sehnend erhebt er sich durch das Licht aus seiner
> Versunkenheit.

Suger hätte nicht gewagt, Reliefs als lumina zu bezeichnen, wäre er nicht vertraut gewesen mit jenen Stellen im Werk des Dionysius, wonach jedes geschaffene Ding ein lumen, „ein Licht für mich ist" (Panofsky).

Tiefen aufschließend ist endlich die Stelle, in der Suger sein Erlebnis beim Betrachten der kostbaren Edelsteine auf dem Hauptaltar berichtet: „Als — entsprungen aus meinem Entzücken über die Schönheit des Gotteshauses — die Lieblichkeit der vielen farbigen Steine mich von den äußeren Sorgen weggerufen und innige Meditation mich bewogen hatte, die Verschiedenheit der heiligen Tugenden zu bedenken, *indem ich das was materiell ist, auf das nicht Materielle übertrug:* da schien es mir, *als sähe ich mich verweilend in einer seltsamen Region des Weltalls, die weder ganz in dem Schlamm der Erde existiert noch in der Reinheit des Himmels;* und daß ich dank der Gnade Gottes von dieser niedrigeren in jene höhere Welt *in anagogischer Weise* (more anagogico) versetzt werden kann."

Hier ist wunderbar jenes tranceartige Erlebnis geschildert, das sich beim Betrachten lichtsammelnder Dinge, wie Kristallkugeln oder Edelsteine, einstellen kann, die ja ein uraltes Vehikel mystischer Versenkungen sind. Doch ist das geschilderte Erlebnis kein bloß psychologisches, subjektives, sondern hat einen religiösen Gegenstand. Es ist im Grunde die kaum mehr zu überbietende exakte Beschreibung jener mystischen Erfahrung, die der Edelstein-Kristallbau der Kathedrale als Ganzes in *dem* Betrachter auslöst, der solchem „Licht" geöffnet ist —, jener Faszination, die ein anagogisches Zwischenreich zwischen Erde und Himmel aufschließt, — ein vollendeter Kommentar des innersten geistig-sinnlichen Wesens der Kathedrale.

Es ist nach alledem nicht mehr zu verwundern, daß diese Weise der Betrachtung bei Suger immer wieder durchbricht: die Schar der Geistlichen, die bei der Wasserweihe in „heiligem Tanz" das Gefäß umwandelt, erscheint ihm „als ein Chor mehr von himmlischer als von irdischer Art", und so ist ihm zweifellos auch das Kirchengebäude als *ein Gebäude mehr himmlischer als irdischer Struktur* erschienen.

Daß es für ihn das Himmlische Jerusalem verkörperte, hat er zu allem Überfluß noch ausdrücklich bezeugt: denn er nennt das Chorhaupt der neuen Kirche „Berg Sion". Dies war im Mittelalter nichts Besonderes. Das Neue aber ist, daß hier das, was einst reines Symbol war, eine Art Mittlerrolle zwischen dem Immateriellen, den Sinnen Unzugänglichem und dem Materiellen, dem Sinnenhaften übernimmt, — daß es für Suger sinnliche Qualitäten gibt, die das Übersinnliche nicht nur bezeichnen, sondern *aufschließen,* Erlebnisse, die uns gleichsam ein Stück des anagogischen Wegs hinauf „transportieren." Dies aber zu leisten, ist nach Suger eben die Aufgabe der Kunst und der Kunstwerke: „Mens hebes ad verum per materialia surgit".

Diese Erhebung wird um Christi willen angestachelt durch alles „was leuchtet vor Schönheit, was das Ohr bezaubert, was entzückt durch den Duft, was dem Geschmack schmeichelt, was den Tastsinn erfreut" (Suger). Hier ist von dem Erbauer der ersten Kathedrale selbst in höchster Klarheit bestätigt, was wir als Grunderlebnis des neuen Himmels-Sinnbilds erkannt haben: die himmlische Erleuchtung und Seligkeit wird *mit allen Sinnen* erfahren.

KAPITEL 79

Protogotische Skulptur: St. Denis und Chartres I

Es ist eines der größten Ereignisse in der Geschichte des Werdens der Kathedrale, daß an St. Denis die neue Architektur des Nordens und die neue gleichaltrige Skulptur des Südens zusammengefunden haben, ohne noch in direkte Berührung zu treten; denn die neue Skulptur steht zunächst nur im Verband der *Fassade*, der in seiner Haltung noch überwiegend romanisch ist.

Dabei ist es am Anfang durchaus nicht so, wie M. Aubert es formuliert: „Die neue Formensprache der Baukunst bringt die neue Formensprache der Bildwerke mit sich." Sondern recht hat Lübke: „Die Plastik hat sich der Kathedrale aufgedrängt", genauer: sie wurde ihr von einem bewußten Willen *aufgepfropft*. Neue Plastik und neue Architektur haben zunächst ganz unabhängige Entwicklungen und scharf gesonderte Bereiche am Bau. Das Treibhaus der entstehenden gotischen Architektur ist die Gegend um das Chorhaupt, das der „protogotischen" Plastik die Portalzone der Fassade. An ihr entsteht die monumentale Säulenfigur — die Bildsäule an der Bausäule.

Seit H. Jantzen das Wesen der gotischen Skulptur in dem Prinzip der „Schwebung" erkannt hat, ist es erst möglich den Augenblick zu bestimmen, von dem ab es „protogotische" Skulptur gibt. Er wird scharf bezeichnet durch *das Auftreten der frühesten Skulpturbaldachine*. Baldachinarchitektur und Baldachinskulptur sind ihrem Wesen nach aufeinander hingeordnet.

Das Motiv des Skulpturbaldachins kommt gewiß nicht aus dem Süden. Die prägotische Skulptur des Südens kennt es noch nicht. Weder Toulouse noch die Provence kennen es ursprünglich; Spanien hat es lange abgelehnt (siehe Kapitel 159). Ich hatte zuerst angenommen, es sei an den in der Revolution zerstörten Portalen von Saint-Denis entstanden, wohin es durch seine symbolische Bedeutung — Bürgerkrone der Himmelsstadt — gut passen würde. Doch kennt der Westbau von St. Denis noch keine echten *architektonischen* Baldachine. Und erst in Chartres „stehen die Figuren in einer Raumschicht *vor* der Rückwand". Auch sieht man da die Baldachinformen in den Kapitellen gleichsam in statu nascendi.

Es spricht also viel dafür — wenn auch die Frage noch nicht entschieden ist —; daß dieses unendlich reiche und folgenreiche Motiv, das in der Skulptur nicht minder Epoche gemacht hat wie der Baldachingedanke in der Architektur, an der hochberühmten Königspforte von Chartres um 1145 erschienen ist.

Sehr wahrscheinlich waren die Baldachine ebenso vergoldet wie die Tympanonreliefs.

Doch stellt das Nordportal von Bourges, wo die Figuren *in* der Säule stehen und trotzdem übereckgestellte Turmkronen tragen, die Frage, ob nicht doch Saint-Denis den Typus der Baldachinkrone über Säulenfiguren als solchen geschaffen, Chartres die räumliche Entfaltung der Baldachinkronen eingeleitet hat.

Wieviel dieses Motiv bedeutet, sieht man an einem Vergleich der Portale von Chartres mit dem späteren von Sangüesa in Nordspanien, dessen Bildsäulen ohne Baldachinkrone unfrei an der Unterlage haften.

Mit diesem Motiv — das als Symptom zu nehmen ist — ist *in der Idee* der Anfang der gotischen Skulptur gesetzt. Aber freilich ist die Idee zunächst noch nicht Wirklichkeit. Unter ihren kleinen Baldachinen verharren in der ersten Phase von 1140 bis gegen 1185 die Figuren noch im Zustand einer „Verpuppung". Ihrem Wesen nach sind sie — das sollte endlich klar sein — gotisch, nicht romanisch, „latent gotisch in romanischer Verhüllung". Bei genauerem Zusehen merkt man auch an ihrem Ausdruck in zarten Regungen einen neuen Geist des Gemilderten, Durchlichteten, Gelösten, trotz der scheinbaren Starrheit der Bildsäulen. Es beginnt der Übergang zu der *verklärten,* das heißt von allem Dämonischen geläuterten Menschengestalt. Es verschwindet jene „deformis monstrositas ac formosa deformitas", in welcher der heilige Bernhard das Wesen der von ihm abgelehnten Kunst gesehen und womit er, nach dem Wort E. Panofskys, mehr über den Charakter der spätromanischen Kunst ausgesagt hat, als Bände moderner Autoren. *Mehr und mehr wird „die Gesamtstimmung der Bilder gewissermaßen eine optimistische, das heißt für das Mittelalter eine anagogische, das Jenseits schon im Diesseits bejahende"* (G. Ladner). Dies ist die eigentliche Erklärung des berühmten Lächelns der Bildsäulen von Chartres und ihres „freudigen, sinnend träumerischen oder nachdenklichen Ausdrucks". Es ist das Lächeln der „euntium in Hierusalem". Das großartigste Symbol dieser Wende, die Verwandlung des furchtbaren Fortunarades dieser Welt in das verheißungsvolle Lichtzeichen der „Wahren Sonne", Christi, erscheint aber schon in St. Denis.

Die Kehrseite dieses Vorgangs ist es, daß nun die großartigen Mischbildungen der romanischen Zeit, wie die vier Wesen um den Thron Gottes, die nach der Vision des Ezechiel die Gewalt und das Furchtbare der göttlichen Macht verkörpern, in fast komischer Weise verharmlosen. So schon an dem Tympanon der Königspforte von Chartres im Vergleich zu einem romanischen Bogenfeld des gleichen Typus der „Majestas".

D

Die Entwicklung der Kathedrale
bis zum Augenblick der größten Fülle

KAPITEL 80

Die Entwicklung der Kathedrale in den Hauptzügen

Der geschichtliche Ablauf, der von St. Denis zu Reims führt, ist von großer innerer Einheitlichkeit und Folgerichtigkeit — aber nur auf einzelnen Linien hat er den Charakter einer „logischen" Folgerung aus den mit St. Denis aufgestellten Prämissen, den man ihm oft als Ganzem zuweisen wollte.

Festgehalten wird über alle Abweichungen und Umwege hinweg die Idee des Baldachins mit diaphanen Gitterfüllwänden. Mit den ersten Kathedralen war diese Idee eben erst erschienen, noch nicht realisiert; jetzt wird sie Schritt für Schritt verwirklicht, bis endlich auf der Stufe von Chartres II die Baldachine das erste Element des Baues geworden sind und die Wand sich in Füllung verwandelt hat. Festgehalten wird die Idee, mit diesen Formen das Aussehen des Himmels sinnfällig zu machen — wobei der Nachdruck einmal mehr auf dem Schweben, dann auf der Lichtfülle, auf den leuchtenden Edelsteinwänden liegt und der Innenraum sich mehr und mehr dem Himmelsbild der Dichtung angleicht.

Für den Innenbau liegt die entscheidende Wendung, wie man schon längst erkannt hat, in dem Übergang vom vierstöckigen zu dem neuen dreistöckigen Wandtypus: Stufe von Chartres, nach 1195. Urteilt man nur vom Formalen her, so liegt hier scheinbar ein unvermittelter Sprung in der Entwicklung, der Übergang zu etwas Andersartigem. Nimmt man aber das Formale und Abbildende zusammen, so entsteht diese Änderung im wesentlichen aus dem gleichen Wunsch nach einer anschaulichen Darstellung der Lichtfülle des Himmelsbaus, der schon den Chor von St. Denis erschuf. Mit neuen formalen und konstruktiven Mitteln wird eine neue Verklärung des Innenraums erreicht und nun ihrerseits vorbildlich für eine ganze Schar von nachfolgenden Kathedralen. Und noch einmal auf der Stufe von 1230, mit dem Umbau von St. Denis, ruft der gleiche Wunsch nach immer noch gesteigerter Lichtfülle und Verklärung neue Formen hervor, die jetzt schon an die Grenze des überhaupt unter irdischen Bedingungen Erreichbaren gehen.

Für den Außenbau setzt die entscheidende Epoche die Westfassade von Laon, nach 1185 (nicht wie man wollte, um 1170). Erst sie bedeutet für die Fassade das Gleiche wie der Chor von St. Denis für den Innenraum: Verräumlichung, Schweben, Durchlichtung und „Anschaulichkeit" der porta coeli. Erst jetzt werden Innenraum und Fassade konform, und mit Chartres verwandelt die gleiche Tendenz auch die bisher für das Himmelsbild nicht mitzählenden Seitenfronten und die Choransicht durch neue Erfindungen. Reims faßt Fassaden, Langseiten und Chorkrone mit dem durchlaufenden Motiv der Strebepfeiler zu einer wirklichen vielfältigsten Einheit zusammen. Um 1250 bringt die Splitterfläche eine letzte Verwandlung des Außenbaus ins kristallisch Durchsichtige, Zierliche und Vielfache. Mit ihrer Erfindung ist das Mittel gegeben, die Angleichung von Innen und Außen zu vollenden.

Sowohl für den Innenraum wie für den Außenbau sind alle diese Vorgänge in ihrem tieferen Sinn erst zu durchschauen durch Einbeziehung des Abbildsinns der Kathedrale.

Und nur von hier aus ist das Verhältnis von Architektur und Skulptur zu verstehen.

Seit rund 1180-85 wechselt der „Stil" der Skulptur; es bildet sich eine *scheinbare Polarität zwischen der Architektur und der Skulptur.* Die Architektur wird immer visionärer und phantastischer, die Skulptur immer körperhafter und naturnäher. Eine rein formale Betrachtung muß hier kapitulieren. Sie sieht hier einen Riß: einen Gegensatz zwischen „Idealismus" und „Naturalismus", oder historisch gesehen einen Gegensatz zwischen der noch spätromanischen Plastik und der schon gotischen Architektur. Damit wird aber die gewaltige Einheit des „inneren" Stils der Kathedrale ganz übersehen. Denn so, wie die Architektur ganz im Banne der Aufgabe steht, das Aussehen des Himmels, der als Reich überwirklich zarter, hoher, durchlichteter und schwebender Formen gesehen wird, den Sinnen immer näher zu bringen, und deshalb immer „visionärer" wird, so hat die Skulptur ihre Aufgabe darin, das Aussehen der Himmlischen nahe zu bringen, das heißt aber ihr Bild zu vermenschlichen. *Die scheinbar gegensätzliche Entwicklung erwächst in Wahrheit aus ein und derselben Idee,* und die Neigung, das Überirdische zu versinnlichen, ist in beiden Fällen nicht mehr romanisch.

Die neue Fülle dieser vermenschlichten Plastik wirkt ihrerseits zurück auf die architektonischen Einzelformen der Kathedrale und erzeugt — auf der Stufe von Chartres und Reims — jenen Ausgleich von Sinnlichkeit und Vergeistigung, der so wesentlich für die „klassische" Kathedrale ist und sie — über die Unterschiede des Formwesens hinweg — in eine sozusagen „polare Nähe" zur griechischen Kunst des fünften Jahrhunderts führt. Man kann jetzt geradezu von *einer vierten Wurzel der Kathedrale* sprechen, nämlich neben der konstruktiven, architektonischen und dichterischen von einer plastischen. Wobei diese Skulptur selbst wieder eine unabhängige „dichterische Wurzel" in der profanen Dichtung hat.

Um die gleiche Zeit — um ungefähr 1180 herum — wandelt sich auch die Kirchenmusik ins „Sinnliche".

Es führten in diesem sinnvollen Ablauf um 1140 der Architekt, der Glasmaler und der Konstrukteur, alle drei inspiriert vom Theologen und vom Dichter; es folgen seit 1180 der Bildhauer und der Musiker.

Um 1180-90 ist zum erstenmal eine „Synchronisierung" der Entwicklungsstufen in Innenraum, Außenbau, Skulptur, Musik und Glasmalerei angebahnt. Erst jetzt entsteht zum Innenraum der Kathedrale eine ihm gleichartige und „stufengleiche" Fassade, Außenseite, Skulptur, Musik, Ikonologie und Liturgie. Diese erreichte Synchronik setzt um 1180-90 eine tiefe Wende. Es ist aber durchaus falsch, die „Gotik" erst hier beginnen zu lassen.

Schließlich vereinigen sich alle neuen Gedanken, die nun schon annähernd gleichzeitig, aber noch an verschiedenen Bauten realisiert waren, in einem einzigen Bau, der das Facit der ganzen Entwicklung zieht und eine historische „Summe" der Bestrebunden eines ganzen Jahrhunderts, eine Synthese ohnegleichen darstellt — in der Kathedrale von Reims —, in einem Bau, der sich über viele Jahrzehnte hinzieht und trotzdem eine vollständige Einheit darstellt.

Ein Bau steht am Anfang: St. Denis, *einer* am Höhepunkt: Reims — der eine die Grabkirche, der andere die Krönungskirche der französischen Könige.

KAPITEL 81

Die Entwicklung des Innenraums I
Notre-Dame de Paris

Bis zur neuen Stufe von Chartres bringen für den Innenraum den wesentlichsten Fortschritt die Kathedralen von Paris und Laon.

Notre-Dame de Paris ist 1163 begonnen worden, der Chor war 1182 vollendet. Die Fenster wurden im 13. Jahrhundert vergrößert, die ursprüngliche Gestaltung der Wand hat sich in dem östlichsten Joch des Langhauses noch erhalten.

Zwei Ideen beherrschen die Konzeption des Raums: Vereinheitlichung im Grundriß und scharfe Kontrastierung von Erdgeschoß und oberem Bau im Aufriß.

Notre-Dame de Paris ist die erste Kathedrale, die den Stützenwechsel im Langhaus aufgibt und damit die einheitliche Gestaltung des Wandjochs im ganzen Bau durchführt. Dabei gab es zwei Möglichkeiten: alle Dienste bis zum Fußboden oder alle nur bis zur Deckplatte der Arkadensäulen reichen zu lassen. Notre-Dame entscheidet sich für die zweite Möglichkeit. Sie war in der Île-de-France an den Chören aufgekommen (siehe Kapitel 72) und bisher auf diese beschränkt; jetzt geht das Motiv auf den ganzen Bau über. Es ist nicht recht erklärt, weshalb man nicht schon auf dieser Stufe die sechsteiligen Gewölbe aufgegeben hat und zu rechteckigen übergegangen ist, die dem neuen Aufrißsystem besser entsprochen hätten. Ich glaube, man wünschte den Hauptschiff-Baldachinen die gleiche, nur differenzierte, quadratische Grundform zu belassen wie dem Baldachin über der Vierung, den Baldachinen in den Seitenschiffen und Emporen. Die Träger des Gewölbes unterscheiden sich aber nicht mehr nach der Zahl ihrer Dienste.

Der Einheitlichkeit zuliebe wird auch das äußere Seitenschiff um den Chor herumgeführt und der Grundriß wannenartig geschlossen.

Zugleich vollzieht aber Notre-Dame in dem Verhältnis der Arkadenzone zum Oberbau eine Umwertung. St. Denis und Noyon hatten im Erdgeschoß gefährlich zarte Säulen; die auf ihnen fußenden Bündel aus drei Diensten erscheinen gegen sie verhältnismäßig schwer. Notre-Dame verlegt — antikischem Empfinden relativ näher — das Schwere nach unten, das Leichte nach oben und erreicht damit eine technische Verbesserung und zugleich einen neuen Eindruck: über den massigen Säulen des Erdgeschosses scheint der ganze *obere* Bau mit seinen überzarten Diensten zu schweben. Plastisch spricht Dehio von einer „Versetzung des Fundaments in die Deckplatte" des Arkadengeschosses. Auch sonst „ist alles darauf abgestellt, den *Gegensatz* zwischen dem breitgelagerten Unterbau mit seinen doppelten Seitenschiffen" — gleichsam angeschobenen zweischiffigen Räumen, Kapitelsälen ähnlich — „und dem schlank aufsteigenden Mittelraum zur Geltung zu bringen" (Gall). Man nimmt, um diesen Gegensatz zu gestalten, sogar eine Umhüllung des Erdgeschosses durch dunkle Seitenräume nicht ungern in Kauf — entgegen dem Hauptstrom der Entwicklung, der nach Durchlichtung strebt.

Auch in der Oberwand opfert man Licht, um sie dafür so unwirklich leicht wie nur möglich erscheinen zu lassen. Die Wand des Oberbaues begnügt sich mit einer einzigen seichten Wandstufe, die wie aufgezeichnet wirkt. Sonst ist sie glatt wie ein Tuch. Und auch diese einzige Stufe soll gerade nur die Dünne der Wand fühlbar machen. Sie wird gebildet durch das leichte Zurücksetzen der Emporenarkade unter einen Entlastungsbogen, der sie übergreift; dieses Motiv ist aus der Normandie übernommen (siehe Kapitel 53). Die übergriffene Arkadenkulisse ist noch dünner als die an sich schon dünne Hochwand.

Das Säulchen, das in der Arkadenkulisse steht, setzt aber durch ein sehr stark konisches Kapitel noch einmal zurück und wirkt — in der ganzen Hochwand gesehen — tatsächlich dünn wie ein Stengel. An ihm aber bemißt das Auge die Dicke der Wand, die — kraft dieser durchaus „illusionistischen" Mittel — noch viel dünner wirkt, als sie ohnehin schon ist.

Die scheinbare Leichtigkeit der Wand ist wesentlich dadurch mitbedingt, daß man im vierten Geschoß die Fensterwand nach innen gezogen hat; dem zuliebe verlegt man den Fensterlaufgang — obwohl das ersichtlich große praktische Nachteile hat — nach außen. Erst dadurch kommt — wesentlicher Fortschritt — die Fensterwand in *eine* Fläche mit der ganzen Hochwand, und das alles gibt der Oberwand von Notre-Dame eine kaum wieder erreichte Leichtigkeit, ja geradezu Gebrechlichkeit, obwohl ihr das Lichte späterer Wände fehlt. Sowohl die Verstellung der Emporen durch Kulissen wie die Anfügung von äußeren Seitenschiffen hat eine Einbuße an Licht bewirkt, und beides macht Notre-Dame zu der dunkelsten gotischen Kathedrale. Offenbar war es ihrem Erbauer wichtiger, eine ätherisch zarte schwebende Architektur zu schaffen.

So dünn erscheint die Wand, daß sie als bloße Füllung zwischen den Baldachinträgern wirken würde, wenn nicht auch diese selbst ihrerseits um vieles dünner gebildet wären — und zwar in den jüngeren Teilen des Langhauses *noch* dünner als im Chor. Die Dienste sind bei außerordentlicher Länge nicht stärker als die Arkadensäulchen der Empore und wirken *faden*dünn. Die reifen Kathedralen werden sie wieder verstärken müssen, um klarer zwischen Baldachingerippe und Füllwand zu unterscheiden.

Im Gesamteindruck scheint jetzt zuerst — wie wir es oben paradigmatisch geschildert haben — über einer Architektur von irdischem Charakter eine überirdische zu schweben. Dieser Gegensatz hat zweifellos abbildenden Sinn: über der Zone, auf der der Mensch der Erde steht, erhebt sich, gleichsam herabgeschwebt, das Abbild der himmlischen Kirche, des „oberen" Jerusalem.

Gleichzeitig sind die Dimensionen des Baus sprunghaft angestiegen: das Hauptschiff erhöht sich von 24 Meter (Noyon, Laon) auf 32.5 (Höhe von Cluny III).

Es wäre falsch, in Notre-Dame nur einen Seitenast der Entwicklung zu sehen. Die Entwicklung der Kathedrale führt durch die Stufe der Notre-Dame hindurch: die Struktur muß leichter, die Wand flächiger werden, bevor sie noch lichter werden kann. Was Notre-Dame getrennt hat, wird Chartres verbinden.

Der Außenbau verrät nichts von der Trennung in eine untere und eine obere Architektur. In großartiger Einfachheit stieg er — ursprünglich ganz ohne Strebebogen — in drei gleichmäßigen Stufen an: gleichsam eine Stufenpyramide über kreuzförmigem Grundriß. (Man darf nicht vergessen, daß am Außenbau die Glasfenster grau und opak, blind wirken.) Die Gliederung seiner Außenwände war auffallend flächig und zart.

KAPITEL 82

Die Entwicklung des Innenraums II
Das Kastentriforium (Laon)

Für das dritte Geschoß, also dasjenige, an das sich die Pultdächer der Emporen anlehnen, hat Notre-Dame mit dem Motiv der kleinen Rundfenster, die mit ihren „Nasen" Ansätze zu einer Art Maßwerk zeigen, eine Lösung vorgeschlagen, die sich nicht durchgesetzt hat. Es wirkt — immer beurteilt von dem anzustrebenden Ziel, nicht von unserem Geschmack her — nicht günstig. Zunächst widerstrebt das Lichtmotiv des Radfensters einer Unterlegung mit Dunkelgrund. Dann läßt die Laibung der Rosen die ganze *wahre* Dicke der Wand sehen und stört damit die feine Illusion des Emporengeschosses; die Wand erscheint oben schwerer als unten. Das dünnere Nasenwerk wirkt eingesetzt und ändert nichts an diesem unerwünschten Eindruck. Man braucht nur einen Blick auf das anstoßende Fenster des 13. Jahrhunderts zu werfen, um zu sehen, wie geschickt hier der Übergang von der Dünne des Fensterpfostens zur Dicke der Wand so hergestellt ist, daß die ganze Wand dünn erscheint. Und endlich stört die isoliert in sich ruhende Form des Kreises zugleich das Aufsteigen der spitzbogigen Formen in Erdgeschoß und Empore und das wagrechte Weiterfließen der Arkadenreihen.

Für diese Zone ist vielmehr die Lösung von Laon vorbildlich geworden: das zweischalige raumhaltige Triforium mit *geschlossener* Rückwand — die „galerie aveugle". Dieses Bauelement hatte schon die normannische und englische Architektur auf der Stufe des „mur évidé" gekannt, neben der „galerie éclairée mit durchlichteter Rückwand. Zuerst erscheint es noch im Keim in der westlichen Mauer des Querschiffs von Bernay und an gleicher Stelle in Jumièges. In Bernay wird es auch schon auf das Langhaus übertragen. Gegen 1070 zeigt es der Vierungsturm von St. Étienne in Caen, innen: „le premier triforium passage dans l'histoire de l'architecture" (Bony). Wenn man von den englischen Beispielen absieht, hat St. Martin in Boscherville (nach 1114) in allen Teilen des Baus das „blinde" Triforium — das nicht zu verwechseln ist mit dem Blendtriforium.

An allen diesen Beispielen liegt das Triforium in der Dicke der Wand. In der dünnen gotischen Wand hätte es keinen Platz, es sei denn als Blendtriforium, wie es der Chor von Noyon verwendet. Das Blendtriforium ist aber der typische Ausdruck der romanischen Wand aus mehreren kompakten Stufen und in der werdenden diaphanen Wand ein Fremdkörper. Um das Triforium zweischalig, mit Raum dazwischen, gestalten zu können, hatte das *Querhaus* von Noyon sogar auf die „dicke Wand" zurückgegriffen, die nun nicht mehr möglich ist.

Eine dritte scheinbar sehr naheliegende Möglichkeit — nämlich die, die Triforiumsarkade ohne Wandabschluß auf die toten Räume unter den Pultdächern der Emporen zu öffnen — hatte die romanische Baukunst mit ihrer Vorliebe für tiefes Dunkel oft gewählt. Sie wird jetzt deshalb abgelehnt, weil sie in die klare „Diaphanie" der Wand eine tiefschwarze, unheimliche und gestaltlose Sphäre eingeführt hätte (Abb. Seite 221).

Den Ausweg aus diesem Dilemma schafft erst die Erfindung des „Kastentriforiums" (Kubach). Es gewinnt den Raumgrund hinter der Triforiumsarkade, indem es in dieser Zone — und nur in ihr — die Außenflucht der Mauer, die gegen die Pultdächer abschließende Wand, nach außen schiebt. Auch dazu hatte es Ansätze schon in der Normandie gegeben (siehe Kapitel 53). Das Triforium hängt wie ein Kasten an der dünnen Hochwand, seine Rückwand *steht auf den Gewölben der Empore.* Man hat diese technisch wenig befriedigende Lösung in Kauf genommen, um das zu erreichen, was bisher als unerreichbares Ziel vorschwebte: auch diese Zone der Wand mit Raumgrund zu unterlegen und so stark wie möglich, wenn schon nicht zu durchlichten, so doch aufzuhellen (Abb. Seite 179).

Damit ist endlich die ganze Wand „diaphan" geworden, zuletzt die Stelle, an der das Prinzip der Diaphanie innerhalb einer ihm noch fremden Welt zum erstenmal hundert Jahre früher aufgeblitzt war.

Dieses relativ untergeordnete Motiv des Triforiums führt — in seinen Möglichkeiten durchdacht — wie wenig andere in den Geist des Romanischen, des Protogotischen, des Frühgotischen ein. Über die hochgotische Lösung unten Kapitel 137.

Entstanden ist das Motiv um 1170-80 (Laon); das erste Langhaus-Joch in Noyon wäre 1183 zu datieren (nach Seymour).

Das Motiv hat Epoche gemacht wie wenige. Alle Kathedralen die an dem vierstöckigen Aufbau festhalten, so gut wie ohne Ausnahme, verwenden nun mit kleinen Varianten das System von Laon, das ein verbessertes System von Notre-Dame ist: der Chor von St. Remy in Reims, Châlons-sur-Marne, Montierender usw.

Das Motiv der zweischaligen Galerie geht auch auf den Außenbau über — wo es schon in romanischer Zeit als „Zwerggalerie" erschienen war —, nun aber einem neuen Gesamtsinn dienend.

Überall wo es angeht, wird die zweischichtige (raumlose) Wand durch die zweischalige (raumhaltige) ersetzt, sei es an der Wand eines Kreuzgangs, wie auf dem Mont-Saint-Michel, sei es an der eines *Sarkophags* usw. In diesem Motiv verkörpert sich der Wille zur Verräumlichung und Durchlichtung der massiven Wandmaterie in reinster Form. Jantzen hat recht: man kann die Bestrebung, die Wand mit raumhaftem Grund zu unterlegen und dadurch dünn und diaphan erscheinen zu lassen, besonders deutlich an der wechselnden Gestaltung des Triforiums erkennen.

KAPITEL 83

Epoche am Außenbau
Fassade von Laon

Wenn man sich vom Innenraum der Kathedrale her vorzustellen versucht, wie die noch romanisch undurchlichtete und massive Front der frühen Kathedralen, zum Beispiel die von St. Denis umgestaltet werden müßte, um denselben Anschauungen zum Durchbruch zu verhelfen, die die Grenze des Hochraums der Kirche umgestaltet haben, so kommt man zu Lösungen, die die Mitte zwischen zwei Möglichkeiten halten, deren eine später von der Fassade von Bourges, die andere von der von Notre-Dame in Dijon verwirklicht wurde.

Die eine naheliegende Möglichkeit wäre: von unten bis oben durchgehende vertikale Strebepfeiler — den Diensten entsprechend — als vertikales Gerüst aufzurichten und dazwischen die Wand im Eindruck möglichst leicht erscheinen zu lassen, indem man sie in große Öffnungen auflöst, in ihren obersten Teilen in ein durchsichtiges, vom Freiraum sich abhebendes Gitter. Dieser Möglichkeit nähert sich weitgehend die Fassade von Bourges, vollendet ca. 1280. Diese Art von Außenwänden wird von späteren gotischen Fassaden angewendet, besonders an solchen von Profanbauten: ein Beispiel das Rathaus von Lübeck. Indem man gar die Pfeiler übereck stellt, zeigt man ganz deutlich, daß sie nicht zur Wand gehören, sondern daß die Wand nur eine Füllung und dünn wie eine Membrane ist.

Das andere dem Innenraum entnommene Prinzip wäre, die ganze Fassadenwand zweischalig zu machen, die vordere Schale aus durchsichtigen Fassadengeschossen aufzubauen, die mit einer Raumfolie unterlegt sind: Prinzip des zweischaligen Triforiums. Diese Möglichkeit zeigt gleichsam in Reinkultur die Fassade von Notre-Dame in Dijon, um 1230 (Abb. Seite 416).

In Kombination dieser beiden Lösungen — der „vertikalen" und der „horizontalen" — kann man sich eine dritte vorstellen, die das System der inneren Hochwände gewissermaßen auf die Fassade projiziert: zwischen den vertikal aufschießenden Strebepfeilern drei schmale Wandjoche, große Portalöffnungen im untersten Geschoß, den Emporen entsprechende Fenstergruppen im zweiten, eine zweischalige Galerie im dritten Geschoß, durchsichtiges Gitterwerk vor Freiraum im vierten.

Man muß sich diese fingierte Angleichung der Fassade an den Innenraum anschaulich vorstellen, um daran die großartige Originalität und Genialität der Lösung zu ermessen, die der Meister der Westfassade von Laon gebracht hat. Sie kann nicht um 1170 entstanden sein, wie Gall es annimmt, sondern ganz bestimmt erst in *der* Bauphase, die in den 80er Jahren beginnt.

Nicht nur bricht hier das oben (Kapitel 13) beschriebene epochemachende Prinzip durch, die Geschosse hintereinander hervorschweben zu lassen; ganz neu gegenüber allen Elementen der Innenwand — von denen die zweischalige Galerie eindrucksvoll verwertet ist — ist die Verwendung des Baldachinmotivs für den Außenbau. Einerseits als Krönung der zweiten Geschoß-Schicht in dem Motiv der „Fialen" — dem eine unabsehbare Zukunft bevorsteht —, anderseits in der Verwandlung der Turmendigungen ins Durchsichtige, Lichte. Aus dem Viereck ins Achteck übergehend — wie schon in Jumièges — werden sie zu einer Kristalldruse hoher achteckiger Baldachine — ein Motiv, das sich in Vendôme und Etampes vorbereitet hatte und sich hier in einmaliger Schönheit entfaltet. (Über seine mögliche symbolische Bedeutung siehe oben Kapitel 45.) Auch die nicht ausgeführten Turmdächer, die wir aus Villards Hüttenbuch kennen, umstellen die „alte" Pyramide mit vier „jungen", verschleiern dadurch die Hauptform und spitzen sie nach unten zu. Die dreieckigen Dachflächen werden aufgeschlitzt — erster Schritt zu ihrer späteren Verwandlung in Gitterwerk. Dazu die gewaltige Steigerung des Radfenstermotivs, das zum beherrschenden Mittelpunkt der Fassade geworden ist (Tafel X).

Überall ein vehementer Wille zum Räumlichen und zum Licht. Es wäre höchst wichtig, das Besondere der farbigen Fassung dieser Fassade, namentlich auch die Rolle des Goldes — als der Lichtfarbe — zu kennen.

Laon setzt für die Fassade die gleiche epochemachende Tat wie der Chor von St. Denis für den Innenraum. Die allem Herkommen widersprechende Gestaltung — für die sich Vorstufen nicht nachweisen lassen — zeigt, daß jetzt auch an der Fassade das Streben siegt, das Himmelstor nicht nur symbolisch anzudeuten, sondern mit anschaulichen Zügen — Schweben und Lichtglanz der Architektur — reich auszustatten. Das zeigt sich überall, bis in die Einzelheiten hinab. So wird zum Beispiel das Radsymbol der Sonne durch Anfügung eines Kranzes kleiner Halbbogen, die ihre Spitzen nach *außen* kehren, am Rande mit einem der Andeutung eines Strahlenkranzes ausgestattet und dadurch dem anschaulichen Bild der Sonne näher gebracht.

Damit haben zum erstenmal Innenraum und Fassade den gleichen Realitätsgrad. An künstlerischem Gewicht beginnt die Fassade zu überwiegen.

Auch ikonologisch betrachtet bedeutet sie eine Epoche. „Hier in Laon sind zum erstenmal die beiden bis dahin unabhängigen Programmtypen des 12. Jahrhunderts zu einer Dreiergruppe verkoppelt worden. Dabei ist die Mitte eine Einheit für sich, nicht nur das Schlußglied einer auf den beiden Seiten begonnenen Reihe" (Walzer). Zum erstenmal ist nämlich das kurz vorher in Senlis als Einzelportal entwickelte Marienportal *Mitte* der Dreiergruppe geworden. Links die Anbetung der Könige, rechts das Jüngste Gericht, das in St. Denis noch Hauptmotiv gewesen war. Also die erste und die zweite Ankunft Christi, als „janua coeli". Dazu in der Mitte Maria, die hier zum erstenmal in einem abendländischen Bildprogramm diese überragende Stellung einnimmt. Der tiefere Grund für das Erscheinen ihres Bildes an dieser Stelle ist darin zu sehen, daß die Kathedralen-Fassade eben die *Pforte des Paradieses* darstellt, die durch Maria wieder geöffnet worden ist (siehe oben Kapitel 40). Nicht zufällig erscheint auch in den Archivolten bei den klugen und törichten Jungfrauen zweimal das Bild des Himmelstors — Hinweis darauf, daß diese Vorstellung die Ikonologie der gesamten Fassade, einschließlich der Architektur selbst, beherrscht.

Maria ist aber nicht nur Porta coeli, sie ist auch Civitas Dei (Mâle fig. 98), Sonne (electa ut sol) und Rose (plantatio rosae). Besonders in Gebetsbüchern *französischer* Herkunft ist diese polyphone Mariensymbolik, die mit der Fassade von Laon die bildenden Künste ergreift, immer dichter ausgesponnen worden (Molsdorf 75).

Die Westfassade von Laon ist selbst nur dominierende Mitte in einem System von drei analogen Fassaden, die die Stirnseiten des Langhauses und der beiden Querarme in großartiger Weise ausgestalten und den Bau der eigentlichen Kirche, der hier wiederum in einem mächtigen Vierungsturm gipfelt, mit sechs Türmen umstellen. Die Wiederaufnahme des seit langem aufgegebenen (?) Motivs des Vierungsturms zeigt, wie stark Laon wieder vom Außenbau her erdacht ist. Von der neuen Auffassung des Innenraums her ist dieses Motiv nicht günstig, weil über der Vierung kein eigentlicher Baldachin wie die anderen entsteht, sondern ein hybrider Baldachin-Turm-Raum und große kahle Wandflächen, die man wiederum so weit wie möglich wegschaffen muß. Laon verwendet dazu höchst geschickt ein raumunterfüttertes Triforium und ein achtteiliges Rippengewölbe, dessen sich herabsenkende Dienste die Wand des Turmgeschosses in schmale Felder teilen. Trotzdem ist diese Lösung ohne Nachfolge geblieben. Die klassischen Kathedralen lassen den Vierungsturm im Innenraum nicht mitsprechen.

Das überwältigende Motiv des von Türmen umringten Hauptturms wird Chartres mit seinen geplanten neun Türmen, werden Reims und Rouen aufnehmen, aber keiner dieser Bauten zuende führen. Daß diese gewaltige Vieltürmigkeit — die zwingend das Bild einer mittelalterlichen Stadt beschwört — auf die Himmelsstadt zu beziehen ist, ist umso weniger zweifelhaft, da es verkleinert in den Stadtkronenbaldachinen — und zwar gerade auch über dem Haupt Marias — erscheint, wo seine Bedeutung gewiß ist.

Von der klassischen Stufe her gesehen ist die Fassade von Laon noch zu sehr durchmuldet, durchschattet, räumlich ausgehöhlt, als Bild des Himmelstors zu aufgewühlt und zu unruhig. Sie ist eben deshalb, wie man oft festgestellt hat, diejenige unter allen Kathedralen-Fassaden, die dem deutschen Empfinden am meisten zusagt (Tafel IX).

KAPITEL 84

Epoche am Innenbau: Chartres

Der Innenbau von Chartres (1194 bis 1220) bringt auf einmal eine Fülle großartiger Neuerungen, wie vorher nur der Chor von Saint-Denis. Mit ihm schließt die Frühzeit — „le premier art gothique" (Focillon) — und die klassische Stufe beginnt (Tafel I).

Er bringt ein vollständig neues Aufrißsystem der Wand, das noch nicht richtig beschrieben worden ist. Ganz falsch ist es, von einer Rückkehr zu dem System von Sens zu sprechen. Gerade im Vergleich mit dem System von Sens, von dem Chartres die hohen, „burgundischen" Erdgeschoßarkaden übernimmt, sieht man, daß eine neue Wandzone zwischen dem Triforium und den Lünettenfenstern hinzugekommen ist: eine richtige *Lichtgadenzone*, welche die Kathedrale bis dahin nicht gekannt hatte. Zugleich aber verschmilzt diese Lichtgadenzone mit den hohen Lünetten der Wölbung zu den riesigen steilen Wandfeldern der Hochwand, in der das neue, epochemachende großartige Motiv der *„Hochfenster"* ensteht. Das sogenannte dreistöckige System von Chartres ist in Wahrheit eigentlich ein neuartiges vierstöckiges System mit verschmolzenem dritten und vierten Stockwerk — die westlichen Joche der Vorhalle von Cluny (um 1200) zeigen das deutlich (Tafel IX). Jetzt erst ist der Innenraum der Kathedrale im Querschnitt *voll* basilikal, während er im alten vierstöckigen System mit den Emporen nur *halb*basilikal war. Den Versuch eines Lichtgadens *unter* dem Wölbungsansatz hatte im Abendland Cluny III gewagt.

Doch ist das „Hochfenster" — so nennen wir eines, das aus der aufgehenden Wand in die Schildbogenfläche einer Wölbung hineinragt —, wie leicht ersichtlich, nicht hoch oben in der Wand des Hauptschiffs entstanden, sondern in der Außenwand der Seitenschiffe, wo es eine sehr lange Vorgeschichte hat.

In Chartres halten Hochfenster und Erdgeschoßarkade — wie man in der Choransicht klar sieht — einander annähernd die Waage. Zwischen diesen beiden leuchtenden Zonen schaltet sich mit feinem Empfinden, wie ein neutrales Band, ein Triforium vom Typus Laon ein. Die stark erhöhten Seitenschiffe sind jetzt vor allem leuchtende Raumfolie für das Hauptschiff.

Jetzt erst ist die *Lichtfülle* des Innenbaus — die von Anfang an gemeint war — realisiert. Oben ist die leuchtende Fläche der Wand gegen die bisher gewohnte *verdreifacht*, in den Seitenschiffen fast verdoppelt. Zugleich hat die Struktur des Aufbaus hohe *Klarheit* gewonnen. *Der Sinn dieser Neuerungen ist also Verklärung im doppelten Sinn.*

Es kann kein Zweifel sein, daß der Architekt, der in diesem Himmelsbau das Himmelsbild der Dichter erreichte oder fast überbot, von einer hohen Lichtmystik inspiriert gewesen ist, deren Quelle wir eher in einem dichterischen als in einem theologischen Werk suchen möchten.

Das System von Chartres hat Epoche gemacht; es verdrängt das ältere fast überall. Zahlreiche Bauten des älteren Typus verlängern jetzt ihre Lünettenfenster nach unten zu Hochfenstern der neuen Art, wobei sie das Triforium opfern und allerlei Tricks gebrauchen müssen. Notre-Dame in Paris zum Beispiel streicht die Triforienzone und durchlichtet die Empore, indem sie statt der Pultdächer über dem äußeren Seitenschiff die der nordischen Witterung sehr schlecht gewachsenen Zeltdächer einführt und damit St. Denis II vorbereitet.

Wie oft beim Werden eines Neuen, versucht das Neue sich auch innerhalb des alten Systems durchzusetzen. Der südliche Querarm von Soissons zeigt das Streben nach Steigerung der Lichtfülle in seinem herrlich durchsichtigen Aufbau um etwa die gleiche Zeit wie Chartres noch innerhalb des alten vierstöckigen Aufbaus mit Emporen.

Auch für die innere Fassadenwand hat Chartres — Laon verbessernd — die klassische Lösung gebracht. Seit an dieser Stelle die riesigen Rundfenster eingeführt sind, ist das Problem gestellt, sie für den Innenraum auszuwerten, für den sie noch mehr bedeuten als für den Außenbau. Diese glühenden Sonnen sind ja der Höhepunkt der sichtbaren Lichtmystik der Kathedrale. Die reife Lösung verzichtet deshalb darauf, irgendwelche Gliederungen über diese inneren Stirnseiten der Schiffe durchzuführen; weder die Seitenschiffe allein, wie in Laon, noch die Emporen, wie in Paris, setzen sich über diese Stellen fort. Im Südquerschiff von Chartres wird in die Stirnwand ein gewaltiges, die ganze Breite einnehmendes Rundfenster eingebrochen, darunter eine Reihe von hohen Lanzettfenstern und unter diesen ein niedriges Triforium. Der Typus ist damit festgestellt (Dehio). Reims wird auch hier noch weitergehen und die ganze obere Hälfte der Stirnseite in eine einzige leuchtende Gitterfläche verwandeln, die aus einem ungeheueren, dem Schildfeld eingeschriebenen Rad, aus leuchtenden Zwickelfeldern und einem hohen Triforium mit leuchtender Rückwand besteht.

Der Gegensatz zwischen der irdischen und der himmlischen Architektur, den die Notre-Dame von Paris und ihre Nachfolge so scharf betont hatten, ist aufgegeben. Die himmlische Architektur entsendet Ableger bis zur Erde, die hohen Arkaden aber wachsen vom Boden zu überirdischen Verhältnissen auf. Irdische und himmlische Sphäre durchdringen sich nun auch formal so wie im anagogischen Erlebnis.

In den Arkaden des Erdgeschosses stehen nicht reine Rundpfeiler („Säulen"), sondern mit jungen Säulen besetzte Rundpfeiler („kantonierte" Pfeiler). Die Vorlage gegen das Hauptschiff zu bereitet schon im Erdgeschoß den Hauptdienst der Baldachine vor, der sich in diesem Bauglied mit einem leichten Sprung fortsetzt. Schwebender und stehender Bau verwachsen miteinander. Die Stufe von Reims — mit ihrer Neigung zu weichem Verbinden und Vermitteln — wird dann als klassische Lösung den Hauptdienst als Vorlage der Rundsäule *ohne Sprung* bis zum Erdboden hinuntersenken. Ein Beispiel des neuen Wandsystems von Chartres mit *reinen* Rundpfeilern im Erdgeschoß ist die Kirche von Longpont.*)

Ebenso treten einander Dunkelheit und Niedrigkeit in den Seitenschiffen und (relative) Helle und Höhe im Hauptschiff nicht schroff gegenüber, sondern auch hier setzt ein Modulieren ein, das in weichen Übergängen von tiefem, aber noch immer durchlichteten Dunkel ins hellste, aber nie grelle Licht führt. Diese Modulationen der Zwischenstufen hat Rodin an den klassischen Kathedralen, besonders an seinem geliebten Chartres, so sehr bewundert.

Zu hoher Klarheit gebracht ist auch das Verhältnis der Baldachine zur Wand. Die Dienstbündel der Baldachine werden verstärkt. Sie liegen nicht flach auf der Wand — wie noch in Laon —, sondern treten plastisch hervor; man empfindet das ganze Dienstbündel als einen übereck-stehenden Bündelpfeiler, der in der Wand steht. So zeichnet er sich auch im Grundriß ab. Und zwischen die seitlichen Kanten des Baldachinpfeilers sind nun die Wände gespannt. Sie sind füllende Membrane geworden. Der sprechende Ausdruck dafür, daß man sie auch damals so empfand, ist, daß mit Chartres *die polygonale Brechung der Wand* am Chorhaupt erscheint. Das heißt: das *erste* Element sind die Baldachinträger, die Füllwand spannt sich in der kürzesten Verbindung zwischen sie; eine Kurve im Grundriß kann nicht mehr entstehen. Das ist *auch* technisch erfordert, denn die großen Wandflächen, die die Wand bilden, müssen aus technischen Gründen „plan" sein. Wie immer im Zustand der Vollendung sind künstlerische Vision und technisches Erfordernis in voller Übereinstimmung.

Da die Wand nur mehr Füllung ist, bildet jetzt die Schildbogenarkade des Baldachins die übergreifende Form für die Fenstergruppen der Wand.

Für die Gewölbe führt Chartres die schmalen rechteckigen Felder ein, die von da ab kanonisch sind. Sie sind keine neue Erfindung; es gab in kreuzgewölbten Bauten seit Lessay eine Minorität dieses Typs, die auf vorgotischer Stufe von St. Lucien und St. Étienne in Beauvais, auf frühgotischer von St. Germer vertreten worden war. Für das Auge ist der Unterschied — zum Beispiel gegenüber Notre-Dame — gar nicht sehr auffallend. Es äußert sich aber darin ein anderes Gefühl für die Wertigkeit der einzelnen Raumzelle im Gesamtraum. Der rechteckige Baldachin hat weniger Selbständigkeit, er geht als bloßes Glied in einer Baldachinfolge, einer „Allee" auf. Vom abbildenden Sinn her hat er den Vorzug, den Eindruck des Unfaßbaren zu ver-

---

*) Longpont: Choisy II, 344, Abb. 12; de Lasteyrie fig. 592.

stärken, vom Formalen her eine gleichmäßigere ruhige Abfolge in der Wandgliederung zu schaffen. Er ist zugleich, da man schon in Notre-Dame die Unterscheidung starker und schwacher Träger aufgegeben hatte, „logischer". Von dem technischen Vorteil wird noch zu sprechen sein.

Alle diese einzelnen genialen Neuerungen sind von einer einheitlichen, alle Aufgaben des Gestaltens durchdringenden Vision hervorgebracht, die den Innenraum und zugleich den Außenbau von Chartres zu einem der großen Schöpfungsbauten der Weltgeschichte macht.

KAPITEL 85

Epoche in Konstruktiven: Laon und Chartres

Die neue visionäre „Verklärung" des Innenraums wird ermöglicht durch den Entschluß, die verstrebenden Organe, die im alten System im Inneren des Baukörpers verborgen geblieben waren, am Außenbau offen zu zeigen.

Dieser Entschluß ist dadurch vorbereitet, daß kurz vorher — noch innerhalb des *alten* Systems, dieses erschütternd — *sichtbare* Strebebogen und Stummel von Strebepfeilern aufgetreten waren. „Anscheinend waren die Langhausanlagen der Kathedralen von Paris und Laon die ersten Bauten, an denen man die Strebebogen sich frei über die Emporen zur Hochschiffswand hinaufschwingen sah" (E. Gall). Das wäre zwischen 1180 und 1190 gewesen. „Bei den Chorapsiden übten die Architekten noch größere Zurückhaltung: St. Germain des Près zu Paris, St. Remi in Reims, Notre-Dame in Chalons-sur-Marne haben sie erst nachträglich, wohl gegen Ende des Jahrhunderts, erhalten" (E. Gall). Die Form dieser Strebe-Organe ist zunächst in ganz schlichtem kahlen Mauerwerk entwickelt, ohne Zierate, werkmännisch einfach wie eine Brücke. Sie sollen gewissermaßen nicht zur ästhetischen Erscheinung des Außenbaus gerechnet werden, dessen klare großzügige Flächen sie empfindlich stören.

Der Grund für ihr Auftreten ist ausnahmsweise wirklich in einer konstruktiven Erwägung zu suchen, die offenbar durch schlimme Erfahrungen nahegelegt worden war. Man findet es jetzt notwendig, eine Stelle des Gewölbeansatzes zu verstreben, die von den Strebebogen unter Dach nicht erreicht worden war, und zwar die Stelle, wo das Gewölbe im technischen Sinn — nicht im künstlerischen Eindruck — beginnt: das Auflager, französisch „tas de charge" (vgl. den Anhang I über die technischen Probleme). Diese Erwägung ist von unseren modernen baustatischen Erkenntnissen her vollkommen richtig. Daß diese

Verbesserung allgemein für notwendig gehalten wurde, wird dadurch bewiesen, daß man fast ausnahmslos an allen Bauten des älteren Systems nachträglich sichtbare Strebe-Organe hinzugefügt hat, um diese Stellen zu verstreben. Das zeigt aber auch, daß das alte Strebesystem ohne ein logisches Durchdenken der baustatischen Probleme entstanden war und erst auf Grund neuer Empirie korrigiert wurde.

Möglicherweise hat dabei die Bekanntschaft mit byzantinischen sichtbaren Strebewerken — zum Beispiel den Strebebogen der Hagia Sophia, die im 9. Jahrhundert (?) hinzugefügt worden waren — den Ausweg gewiesen. Ein Bau wie die Hagia Sophia *muß* damals aus mehr als einem Grund die Baumeister interessiert haben. Der Einstrom byzantinischer Motive ist gerade in dieser Zeit in allen Künsten sehr stark.

Der Entschluß dürfte unbewußt dadurch erleichtert worden sein, daß diese Form gut zu dem „schwingenden Stil" der plastischen Stilstufe um 1185 paßt.

Sobald man aber überhaupt erst einmal die verstrebenden Organe unverhüllt am Außenbau sehen ließ, war der zweite Entschluß möglich, sie nicht nur hoch oben über den Emporen schüchtern anzusetzen, wo sie weniger ins Auge fallen, sondern sie aus dem Seitenschiff in gewaltiger Höhe aufsteigen zu lassen. Der neue Wandaufbau im Inneren, bei dem die Gewölbe über einem hohen Lichtgaden ansetzen, wäre ohne diesen Entschluß nicht zu verwirklichen gewesen.

Der sichtbare Strebebogen ist also mit Laon und Paris um 1185 geboren worden, der sichtbare *Hoch*-Strebepfeiler aber mit Chartres um 1195. *Er ist ein ganz neues konstruktives Organ.*

Es ist nicht richtig zu sagen, daß das Strebewerk von Chartres durch die *Höhe* des Hauptschiffs erfordert wurde (Focillon), und nicht genau zu sagen, daß es durch die *Weite* (ampleur) der Öffnungen erfordert wurde. *Erfordert wurde es durch den Übergang zu dem System mit dem Lichtgaden u n t e r dem Ansatz der Wölbung.*

Das neue System der Verstrebung und Versteifung sieht so aus: Die Baldachinträger werden in Chartres an *drei* Stellen verstrebt; durch die Gurtbogen der Seitenschiffe und durch zwei übereinander gestellte Strebebogen, die Fuß und Auflager der Wölbung erfassen. Ihren Schub fängt die Masse des Hochstrebepfeilers auf. (Ein dritter Strebebogen — am Ansatz des Dachstuhls — ist erst 1316 hinzugefügt.) Die Versteifung der Baldachinträger untereinander wird besorgt durch die Arkadenbogen der Seitenschiffe und durch die Schildbogen der Gewölbe.

Möglicherweise haben auch dabei byzantinische Vorbilder mitgewirkt. Unter diesem Gesichtspunkt wären die Strebepfeiler von San Vitale in Ravenna noch einmal zu untersuchen (Andreades 89).

Jedenfalls waren Strebepfeiler von dieser Höhe — fast 30 Meter hoch — ein kühnes Experiment, und es ist mehr als begreiflich, daß man ihre Stärke zunächst überdimensioniert hat. Das war auch deshalb geboten, weil die Gewölbe des Hauptschiffs mit 16,40 m eine Spannweite haben, die nicht nur die der älteren Kathedralen — Noyon 8,50, Laon rund 11, Paris 12 m — sondern auch die der kommenden — Reims und Amiens 14,60 m — übertrifft.

Es ist ebenso begreiflich, daß man bei der Kühnheit des neuen Systems darauf aus sein mußte, die Gewölbe nach Möglichkeit zu erleichtern. Ein wirksames Mittel dafür war der — auch rein künstlerisch zu begründende — Übergang von quadratischen zu rechteckigen Gewölbefeldern im Hauptschiff. Bei sonst gleicher Form der Gewölbe, gleicher Dicke und gleichem spezifischen Gewicht des Materials verringert sich — mit der geringeren Spannweite der Diagonalbogen — der Schub immerhin beträchtlich.

Eine Ausschaltung des geringen Gewölbeschubs auf die Seitenwände bringt die horizontale Führung der Gewölbekappen (Kappen „ohne Stich"); sie wird notwendig, da die Seitenwände sich fast ganz in Glasfläche auflösen sollen. Das hat aber nebenbei noch den Vorteil höherer Schildbogenfelder (Lünetten) und damit einer wesentlichen Vermehrung der leuchtenden Fläche.

In diesem Kalkül hängt alles mit allem in höchster Sinnhaftigkeit zusammen: „Schwer zu glauben, daß so vieles sich erreichen ließ" (Francesco Borromini).

KAPITEL 86

Epoche am Außenbau: Chartres

Eine der großartigsten Leistungen des genialen Meisters von Chartres war es, aus dem Motiv, das innerhalb des alten Systems nur ein technischer Notbehelf ohne künstlerische Wertigkeit gewesen war, sogleich ein künstlerisches Motiv von höchster Eindruckskraft zu gewinnen und es für den abbildenden Sinn des Kirchengebäudes in ungeahnter Weise fruchtbar zu machen. Strebepfeiler und Strebebogen werden künstlerisch ausgestaltet. Die Strebepfeiler erhalten, hier zum erstenmal am Langhaus, an ihrer Stirnfläche schilderhausartige Gehäuse als Krönung, die mit Figuren besetzt werden. Die beiden Strebebogen werden durch die oben (Kapitel 18) beschriebenen „taumelnden Arkaden" miteinander verbunden. An dem jüngeren Strebewerk des Chors erscheinen statt der Schilderhäuschen richtige Prostasen mit flachem Gebälk — griechischer Form nahe. Die „taumelnden Arkaden" werden leichter, dünner und mit Spitzbogen zu durchsichtigen Arkadenfächern umgebildet. Diese Ausgestaltung beweist, daß das technische Motiv zu einem künstlerischen geworden ist.

Durch die Umringung mit gewaltigen vertikalen Riesen-pfeilern und durchgitterten Flächen ist zum erstenmal Lang-haus und Chorseite „vertikalisiert", dem System des Innen-raums und der Fassade mit eigenartigen Mitteln angeglichen und eine phantastische Architektur aufgerichtet, mit der sich in der Weltgeschichte des Bauens nichts vergleichen kann.

Mit diesen in großartigster Weise auf Jahrhunderte epoche-machenden Motiven beginnt für diese Teile des Baues erst die volle „Gotik".

Das „antigrave" Motiv der taumelnden Arkaden — dem Zauberkreis der Radfenster entnommen — und eine gewisse Hypertrophie dieser neuen Formenwelt zeigt überdeutlich den Willen, einen überwirklichen Bau vorzustellen (Tafel III).

Nach der Fassade, die mit Laon diese Stufe erreicht hatte, werden jetzt auch die Langseiten des Kirchengebäudes und be-sonders die Chorseite Abbild eines Himmelsbaus.

Die kommende Entwicklung wird den Formen ihre erste Überschwere nehmen und sie auch an scheinbarer Leichtigkeit dem Innenbau und der Fassade angleichen.

KAPITEL 87

Nebenwege des Innenraums: Bourges und Le Mans

Der großartige, unvergleichliche Raum der Kathedrale von Bourges ist oft falsch beurteilt worden. Man faßt ihn auf als die reifste und reichste Erscheinungsform des kathedralen Innenraums, gleichsam als die größte Annäherung an das von Anfang an vorschwebende Ideal. So großartig und einmalig künstlerisch genommen dieser Wurf ist, entwicklungsgeschicht-lich gesehen ist er ein Nebenweg und mußte in Frankreich ohne wirkliche Fortsetzung bleiben. Eine genaue Betrachtung seines Gefüges läßt das ohne weiteres einsehen.

Strukturell gehört Bourges — begonnen zwischen 1190 und 1200 — noch zu dem alten Typus — sei er drei- oder vier-stöckig —, bei dem sich die Fensterzone auf die Zone der Wöl-bung beschränkt. Auch hält Bourges noch fest an der Form der quadratischen sechsteiligen Raumabschnitte. Aber schon daß der Bau, im ganzen genommen, *fünf* Stockwerke hat, zeigt, daß aus dem alten Typus etwas Neues entwickelt ist. Die Struktur ist nicht leicht zu beschreiben, am richtigsten hat sie wohl Bony gesehen. Es ist als ob zwei dreistöckige Kathedralen alten Typs — etwa Muster Sens — und in den Zwischenraum zwischen ihren Hauptschiffen ein drittes höheres Mittelschiff von gleichfalls dreistöckigem Aufbau eingestellt worden wäre, das auf Arkaden von der vollen Höhe eines Hauptschiffs in unerhörter Höhe eine Art zweiter oberer Kirche trägt: „perchée et comme suspendue en plein ciel et en pleine lumière".

Dieser Raum ist etwas vollkommen Neues, in der Architekturgeschichte noch nicht Dagewesenes: ein halb basilikaler Raum zur zweiten Potenz erhoben.

Das stufenförmige Ansteigen der Außenform hatte, wie viele Kirchen mit fünf Schiffen, auch Notre-Dame; hier aber „pyramidiert" der *Innen*raum: „un vaste pyramidement creux" (Bony). Dabei wachsen aber, durch ihre überhohen Arkaden, die inneren Seitenschiffe mit dem Hauptschiff zu einer Raumeinheit zusammen: zur kolossalen Höhe gesellt sich die noch nie dagewesene Breite des als Einheit erfahrenen Innenraums. Der Wille zum Einheitsraum äußert sich auch im Fortfallen des Querschiffs. Es ist unmöglich, im wirklichen Raumerleben, die inneren Seitenschiffe bloß als Folie zu sehen — so wie in Notre-Dame von Paris, wo Seitenschiffe und Emporen bloß Raumgrund für den steilen Hauptschiffs-Raum sind. Erst die äußere Wand der inneren Seitenschiffe ist diaphane Raumgrenze im Sinne Jantzens. In dem so als Einheit empfundenen Raum stehen nun die riesigen Rundpfeiler „mitten im gestaffelten Raum" und zugleich doch in der entschwebenden Wand.

Diese Zweideutigkeit des Gefüges wurzelt in der Tatsache — die man meistens nicht genügend durchdenkt —, daß eine Basilika mit überhohen Arkadenträgern in der Raumwirkung ein vollkommen anderes Gebilde ist als die gleiche Basilika, bei der die hohe Oberwand mit dem Lichtgaden den Raumeindruck beherrscht. Innerhalb des Altchristlichen ist ein solches Anwachsen der unteren Zone vollkommen unmöglich (ein bedenkenswerter Sachverhalt) und unmöglich auch ein „pyramidierender" Einheitsraum.

Genetisch gesehen entwickelt sich Bourges — wie schon der Grundriß zeigt — wohl aus Notre-Dame, aber unbedingt unter Mitwirkung des Typus Sens, der schon — nach burgundischem Gefühl — die im Verhältnis zum Oberbau hohen Erdgeschoßarkaden und das Fehlen des Querschiffs zeigt.

Die Hypertrophie der großen Arkade, durch eine Verschmelzung der beiden unteren Stockwerke in ein einziges, zeigten — ausgehend vom *vierstöckigen* System Westenglands — Tewkesbury und Pershore (Bony). Doch besteht keine Filiation. Bourges ist gleichsam nur das gotische Gegenstück zu jenen romanischen Beispielen, entstanden durch einen ähnlichen Vorgang.

Erlebnismäßig bringt Bourges eine gesteigerte Phantastik des Räumlichen, einen gesteigerten Raumreichtum und eine gewaltige Steigerung des „irdischen" Elements in den riesenhoch vom Boden aufwachsenden Kolossal„säulen", während die ätherische obere Zone weit in die Höhe und nach den Seiten zurückgewichen ist. Es hat nicht die neue gesammelte Lichtfülle und die Raumklarheit, die Chartres zum Bahnbrecher des neuen „verklärten" Himmelsbildes macht. Die Himmelsidee von Bourges ist geheimnisvoller, altertümlicher, dunkler als die von Chartres: ihr Geheimnis liegt nicht in der Klarheit, sondern in der Unfaßbarkeit. Der Raum von Bourges, versenkt ins Dunkellicht seiner alten Fenster, hat etwas Rembrandthaftes und zieht daher Deutsche besonders an.

Auch am Außenbau eine Hypertrophie der Formen: zum erstenmal stehen in Bourges die Strebepfeiler in zwei Ringen, verbunden durch je zwei Brücken in der äußeren, durch je drei in der inneren Zone, und machen auch die Außenform nun einmal wirklich „waldhaft" verwirrend und unfaßbar.

In den meisten Darstellungen seit Viollet-le-Duc findet man das System der gotischen Kathedrale von Le Mans (von der nur der gewaltige Chor seit 1225-30 errichtet wurde) mit dem von Bourges schlechthin gleichgesetzt. Das ist unrichtig. Zwar steht Le Mans gewiß in der Nachfolge von Bourges, aber es gestaltet die Fenster des Hauptschiffs, Bourges in modernem Sinn „verbessernd", zu richtigen Hochfenstern, die weit unter den Ansatz der Wölbung herunterreichen — was gerade im Vergleich mit der Aufrißgliederung der inneren Seitenschiffe deutlich wird. Ja diese Hochfenster haben sogar die Triforiumzone vollständig aufgezehrt. Das ist um 1230 noch undenkbar; außer in Le Mans erscheint dieses neue System eines nur zweiteiligen Aufbaus zuerst, noch nicht so entschieden wie hier, in Troyes um 1265 (siehe unten Kapitel 137 und 157). Es ist kein Zweifel, daß auch in Le Mans diese Änderung erst aus der letzten Bauphase, zwischen 1254 und 1273 (dem Jahr der endgültigen Weihe) stammen kann, während der ursprüngliche Entwurf im großen ganzen Bourges gefolgt sein wird. Man hat richtig beobachtet, daß der Bau etwas Eklektisches, wenig Bodenständiges hat.

KAPITEL 88

Vollendung des Innenraums: Reims und Amiens

Mit Chartres hat das Ideal der gotischen „diaphanen" Wand — nämlich Gitter und gespannte Membrane zu sein — schon nahezu seine Vollendung erreicht. Riesige Fensterwerke haben im Oberteil der Wand die Reste opaken Mauerwerks beinahe aufgezehrt. Nur *ein* Schritt ist noch zu tun: noch sitzen die riesigen lanzettförmigen Spitzbogenfenster und der Oculus darüber *in* der Wand, es gibt nebeneinander leuchtende Flächen und Reste stumpfer Fläche. Erst mit Reims — seit 1211 im Bau — wird die ganze Fläche innerhalb der Schildbogenarkade und oberhalb des Triforiums eine einzige leuchtende Gitterfläche. Stumpfe Flächen gibt es nicht mehr, Wand und Fenster sind eines geworden. Die selbstleuchtenden Edelsteinwände, mit denen die Phantasie der Dichter den Himmelsbau ausgestattet hatte, sind jetzt Wirklichkeit. Jetzt ist oberhalb des Triforiums das ganze Gebäude „une cage de verre lumineuse, une claire-voie" (R. Schneider). Das gleiche gilt für die „Wand" der Seitenschiffe, oberhalb der Sockelzone, die dem Triforium entspricht.

Um der Wand diese Struktur zu geben, müssen die Ränder jener Formen — Fenster, Oculus —, die bisher als Durchbrechungen *in* der Mauer standen, miteinander in Berührung kommen. Dann erst ist es möglich, *„die Randform zu verselbständigen"* (L. Behling) und die undurchsichtigen Flächen, die rings um die Öffnungen noch da waren, genau so zu behandeln wie die Öffnungen selbst. Das „Muster" in der Wand wird von da ab nicht mehr gebildet durch das Aneinandergrenzen stumpfer und leuchtender Flächenteile, sondern durch plastische Stege auf helleuchtender durchschienener Fläche. Die Stege sind verschieden stark, aber formal untereinander von gleicher Art wie die plastischen Glieder der großen Schildbogenarkade, von der sie übergriffen werden und mit der sie ein untrennnbares Ganzes bilden. *Diese Verselbständigung der Randform bedeutet eine Umdeutung des Wesens der Fläche, die von ähnlicher epochemachender Bedeutung ist, wie die Umdeutung des Raumes beim Übergang zum Baldachinraum: „Verklärung" der Wand.*

Mit einer neuartigen Struktur der Wand hatte um 1060 die Vorbereitung der Kathedrale begonnen, mit dieser letzten Umdeutung der Wand schließt sie um 1220 herum ab.

In diesem dargelegten Vorgang der Verwandlung spielt eine entscheidende Rolle das Motiv des Rundfensters (oculus) über den Hochfenstern; erst dieses Motiv macht es möglich, alle Randformen miteinander in Berührung zu bringen und dann zu plastischen Gliedern umzugestalten.

Es nistet sich als eine kleine Rundöffnung zuerst in die Schildbogenfläche über der Arkade der Emporenöffnungen ein. An dieser Stelle zeigten englische Bauten wie Romsey schon um 1080 eine Durchlichtung, indem sie die Fläche zwischen der übergreifenden und den übergriffenen Arkaden ausbrachen und durch eine in den Arkadenzwickel gestellte Miniatursäule teilten. In der Île-de-France zeigt den Oculus zum Beispiel die Kirche von St. Germer, und möglicherweise hat diese typische „Lichtmotiv" schon St. Denis. Notre-Dame hatte das Motiv nur in der Südwand des Hauptschiffs verwendet, um in den dunklen Raum etwas mehr Licht zu bringen. Ebenfalls in den Emporen zeigen es Bourges und Soissons.

In der Schildbogenfläche über den *Hoch*fenstern kommt es zuerst in Chartres vor, und zwar gleich in solcher Größe, daß der Kreis der Öffnung gleichzeitig die Spitzbogen der Fensteröffnungen von außen und den Spitzbogen der übergreifenden Schildbogenarkade von innen berührt. In gleicher Form hat das Motiv St. Laumer in Blois. Die Form von Reims entsteht in Umdeutung der Form von Chartres.

Wesentlich für die Entwicklung des Gitterwerks an dieser Stelle ist ferner das Motiv der „Nasen", der „redents" (vgl. Peter Meyer).

Technisch gesehen sind diese Wände aus dünnem steinernen Stabwerk und hauchdünnen Glasfolien eine der kühnsten Leistungen der an der Kathedrale entstehenden „Gotik". Man muß sich nur klar machen, daß zum Beispiel die Hochfenster von Amiens 13 Meter hoch und 6 Meter breit — das heißt so hoch wie ein dreistöckiges Haus und so breit wie ein großes Zimmer — einem ungeheuren Winddruck mit einem Stabwerk standhalten, das nur wenige Zentimeter stark ist.

Nun verklärt aber, bis zur höchsten denkbaren Klarheit, Reims nicht nur die Materie der Wand, sondern auch die Struktur der Raumgrenze. Es wiederholt in den Seitenschiffen genau die Form der Hochfenster, wobei dem Triforium unter den Hochfenstern hier eine Blendarkatur unter den Seitenschiffsfenstern entspricht (P. Meyer): ein Gedanke von größter Einfachheit und dabei von geheimnisvoller Fülle. Denn was oben fern und klar erscheint, „spiegelt" sich im Rahmen der Hochschiffarkade näher aber verhüllter. Statt der Häufung des alten Systems — Arkade, Empore, Triforium, Lünette — Großzügigkeit und Großartigkeit, statt der noch nicht ganz geklärten Zuordnung von Chartres jetzt die unüberbietbar klare A + b + C, wobei A selbst = (b' + C') ist.

Die Leistung von Reims besteht nicht wie die von Chartres in großen Erfindungen, sondern in der *Vollendung*.

KAPITEL 89

Vollendung des Außenbaus: Fassaden
Von Laon bis Reims

Bis zu der Querhausfassade von St. Denis, die um 1230-40 eine neue Phase einleitet, beruhen *alle* großen Kathedralfassaden, soweit sie nicht ältere Typen festhalten, auf der von Laon. Der gerade Weg führt über die „vorklassische" Fassade des südlichen Querhauses von Chartres zur „klassischen" der Kathedrale von Reims und der schon „nachklassischen" von St. Nicaise in Reims. Ein anderer Weg, gleichfalls von Laon ausgehend, führt zu der Hauptfassade von Notre-Dame in Paris.

Die Südfassade von Chartres —berühmt durch ihre Skulpturen — wird als architektonische Leistung viel zu wenig beachtet. Man hat sie sich mit Türmen in der Nachfolge von Laon vorzustellen und den ganzen Bau von Chartres, wie Laon, ausgestattet mit drei ähnlichen Doppelturmfassaden. Daß im Westen die neuen Türme von 1130 schon standen, hat hier den Neubau einer Fassade verhindert; es hat uns die großartige Portalskulptur der Frühstufe erhalten, die Leistung des Architekten von Chartres für die Entwicklung der Fassade aber verdunkelt. Großartig ist es schon, daß er den gerade erst geschaffenen Fassadentypus von Laon mit seinen eigenen Neuerungen für Innenbau, Langseite und Choransicht verbindet; er hat wohl gefühlt, daß das von Laon aufgestellte Programm nicht zu überbieten war. Was um 1230 Villard de Honnecourt von den Türmen sagt: „Bin in manchen Ländern gewesen, aber nirgends habe ich einen Turm gesehen wie den von Laon", darf man von der ganzen Fassade sagen. Der Meister von Chartres verbessert sie aber in großartiger Weise ganz in seinem Sinn.

Beseitigt werden mußte auf der Stufe von Chartres die „Unruhe" im Aufbau und das Motiv der tiefschattenden Bogennischen im Rosengeschoß mit ihren allzu starken Kontrasten von Hell und Dunkel. Statt wie in Laon die Vorderfläche der Fassade so weit nach vorne zu ziehen, daß sie die Strebepfeiler ganz verbirgt, werden die Strebepfeiler, wie überall am Bau, gezeigt, die Wand aber selbst als Füllung zwischen die Strebepfeiler zurückgenommen und damit dünner gemacht. Dadurch laufen die Strebepfeiler stärker von oben nach unten durch — wiederum entsprechend der neuen Vertikaltendenz, die den ganzen Außenbau erfaßt hat; nur im untersten Geschoß verschwinden sie hinter der Giebelfront der Vorhalle. Um ihren kompakten Mauerflächen das Stumpfe zu nehmen, hat Chartres darüber ein eng gezogenes Gitter aus enorm gelängten Rundstäben gelegt. Dieses Stabwerk ist nicht Bestandteil der Wand, wie romanische Blendgliederungen ähnlicher Schlankheit, sondern liegt, wenn auch ohne Zwischenraum, *vor* der Wand — Vorläufer der berühmten „steinernen Harfen" von Straßburg, aber in Frankreich ohne Nachfolge.

Das Lichtmotiv der riesigen Radsonne ist noch über Laon hinaus gesteigert und verrät allein schon den neuen Willen zur hohen Lichtfülle, wie die ganze Fassade den zur großzügigen Gliederung.

Der Fassade von Notre-Dame in Paris hat man oft ihr angeblich „ungotisches", „antikisches" Wesen nachgerechnet. Man sieht sie gewöhnlich als *eine*, in große annähernd quadratische, ruhende Felder geteilte Fläche. Aber in Wirklichkeit schieben sich auch hier, wie in Laon — nur nicht so auffällig — drei Geschoßzonen hintereinander hervor. Auf die Durchräumlichung durch Vorhalle und Baldachine ist verzichtet, die Fassade paßt sich in ihrer Geschlossenheit und Monumentalität der *alten* Außenansicht des Gesamtbaus an. Neu ist die Krönung auch des *unteren* Geschosses mit einer durchlaufenden Galerie; ihr entspricht an Chartres Süd die unterbrochene Galerie zwischen den Giebeln der Vorhalle.

Die Kathedrale von Reims dagegen hat wieder die ursprüngliche Anordnung der Hauptteile wie Laon, verbessert durch das Durchlaufen der Strebepfeiler, wie in Chartres Süd. Im Rosengeschoß verwandeln sie sich hier in hohe turmartige Fialen-Baldachine; die dieses Geschoß krönende Galerie verkröpft sich über die Strebepfeiler durchlaufend. Das königlich Herrschende des Sonnenrads an der Südfassade von Chartres ist nicht mehr ganz erreicht. Den Kristallmantel der Splitterflächen muß man sich aus dem ursprünglichen Entwurf der Fassade des frühen 13. Jahrhunderts wegdenken (Tafel IV).

Die alten Teile der Fassade von Amiens sind dagegen ein unglücklicher Versuch. Recht sinnlos bilden *zwei* übereinandergestellte Galerien den *Fuß* des zweiten Geschosses, eine sehr hohe Vorhalle zieht das Schwergewicht in die unterste Zone, die Rose büßt in dem allzu schmalen Mittelfeld oben ihre beherrschende Stellung ein.

An allen diesen Fassaden bleibt eine Zone, an der die alte Massivität der romanischen Wand nicht ganz weggeschafft wird: die der Stufenportale. Die Stufenportale sind eine romanische Erfindung, vollster Ausdruck der vielstufigen romanischen Wand, die die „Säulen" in ihren Wandstufen enthält. Von einer puristischen Auffassung der Gotik her wäre es konsequent, auf die Stufenportale ganz zu verzichten; diese Konsequenz wird St. Nicaise in Reims ziehen. Im allgemeinen aber konnte man das Motiv deshalb nicht aufgeben, weil es für die Entfaltung der Skulptur und für die Symbolik der Fassade zu viel bedeutete. Die Gestalten der Heilsgeschichte am Tor des zweiten Paradieses — das ist ein symbolisch so eindrucksvolles Motiv, daß man es formal-ästhetischen Rücksichten allein nicht opfern konnte. Überdies läßt es sich auch formal motivieren. Denn auch im Innenbau ist ja die Sockelzone jene, in der massive Körper beibehalten sind, wenn auch in „gotischem" Sinn verwandelt. Auch an den Portalen mildert man die Massivität: man macht die Schichten des Stufenportals scheinbar dünner, durchsetzt sie mit Raum; zuerst in der Zone der Archivolten werden aus den kantigen Stufen der Mauer und den Rundwülsten der plastischen Archivolten mit Vollskulptur ausgesetzte *Mulden*.

KAPITEL 90

Vollendung des Außenbaus: Langseiten und Chorrund
Reims

Auch für den Außenbau bringt Reims die Vollendung des mit Chartres Begonnenen (Tafel XI).

Das neue großartige Motiv der den Bau umringenden Strebepfeiler wird durchgebildet. Aus Mauerzungen verwandeln sie sich in turmartige Gebilde, ihre obere Hälfte in einen Baldachin, der nicht wie die Tabernakel und Prostasen von Chartres bloß die Stirnseite des Pfeilermassivs besetzt, sondern — was die Form seiner Bedachung deutlich anzeigt — als ein vollräumliches und körperhaftes Gebilde verstanden werden soll. Auch hier *„Verräumlichung"* und Durchlichtung. Den ersten Schritt auf diesem Entwicklungsgang hatte die Fassade von Laon getan.

Diese Strebepfeiler-Türme werden nun in gleicher Form und in gleichen Abständen um den ganzen Bau an allen Seiten herumgeführt — *Vereinheitlichung* der vielfältigen Ansichten des Außenbaus. An den Fassaden lehnen sie sich unmittelbar an die Fassadenebene, an den Langseiten von Haupt- und Querschiff stehen sie in der Flucht der äußeren Seitenschiffswände, an der Chorseite rücken sie noch eine weitere Stufe vom Hochschiff ab und wachsen in den Ecken zwischen den Kapellen auf; hier muß ein innerer Kranz schlankerer Strebepfeiler den Brückenzug der Strebebogen zur Hochschiffswand vermitteln. In ein „Peristyl" aus 42 Fialen-Türmen schreiben sie das ganze Kirchengebäude ein (Abb. Seite 17).

Die Strebebogen selbst werden ganz schlank gebildet, an jedem Strebepfeiler zwei übereinander, und spannen den eigentlichen Kirchenkörper in ein durchsichtiges leichtes Gerüst, vergleichbar dem eines Schiffs, das in dem Helling liegt.

Die Choransicht wird also — mit völlig anderen Mitteln — durchaus gleichwertig der Frontansicht. An der Fassade dominieren die flächenhaften Werte, in der Chorpartie die vielfach gebrochenen Ansichten eines in reichsten räumlichen Entfaltungen von schlanken Körpern umhüllten und durch diese Verhüllungen durchscheinenden Körpers.

Dem entspricht es, daß jetzt auch die Choransicht ein eigenes ikonologisches Programm erhält: die Darstellung der himmlischen Liturgie, die im Himmel als Urbild der irdischen Liturgie gefeiert wird. Damit ist aber auch die Chorpartie als Aspekt des Himmelsgebäudes erklärt. Sie ist — gleichsam ins Riesige vergrößert — einer jener idealen Vielecksbauten, die an den Portalen der Fassade die Figuren mit einem abbreviierten Bild der Himmelsstadt bekrönen.

Innen- und Außenbau der Kirche und am Außenbau die Fassaden-Langseiten und die Chorpartie sind jetzt formal und ikonologisch eine vielgestaltige Einheit und jedes auf eigene Weise und in besonderm Sinn Bild des Himmelsgebäudes. Zwischen den verschiedenen Aspekten wird in fließenden Übergängen vermittelt, der höchste Reichtum noch fest zusammengehalten — beides Kennzeichen des „Klassischen": Augenblick der größten inneren und äußeren Fülle.

KAPITEL 91

Rückblick:
Bedeutung des Spitzbogens für die Entstehung und Entwicklung der Kathedrale

Diese Frage — bisher zurückgestellt — läßt sich leichter beantworten, wenn man den ganzen Verlauf der Entstehung und Entwicklung überblickt. Der Spitzbogen hat im ausgebildeten System der Kathedrale vielfache Funktion, er ist ein mehrfach überdeterminiertes Motiv. Demgemäß erscheint er im Laufe der Entwicklung nach und nach an verschiedenen Stellen des Baues aus verschiedenen, sich immer mehr vermehrenden Gründen.

Konstruktiv bedeutet der Spitzbogen in der Hauptsache zweierlei: Er gestattet es — ohne auf die mißliche Form gestelzter Rundbogen zu greifen — Kreuzgewölbe und über der Apsis Schirmgewölbe zu konstruieren, an denen der Scheitel der Diagonalbogen mit den Scheiteln der Gurt- und Schildbogen

269

in gleicher Höhe (oder auch tiefer als diese) liegen und dadurch sehr klare statische Verhältnisse zu schaffen (siehe Anhang I). Durch seine Anwendung in den Diagonalbogen wird der Schub der Gewölbe verringert, wenn auch in einem Maße, das praktisch nicht sehr ins Gewicht fällt.

Künstlerisch: Bei der Entstehung des einzelnen Baldachins spielt der Spitzbogen keine entscheidende Rolle. Dagegen bedeutet er sehr viel für die *Vereinheitlichung* des Baus. Erst er erlaubt es, die verschiedenartigen Raumformen, die die Gesamtheit der Kathedrale zusammensetzen, alle aus Abwandlungen einer Grundform aufzubauen. Seine Eigenschaft, gleiche Jochbreite mit verschiedener Scheitelhöhe, verschiedene Jochbreite mit gleicher Scheitelhöhe zu verbinden, erlaubt ein Modulieren von Form zu Form in feinsten Übergängen mit unübersehbaren Möglichkeiten.

Denn der Spitzbogen bricht auch für den Bogen mit den festen Proportionen, die man an den Trägern des Bogens schon längst aufgegeben hatte. Zu einer bestimmten Jochbreite gehört nur *ein* Rundbogen, mit fixierter Höhe des Bogens, aber eine ganze Schar von Spitzbogen, mit verschiedener (theoretisch unendlicher) Zahl der Bogen. *Mit der durchgehenden Anwendung des Spitzbogens ist die letzte Stelle erobert, wo das antikische Gesetz fester Proportionen sich noch behauptet hatte* — vor allem die Zone der Gewölbe.

Eine *diaphane Wand* könnte grundsätzlich auch ohne Spitzbogen errichtet werden: man sieht das in Laon. Umsomehr aber bedeutet der Spitzbogen für die Verwandlung der Wand in ein *Gitterwerk*. Das ist leicht einzusehen. Es sei zum Beispiel ein Wandjoch von der Höhe eines Stockwerks und seine Unterteilung durch eine zweibogige übergriffene Arkade gegeben. Dann ist beim Rundbogen die Lösung eindeutig festgelegt, während es bei Anwendung des Spitzbogens theoretisch unendlich viele Möglichkeiten gibt. Leicht einzusehen, wie viel mehr Wandfläche durch Verwendung steiler Spitzbögen weggeschafft werden kann. Die unübersehbaren Variationen der gotischen „übergreifenden Form" und des Maßwerks beruhen auf dieser Eigenschaft des Spitzbogens, die ebenso wichtig für die Gestalt der Hochwand wie für die der Fassade ist. Man versuche einmal die Fassade oder die Hochwand von Reims in den Rundbogen rückzuübersetzen, um ganz anschaulich zu erfahren, welche Vorteile der Spitzbogen bietet.

Damit wird zugleich die Bedeutung des Spitzbogens für die *Durchlichtung* der Kathedrale sichtbar. Schon im alten vierstöckigen System erlaubt die Einführung des Spitzbogens in die Schildbogen der Gewölbe, bei gleichem Grundriß und gleicher

Gewölbeform eine größere leuchtende Fläche zu gewinnen, die auf dieser Stufe auf andere Weise nicht zu erreichen wäre.

Neben dieser funktionalen Bedeutung für das Gesamtgefüge der Kathedrale, die man sich gewissermaßen erst klar machen muß, besitzt der Spitzbogen aber auch unmittelbar anschauliche Bedeutung. *Auch im „Ausdruckscharakter" ist der Spitzbogen etwas ganz anderes als der Rundbogen.* Das liegt nur zum Teil daran, daß er „spitz" ist, denn es gibt Spitzbogen mit nur sehr mäßiger Zuspitzung, die sich ausdrucksmäßig vom Rundbogen nicht allzusehr unterscheiden. Nur sehr steile Spitzbogen, getragen von sehr langen Schäften, bekommen jenen Charakter des Stacheligen, Stechenden, bei denen man sich mit G. K. Chesterton an Schwerter und Lanzen erinnert fühlen kann. Diese Form gehört zusammen mit den steilen Spitzgiebeln, den Wimpergen und den extrem spitzen Dreiecksformen gotischer Pyramidendächer (der „flêche"). Aber im Anschaulichen spielt noch etwas anderes mit. Der Rundbogen ist „Dasein" einer einzigen in sich geschlossenen Form, der Spitzbogen entsteht aus der Begegnung zweier voneinander unabhängiger, auf einander zugeordneter Kurven. Der Rundbogen ruht gehalten in einem Mittelpunkt, man sieht ihm das gewissermaßen an. Der Spitzbogen aber ist „exzentrisch", in der wörtlichen und übertragenen Bedeutung des Wortes; seine beiden Äste neigen sich einander zu wie bei einem Kartenhaus, so wie die beiden Seiten eines Spitzgiebels, den man als Grenzfall eines Spitzbogens auffassen kann. Das schafft den Charakter eines labilen Sich-in-Schwebe-Haltens der Formen, die verzauberte Atmosphäre der Kathedrale. Rodin hat das gleichsam körperlich nachempfunden, wenn er seiner Plastik zweier im Gebet die Finger zusammenlegender Hände den Namen „die Kathedrale" gibt. — Endlich wirkt der Spitzbogen, ceteris paribus, nämlich bei gleicher Profilierung, in jedem Fall „kälter", „spröder". Mit diesem Zug fügt er sich vorzüglich ein in jene Wesensseiten der Kathedrale, die man als „kristallisch", ja „metallisch" bezeichnen kann.

Die Forschung nimmt heute allgemein an, daß die Kathedrale den Spitzbogen aus Burgund übernommen hat, und zwar sowohl seine Verwendung in der Wand, wie in der Wölbung, wo ihn zuerst die spitzbogige Tonne des dritten Baus von Cluny um 1120 zeigte. Er ist in seiner ausgeprägten Form ein typisches Motiv der labilen Stilstufe um 1120. Im Gebiet der werdenden Kathedrale erscheint er zuerst an der Kollegiatskirche von Lillers und zwar in den Arkaden des Chors, sicherlich in Imitation eines burgundischen Vorbilds, wahrscheinlich nach dem Beispiel von La Charité-sur-Loire. (Bei der Weihe dieses Baus im Jahre 1107 war Suger dabei.) Die Chronologie seines sukzessiven Auftretens an verschiedenen Stellen der Kathedrale ist noch zu erforschen. Die frühesten Baldachine kommen ganz ohne ihn aus: St. Étienne in Beauvais. Die frühen Kathedralen haben noch gelegentlich vom Rundbogen zum Spitzbogen hinüber moduliert. So in wenig befriedigender Weise der Chor von Noyon und unsicher die Fassade von St. Denis, in sehr großartiger die Fassade von Laon, in sehr schöner getragener Weise die drei Stockwerke am Außenbau des Querschiffs von Soissons. Nach Chartres II scheidet der Rundbogen mehr und mehr aus; die einzige Form, die ihn noch lange beibehält, ist das große Rundfenster der Fassaden — auch das ein Beweis, wie bedeutungsvoll diese Form erscheinen mußte, daß man sie allem Zeitgeschmack zum Trotz bewahrt hat.

KAPITEL 92

Die Skulpturen-Baldachine

Wäre aus irgendeinem Grunde an den Kathedral-Portalen, wie es an vielen wirklich der Fall ist, die Skulptur nicht mehr vorhanden, so würden die erhaltenen Skulpturbaldachine Wesentliches über die Skulptur und ihr Verhältnis zur Architektur aussagen.

Zunächst könnten sie zeigen, daß diese neue Skulptur nicht mit der Architektur gewachsen ist. Denn diese *schwebenden* Baldachinkronen, die zuerst erscheinen, gehören nicht zur Architektur, sondern zur Skulptur. Denkt man die Figuren weg, so sind die Kronen vom Bau her nicht mehr zu verstehen, sinnlose Zutat — ganz anders als jene zweite spätere Gattung der Skulpturbaldachine (Baldachine mit Stützen, Ciboriumbaldachine), die primär eine architektonische Funktion hat, nämlich die „Fiale" zu sein, und erst sekundär der Monumentalskulptur Plätze gewissermaßen anbietet. Diese stützenlosen Kronenbaldachine sind der Architektur nur angeheftet, wie die Skulpturen selbst, zu denen sie gehören und die sie aus der Architektur „herausnehmen" (Tafel II).

Diese Baldachinform und die ihr innerlich zugehörige Auffassung von Skulptur ist der historisch tief bedeutsame *Versuch der Skulptur, sich von der Architektur zu emanzipieren,* ohne sich doch ganz von ihr loszulösen.

Wollte man versuchen, ohne Hinblick auf den „Stil" der Architektur, die Hauptformen hochmittelalterlicher Skulptur rein nach ihrer Aufstellungsart zu klassifizieren, so käme man zu einer Unterscheidung von *drei* Gruppen: Die romanische Form, die die Skulptur in die Stufungen ihrer mehrschichtigen

Mauer hineinnimmt und deren große Form deshalb das massive Relief ist. Die „gotische" Form, die der Skulptur zwei Arten von Standplätzen anweist: freiräumliche in den Fialen und flächenhafte unter den Wimpergen. Zwischen den beiden aber eine dritte Form, bei welcher der Skulptur ihr Platz nicht vom Bau angewiesen wird, sondern sie sich ihn *nimmt*. Das Mißliche ist, daß es für diese dritte Form bisher keinen eigenen Namen gibt; sie entspricht dem, was man unklar gemeint hat, wenn man von einem „Übergangsstil" spricht. Es wäre aber falsch, sie von der Gotik abzutrennen, die vielmehr aus dieser Schicht erwächst. Doch ist es bedeutsam, *daß jene erste Schicht der abendländischen Skulptur, die seit den Griechen dem Gedanken einer echten Vollplastik am nächsten gekommen ist, am einfachsten durch die Beobachtung umgrenzt werden kann, daß sie überall unter Stadtkronen-Baldachinen steht,* die Miniaturformen kleiner Zentralbauten darstellen, nicht *in* der Architektur, sondern *vor* ihr; und daß sie von allen Formen der Kathedrale am frühesten, um 1250, stirbt. *Die Stadtkronen-Baldachine gehören zu den ganz wenigen Formen der Kathedrale, die in der Hochgotik nicht weiterleben.*

An dem Gestaltwandel dieser Baldachinkronen von St. Denis und Chartres I bis zu Reims-Nord und Amiens ließe es sich eindeutig ablesen, daß die zugehörige Skulptur mehr und mehr einen körperhaften Kern ausgebildet, an Wucht und Fülle gewonnen und sich zugleich verräumlicht hat.

Der älteste Typus hat als Krönung Architekturmotive, die sich in einer Hauptfront geordnet, noch flächenhaft, meistens mit leichter Wölbung uns zukehren; Motive, die auch in der darüberliegenden Zone der Kapitelle vorkommen und von dorther übernommen sind. Daneben gibt es diese Formen geknickt; sie kehren uns nicht mehr eine flächenhafte Front zu, sondern einen Keil aus *zwei* Fronten. Beispiel: der berühmte, ursprünglich zum Portalzyklus gehörende Engel an dem einen Strebepfeiler des Langhauses von Chartres (die Sonnenuhr eine Zutat des 16. Jahrhunderts). Die Baldachine, noch über quadratischem Grundriß, stoßen in den Raum vor. Damit beginnt die Eroberung des Vollräumlichen im Baldachin und des Vollkörperlichen in der Figur, die er krönt. Und endlich werden, seit Laon, aus den Kronen über diagonal-quadratischem Grundriß solche über achteckigem, die nur mehr mit einer Seite an den Säulenschaft angeheftet sind, während sieben Seiten frei bleiben und das fast Vollrunde der Figur betonen. Diese Form ist gleichsam wie eine vorweggenommene Verkörperung der Renaissancelehre von den *acht* idealen Ansichten einer Vollskulptur. Die Unterseite der Baldachine bilden kleine schwebende Vieleckgewölbe

„à retombées multiples", die gleich den riesigen innenraumgestaltenden Gewölben mit Rippen ausgesetzt sind; klarer Beweis dafür, daß man sie als diesen gleichartig empfand. Unter diesen Wölbungen wird also ein von ihnen überhüllter Raum empfunden, *von gleicher Art wie die Raumzellen des Innenraums* — der neue Lebensraum der Skulptur, in dem sie sich räumlich entfaltet.

Die ersten Kronen betonen nur peripher die „Stadtmauer", die späteren — seit 1200 — erhalten ein dominierendes Mittelmotiv, sie werden zu Miniaturmodellen von Zentralbauten und sagen damit zugleich aus, daß die ihr zugeordnete Figur sich jetzt aus einem zentralen *Kern* zu den Rändern hin entfaltet. Sie wachsen mächtig an, bis zu den wuchtigen und reichen Aufbauten am Sixtusportal von Reims. Auch die zugehörigen Figuren müssen voluminöser, mächtiger und reicher geworden sein.

Nicht minder aufschlußreich ist die Gestalt der Fußkonsolen und ihr Verhältnis zu den Stadtkronenbaldachinen. Abschüssige Bildungen den Füßen untergeschoben, ohne daß die Figur darauf steht, erst später Konsolen mit horizontalen Platten oder Wolkenpolstern, schließlich breite, flache und fest aufruhende Sockel zeigen den Weg zur Standfestigkeit. Wo die Konsolen kleiner sind als die Kronen, errät man, daß sich das Schwergewicht der Figur in die Sphäre des Hauptes verschoben hat.

Endlich zeigt die Tatsache, daß keiner der Stadtkronen-Baldachine dem anderen gleicht, jeder eine völlig einmalige, individualisierte Form hat, *daß die Figuren — innerhalb des Typus — als Individuen für sich genommen werden sollten.* In den Aufbauten, die diese Kronen über ihrer Bogenzone tragen, entfaltet sich besonders um 1220-30 in unglaublichem Reichtum eine unerschöpfliche Phantasie in der Erfindung immer neuer Zentralbauformen und -Variationen, neben denen selbst die berühmten Zentralbauskizzen Leonardo da Vincis schematisch erscheinen. Als ob eine in der Großarchitektur nicht realisierbare Sehnsucht nach dem Zentralbau sich hier am Modell ausleben würde — Beginn der zweckfreien „Architekturphantasie" in plastischer, nicht in graphischer Auslebung.

Eine ähnliche Verwandlung läßt sich an den Formen beobachten, die die Archivoltenfiguren krönen. Hier fehlt es zunächst an Platz zur vollen Entfaltung der Stadtkronen. Sie bilden manchmal nur den tragenden Arkadenkranz des Miniaturgewölbes aus, vorher sogar nur eine Scheibe — ähnlich einem horizontalen Nimbus —, und die Krönung der unteren Figur wird zur Konsole der oberen (Tafel XII). Auch können wellige Wolkennimben die architektonischen Motive ersetzen.

Eine dritte gleichsinnige Wandlung — in ihrem Verlauf noch

nie genau untersucht — spielt sich gleichzeitig ab in den Bilderfriesen der großen Tympana. Hier stehen die Figuren zunächst unter seichten, von dünnen Säulchen getragenen Arkaden, die krönende Stadtmotive tragen. (Vereinzelt das gleiche Motiv auch noch in der Zone der Portalskulptur — Beispiel: Le Mans — und der Archivolten — Beispiel: Angers.)

Die Säulchen können wegfallen: es entstehen Arkadensoffitten, schwebende Baldachinreihen, die, aus quadratischen gewölbten Zellen gebildet, eine kleine Schreinbühne überdachen — Spielraum der Figuren-Szenen darunter. Auch hier können auf einer bestimmten Entwicklungsstufe wellige Wolkensoffitten die architektonischen Arkaden und Stadtmotive ersetzen; beiden kommt die gleiche Bildbedeutung zu: „im Himmel".

KAPITEL 93

Epoche in der Skulptur: Senlis

Rein von der Betrachtung der Baldachinkronen und der Fußkonsolen her sind mit großer Klarheit zwei Wendepunkte im Entwicklungsgang der Skulptur zu erkennen.

Der eine wird bezeichnet durch den Übergang zu größeren und zu achteckigen Baldachinen. Sie sind als Symptom dafür zu nehmen, daß ein neues Gefühl für allseitige Körperlichkeit und größere räumliche Freiheit der Figuren durchdringt. Mit der Verräumlichung geht Hand in Hand gesteigerte Vermenschlichung der Skulptur, Einfühlbarkeit, Schönheitlichkeit.

Was die Baldachine aber nicht verraten können, ist eine Steigerung der Bewegung, auch der seelischen Bewegung.

So erscheint an den Säulenfiguren des Nordportals von St. Denis um 1180 zuerst die „gotische" Schwingung. In Anbetracht der Fesselung an den Säulenschaft ist das Maß der Bewegung schon außerordentlich. Viel freier kann man die gleiche Tendenz im Relief durchschlagen sehen.

Das entscheidende Werk dieser Stufe ist bezeichnenderweise ein Relief — wie in der Architektur das entscheidende eine Fassade ist: das Tympanon des Portals von Senlis, vor 1191. Das ist überhaupt jene Zeit, wo in ganz Europa die neue Plastik sich im Relief und sogar in der Zeichnung vorbereitet (Chorschranken von Hildesheim, Nikolaus von Verdun).

Das Neue ist einmal der neue schwingende Stil der Linie. Jede Einzelheit zeigt ihn, ja noch jedes Bruchstück dieser Stufe wie der schöne Kopf im archäologischen Museum von Senlis (Aubert Tafel 89). Die Archivoltenfiguren sitzen jetzt in schwingenförmigen Mulden, wie von einem Raummantel umweht. Das Portal von Senlis macht für die Skulptur ähnlich Epoche wie für die Architektur Laon. Es ist ihr stufengleich. Dieselbe Vorliebe für Muldungen, Schwingungen und Unruhe.

Unvergleichlich wichtiger aber ist es, daß nun die Form von sich aus mit größter Energie den gleichen Weg einschlägt, den zuerst der Innenraum und eben jetzt die Fassade beschritten hatte. So wie es dort darauf abgesehen ist, das Abbild des Himmels zu versinnlichen, so soll hier das Aussehen der Himmlischen und der heiligen Vorgänge aus der zeichenhaften Entrückung in sinnlich faßbare Nähe gebracht, dem Auge und dem *Gefühl* zugänglich gemacht werden. Erst jetzt erscheint in der Skulptur das neue *lyrische* Moment gesteigerter Empfindung, für den Betrachter das gesteigerter Einfühlbarkeit. Damit hängt innig zusammen der Übergang zu einem neuen ikonographischen Zentralthema: Maria und Marienszenen, und einer neuen „natürlichen" Schönheit, die jetzt das Hauptattribut der Himmlischen wird. Jetzt wird die Gestalt Marias zum Zentralthema der bildenden Kunst. Der Weg ist beschritten, der zur Verwandlung des Weltgerichtsbildes in die flehende Fürbitte (Deesis) führen, aus dem Weltrichter den milden Heiland, aus Christus den Beau-Dieu machen wird.

Die Wirkung des formalen „Stils" von Senlis ist weithin zu spüren: in Mantes, St. Benoit-sur-Loire, St. Pierre-le-Moutier, um 1205 in Braisne und vor allem in Chartres. Aber unvergleichlich größer ist die Wirkung der neuen Kunstgesinnung, die mit Senlis zur *versinnlichenden* Darstellung des Verklärten übergegangen ist.

Die Epoche in der Skulptur liegt in genau derselben Zeit wie die an der Fassade: um 1185-90, und sie bedeutet auch dasselbe, den Übergang zu dem „süßen neuen Stil", der für den Innenraum schon mit dem Chor von St. Denis erschienen war.

Im Inneren der Kathedrale waren skulpierte Säulen — wie sie noch die Königspforte von Chartres und ihre Nachfolge zeigten — schon seit St. Denis und Sens nicht mehr zugelassen. Nun verschwinden sie auch an den Fassaden. Pfeiler und Säulen, Säulchen und Dienste leuchten in reinen Flächen und edlen — wenn auch an keinen Modul gebundenen — Verhältnissen.

Um diese Zeit muß sich aber auch die Ausstoßung des Dämonischen aus dem Menschenbild der Kirche vollendet haben, die begann, als Bernhard von Clairvaux seinen berühmten Brief an Abt Wilhelm schrieb: „Was sollen in den Kreuzgängen diese lächerliche Ungeheuerlichkeit, diese unreinen Affen, diese wilden Löwen, diese monströsen Zentauren, diese Halbmenschen . . . .?" Sie sinken jetzt in die Zone unter den Füßen der Heiligen hinab. Die Engel der Zeit um 1200, „die engelhaftesten, die je geschaffen wurden", sind Dienst am neuen Ziel der Kunst, an der reinen Schönheit des Göttlichen, an der Vergöttlichung des Menschen. Die Scheidung von Licht und Finsternis hat begonnen. „Seitdem werden die dämonischen Gewalten, die auch das aufgeklärte Denken im Leben nicht leugnen kann, nicht mehr mythologisch gefaßt und magisch bekämpft, sondern psychologisch erfaßt" (Weigert) oder auch ins Komische travestiert, moralische Lehre, Karikatur und Posse. Selbst das Rad des Gerichts in Amiens erregt durch seine kleinen, affenartigen Gestalten eher Lachen als Schauer. Das Erlebnis des Furchtbaren ist hier ganz verlorengegangen (H. Mersmann).

KAPITEL 94

Fülle der Skulptur. — Entstehung der „Statue"

Der zweite Wendepunkt zeichnet sich scharf ab bei Betrachtung der Standflächen, die den Figuren zugewiesen sind: aus abschüssigen Konsolen, die oft bewußt das Labile dieser Fußpunkte betonen, indem sie tierische Gebilde, Wolken oder gar einen Giebel unter die Füße der Figuren schieben, werden feste Postamente mit horizontaler Standfläche und so groß, daß sie die ganze Figur umschließen.

Das heißt: *es entsteht jetzt, nach 1200, aus der Bildsäule zum erstenmal im Abendlande wiederum die Statue, die ersten Standbilder, die, noch immer dem Gesetz der „Schwebung" unterworfen, doch stehen.*

Diese Entwicklung wird verstärkt dadurch, daß die Skulptur jetzt neue Standorte an der Architektur bezieht. Schon die neue Fassadenarchitektur von Laon hatte der Skulptur neue Aufstellungsorte angeboten: in der Galerie und unter den Baldachinen der Fialen. Aber mit Ausnahme der steinernen Ochsen, die hoch oben in den Eckbaldachinen der Türme stehen — ein Motiv, dessen ikonographischer Sinn noch nicht geklärt ist und das als formales Motiv keine Zukunft haben konnte, da die vierfüßige Tiergestalt dem schlanken Stehen der Baldachinräume widerspricht — sind diese neuen Möglichkeiten für die Skulptur in Laon noch nicht genützt worden. Noch immer hält sie sich streng an die Portale.

Erst Notre-Dame von Paris und Chartres machen von dieser Möglichkeit Gebrauch. Die Skulptur verläßt ihren bisherigen Bereich. Wahrscheinlich zuerst in Notre-Dame, um 1220, besetzt sie die Galerie, in deren dunkelschattenden Arkaden ihre neugewonnene Körperlichkeit wenig zur Geltung kommt. Schon an der Südfassade von Chartres bezieht sie die luftigen Fialen. *Da-*

mit ist zum erstenmal seit der Antike vollräumliche Freiplastik wieder erreicht. Aber auch jetzt bleibt sie gebunden an den Baldachin. Diese „Renaissance" der Statue und der Freiplastik bezeichnet in jeder Hinsicht die größte Nähe zur Antike einerseits, zum Menschenbild der zeitgenössischen profanen Dichtung anderseits. Auf dieser Basis wird im Norden sogar für einen Augenblick das „Monument" möglich (Kapitel 16).

Dieser Hochblüte des Plastischen seit 1200 entspricht eine Plastisierung der Architektur, deren Glieder an Körperlichkeit, Leibhaftigkeit und Fülle gewinnen. Die Skulptur teilt ihre Lebendigkeit den skulpierten Gliedern der Kathedrale mit. Ein typischer Ausdruck dieser neuen Plastizität und Vitalität ist das Knospenkapitell.

KAPITEL 95

Ausbreitung der Skulptur. — Erweiterung ihrer Ikonologie

Um 1200 verläßt die Skulptur ihren bisherigen, genau umgrenzten Bereich an den Portalen und breitet sich zuerst an Notre-Dame und in Chartres über die Fassade, in Chartres auch schon über die Strebepfeiler der Langseiten und des Chors aus. Es entstehen die umfassendsten Zyklen von Skulptur, die die Geschichte der abendländischen Kunst kennt — nur Versailles läßt sich in seiner Art mit der Kathedrale vergleichen. Innerhalb der spätromanischen Kunst hatten nur einzelne Fassaden des Poitou ein ähnlich umfassendes System gekannt.

Dort steht aber alle Skulptur unter gleichartigen Bedingungen in die Fläche geordnet. Am Außenbau der Kathedrale erscheint aber die neue vermenschlichte und verklärte Monumentalskulptur unter ganz verschiedenen Bedingungen des Raums und des Lichts: noch in die Höhlung der zweischaligen Mauer gebannt in den Galerien, von Schilderhäuschen umschlossen in den Tabernakeln der Strebepfeiler, zu drei Vierteln von der Architektur gelöst an den Gewänden und am Mittelpfosten der Portale und ganz frei von Raum umflossen in den Ciborien der „Fialen". In diesem Sinn ist auch die Skulptur der Kathedrale beherrscht von einem Prinzip der Übergänge.

Daneben gibt es noch alle Stufungen des Reliefs und in kleinerem Maßstab eine Fortsetzung der flächengebundenen Plastik der Romanik ins Gotische.

Fraglich ist, ob auf dieser Stufe — vor 1250 — die Skulptur als freie Endigung, zum Beispiel als Akroterion von Giebeln, vorkommt.

Dieser Ausbreitung entspricht eine Erweiterung der ikonologischen Programme.

Im wesentlichen treten *zwei* neue Zyklen zu dem Zyklus der Portale hinzu, der in wechselnder Form die Idee der „porta coeli" weiterführt.

Einen solchen zusätzlichen Zyklus bildet die Skulptur der großen Galerien, die sich in verschiedener Höhe quer über die Fassade ziehen und meistens noch über die Flanken der Hochtürme fortsetzen. Sie übernehmen entweder von den Gewänden der Hauptportale das Thema der königlichen Vorfahren Christi, dem ein besonderes Gewicht zukommt, seitdem Christus in seiner Menschwerdung das Zentralthema ist; dasselbe Thema also, das — zuerst in St. Denis — die Bildfenster mit der „Wurzel Jesse" in vertikaler Reihung behandeln. Oder ihr Thema ist der Stammbaum der christlichen Könige Frankreichs seit Chlodwig — so in Reims. In beiden Fällen aber sind sie „Königsgalerie" im eigentlichen Sinn. Wenn es auch falsch ist, dieses Thema als „profan" zu bezeichnen — denn die Könige Frankreichs sind durch die Salbung mit dem heiligen Öl geheiligt —, so kommt mit ihm doch ein neuer ikonologischer Themenkreis in das Gesamtprogramm der Fassade, gleichsam ein säkulares Gegenstück zum Stammbaum Christi. Von hier gehen alle späteren Fürstenstammbäume aus. Formal ist das Motiv der Königsgalerie abzuleiten von den gemalten und auch skulpierten Apostelreihen über den Portalen spanischer Kirchen — den sogenannten „Apostolados" (Rothkirch 44), die ihrerseits ihr Vorbild in den Apostelreihen der „Triumphbogen" altchristlicher Kirchen hatten.

Das früheste Beispiel ist die Königsgalerie von Notre-Dame in Paris, um 1220: dort stehen die Könige unter Dreipaßbogen mit Stadtarchitekturen, also im Himmlischen Jerusalem.

Einen *zweiten* solchen Zyklus bildet die Skulptur der Strebepfeiler.*) Für Chartres ist das Programm noch nicht untersucht. In Reims ist der Leitgedanke die Darstellung der „himmlischen Liturgie" und der Engelswächter (siehe Kapitel 43 und Tafel XI).

Immer mehr treten im Gesamtprogramm Motive hervor, die kosmologische Bedeutung haben. Dazu gehört, was man leicht verkennt, das Thema der sieben freien Künste. „Als siebenfache kosmische Seelenkraft tragen sie den Menschen in die geistige Welt hinauf" (Meyer). Sie gehören dem Bilderkreis der Kathedrale an, weil sie ein „speculum mundi" ist.

---

*) Die Annahme (Rothkirch Seite 69), daß an der Madeleine von Chateaudun im Kronland schon nach 1130 die Stirnen der an die Mauer gelehnten Strebepfeiler von Monumentalskulptur besetzt gewesen wären, scheint mir kaum haltbar. Der Zustand, den Montfaucon überliefert, ist sicherlich erst durch eine spätere, sichtlich systemlose Versetzung von Skulpturen geschaffen worden.

Neben diesen ikonologischen Zyklen des Heils bildet sich jetzt aus unscheinbaren Anfängen die zusammenhanglose Bilderwelt des Heillosen. Am Anfang, in Chartres I zum Beispiel, sind die Gestalten unter den Füßen der heiligen „Säulen" vielfach noch Attribute der Heiligen, nur zum Teil überwundene dämonische Wesen. Nun wächst ihre Zahl, und mit dem Dämonischen, dieses vermenschlichend, erscheint das Komische, das „Trollatische". Diese Wesen breiten sich in der unteren Dunkelzone aus und bekommen einen zweiten Bezirk zugewiesen: die Welt der Wasserspeier (Tafel XIII).

Noch ist auf dieser Stufe — vor 1240 — das Innere der Kirche der körperlich gestaltenden Skulptur durchaus verschlossen. Nur ausnahmsweise zeigen sich monumentale Statuen an den Diensten des während der ersten Jahre des 13. Jahrhunderts erbauten Chors der Kirche von Montier-en-Der. Dort umstellen acht Baldachinfiguren den Altar. Sonst herrscht „im Himmel" ohne Widerspruch die Flächenwelt verklärter Glasbilder.

KAPITEL 96

Kathedralskulptur und profane Dichtung

Für die Gestalt der Straßburger Ecclesia hat Hans Weigert überzeugend gezeigt, wie sehr sie an die dichterische Beschreibung Isoldens bei Gottfried von Straßburg gemahnt, der, wenig älter, sich in ähnlicher Stellung zu Frankreich befindet wie der große Bildhauer:

> Süß gebildet überall,
> Lang und hoch gewölbt und schmal,
> Gestellet in dem Kleide,
> Als hätt' die Minne sie geschaffen
> Sich selbst zu einem Federspiel.
> . . . .
> Da war der Rock geenget
> Und nah an ihren Leib gedrängt
> Mit einem Gürtel, der lag wohl,
> Wie ein Gürtel liegen soll.
> Der Rock, der war ihr heimlich,
> Er schmiegt sich nahe an den Leib.
> Er trug an keiner Stelle auf
> Und suchte allenthalben an
> Ganz von oben hin zum Tal
> Und legte sich in einem Fall
> Mit vielen Falten um den Fuß.

„Ist es nicht, als sei dieses Bild des Dichters vom Künstler übertragen?" (Pinder).

Was wir in diesem Fall konkret greifen können, gilt nicht nur für dieses eine deutsche Beispiel, sondern wohl ganz allgemein für eine ganze Schicht der großen Kathedralen-Plastik Frankreichs. Sie gestaltet ein dichterisches Menschenbild, das früher als in der Plastik in der höfischen Dichtung Frankreichs erschienen war, für die ihrerseits jenes Wunschbild menschlicher Erscheinung maßgebend gewesen ist, das zum ritterlichen Gesamtideal des Menschen als seine sichtbare Entsprechung gehört.

Ich bezweifle nicht, daß eine genauere Forschung dies im Einzelnen belegen könnte.

Wie hinter der Architektur der Kathedrale das Himmelsbild der geistlichen Dichtung steht, so steht hinter den Statuen der klassischen Kathedrale vielfach das Menschenbild der ritterlichen Dichtung und realisiert sich an dem Substrat der protogotischen, noch rein geistlich bedingten Skulptur, verlebendigt, durchblutet und verklärt es in einer Verschmelzung von hoher Sinnlichkeit und hoher Geistigkeit.

Als Gegenbild dieses hohen, adeligen und schönen Menschen erscheinen dann, verbunden mit der Höllensphäre der Kathedrale, Bilder des niedrigen, gemeinen und häßlichen Menschen, des vilain, und seines burlesken Wesens und Treibens.

Hier wäre zu untersuchen, ob in der komischen Sphäre der Kathedralen-Plastik nicht konkrete Elemente aus der Welt der „fabliaux" nachzuweisen sind, jener zotenhaften Erzählungen und Schwänke, die gerade seit der Mitte des 12. Jahrhunderts auftreten; das älteste bekannte Beispiel ist um 1156 entstanden, bezeichnenderweise in genau der gleichen Zeit, in der — zwischen 1149 und 1160 — die für das Höllenbild des gesamten späteren Mittelalters so bedeutungsvolle Höllenvision des Tundalus aufgezeichnet wurde.

KAPITEL 97

Das neue Pflanzenornament

In einer der wichtigsten Untersuchungen zur Geschichte der Ornamentik seit Riegls „Stilfragen" hat Carl Nordenfalk gezeigt, daß zwischen dem freiräumlich-Werden und dem pflanzlich-Werden des Ornaments in der griechischen Kunst des fünften Jahrhunderts ein innerer, wesensmäßiger Zusammenhang besteht.

Der große Riegl hatte zuerst gesehen, daß das Akanthusornament dieser Zeit nicht aus der Natur genommen wird, sondern aus der Umsetzung eines reinen Flachornaments, der sogenannten „Palmette", ins Räumliche erwächst. Nordenfalk hat sich die Frage vorgelegt, „warum sich gerade aus der *Verräumlichung* eines Ornaments und seiner dadurch bedingten Loslösung von der materiellen Grundfläche seine Vegetabilisierung oder, wie man auch sagen darf, seine Vergegenständlichung als Folgeerscheinung ergibt". Er beantwortet diese Frage durch Besinnung auf das Wesen der Ornamentik. „Je stilisierter eine Ornamentform ist" — und Stilisierung heißt ihre Entfremdung von gegenständlicher Bedeutung — „umso enger müssen die Ornamente an der körperlichen Masse ihres Trägers haften. Wer an dem Wort Gesetz in Fragen der Kunst nicht Anstoß nimmt, wird den Satz, daß die relative Gegenständlichkeit eines ornamentalen Musters und seine relative Bindung an die materielle Grundfläche in umgekehrtem Verhältnis zueinander stehen, den Wert eines allgemeinen Strukturgesetzes beilegen. Die ungegenständlichste Ornamentik überhaupt, die wir kennen, ist zugleich die flächengebundenste Ornamentik, die es überhaupt gibt. In dem Maße, als in der griechischen Kunst des fünften Jahrhunderts die eingeschlagene Entwicklung zur Schöpfung vollkörperlicher, d. h. nur mittelbar von der materiellen Grundfläche abhängiger Ornamentformen führt, mußten die neuen Ornamente die Lockerung ihrer Abhängigkeit von dem gegenständlichen Träger (etwa dem Block des Kapitells) durch eine Steigerung ihrer eigenen Gegenständlichkeit ersetzen." Auf diesem Weg läßt sich das Aufkommen des Akanthus als folgerichtiger Entwicklungsvorgang erklären — als Ergebnis einer Entwicklung zu vollräumlichen Bildungen.

„Der gleiche Vorgang wie in der griechischen Plastik wiederholt sich achtzehnhundert Jahre später in der gotischen Klassik. Wieder einmal sehen wir eine wesentlich stilisierte flächenhafte Ornamentik, bei der Verpflanzung in ein freiräumlicheres Stilklima, neue gegenständliche Ornamentformen treiben. Und wieder ist es die Reliefplastik, in der die neuen Formen zuerst auftauchen", während die Malerei erst später folgt.

Dieser Vorgang ist nicht nur eine Analogie zu jenem, von dem Riegl und Nordenfalk ausgegangen waren, sondern zugleich eine glänzende Bestätigung des von Nordenfalk gefundenen Strukturgesetzes. Denn Verräumlichung ist ja ein Grundzug des sich bildenden gotischen Architektursystems: die Bildung eines echten Baldachinsystems ist der prägnante Ausdruck für diese Tendenz. Von dem Nordenfalkschen Satz her wäre, ohne Kenntnis der Tatsachen, mit Sicherheit zu erwarten, daß dieses neugebildete räumliche „Klima" zu einer Verpflanzlichung des Ornaments führen *muß*. Tatsächlich ist das der Fall.

Das Ornament löst sich nicht nur vom Grunde, sondern es verwandelt sich in ein naturalistisches, und zwar zunächst akanthusartiges Pflanzenornament. Über das Griechische hinaus geht aber in diesem Vorgang der Zusammenhang mit der ungegenständlichen Ausgangsform verloren, und mehr und mehr dringen abgelauschte Motive der wirklichen Natur in den Ornamentschatz ein, so daß zum Schluß die Ornamentik geradezu führend in den „naturalistischen" Bestrebungen wird und Grade der Naturannäherung erreicht, die die figurale Plastik nur selten aufweist. „Erstmals in Reims öffnen sich diese Knospen zu heiter-natürlichem Blattwerk, und niemand würde diesem taufrischen Laub von Ahorn, Rebe, Wildrosen, Erdbeeren, Efeu und anderen einheimischen Pflanzenarten ansehen, daß sie in gerader Folge von einer Art feingekräuseltem Akanthus abstammen" (Peter Meyer 223). Trotzdem ist auch diese in ihrem Naturalismus über die Stufe des Akanthusmäßigen weit hinausgehende Stufe kein poetischer Einfall, sondern das notwendige Ergebnis einer folgerichtigen inneren Entwicklung: Verräumlichung bedeutet, ja bewirkt eben Versinnlichung und Poetisierung. Nun lösen sich die naturalistischen Zweige und Blätter so stark aus den Kapitellen, daß sie diese auflösen. Um den glatten zylindrischen Kopfteil der „Säulen" schwebt frei entfaltet das naturwahr bemalte Blattwerk (Tafel XV) — ein Vorgang, der um 1230 mit Reims beginnt und mit den wunderbaren Zweigkonsolen enden wird, auf denen in Grünewalds Isenheimer Altar Sebastian und Antonius stehen.

Dieser Vorgang entspricht dem Vorgang der Vermenschlichung der Bildsäulen. Bezeichnenderweise hat die Zeit eine Vorliebe für Vergleiche und Beiwörter aus der Welt der Blumen (Weise 210). Während aber die Modelle jener Vermenschlichung zum größten Teil von der Antike und der Erinnerung und nur zu geringerem Teil von einem Studium der „Natur" geliefert werden, liegen die Modelle für den Bildhauer des Ornaments zum Schluß — in Reims, in Naumburg — in einer Weise, die von der Malerei erst fast 200 Jahre später erreicht wird, in Naturvorbildern „aus erster Hand."

Daß dieses neue Ornament sich auch in den sinnbildlichen Zusammenhang der Kathedrale zwanglos einfügt, haben wir schon oben erkannt: das Geschmücktsein des Himmelsbaus mit Gewächsen, in denen wir Blumen und Blätter der heimischen Landschaft wiedererkennen, garantiert gleichsam als Teil fürs Ganze die „Wirklichkeit" des neuen Himmels — der auch neue Erde ist —, seine mit allen Sinnen greifbare nahe Gegenwart.

Die Verräumlichung jener Chimären aber, die neben den stilisierten „vorvegetabilischen" Ornamenten die Kapitele der romanischen Kirchen bevölkert hatten, führt naturgemäß nicht zu einem neuen naturalistischen Tierornament — das eine contradictio in adjecto wäre —, sondern zu jener ungebundenen vitalen „Fabelwelt", die sich mit den Höllenwesen der Kathedrale, mit Karikatur, Parodie und Schwank vermischt und sehr bald zur „Drôlerie" verharmlost.

Als äußerster Gegenpol zu dem freiräumlichen und naturhaften Pflanzenornament der Kathedrale beginnt seit Reims in der verklärten architektonischen Fläche das rein flächenhafte und vollkommen abstrakt-geometrische Ornament des „Maßwerks" zu erwachsen (L. Behling).

Daß Verräumlichung zugleich „Natürlichkeit" und Vitalisierung bedeutet, bestätigt auch die gleichzeitige Entwicklung der Musik.

KAPITEL 98

Die neue Kirchenmusik

Die Änderungen, die sich seit der Mitte des 12. Jahrhunderts in der Kirchenmusik vollziehen und deren vollster Ausdruck die „organa" der Pariser Schule sind, sind ungemein aufschlußreich deshalb, weil sich hier in der Materie der Musik — ohne daß ein direkter Zusammenhang bestünde — ganz Analoges vollzieht wie im Bereich der bildenden Künste. Die Schlüsselworte, die das Verständnis dieser Wandlung erschließen, heißen auch hier *„Verräumlichung"* und *„Versinnlichung"*. In dieser Epoche — die zwei Stufen unterscheiden läßt: eine um die Mitte des 12. Jahrhunderts und eine um 1200 — bahnt sich der tiefgreifende Umschwung zum modernen polyphonen und harmonischen Musikempfinden an.

„Das Klangbewußtsein ist nun untrennbar verknüpft mit der Vorstellung des *Klangraums* und der *Klangtiefe,* das primärem melodischem Empfinden ursprünglich fremd ist." „Mit den Oberstimmen zieht ein Element von feiner, *sich ins Unendliche verlierender Sinnlichkeit* in die Kirchenmusik ein" (R. Ficker).

„Dieses Vorherrschen primärer klanglicher Vorgänge im Organum bedingt nicht nur eine verschiedene Art des musikalischen Hörens, sondern vor allem eine gesteigerte Betonung des Klangsinnlichen bei der Wiedergabe dieser Werke." „Die Starrheit des Schriftbildes hat bisher die Forschung zu der Annahme veranlaßt, daß das mittelalterliche Kunstwerk weder einer zeitlichen noch einer dynamischen Wertabstufung bedürfe, daß es überhaupt nicht um ästhetischen Genuß geschaffen sei, den „Zuhörer" im üblichen Sinn nicht angehe, sondern nur den Gläubigen bei Gebet und Betrachtung. Wenn auch das Schriftbild keine Auskunft gibt über bestimmte ausdrucksmäßige Tendenzen, so beweist dies keineswegs, daß diese bei der Interpretation des Kunstwerks keine Rolle gespielt hätten. Man kann vielmehr annehmen, daß alle diesbezüglichen Angaben in den Handschriften nur deshalb fehlen, weil die lebendige Gestaltung des Kunstwerks eine individuelle schöpferische Aufgabe des Interpreten bildete, die weit über den Bereich des durch Schriftzeichen Fixierbaren hinausging. .... Jeden Zweifel in dieser Hinsicht beseitigen die Berichte von Zeitgenossen, welche gerade die übertreibende Exaltiertheit der Ausführenden beim Vortrag hervorheben. So klagt schon der 1166 verstorbene Bischof Aelred *), *daß die Musik unter religiösem Vorwand eine rein sinnliche Angelegenheit geworden sei.* Er fragt, was die vielen Glockenspiele und anderen Instrumente an der heiligen Stätte zu suchen hätten, das Orgelspiel, das eher dem Donnergebrüll als sanfter Musik entspreche. Er rügt die üblich gewordenen Verzerrungen beim Gesang, der bald lang gezogen, bald zerhackt dem Gewieher von Pferden ähnlich erklinge. Gelegentlich singt der Sänger nicht, sondern haucht nur mit offenem Munde als sei ihm der Atem abgeschnitten, um durch dieses lächerliche Einhalten Staunen hervorzurufen. Dann ahmt er wieder die Agonie Sterbender und die Ekstase Leidender nach. Dazu werden die Lippen verzerrt, die Schultern herumgeworfen, der ganze Körper in gauklerischen Gesten bewegt, jede Note von den Bewegungen der Hände begleitet. *Je übertriebener solche Äußerlichkeiten Anwendung finden, desto ehrfürchtiger glaubt man Gott zu dienen.* Wohl bewundert das Volk erschüttert das Brausen der Orgel, das Klingen der Cymbeln, die Bewegungen des Flötenspiels, aber an den ausgelassenen Gestikulationen der Sänger, der buhlerisch-sinnlosen Veränderung der Stimmen ergötzt es sich nicht ohne Lachen, *so daß man glauben könnte, man sei nicht im Gotteshaus, sondern im Theater, nicht zum Beten, sondern zum Schauen hergekommen"* (R. Ficker). Diese Berichte bestätigen das Übermaß *sinnlich-naturalistischer Gestaltung,* welches die klangliche Aufführung der Werke erforderte.

Im älteren Organum herrschte einzig ein ausgesprochen räumliches Klanggefühl vor, das völlig ruhendes, unsinnliches Gepräge hat. Mit der nach und nach immer mehr hervortretenden Verselbständigung der Oberstimme tritt jedoch diesem das konträre Prinzip *melodisch-sinnlicher Bewegung entgegen.* Wir empfinden

---

*) Migne, Patrol. lat. 195, 571: „De vana animarum voluptate".

den Widerstreit zwischen der vollen Erstarrung des Tenors einerseits und der von überströmender Melismatik bewegten Linie des Oberbaus anderseits als krasse organische Diskrepanz. In dem Dualismus dieser Organa ist nun das künstlerische Problem deutlich gestellt, dessen Lösung der musikalischen Gotik der Folgezeit vorbehalten war: den künstlerischen Ausgleich zu vollziehen zwischen dem spiritualistisch-übersinnlichen und dem naturalistisch-sinnlichen Gesetz (R. Ficker).

Zweifellos drückt sich in der geänderten musikalich-technischen Struktur dieser Werke und in ihren neuen zeitlichen und dynamischen Qualitäten ein neues Verhältnis zum Übersinnlichen aus. Auch in der Musik geht es jetzt darum, das Übersinnliche den Sinnen nahe zu bringen. Zugleich aber zeigt sich in dem neuen Instrumentarium, wie uns scheint, eine Versinnlichung des Kosmischen, indem mit den Menschen- und Engelsstimmen die Elemente des Kosmos, symbolisiert durch verschiedene Musikinstrumente, zusammentönen.

Diese Wandlung in der Musik wird erst möglich durch die tiefe Veränderung in der Auffassung der Messe. In dieser Zeit vollzieht sich ihre Annäherung an die Privatmesse und damit eine empfindliche Lockerung des liturgischen Gefüges, die allerdings den zentrifugalen Tendenzen des gotischen Zeitalters entspricht. Der Priester macht sich gewissermaßen unabhängig von dem Sängerchor. Was dieser leistet, wird am Altar nicht mehr als vollwertiger Beitrag zur gemeinsamen Feier betrachtet. Umso mehr kann nun der Zug zum Weltlichen über den Kirchengesang Gewalt gewinnen (Jungmann 135).

KAPITEL 99

Die Entfaltung der Glasbilder

„. . . . . Sion / Luce splendida fulgebis /
et omnes fines terrae adorabunt te"
(Responsorium bei der Kirchweihe)

Nur eine Zone wird von der Tendenz zur Verräumlichung scheinbar nicht erfaßt: die der Glasbilder. So neu das Prinzip der gläsernen Wand an sich ist, so konservativ ist das Prinzip ihrer Bilder. Hier, im Inneren des Himmels, hält man noch immer an den nun schon neun Jahrhunderte alten Gesetzen des „spirituellen" über Raum und Zeit erhabenen Bildes fest, das durch die Übertragung alles Dargestellten in die immaterielle Lichtmaterie seine höchste Möglichkeit erreicht. Hier geht die Entwicklung am gleichmäßigsten weiter.

Die Tendenz zur Vermenschlichung und Versinnlichung bedient sich in dieser raumlosen Sphäre allein des Mittels der verlebendigenden Linie, die auch in der Plastik der Stufe um 1185 lösend gewirkt hat. Die Höhe der „Zeichenkunst" der besten dieser Glasbilder läßt sich mit der griechischen Vasen„malerei" des 6. Jahrhunderts vergleichen: wie dort gedeiht sie neben einer zur Schönlebendigkeit strebenden Skulptur, dort aber in der irdischsten Materie — der des Töpfers —, hier in dem zum Edelstein erhöhten Glas, das nach mittelalterlicher Meinung die dem Licht verwandteste Materie ist. Nun wird auch die eiserne Armatur der Fenster zu einem belebten Ornament, das schon für sich spricht — Vorläufer der durchsichtigen schmiedeeisernen Gitter, welche die gotischen Meister zu einer hohen Kunst erheben werden.

Erst später werden in die Fläche projizierte Skulpturbaldachine über den Gestalten, übereck gestellte Ciborien und Gehäuse in der reinen Fläche, in der sie erscheinen, eine „Figur" des Räumlichen andeuten. Sobald aber das Glasbild nach dem Vorgang der Wand- und Tafelmalerei zur Modellierung der Körper übergeht, wird diese große Kunst sterben: *denn der Schatten ist der Lichtwelt dieser Bilder wesensfremd* und löst ihren Zauber unwiederbringlich auf.

Über die Wandlungen der Farbigkeit läßt sich Bestimmtes nicht sagen, da allzu vieles verloren ist.

Die Verwandlung der Wand in leuchtende Materie hat seit 1200 das Reich der Glasbilder gewaltig ausgedehnt. In Chartres umfaßt es noch heute 173 Scheiben mit (nach Mâle) 2000 Quadratmetern leuchtender Fläche: einer der größten Bilderzyklen der gesamten Weltgeschichte ist entstanden.

Ihm liegt ein einheitliches Darstellungsprogramm zugrunde, das im Ablauf der Zeit teilweise in Unordnung geraten, aber im Prinzip noch heute zu erkennen ist. Die deutsche Glasmalerei kennt einen solchen Gesamtzusammenhang nicht (Engels 48). Doch ist durch das Programm nur eine Art Rahmen mit seinen Hauptgegenständen festgelegt, den zahlreichen Stiftern der einzelnen Scheiben aber weitgehende Freiheit gelassen. *Im Chor hinter dem Altar die Menschwerdung Christi* mit der Mittelgestalt Mariä; in der Südrose die Majestas, in der Nordrose Maria als Himmelskönigin. In den Hochfenstern des Schiffs große Einzelfiguren der Propheten und Heiligen, in denen des Vorchors Apostel; in den dem Betrachter näheren Seitenschiffen und Chorkapellen kleinfigurige Medaillonfenster mit Szenen aus der heiligen Geschichte und Legende. Endlich an der Westwand — in dem „Rad" — nach alter Gepflogenheit das Jüngste Gericht.

Die große ikonologische Neuerung ist, daß nun auch im Inneren der Kirche, wie vorher an der Fassade, Maria — das heißt aber zugleich die Menschwerdung Christi — die vornehmste Stelle einnimmt, ähnlich wie einst in der Ostkirche des fünften und sechsten Jahrhunderts die Gottesmutter sich die Apsis erobert hat. Während aber dort dem Thema der „Majestas", des „Pantokrator", in der Kuppel ein noch bedeutenderer Platz angewiesen wurde, fehlt der Kathedrale ein solches Zentralmotiv und die Majestas weicht in die — lichtmäßig bevorzugte — Südrose aus. Jetzt wird die Kathedrale — wie es Henry Adams richtig erkannt hat — wirklich *Marienkirche*.

In diesem Gesamtprogramm gewinnen ferner zwei Elemente an Bedeutung: *das Kosmische* mit den Darstellungen vom Tierkreis und Monaten, von Jahreszeiten und Weltgegenden — Themen, die bis zum Ende des Barocks nicht mehr verschwinden —, und zugleich *die menschlichen Tätigkeiten:* die Monatsarbeiten der vita activa, die sieben freien Künste der vita contemplativa und die genrehaften Darstellungen der Berufe auf den von Berufsverbänden gestifteten Scheiben. Diese letzteren Gegenstände kennt die Ostchristenheit in ihrer Kirche nicht. Hier, in Chartres, aber ist der ganze Bereich des alltäglich Menschlichen in die Verklärung des christlichen Kosmos aufgenommen, damit bildwürdig geworden und so sehr erhoben, daß aus diesen geringen Keimen eine große Kunst des geheiligten Alltäglichen erwachsen kann.

KAPITEL 100

Die Entstehung des Lettners

Der Lettner bildet sich in der Kathedrale; an anderen Kirchen erscheint er erst später. Auch die Kathedrale kennt ihn erst auf einer bestimmten Entwicklungsstufe. Glasbilder überliefern sein Aussehen im späten 12. Jahrhundert, als er eben im Entstehen ist. Die frühesten erhaltenen Beispiele sind der Lettner von Sens, ungefähr 1220 bis 30; Chartres zwischen 1220 und 40, Amiens ungefähr 1260. Auch Reims hatte einen Lettner. Überhaupt fehlte er auf dieser Entwicklungsstufe wohl keiner größeren Kathedrale. Bourges, St. Denis und Noyon haben ihn erst im späten 13. Jahrhundert erhalten, Notre-Dame in Paris erst im frühen 14. Jahrhundert.

Die äußere, „praktische" Voraussetzung für seine Entstehung ist der Wunsch der Domkapitel, „ihre" Kirche von den Laien abzusondern und einen allseitig umgrenzten „Binnenraum" in der Kirche für sich selbst zu besitzen (vgl. Kapitel 2). Der Lettner ist gewissermaßen die Portalfassade dieser nur seitlich umgrenzten Kirche in der Kirche (Abb. Seite 34).

Formal gesehen bedeutet er eine schwere Störung jener Vorzüge, an denen gerade der entstehenden Kathedrale so viel gelegen war: der Raumeinheitlichkeit und Durchsichtigkeit. Ist aber diese Wand im Raum praktisch erst einmal gefordert, dann muß sie wenigstens nach den gleichen Grundsätzen verwandelt werden, wie die gotische Wand überhaupt. Praktisch hätte eine einfache Schranke mit Vorhängen oder eine massive Wand wie jene, die Suger aus dem Innenraum von St. Denis entfernte, das gleiche geleistet. Sämtliche uns bekannten Lettner gestalten aber die Wand zweischalig: vor die eigentlich schließende Wand legt sich eine Raumschicht, gebildet aus Baldachinzellen. Meistens sind es je drei rechts und links vom breiteren Mitteljoch, das den Eingang in die „Sonderkirche" der Geistlichen enthält. Erika Kirchner-Doberer hat in einer ausgezeichneten Arbeit überzeugend gezeigt, daß sich der Lettner aus dem Doppelambon bildet: in frühen Beispielen ist das Mittelintervall manchmal noch überwölbt. — Sobald die „Splitterflächen" aufkommen, wird auch die Lettnerfront mit ihnen ausgestattet.

Mit dem Wunsch, die Wand zu verräumlichen, verbindet sich auf die natürlichste Weise der andere nach gesteigerter Schau. Durch das Zusammenwachsen der Ambonen zur Lettnerbrücke bildet sich hier an der Grenze von Laienkirche und Geistlichenkirche eine Schaubühne. Auf dieser Plattform wurden die Hostie und die Reliquien ausgestellt. Von ihr aus wurden der Tractus und die Sequenzen gesungen; sie ist die Tribüne für Proklamationen und Ankündigungen. In Reims hat sie wahrscheinlich den „suggestus" gebildet, von dem aus sich der König nach der Krönung dem Volke zeigte. Und endlich ist sie, nun im engeren Sinn, wirkliche Bühne für liturgische Schauspiele, zum Beispiel der Himmelfahrt Christi (wie das für Noyon überliefert ist).

Ihre kleinen Kapellen gleichenden Buchten geben die Möglichkeit, hier mehrere Altare aufzustellen.

Ikonologisch gesehen wird der Lettner zum Träger jener Ikonologie, die sich schon seit der karolingischen Zeit im Kreuzaltar ihren Mittelpunkt geschaffen hatte: des *Mensch* gewordenen Christus. Typische Darstellungen in den Reliefs, die der Lettner trägt, sind die Jugendgeschichte und die Passion. Auch ikonologisch genommen ist er eine kleine Kirchenfassade in der Kirche.

Mit der Einführung des Lettners zersetzt sich die Einheit der Kathedrale im äußeren Sinn, denn sie umschließt in ihrem Innenraum nun zwei getrennte Kirchen. Dies vollzieht sich an der Schwelle der Zeit, in der die Absonderung einzelner Privat-Kapellen die Einheit noch weiter zerspalten wird. Sie zersetzt sich aber auch in einem inneren Sinn. Denn die beiden Zentralthemen der Ikonologie: der als Mensch leidende und der als Gott verklärte Christus *werden nun räumlich scharf getrennt* — ein Vorspiel für das bevorstehende Auseinanderbrechen dieser beiden Bilderwelten.

KAPITEL 101

„Complexio oppositorum"

Die Kathedrale ist seit jeher die crux der abstrakten Stilgeschichte gewesen, und weil es nicht gelingen wollte, mit den gewohnten Stilbegriffen das Eigentümliche der Kathedrale zu erfassen, ist auch ihre Entstehung unglaublich verschieden beurteilt worden.

Für die ganzheitlich denkenden Romantiker war es noch gewiß, daß die Kathedrale um 1140 entstanden ist. Frankl „läßt die Gotik nicht erst mit St. Denis beginnen, sondern mit der normannischen Romanik, mit der Trinité in Caen". Gall dagegen „möchte die gesamte Frühgotik zur Spätromanik stellen und die entscheidende Wende zur Gotik erst um 1190 ansetzen".

Die Stilgeschichte sieht vollkommen richtig Gegensätze innerhalb der Kathedrale, deutet sie aber falsch als Gegensätze des „Zeitstils". So findet Del Negro in der Gotik um die Mitte des 12. Jahrhunderts noch romanische Residuen, nicht etwa in einzelnen Kleinformen, sondern im Ganzen der Struktur: „Aber selbst in der Notre-Dame (von Paris) ist der *Zwiespalt* noch da; die gotisierende Tendenz (!) ist zwar von der Decke herab auf die Wand vorgedrungen und hat sie zur Gänze mit einem zarten, die robuste Körperlichkeit aufzehrenden Liniengespinst überzogen, aber die Pfeiler des Erdgeschosses erscheinen noch (!) schwer und massig." In Wahrheit ist dieser Gegensatz kein ungelöster Zwiespalt einander überlagernder Stilrichtungen, sondern ein beabsichtigter Kontrast, und die Pfeiler sind nicht *noch* massig, sondern sie sind — aus den oben erörterten Gründen — viel massiver als zum Beispiel die des Chors von Cluny III, von Charité-sur-Loire oder auch von St. Denis und Noyon.

Das Unmögliche eines solchen zerspaltenden Denkens wird ganz klar an dem Beispiel der Kathedralmusik. Es wäre ganz falsch und absurd, in den „organa" Leonins und Perotins den „cantus firmus" als „noch" romanisch, die Oberstimmen als schon gotisch aufzufassen. Wohl ist der „cantus firmus" als Motiv aus der älteren Stufe der Musik übernommen, das Ganze ist aber deshalb kein hybrides Gebilde, sondern gerade in dem gewollten und aufgehobenen Gegensatz eine höhere Einheit — eine „complexio oppositorum".

290

Solche Gegensätze gibt es an der Kathedrale schon *innerhalb* der Sphäre der Architektur oder der Musik. Auch innerhalb der Skulptur sind sie zu finden: „Die Verschränkung der Prinzipien in den Reimser Figuren", findet Frankl, „zwingt uns, von einem Übergangsstil zu sprechen." Noch viel stärker treten sie hervor in dem Gegensatz von Architektur und Skulptur: „Erst Statuen des 14. Jahrhunderts würden dem Stil nach mit dem gotischen Stadium zusammengehen, das in der Reimser Kathedrale schon enthalten ist" (Frankl 155).

Diese ganze Scheinproblematik entsteht nur dadurch, daß man statt von der konkreten Einheit realer Kunstwerke von der „Uniform" konstruierter abstrakter Stilschemata ausgeht. Solcher Auffassung erscheint die Stilreinheit als *letzte Harmonie* — das aber bedeutet eine furchtbare Verarmung.

Wie diese Scheinproblematik aufzulösen ist, haben wir oben (Kapitel 80) gezeigt. In Wirklichkeit entspringen die Gegensätze der Kathedrale gerade aus einer einheitlichen Wurzel: aus der Absicht, mit den jeder dieser Sphären entsprechenden Mitteln Himmel, Erde und Hölle der Anschauung näher zu bringen. Diese höhere Einheit der Kathedrale ist freilich nicht die eines abstrakten Stilbegriffs, sondern eine im Geistigen gründende. Dieser ist mit dem Begriff des „reinen" Stils — einem Idol des 19. Jahrhunderts, das überall nach vermeintlich „puren" Gebilden strebt — so wenig beizukommen wie dem Menschen selbst mit der Idee des „puren", des autonomen Menschen. Dieser ist um so viel weniger Mensch, als die purifizierte Kathedrale der Historiker und Restauratoren des 19. Jahrhunderts weniger Kunstwerk ist denn die, tiefste Gegensätze überwölbende, „klassische" Kathedrale des 13. Jahrhunderts, in der Erde und Himmel sich vermählen.

Damit soll nicht geleugnet werden, daß in der Kathedrale auch tiefe Zerspaltungen sich anbahnen: in dem polar-Werden von „Schön" und „Häßlich", von rein „mathematischen" und rein naturalistischen Ornamenten bereitet sich das vor, was später als bewußtes Prinzip im „Trennungsgedanken" des 19. Jahrhunderts kulminieren wird.

Die Kathedrale übergreift — in gewaltiger geistiger Spannweite — nicht nur im zeitlichen Nebeneinander größte Gegensätze, sondern sie ist auch imstande, die stilistischen Gegensätze aufeinanderfolgender Generationen zu überbrücken und scheinbar gegensätzliche neue Formen sich organisch einzuverleiben.

Dies ist bei einem Gebilde, das zu seiner Fertigstellung Generationen braucht, auch gar nicht anders möglich. Künftigem „offen" zu sein, ist Lebensforderung eines solchen *wachsenden Organismus.* Und gerade weil sie in sich selbst schon so gegensätzlich angelegt ist, wie die Himmel, Erde und Hölle umspannende Welt selbst, ist es ihr möglich, so vieles und neues zu assimilieren (vgl. Kapitel 145).

Eine Kathedrale, die in einer Generation nach dem Plan eines einzigen Baumeisters zuende gebaut werden könnte, wäre ein relativ armes Gebilde: etwa von der starren Art der „gotischen Kathedralen" des 19. Jahrhunderts.

Nur aus diesem stärkste Gegensätze umspannenden Wesen der Kathedrale ist es zu verstehen, daß von ihr historische Entwicklungen sowohl in die späte Gotik wie in die Renaissance führen. Dieser nähert sich die Kathedrale am meisten in der Schöpfung der *Karyatiden* (Tafel XIV), die somatisch wie metaphysisch, nach ihrer geistigen und tektonischen Funktion eine ganz neue Konzeption des Menschen bringen (Seymour).

So zerstört die Kathedrale — als geistige Einheit erfaßt — die unfruchtbare Problematik der positivistischen Denkweisen und zwingt uns, nicht nur künstlerisch „umsehen", sondern auch historisch umdenken zu lernen.

DIE KATHEDRALE UND DIE KLEINKÜNSTE

„Aucun chercheur n'a encore fait apparaître ce que l'architecte lui-même devait à l'orfevre et au peintre."

(P. Abraham)

KAPITEL 102

Die mehrfach übergreifende Form

Verfolgt man die Einzelformen, welche die Kathedrale zur Verwirklichung ihrer Vision herangezogen hat, so weit wie möglich nach rückwärts, so zeigt es sich, daß auffallend viele dieser Elemente ihre Ahnenformen in den Kleinkünsten und besonders in der Buchmalerei haben. Solange man die Vorformen nur im Bereich der Großarchitektur sucht, kann man wirklich den Eindruck haben: „Maßwerk, Fialen, Wimperge, Krabben entstehen erst" — von selbst — „sobald die Gotik voll in Erscheinung tritt und haben keine nennenswerte Vorgeschichte" (Clasen). Die Vorgeschichte dieser *Formen,* nicht des sie umgestaltenden Prinzips, liegt eben zum Teil in einem anderen Gebiet. Das sei für einige bedeutendere Formen hier gezeigt.

Mit der reifen Gotik der Kathedrale erscheint in der Baukunst eine neue Abart der „übergreifenden Form", die schon im 8. Kapitel beschrieben worden ist: die zwei- und mehrfach „hierarchisch" übergreifende Form. Das erste, berühmte Beispiel sind die Fenster von Amiens. In der byzantinischen Baukunst, in der im sechsten Jahrhundert die übergreifende Form aufkommt, gibt es hierarisches Übergreifen nicht. In der abendländischen *Baukunst* sucht man Vorstufen vergebens. Es gibt aber dieses Prinzip schon in den Kanontafeln der karolingischen Buchmalerei. In der Rahmung der Kanontafeln der sogenannten Bibel Theodulfs übergreift ein großer Rundbogen zwei kleinere und jeder kleinere seinerseits zwei kleinste.[1] Nordenfalk vermutet Vorstufen in der *insularen* Buchmalerei. Das Motiv hat rein künstlerischen Sinn und Ursprung, denn sachlich ist das Zusam-

---

[1] Paris, Bibliothèque nationale, codex latinus 9380. — Abb. bei Boinet, La miniature carolingienne, planche XXVI.

menfassen je zweier Evangelien zu einer Einheit nicht begründet.

Daneben gibt es Beispiele wechselseitig übergreifender Form — in Gestalt der sogenannten „Hecke" — im 10.[1]) und im 11. Jahrhundert[2]). Auch ein Übergreifen mehrerer Stockwerke kommt vor[3]).

Aus dem frühen 11. Jahrhundert gibt es dann Beispiele, die in verblüffender Weise schon das Gefüge gotischer Fensterwerke vorformen. In einem nur mit der Feder vorgezeichneten, zur Miniierung vorbereiteten Blatt eines Manuskripts der Abtei von St. Omer, das um rund 1000 anzusetzen ist, hat sich das hierarchische Übergreifen weiter kompliziert (Abb. Seite 295). Ein großer Rundbogen übergreift zwei kleine Rundbogen, die ihrerseits gekreuzt werden durch eine zweite Arkadenreihe, bestehend aus einem ganzen und zwei halben Rundbogen. Der Umfang des einen Bogens setzt immer im Mittelpunkt des nächsten an. Dadurch entstehen in dieser Zone vier kleinere Spitzbogen, von denen je zwei durch einen Rundbogen übergriffen sind. Unter dem linken Rundbogen wiederholt sich dasselbe Motiv noch einmal, verkleinert. Ich nenne diese Form „wechselseitiges Übergreifen". In der Architektur findet sie sich häufig an englischen und kolonial-normannischen Bauten des 12. Jahrhunderts. Nicht aber die Verbindung mit hierarchischem Übergreifen wie hier.*)

Auch die Tatsache, daß die Archivolten genau dieselbe Breite haben wie die stengeldünnen Säulchen, die die Arkade tragen, und genau gleich gezeichnet sind, bedeutet eine Vorwegnahme des gotischen Fensterstabwerks.

Für diese anschaulichen Zusammenhänge gibt es zwei historische Erklärungen. Entweder ist die gotische Form am Bau von den gleichen erzeugenden Kräften hervorgebracht worden, wie die ihr entsprechende karolingische Form mehr als zweihundert Jahre früher in der Buchmalerei. Oder den gotischen Architekten waren Beispiele solcher schon geprägter übergreifender Formen bekannt, die aus der Buchmalerei in die Musterbücher der Architekten übergegangen wären. Die äußere Möglichkeit dafür war jedenfalls vorhanden, denn Handschriften dieser Art hat

---

[1]) Boinet, planche CXL. — [2]) Bordona, Tafel 42. — [3]) Boinet, planche C.
*) Es war mir unter den gegenwärtigen Zeitumständen nicht möglich zu überprüfen, ob die Angaben auf der mir vorliegenden Fotografie stimmen. Dort wird das Manuskript bezeichnet als mscr. 20 der Stadtbibliothek von Boulogne-sur-Mer, „psautier glossé", und wäre dann identisch mit der Handschrift, die der Catalogue général des manuscripts des bibliothèques publiques des départements im IV. Band auf Seite 585 beschreibt, würde aus St. Bertin stammen und wäre 994 von dem Schreiber Heriveaus geschrieben und von dem Abt Odbert selbst dekoriert. Die Beschreibung in dem Katalog scheint mir aber mit dem fotografierten Blatt nicht zu stimmen, besser paßt dazu das im III. Band des gleichen Kataloges beschriebene gleichzeitige mscr. 698 aus St. Omer.

Übergreifende Form: Zeichnung des frühen XI. Jahrhunderts

es in dem Gebiet, in dem solche gotische Musterbücher für Architekten entstanden sind, sicherlich gegeben.

Zunächst spricht mehr für die erste Erklärung, denn die Form des Amienser Fensters scheint sich ganz „logisch" aus dem einfachen Übergreifen der Reimser Fenster zu entwickeln. Aber erstens können diese ihrerseits durch Beispiele der Buchmalerei inspiriert sein und zweitens erscheint gerade auch in Kanonbogen ein anderes charakteristisches Motiv der gotischen Architektur vorgeformt.

In die Schildfelder der Kanonbogen sind sowohl in der karolingischen, als auch in der ostchristlichen Buchmalerei nicht selten Rundformen eingesetzt, ganz in der Art wie zum Beispiel in den Emporenbogen der Kirche von St. Germer. Gelegentlich erscheint auch schon ein Vierpaß. Hier ist also eine Keimzelle des „Maßwerks".[1]

KAPITEL 103

Radfenster und Maßwerk

Das Motiv des Radfensters läßt sich zum erstenmal überhaupt am Querhaus von St. Étienne in Beauvais feststellen, also an demselben Bau, der für die Ausbildung echter Baldachine so viel bedeutet. Das nächste Beispiel ist das Radfenster von St. Denis, dessen ursprüngliche Form der von Beauvais nahesteht. Die italienischen Beispiele sind alle später als diese nordfranzösischen; das älteste — das von S. Zeno in Verona — ist um 1170 entstanden (Mersmann).

„Woher die Idee des großen Kreisfensters stammt, läßt sich nicht feststellen", sagt Ernst Gall. Vielleicht ist diese Ansicht des vorzüglichen Kenners der frühgotischen Architektur zu skeptisch und gilt nur, wenn man nach architektonischen Vorstufen sucht.

Die Ahnenreihe führt — an einer Stelle, die zeitlich erst noch genauer zu bestimmen wäre — vielleicht hinüber in die Buchmalerei. Eine vollkommen ausgebildete halbe Radfensterform mit Säulchen als Speichen findet sich in einer spanischen Handschrift „um 970", einem Apokalypsenkommentar des Beatus, aus der Kathedrale von Gerona.[2] Das halbe Rad bildet da den Sockel einer phantastischen Architektur, als symbolische Darstellung der Kirche von Sardes. (Es sei darauf hingewiesen, daß eine ähnliche halbe Radform an dem Sockel des hoch oben zwischen zwei Pfeilern scheinbar frei schwebenden Reliquienaltars

[1] Nordenfalk auf vielen Tafeln. — Boinet, planche XX. — Boinet, planche XV.
[2] Bordona, Tafel 15a; dort datiert 975.

296

Inneres der Kathedrale Notre-Dame von Paris

Tafel I

Baldachinkronen über Statuen und Fußkonsolen mit Wolkenpolstern an der
Fassade der Kathedrale von Amiens

Tafel II

„Taumelnde" Arkaden:
Strebepfeiler der Kathedrale von Chartres

Tafel III

Porta coeli: Fassade der Kathedrale von Reims

Tafel IV

Sonnenfenster des Münsters von Straßburg *Tafel V*

Choransicht des Doms von Köln
Tafel VI

Memling, Die Pforte des Paradieses *Tafel VII*

Hauptschiff der Kathedrale von Durham
Tafel VIII

Vorhalle des dritten Baus der Abteikirche von Cluny

Tafel IX

Fassade der Kathedrale von Laon
Tafel X

Engelswächter in den Fialen der Strebepfeiler der Kathedrale von Reims

Tafel XI

Archivolten der Fassade der Kathedrale von Reims *Tafel XII*

Fußkonsole (links) und Maske (rechts) an der Kathedrale von Reims   *Tafel XIII*

Karyatide an der Fassade der Kathedrale von Reims
Tafel XIV

Kapitelle mit Laubwerk an der Kathedrale von Reims
Tafel XV

Jan van Eyck, Madonna in der Kirche (= im Himmel) *Tafel XVI*

von Arras, aus dem 14. Jahrhundert erscheint — ich kann nicht glauben, daß sie nur „dekorative" Bedeutung hatte, sie scheint mir vielmehr einen Symbolsinn zu fordern.) Wenn dieses Beispiel bisher auch nur ganz vereinzelt ist, so ist die Übereinstimmung doch so groß, daß man nicht darüber hinweggehen kann.

In die protogotische Architektur der Île-de-France kann das Motiv auf verschiedenen Wegen gelangt sein. Entweder wurde es direkt aus der spanischen Buchmalerei übernommen. Handschriften des Beatus-Kommentars waren — wie E. Mâle gezeigt hat — im 12. Jahrhundert in Frankreich sehr verbreitet. Dazu kommt noch Folgendes: In Rundfenstern mit doppelten Radkränzen fußen häufig die Säulchen des äußeren Radkranzes auf den Scheiteln des unter ihnen stehenden inneren Arkadenrings. Dieses — in der romanischen Baukunst keineswegs häufige — Motiv kommt aber gleichfalls in Illustrationen des Beatus-Kommentars vor.[1] (Übrigens erscheint es auch an den Blendarkaden des Südturms von Chartres.)

Oder das Radmotiv könnte schon in Spanien oder Südfrankreich in die Architektur übernommen worden sein. Dafür spricht, daß es an dem frühesten erhaltenen Beispiel — eben in Beauvais — gekoppelt ist mit jener „tangentialen" Plastik, die es in den Archivolten Südwestfrankreichs gibt, und die in Beauvais dem Rad die Bedeutung des „Glücksrades" oder Lebensrades verleiht.

Aufgekommen ist die kreisende Arkade nicht in der Buchmalerei, sondern in einem anderen Gebiet der Kleinkünste, und nicht an einer Fläche, die man vertikal vor sich hat, sondern an einer, die sich in der Horizontalen entfaltet. Sie findet sich nicht selten an sassanidischen Metallschüsseln des späten sechsten oder siebenten Jahrhunderts.[2] Die Form, die da erscheint, gleicht — abgesehen von den schlankeren Verhältnissen der Arkade und ihrer Träger — ganz der des Radfensters. Die Mitte der Schale nimmt die schematische Ansicht eines Tempels im Aufriß ein — die Stelle also, an der manchmal in Radfenstern die Darstellung des Himmlischen Jerusalem steht. Die Arkade hat sehr wahrscheinlich gleichfalls Darstellungssinn: sie bedeutet einen in die Rundfläche umgelegten Arkadenhof, der den Tempel umgibt. Das Radmotiv an Schüsseln ist uralt; es erscheint schon auf Bronzeschalen aus Zypern, die vermutlich phönikisches Erzeugnis sind.[3]

---

[1] Zum Beispiel in dem Exemplar bei P. Morgan in New York, abgeb. bei Bordona Tafel 9.
[2] Ein Beispiel aus dem Kaiser-Friedrich-Museum in Berlin abgeb. in Art Bulletin XIV (1933) fig. 1 zu page 75.
[3] Abb. bei Winter, Kunstgeschichte in Bildern I (Altertum), Abb. 103/2.

Der Übergang des Motivs aus der Metallzeichenkunst des Ostens in die Buchmalerei des Westens ist nicht schwer zu begründen. Die Beziehungen der westgotischen Buchmalerei zu Syrien, zur islamischen Kunst sind bekannt. Sassanidische Metallschüsseln finden sich, als Patenen verwendet, in vielen europäischen Kirchenschätzen.

So wäre es auch möglich, daß das Motiv in die Architektur direkt aus der Kleinkunst der Metallgravierung übernommen wurde. Dabei würde sich seine Umdeutung zum Christussymbol leicht erklären, die ja durch die Verwendung als Hostienschüssel nahegelegt sein konnte. Denn das Radmotiv kommt auch an den seit dem neunten Jahrhundert üblichen „großen" Hostien vor, denen es mit dem Waffeleisen eingeprägt wurde. Und offenbar bedeutet es hier dasselbe wie an der Fassade: die „wahre Sonne".

Hatte doch schon im 8. Jahrhundert die Ostkirche den Diskus als Himmel gedeutet, das Fragment aber als Sonnenscheibe, die das Licht, Christus, enthält.

Für diese Annahme spricht wiederum Folgendes:

Eine zweite Form des Rundfensters — Typus Lausanne —, die zum Beispiel im „Skizzenbuch" des Villard de Honnecourt vorkommt und aus zusammengepaßten Mehrpässen besteht, hat ihre Vorgeschichte gleichfalls nicht in der Architektur. Diese Vorgeschichte ist zu erhellen durch die Frage nach der *Entstehung des in eine Kreisform eingeschriebenen Vielpasses*, nicht des Vielpasses überhaupt.

Formen dieser Art, die den gotischen Maßwerkvielpässen auffallend ähnlich sind, treten gleichfalls an Werken der Metallkunst auf und zwar wieder an Hostienschüsseln. Josef Braun hat in seinem Werk über die liturgischen Geräte eine ganze Auswahl zusammengestellt.[1]) Was diese Formen dem echten Maßwerk so ähnlich macht, ist, daß sich an ihnen die „Nasen" der Vielpässe in plastischer Stufe, nicht bloß in linearer Ritzung, von dem inneren Hohlraum der Maßwerkform abheben. Der Zusammenhang ist umso wahrscheinlicher, als eingetiefte Mehrpässe — ganz denen der Patenen ähnlich — zuerst, so viel ich sehe, an eingetieftem Flachrelief an den Fassadensockeln erscheinen, bevor sie in die durchlichtete Hochwand übergehen.[2])

Zwar finden sich ganz analoge Formen auch in der Buchmalerei und -zeichnung des 12. Jahrhunderts, stammen aber da wahrscheinlich schon aus der Formenwelt der Schüsseln, wo die Entstehung dieser Rundformen „natürlicher" erscheint als im

---

[1]) Braun, Christliches Altargerät, Tafel 42—45.
[2]) Beispiel: Kathedrale von Sens, Westfassade; abgebildet bei Aubert Taf. 62.

298

Viereck der Buchseite.[1]) Der Austausch der Motive in den Klein-künsten ist besonders lebendig, *denn diese Künste des Altars leben ja in einer engen Symbiose.*

Aber auch das Übergehen solcher Formen und Formengefüge aus den zeichnenden Kleinkünsten — denn auch die Metall-gravierung ist eine zeichnende Kunst — in die große Architektur ist aus dem uns fremden Arbeiten mit Musterbüchern leicht zu verstehen. Noch in Villards Musterbuch stehen Werke und Ent-würfe der Kleinkünste aller Art gleichwertig neben denen der Baukunst und Bildhauerei.

KAPITEL 104

Baldachinkronen in der Buchmalerei

Daß jener Oberbau von Skulpturbaldachinen, der — mit dem typisch mittelalterlichen Mittel der Abbreviatur arbeitend — die Vorstellung einer Stadtmauer oder Stadt hervorrufen will, seine Vorbilder letzten Endes in der Buchmalerei hat, bedarf kaum eines Beweises. Die ursprüngliche Form dürfte hier die von einer Stadtabbreviatur gekrönte rahmende Arkade gewesen sein. Wann und wo diese Form aufgekommen ist, mögen die Kenner der frühchristlichen, byzantinischen und mittelalterlichen Buch-malerei beantworten. Es wäre durchaus möglich, daß sie selbst wiederum abhängig ist von der Flächenskulptur der sogenannten Stadttorsarkophage, an denen Stadtmotive über einer Arkaden-reihe erscheinen. Die Gruppe der Stadttorsarkophage ist um 400 entstanden. Hier hat das Motiv abbildenden Sinn, es bedeutet das Himmlische Jerusalem, die „arx coelestis", doch braucht man nicht anzunehmen, daß dieses Motiv diesen abbildenden Sinn, überall wo es wiederholt worden ist, behalten hat. Er ist aber gleichsam latent da und kann in einem sinnvollen Zusam-menhang wieder hervortreten.

An den frühen Kathedralen ist der Zusammenhang mit der Buchmalerei am deutlichsten zu sehen, an jenen flächigen Ar-kaden kleinen Formats, die Stadtmotive tragen. Sie erscheinen zuerst am Portal von St. Denis — zu viert übereinandergestellt und die klugen und törichten Jungfrauen rahmend (während die fünfte in der Zone des Tympanons steht). Ähnliche Arkaden — jetzt aber aus der Fläche sich leicht vorwölbend — in den inneren Archivolten des Westportals von Angers und diesen ver-wandte noch an der Südvorhalle von Chartres. Nach Mâle (28) „c'est le tympan de Cahors" — die Kirche geweiht 1119 — „qui

---

[1]) Ein Beispiel für viele das Blatt im Hortus deliciarum der Herrad von Landsberg, abgebildet bei Goldschmidt Tafel 9.

nous offre probablement le plus ancien exemple des arcatures que couronnent des palais (!) d'une architecture légère et des tours — motifs empruntés à la miniature." Dort stehen sie über Kleeblattarkaden — wie noch in der Königsgalerie von Notre-Dame in Paris um 1220.

Das gleiche Motiv gibt es — unter Weglassung der Träger der Arkade — in Kapitellen. Es ist gerade auch im Bereich der südfranzösischen Plastik — dort also, wo die Säulenfigur sich vorbereitet hatte — an Kapitellen zu belegen. Wann und wo es aufgekommen ist, vermag ich nicht festzustellen. In den Kapitellen des Königsportals von Chartres begegnen wir ihm schon im Zustand der Verräumlichung, es bildet eine Art Soffitte für eine Miniaturbühne im Kapitell, und hier ist man jenen Formen schon ganz nahe, die eine Zone tiefer die Stadtkronenbaldachine der berühmten Säulenfiguren bilden. Daß die ältesten dieser „Kronen" quadratische oder sich vorwölbende Form haben, zeigt, daß sie teils aus der Vorstellung des Kapitells, teils aus der einer flächigen Arkade erwachsen sind.

Ich begnüge mich mit diesen Andeutungen, dieses Kapitel bleibt unausgeführt.

KAPITEL 105

Die „Schaftfigur" in der Buchmalerei

Die Verbindung menschlicher Figuren mit säulenartigen Schäften kommt, bevor sie an der Kathedrale monumentale Schöpfungen zeitigt, in der Buchmalerei vor.

In Miniaturen der Abtei von Citeaux hat Oursel unter verschiedenen anderen Arten, langgestreckte Heiligengestalten mit den Schäften der Initial-Buchstaben in Verbindung zu bringen, solche nachgewiesen, die die Säulenfiguren der früheren Kathedralportale in überraschender Weise vorformen. Unter den bisher bekannt gewordenen Beispielen finden sich die schlagendsten in dem „Légendaire de Citeaux".[1]) Sie sind abgebildet auf Tafel XXXV bei Oursel. „Mehrere der Heiligen, die im Légendaire dargestellt sind", schreibt Oursel, „sind wie angeheftet an die Länge eines I. Wie sollte man nicht an jene „statuescolonnes" denken, die sich großartig an den Portalgewänden unserer Kirchen des 12. Jahrhunderts aufreihen." Er fügt hinzu, daß die Handschriften weitere Beispiele ähnlicher Schaftfiguren enthalten und verweist dazu auf die große Bibel von St. Bénigne in Dijon aus dem Beginn des 12. Jahrhunderts, die an ihren reich

---

[1]) Mscr. 641 der Bibliothek von Dijon, Band IV, fol. 18, 22 verso, 64 und 113.

ornamentierten Kanonbogen solche Beispiele zeigt. Vorstufen dazu kennt die englische Buchmalerei der Schule von Winchester, z. B. das Benedictionale des hl. Aethelwold, aus der zweiten Hälfte des 10. Jahrhunderts.[1])

Die Figuren des Légendaire sind zum Teil an flache Schäfte geheftet, zum Teil aber auch an solche, die hinter der flachbleibenden Figur die Gestalt langgezogener Rundwülste annehmen — so auf fol. 64 — oder auch die von dünnen romanischen Zwillingssäulen.

Alle diese Beispiele in den genannten Handschriften fallen, nach Oursel, vor das Verbot reich bebilderter Werke, das im LXXX. Kapitel der Statuten des Ordenskapitels von Citeaux, ausdrücklich mit Bezug auf die Buchstaben, anordnet: „Litterae unius coloris fiant et non depictae". Nach der heute herrschenden Ansicht sind die Statuten unter dem vierten Abt von Citeaux entstanden und datieren aus 1134. Ausnahmen von der Regel kommen nur ganz vereinzelt vor. Die Miniaturen gehören also dem ersten Drittel des 12. Jahrhunderts an.

Aber auch abgesehen davon wären aus stilkritischen Gründen alle für unsere Frage in Betracht kommenden Handschriften mit Bestimmtheit früher anzusetzen, als das bisher früheste bekannte Beispiel von Figuren an Säulen in der wirklichen Architektur: die Mensa der Kathedrale von Santiago da Compostela, die wahrscheinlich 1135 entstanden ist (vgl. Kapitel 65).

In den Beispielen der Buchmalerei ist noch keine Angleichung des Körpers der Figuren an die Säulengestalt zu erkennen. Die Art ihrer Anbringung an den Schaft ist den frühen französischen Bild-Säulen ähnlicher als den spanischen. Es ist kaum nötig zu sagen, daß sich auf diese Weise nicht die Säulenfigur als solche erklärt, sondern nur eine spezifische Art ihrer Anheftung.

Die Herkunft des Motivs aus einer primär flächenhaften Kunst ist ihm noch lange anzusehen.

Diese Vorstufe der Säulenfiguren belegt neuerlich, daß die Buchmalerei und besonders die Kanonbogen Muster für die monumentale Kunst geben konnten, und bekräftigt so die Annahmen der vorhergehenden Kapitel.

KAPITEL 106

Die gotische Schrift und die Kathedrale

Nicht nur bedeutende Einzelmotive der Kathedrale bereiten sich in den Kleinkünsten und besonders in der Buchmalerei vor, sondern auch ein sehr wesentlicher Grundzug des „Gotischen" —

---

[1]) Hecht und Schücking, Die englische Literatur im Mittelalter, Tafel I.

der, lange bevor er sich am Kirchengebäude manifestiert, in der Kleinkunst der *Schrift* erscheint.

In der gotischen Schrift „steht der einzelne Buchstabe nicht wie in der lateinischen Schrift auf einer horizontalen Zeile, die man als seine Standlinie auffassen kann, sondern ist gleichsam einem unsichtbaren Rautennetz eingefügt, an dessen diagonalen Netzfäden die Vertikalschäfte enden. Die Führung der Buchstabenschäfte kann nur nach zwei Richtungen erfolgen, in der Vertikalen und in der Diagonalen. Horizontale und kreisartige Formen (Halbkreis, Schlinge) fehlen vollkommen. Selbst die S-Schlinge wird eckig gebrochen. Die Vertikalschäfte sind oben und unten schräg begrenzt. Außer diesen streifenartigen Vertikal- und Diagonalschäften gibt es noch liniendünne Abstriche, den Haarstrichen unserer Schulschrift vergleichbar. Diese Haarstriche sind eigentlich stehengebliebene (sozusagen nicht ausradierte) Teile des Rautengitters, das wie eine imaginäre Hilfskonstruktion die Ordnung der Buchseite begründet. Diese Gestaltungsweise hat zur Folge, daß es im unmittelbaren Eindruck des Schriftganzen, zum Beispiel einer Seite, nirgends ein breites Aufruhen des Buchstabenkörpers gibt, sondern bloß ein Stehen auf der Spitze. Strenge Statik kennt diese Schrift nicht. Eine lateinische Buchseite könnte man als ein Übereinander einzelner langgedehnter breitaufruhender Stockwerke ansehen, die gotische Buchseite bildet gleichsam eine vergitterte Fläche: die Buchstaben *schweben* in unsichtbaren Gitterrahmen hängend" (Maria Hirsch).

Es ist bezeichnend, daß diese Eigentümlichkeiten am klarsten in Missalhandschriften auftreten (v. Fichtenau 193).

Diese Schrift ist getragen von einem Geist, der „Funktionen" differenziert: der technische Grundgedanke ist die Zerlegung in Haar- und Schattenstriche. „Es handelt sich um eine bewußte rationale Ordnung, eine „Klassifizierung" der Buchstabenteile und ihren Zusammenbau in völlig unnaiver „moderner" Art" (v. Fichtenau 189). Zugleich aber schlägt in dem „Schweben" der Buchstaben ein irrationaler Zug durch.

Diese Züge zusammen mit dem „Vertikalismus" geben erst die eigentlich gültigen tertia comparationis zwischen gotischer Schrift und gotischer Architektur, nicht die Brechung, die an sich so wenig bedeutet wie der Spitzbogen, was H. v. Fichtenau mit Recht betont.

Entstanden ist die neue Schriftform in Nordfrankreich und, selbst bei vorsichtigstem Zeitansatz, sicherlich früher als die vergleichbaren Elemente der Baukunst. Wenn sie, wie Hans Hirsch meint, schon um 1100 entstanden wäre, so wäre das um 40 Jahre früher als sich in der Architektur dieses Gebietes die ersten Ansätze zum Schweben zeigen, achtzig Jahre früher als der Außenbau mit dem Prinzip der aufeinander stehenden Stockwerke bricht, hundertvierzig Jahre vor dem Aufkommen der Wimpergflächen, welche die anschauliche Ähnlichkeit des gotischen Baus und der gotischen Schrift auf die Spitze treiben. Aber auch wenn man sie — was zum Zeitstil besser passen würde — erst um 1125 entstanden sein läßt, geht sie den Neuerungen der Baukunst noch immer beträchtlich voraus.

Die Schrift erweist sich so als „ein hervorragendes Kriterium für den Kunststil. Sie spiegelt oft das Werdende in der Kunst wider, ehe es in der bildenden Kunst zum deutlichen Ausdruck kommt" (Uhlhorn 12).

VI

DIE RELIGIONSGESCHICHTLICHEN VORAUSSETZUNGEN DER KATHEDRALE

KAPITEL 107

Das Problem der religionsgeschichtlichen Voraussetzungen der Kathedrale

Die künstlerichen Phänomene, die als Ergebnis des oben beschriebenen Entstehungsvorgangs der Kathedrale auftreten, die Formen, in denen sie sich „verkörpert", werden durch „Kräfte" oder — wenn man sich vorsichtiger ausdrücken will — durch „Faktoren" hervorgerufen, die jenseits des Formalen liegen. Die Form ist Gestaltwerdung eines Gestaltlosen, rein Qualitativen.*)

Es scheint grundsätzlich möglich, durch Spekulation Klarheit darüber zu gewinnen, welcher Art die Faktoren sind, die überhaupt Kunst wandeln können. Als Ergebnis heben sich zunächst vier Gruppen heraus: Selbstverwandlung der Kunst durch immanent künstlerische Prozesse; religions- bzw. geistesgeschichtliche Wandlungen; Wandlungen in der anthropologischen Substanz der Träger der Kunst; politisch-soziologische Wandlungen. Welche dieser Faktoren primär, welche sekundär sind, ist im allgemeinen nicht zu entscheiden. Grob gesprochen setzt der dialektische Materialismus die soziologischen Verhältnisse, der Biologismus die „Rasse" (Rassenlegierung), der Spiritualismus die geistigen Faktoren und der Ästhetizismus die immanent künstlerischen ein für allemal als die primären an, das heißt aber historisch absolut: er durchhaut sozusagen den Problemknoten.

Die Frage wird aufs konkrete Feld hinübergetragen, wenn man sie empirisch vor einer bestimmten historischen Erscheinung zu lösen versucht: hier für die Kathedrale. Sie läßt sich nur an einem genau umrissenen historischen Material beantworten.

So läßt sich zum Beispiel zeigen, daß ein Teil der künstlerischen Phänomene zurückgeführt werden kann auf Tendenzen, die wir in der gleichzeitigen Religionsgeschichte feststellen.

---

*) Diese Behauptung kann hier nur thesenhaft vorgebracht werden. Zu der ganzen Frage ausführlicher in einer eigenen Arbeit: „Prinzipien der Wissenschaft von der Kunst."

Dabei ist es nicht so, als ob die religiösen Erscheinungen die der Kunst „verursachen" würden, sondern bestimmte Tendenzen, die den Wandel der religiösen Anschauungen bewirken, bewirken auch die Wandlung der künstlerischen Anschauungen. Auch ist nicht etwas so Vages am Werk wie eine „Weltanschauung", sondern etwas viel Bestimmteres, Eingeschränkteres, und auch die Art der Wirksamkeit läßt sich für jeden Faktor schrittweise immer näher bestimmen.

Es ergibt sich dabei, daß die Tendenz zu einem Lichtraum mit der Lichtmystik des 12. Jahrhunderts, die Versinnlichung und Poetisierung mit dem neuen Drang, die Gottheit näher zu bringen und ihr näher zu kommen, die neue Rationalität der Konstruktion mit dem Rationalismus der Scholastik, der neue Wille zur Schau mit einem neuen subjektiven Verhalten zum Kunstwerk, der weltliche Einschlag in der Kathedrale mit der Bildung eines neuen „weltlichen" Kults paarweise zusammengesehen und jedesmal auf gleiche wirkende Grundkräfte zurückgeführt werden darf, welche man nicht aus der vorangehenden geschichtlichen Lage entwickeln kann, sondern die etwas „Neues", vorher höchstens in Keimen Vorhandenes darstellen.

Wenn man eine starke Vergröberung auf sich nehmen will, so kann man diese Grundkräfte personifizieren: in Bernhard von Clairvaux das neue Gottesbild und Gottesverhältnis, in Hugo von Saint Victor die neue Lichtmystik, in Abälard die neue Schärfe des rationalen Denkens und in Suger die neue Schau der Kunst.

KAPITEL 108

„Deus propinquior"

Es gibt kaum einen mächtigeren Zug in der Religion und Kunst des 12. Jahrhunderts, kaum einen, der folgereicher geworden ist, als den Drang, Gott und das Göttliche in jeder Weise *näher zu bringen,* zu vergegenwärtigen. Das geschieht in mehr als einer Hinsicht und auf mehr als eine Weise. Genial, wenn auch etwas einseitig, hat das schon 1911 Wilhelm Worringer gesehen: „Es ist etwas ganz Neues und Unerhörtes innerhalb der mittelalterlichen Auffassung, daß das Göttliche nun *nicht mehr in unsinnlicher Abstraktion* jenseits des Irdischen und Menschlichen in einem Reiche übernatürlicher Notwendigkeiten gesucht wird, sondern im Brennpunkt des eigenen Ich, im Spiegel der inneren Kontemplation, im Rausche der seelischen Verzückung" (Worringer 120). Und prägnanter: *„Mit der Mystik also setzt das sinnliche Element in der Gotik ein."*

Jener Drang äußert sich vor allem am Zentrum des Kults und der Kirche: an der Auffassung des Altar-Sakraments.

Seit Isidor von Sevilla bestand die Tendenz, „das Sakrament mit Übergehung seiner Symbolik fast ganz unter dem Gesichtspunkt *der Gegenwärtigkeit* zu betrachten" (Jungmann). Seit Anselm von Laon (gestorben 1117) und Wilhelm von Champeaux (gestorben 1121) ist man sich darüber klar geworden, daß „im Sakrament nicht nur der Leib und das Blut Christi, sondern jedesmal *der ganze Christus, totus Christus,* gegenwärtig ist." „Damit war — um 1120 — die Formel gewonnen, die auch der volkstümlichen Anschauungsweise entgegenkam, in der Meßfeier nicht so sehr ein Opfer darzubringen, als den gegenwärtigen Christus zu verehren."„*Aus der Eucharistie ist eine Epiphanie geworden, ein Kommen Gottes,* der unter den Menschen erscheint und seine Gnaden austeilt" (Jungmann). Dieses Ereignis „revolutionized the externals of Mass; genuflection hitherto unknown in the western rite, where the proper reverence of the priest was the profound bow, was introduced in the XIII. century. Bells began to be used to warn the people of the approaching consecration; candles were introduced to mark the solemnity of the moment" (Brown).

Dieses Nahekommen Gottes geschieht, ohne daß er dem sinnlichen Auge sichtbar wird; im allgemeinen bleibt er verhüllt in der Gestalt der Hostie. Doch setzen bezeichnenderweise im 12. Jahrhundert die mehr oder weniger gut beglaubigten Wunder ein, in denen Christus in der Hostie leibhaftig erblickt wird. Im allgemeinen ist das Näherkommen ein räumliches und zugleich mystisches.

Es ist verständlich, daß sich nun die Betrachtung dem menschgewordenen, historischen Christus und seiner irdischen Erscheinung zuwendet. „Für die neue Frömmigkeit, deren Verkünder Bernhard von Clairvaux geworden ist, tritt die Gestalt des menschgewordenen Erlösers in den Vordergrund ... *Gott kommt den Menschen näher* und hat die Zeichen einer uns erschreckenden, ein Verhältnis liebevollen Vertrauens ausschließenden Hoheit abgelegt" (Weise). Insbesondere richtet sich die Aufmerksamkeit auf die menschlichen Züge des irdischen Christus, auf Schwachheit, Leiden und Versuchung. Durch sein Leiden nimmt Christus Anteil an den Versuchten und Leidenden. „Quo quidem experimento non dico ut sapientior efficeretur, *sed propinquior videretur."* „Nicht wissender sollte Christus durch jene Erfahrung werden, sondern vor allem uns *näher* erscheinen." „Deus tuus factus est frater tuus." „Per quam experientiam non illi (sc. Christo) scientia, sed nobis fiducia crevit, dum ex hoc misero genere cognitionis is a quo longe erraveamus *factus est proprior nobis"* (Bernhard von Clairvaux).

Erst dieses Nahekommen Gottes — einmalig in der Geschichte

und täglich im Altarsakrament — macht es unserseits möglich, uns ihm zu nähern: das geschieht durch räumliches Nahen — zum Beispiel in den Wallfahrten zu den heiligen Stätten —, es geschieht durch die Seele, die Sinne und den Verstand.

Und dieses Bewußtsein von dem Nahesein Gottes begründet ein neues Gesamtgefühl des Lebens.

„Die Liebe wird der beherrschende Impuls der Frömmigkeit, die wechselseitige Beziehung der *Liebe rückt Gott und die Menschen näher aneinander.*" „Magnam ergo vim habet caritas. Tu sola Deum trahere potuisti de caelo ad terram" (Hugo von St. Victor).

„Indem sich das Moment persönlicher Empfindung stärker in den Vordergrund drängt und indem die Liebe zum beherrschenden Affekt der neuen mehr gefühlsmäßigen Frömmigkeit erhoben wird, hat sich zugleich *der Abstand zwischen dem Überirdischen und dem Menschen* in merklicher Weise *verringert.*"

Gerade in der unmittelbar vorhergehenden Generation war die Frömmigkeit beherrscht von dem Affekt der Furcht und der Distanz.

Wie vorher in gewissen Strömungen des orientalischen Christentums und seiner Kunst, auf die Brunov die Aufmerksamkeit gelenkt hat, ist die Ehrfurcht vor der Majestät des unendlich fernen Gottes in Angst umgeschlagen. „In Furcht und Zittern vor Gott" steht die Generation, die die Portale von Moissac, Autun, Vézelay erdacht, die dem „Deus tremendae majestatis" die Züge furchtbarer Macht und den Heiligen die einer geisterhaften „fragilitas" verliehen hatte. Das Lebensrad ist symbolischer Ausdruck eines Weltgefühls, das sich im unerbittlichen Gericht stehend empfindet. Noch in der Generation, die auf die erste „gotische" Generation in Frankreich *folgt,* herrscht im romanisch gebliebenen Deutschland bei einem Otto von Freising (1111-58) dieses pessimistische Lebensgefühl der „volubilitas rerum", der „series mutabilis rerum", der „varietas humanae miseriae", der „humana fragilitas", die Erwartung des nahen Zusammenbruchs der irdischen Welt. „Cadimus cum cadente, labimur cum labente, volvimur cum rotante, postremo perimus cum pereunte."

Das alles aber ist nur äußerste Zuspitzung eines viel älteren Welt- und Lebensgefühls; denn schon Gregor von Tours spricht vom „terror dei", Paulus Diaconus vom „terribilis vultus dominantis".

Dem setzt sich bei Bernhard (1090-1153) ein neues lichtes Lebens- und Gottesgefühl entgegen. Das „amor tollit timorem", „amor nescit reverentiam .." ist ein Lieblingswort des heiligen Bernhard, das in seinen Schriften immer wieder begegnet. Man könnte es als Motto über die ganze religiöse Entwicklung jener

Zeit setzen (Weise 137). „Die Seele liebt glühend, welche so von der eigenen Liebe trunken ist, daß sie auf die Majestät nicht achtet." Im Spätromanischen dagegen war die Liebe „der gelöschte Zorn".

Sowohl in der Vermenschlichung des Überirdischen wie in dem Streben, die vermittelnden Instanzen zwischen Gott und den Menschen auszubauen und *das Jenseitige* dadurch *den Menschen in faßbarer Form näher zu bringen*, gibt sich jenes Schwinden der Distanz zu erkennen, durch das die religiösen Wandlungen des 12. Jahrhunderts zu den für die zweite Hälfte des Mittelalters charakteristischen Formen der Frömmigkeit überleiten (Weise 142).

Mit diesem neuen Gottesverhältnis der Gottesminne verbindet sich in natürlicher Weise eine Wärme des Gefühls und ein Reichtum der *poetischen* Empfindung. Christus wird der „süße Gast und Bräutigam der Seele". Die glühende Liebe, die das spätere Mittelalter dem leidenden Heiland gewidmet hat, ist durch Bernhard entfesselt worden; die Bilder bräutlichen Verlangens und schwärmerischer Zärtlichkeit, die blumigen Vergleiche und die oft etwas preziöse Geziertheit schmachtender Sehnsucht gehen auf ihn zurück (Weise 134). Man hat den hl. Bernhard gelegentlich als den „Troubadour und Herold der Gottesminne" bezeichnet (Linhardt).

In diesem Sinn kann man Bernhard den „Begründer nicht der spekulativen, wohl aber der affektiven Mystik des Mittelalters" nennen (Weise 134).

Was mit ihm begonnen hatte, gipfelt in dem hl. Franziskus von Assisi:

„Wenn die Heranbildung einer mehr subjektiven und emotionalen Richtung der Frömmigkeit gerade die wesentlichste Neuerung der in Frankreich aufgekommenen religiösen Stimmung bildete", so hat „Franz von Assisi die von Bernhard von Clairvaux bestimmte „Frömmigkeit des 12. Jahrhunderts" in die franziskanische Bewegung verpflanzt" (Weise 236). „Bernhard ist der Vorläufer des Heiligen von Assisi in der Betonung der persönlichen Liebe zu Christus und in der gefühlvollen Anteilnahme an der Passion gewesen; in Franz hat Bernhards Christusmystik ihre Vollendung gefunden."

Ganz in den Gedanken Bernhards bewegt sich sein Empfinden, wenn er der Gottesmutter eine besondere „geradezu unaussprechliche" Andacht widmet, weil sie, wie er zu sagen pflegte, „den Herrn der Majestät uns zum Bruder gemacht hat". Die Gestalt des leidenden Erlösers, die Bernhard von Clairvaux der lieben-den *Einfühlung* der abendländischen Frömmigkeit erschlossen hatte, steht auch für seine Betrachtung und für sein Andachtsleben im Vordergrund. Von Franziskus sagt W. von den Steinen, daß ihm *das Göttliche niemals fern, sondern immer sinnliche Gegenwart war.* In der „imitatio Christi", das zum „Einbilden" des früher fernen Christus in den *gegenwärtigen* Menschen führt, tritt dieser weltgeschichtliche Vorgang des Näherbringens der Gottheit in eine neue Phase (siehe Seite 509).

Und ganz ins subjektive mystische Erleben gewendet heißt es bei Meister Eckhart im 14. Jahrhundert: „Gott ist mir näher denn ich mir selber bin, *mîn wesen hanget daran, daz mir got nahe unde gegenwertic sî.*"

KAPITEL 109

Der nahegebrachte Gott und der nahegebrachte Himmel

Die Bedeutung dieser religiösen Wandlungen für die bildenden Künste im engeren Sinn ist schon seit längerer Zeit erkannt.

„Mit der frühen Gotik vollzieht sich der Umschwung, der nicht nur in formaler Hinsicht zu einer wieder stärkeren Annäherung an die Wirklichkeit führt" — wobei allerdings erst noch genauer zu bestimmen wäre, was jetzt „Wirklichkeit" ist und heißt —, „sondern zugleich auch das Göttliche in immer vertrautere Berührung mit der diesseitigen Sphäre bringt" (Weise 141).

„Von der transzendentalen" — besser: transzendenten — „Hoheit und Diesseitsferne führt der Weg der Kunst unter dem Einfluß der im 12. Jahrhundert einsetzenden religiösen Wandlungen immer mehr zum Begreifbaren, Erdennahen und anschaulich Vertraulichen hin" (Weise 142).

Die Wandlung in der Wiedergabe des Jüngsten Gerichts ist ein besonders deutlicher Beleg für jenes Schwinden der Distanz und für das Aufkommen einer neuen, von Schrecken und Furcht befreiten, vertrauensvollen und liebenden Frömmigkeit. „An die Stelle der Darstellung des Weltgerichts, die, wie in Moissac oder in Autun, die Wiederkunft des Herrn mit allen Schrecken überirdischen Glanzes und visionärer, überwältigender Hoheit ausmalt, ist auf den Bogenfeldern französischer Kathedralen eine neue Fassung des Themas getreten, die sich statt an Hesekiel und der Apokalypse an den Worten des Evangelisten Matthäus inspiriert und den Erlöser in schlichter Menschengestalt, mit allen Hinweisen auf seine Leiden wiedergibt", mit Maria und Johannes als Fürbitter für die Menschheit. Auf dieser Wandlung beruht überhaupt die „evangelische", menschliche Ikonographie des frühen 13. Jahrhunderts. Sie ist vorbereitet in den theologischen Schriften der Zeit und vor allem wieder in denjenigen des hl. Bernhard von Clairvaux.

Christus wird nicht in göttlicher Gestalt zum Gericht erscheinen. Den Anblick der göttlichen Herrlichkeit und Hoheit könnte niemand ertragen. Jetzt aber erscheint das sanfte Bild eines Menschen. „Gott der Vater hat dem Sohne die Macht zum Gericht übergeben, und nicht weil er sein, sondern weil er des *Menschen* Sohn ist. O wahrhaft barmherziger Vater! Er will, daß die Menschen von einem Menschen gerichtet werden, damit bei dem Zittern und der Verwirrung der Bösen den Erwählten Vertrauen erwächst beim Anblick eines ihnen ähnlichen Richters." *) „... der Güte ist zugekommen, was an Majestät verloren gegangen ist. Profecto accessit pietati quicquid majestati visum est deperiisse." **)

Diese Erkenntnisse sind bisher wohl für die bildende Kunst, nicht aber für die *Architektur* fruchtbar gemacht worden. Erst die neue Erkenntnis, daß *die Kathedrale das sinnlich-poetische Bild des nahegebrachten Himmels ist,* in dem der Gläubige mit seinem ganzen Gemüt und mit allen Sinnen den gegenwärtigen Christus im gegenwärtigen Abglanz des Himmels erlebt, läßt die Zusammenhänge klar erkennen. Auch für die Kathedrale als Architektur gilt wörtlich: „Im 12. Jahrhundert vollzieht sich die Annäherung der himmlischen an die irdische Sphäre" (Weise 152).

Dabei dürfen aber zwei Dinge nicht übersehen werden.

Erstens: Es bedeutet etwas anderes, Christus der bildlichen Vorstellung näher zu bringen, der als Mensch unter Menschen erschienen ist, als den Himmel, den kein leibliches Auge gesehen. Hier wird der Einbildungskraft die höchste Aufgabe zugemutet, die man sich denken kann; streng genommen eine, die über ihre Kräfte geht. So wird es noch einmal verständlich, wie der neue Realismus, der sich wesentlich auf die irdische Erscheinung Christi, und die neue Phantasiekunst, die sich wesentlich auf die überirdische Erscheinung des Himmels (und der Hölle) richtet, die *gleiche* Wurzel haben.

Zweitens: So richtig und fruchtbar auch die Einsicht ist, daß mehr als eines der neuen ikonographischen Themen der Kathedrale von Bernhard abhängig ist, darf man doch nicht verkennen, daß auch christologisch genommen das Zentrum der Anschauung bei Bernhard anderswo liegt als bei den Künstlern der Kathedrale. Dort richtet es sich auf die Niedrigkeit des schwachen, des „erbärmlichen" und armseligen Christus, sei es das schwache Kind in seiner Nacktheit oder der leidende Mensch. Hier, bei den Künstlern der Kathedrale, richtet es sich zwar auch auf den menschgewordenen Christus, aber doch mehr auf

---

*) Bernhard, Sermones, Seite 619. — **) ebenda, Seite 623.

310

den *Auferstandenen* — es ist ja kein Zufall, daß im liturgischen Schauspiel zuallererst gerade die Erscheinung des Auferstandenen dargestellt wird —, auf die menschliche Hoheit, ja Schönheit. Zur Kathedrale gehört der „beau-dieu".

Das bernhardinische Christusbild, die ihr entsprechende Frömmigkeit und „Anschauung" und christliche Lebensform, die man als „naturalistischen-menschlichen Realismus" bezeichnet hat (Kahles), nehmen Anschauungsweisen vorweg, die erst seit dem späteren 13. Jahrhundert für die Kunst fruchtbar werden und zwar gerade in den *anti-kathedralen* Strömungen, die sich zuerst in der Kunst der Bettelorden des Nordens verkörpern, in der Bettelordenskirche die ihr entsprechende irdisch-realistische Kirchenform und im städtischen Bürgertum des Nordens ihr soziologisches Milieu finden werden, während die Kathedrale und ihre Kunst „Kirche und Kunst des Bischofs, nicht der Bürger" ist (Bauch), und zwar eines mit dem französischen Königtum aufs engste verbündeten Episkopats (siehe Kapitel 133).

Es wäre ja auch sonderbar, wenn Bernhard, der das Gesamtkunstwerk der dritten Kirche von Cluny so scharf verurteilt, der an Sugers Amtsführung vor 1127 so harte Kritik geübt und für seinen Orden das Kunstideal einer neuen Schlichtheit gefordert hatte, gewissermaßen auch noch „Vater der Kathedrale" sein sollte. Er hat die Kirche Sugers und die neue Kunst der Kathedrale nur für bischöfliche Zwecke gelten lassen, wo man „mehr Rücksicht auf die fleischliche Gesinnung des Volkes nehmen müsse".

Und doch wurzeln sowohl der Bernhardinismus *wie* die Kathedrale beide in der neuen Gesinnung, die den „deus propinquior" ersehnt und in der der Wunsch nach *Schau* eine bisher ungekannte Bedeutung gewinnt.

„Im Zeitalter des hl. Bernhard geschah eine bis dahin im Abendland unerhörte Vermengung des Sinnlichen mit dem Geistigen, des Irdischen mit dem Himmlischen" (Wechsler 249).

KAPITEL 110

Der Wunsch nach „Schau"

Auch bei Bernhard findet man bereits die Neigung, sich durch die *Sinnestätigkeit des Auges* der geistigen und übernatürlichen Realität des Mysteriums zu bemächtigen (Kahles 132). Sie ist sozusagen das subjektive Gegenstück zu der neuen objektiven Auffassung des Sakraments als Epiphanie Christi (Kapitel 108).

„Was wir in dieser eucharistischen Epiphanie mit Augen sehen

311

können, ist nur die sakramentale Verhüllung seines Leibes und seines Blutes, aber das Schauverlangen des 12. Jahrhunderts und der folgenden Jahrhunderte hatte sich doch mit großer Inbrunst auch ihr zugewandt. Man verlangt zu schauen, was im Sakrament *gegenwärtig* ist. Weiß sich der gewöhnliche Christ auch unwürdig der besonderen Erscheinung des Erlösers in seiner menschlichen Gestalt, so will er wenigstens mit seinem Blick die äußere Hülle umfassen, unter der es sich birgt. Das ist ihm zugleich ein Ersatz für die sakramentale Kommunion, die ihm nur selten gestattet ist" (frei nach Jungmann). Man spricht von einer Augen-Kommunion (Herwegen 53). Anton L. Mayer sieht in diesem Wunsch nach körperlicher Schau des Heiligen einen *Vorstoß des volkstümlichen Elements* in der Liturgie; das Schaumotiv wurzelt tief im Volksglauben. *„Wir können feststellen, daß diese Wandlung durch ein Eindringen von außen und unten her erfolgt; daß es sich bei der Schausehnsucht und Schaulust gegenüber den heiligen Dingen um ein Vordringen des „Zeitgeistes", also einer zunächst außerkirchlichen, rein menschlichen, an die Masse gebundenen Macht handelt. Und je weiter seit dem 12. Jahrhundert das Mittelalter vorrückt, desto stärker erhob die Volksfrömmigkeit ihre Forderung nach Schau, nicht nur gegenüber dem Altarsakrament, sondern auch gegenüber den heiligen Stätten und den Reliquien."*

Neben dem hl. Bernhard ist in Franzien Hugo von St. Victor — aufs engste befreundet mit Suger — ein Verteidiger dieser Gesinnung. Er bemerkt: „qu'ils (die weltlichen Gläubigen) pouvaient plus facilement s'unir à l'esprit du Christ en utilisant des données des *sens*" (Dumoutet). Hier ist noch immer ein Rest jener Auffassung, die der Pseudo-Areopagite mit Nachdruck verfochten hatte, daß nämlich die sinnenhafte Vision dem geistigen Schauen *untergeordnet* sei — gewissermaßen eine Konzession an die Sinnlichkeit und Schwachheit der Laien. Wenn aber an anderer Stelle Hugo argumentiert: „Le Christ est présent corporellement, puisqu' il est en quelque sorte accessible au regard, *in visu*" bekommt die Schau schon eine gesteigerte Würde.

Was den gewöhnlichen Gläubigen versagt bleibt, wird wenigen Auserwählten zuteil. Es mehren sich die Hostienwunder. 1153 sieht in Braine eine Jüdin ein kleines Kind an Stelle der Brotgestalt (wobei es offen bleibt, ob es sich nicht um eine Versuchung dämonischer Mächte handelt) und schon 1124 hatte nach Guibert von Nogent ein Knabe Christus leibhaftig in der Hostie gesehen, deren Elevation eben damals, vielleicht schon seit 1120, beginnt (Dumoutet).

Für die große Zisterzienserin, die hl. Gertrud von Helfta (geb. 1256, gest. 1311), „et pour beaucoup de spirituels voir l'Hostie c'était de quelque façon *voir le fils de Dieu des yeux du corps,* selon l'oraison prescrite par la règle des recluses anglaises (Ancren Riwle) après l'invocations à l'élévation c'était *un avant — goût de la vision face à face de Jésus au Paradis"*. Nach Analogie dieser Hostienschau war zweifellos für die Gläubigen des 12. Jahrhunderts der Anblick der Kathedrale, zumal ihres Inneren, im Gottesdienst ein Vorgeschmack der künftigen Schau des Himmlischen Jerusalem von Angesicht zu Angesicht.

Das Aufkommen einer Kunst, und zwar wiederum nicht nur einer bildenden Kunst im engeren Sinn, sondern auch einer mit Abbildsinn gesättigten Architektur, die aufs stärkste an die Sinne appelliert, — und auch die neue Sinnlichkeit der Musik steht in diesem Zusammenhang — ist also nur ein Teilphänomen in diesem viel umfassenderen Vorgang.

Von der Erhebung der Reliquien, von ihrer Schaustellung war schon die Rede. „Die Gotik wandelt die Gestalt des Reliquiars, die nunmehr *geistliche Schaugefäße* werden, die das Heiligste dem Auge sichtbar machen; die Entblößung und Zeigung der Reliquien ist charakteristisch für die gotische Zeit" (Stückelberg) und beginnt eben im 12. Jahrhundert. So gesehen ist selbst die Elevation der Hostie nur eine unter vielen Neuerungen, die der Schaulust entgegenkommen, indem sie das Heilige weithin sichtbar zeigen.

Ein Zentrum dieser ganzen Bewegung ist Franzien, ein anderes der Rhein.

Alles das steigert sich immer mehr. Das Zeigen der Hostie wird ausgedehnt, die Elevation wird wiederholt, auch der Kelch wird eleviert. Der bisher geschlossene Reliquienschrein wird geöffnet, die Metallwand durch Glas ersetzt; Schaugefäße, Ostensorien, Monstranzen treten als neue Kirchengefäße auf. *Ein menschliches Ergreifen des Heiligen* wird zu einem wichtigen Moment der Andacht (Ant. L. Mayer). Der Andacht und der *Kunst*.

Daß in den Visionen des hl. Bernhard von Clairvaux das *Bild* des Gekreuzigten Leben gewinnt und selbst handelnd — den im Gebet Versunkenen umarmend — erscheint, ist Wunder, aber zugleich auch stärkster Ausdruck der Versinnlichung des Bildes, der Vereinigung von Himmlischem und Irdischem durch das Bild (Th. Müller).

KAPITEL 111

Die Lichtmystik und die Kathedrale

Daß bei der Entstehung der Kathedrale die Lichtmystik eine entscheidende Rolle gespielt hat, läßt sich aufs klarste belegen. Wie Panofsky zeigen konnte, hat Suger, was ja selbstverständlich ist, nicht nur die Schriften des Pseudo-Areopagiten, der in St. Denis seit jeher mit dem hl. Dionysius, dem Apostel Galliens, identifiziert worden war, genau gekannt. Sie waren für die Abtei „ein nicht minder verehrungswürdiges Vermächtnis als die „Oriflamme" (siehe unten Kapitel 132) und die Reliquien der hl. Märtyrer. Ein Manuskript der griechischen Texte, das Ludwig der Fromme (814-840) von dem byzantinischen Kaiser Michael dem Stammler erhalten hatte, war von ihm sofort an St. Denis übergeben worden. Diese Texte hatte während der ersten geistigen Blütezeit des Klosters, unter Karl dem Kahlen, Johannes Scotus Eriugena (geb. um 810) glänzend übersetzt und kommentiert" (Panofsky).

„Indem er die Lehren des Plotin und mehr noch des Proclus mit dem Glauben des Christentums verband, vermählte der fälschlich mit dem Paulus-Schüler identifizierte Pseudo-Areopagite, der sein Werk vermutlich am Ende des fünften Jahrhunderts schrieb" — und damit dem großen neuen Lichtkult der „Hagia Sophia" präludierte—„die neuplatonische Überzeugung von der fundamentalen Einheit und lichtvollen Lebendigkeit der Welt mit den christlichen Dogmen des dreieinigen Gottes, der Erbsünde und der Erlösung. Nach dem Pseudo-Areopagiten ist das Weltall geschaffen, belebt und zusammengehalten durch die beständige Selbstrealisierung des Wesens, das Plotin „den Einen", den die Bibel „den Vater" genannt hatte und das er „das superessentiale Licht" oder sogar *die unsichtbare Sonne* nennt — wobei er Gott den Vater als den „Vater der Lichter" (pater luminum) und Christus (in Anspielung auf Johannes III, 19 und VIII, 12) als die „erste Ausstrahlung (photodosia) bezeichnete — was Johannes Scotus mit eben jenem Wort *„claritas"* übersetzt, das für Suger solche Bedeutung hatte (siehe oben Kapitel 78): Christus hat den Vater der Welt offenbart (Patrem *clarificavit mundo).* Es ist ein gewaltiger Abstand von der höchsten, rein intelligiblen Sphäre des Seins zu den niedrigsten, beinahe materiellen (beinahe: denn das Existieren einer bloßen Materie ohne Form kann nicht einmal in Worten behauptet werden); aber es ist kein unüberwindbarer Abgrund zwischen den beiden. Es gibt eine Hierarchie, keine Dichotomie. Denn sogar das niederste geschaffene Ding hat irgendwie Teil an der Essenz Gottes — menschlich gesprochen, an den Eigenschaften der Wahrheit, Güte und Schönheit. Deshalb kann der Prozeß, in dem die Emanationen des Göttlichen Lichts niederfluten, bis sie beinahe in der Materie verschlungen und in einem scheinbar sinnlosen Haufen roher materieller Körper zerbrochen werden, immer umgekehrt werden zu einem Aufstieg aus Befleckung und Vielfältigkeit zu Reinheit und Einheit; *und deshalb braucht der Mensch, anima immortalis corpore utens, sich dessen nicht zu schämen, daß er von der sinnlichen Wahrnehmung und der von den Sinnen gesteuerten Einbildung abhängt.* Statt sich auf die physische Welt zurückzuwenden, kann er hoffen, sie zu überwinden, indem er sie absorbiert" (nach Panofsky).

Unser Geist, sagt der Pseudo-Areopagite am Beginn seines Hauptwerkes „De caelesti Hierarchia" (und Johannes Scotus am Beginn seines Kommentars), kann sich zu dem, was nicht materiell ist, erheben unter der bloßen Führung dessen, was materiell ist (materiali manducatione). Sogar den Propheten konnten die Gottheit und die göttlichen Tugenden nur in irgendeiner *sichtbaren* Form erscheinen. Dies aber ist möglich, weil alle sichtbaren Dinge „materielle Lichter" sind, die die intelligiblen Dinge spiegeln und letzlich die vera lux Gottes selbst: „jedes Geschöpf, sichtbar oder unsichtbar, ist ein Licht, zum Dasein gebracht vom Vater der Lichter ... Dieser Stein oder dieses Stück Holz ist ein Licht für mich ... Denn ich nehme wahr, daß es gut und schön ist; daß es existiert gemäß seinen eigenen Gesetzen und Verhältnissen; daß es sich in Art und Gattung von anderen Arten und Gattungen unterscheidet; daß es definiert ist durch seine Zahl, kraft welcher es eben „ein" Ding ist; daß es seine Ordnung nicht überschreitet; daß es einen Platz gemäß seiner spezifischen Schwere sucht. Indem ich solche und ähnliche Dinge in dem Stein wahrnehme, werden sie Lichter für mich, das heißt, sie erleuchten mich (me illuminant). Denn ich beginne zu denken, woher der Stein mit solchen Eigenschaften begabt ist, und unter der Führung der Vernunft werde ich bald durch alle Dinge zur Ursache aller Dinge geführt, die sie mit Platz und Ordnung, mit Zahl, Gattung und Art begabt, mit Güte und Schönheit und Sein und mit allen anderen Gaben."

So wird der ganze Bau dieser Welt ein großes „Licht", zusammengesetzt aus unzähligen kleinen, wie aus vielen Lampen: „.. universalis hujus mundi fabrica maximum lumen fit, ex multis partibus veluti ex lucernis compactum" — eine Vorstellung, die der nächtliche Gottesdienst der Hagia Sophia mit seinem Lichtdom aus unzähligen einzelnen Lampen (Andreades) in großartiger Weise beim Worte genommen hatte. Jedes wahrnehmbare Ding, von Menschen gemacht oder natürlich, wird ein

Symbol dessen, was nicht wahrnehmbar ist, ein Treppenstein auf dem Weg zum Himmel; der menschliche Geist, der sich der Harmonie und dem „Leuchten" überläßt (bene compactio et claritas), die das Kennzeichen irdischer Schönheit sind, findet sich „aufwärts geführt" zu der transzendenten Ursache dieser „Harmonie und des Leuchtens" in Gott.

Dieser Aufstieg von der materiellen zur immateriellen Welt wird von dem Pseudo-Areopagiten und von Johannes Scotus — im Gegensatz zu dem geläufigen theologischen Gebrauch dieses Ausdrucks — als der anagogicus mos, die aufwärts führende Methode, beschrieben; und das ist es, was Suger als Theologe bekannte, als Dichter verkündete und als Patron der Künste und Veranstalter liturgischer Schauspiele ins Werk setzte. *In der Tat versteht man auch die Kathedrale in ihrem sinnlichen und zugleich symbolischen Gehalt am besten als ein großartiges Instrument des anagogischen Wegs.* So ist sie gemeint. Und so ist auch jene berühmte Stelle zu deuten, in der Suger selbst das Erlebnis der Anagoge im Beschauen der Edelsteine schildert (Kapitel 78). Ja man kann hier noch einen Schritt weitergehen. Wenn es bekannt ist, daß sich die mystischen Techniken der Versenkung seit jeher der Edelsteine und Kristalle bedienen, um die Entrückung und Erleuchtung zu bewirken, so wird die Verwendung gerade dieser Lichtmaterialien und ihrer Aequivalente in der Kathedrale noch auf eine neue tiefere Weise verständlich.

Diese großartige Renaissance der Lichtmystik des späten fünften (und des mittleren neunten Jahrhunderts) ist aber möglich nur auf einem Boden, der schon weithin vorbereitet war. Und tatsächlich manifestiert sich ja diese Tendenz überall im Umkreis Sugers — und in weiten Strömungen des 12. Jahrhunderts überhaupt (siehe Kapitel 110). Nur darauf sei noch hingewiesen, daß in unmittelbarer räumlicher und zeitlicher Nähe Sugers — bei Hugo von St. Victor (1096-1141) — sich eine autochthone Lichtmystik entfaltet. Von ihm waren — wenige Jahre vor dem Neubau des Chors von St. Denis — die Schriften des Areopagiten neu kommentiert worden.

Auch an den beiden anderen großen Höhepunkten des „Lichtbaus" — Chartres und Saint-Denis II — dürfte es möglich sein, die literarisch-theologischen Quellen noch aufzudecken.

KAPITEL 112

Der Platonismus des 12. Jahrhunderts und die Kathedrale

Die neue Bedeutung der sinnlichen Anschauung in der Kathedrale beruht darauf, daß in der Mystik den Sinnen eine neue Mittlerrolle zukommt. Die Mystiker behaupten nämlich, daß es außer der rein sinnlichen und der bloß verständigen Betrachtung eine dritte höhere gäbe, welche „ ... mit unmittelbarer göttlicher Hilfe zur Anschauung Gottes und der überirdischen Dinge sich aufschwinge". Sie fordern also eine tiefere, innigere Erkenntnis, eine größere Lebendigkeit, welche alle Dinge zusammen *in deutlicher Anschauung* sich vergegenwärtige, und nehmen dabei ausdrücklich *alle Seelenkräfte* in Anspruch, besonders auch die Einbildungskraft, *indem sie durch die sinnlichen Dinge, vermöge ihrer Ähnlichkeit mit den übersinnlichen, eine Anschauung der letzteren erhalten* (so der hl. Bernhard, so Richard von St. Victor). Das ganze spätere 12. Jahrhundert neigt dazu, alles Sichtbare nicht nur als Sinnbild, sondern als Abbild (imago) eines Überwirklichen zu fassen (Tietze).

In dieser Hinsicht ist die neue Haltung, die sich in der Kathedrale verkörpert, eine „mystische" zu nennen. Sie hat nicht allzuviel mit der unio extatica zu tun. Mystice heißt bei Hugo von St. Victor sakramental, geheimnisbedeutend, spiritualis intelligentia und anagogicus mos.

Der Kunst kommt damit eine ganz neue erhöhte geistige Bedeutung zu. Während im Mittelalter bis dahin die Gebilde der Kunst von den überirdischen Wesenheiten eine Ahnung nur durch das Prinzip der „unähnlichen Ähnlichkeiten" vermitteln konnten, stehen jetzt die „Visionen" der Kunst im Verhältnis einer echten abbildlichen Ähnlichkeit zu den überweltlichen Wesenheiten, die sie darstellen.

In der Idee, daß alle irdischen Dinge durch himmlische Dinge, alles irdische Geschehen durch ein himmlisches Geschehen vorgebildet sind und daß zwischen den einen und den anderen eine *anschauliche Ähnlichkeit* besteht, die in mystischer Schau erfaßt werden kann, steckt ein platonisierendes Element, das auch in anderen geistigen Erscheinungen der gleichen Zeit aufgedeckt werden kann. Der Platonismus beruht ja auf der Annahme, daß das Abbild dem Urbild ähnlich ist, sei es auch nur nach der Weise eines „Schattens". „Die aktivste Periode des mittelalterlichen Platonismus fällt in das 12. Jahrhundert" (Haskins 343). Von ihr ist die Kathedrale gewissermaßen nur ein Sonderphänomen. Das Zentrum des *theoretischen* Platonismus und der Versuche, zwischen den geistigen Hauptrichtungen des Jahrhunderts zu vermitteln, ist die Schule von Chartres: „Es wandten Bernardus von Chartres und seine Anhänger viel Mühe darauf, um einen Ausgleich zustande zu bringen zwischen Plato und Aristoteles" (Johannes von Salisbury).

Eine unmittelbare Parallele zu der Idee, daß die Kathedrale „exemplum" und „similitudo" der himmlischen Kirche ist, bieten die Gedanken, die Wilhelm von Auvergne (1153-1232) in seinem Werk „De universo" (1231-36) entwickelt hat. Danach sind die Ordnungen des Staates vorgebildet in den Ordnungen der Engel, der irdische Staat in einem himmlischen Engelsstaat. Auch Wilhelm fußt auf dem Areopagiten. (Dies und das Folgende nach Valentin.)

Dessen Lehre von den Neun Ordnungen der Engel war durch Gregor den Großen im Abendland für das hohe Mittelalter maßgebend geworden. Sie findet sich bei Isidorus von Sevilla und im 12. Jahrhundert bei Bernhard von Clairvaux.

„Erst in der Zeit des verstärkten Eindringens neuplatonischer Lehren durch den Zustrom arabischer Einflüsse hat sich dann jene obere Einteilung des Dionysius in drei Hierarchien durchgesetzt. Während noch Bernhard (1091-1153) nur die neun Engelsklassen kennt, bahnt sich bereits unter dem gleichzeitigen Hugo von St. Victor (1096-1141) die Zusammenfassung der neun Engelsklassen in drei Hierarchien an."

„In der Blütezeit dieser Epoche bei Wilhelm von Auvergne steht die Neunzahl derart fest, daß er sie nicht nur in der kirchlichen, sondern auch in der weltlichen Hierarchie von vornherein ausgedrückt findet, und die Himmelshierarchie ihm nur noch als die notwendige Analogie dieser selbstverständlichen irdischen Ordnungen erscheint."

„Diese Einteilung, die zunächst ganz kontemplativ-mystischen Charakter hatte, trug dazu bei, daß in den mittelalterlichen Geistern sich die Vorstellung von dem Engelsverband als einem gesellschaftsmäßigen, irgendwie politisch geordneten befestigte. In dem Begriff der Hierarchie gewann das Bild einer staatsmäßig geordneten Gemeinschaft der Engel, wie es in den Schriften des Urchristentums und der Kirchenväter ganz allgemein angedeutet ist, eine bestimmtere, wenn auch etwas andere Färbung.

Schon bei Hieronymus — bevor noch die dionysische Ordnung der Hierarchie feststand — erscheint der Gedanke, sich die Engelsgemeinschaft unter dem Bilde staatlichen Lebens vorzustellen, und die Vorstellung, daß dieser Engelsverband im weltlichen Regiment des alten Bundes ein irdisches Abbild gefunden hat.

Als Ort des Waltens dieser Engelsgemeinschaft wird das obere, das himmlische Jerusalem angegeben. So bei Hippolyt (um 200):

„Angeloi epouranioi politeuomenoi en Hierusalem te ano te en ouraniois."

Bei Wilhelm von Auvergne heißt es dann: „Quia igitur rex bonus *exemplum* est *et similitudo* primi ac summi regis, qui est creator benedictus, erit necessarie et omne regnum bene dispositum exemplum et similitudo regni illius, et ordinatio huius ordinationis et ordines huius ordinum illius."

Die Vorstellung, daß dem Engelsstaat exemplarische Bedeutung für das irdische Regiment zukommt, hat Wilhelm dazu veranlaßt, ihn in seiner ganzen Gliederung in die beiden irdischen Gewalten — weltliche und geistliche — zu projizieren. Er entwirft für beide eine vollkommene, den Engelsklassen entsprechende, neungegliederte Ordnung, die aber jeweils nicht das Ziel hat, weltlichem oder geistlichem Regiment als Vorbild zu dienen, sondern umgekehrt durch ihre Existenz das Bestehen des vorbildlichen Engelsreichs dartun und *veranschaulichen* soll (!).

Der Nachdruck liegt auf der Gleichsetzung des Engelsstaates mit der weltlichen Macht unter Zurücksetzung der kirchlichen Hierarchie. Das ist zeitgeschichtlich und persönlich begründet. Wilhelm von Auvergne war seit 1228 Bischof von Paris — übrigens der erste, der auf das Sehen der Hostie Wert legt (Dumoutet 18) — und als solcher der vertraute Ratgeber Ludwigs IX.

Die Folgerungen, die daraus für die Auffassungen des Verhältnisses des „Staates" zur Kirche gezogen werden können, interessieren in unserem Zusammenhang nicht. Bezogen auf die Wirklichkeit des Staates erhält das Bild irdischer Staatsordnung, das Wilhelm als Abbild des Engelsstaates entwarf, den Charakter einer politischen Ideologie und ist als solche ein im Mittelalter einzig dastehendes Gebilde, das in scholastischer Umgrenzung die Reihe antiker Utopien wieder aufnimmt. Wilhelm von Auvergne beruft sich ausdrücklich auf den vollkommenen Staat Platons.

Die Idee aber, daß der Glanz irdischer Herrschaft nur ein Abbild der himmlischen sei, die vorbildlich in den Engeln verkörpert ist, entspricht vollkommen der Idee der Kathedrale, die in dem gleichen Gebiet entstanden ist, aber zeitlich bedeutend vorangeht. Bei Wilhelm von Auvergne ist diese Idee vorbereitet durch den in Frankreich geschulten Johannes von Salisbury (gestorben 1181).

Diese ganzen Gedanken zeigen, daß der Verfasser des Werks aus der Tradition des im 12. Jahrhundert wiedergeborenen Augustinismus herkam. Anderseits ordnet ihn der Grundgedanke dieser Entsprechung, die die Welt zum verunklärten Abbild macht, in die neuplatonische Strömung ein. In diesem Zusammenhang ist es wichtig, zu beachten, daß mit der Kathedrale jene Auffassung des Kirchengebäudes in neuer Form wiederauflebt, die gerade in der Epoche Augustins kulminiert hatte (siehe oben Seite 115), und daß anderseits der Gedanke, daß das irdische Kultgebäude in einem himmlischen Kultgebäude seinen „Typus" habe, schon von Philo in Anwendung platonischer Gedanken auf die jüdische Stiftshütte angewendet worden war. Deshalb kann in Gedichten und Bildern dieser Zeit umgekehrt auch das Stiftszelt und der Tempel in Jerusalem als gotische Kathedrale, das ist aber als Abbild des Himmels, geschildert werden. Es wäre durchaus falsch, darin eine „Naivität" der Darstellung zu sehen. Die Gleichung ist logisch — typologisch — sinnvoll.

KAPITEL 113

Der Platonismus des 12. Jahrhunderts und das typologische Prinzip

Mit diesem ganzen platonisierenden Gedankenkreis, in dem das Gesamtkunstwerk der Kathedrale einen hervorragenden Platz einnimmt, hängt ferner das eigentümliche Bildprinzip der „typologischen Gegenüberstellung" zusammen, das gleichfalls eine Wiedergeburt einer frühchristlichen Idee bedeutet. Danach werden Gestalten und Ereignisse des Neuen Testaments als präfiguriert durch Gestalten und Ereignisse des Alten Bundes angenommen, wobei die Gegenüberstellung so erweitert werden kann, daß jedem Ereignis der Zeit „sub gratia" je ein Ereignis der Zeit „sub lege" und eines der Zeit „ante legem" typologisch entspricht. Die tertia comparationis erscheinen uns dabei oft willkürlich, oberflächlich und gesucht, aber immer sind sie begründet in einer anschaulichen Ähnlichkeit, sei es auch nur in der eines besonderen Bild-Elements.

Bei der Kennzeichnung dieses Prinzips wird meistens nicht genügend hervorgehoben, daß die zeitlich *früheren* Ereignisse als Abbilder des in der Zeit *später* erschienenen Urbilds aufgefaßt werden. Scheinbar ist das Verhältnis von Urbild und Abbild, das ursprünglich als ein Verhältnis von ewigem und zeitlichem Sein gedacht war, ganz ins Zeitliche projiziert. In Wirklichkeit aber ist die Auffassung so, daß im Laufe der Zeiten zuerst das unvollkommene Abbild erscheint, dann im Neuen Bund das ewige Urbild selbst in der Welt sich manifestiert.

So gesehen verliert das plötzliche Auftreten der Typologie an dem von Suger gestifteten großen Standkreuz und in den Bildfenstern von Saint-Denis das Überraschende und ordnet sich zwanglos in die geistigen Strömungen des erneuerten Platonismus ein.

Mit einer einzigen Ausnahme — im Sakramentar des Drogo — war sie seit den Tafeln, die 684 von Rom nach Weirmouth gebracht wurden, im Westen nicht dagewesen. Mâle hat Suger als den Schöpfer der Typologie angesehen. Doch so wie hinter der Lichtmystik Sugers die des Pseudo-Areopagiten, des Johannes Scotus und Hugos von St. Victor steht, so ist auch die Typologie keine Schöpfung der Kunst. Schon Künstle hat vermutet: „Es muß sich im Kreise der Frühscholastiker ein typologisches Kompendium gebildet haben." Nachweisbar ist, daß bei Hugo von St. Victor eine typologische Erkenntnis der Geschichte auftritt und ungefähr gleichzeitig eine typologische Deutung der Messe (Jungmann 140). Hugo ist sich der Verwendung dieser typologischen Denkart völlig bewußt gewesen und hat aus der exegetischen Typologie eine Summa gestaltet (Liebeschütz 17). Schon Rupert von Deutz (1070-1135?) hatte in seinen Büchern „De Trinitate et operibus ejus" und in der Schrift „De victoria verbi Dei" diese typologische Geschichtssystematik gepflegt.

So ist es nicht zu verwundern, daß auch in der Auffassung des Kirchengebäudes sich der Nachdruck von der symbolischen und allegorischen Ausdeutung auf die *typologische* verschiebt. Die Kathedrale ist „typice et figuraliter" zeitliches sichtbares Abbild der ewigen Himmelskirche, die am Ende der Zeiten kommen wird.

KAPITEL 114

Die Scholastik und die Kathedrale

Schon frühzeitig ist die Kathedrale mit der Scholastik in Parallele gesetzt worden. Seit Semper spricht man von der Kathedrale als der „versteinerten Scholastik". Dieser Vergleich hat dem Verständnis der Kathedrale mehr geschadet als genützt, besonders dort, wo die Scholastik abwertend beurteilt wird.

Der Vergleich der Kathedrale mit der Scholastik hat den großen Mangel, daß noch niemals ein wirklich faßbarer Vergleichspunkt konkret angegeben werden konnte. Den Versuch, in einem „Gradualismus" diesen Vergleichspunkt zu finden, in der Neigung zu Divisionen und Subdivisionen (Weise 64), ist gescheitert, denn Formengefüge, die man in einem prägnanten Sinn „gradualistische" nennen kann, erscheinen erst in den hierarchisch übergreifenden Formen der Fensterwerke, besonders seit Amiens, also zu einer Zeit, da die Kathedrale schon über ihren Höhepunkt hinaus ist, und sie betreffen zwar ein sehr charakteristisches, aber im Ganzen untergeordnetes Element der Kathedrale.

Und daß die Kathedrale eine „Summe der Künste" ist, wie die Summen der Scholastik ein Inbegriff des Wissens sind, ist als Analogie doch *zu* vag.

Daß dieser Vergleich trotzdem einen positiven Kern hat, dafür spricht wohl am meisten die auffallende genaue Übereinstimmung in dem zeitlichen Entwicklungsgang der Kathedrale und der Scholastik. Die frühe Scholastik, beherrscht durch die Gestalt Anselms von Canterbury, entspricht zeitlich und örtlich genau dem Raum, in dem sich die Kathedrale vorbereitet. Anselm ist 1033 geboren (gestorben 1105), Zeitgenosse Wilhelms des Eroberers und jener Architekten, die um 1060 die entscheidende Vorform der „diaphanen Wand" schufen. Aus Aosta gebürtig, wirkt er in der Normandie, seit 1093 als Erzbischof von Canterbury in England und nimmt als zeitweiliger Reichsverweser dort eine ebenso bedeutende Stellung ein, wie in der Enkelsgeneration Suger in Frankreich.

Die nächste Generation — geboren um 1050-60 — ist weder für die Kathedrale noch für die Scholastik so klar zu fassen.

Dagegen ist in der folgenden Generation, der um 1080-90 geborenen, der parallele Gang wieder sehr auffallend: dem Erbauer der ersten Kathedrale, dem 1081 geborenen Suger, entspricht als Vertreter der Frühscholastik der für die Mystik wie für die Scholastik hochbedeutende Hugo von St. Victor (geboren um 1096, gestorben 1141, wahrscheinlich aus Sachsen stammend), der Verfasser der ersten „Summa".

Um 1200 ist dann — um die Zwischenphasen zu überspringen — die entscheidende Stelle für die Entwicklung der Scholastik wie für die der Kathedrale die „Schule von Chartres".

Um 1230 liegt für beide das Schwergewicht in Paris, um 1260 in Paris und Köln.

In diesem zeitlich-räumlichen Parallelgang, der schwerlich auf Zufall beruhen kann, scheint mir die erste Phase den Hinweis darauf zu geben, in welcher Zone das Vergleichbare zu suchen ist. Denn auf dieser *normannischen" Stufe gibt es eben von der Kathedrale erst das Prinzip der Konstruktion.* Das rationale „logische" Durchdenken des Aufbaus, der Drang zur Vereinheitlichung des ganzen „Gebäudes", das Zergliedern und Systematisieren wäre das tertium comparationis: „herrscht doch auch in der Philosophie ein technischer Zug" (v. Fichtenau). Damit wird zwar ein wichtiges Element der Kathedrale getroffen, aber doch noch ein ziemlich abstraktes.

Bedeutsamer scheint mir, daß sich die Kathedrale und die Scholastik dem allgemeinen Streben der Zeit einordnen lassen, Gott „näher" zu bringen. Geschieht das in der Liturgie durch die neue Auffassung des Sakraments, in der neuen affektiven

Mystik durch die Kräfte des Gemüts, in der Kunst durch die Sinne, so im Gebiete des Denkens durch den „natürlichen Verstand".

Die Scholastik entspricht also nur *einem* Element der Kathedrale und nicht dem wesentlichsten.

KAPITEL 115

„Notre-Dame"

Auch die neue Marienverehrung, die im 12. Jahrhundert einsetzt und für die Kathedrale — nicht nur ikonologisch — so viel bedeutet, darf man zunächst als Sonderfall des Wunsches verstehen, Gott näher zu bringen. Denn eben durch Maria *ist* uns Gott näher gekommen.

Von Bernhard geht das neue innige, minnigliche Verhältnis der Gläubigen zu „Unserer lieben Frau" aus. Die Benennung „Notre-Dame", die im 12. Jahrhundert aufkommt, verdankt ihm ihre große Verbreitung. Die bernhardinische Mariologie ist zusammengefaßt in dem berühmten Brief, den der große Zisterzienser an die Kanoniker von Lyon richtete (Ahsmann 30, 1).

Daß nun die Gottesmutter „in so hohem Maße in den Gemütern der Gläubigen eine Rolle spielt, zeugt von dem *Hervortreten des Persönlich-Menschlichen*, denn Maria ist es, die bei aller göttlichen Erhabenheit Züge trägt, die dem Menschen am wenigsten fernliegen. Sie erscheint wie Johannes der Täufer als Verkörperung idealen Menschentums, ja als Prototyp des reinen Menschen. Daher kann sich der Mensch diesem wunderbaren göttlichen Wesen umso vertrauensvoller und inbrünstiger nähern. Maria hat trotz ihrer Göttlichkeit höchstes menschliches Glück und tiefstes Menschenleid erfahren. Dadurch ist sie *dem Gemüte der Menschen näher* als Gott". „Ergriffen darüber, hier Göttliches und Menschliches in einem Wesen beschlossen zu sehen, ist der Mensch Maria *näher* gerückt" (Fuss 12-13).

Das alles gilt auch von Christus, doch tritt in ihm die Vermenschlichung Gottes, in Maria aber die Vergöttlichung des vollkommenen Menschen hervor, in Christus mehr der descensus, in Maria der ascensus. So versteht es sich, daß als natürliches Gegenstück zum vermenschlichten Christusbild das Thema der Marienkrönung als Apotheose des vollkommenen Menschen entsteht, das der morgenländischen Kirche unbekannt ist — wohl die bedeutendste und typischeste ikonologische Schöpfung des 12. Jahrhunderts.

Doch hat die Verehrung Mariä nicht nur ikonologische Bedeutung. In „Unserer lieben Frau" offenbart sich der Zeit das

Schöne, das Liebliche, das Lichte, aber auch das Jugendliche schlechthin. Das sind Merkmale, die den „Stil" der Kathedrale und ihrer bildenden Kunst wesentlich bestimmen. Ohne diesen Zug zum Lieblichen und Jugendlichen, welcher ihr die Signatur gibt, ist die ganze Kunst des „süßen neuen Stils" nicht zu verstehen. „Die gleiche Epoche hat die jugendliche Gottesmutter immer mehr mit weltlichem Liebreiz umgeben" (Weise).

Auch steht ihre Gestalt in inniger Verbindung mit den schönen Künsten, die den Menschen in die Geisteswelt erheben, so sehr, daß der Hl. Albert der Große darüber meditieren konnte, ob Maria sie alle in der Vollkommenheit besessen habe.

Was bei Bernhard plötzlich aufgeblüht war, hatte sich aber seit längerem vorbereitet. Und wiederum gibt es Hinweise darauf, daß dabei England eine besondere Rolle gespielt hat. In England und der Normandie hatte der kirchliche Marienkult frühzeitig gesteigerte Formen angenommen. Das erste dem Leben der Jungfrau gewidmete französische Gedicht stammt von dem um 1100 auf der Insel Guernsey geborenen Anglo-Normannen Wace, der später gewissermaßen Hofdichter Eleonorens von Aquitanien-England war. Nach Sinding — dessen Behauptung ich nicht nachprüfen konnte — ist auch das älteste Beispiel der Krönung Marias im Himmel, auf einem „normannischen" Relief, englischen Ursprungs. Und hier wird man fragen müssen, ob dieses Motiv — abgesehen von seiner theologischen Bedeutung — nicht naheliegende Beziehungen zur höfischen Sphäre hat. Das Erscheinen dieses Motivs in Rom — im Apsismosaik von Sta. Maria in Trastevere — ist vom Norden herzuleiten, nicht umgekehrt. Innozenz II., unter dessen Pontifikat das Mosaik entstand, war mit Suger bekannt, ja befreundet. In Italien bleibt dieses Motiv damals vereinzelt; im Norden ist daraus eine Entwicklung entsprungen, die aus der Geschichte der europäischen Kunst nicht wegzudenken ist.

KAPITEL 116

Der weltliche Gegenpol: Frauenkult

Zum erstenmal im 12. Jahrhundert steht dem geistlichen Pol ein weltlicher gegenüber, der sein Zentrum in dem neuen Kult der Frau hat. Aus dem feudalen Frauendienst erwuchs eine Art höfischer Religion (Wechsler 287). Im profanen Liebeslied wurde die Landesherrin gleich einer Heiligen verehrt, ja man stellte im Minnegesang die Herrin dem dreieinigen Gott gegenüber. Das Bett der Geliebten wird bei Chrétien (in Lancelot) ausdrücklich einem Altar mit den Reliquien eines Heiligen verglichen. Neben dem echten Kult gibt es einen Pseudo-Kult oder, wenn man will, die Analogie eines Kults — ähnlich wie in der Hochrenaissance dem echten Kult des Gottmenschen der profane Kult des „großen", des göttergleichen Menschen gegenübersteht. Es ist aber für den Unterschied der Zeitalter höchst bezeichnend, daß dort der Mann — der Fürst —, hier die Frau — die Fürstin — im Mittelpunkt steht.

Dieser weltliche Kult der Frau entwickelt Formen, die das genaue Gegenstück zu den Formen des geistlichen Kults bilden. Diametral entgegengesetzt ist aber die Gesamttendenz. Während es in der geistlichen Sphäre darum geht, das Gottesbild zu vermenschlichen und das Überirdische zu versinnlichen, geht es in der weltlichen Sphäre darum, das Sinnliche zu vergeistigen und das Menschenbild, vor allem „die Frau", *zu erhöhen*. So wie Gott, Maria und die Heiligen näher gebracht werden, wie Gott zum Freund und Bruder, Maria zu „unserer lieben Frau" wird, so wird umgekehrt im weltlichen „Kult" die Frau jetzt weit über die natürliche Lebensebene erhoben. Das drückt sich schon in ihrem neuen Namen aus, sie wird „Dame", das ist „domina". Ihr Dienst nimmt religiöse Formen an: es gibt in ihm Analoga des geistlichen Gebets, des Opfers, der mystischen spirituellen Vereinigung, des Gelübdes.

Der gesellschaftsgeschichtliche „Ort" dieses Vorgangs ist die „ritterliche Kultur", sein kultisches Zentrum die Frau, seine Form der „Minnedienst".

Die Form der Beziehung zu diesem neuen Kultobjekt ist auch im weltlichen Bereich „die Liebe": die weltliche sinnliche Liebe in ihrer „erotischen", spiritualisierten, an die Gottesliebe angenäherten Form. Sie ist auch in dieser Sphäre das Wesentliche: „amor est fons et origo omnium bonorum". Sie gibt den „Hohen Mut", die freudige Lebensstimmung, sie erzieht zur Mannhaftigkeit, zur „mesûre", dem schönen Maß, und zum beherrschten edlen Anstand. Das Idealbild des vollkommenen Mannes, des „Ritters", wird von hier aus geformt.

Die beiden Pole des Geistlichen und des Weltlichen nähern sich im 12. Jahrhundert einander, so daß das Ritterliche und das Geistliche sich in einer gemeinsamen, gleichsam *schwebenden,* überweltlichen und verklärenden Haltung verbunden finden. In den Äußerungen dieser Haltung kommt es zu einer Übereinstimmung dieser beiden Sphären in der Verwendung des Lichtphänomens (Weise 127). „Es ergeben sich Ausdrücke, *die schon das irdische Sein an die den Himmlischen und Seligen vorbehaltene Verklärtheit des überirdischen Seins heranreichen lassen"* (Weise 114). In den Wörtern, mit denen menschliche und besonders weibliche Schönheit geschildert wird, offenbart sich eine

Lichtfreudigkeit. Die Kennzeichnung des Strahlens und Leuchtens gehört zu den stereotypen Wendungen in der Beschreibung der von Epos und Lyrik verherrlichten Gestalten. Weise hat zahlreiche Belege für Beiwörter und Formeln zusammengetragen, in denen diese Tendenz zum Ausdruck kommt. „Sowohl das helle Weiß wie die strahlende rosige Farbe der Gesichtszüge werden durch das Beiwort „cler" gepriesen. Rose und Lilie dienen als Vergleich; ähnlich wie die Farbe eines gesunden blühenden Aussehens wird auch das Blut mit „cler" bezeichnet; ein Leuchten wie von Gold geht von den Haaren aus. Kummer, Gefangenschaft oder eine schlechte Nachricht lassen den Glanz der Züge schwinden. Das Leuchten der Gesichtszüge ist Ausdruck der Freude. Freude verklärt den Menschen; Freude ist hell; sie erleuchtet das Herz und läßt vom Menschen einen verklärenden Glanz ausstrahlen." Freudigkeit ist aber, ebenso wie in der weltlichen Sphäre auch in der geistlichen, Grundzug der neuen Religiosität, ja ethische Forderung. Bernhard von Clairvaux hat sie von seinen Mönchen verlangt.

Zu diesem *weltlichen Luminismus* gehört dasselbe Absehen vom Tode, das sich in der kirchlichen Sphäre am deutlichsten in der Absage an das Dunkel der Grüfte geäußert hat. Ein allzu langes Verweilen bei der Klage um die Toten ist verwerflich. In dem häufig begegnenden dictum „Les morz as morz, les vis a vis" hat es eine kürzeste Formulierung gefunden. *In diesem Absehen vom Tode gründet die oft berufene „Heiterkeit" der Gotik.*

In der *Dichtkunst* kommt diese Polarität aufs deutlichste zum Ausdruck. Jeder Form der einen Sphäre entspricht eine ähnliche der anderen: der Heiligenlegende entspricht der Ritterroman, dem geistlichen „lai" das weltliche Lied, usw.

Und wie der Heiligen Welt die Welt des Heillosen gegenübersteht (siehe oben Kapitel 46), in sich begreifend die Welt des Gemeinen, Häßlichen, Maßlosen, so steht dem Ritterlichen die Gegenwelt des Niedrigen gegenüber, des Wilden, Ungebildeten, nach Blut und Geburt Geringen, die Welt des *Bauern,* ein Reich der triebhaft-zuchtlosen geschöpflichen Kräfte unterhalb der höfischen Idealität. Der höfischen Welt war diese Sphäre zuerst nur Gegenbild, von der sie sich abhob, die französische oft schon in scharfer gehässiger Entgegensetzung zum verachteten „vilain", dem „Dörper", dem Tölpel. (Dies und das Folgende nach Otto Brunner.)

Wie die „Hölle" als Gegenwelt des Himmels sich wesentlich aus Negationen der „heiligen" Menschen zusammensetzt, so die Bauernwelt wesentlich aus Negationen des Edlen. Und neben beide tritt als dritte Gegenwelt die des „Narren" — das Negativ des „Weisen" —, dessen Gestalt für die Adelswelt eminente Bedeutung besitzt. Bis zum Ende des Mittelalters und darüber hinaus bilden die Welt der Hölle, der Bauern, der Narren (aber auch die des „fahrenden Volkes", der Bettler, der Blinden und Krüppel), *einen* Vorstellungskreis; ihm gehört wesentlich das Phänomen des „Komischen" zu (vgl. auch dazu O. Brunner).

Erst die antikathedrale Gegenbewegung der Bettelorden wird den „armen Mann" in ein anderes Licht rücken und den Bauern als „Fuß der Christenheit" sehen. Es wird aber dann noch lange dauern, bis diese Anschauung zum Bild wird.

Diese geistigen Tendenzen haben ihren soziologischen „Grund" in einer neuen sozialen und rechtlichen Stellung der Frau. „Die Ausdehnung der weiblichen Erbfolge auf Lehensfürstentümer gab den Frauen eine rechtliche und politische Gleichberechtigung mit dem Manne, die keineswegs theoretisch blieb." Dem entspricht ihre Hofhaltung, die wahrscheinlich unter byzantinischem Einfluß immer selbständiger und komplizierter wurde. Im Ursprungsgebiet des Minnegesangs, in Aquitanien, im Poitou, in der Manche und im Limousin — also in jenem Gebiet, wo als Vorbote das byzantinische Baldachinsystem erscheint — entstehen große Schlösser (Jeanroy), mit dem Zentrum in den Frauengemächern.

Der „erste Troubadour" ist Wilhelm IX. Graf von Poitiers und Herzog von Aquitanien (1071-1127). Seine Tochter Eleonore von Aquitanien, Gemahlin erst des französischen dann des englischen Königs, ist eine der maßgebenden Gestalten der Zeit. „Das Gepräge, das diese Frau der Kultur und Gesittung des 12. Jahrhunderts verliehen hat, ist vielleicht weniger durchsichtig, aber dem Einfluß nach vergleichbar dem, der vom Hotel Rambouillet zur Zeit Corneilles ausging" (Olschki 10).

In diesem Milieu erwächst zuerst eine eigenständige Laienkultur und -kunst, zum Teil schon mit bedenklichen Tendenzen, hier bildet sich in der Dichtung jenes Bild des „adeligen" Menschen, das dann in der Kathedrale mit dem des Heiligen untrennbar verschmilzt, so wie das Gegenbild der niedrigen und „komischen" Welt mit der der Hölle.

Diese Stellung der Frau aber ist weder germanisch noch antik. Nur im keltischen Bereich gibt es Vergleichbares.

VII

DAS KELTISCHE ELEMENT IN DER KATHEDRALE

> „ . . . die Barbaren haben ihre kindliche
> Grazie, ihre Lebenslust, ihre träumerische
> Phantasie in sie hineingelegt."
>
> (Rodin)

KAPITEL 117

Die Theorien über die Herkunft der Gotik

Seit die Gotik wiederentdeckt ist, hat die Frage die Gemüter erregt, aus welchen volklichen Wurzeln diese einzigartige historische Erscheinung erwachsen ist.

Für Goethe und zum Teil noch für die Romantiker war die Gotik die „deutsche" Kunst schlechthin. Diese Anschauung war falsch. Die jüngere Anschauung, die sie als typisch französische Kunst sieht, ist nicht falsch, aber historisch ungenau. Denn zunächst entsteht die Gotik zwar in Frankreich, aber nicht unabhängig in verschiedenen französischen Landschaften, sondern nur in *einer:* in Franzien, im französischen Kronland. Damit ist ihre Entstehung lokalisiert, aber die Frage nach ihrer Herkunft nur verschoben.

Mit größter Kraft hat dann Worringers Theorie gewirkt: „Die Germanen sind die conditio sine qua non der Gotik". Aber bei Worringer ist das, was ihm Gotik heißt, nicht mehr das fest umgrenzte Phänomen, sondern eine Erscheinung, die an keine Epoche gebunden ist, eigentlich das anti-römische Element der abendländischen Kunst. Auch die normannische, auch die deutsche staufische Kunst ist in seinem Sinn „gotisch". Dagegen hatten französische Forscher frühzeitig das keltische, „gallische" Element in jener Kunst betont, die im engeren Sinn „Gotik" heißt. Als „triomphante expansion du vieux génie gaulois" hat schon Gonse in seinem Buch „L'art gothique" (1890) die Kunst des 12. bis 14. Jahrhunderts gedeutet.

Damit ist unvermerkt — obwohl man scheinbar von „Sprachgemeinschaften" spricht — die Frage schon verschoben.

Die rassengeschichtliche Betrachtungsweise ist gerade von französischen Gelehrten frühzeitig auf historische Erscheinungen angewendet worden. Sie ist heute durch ihre dilettantische und ungeistige Anwendung diskreditiert und durch die unmenschlichen und unchristlichen Folgerungen aus rohen Gedanken, die den Namen einer Theorie nicht verdienen, abstoßend. Aber die Frage nach den anthropologischen Voraussetzungen einer Kunst bleibt bestehen und verlangt nach einer Antwort. So gewiß der Geist nicht aus der biologischen Sphäre ableitbar ist, so gewiß wurzelt er in den seelischen *und* leiblichen Veranlagungen eines bestimmten Menschenschlags. In der Hand ernsthafter Forscher kann diese Fragestellung wichtige und weitreichende Erkenntnisse bringen. Das beweisen die schönen Arbeiten G. v. Kaschnitz-Weinbergs über das Italische als Grundlage der italienischen Renaissance, und das zeigen ebenso die vorsichtig abwägenden Forschungen K. Bauchs über die Herkunft der Gotik.

Bauch glaubt in engem Anschluß an Schnaase die Gotik auf zwei Wurzeln zurückführen zu können: auf eine mitbestimmende südliche (das heißt anthropologisch gesprochen mediterrane) und eine bestimmende nördliche (das heißt anthropologisch gesprochen nordische). Aus dem Süden kommt das Bildhauerische der gerundeten Form, auch das, was an die Antike gemahnt, das vielfältige Blattwerk und Fruchtwerk, das den Bau festlich ziert, dazu vor allem die menschliche Gestalt. Vom Norden rühren andere, wesentlichere Züge her: das, was allein die Gotik zur Gotik macht, das Wesen des Baulichen selbst, der reine Gerüstbau, der unabgegrenzte Raum. Aber auch „wo die schöpferische Vereinigung mit dem Süden fehlt, fehlt etwas Gotisches" (Bauch).

Mit der Arbeit Bauchs sind die Theorien über die Herkunft der Gotik wiederum auf eine klare Basis gekommen. Es ist ein Fortschritt, daß, vielleicht zum erstenmal seit Schnaase, das südliche Element klar herausgearbeitet ist. Und doch ist seine Theorie in dieser Form nicht haltbar. Sie bedarf zugleich einer Einschränkung und einer Erweiterung. Denn mächtiger und früher als das südliche Element wirkt ein drittes, das in der Darstellung Bauchs nicht zum Wort kommt.

Dieses Element unterscheidet sich ebenso scharf von dem „Nordischen" wie vom „Südlichen". Um das zu sehen braucht man sich nur einmal in das normannische Schiff der Kirche von Mont-Saint-Michel zu versetzen und gegen den gotischen Chor zu blicken. Da prallen zwei Welten aufeinander. Allerdings ist der Chor von 1410, aber der Unterschied ist nicht der zweier Zeitstile; der Chor von Saint Denis würde an dieser Stelle genau so wirken. Gewiß hat der Chor mit dem Langhaus noch etwas gemeinsam: den straffen und steilen Aufbau. Aber dem normannischen Langhaus fehlt ganz der eigentümliche *sinnliche* „Zauber", das poetische und sinnbetörende Element des Gotischen. Es wirkt wuchtig, herb und hart. Anderseits ist dieses

„Sinnliche", „Poetische" aber auch grundverschieden von dem Südlichen, wie es Bauch schildert. Es fehlt ihm das Plastische, Volle, Gerundete und Warme. Seine Sinnlichkeit ist glitzernd phantastisch; nicht das Plastische, sondern das glühend Farbige und das Flächige sind sein Reiz. Es ist nicht abzusehen, wie aus dem Normannischen durch Hinzutreten des Südlichen das Gotische hätte entstehen können.

Dieses dritte Element — genetisch gesehen das zweite — ist das „Keltische". Die unbewiesene Vermutung der französischen Forscher, daß eine Renaissance des Keltischen die entscheidende Voraussetzung für die Entstehung des Gotischen ist, läßt sich heute mit einer Reihe von Argumenten beweisen, die m. E. jeden Zweifel ausschließen.

Die Frage gewinnt an Faßbarkeit, wenn man zunächst nicht nach der Herkunft der *Gotik* fragt, sondern die Entstehung der *Kathedrale* auf die ethnischen Kräfte zurückführt, die dabei am Werk waren.

KAPITEL 118

Das nordische Element in der Kathedrale

Es wird mit Recht allgemein angenommen, daß sich in der normannischen Kathedrale eine ausgesprochen „nordische" Gesinnung und Haltung verkörpert. Das viel mißbrauchte Wort „nordisch" hat, wenn irgendwo, hier seinen guten Sinn. Doch muß gleich hinzugefügt werden, daß im normannischen Kirchenbau das Nordische sich in seiner Auseinandersetzung mit dem „Romanischen" äußert. Die romanischen, ja geradezu römischen Elemente im Normannischen sind sehr stark (siehe Kapitel 51). Im Gebiete der Sprache weist Vossler darauf hin, daß die Normannen dem romanischen Wesen viel rascher und gründlicher erlegen sind als die Franken.

Dies zugegeben, treten doch im Normannischen Züge scharf hervor, die sich gewiß nicht auf „Romanisches" zurückführen lassen. Es sind in der Baukunst jene, die der normannische Kirchenbau mit den norwegischen Stabkirchen gemeinsam hat. Die zufällig erhaltenen Stabkirchen Norwegens stammen erst aus dem 11. und 12. Jahrhundert, aber der Holzbau, dessen Spätwerke sie sind, hat zweifellos eine alte Vorgeschichte. Es scheint mir richtig, mit Bauch *keine* direkte Abhängigkeit des normannischen Steinbaus vom Holzbau anzunehmen, noch weniger aber, wie es manche versucht haben, eine Abhängigkeit des Holzbaus vom Steinbau. Es gilt vielmehr, daß dieses — innerhalb der romanischen Welt fremdartige — Baudenken Grundzüge in sich enthält, *ähnlich* denen, die die alten Holzbauten im fernen Norwegen bestimmt haben. Mehr läßt sich nicht sagen. Ähnlich wie das Kreuzgewölbe ganz allgemein mit dem ursprünglich römischen zusammengebracht werden kann und also muß, so darf jener einzigartige Grundzug des Baulichen der normannischen Kirchen im Nordischen wiedergefunden werden. „Eine Ableitung oder unmittelbare Beziehung läßt sich nicht herstellen". So formuliert es Kurt Bauch vorsichtig und zweifellos mit Recht gegenüber Strzygowski und H. Glück. In diesem Sinn wird man zugeben, daß zum Beispiel das Langhaus am Mont-Saint-Michel, oder vielleicht noch reiner in England drüben das von Ely, an romanischem „Stoff" eine typisch nordische Raumgesinnung zum Ausdruck bringt.

Dieser nordische Charakter des Normannischen und seine eigenartige geheimnisvolle Wahlverwandtschaft zum Römischen ist allerdings besonders faßbar an gewissen Einzelformen, wie den normannischen Diensten, aber er besteht nicht in Einzelformen, sondern einmal in dem konstruktiven Prinzip der Zerlegung in tragendes Gerüst und füllende Teile — das dem Holzbau näher liegt als dem Steinbau — und dann in gewissen anschaulichen Ausdruckswerten: Ernst, eine — wenn man so sagen darf — leidenschaftliche Nüchternheit, Straffheit, Herbheit (sichtbar an den Kapitellen), Entschiedenheit (sichtbar in der ganz eindeutigen Funktion der Bauglieder), Unsinnlichkeit. Ein harter Tatsachengeist, dem römischen vergleichbar, doch ungebundener, schweifender, kühner.

Diese Charakteristik wird bestärkt durch Hinblicke auf besondere Leistungen des Normannischen:

Die Normannen sind kühne Konstrukteure, Schiffs-, Festungs- und Straßenbauer.

Sie organisieren zuerst den „modernen" Staat, das Geldwesen.

Ihre Literatur ist gekennzeichnet durch ihre nüchterne, praktische Form.

Sie bringen es — gleichfalls aus nordischen Eigenwurzeln — sehr früh zu einem historischen Ereignisbild: Bildteppich von Bayeux, der die Eroberung Englands durch Wilhelm in einem sechzig Meter langen Bildstreifen mit kontinuierender Darstellung zeigt, — ein nordisches Gegenstück zu den historischen Bildstreifen der römischen Triumphsäulen.

Von diesen Zügen übernimmt die Kathedrale das Straffe, aber nicht die Wucht, den raschen Rhythmus und die klare Unterscheidung der Glieder, aber nicht das Herbe, ferner die Neigung zum „System". Dem Nüchternen und Unsinnlichen aber setzt sie Traumhaftes und Sinnliches entgegen. Nordisch ist an ihr nur das struktive Gerüst, nordisch-römisch das Prinzip der technischen Konstruktion.

331

KAPITEL 119

Das keltische Element in der Kathedrale

Jene Züge der frühen Kathedrale, die aus dem Normannischen nicht abzuleiten sind, haben höchst auffallende Entsprechungen in Grundzügen der inselkeltischen Dichtung.

Da findet sich die Fähigkeit, *„Vorstellungen der Phantasie so nahe zu bringen, als ob sie mit leiblichen Augen erblickt würden"* (dieses Zitat, wie die Folgenden, nach Wolfgang Krause). Das war aber auch die Hauptaufgabe der Künstler, die es unternahmen, in der Kathedrale das Himmelsbild zu versinnlichen.

„Eine besonders schwere Aufgabe weiß darum der keltische Dichter zu lösen, nämlich *traumhafte* Zustände in Worten zu gestalten, Zustände, die so völlig unwirklich sind, die aber doch jeder Hörer als *eine selbst erlebte Wirklichkeit anderer* Art empfindet."

Das Sinnliche der Kathedrale, das Verfeinerte, ja „Raffinierte" hat gleichfalls seine Entsprechung in der keltischen Dichtung. Alles was die Sinne erfreut, wird eingehend beschrieben. „Im allgemeinen kommt es dem keltischen Dichter auf das feinnervige Erfassen und Formen eines von außen eintretenden Reizes an, und in dieser Kunst ist er Meister." *„Feinnervig"* — dieses Wort kann man zutreffend auf viele Formen der Kathedrale anwenden, aber niemals auf den normannischen Kirchenbau und auch nicht auf die südlichen Elemente der Kathedrale.

Auch dem neuen Licht- und Farbenzauber der Kathedrale entsprechen charakteristische Züge der keltischen Phantasie. „Farben und Lichtwirkungen spielen die größte Rolle, *ganz im Gegensatz zur altisländischen (also nordischen) Saga."* „Wie fein der Ire die Wirkungen von Farben, Licht und Schatten beobachtet und künstlerisch gestaltet", zeigen die von W. Krause herangezogenen Schilderungen: „ihm ist es eine Lust, die *tausend bunten Lichter* des Lebens aufzufangen und in der Dichtung widerzuspiegeln". Man braucht nur für Leben — Himmel und für Dichtung — Kunst zu setzen, und der Satz verwandelt sich in eine vorzügliche Schilderung der Kathedrale.

„Ein traumhaft süßes Schwelgen in Farben und Tönen, *ein einziger hingebungsvoller Überschwang in allsinnlicher Seligkeit"* — kann das Himmelserlebnis der Kathedrale besser beschrieben werden? Mit diesen Worten schildert Krause den Charakter der irischen Dichtung „Imram Brain" (Brans Reise), eines der Meisterwerke der Weltliteratur. Die Dichtung behandelt die Fahrt König Brans zu den Inseln der Seligen, also in ein Paradies.

Aber auch die Vorliebe für das „Kristallische" hat die Kathedrale mit der irischen Dichtung gemeinsam, in der *gläserne Inseln, Berge, Bauten* eine bedeutende Rolle spielen. Auch kommen Bauten vor, die sich drehen können — das Motiv der labilen Architektur taucht auf. Die Häufung einzelner Eindrücke, die Neigung zum Übermaß, zum „Rekord" ist typisch irisch.

Begreiflich, daß bei solchen Vorlieben ein Lieblingsthema dieser Dichtung die *Schilderung des Paradiesischen* ist. „Am reichhaltigsten sind in dem altirischen Schrifttum die Angaben über den Glauben an die side (Elfenhügel) und an die Insel der Seligen im westlichen Ozean. Diese Jenseitsvorstellungen ließen sich wohl am ehesten mit der Lehre der Kirche vereinigen und haben im irischen Volk lange nachgewirkt. Bezeichnend für den keltischen Geist ist die *Ausmalung der Jenseitsreiche*. Mit allem, was die Sinne erfreut, sind diese Reiche ausgestattet. *Bunte Farben leuchten* überall in der Natur und an den Gewändern der dort Wohnenden. Liebliche Musik ertönt rings. Die schönsten Frauen wandeln umher. Alter, Krankheit und Tod gibt es da nicht." Also das gleiche Ideal, das im Französischen bis Watteau und weiter nachwirken wird (siehe Kapitel 175). „Ohne Schuld und Sühne verkehren die Menschen dort."

„Aus ihrem *Hang zum Traumhaften und Übersteigerten* liebt die altkeltische Dichtung auch *das Groteske, das Grausige*."

Dagegen fehlt ihr — wie der Bilderwelt der Kathedrale — das Empfinden für das eigentlich Tragische und für das Dramatische. „Selten kennt die keltische Dichtung den heroischen Ton, der etwa die altgermanische Dichtung so grundlegend beherrscht. Bezeichnend ist, daß selbst ein an sich so heroisches Thema wie der Zweikampf zwischen Vater und Sohn in der keltischen Dichtung in einen langatmigen und grotesken Redestreit ausartet, dem auch selbst die Andeutung des Tragischen völlig fehlt."

Auch kennt das keltische Jenseits keinen Tartarus (Absehen vom Dunkel).

„Wie die keltische Sprache in ihrem Satzbau in einzelne Gruppen zerrissen ist, so auch die Dichtung in *einzelne* Bilder-, Handlungs- und Stimmungsmomente. Kein wuchtiges Fortschreiten, sondern ein *Nebeneinander gleichgeordneter Gedanken,* und der Schluß kehrt in den Anfang zurück." Auch in der Kathedrale gibt es dieses Nebeneinander gleichartiger Formen, die Reihung ohne entscheidende Steigerung — eine dramatische Szene zwischen zwei Figuren verwandelt sich in ein Nebeneinanderstehen —, aber im Bau schafft das fortwirkende normannisch-nordische Element straffe Gruppen und ein festes Gerüst.

So groß ist die Zahl der übereinstimmenden Züge, daß kein Zweifel mehr möglich ist: das Himmelsbild der Kathedrale atmet wesentlich keltischen Volksgeist.

KAPITEL 120

Das keltische Element im Französischen

Diese Entsprechungen könnten als zu weit herangeholt erscheinen, wenn nicht in vielen, ja fast allen Lebens- und Schaffensgebieten des „Französischen" ein mehr oder minder starker keltischer Einschlag und gerade im 12. Jahrhundert ein mächtiges Wiederaufleben altkeltischen Geistes oder sogar direkte Entlehnungen keltischer „Stoffe" zu beobachten wären.

Da sind die Beziehungen im Felde der *Sprache*. Das Französische weist (nach W. Krause) „in mehr als einer Hinsicht starke Ähnlichkeiten mit dem Keltischen auf" — Ähnlichkeiten, die sich gewissermaßen direkt auf die Eigentümlichkeit der Kathedrale übertragen lassen. „Der keltische Satz bewegt sich gleichsam hüpfend, in kurzen Sprüngen." „Das Keltische kennt nicht den Schwung der lateinischen Periode, auch nicht den taktmäßigen Rhythmus des Germanischen", der in der Kathedrale aus dem Normannischen übernommen ist.

Bekannt ist der starke keltische Einschlag in der neu entstehenden Formgattung des *höfischen* „Romans".

„Ist es ein Zufall oder nur eine Angelegenheit der geographischen Nachbarschaft, daß so viele *keltische Sagenstoffe* — Peredur (Parzival), König Arthur, Tristan — gerade in Frankreich so freudig aufgenommen worden sind? Wenn demgegenüber auch deutsche Dichter in stofflicher Abhängigkeit von dem höfisch verfeinerten Frankreich dieselben Sagen zur Dichtung formten, trat ein völlig anderes Wesen in Erscheinung: was hat der Parzival des größten deutschen Dichters des Mittelalters noch mit seinen keltischen und französischen Vorbildern zu schaffen?" Nicht nur Stoffe werden übernommen, sondern auch keltische Geisteshaltung. Und zwar zur selben Zeit wie in der Kunst der Kathedrale. Das Wirken des ersten großen Meisters der Roman-Dichtung fällt mit der ersten Blütezeit der Kathedrale zusammen.

Unsere Untersuchung wird am unmittelbarsten dadurch berührt, daß auch im *geistlichen Schrifttum und der geistlichen Dichtung* ein starker keltischer Einschlag festzustellen ist, besonders aber in der Ausgestaltung des dichterischen Himmelsbildes (siehe Kapitel 123).

Zwar ist die Richtung auf das Sinnlichere hier ein allgemeiner Zug der Zeit, der zu gleicher Zeit auch in der deutschen geistlichen Dichtung hervortritt (Lichtenberg). Für Frankreich scheint aber in diesem Prozeß die insulare keltische Dichtung vorangegangen zu sein, die am Beginn des 12. Jahrhunderts nach langer Pause ihre zweite Blüte erlebt.

Für die *Kirchenmusik* wäre ein Hereinwirken des keltischen Elements erst noch zu untersuchen. Der Hinweis, daß für die bei Leonin erreichte Stufe Vorstufen in England festzustellen sind, besagt noch zu wenig.

Die *Scholastik* ist nach De Wulf ein Produkt des neulateinischen und des anglokeltischen Geistes.

Keltisch ist in der höfischen Kultur der Zeit das *Verhältnis zur Frau,* das sich in dem frühgotischen Frauenkult äußert — in Nähe zur provençalischen, in weitem Abstand zur germanischen Auffassung von der Frau. Das keltische Element im *Rittertum* betont Singer. Es müßten in diesen Gebieten der keltische und der südfranzösische Einschlag noch klarer unterschieden werden (vgl. Rosenthal 91).

Nach Percy E. Schramm sind „vielleicht die Kelten die ersten gewesen, die den großen und für die weitere Entwicklung entscheidenden Schritt taten und die *Salbung mit dem heiligen Öl* einführten" — bekanntlich ein Privileg des französischen Königtums (dazu unten Kapitel 134).

Man wird dadurch ermutigt, Einwirkungen des Keltischen vielleicht auch in Gebieten zuzugeben, in denen sie bisher umstritten waren, wie z. B. in der *Schrift* (vgl. dazu v. Fichtenau).

Es wäre der Mühe wert zu untersuchen, ob nicht auch im Ornament neben der normannischen und der mittelmeerischen Komponente die keltische aufzudecken ist. Der Hinweis: „auf den britischen Inseln entsteht im 10. Jahrhundert eine Pflanzenornamentik, wie sie auf dem Kontinent erst die Mitte des 12. Jahrhunderts erzeugt" (Coellen 338), ist noch zu allgemein. (Die Arbeit von G. Micheli, die sich mit diesem Problem befaßt und für ein beschränktes Gebiet zu einem positiven Ergebnis gekommen zu sein scheint, war mir nicht zugänglich.)

So zahlreich und dicht sind diese mehr oder weniger gut gesicherten keltischen Züge, daß sich ein Einwirken des Keltischen auf das Französische des 12. Jahrhunderts nicht leugnen läßt.

Für die historische Forschung bleibt es das große Problem, zu erklären, warum die latente keltische Komponente gerade in Franzien und zu dieser Zeit aufgewacht ist. Ein Element dieser Erklärung sehe ich darin, daß mit der großen religiösen Wendung zur „Schau", die *mehr als bisher vom Volk getragen* wird, die keltische Begabung zur „Vision" gewissermaßen entbunden wurde. Doch gibt es noch konkreter faßbare realhistorische Zusammenhänge.

KAPITEL 121

Die keltische „Renaissance" und die Kathedrale

Bereits bei der Entstehung der *Formen* der Kathedrale hat sich gezeigt, daß an diesem Vorgang Elemente beteiligt sind, mit denen man bisher nicht gerechnet hatte und die aus Westengland herangeholt wurden. Das führt aber in jene Gebiete, in denen sich das Keltische in dieser Zeit am lebendigsten erhielt.

„Il ne faut pas, en effet, se laisser tromper par le terme de „Normand", appliqué indistinctement à toute l'architecture romane d'Angleterre depuis la Conquête. *Rien n'est moins normand, en réalité, que cet art des pays de l'ouest:* on n'y trouve ni piles composées ni verticales dans les élévations, et le type même des nefs ou des chevets s'écarte, nous l'avons vu, de tous les partis usités dans le nord de la France. Cet art de l'ouest prend corps avec la formation, sur les rives de la Severn, d'un milieu très particulier de vie locale .. " (Bony 288).

Schon am Vorabend der normannischen Eroberung hatte sich ein Wiedererwachen der bodenständigen Kräfte des keltischen Westens in überraschender Weise gezeigt. Einem der fähigsten walisischen Fürsten, Gruffydd ap Llewellyn (1039–63), war gelungen, was früher kein walisischer Häuptling erreicht hatte: die Einigung von ganz Wales. Sein meteorischer Aufstieg hat in England großen Eindruck gemacht.

„ ... la conquête du Pays de Galles a donné naissance, vers les années 1090, à une série de principautés, *à cheval sur les pays celtiques* et sur les vieux territoires saxons de Mercie, où s'opère dès lors la fusion entre les deux mondes jusque-là ennemis. L'un des résultats de ces échanges sera, un peu plus tard, la diffusion des „romans bretons". L'architecture qui se forme alors plonge dans ces fortes traditions constructives antérieures à la Conquête. Nul témoin vraiment important de cet art saxon ne subsiste malheureusement, mais on peut l'imaginer par tout ce que les églises romanes de l'ouest conservent d'irréductible aux influences normandes .. "

Es mischte sich in diesem westenglischen Gebiet Angelsächsisches und Keltisches. Jetzt scheint durch den Wechsel der Herrschaft das keltische Element stärker aufzukommen und eine Renaissance zu erleben.

„La principauté de Fitzhammon fournit, à cet égard, des suggestions intéressantes: le fondateur de *Tewkesbury* se proclamait prince de Glamorgan et résidait au château de Cardiff; .....
Son gendre et successeur, Robert Fitzroy, premier comte de *Gloucester*, a fixé sa résidence à Tewkesbury; nous savons qu'il a été l'un des protecteurs de *Guillaume de Malmesbury, le premier*

auteur qui nous parle du roi Arthur et des légendes „bretonnes"
(um 1125). „Tout cela reconstitue un milieu" (Bony 289).

Durch diese neuen Hinweise ist das eigentliche Quellgebiet
der *„keltischen Renaissance"* aufgedeckt: in dem hier umgrenzten walisisch-westenglischen Bereich.

Ja sie scheinen mir auch die lange und heiß umstrittene Frage
nach der Herkunft der sogenannten „matière de Bretagne" endgültig zu klären: die Frage, ob die keltischen Sagenmotive, die
seit der Mitte des 12. Jahrhunderts und besonders bei Chrétien
de Troyes erscheinen, aus der inselländischen oder der bretagni-
schen keltischen Dichtung übernommen sind. Die Gestalt des
Königs Artus, der dereinst wiederkommen wird, um das keltische Volk zu einer neuen Herrschaft zu führen, muß m. E. mit
einem Hof in Verbindung gebracht werden, der die Hoffnung
auf eine neue Blüte des Keltischen nährte. Das war in den Jahrzehnten nach der Brechung der angelsächsischen Herrschaft in
dem von Bony aufgewiesenen „milieu" der Fall; mehrmals
haben sich in dieser Zeit die walisischen Fürsten gegen die Normannen erhoben und zeitweise eine Unabhängigkeit erreicht.

Der wesentlichste Ausdruck dieser kulturellen Renaissance,
die mit der politischen Unabhängigkeitsbestrebung Hand in
Hand ging, waren die Ansätze zu einer neuartigen, selbständigen Architektur, die sich ebenso deutlich von der normannischen
wie von der angelsächsischen unterschied. In diesen Bauten treten
die beiden Seiten des Keltentums hervor: in den schweren plumpen Säulen der Langhäuser die Neigung zum Grotesken, in den
ganz neuen vierstöckigen Chören die Neigung zum Unwirklichen, Übersteigerten, zum Rekord. Auch eine letzte Blüte des
keltischen „Kunstgewerbes" zeigt sich um die gleiche Zeit. An
diesen Höfen ist das Zentrum der neuen profanen Dichtung zu
suchen, möglicherweise in den zugehörigen Abteien Mittelpunkte
der neuen geistlichen Dichtung. Und tatsächlich ist die „Historia
regum Britanniae" des walisischen oder bretonischen Magisters
Geoffrey von Monmouth (um 1135 redigiert) für Herzog Robert von Gloucester geschrieben worden. In ihr erscheint Artus
als Weltbeherrscher (nach Karls des Großen idealisiertem Vorbild), als Besieger der Sachsen und Römer und als Eroberer weiter Reiche, schließlich als apokalyptischer Wanderer nach Ava-
lon, der Insel der Seligen. Als „Sonnenkönig" thront er, nach
dem „Itinerarium Cambriae" des Geraldus, zwischen den zwei
Gipfeln eines Berges an der südöstlichen Kette von Wales, der
„Cathedra Arturi". Einen Berg „Cadair-Arthur" in Wales feierte
man als Dom dieses Sagenhelden wegen seiner zwei Türmen
einer Kirche gleich aufstrebenden Gipfel (!). Wie der Sonnengott
kommt Artus aus dem Berge hervor, und allbeglückend, wie der

Gott, von seinem strahlenden Gipfel aus regiert er die Welt (Kampers). —

Noch im französischen Artusroman wird Parzival Percevaus li Gaulois, das ist: der Waliser, genannt.

KAPITEL 122

Die Renaissance des keltischen Elements in Frankreich

Wie ist nun das Überspringen des keltischen Elements nach Frankreich zu verstehen?

Zunächst zeigt die Übernahme von literarischen, aber auch architektonischen Motiven, daß ganz konkrete Beziehungen bestanden haben müssen. Sie sind nahegelegt durch die gemeinsame Gegnerschaft gegen das Normannische Reich (so wie es später immer wieder Beziehungen zwischen Frankreich und Schottland gegeben hat). *Deshalb* liegt das Zentrum der keltischen Renaissance Frankreichs im Kronland.

Diese Übernahmen hätten aber nie so tief Wurzel schlagen können, wenn nicht durch den keltischen Einschlag im „Franzischen" der Boden für die Wiedergeburt des Keltischen bereitet gewesen wäre. Doch hat die Übernahme der keltischen Sagen in dem neuen Boden keinen konkreten politischen Hintergrund in Herrschaftsansprüchen des Keltentums, sondern nur mehr kulturelle Bedeutung. Man verlegt jetzt die Blüte der „cortesia" und des „amor" in das goldene Zeitalter des Königs Arthur zurück.

Zugleich aber hängt diese keltische Renaissance in Frankreich zusammen mit der Zeitwende, die in allen Gebieten einen Übergang zu einer neuen Herrschaft des Sinnlichen und der Phantasie bedeutet. Dabei konnte das Keltische — wie das besonders deutlich am Wandel des Himmelsbildes zu sehen ist — kraft seiner Veranlagung zur Vision die Rolle eines Ferments spielen. War doch zum Beispiel auch in der Liturgie der erste Schritt zur Subjektivierung und reichen Ausstattung der Liturgie in dem keltischen Bereich gemacht worden. Früher als irgendwo in Europa hatte im keltischen Westen die Poetisierung der Liturgie eingesetzt. Die Ähnlichkeit zwischen dem Gralsmotiv und der Verehrung der Hostie „in visu" ist so groß, daß man zweifeln konnte, welche dieser beiden Erscheinungen von der anderen abhängig sei (vgl. Dumoutet).

Ein solches Durchschlagen des „keltischen" Geisteselements in der französischen Kunst des 12. Jahrhunderts anzunehmen, hat nichts Bedenkliches. Denn analoge Vorgänge sind im Bereich der Sprache schon lange anerkannt. Auch dort schien es „manchen Forschern aus chronologischen Gründen bedenklich, gewisse

Lautwandlungen auf keltischen Einfluß zurückzuführen, weil zur Zeit, da diese neuen Lautungen sich geltend machten, das Keltische in den fraglichen Gebieten wohl schon lange ausgetrocknet war. Es dauert aber erfahrungsgemäß ein gut Stück Zeit, bis die Eigenart eines romanisierten Volkes wieder zum Durchschlag kommt..." „So darf man denn wohl die ältesten französischen bezw. *keltoromanischen Lautwandlungen* als ein Zeichen dafür ansprechen, daß das romanisierte Volk sich auf seine eigene Ursprünglichkeit zu besinnen begann." „... ebensowenig darf man glauben, daß mit der keltischen Sprache in Frankreich *die keltische Geistesart* erstorben gewesen sei" (Vossler 377).

In der Kathedrale zeigt sich die *keltische Geistesart* bedeutend früher, als spezifisch *keltische Formen* auftreten. Die latente keltische Komponente wird „entbunden", weil die historische Stunde überall zur „Schau" drängt und diese religiöse Bewegung *mehr als bisher vom Volk getragen* wird. Anderseits verschafft die eigentümliche keltische Begabung zur „Vision" jenen Gebieten den Vorrang, in denen dieser keltische Bestandteil hervortritt. Das war aber gerade in Franzien der Fall. War doch z. B. die Gegend um Chartres ein altes Zentrum des Keltentums, die nach Julius Cäsar „als Mitte von ganz Gallien" angesehen wird. Es wäre der Mühe wert, die bestimmenden Geister dieser Zeit auf ihre Herkunft aus dem Keltentum zu untersuchen. Es ist doch schwerlich ein Zufall, daß in St. Denis jetzt der Ire Scotus Eriugena wieder aktuell wird. Die führenden Geister der Schule von Chartres, Bernard und Thierry, stammten aus der Bretagne, dem keltischen Rückwanderungsgebiet, und — mit aller gebotenen Vorsicht — ist auch bei Suger keltisches Blut zu vermuten (siehe unten Kapitel 130).

Nur darum weil und nur dort wo die keltische Geistesart im Aufsteigen ist, können keltische Formen — wie das Scroll-Ornament (Frey), das Fischblasenmotiv (Wimmer), die Durchbruchsarbeit, das sich Durchschneiden linearer Formenzüge (Peter Meyer) — spontan zum zweitenmal entstehen. Und dieser keltische Geisteseinschlag bildet die Basis für die konkreten Übernahmen aus dem keltischen Westen nach Frankreich.

KAPITEL 123

Das keltische Himmelsbild und die Kathedrale

Die irisch-keltische Vorstellung von der Insel der Seligen „bildet das erste eschatologische Motiv der neueren Literatur und den Ausgangspunkt der in Kunst und Dichtung immer häufiger werdenden Paradiesesdarstellungen". „Die ganze   erbauliche

Dichtung bereichert sich nunmehr mit solchen eschatologischen Motiven, mit apokalyptischen Vorstellungen und Stimmungen. Der Kunstgriff, mit welchem von jeher die Jenseitswelt erschlossen wird, ist die Vision" (Olschki 19). Es läßt sich deutlich erkennen, wie sich christliche Kultformen an keltische Mythen anlehnen (Olschki 18). Besonders am Ende des 11. und am Beginn des 12. Jahrhunderts — also, wie wir jetzt sagen dürfen, während der „keltischen Renaissance", die gewiß auf Irland rückgewirkt hat — dringen in die geistliche Dichtung ein: „ . . les Champs Elysées celtiques et tout ce monde étonnante, production de légendes hagiographiques des monastères irlandais et gallois, où des moines bretons ou brittons imposent aux dogmes chrétiens les formes de leur rêve et distendent la réalité de l'historie dans les buées de leur inépuisable fantaisie" (Cohen 449).

Von diesem allgemeinen Vorgang wird besonders das Himmelsbild erfaßt. Seine Versinnlichung vollzieht sich durch das Einführen jener Motive, mit denen die *profane* keltische Dichtung die Jenseitsreiche ausgestattet hatte. Das Jenseitsbild der gläsernen Insel verbindet sich mit dem der himmlischen Stadt, und diese beginnt dabei in phantastischem Glitzern und zugleich in sinnlicher Faßbarkeit aufzuleuchten. „Ces moines, qui pour distraire et nourrir leurs méditations s'abîment dans la légende celtique . . . savent bien que leur ville s'appelle en celtique ynis gutrin, l'île de verre, et que celle-ci est le Paradis breton; pourquoi ne l'évangéliseraient-ils pas à son tour?" (Cohen 454).

In den irischen Legenden ist das Himmelsbild der Geheimen Offenbarung entnommen, aber mit sinnlicher Phantastik ausgemalt. So ist zum Beispiel in den „Fis Adamnain" — einer Vision, die den Namen des irischen Heiligen Adamnan trägt — (entstanden um 1100) *der Himmel eine Art Kirchengebäude* mit Chorschranken und Chorgestühl, umgeben von einer siebenfachen *Mauer aus Edelsteinen*. In diesem Gebäude tagt der „Court of Heaven", die himmlische Hofhaltung. Sein Boden ist schön wie Kristall, „with the suns countenance on it" (!). Eine gewaltige Lichtfülle wird gespendet von 7000 Engeln, die um den Thron des Allerhöchsten statt Leuchtern stehen. Die Bewohner der Himmelsstadt, die Seligen, tragen weiße Kutten und Kapuzen — wie die Mönche. Auch „accessories of Christian worship are frequently introduced to the heaven" (Boswell). Ein himmlischer Duft durchströmt die Himmelsstadt und ein süßer „saviour" der Lichter, welche die Stadt erhellen und die Engel sind (nach Boswell).

Der Herd dieser geistlichen Dichtung sind zweifellos die großen Klöster im Westen Englands und in Irland gewesen. Das berühmteste Gedicht dieser Art ist die „Seefahrt des Heiligen Brandanus" (nicht zu verwechseln mit „Brans Reise"); man hat es einen Vorläufer von Dantes göttlicher Komödie genannt. Da es einen irischen Nationalheiligen zum Helden hat, kann es nur in „westkeltischem" Gebiet entstanden sein. Nach 1121 hat es der Mönch Benedeiz in England aufgezeichnet.

Das neue keltisierte Himmelsbild wird in Frankreich zur gleichen Zeit übernommen, als dort in der neuen weltlichen Dichtung des ritterlichen Versromans die keltischen Sagenstoffe auftauchen. Was für den Roman die epochemachende Gestalt Chrétien de Troyes, ist für die neue geistliche Dichtung die Dichterin Marie de France — genau eine Zeitgenossin Chrétiens — die am englischen Hofe wirkte. Ihr „Fegefeuer des heiligen Patrick" (1190, zugleich mit Chartres) gestaltet in volkstümlicher Weise nach einem lateinischen Vorbild die Wanderung eines Sterblichen durch die Jenseitsreiche. Hier ist die Leitgestalt der irische Nationalheilige selbst; der Ursprung auch dieses Werkes ist im gleichen „fernen Westen" zu suchen (v. Jan) und erheblich früher anzunehmen als die französische Redaktion.

In Westengland-Wales konnte sich das neue Himmelsbild mit der Architektur, die noch ganz in dumpfer Schwere befangen war, nicht verbinden. Es mußten erst die Voraussetzungen für einen Lichtraum geschaffen sein, damit aus der Architektur heraus ein Himmelsbild entstehen konnte, das dann dem der keltischen Dichtung so auffallend gleicht. Daß es dabei aber zur Entlehnung eines so wesentlichen Motivs wie der Vierstöckigkeit aus Westengland kam, zeigt, daß der Prozeß nicht ganz unabhängig verlaufen ist. Wenn es „westliche" Einschläge in der Bauform selbst gibt, ist es naheliegend, auch für das Himmelsbild, dem die Architektur jetzt zustrebt, konkretere Zusammenhänge anzunehmen.

Nicht als ob etwa Suger sich an solchen Dichtungen inspiriert hätte — die Quelle seiner Inspirationen ist gewiß das Werk des für ihn „heiligen" Dionysius gewesen. Aber es ist in dem Chorbau von St. Denis ein schwer zu bestimmendes Etwas, das sich weder im nordisch-normannischen, noch im südlichen Gestalten findet und auch nicht — wie allenfalls die Fassade — aus einer Verbindung dieser beiden Komponenten erklärt werden kann. Das Lichterlebnis Sugers mag aus byzantinischer Inspiration entsprungen sein, es ist aber bei dem Architekten seines Chorbaus schon ins „Keltische" verfärbt. Das wird mit der Entwicklung der Kathedrale bis 1180 nur noch deutlicher.

Seit 1180 wird dieses Element zurückgedrängt durch das starke Hervortreten des „südlichen" Einschlags (siehe unten Kapitel 125). Aber nur vorübergehend. Seit 1230-40 ist das kelti-

341

sche Element — diesmal ohne äußere Einflüsse, rein aus dem Untergrund herauf — wieder stark im Vordringen und erzeugt jetzt aus sich Formen, die — wie das Maßwerk — in die Nähe altkeltischer Formen kommen können.

So ist es zu verstehen, daß in der Spätgotik — sicherlich ohne Rückgriff — typisch altkeltische Motive, wie das Fischblasenornament, zum zweitenmal erscheinen können, und zwar zuerst in England. Und daß das Ausbreitungsgebiet der Gotik in Europa sich etwa mit jenem Gebiet deckt, das einmal von Kelten besetzt gewesen war (Wimmer).

KAPITEL 124

Zur Anthropologie der Kelten

Die Frage, welchem Menschenschlag, welchem „Volk" das sogenannte „keltische" Element zuzuweisen ist, das in der keltitischen Renaissance des 12. Jahrhunderts durchschlägt, ist vom Kunsthistoriker selbst nicht zu beantworten, sondern nur dem Anthropologen und Prähistoriker vorzulegen.

Das Keltentum war dem Germanischen zunächst verwandt und auch stark mit germanischen Elementen untermischt. Diese eigentlichen Kelten, die Herrenschicht in Gebieten verschiedener Urbevölkerung, gehörten, wie die Berichte der Alten und die Untersuchung der Skelette und historischen Funde übereinstimmend ergeben, der nordischen Rasse an; wie die Germanen, von denen sie in der Frühzeit nicht zu unterscheiden sind, weder in ihren körperlichen, noch in ihren geistigen und seelischen Eigenschaften. In späteren Berichten zeigen sich im Seelischen recht deutliche Unterschiede; besonders die vielfach überlieferte Redseligkeit und der „gallische" Witz als ungermanische Züge, die auf eine veränderte Seelenhaltung schließen lassen.

Wenn aber Keltisches und Germanisches sich ursprünglich so ähnlich sind, dann muß jenes Element, das die keltische Dichtung der altgermanischen durchaus unähnlich macht — und das ebenso die Kathedrale auffallend von dem normannisch-nordischen Kirchenbau unterscheidet —, unbedingt einem anderen, älteren Menschentum angehören.

W. Krause nimmt im Bereiche der Sprache an, daß das Französische wie das Keltische auf einem gemeinsamen Untergrund aufgebaut sind, nämlich auf einer *vorindogermanischen* Sprache oder Sprachgruppe, die den Geist des uralten Westeuropäertums der Steinzeit atmet.

Wesentlich ist es, daß dieses „westliche" Element, dessen Geistigkeit und seelische Veranlagung hier umrissen worden ist, sich auch durchaus von dem „südlichen" mediterranen Element unterscheidet, dessen Einwirkung auf die Kathedrale noch zu betrachten bleibt. Ob hier die Unterscheidung von „italo-mediterran" und „atlanto-mediterran" weiterhelfen kann, möchte ich bezweifeln. Es scheint mir aber jedenfalls unmöglich, daß so tiefe Unterschiede im geistigen und seelischen Charakter nicht auch deutlich unterschiedenen somatischen Eigentümlichkeiten entsprochen haben sollten.

Nach W. Krause unterscheidet sich die keltische Literatur grundlegend von der anderer Völker mit indogermanischer Sprache, der Germanen und Slaven, Griechen und Römer. Dagegen ist eine gewisse Berührung (soll heißen Ähnlichkeit) mit der altindischen und persischen Literatur unverkennbar. „Auch hier die überwältigende Fülle der Farben, Lichter und Schatten und Töne, anderseits das Zurücktreten — zumal in der Sanskrit-Dichtung — des Heroischen, des Tragischen." Den Ursprung der Artussage hat man in Liedern des Panjab, den der Tristansage in Persien gesucht. Auch für die Architektur sind solche Ähnlichkeiten früh gesehen worden. Schon Fr. Schlegel wies auf die indische Architektur hin. Die Versuche, die gotische Architektur mit der persischen in Zusammenhang zu bringen, sind bekannt (Dieulafoy, Casson). Die stengelartig dünne, „pompejanische" Längung vertikaler Glieder kommt früh an orientalischen Architekturen vor und dürfte über Alexandrien nach Italien (Pompeji) gekommen sein. Auch das was man von der gotischen Architektur als dem Maurischen ähnlich empfindet, gehört hierher und ist durch die Entlehnung einzelner islamischer Motive nicht zureichend zu begründen, sondern vielmehr selbst die Voraussetzung dafür, daß Elemente wie der Spitzbogen, der Lappenbogen usw. — auf deren islamische Herkunft Peter Meyer mit Recht erneut hingewiesen hat — im gotischen „Stilklima" neu aufblühen. Das alles scheint freilich sehr vag. Eine Gleichheit der Struktur — sei es auch nur eine partielle — läßt sich nicht nachweisen —, es sei denn das Schweben einer oberen Architektur über einer „bodenständigen", wie es in islamischer Baukunst gelegentlich vorkommt (z. B. in der Moschee von Cordoba). Trotzdem muß im anschaulichen Charakter eine Ähnlichkeit bestehen, sonst wäre es nicht zu verstehen, daß sie gerade solchen Forschern, die intuitiv vom Gesamteindruck ausgehen, immer wieder aufgefallen ist. Noch in unseren Tagen hat ein so vorsichtiger Forscher wie N. Brunov die gotische Kathedrale *als Ganzes* mit dem altindischen Hochtempel verglichen — wobei freilich zu bedenken ist, daß auch der indische Tempel eine Himmlische Stadt abbildet.

Selbst bei vorsichtigster Einschätzung dieser Beobachtungen

343

darf man also behaupten, daß mindestens eine Art „Wahlverwandtschaft" dieses sogenannten Keltischen zu gewissen Zügen des Altindischen, Persischen und Maurischen besteht, in dem gleichen Sinn wie das Normannische eine Wahlverwandtschaft zum Altrömischen aufweist. Und man darf hinzufügen, daß auch die irische Kunst des siebenten und achten Jahrhunderts, in der Zeit als der „keltische" Westen für kurze Zeit führend ist, trotz mancher Entlehnungen aus der nordisch-germanischen Formenwelt, *nicht* zum nordischen Kreis gehört, sondern zu einem Gürtel von untereinander stark verschiedenen Kulturen, der sich von Irland über Spanien, Nordafrika, das arabische Ägypten und Syrien bis nach Persien zieht und dem gegenüber das Germanische, Italische und Griechische in *eine* Familie gehören.

KAPITEL 125
Das südliche Element in der Kathedrale

Der südliche, „mittelmeerländische" Beitrag zur Kathedrale ist am deutlichsten an der Monumentalskulptur zu fassen und schon öfters herausgearbeitet worden. Hat man ihn hier erst erfaßt, so wird er dann auch in gewissen Zügen der Architektur sichtbar. Mit Recht hat Bauch festgestellt, daß erst in der Auseinandersetzung mit dem „Süden" die *französische* Gotik ganz ihren Charakter angenommen hat, und daß eben dieser südliche Einschlag es ist, der sie von der englischen unterscheidet, welcher, „verglichen mit der Baukunst Frankreichs, die warme körperliche Fülle, das bildhauerische Leben, das Gerundete der Form und des Raums, wie auch die eigentliche Monumentalplastik fehlt". Doch hätte dieser südliche Einschlag allein aus dem Normannischen niemals die Kathedrale erschaffen können.

Dabei ist aber nicht zu übersehen, daß man bei der Betrachtung der Kathedrale unter „Süden" räumlich nicht dasselbe zu verstehen hat wie bei der Betrachtung der Dichtkunst. Nicht so sehr das Provençalische hat in der Kathedrale gewirkt, sondern das Südwestfranzösische und Nordwestspanische: Aquitanien, Saintonge und Poitou, Leon.

Und nicht zu übersehen ist auch, daß es für die Monumentalskulptur im „Süden" zwar Ansätze gegeben hat, daß sie sich aber zu ihrer antikischen Nähe erst in dem „Klima" der Kathedrale entfaltet hat, während in der Provence die Ansätze stecken geblieben sind.

Diese südliche Komponente ist die Voraussetzung für die Übernahme antiker Elemente und für ihr Gedeihen, wobei andere Elemente lebendig werden als im Normannischen. Die einzelnen Entlehnungen antiker Form, die Beschäftigung mit Resten der Antike ist erst auf dieser Grundlage ganz zu verstehen, ebenso wie die Aufnahme keltischer Stoffe und Motive erst aus einer „Renaissance" des keltischen Geistes. Und wie dort betreffen sie nicht nur die bildende Kunst: Antikes wirkt in der ritterlichen Tugendlehre (Naumann), in der frühen Liebeslyrik (Brinckmann), in den frühen Schöpfungen des höfischen Romans (Schwietering).

Seit der Mitte des 13. Jahrhunderts tritt diese Komponente an der Kathedrale stark zurück, ja scheidet ganz aus. Und lehrt uns dabei, wie eine Gotik ohne oder mit nur sehr geringem südlichen Einschlag aussieht.

KAPITEL 126

Griechentum und Gotik. — Byzanz und Gotik

An diesem Orte ist nun das Problem „Griechentum und Gotik" zu stellen. Es ist gesondert zu stellen für die Baukunst und gesondert für die Bildhauerei der Kathedrale.

In ihrem anschaulichen Charakter ist die Kathedrale zutiefst von der griechischen Baukunst verschieden. Unmittelbare Ähnlichkeiten gibt es auf dieser Ebene der Betrachtung nicht; gotischer Dom und griechischer Tempel sind einander oft als polare Erscheinungen gegenübergestellt worden.

Und doch ist der Grundgedanke, auf dem das System der Kathedrale beruht, in letzter Zurückführung griechischer Abkunft, nämlich in der Idee des Gliedersystems. Wo immer in der Weltgeschichte der Architektur ein echtes Gliedersystem erscheint, hat griechischer Geist bei seiner Erzeugung mitgewirkt. So ist das mittelrömische Baldachinsystem eine Gräzisierung des römischen Wölbungsbaus, das justinianische (und das aus ihm abgeleitete mittelbyzantinische) eine Gräzisierung des orientalischen Wölbungsbaus (mit römischen Einschlägen). Erweitert man dazu den Begriff des „Baldachins" in legitimer Weise, so *kann man vom Baldachinbau überall dort sprechen, wo die Decke, das Dach — mag es Flachdecke oder Wölbung sein — von ausgesonderten Trägern so getragen wird, daß die Mitte unter dem Dach von Trägern freibleibt und die Wand den Charakter eines sekundären Elementes hat.* So gesehen ist weder der altägyptische noch der altgriechische Tempel ein „Baldachinbau", weil seine Decke noch von einem „Säulenwald" (in Ägypten) getragen wird — eine entwicklungsgeschichtlich ältere Form — oder von der Wand (in Griechenland); wohl aber gibt es den

Gliederbau mit *flacher* Decke oder einer Flachkuppel auf Architraven (wie in den Tholoi) in der jüngeren griechischen Kunst, am deutlichsten an der Baugestalt der Tempel ohne Cella. Sie zeigt, daß auch der Peripteraltempel als ein über die Cella gestülptes „Schirmdach" aufgefaßt werden kann.

Das Übergehen zum Baldachinsystem bedeutet also — ohne daß ein konkreter historischer Zusammenhang besteht — ein Aufleben griechischen Baudenkens auf einer neuen Ebene. Es ist, wenn man will, geheime Gräzisierung des Normannischen — wie das mittelrömische System kreuzgewölbter Baldachine eine offenkundige Gräzisierung des altrömischen Wölbebaus war.

Vorbereitet ist dieser Übergang durch die Übernahme des justinianischen Baldachinsystems in der Nachbarlandschaft. Wie so oft, wirkt die importierte byzantinische Form lösend für das „geheime" Griechische. Und so beantwortet sich Worringers Frage nach „einer gewissen Ideengemeinschaft zwischen dem byzantinischen und dem gotischen Konstruktionssystem" vollkommen präzis: die gemeinsame Idee ist eben der Baldachinbau.

Mit dem Baldachinsystem hängt jedesmal eine besondere Form des Lichtkultes zusammen.

Anders steht es dagegen mit der monumentalen Figurenskulptur der Kathedrale. Hier ist — mit der Wiedergewinnung der Statue und des menschlichen Maßes — eine *anschauliche* Näherung zum Griechischen erreicht. Ihre Wurzel ist gegeben durch das Streben, die „Bewohner des Himmels" anschaulich und leibhaft, in sinnlicher Nähe vor Augen zu stellen. Erst damit kommt die neue Skulptur in jene Nähe zur griechischen der klassischen Zeit, die man des öfteren zu umschreiben versucht hat. „Sinnenhaft wie eine antike Gottheit erscheint nun Christus an der Pforte des zweiten Paradieses" (der Beau-Dieu). „Was ihn aber von der antiken Gottheit unterscheidet" — sagt H. Schrade schön und tief — „ist das *auferstandene Leben*". Von hier müßte man ausgehen, um den Unterschied schärfer zu fassen.

In der Architektur wie in der Bildhauerei hat also die — übrigens unvergleichbare — relative Annäherung zum Griechischen primär eine religionsgeschichtliche Ursache: den Übergang zum „Lichtraum" und zur Darstellung des „verklärten Menschen". Und nur sekundär darf das Menschliche und Plastische an der klassischen Kathedrale durch das Hereinwirken „südlicher" Geistesart mit erklärt werden.

In der Architektur wie in der Bildhauerei und Malerei wirkt die importierte byzantinische Form lösend für das „geheime" Griechische. Für die bildenden Künste hat das Worringer aus-

führlich gezeigt; das Byzantinische ist „Herbarium" der griechischen Antike, welche — wie die japanischen Blumen, die im
Wasser aufblühen — sich im freiräumlichen Medium der Kathedrale zur vollen sinnlichen Fülle entfaltet, sich aber dabei in
einem neuen Lichte verklärt.

KAPITEL 127

Die Verschmelzung der drei Elemente in der Kathedrale

Zusammenfassend darf man vergröbernd sagen: Zum Gesamtbau der Kathedrale gibt das nordgermanische („nördliche") Element das Struktive und Konstruktive — gleichsam das Skelett.
Das sogenannte keltische („westliche") gibt das „Poetische".
Das südromanische („südliche", mittelmeerländische) gibt das
Plastische, Menschliche. Im anschaulichen Charakter mengt sich
das — um das Gesagte noch einmal zusammenzufassen — so:

1. Das Nordgermanische gibt der Kathedrale das Straffe,
Hochragende, Kühne und Systematische.

2. Das „Keltische" gibt ihr das Phantastische, Träumerische,
kalt-Sinnliche, Farbenglühende, Glitzernde, Kristallische; das
Übersteigerte, auch das Maßlose (Frey).

3. Das „Mittelmeerländische" gibt ihr das warm-Sinnliche, die
Fülle der Glieder, das Leibhafte, das bildhauerische Leben, das
Gerundete der Form. Es mildert und vermenschlicht und „ver-
mittelt" die beiden anderen Einschläge.

Historisch erscheinen bei der Entstehung der Kathedrale diese
Elemente nicht gleichzeitig, sondern in dieser Reihenfolge.

Die Periode der Vorbereitung ist wesentlich von dem ersten
Element bestimmt; sie spielt in der Normandie. Bei der Entstehung der Kathedrale wird dieses Element von Franzien übernommen und mit dem jetzt mächtig aufbrechenden zweiten Element verbunden. Ihre geschmeidige Vereinigung ist die eigentliche Leistung Franziens, das im 11. Jahrhundert die un-
bedeutendste unter den Kunstlandschaften Frankreichs war und
erst jetzt sein eigenes Wort spricht. Das dritte Element ist schon
herangezogen, aber zunächst nur aufgepropft und wenig wirksam. Erst seit 1180 blüht es an der Kathedrale auf, bestimmt die
„klassische" Phase der Kathedrale, wird aber schon seit 1250
wieder stark zurückgedrängt.

Die „klassische Kathedrale" ist also eine der großartigsten
gelungenen Verschmelzungen dreier „Volkscharaktere". Sie
schafft in der Kunst das „Französische" und ist gerade in dieser
Verschmelzung europäisch in höchstem Sinn.

Diese Verhältnisse haben ihre Entsprechung in ganz unabhängig gefundenen Tatsachen der Sprachwissenschaft:

„Der mächtigste Konkurrent des Franzischen und zugleich sein *ergiebiger Mitarbeiter an der Koine* ist die normannische Dialektgruppe gewesen. Schon 24 Jahre vor der Eroberung Englands (wie die Architektur auch) ist sie über den Kanal gedrungen; bis zur Regierung Heinrich III. (1216) hat sie ziemlich rein am englischen Hof geherrscht" (Vossler).

„.. ebensowenig darf man glauben, daß mit der keltischen Sprache in Frankreich die keltische Geistesart erstorben gewesen sei. Sie war nur zurückgedrängt, der Ausweg in die Sprache war ihr sozusagen verstopft worden ..." (Vossler 377).

Das eigentlich Französische entsteht aber auch hier erst in dem Ausgleich mit dem Südfranzösischen.

Diese Erkenntnisse lassen sich an einer Reihe von kunstgeschichtlichen Tatsachen überprüfen, bei denen gleichsam die Geschichte experimentiert hat.

In der normannischen Gotik zum Beispiel fehlt das dritte Element. An einem Vergleich mit der klassischen Kathedrale läßt sich ermessen, was das bedeutet.

An den gotischen englischen Kathedralen fehlt das dritte und meistens auch das erste Element, zum mindesten ist das erste zurückgedrängt.

Die staufische Baukunst Deutschlands rezipiert verhältnismäßig leicht das erste und dritte Element, wehrt sich aber lange gegen das zweite. Das gilt noch bis heute. Was den Deutschen zusagt, ist das erste und dritte Element, was viele an der Gotik ablehnen, das zweite. Gegen dieses wehren sich auch die Slaven: Dostojewskijs Abneigung gegen den Kölner Dom: „zu viel Spitzen!"

Zum Abschluß: Diese Art der Betrachtung — die Worringer die „menschheitspsychologische" genannt hat — kann *Züge* der Kathedrale erklären, aber nicht die Kathedrale selbst und im Grunde auch nicht ihre Entstehung. Das Substrat, an dem die Charaktere wirksam werden, ist das christliche Kultgebäude, und der tiefste Grund der Wandlung ist die geschilderte Wandlung des christlichen Kults und der Religiosität. Sie ist es, die ältere Volksschichten aus den Untergründen heraufruft. Dabei wirken aber auch politische Faktoren mit. Jetzt spricht die Île-de-France, die künstlerisch lange geruht hatte, ihr eigenes Wort.

VIII

DIE KATHEDRALE
ALS FRANZÖSISCHE KÖNIGSKUNST

*„Die französische Schriftsprache ist als
Kunstsprache betrachtet am Grundstock
der politischen Mystik, am Stamm des
französischen Nationalgefühls, am Pfeiler
des königlichen Einheitsgedankens em-
porgewachsen."*

(K. Vossler)

KAPITEL 128

Das Problem der gesellschaftsgeschichtlichen und politischen Einordnung der Kathedrale

In seinem Artikel „Architecture" des „Dictionnaire de Péda-
gogie" schrieb Viollet-le-Duc: „Réagissant contre l'influence
exagérée des monastères, les évêques de France se liquèrent avec
les villes, sièges épiscopaux, pour résister aux empiétements du
pouvoir monastique: les cathédrales bâties de 1160 à 1250 sont
le signe visible de cette alliance. La direction des bâtiments religieux est enlevée aux moines, et c'est alors que prend naissance
une architecture *dont les principes sont absolument établis sur le
raisonnement et la science.* C'est ce qu'on appelle le style gothique .... il appartient à la population laïque du 12ᵉ siècle"
(nach Paul Gout 93).

Choisy hat diesen Gedanken aufgegriffen und weitergeführt:
„Les études de Vitet ont établi et les travaux de Viollet-le-Duc
ont confirmé l'existence d'un lien étroit entre l'expansion de
l'art gothique et ce mouvement d'affranchissement des communes. Parmi les premières communes on doit compter Noyon,
Senlis, Sens, Laon, Bourges, Reims, Amiens: ce sont précisément
les villes où s'élèvent nos premières cathédrales gothiques"
(Choisy II 404).

Diese Thesen atmen die Ideologie des mittleren 19. Jahrhunderts mit ihrer Abneigung gegen das Mönchtum, ihrer Verherrlichung des Stadtbürgertums, des Laiengeistes, des Raisonnements und der Wissenschaft. Sie konnten sich nur halten, solange man die Gotik als Erzeugnis eines wissenschaftlichen

349

Geistes ansah, das sich „logisch" aus der Erfindung des Kreuzrippengewölbes, der Anwendung des Spitzbogens und des Strebewerks ergab. Nichts könnte falscher sein. Es bedarf keiner Argumentation, nur einer durch Vorurteile ungetrübten Anschauung, um zu *sehen*, daß die Kathedrale in ihrem ganzen Formwesen und dessen geistigen Voraussetzungen alles andere ist als eine Bürgerkirche, deren typische Formen erst die zweite Hälfte des 13. Jahrhunderts und dann besonders das 14. und 15. Jahrhundert hervorbringen wird. Daran ändert auch Choisys an sich zutreffende Feststellung nichts: „La cathédrale n' est pas seulement l'édifice du culte, mais aussi un lieu d'assemblées publiques. Réunions municipales, fêtes civiles, représentations des mystères, tout se passe dans son enceinte: la cathédrale est le centre unique de l'existence municipale" — denn dieses Zentrum bürgerlichen Lebens ist eben vorwiegend *kirchlich*, und die genannten Funktionen dieses Lebens sind keineswegs profane.

Da es uns gelungen ist, alles Wesentliche des Formwesens der Kathedrale und ihres geistigen Gehaltes aus Tatsachen der Religionsgeschichte und aus dem ethnischen Nährboden, in dem sie sich verwurzeln, zu begründen, bleibt der politischen und sozialgeschichtlichen Betrachtung nur noch Folgendes zu erklären: der eigentümliche synthetische Charakter der Kathedrale, der die Kunstelemente aus allen Provinzen Frankreichs zusammenbringt; ihre Entstehung in einer eng umschriebenen Landschaft, ja an einem einzigen Ort; und das Gesetz ihrer Verbreitung (ihre Topologie). Die These von der Kathedrale als Laienkunst hat für die letztere eine Scheinerklärung; ganz unfähig aber ist sie zu erklären, wieso die erste, epochemachende Kathedrale in einer Abtei entstanden ist.

Erst wenn diese Fragen beantwortet sind, kann man die Frage nach der sozialgeschichtlichen *Funktion* der Kathedrale richtig stellen.

KAPITEL 129

Die Abtei von St. Denis als geistiger Mittelpunkt Frankreichs

Die Kathedrale entspringt nicht nur in dem eng umschriebenen Gebiet des Kronlandes, sondern ausgelöst wird ihre rasche Entfaltung von *einer* einzigen Stelle her, von einem einzigen Bau. Welche Formen und Themen man immer verfolgt, immer kommt man zu dem Neubau Sugers.

Wer die politische Geschichte Frankreichs nicht kennt, wird nicht leicht verstehen, wieso die Abtei zu dieser überragenden Rolle für die Kunst der „Kathedralen" Frankreichs kommen konnte. Er würde eher annehmen, daß die Entwicklung von Notre-Dame in Paris, als der eigentlichen Hofkirche der Könige von Frankreich, oder vielleicht von Reims als dem Ort des „sacre du roi", der Salbung des Königs mit dem heiligen Öl und damit dem Mittelpunkt der religiösen Königsideologie Frankreichs ausgegangen sei.

L. Olschki hat ausführlich gezeigt, daß wenn im 12. Jahrhundert Paris als der geistige Mittelpunkt Frankreichs angesehen wird, damit in Wahrheit St. Denis gemeint ist. Die Möglichkeit dazu ist nur zum Teil dadurch gegeben, daß die Abteikirche von St. Denis die Grabkirche der französischen Königsdynastie ist. Erst im 12. Jahrhundert gewinnt St. Denis die dieser Tatsache entsprechende Bedeutung.

Die Verbindung zum französischen Königtum verstärkt sich seit dem dritten Jahrzehnt des 12. Jahrhunderts und nimmt bis ins 13. ständig zu. Ludwig VI., in St. Denis erzogen, nannte in einer Urkunde den hl. Dionysius „dux" und „protector". In einer zweiten, aus dem Jahre 1124, ging er noch weiter und nannte sich, auf Grund der vom Könige übernommenen Grafschaft Vexin, Lehensmann des Heiligen. Bezeichnend ist die Art, wie der Abt Suger dieses Verhältnis des Königs zu seinem Kloster, das sich als Herrn jener Grafschaft ansah, um die Mitte des 12. Jahrhunderts als ein richtiges Lehensband auslegte, dem nur wegen Ludwigs Würde die Huldigung fehle; denn von da war es nur noch ein Schritt — wenn auch ein großer — zu dem Anspruch, daß der König für ganz Frankreich der Lehensmann des hl. Dionysius sei (P. E. Schramm 300). Aus der Hand Sugers hatte Ludwig VI. die vom Altar des hl. Dionysius aufgenommene Fahne empfangen, die ihn zum Erfolg über den in Frankreich eingebrochenen Kaiser Heinrich V. führte, und den Ruhm des Heiligen mächtig vermehrte. Mit diesem Jahre hat die Fahne von St. Denis ihren Siegeszug angetreten. „Montjoye Saint-Denis" wird der Schlachtruf der französischen Kriegsheere. Jetzt verdrängt im Ansehen des Volkes der heilige Dionysius immer mehr den heiligen Martin und wird an dessen Statt zum eigentlichen Schutzpatron Frankreichs.

So ist es zu verstehen, daß Abälard, als er anzudeuten wagte, der Hausheilige des Klosters sei nicht dieselbe Person wie der berühmte Dionysius der Areopagite — worauf ihn eine Stelle bei Beda gebracht hatte —, als *Hochverräter* angeklagt und ins Gefängnis gebracht wurde (Panofsky).

Seit Suger 1122 zum Abte aufgestiegen war, brachte er die Stätte des alten Nationalheiligen politisch zu einer Geltung, wie sie St. Denis seit den Tagen der Karolinger nicht besessen hatte. Der Papst war bei ihm zu Gast, und die Krönung Ludwigs VII. (1131) geschah auf sein Antreiben. Den Höhepunkt erreichte seine Wirksamkeit, als ihn der König für die Zeit seiner Teilnahme an dem zweiten Kreuzzuge (1147-49) zum *Regenten Frankreichs* machte. In diesen Jahren war der Abt von St. Denis tatsächlich — wenn auch nicht de jure — der *Primas der französischen Kirche.*

„Saint-Denis n'est pas seulement un chef d'oeuvre. C'est un fait considérable dans l'histoire de la civilisation médiévale" und — müßte man hinzufügen —: dans l'histoire de la monarchie française — „et c'est un homme" (E. Mâle).

KAPITEL 130

Die Bedeutung Sugers

Der Mann, der in wenigen Jahren St. Denis zum geistigen und künstlerischen Mittelpunkt Frankreichs gemacht hat, ist neben dem heiligen Bernhard von Clairvaux die überragendste Gestalt seiner Zeit. Als Sohn von Bauersleuten 1081 in Saint-Omer geboren, war er mit dem späteren Ludwig VII. im Kloster von St. Denis erzogen worden. 1121 wurde der Vierzigjährige zum Abt des angesehenen Klosters gewählt; seine Rolle in den Ereignissen des Jahres 1124, mit denen der Aufstieg Frankreichs zur politischen Großmacht beginnt, haben wir erörtert. Seit 1128 war er an den Regierungsgeschäften beteiligt, 1137 bis 1140 hat er die Fassade der Kirche, 1140 bis 1144 den Chor erbauen lassen. Moderne Forscher haben ihn mit den großen Kardinalregenten der zweiten kulturellen Blütezeit Frankreichs, Richelieu und Mazarin, verglichen. Panofsky nennt ihn den „Vater der französischen Monarchie". Sein Biograph, der Mönch Wilhelm, sagt von ihm: „Il aurait pu gouverner un monde." Bischof Joseel von Salisbury nennt ihn den „Salomo unserer Zeit" (was gewissermaßen impliziert, daß sein Kirchenbau der neue Tempel ist).

Dieser Suger steht als treibende Macht ebenso hinter dem künstlerischen Aufschwung Franziens, wie hinter dem Anwachsen seiner politischen Bedeutung. Auf ihn ist jene sonst unerklärliche „gewollte" Synthese zurückzuführen, die aus dem Neubau der Kirche des heiligen Dionysius, die er unter schwierigsten Verhältnissen begann und in einer für mittelalterliche Begriffe unglaublich kurzen Zeit durchführte, einen Mittelpunkt der kommenden Reichseinigung Frankreichs gemacht hat.

Er hatte wahrscheinlich alle wichtigeren Bauten Frankreichs aus eigener Anschauung gekannt. Als junger Mensch war er möglicherweise in St. Benoît-sur-Loire in der Schule gewesen.

26-jährig kam er 1107 als Propst (praepositus) nach Berneval in der Normandie, also in die führende Baulandschaft Nordfrankreichs, wo gerade damals entscheidende „moderne" Bauten entstanden: damals war die Kirche von Lessay mit ihren ganz neuen Ideen im Bau. In demselben Jahr war er bei der Einweihung der berühmten Kirche von Charité-sur-Loire (Bull.-mon. 1929, 288-89). Zwei Jahre später wurde er Propst von Toury-en-Beauce, unweit Chartres. 1127, gelegentlich der Vermählung Ludwigs VI. mit Eleonore von Aquitanien, ist er in diesen Teil des Südens gekommen, wo damals die ersten Bauten in byzantinischem Baldachinsystem sich erhoben. In Italien war er zweimal gewesen. Wir wissen, daß seine Vorliebe für das Prächtige, die er als junger Abt zeigte, von Bernhard getadelt wurde; später hat er sie für seine Person ganz abgelegt und diese Prunkliebe ganz auf den Bau der neuen Kirche und auf ihre Ausstattung übertragen — ad majorem dei gloriam und zum Ruhm des hl. Dionysius und des seinem Schutze befohlenen französischen Königtums.

Die Geschichte dieses Neubaus hat er selbst — auch das etwas Einzigartiges — ausführlich beschrieben. Von überall wurden von ihm, in der Absicht alles bisher in Frankreich Bestehende zu überbieten, die Werkleute herangeholt: Goldschmiede aus Lothringen und Mosaikarbeiter aus Italien nennt er selbst; Bildhauer, die aus Südfrankreich und Burgund geholt worden sind, lassen sich aus dem Bau erschließen. Das neue theologische Programm der Fassade wie des ganzen Baus geht zweifellos auf ihn selbst zurück. Nach dem Neubau der Fassade ist es ihm dann gelungen, jenen Meister zu gewinnen — und wohl zu entdekken —, der die Chorpartie in jenem neuen Geist gestaltet hat, der sich hier zum ersten Mal im Felde der Kunst äußert.

Das wäre nicht möglich gewesen, wenn sich nicht in Sugers Person die jungen geistigen Strömungen der Zeit vereinigt hätten. Die Lichtmystik ist in der Abtei zuhause und wurde von dem mit Suger befreundeten Hugo von St. Victor neu belebt. Der alte, am Beginn des 12. Jahrhunderts von Cluny großartig, doch noch sehr altertümlich entfaltete Gedanke, daß das Kirchengebäude das Himmlische Jerusalem darstelle, mußte durch die Verbindung mit der Lichtmystik neue Kraft gewinnen. In den Schriften des heiligen Dionysius, den Übersetzungen und Kommentaren dazu fand Suger die mächtigste Waffe gegen den Kunst-Puritanismus des heiligen Bernhard und zugleich eine philosophische Rechtfertigung seiner eigenen Haltung zu Leben und Kunst (Panofsky 18-19).

Der Trieb zur Schau und zur Versinnlichung des Geistigen muß ihm tiefer eingeboren gewesen sein; jede Seite seiner Schriften zeugt davon. Sie ist offenbar begründet in seiner gesamten leib-seelischen Veranlagung. Er teilt sie mit dem Volk, aus dessen bäuerlichen Schichten er stammte. Der Gestalt nach war er klein und schwarzhaarig, dem Temperament nach witzig, eitel, lebhaft. Mit aller gebotenen Zurückhaltung wird man einen starken Einschlag „keltischen" Blutes (in dem oben bestimmten Sinn) vermuten dürfen. Er bildet somatisch einen Gegensatz zu dem großen und blonden, „germanischen" Bernhard (obwohl man auch bei dessen Mutter „keltische" Abstammung annimmt). Im Gegensatz zu dessen heiliger Nüchternheit geht sein Geschmack überall auf das sublim Sinnliche; und darin liegt mehr als der Gegensatz Bischof und Mönch.

Aber erst aus seinem politischen Konzept, den Heiligen seines Klosters zum Schutzherrn Franziens und die Grabkirche der französischen Könige zum künstlerischen Mittelpunkt Frankreichs zu machen, folgt das, was er in Saint-Denis versucht hat und was über alle Erwartungen gelang. Hier spielen in die geistesgeschichtlichen und ethnischen Voraussetzungen die realpolitischen untrennbar und schöpferisch herein. Die Kathedrale wird geschaffen nicht nur (bewußt) als Lichtkunst, nicht nur (unbewußt) als aus einer Synthese germanischen und keltischen Volksgeists, sondern wesentlich auch als *Königskunst* durch den Mann, der wie keiner mit dem Königtum und der neuen politischen Mystik verbunden war.

Dies gilt für den synthetischen Zug der Kathedrale, es gilt aber nicht minder für die großen Neuerungen der Ikonologie.

KAPITEL 131

Der synthetische Zug der Kathedrale hat politische Gründe

Wenn man von dem synthetischen Charakter der Kathedrale spricht, muß man die ungewollte und unbewußte Synthese scharf von einer gewollten unterscheiden.

Wüßten wir gar nichts über die historischen Vorgänge und die bestimmenden Personen im Entstehungsgebiet der Kathedrale, so würde rein aus der Betrachtung ihrer Form sich eine bewußte Absicht ergeben, künstlerische Elemente, die bis dahin gesondert in verschiedenen Landschaften Frankreichs erwachsen waren, zusammenzubringen und aus ihnen ein neues reicheres Ganzes zu machen.

Eine solche synthetische Kunst entsteht typisch dort, wo ein Gebiet den Anspruch erhebt, der geistige und kulturelle Mittelpunkt eines vielgestaltigen „Reichs" zu sein — wo es auf „Einigung" abgesehen ist und auf Überwölbung der Gegensätze.

Das ist ebenso an der justinianischen Kunst Konstantinopels sichtbar, wie an der österreichischen Barockkunst in Wien um 1700, zur Zeit der kurzen letzten Blüte der Reichsidee. Dagegen nicht an der ottonischen und salischen Kunst Deutschlands, aus Gründen, die hier nicht erörtert werden können, von denen nur einer hervorgehoben sei: das Fehlen einer festen „Residenz" der Herrscher. (Auch die Einverleibung der westenglischen Riesensäulen in das System der normannischen Kirche geschieht in ähnlicher Absicht: sie drückt die Versöhnung dieser Elemente aus.)

Eine allesumfassende Mitte der Kunst wird geschaffen, von der her die älteren landschaftlichen Kunstübungen als provinzielle Besonderungen der reicheren Kunst erscheinen, die man nun selbst besitzt.

Aus welcher französischen Provinz auch der „gemeine Mann" vor die großen Werke des neuen Stils im Kronland der Île-de-France kommt, immer wird er vertraute Formen seiner heimatlichen Kirchenkunst wiederfinden, aber immer nur als unvollständigen Teil oder Zug in einem ungleich umfassenderen, prächtigeren, überwältigenden Ganzen. Mit der Entstehung der Kathedrale ist der *kulturelle* Vorrang Franziens, der Île-de-France, nicht mehr zu bestreiten, der sich — etwas später — auch in anderen synthetischen Geistesschöpfungen, in den „Universitäten" und ihren „Summen", äußern wird.

Es ist ganz unmöglich anzunehmen, daß die einzelnen Bestandteile, aus denen die Kathedrale erwächst, zufällig, von vagierenden Künstlern wie vom Winde vertragen, gerade hier in der Île-de-France hätten zusammenkommen können. Hinter ihrer Vereinigung steht ein bewußter lenkender Wille.

Ebenso deutlich ist es rein aus den Denkmälern, ohne Reflexion auf die realgeschichtlichen Tatsachen, daß der neue kulturelle Anspruch sich gegen eine ältere Kulturmacht richtet, die, in manchem vorbildlich, überboten werden soll. So wie sich der neue kaiserliche Stil Wiens gegen das imponierende Vorbild Versailles richtet, wie Justinian die großen Leistungen der vorbildlichen heidnischen Herrscher, eines Trajan und Augustus, (und zugleich den Tempel Salomos) überbieten wollte, ebenso deutlich ist es, daß mit der großartigen neuen Kunst der Kathedralen vor allem die Kunst des normannischen Reichs und zugleich vielleicht die von Cluny übertroffen werden soll, gegen dessen Leistungen bis dahin das kleine Franzien weit zurückgeblieben war. Um 1100 „standen in den Bischofsstädten Franziens meist die alten Kirchen aus der Karolingerzeit oder den ersten Jahrzehnten des 11. Jahrhunderts, in der Normandie dagegen waren während der zweiten Hälfte des 11. Jahrhunderts überall prächtige Neubauten entstanden. Fraglos war die Bautätigkeit in der Normandie unmittelbar vor den entscheidenden Jahrzehnten, in die man die Entstehung der Gotik setzt, eine ungleich lebendigere, was aus politischen Gründen zu begreifen ist. Dieses Verhältnis kehrt sich seit der Regierungszeit Ludwigs VI. und VII. ganz um: es ist eine Periode rastloser Bautätigkeit für das Kronland, während jetzt umgekehrt in der Normandie ein Stillstand eintritt" (Gall).

Daß man in der Architektur gerade die Normandie zu übertreffen suchte, ist leicht zu verstehen. Es ist nicht der Wettkampf zweier französischer Kunstlandschaften, die sich in der Führung ablösen, sondern es spricht daraus der neue Führungsanspruch des kleinen Franzien gegenüber dem mächtigsten politischen Gebilde der vorangehenden Zeit. Denn immer auch durch die Architektur dokumentiert sich Macht, Machtanspruch und politische Einheit einer Großmacht.

Auch noch ein anderer Zug der Kathedrale hat politische Gründe:

„Trotz aller Unterschiede zur sogenannten romanischen Baukunst im deutschen Siedelungsgebiet muß einmal darauf hingewiesen werden, daß die eigentliche gotische Baukunst des französischen Kerngebietes, die sich seit St. Denis an den Königskathedralen entfaltete, mit der gleichzeitigen staufischen Baukunst des deutschen Westens etwas gemeinsam hat gegenüber der normannischen Architektur. Es ist die Rückwendung zur antiken Bildhaftigkeit, die sich in den reichen Blattkapitellen antikischer Prägung, in manchen einzelnen Motiven, in der Verwendung proportionierter Säulen als Bauschmuck äußert. Man kann wohl sagen, daß die Baukunst der Île de France erst durch diese Wendung, die nur in dem geschichtlichen Anspruch ihren Sinn hat, den Rang eines Universalstiles gewann und sich über einen partikulären Dialekt erhob" (Bandmann 241).

Hier ist — m. E. mit Recht — das antikische Element der *frühen* Kathedrale gedeutet aus dem Eintreten Franziens in die imperiale Tradition und seinen neuen, mit dem staufischen Kaisertum rivalisierenden Ansprüchen auf „zentrale Autorität". Und auch das Wiederaufleben der alten „Machtfarben" Rot-Blau-Gold (Haeberlin) gehört in diesen Zusammenhang.

„This central authority and, therefore, the unity of the nation were symbolized, even vested, in the Abbey of St. Denis which harboured the relics oft the „Apostle of all Gaul", the special and, after God, unique protector of the realm" (Panofsky). Hier bildet sich der neue „Universalstil".

KAPITEL 132

Neue ikonographische Motive. — Schriftreform

Auch die neuen ikonographischen Motive, deren Schöpfung schon E. Mâle Suger zugeschrieben hatte, stehen in enger Verbindung mit dem Königsgedanken.

Da für Suger der König von Frankreich der Stellvertreter Gottes war, „der Gottes Ebenbild in seiner Person trägt und es ins Leben bringt", mußten am Tor der Kirche, die die Vorfahren des Königs beherbergte, die Bilder der Vorfahren Christi — ein Motiv, das keine romanische Fassade kennt — höchst sinn- und bedeutungsvoll erscheinen. Das Motiv ist überdeterminiert: es trägt eine christologische und zugleich eine auf das Königtum hinweisende Symbolik. Noch auffallender ist das an der anderen ikonographischen Neuerung, die in den Glasfenstern von Saint-Denis auftaucht: die „Wurzel Jesse" hebt ja gerade die *königlichen* Vorfahren Christi — durch Kronen als solche kenntlich gemacht — hervor.

Diese Gedanken werden auf dem Höhepunkt der Kathedrale von den Königsgalerien aufgenommen. Die Reihe der alttestamentarischen Könige weist antetypisch auf die Könige Frankreichs hin und wurde vom Volk auch so verstanden; überliefert ist, wie sich Bauern vor Notre-Dame mit heiliger Scheu und Bewunderung die Gestalten der Könige zeigen und sie mit Namen benennen: „Ve li Pepin, ve li Charle Magne." Das bestätigt sich daran, daß sie dann in Reims durch die Reihe der 28 französischen Könige seit Chlodwig ergänzt werden konnte, jenes Chlodwig, der nach dem Glauben der Zeit von den Engeln selbst gekrönt worden war. Auch Szenen wie die Salbung Davids durch Samuel oder Salomons durch Nahum haben zweifellos Bezug auf die Salbung des Königs von Frankreichs.

„Wie Reims die Legende vom heiligen Öl, so hatte Saint-Denis die Karlssage schon zu einer Zeit gepflegt, als das Königtum selbst diese Möglichkeit für seine Stärkung noch nicht erkannt hatte." Karl wird nicht nur zum französischen Nationalhelden mit dem Sitz in Saint-Denis, wo er nach dem Glauben der Zeit residiert hatte, seine Fahne — die berühmte „Oriflamme" — wird in der zweiten Hälfte des Jahrhunderts mit der Fahne des hl. Dionysius gleichgesetzt (nachweisbar zuerst 1184). Sie sollte für drei Jahrhunderte das Symbol der nationalen Einheit bleiben und zugleich der Idee einer „Renovatio imperii Caroli Magni". Auch dieser Karlskult ist zunächst von Saint-Denis ausgegangen, sollte doch Karl das ganze Frankreich dem hl. Dionysius zu eigen gegeben haben, der in den „Chansons de gestes" als „König von Saint-Denis" begegnet; er hat sich dann allgemein verbreitet. Die Karls-Ideologie, samt den in ihr beschlossenen Ansprüchen einer Sonderstellung unter den Herrschern Europas, hat seit Philipp August II. das französische Königtum ergriffen. Der entscheidende Sieg von Bouvines wurde im Zeichen der „Oriflamme" — der Karls-Dionysius-Fahne — errungen (nach Schramm).

So weisen die Scheiben mit Darstellungen der Taten Karls in vielen Kathedralen auf diesen französischen Königsmythus.

Mit dem Karlsgedanken hängt wiederum der Kreuzzugsgedanke im Mythus zusammen, denn Karl sollte nach der Legende Jerusalem den Heiden entrissen haben. Auch die Kreuzzugsscheiben sind nicht nur „zeitgenössische historische Berichte", nicht nur fromme Stiftungen von Kreuzfahrern, sondern, wie die Szenen aus der Karlsgeschichte, bezogen auf das französische Königtum und seine Aufgabe, Schirmherr der Christenheit und der heiligen Stätten zu sein.

Schon in St. Denis I erscheinen Scheiben mit Szenen aus der Karlslegende und aus der Geschichte der Kreuzzüge. Montfaucon hat sie in den Monuments de la Monarchie française veröffentlicht, sie sind aber in historischer und ikonologischer Hinsicht noch nicht eingehend genug untersucht worden.

Nicht minder wichtig, und zwar auch von kunstgeschichtlichem Standpunkt, wäre eine Untersuchung des gesamten Motivkreises der Lilie als Königssymbol. Die Bildung von Lilienszepter und Lilienkrone sowie des mit goldenen Lilien gezierten Königsmantels, das Anwachsen der Lilienmotivik zu einem wahren Kult der „fleur de lys" stellt Probleme vielfacher Art. Kann doch im 14. und 15. Jahrhundert sogar Gottvater selbst in einem „Lilienhimmel" erscheinen. Zur Herkunft ist der Hinweis Percy E. Schramms auf das „opus lilii" der Bibel ebenso zu beachten, wie im Ikonologischen die Zuordnung von Lilie und Maria. Die künstlerische Formel für die Gestalt der Lilie, gut zu verfolgen zum Beispiel an der Form der Lilienszepter auf Siegeln, läßt die Frage als diskutabel erscheinen, ob das gotische Kelchkapitell ikonographisch — mindestens unter gewissen Umständen — nicht als Lilienkapitell zu deuten wäre.

Vielleicht hängt noch ein weiteres ikonographisches Motiv mit dem Königsgedanken zusammen. Mâle hatte vermutet, die Marienkrönung könnte eine Schöpfung Sugers sein, was sich nicht beweisen läßt. Für die Entstehung dieses Motivs gibt es hinreichende Gründe innerhalb der Religionsgeschichte. Und doch wäre dieses Motiv — in „typischer" Entsprechung von Königin und Maria — besonders sinnvoll an einer Kirche entstanden zu denken, in der sich die Krönung der Königin Frankreichs vollzog. Um dieses Recht hatten — da die Krönung des

Königs ein für allemal nach Reims vergeben war — verschiedene Kathedralen gewetteifert. 1160 wurde die Königin in Paris und 1193 — genau zu der Zeit, als das Motiv in Senlis erscheint — durch den Erzbischof von Sens in St. Denis gekrönt (Schramm 282-4).

Wie dem auch sei: auch durch die Ikonologie der Kathedrale zieht sich als ein roter Faden die Beziehung zum französischen Königtum, aus der heraus die Kathedrale selbst entstanden war.

Da dies als gesichert gelten kann, darf man auf Suger wohl auch die Schriftreform zurückführen, die sich in der Kanzlei der französischen Könige an der Schwelle der neuen Zeit vollzog. Dort „herrscht im ersten Viertel des 12. Jahrhunderts eine reichlich plumpe, buchmäßige Schrift, der 1124" — als Ludwig VI. aus der Hand Sugers das Banner des hl. Dionysius empfing und das französische Nationalbewußtsein sich zum erstenmal vehement äußerte — *„als ein sehr auffallender Bruch mit der Vergangenheit* eine fortgeschrittene Kanzleiminuskel folgte" (v. Fichtenau 185).

Mutatis mutandis läßt sich dasselbe von der tiefen Wandlung der Kunst Franziens sagen, die ein Jahrzehnt später eingesetzt hat.

KAPITEL 133

Die Ausbreitung der Kathedrale und das französische Königtum

Daß die Kathedrale an ihrem Ursprung mit dem Königsgedanken eng verwachsen ist, darf nun als erwiesen gelten. Aber auch ihre weitere Entwicklung bleibt damit eng verbunden. Die Expansion der französischen Kronmacht wird von der Ausbreitung der Kathedrale getreu nachgezeichnet. Schon aus diesem Grunde müßte man eine innige Verbindung zwischen dem französischen Königtum und der Kathedrale annehmen.

Die Voraussetzung dafür ist „das Bündnis zwischen Königtum und Kirche und die Mitarbeit des Klerus an der geistigen und politischen Einigung des Landes" (Vossler 51). Der Klerus stand in Frankreich anders zum König als in Deutschland. Im Ganzen gesehen lag sein Interesse in einer Stärkung der Krongewalt gegenüber den großen Vasallen. Er hat denn auch Wesentliches zu dem Königsmythus und der Königstheorie beigetragen, die seit dem Ende des 12. Jahrhunderts der Krone Frankreichs ihren besonderen Schimmer verleiht (P. E. Schramm 254). „Aus Quellen geistiger Art waren dem französischen Königtum neue Kräfte zugeströmt, aus Legende und Wunderglauben, Sage und Dichtung" — *und nicht zuletzt aus den neuen Werken der*

Kunst — „strahlte ein überirdisches Leuchten auf ihre Krone und erhöhte sie über die anderen Könige des Abendlandes" (Kienast 112). Und wie die neue Kunst dazu beigetragen hat, diesen Glanz zu nehmen, so fällt von der „Krone" auch ein besonderer Schimmer auf die Kathedrale zurück — den die prächtigste Klosterkirche, sei es selbst Cluny III, und die aufwändigste Bürgerkirche nie zeigen könnte.

Die konkreten historischen Verbindungsfäden laufen über den französischen Episkopat. Die führenden französischen Kathedralen sind schon seit langem mit dem Königtum verbunden, die Inhaber der Sitze vielfach mit den Königen verwandt oder verschwägert oder hohe Beamte und Ratgeber der Krone. Nur *ein* Beispiel: Eudes de Sully, Bischof von Paris in den Jahren 1197-1208, war Vetter der Könige von Frankreich und England, der Grafen der Champagne, von Blois und Sancerre, des Bischofs von Durham, Hugo von Puiset, und des Erzbischofs von Reims, Wilhelm von Champagne; Neffe des Abtes von Cluny, Raoul, und des Bischofs von Worcester, Wilhelm von Sully; jüngerer Bruder von Heinrich von Sully, Erzbischofs von Bourges (Aubert 33). Die Bischof-Herzoge von Reims, Langres und Laon und die Bischof-Grafen von Beauvais, Châlons-sur-Marne und Noyon sind die sechs geistlichen Pairs von Frankreich. Fast jede der großen Kathedralen hatte einmal den Versuch gemacht, das Vorrecht der Krönung des Königs an sich zu ziehen, einem König die Grabstätte zu bieten, bei der Krönung der Königin, bei Taufen und Hochzeiten eine Rolle zu spielen oder wenigstens eine der Schaukrönungen zu beherbergen, bei denen es sich „nicht nur um die Steigerung eines Festes, sondern um einen kirchlich-rechtlichen Akt handelte, auf den der Herrscher sich innerlich vorbereitet, den ein Geistlicher vollzieht, und der das in der Salbung und der Erstkrönung begründete Königtum von neuem *sichtbar* macht" (Schramm 273).

Der eigentliche Höhepunkt, in dem die großen Gesamtkunstwerke der Weltgeschichte zu ihrem höchsten Leben erwachen, ist *das Fest* (siehe Kerényi). Für die Kathedralen sind es die großen Festmessen, nicht nur in Gegenwart des Königs, sondern *zur Sichtbarmachung des heiligen Königtums*.

Die Ausbreitung der Kathedrale läßt sich fast mit denselben Worten schildern, mit denen Vossler die Ausbreitung der französischen Schriftsprache geschildert hat. Nur „ist die politische Einheit der schriftsprachlichen Einheit eher nachgefolgt als vorausgegangen", während die Verbreitung der Königskathedrale beiden — in kurzem zeitlichen Abstand — nachfolgt. Wichtig ist aber festzuhalten: es verbreitet sich keineswegs ein „Stil" — das ist erst seit ungefähr 1250 der Fall —, sondern ganz konkret ein Typus der Kirche: das Gesamtkunstwerk der Kathedrale und ihr abbildender und „repräsentativer" Sinn.

Zur Zeit Sugers waren die Grenzen der Krondomäne noch eng gezogen. Sie umfaßten in einem Umkreis von 50 Meilen „autour de Paris et de Senlis le Gatinais, le Hurpois et la Beauce, le Pays de Mantes et le Vexin français, le Beauvaisis et le Valois, le Noyonnais, le Soissonnais et le Laonnais aux confins des contes de Vermandois et de Champagne" (M. Aubert). Sämtliche frühen Kathedralen des ersten, vierstöckigen Typus liegen in diesem Umkreis: Noyon, Senlis, Mantes, Soissons, Laon. Bei manchen von ihnen lassen sich persönliche Beziehungen ihrer Bauherren zu Suger feststellen.

„Von allen im 11. und 12. Jahrhundert unabhängig gebliebenen Landschaften war die Champagne die erste, die eine kulturelle und schriftliche Einheit mit Franzien einging" (Vossler 26). Dem entspricht es vollkommen, daß außer dem Kronland die Kathedrale zuerst in der Champagne übernommen wurde: Chor und Umbau von St. Remy in Reims.

„Außer der weltlichen gab es eine geistliche Krondomäne: die Bistümer und Abteien, wo der König die Vorsteher einsetzt und den Nachlaß des verstorbenen Bischofs (oder Abtes) einzieht, oder wo er eine dieser Befugnisse ausübt. Zu den bedeutendsten der *königlichen Bistümer* zählen: Reims, Sens, Beauvais, Paris, Laon, Noyon, Orléans, Langres und Le Puy; die Zahl der königlichen Bistümer vermehrte sich etwa bis zu Ludwig VII. *Diese Kirchen liegen wie Inseln vor den Küsten der weltlichen Domäne"* (Kienast), und durch sie verbreitet sich der Gedanke der im Mittelpunkt Franziens und Frankreichs geborenen Kathedrale, die man als Königsbischofkirche ansehen darf.

In dem Maße, als die Königsmacht sich erweitert, breitet sich die gotische Kathedrale aus. So beginnt zum Beispiel Le Mans unmittelbar nachdem das Territorium von Philipp August mit dem „domain royal" vereinigt worden war, 1217, seinen neuen berühmten Chor zu bauen. Clermont, Limoges, Toulouse erhalten unter Ludwig IX. ihre Kathedralen, die in einer ihnen noch fremd und feindlich gegenüberstehenden Umwelt als sichtbare Wahrzeichen der französischen Königsmacht aufgerichtet werden.

Kaum irgendwo in der Geschichte der Kunst, außer wiederum im Frankreich des 17. und 18. Jahrhunderts, decken sich auch die zeitlichen Epochen in der Geschichte der Kunst so scharf mit den Regierungszeiten der Könige. Das Todesjahr Ludwigs VI., 1137, schließt die Periode der Vorbereitung ab, die nach unten durch die Krönung Ludwigs VII., 1120, begrenzt wird. Die Regierungszeit Ludwigs des VII., 1137-1180, umschließt die Frühzeit, die Philipp Augusts, 1180-1223, die frühe Klassik der Kathedrale.. Die Zeit Ludwigs des Heiligen, 1227-1270, umschließt den Augenblick der reifen Klassik, die letzte Hochblüte der Kathedrale und die Blütezeit der „Kapelle". Von 1270 an setzt die Rückbildung in Frankreich ein.

KAPITEL 134

Die Kathedrale und das französische Nationalgefühl

Bis in die Zeit der ersten Kapetinger hat es ein französisches Nationalgefühl nicht gegeben. Auch nach dem Vertrag von Verdun hat man in Frankreich an dem Gedanken des fränkischen Weltreichs festgehalten, das germanische und romanische Gebietsteile umfaßt und die Zugehörigkeit auch des ostfränkischen Reichs, Lothringens, Burgunds und Italiens zum regnum francorum fortdauernd behauptet. Weit entfernt, ein gallischromanisches Nationalgefühl zu entwickeln, empfand man die germanischen Nachbarländer als befreundete *Glieder* seines eigenen Staatswesens. K. L. Zimmermann hat nachgewiesen, wie in den älteren Chansons de Gestes die germanischen Stämme Baiern, Sachsen, Alemannen durchaus *günstig* beurteilt werden und als befreundete und zugehörige Mitstreiter erscheinen. Die Verschiedenheit der Sprache spielt dabei gar keine Rolle. Sie alle gehören zusammen als Glieder der einigen Christenheit (Meyer). Das französische Nationalgefühl wird geboren durch einen Konflikt mit den Deutschen. „Zum erstenmal in der Geschichte der neueren Zeit tritt uns in dem Bericht Sugers über die an sich nicht weltbewegenden Ereignisse des Jahres 1124 das stolze Bewußtsein eines Königs entgegen, der eine Nation hinter sich weiß. Die Deutschen werden den Heiden und Sarazenen gleichgestellt. Keine andere Nation erkennt Suger als gleichberechtigt neben dem „süßen Frankreich" an (Meyer). Aus seiner Schrift, die diese Ereignisse berichtet, spricht ein „mystischer Nationalismus". „Wir bewahren den reinen Glauben gegenüber den schismatischen Deutschen, wir schirmen den Heiligen Vater gegen seine Verfolger, wir haben das Grab Christi befreit, wir sind das auserwählte Werkzeug Gottes, durch das er seine Taten verrichtet. St. Dionysius ist der große Heilige, unter dessen mächtigem Schutz das Königreich steht" (Kienast 62). Dieses politische und kriegerische Selbstgefühl kommt — durch das Bewußtsein gestärkt, daß der König Frankreichs der legitime Erbe des großen Karl sei — seit dem nun wirklich weltgeschichtlichen Sieg von Bouvines auf den Höhepunkt.
Mit ihm verbindet sich untrennbar die religiöse Seite dieses

„mystischen Nationalismus": die politische Mystik ist von der religiösen nicht zu trennen. Die Idee der Heiligkeit des Königtums hat in Frankreich reichere Blüten getrieben als irgendwo in Europa. Seine Könige haben ja durch die Salbung mit dem heiligen Öl, das Engel vom Himmel brachten, einen „halbgeistlichen" Charakter; ihnen ist die Gabe verliehen, die Skrofeln zu heilen. Man hat im Hinblick auf diese Tatsache geradezu von einer Religion von Reims gesprochen. Auch kraft dieser Vorzüge seiner Könige fühlten sich seine Untertanen — die „franci", deren Stammesnamen man jetzt als „die Freien" deutet — den anderen Völkern Europas überlegen.

Im kulturellen Feld aber mußte das Wunderwerk der Kathedrale das Bewußtsein der Überlegenheit mächtig stärken. In der Kathedrale besitzt zuerst Franzien, dann Frankreich etwas durchaus Unvergleichliches, Eigenes, dem kein anderes Volk etwas Ähnliches entgegenzusetzen hatte. Die neue Kunst war wirklich „opus francigenum" (vgl. Graf), und in ihrer Ausbreitung wurde die Einheit Frankreichs *sichtbar*.

KAPITEL 135

Kreuzzug und „Kult der Karren" — „Populus Dei"

Die oft zitierten Berichte über die Vorgänge bei der Erbauung einiger frühen Kathedralen, die als „Kult der Karren" bekannt sind, werfen ein helles Licht darauf, daß ihre Errichtung dem Volk einen Gottesdienst bedeutete.

Der „Kult der Karren" wird — in einer schon offiziell regulierten und formalisierten Form — beschrieben in dem berühmten Brief des Hugo von Amiens, Erzbischofs von Rouen, und der nicht weniger berühmten Abhandlung des Haymo, Abts von St. Pierre-sur-Dives in der Normandie, deren Schriften beide um 1145 datiert werden können. Sie stellen diese Sitte als vollständig neue Manifestation der Frömmigkeit dar, die von Chartres ihren Ausgang genommen hat und sich in der Normandie zu einer Massenbewegung entwickelte (nach Panofsky).

Doch schildert schon Suger einen gleichen Vorgang bei dem Transport der Säulen für den Chor von Saint-Denis. „So oft die Säulen vom untersten Abhang (des Steinbruchs) mit zusammengeknoteten Seilen heraufgezogen wurden, schafften Einheimische und Nachbarn sie demütig weiter, Edle und Unedle, ihre Leiber, Ober- und Unterarme mit Tauen wie Zugtiere umschnürt; auf der abschüssigen Straße inmitten des Dorfes kamen unsere Dienstmannen entgegen, ließen ihr Arbeitszeug liegen und halfen mit eigener Kraft die Schwierigkeit des Weges überwinden, mit ihrem Beistand, so viel sie nur konnten, Gott und den heiligen Märtyrern huldigend."

Panofsky hat mit Recht darauf aufmerksam gemacht, daß Ähnliches schon früher berichtet wird, zum Beispiel bei der Erbauung der Abteikirche von Monte Cassino im Jahre 1066. Dort aber ist die Handlung mehr symbolisch, nicht so sehr „heiliges Werk": nur die *erste* Säule wird von frommen Laien heraufgezogen.

Den Aufschwung dieses „Kults" gerade um 1145 darf man vielleicht mit dem zweiten Kreuzzug zusammensehen und als eine Art „inneren Kreuzzug" ansprechen (F. Heer). Diese Vermutung gewinnt an Wahrscheinlichkeit nicht nur durch die Koinzidenz der Daten — es ist nicht nur die gleiche Zeit, sondern auch der gleiche Raum, aus dem die Bewegung des zweiten Kreuzzugs hervorgegangen war, zu dem der hl. Bernhard in seinen berühmten Predigten aufrief, — sondern besonders dann, wenn man bedenkt, daß gerade in dieser Zeit der Gedanke, das materielle Kirchengebäude sei das „Himmlische Jerusalem" auf Erden, eine neue *Lebendigkeit* gewonnen hatte. So konnte aus dem symbolischen Akt ein reales „Werk", ein persönliches Opfer für die Erbauung des Neuen Jerusalem werden, und dieses „opus pietatis" mochte sehr wohl als Ersatz für die Teilnahme an dem Feldzug zur Wiedergewinnung des irdischen Jerusalem angesehen werden.

Denn auch dieses war für die Menschen der Zeit weit mehr als nur eine Stätte geheiligter Erinnerungen; es war kosmisch gesehen die Mitte des Weltalls, und die historische reale Grabeskirche und der sogenannte salomonische Palast waren *„die irdische Verkörperung des Himmlischen Jerusalem"* (K. Burdach), wie — auf andere Weise — die Kathedrale auch.

In den Reden, die zum Kreuzzug aufforderten, verschwimmen oft die Grenzen zwischen dem irdischen Abbild und dem Urbild des Neuen Jerusalem. Benzo, der den ersten Kreuzzug befürwortete, spricht ähnlich vom Himmlischen Jerusalem: „Hierosolima *petamus*". Richtig bemerkt schon Choisy: „Quant aux contributions en travail, les papes es les évêques les encouragèrent en assimilant les mérites des fidèles qui s'enroulèrent sur les chantiers à ceux des soldats qui s'armaient pour la délivrance des lieux saints" (Choisy II 409). Wenn Clemen sagt, „die Welle der religiösen Begeisterung, die den Kreuzzug hervorruft, ist gleichzeitig auch der Mutterboden, aus dem der Rausch des Bauens jener endlosen Reihe der Kirchen wächst", so erklärt das noch nicht, warum erst der *zweite* Kreuzzug mit dem Kult der Karren zusammenfällt. Das Bindeglied ist das gewiß durch Predigten bestärkte Bewußtsein davon, daß das materielle Kirchengebäude — Jerusalem nicht minder als das Heilige Grab — wirkliches Abbild des himmlischen ist, an dessen Erbauung der „populus Dei" real mitschafft.

Gerade in der Normandie wird noch in einer Urkunde des 14. Jahrhunderts — in einer schon bürgerlichen Atmosphäre — gelegentlich der Sammlung von Geldspenden für den Bau der Kirche von Saint-Ouen durch den Abt ausdrücklich darauf hingewiesen: „Urbem beatam Iherusalem sacrosancta *militans* Ecclesia, mater nostra per manufactam et materialem basilicam representat" — offenbar als Ansporn für die Opferfreudigkeit der Gläubigen (Quicherat 217).

Kathedrale, Mystik des Himmlischen Jerusalem, Lichtmystik, Schaubegierde, Königsmystik und mystische Komponente der Kreuzzugsbewegung sind also keineswegs bloß „geistesgeschichtliche Parallelen", sondern hängen im Gesamtkunstwerk der Kathedrale und bei seiner Entstehung konkret, real und untrennbar zusammen. Sie sind — von neuen Volksbewegungen getragen, die aus bisher schlummernden Schichten des Volks aufbrechen — nicht abzutrennen von der rationalen technischen Seite des Bauens und den machtpolitischen Momenten der Kunst.

Votivkrone Ludwigs IX.

Dritter Teil

DIE FOLGEN DER KATHEDRALE

DIE DIALEKTIK DER KATHEDRALE

A

Die Übersteigerung der Kathedrale

> *„Die Folgerichtigkeit wird Widerspruch*
> *und der Widerspruch gerade wird schöp-*
> *ferisch."*   *(W. Pinder)*

KAPITEL 136

Die Dialektik der Kathedrale

Die Leistung der „klassischen" Kathedrale besteht darin, daß sie eine Vielfalt heterogener Formen und stärkster Gegensätze, in einem ausgewogenen Ganzen, durch Übergänge vermittelt, zusammenbindet.

In dem Gegensatz der Architektur, die immer mehr zum Überwirklichen und Unkörperlichen, und der Skulptur, die aus den *gleichen* Gründen immer mehr zum Leibhaften und Vitalen treibt, ist diese complexio oppositorum nur besonders auffallend. Die Gegensätze gehen in geheimnisvoller Weise aufeinander über: das Vitale wird vergeistigt und die abstrakte Form vitalisiert. Noch der kleinsten Form sieht man etwas von diesem kraftvollen Umfassen der Extreme an.

Der Übergang von der klassischen Stufe des frühen 13. Jahrhunderts zu der nachklassischen Stufe, der eigentlich „hochgotischen", ist oft beschrieben worden. Am genauesten durch Pinder und nach ihm durch Weigert für die deutsche Plastik dieser Zeit, aber die dort gewonnenen Ergebnisse lassen sich nicht ohne weiteres auf Frankreich rückübertragen.

In diesem Geschehen muß man, um klar zu sehen, drei in der Zeitspanne einer Generation rasch aufeinanderfolgende Vorgänge unterscheiden, die alle in die Regierungszeit Ludwigs IX. fallen. Die Entwicklung vollzieht sich nicht abstrakt, sondern ein Gesamtkunstwerk antwortet einem anderen.

Erstens: Die Entwicklung geht scheinbar noch immer in derselben Richtung weiter wie bisher; noch immer wirkt das Streben nach noch stärkerer Durchlichtung, Leichtigkeit und Vereinheitlichung des Baus. Aber in Wirklichkeit bedeutet das Weitergehen in dieser Richtung schon etwas anderes: es führt in einen absteigenden Ast zu einer Entfernung von dem Punkt der größten Fülle. Die Tendenz wird merklich, aus der Architektur die körperlichen Werte und aus dem Gesamtkunstwerk die große Symbolik auszuscheiden. Das bedeutet Verarmung an Kraft zugunsten größerer Verfeinerung und Gleichförmigkeit. Dieser Vorgang setzt schon gleichzeitig mit dem Höhepunkt der „heroischen" Kathedrale in den dreißiger Jahren ein: der Umbau von St. Denis, seit 1231, und die Fassade von St. Nicaise in Reims, seit 1235, sind die charakteristischen Schöpfungen dieser Stufe.

Zweitens: Noch weiter in dieser Richtung gehend führt der Weg zu einem Ende, und seine eigentliche Fortsetzung liegt auf einer anderen Ebene. Die Entwicklung schlägt um: aus der Gestaltung des Unermeßlichen, das man auf der Stufe von Beauvais *materiell* durch die Erhöhung des Baus bis an die Grenze des technisch Möglichen zu erreichen sucht, in das Kleine und Faßbare. Das neue Gesamtkunstwerk dieser Stufe ist die „Sainte-Chapelle" im allgemeinen Sinn, gleichsam ein verselbständigter Teil der Kathedrale; die Sainte-Chapelle von Paris ist der Prototyp. Sie ist die eigentliche Erbin der Kathedrale, von der sie auch die Aufgabe, den Himmel zu versinnlichen, übernimmt, der jetzt unter dem Bilde eines „intimen", gegenwärtigen Himmels, als „cour céleste" gesehen wird.

Drittens: Sogleich beginnt in den fünfziger-sechziger Jahren die Auseinandersetzung der Kathedrale mit dem „süßen neuen Stil" der Kapelle und ihren neuen Formen. Noch gelingt es der Kathedrale, eine wesentliche Form sich einzuverleiben und in ungeahnter Weise für die Uniformierung des Baus und seiner gesamten Ausstattung fruchtbar zu machen. Aber im allgemeinen wirkt der neue Geist in der Kathedrale zersetzend. Sie ist nur mehr äußerlich groß, innerlich klein, verzierlicht und im Begriffe zu zersplittern.

So wirken in jeder Phase nach einer „inneren Dialektik" (die nicht dem Hegelschen Schema folgt) erst geheime, dann offene Widersprüche; der Versuch, diese Widersprüche zurückzunehmen, führt in neue Widersprüche.

Von da ab verliert die Kathedrale die geistige Führung. Eine echte Entwicklung — wie von Saint-Denis I zu Reims — gibt es für die Kathedrale nicht mehr. Das heißt durchaus nicht, daß sie stagnieren würde. An dem Gesamtgefüge der Kathedrale des späteren 13. und 14. Jahrhunderts lassen sich von Jahrzehnt zu Jahrzehnt jene Wandlungen verfolgen, die zuerst an der Geschichte der Plastik beobachtet worden sind. Aber dieser Ablauf wird nun nicht mehr aktiv von der Kathedrale hervorgebracht, sondern passiv von ihr mitgemacht. Die eigentliche Entwicklung jener Gesinnung, die sich in der verweltlichten Religiosität der Sainte-Chapelle verkörpert hatte, führt nicht zurück in die Kathedrale, sondern hinüber in die weltliche, das heißt aber unter diesen geschichtlichen Bedingungen: in die höfische Kunst. Im 14. Jahrhundert wird sich das Schwergewicht der Kunst in den königlichen und fürstlichen Schloßbau und in die Künste, die organisch zu dieser Sphäre gehören, verlegen. Die führenden Bauten Frankreichs im 14. Jahrhundert sind nicht Kathedralen, sondern der Schloßbau des Louvre und die Kunst an den Höfen des Königs, des Kronprinzen, des Herzogs von Berry. Ihr Erbe im 15. Jahrhundert, als Frankreichs Kunst im hundertjährigen Krieg stagniert, ist der burgundische Fürstenhof. Die „saintes chapelles" aber sind das „missing link" zwischen der Kathedrale und der profanen höfischen Kunst. Die direkte Deszendenz der Kathedrale führt über die Kapelle zum Schloß.

Doch geht von der Stufe um 1250-60, von der „uniformierten Kathedrale", die allergrößte *extensive* Wirkung aus, ein alles verwandelnder Einfluß auf alle Gebiete des Kunstschaffens nicht nur in Frankreich, sondern in fast ganz Europa. Diese ungeheuere Ausstrahlung von Formen hat erst in dem Zeitpunkt eingesetzt, als sich die Kathedrale das Zierliche der Kapelle einverleibt hatte. Ein innerlich kleines Format ist die Bedingung dieser weitreichenden Wirkungen.

Die damals von der Kathedrale ausgestrahlten Formen — das Maßwerk, die Wimpergbaldachine usw., vor allem die „Splitterflächen" — bilden das, was man fälschlich den „Einheitsstil der Gotik" genannt hat, und was in Wirklichkeit weniger die innere Gleichartigkeit eines echten Stils, sondern die Einheit einer gleichförmigen Formensprache ist. Die entscheidenden Stilströmungen der Zeit bilden sich nicht aus Summierungen des gotischen Formenvokabulars, sondern in lebendiger Auseinandersetzung mit dem *Ganzen* der Kathedrale (siehe Abschnitt X).

Daß diese Formensprache trotzdem aus *einer* Wurzel erwachsen ist, erkennt man daran, daß alle ihre typischen Einzelelemente — Maßwerk, Wimpergarkaden, Wimpergbaldachine, übergreifende Form, Glasmalerei — überall in Europa *gleichzeitig welken und sterben* und keine einzige von ihnen in die Kunst der „neuen Zeit" des 16. Jahrhunderts hinübergepflanzt werden konnte.

KAPITEL 137

Verwandlung am Innenbau: St. Denis II

Das Streben, den Innenraum *noch mehr* zu durchlichten, kann in der Hochwand nur noch *eine* Zone erfassen: das Triforium. In dem System von Chartres und Reims hatte es sich als dämmerndes Band — wie ein neutrales Gelenk — zwischen die Zone der Erdgeschoßarkaden und die leuchtenden Flächen der Hochwand geschaltet und eine wirksame Folie für diese gebildet. Jetzt wird — zuerst an dem 1231 begonnenen Neubau des Schiffs von St. Denis — auch die Rückwand des Triforiums durchfenstert; der ganze Hochraum ist nur mehr von leuchtenden Flächen verschiedenen Abstands umhüllt.

„Eine entwicklungsgeschichtliche Vorstufe für die Durchfensterung des Triforiums hatten die umgangslosen Chöre und die (inneren) Querschiff- und Westfronten ausgebildet, soweit hier ein Triforium durchgeführt war. Die dabei ganz natürlich erscheinende Auflösung der Außenwand wirkt erst im basilikalen Ganzen zersetzend" (Kubach).

Um Fenster in der Rückwand des Triforiums anbringen zu können, müssen die Pultdächer der Seitenschiffe in Satteldächer verwandelt werden, die am Fuße der Hochwand einen schwer zu entwässernden Graben bilden, in dem sich Schnee und Regengüsse stauen und die Hochwand mit zersetzender Feuchtigkeit bedrohen. Wie schon öfters in der Geschichte der Kathedrale wird ein nicht zu leugnender technischer Nachteil in Kauf genommen, um eine neue Idee durchzusetzen; diesmal ist der Nachteil besonders schwer und durch keine Verbesserung wirklich behebbar.

Künstlerisch bedeutet die angestrebte Verbesserung eine *Monotonie* in der Lichtführung und zugleich das Erreichen einer Grenze.

Gleichzeitig beginnt das Triforium in das Hochfenster aufzugehen. Aus dem sogenannten dreigeschossigen System von Chartres wird ein zweigeschossiges.

Die neue Lichtführung von Saint-Denis II übernehmen der Chor von Troyes (ungefähr zwischen 1230 und 40), das Langhaus von Châlons (ungefähr 1240-50), Beauvais (seit 1247), der Chor von Amiens (seit 1258), Séez, Clermont, Narbonne — kurz alle größeren Bauten aus der Mitte des 13. Jahrhunderts (Pfitzner).

Noch eine zweite Neuerung — wie die erste durchaus im Geiste der Zeit — hat St. Denis II gebracht, und auch sie hat sich stark durchgesetzt. Drei der fünf Dienste des Dienstbündels der Hochwand werden bis zum Fußboden des Baus heruntergeführt. Damit sind eindeutigere, rationalere Verhältnisse geschaffen als in dem vieldeutig-sublimen, subtil gestuften System von Amiens. Damit ist aber auch die Unterscheidung zwischen einem schwebenden „oberen" Bau und einem stehenden irdischen, die sich zum Gesamtbau der Kirche durchdringen, aufgegeben. Und aufgegeben ist im Erdgeschoß die antikische körperhafte Form der säulenhaften Rundpfeiler. Die „Arkadenpfeiler", an die sich die Dienstbündel lehnen, sind nicht mehr Rundglieder, sondern stehengebliebene Stücke der amorphen Wand. Im Vergleich mit dem klassischen System läßt sich diese Neuerung mit denselben Worten beschreiben, mit denen Pinder den Wandel in der Skulptur der zweiten Jahrhunderthälfte beschrieben hat: die Form „friert nach unten zu ein".

Der einförmigere, hellere und trockenere Geist dieser Generation ist auch in den Einzelheiten der Profile zu erkennen.

Der Meister des Neubaus von St. Denis ist Pierre de Montereau — der erste Kathedralenbaumeister, dessen Namen wir unumstritten kennen. Er ist 1266 gestorben und wohl um 1190 geboren. So wie dem führenden Meister der Pariser Musik von Zeitgenossen der Beiname „der Große" gegeben wurde, so wird jetzt auch der Architekt als „doctor" angesprochen: „Flos plenus morum, vivens doctor latomorum" (Gall 11).

KAPITEL 138

Verwandlung der Fassade: St. Nicaise in Reims

Auch der Architekt des zweiten führenden Baus dieser nachklassischen Stilstufe um 1230 ist bekannt, sein Grabstein erhalten. Es ist Hugues Libergier, gestorben 1263. Er hat den Bau der Kirche St. Nicaise, die den Namen des Schutzpatrons von Reims trägt, 1229 begonnen. An Größe rivalisiert sein Werk mit der Kathedrale. Die Bauarbeiten haben sich bis in das 14. Jahrhundert hingezogen; während der Revolution wurde der Bau abgebrochen. Seine Fassade ist durch einen Stich des Stechers Deson aus dem Jahre 1625 gut überliefert (Abb. S. 374).

Die Fassade verbessert die ursprüngliche „klassische" Fassadengestalt der zwanzig Jahre älteren Kathedrale im Geschmack der jüngeren Generation und verhält sich zu jener so, wie sich die Hochwand von St. Denis II zu der der Kathedrale von Reims verhält.

Das System ist durchaus festgehalten. Die auffallendste Abweichung tritt sofort hervor: das Motiv des großen Rundfensters steht noch in dominierender Mitte, aber es ist unselbständiger Teil eines riesigen Fensterwerks von mehrfach übergreifender Form geworden, das — in vergrößertem Maßstab — genau den

Fassade der zerstörten Abteikirche St. Nicaise in Reims

Fenstern des Hochschiffs und zwei kleineren Fenstern der Fassade entspricht, nur daß der Vierpaß dieser Fenster durch die Radform ersetzt ist. (Das Maßwerk bei Deson ist eine schwache Erneuerung des 16. Jahrhunderts.)

Wie im Inneren von St. Denis II sind auch hier die plastischen Werte nach Möglichkeit eliminiert. Zum erstenmal ist das aus der romanischen Wand übernommene Stufenportal aufgegeben, an seiner statt flankieren das Mittelportal zwei große Reliefs, die sich streng in der Fläche halten. Die einzige Vollplastik ist die Figur des hl. Nicasius am Mittelpfeiler.

Die Türme sind — nach dem Vorbild der oberen Galerie von Notre-Dame in Paris — durch zwei durchsichtige „Schleierarkaden" miteinander verbunden, die eine mit Maßwerk durchlochte Giebelplatte, Krönung des Mittelfelds, überschneidet. Die überaus zarten achteckigen Eckbaldachine der Türme erscheinen wie die umgeknickte Fortsetzung dieser von kleinen Spitzgiebeln gekrönten Arkaden.

Alles in allem ist mit der Streichung der Stufenportale, der Portalfiguren und der Königsgalerie die tiefsinnige Symbolik der „Porta Coeli", welche die Fassade wohl auch jetzt noch darstellt, zurückgedrängt. Ein konsequenter Formalismus hat gesiegt. Alles ist formal geschliffener, zierlicher, leichter und durchsichtiger, aber auch leerer, trockener und kühler. Das Werk bezahlt seine bedeutende „Stilreinheit" mit einer starken Einbuße an „Dichte", Kraft und Leben.

KAPITEL 139

Letzte Steigerung am Innenbau: Beauvais

So wie mit Saint-Denis II — unter den gegebenen Bedingungen der basilikalen Kathedrale — eine äußerste Grenze der Durchlichtung erreicht ist, die nicht mehr überboten werden kann, so wird mit der Kathedrale von Beauvais die technische Grenze des Hochstrebenden erreicht. Nach 1225 ist der Entwurf entstanden, 1247 wurde der Grundstein gelegt, 1272 war der Chor vollendet. Was überboten werden sollte, ist der Bau von Amiens, von dessen System der Entwurf ausgeht. Die Gewölbe über dem Mittelschiff waren in Senlis und Noyon 22 Meter hoch gewesen, in Laon 24, in Paris 35, in Chartres 37, in Reims 38, in Amiens 42. Jetzt sind sie 48 Meter hoch — der Dachfirst 68 —, bei einer Spannweite von 15,50 Meter, die größer ist als die aller anderen Kathedralen, ausgenommen allein die von Chartres. 48 Meter — das heißt, daß der Bau dreimal höher ist als mittlere großstädtische Geschäftshäuser (P. Meyer). Doch „in ihm ist kein neuer Gedanke mehr, nur der Übermut der abstrakten Formel, welche die äußerste Grenze des Möglichen erreichen wollte" (Dehio).

Mit dem Aufbau von Amiens verbindet Beauvais das neue System von Saint-Denis II: wie dort ist das Triforium durchlichtet, und die Dienste steigen — das Hinauf noch mehr betonend — in einem einzigen ununterbrochenen Strahl bis zum Ansatz der Wölbung. Die Steigerung der Proportionen ins völlig Unfaßbare ist höchst eindrucksvoll, aber doch schon hektisch.

Der Einsturz dieses gotischen Babelturms 1282 hat etwas Symbolisches. Die Wiederherstellung erschöpfte die Mittel, und eine Überbietung von Beauvais ist nicht mehr versucht worden. Doch kann kein Zweifel sein, daß — hätte die Technik es zugelassen — die Entwicklung noch weiter ins Übersteigerte gegangen wäre. Die Phantasie der Dichter führt sie in dieser Richtung weiter: in den Gralsbau des „Jüngeren Titurel", welcher ungefähr gleichzeitig mit der Vollendung von Beauvais entstand, und in der alles weit überbietenden Phantasie eines Marientempels (Kapitel 22) erreichen diese Himmelsbilder real kosmische Maße. Mit Beauvais sind wir an der Schwelle einer gotischen Megalomanie, welche die Romanik in diesem Sinn nie angestrebt hatte.

Hier gibt es nun wirklich etwas wie einen dialektischen Umschlag: aus dem Über-Großen ins Kleine. Vergessen wir nicht: die Steigerung der Lichtfülle und der Steilheit des Raums sind nur Mittel, nicht Ziel. Ziel ist, den Himmel der Vorstellung noch sinnfälliger vorzustellen, sein Erlebnis noch näher zu bringen. Da nun die Mittel an der Grenze sind, wird das gleiche Ziel auf einem neuen, der Zeit gemäßeren Weg gesucht.

Das letzte Kapitel der Entfaltung der Kathedrale spielt am selben Schauplatz wie das erste: mit Beauvais—Saint-Denis hatte sie begonnen, mit Saint-Denis—Beauvais endet sie.

B

Die Kapelle

KAPITEL 140

Die Blütezeit der „capella vitrea": Sainte-Chapelle von Paris

Seit den vierziger Jahren des 13. Jahrhunderts ist zum erstenmal die führende „Formgelegenheit" (Pinder) nicht mehr die Kathedrale, sondern jener Typus der Kapelle, der durch die 1243-1248 erbaute Hofkapelle Ludwigs IX., die Sainte-Chapelle von Paris geschaffen und verkörpert wird. An diesem im

Verhältnis zur Kathedrale kleinen Bau werden jetzt jene modernen Gedanken am reinsten entwickelt, die eine neue Phase der Gotik einleiten.

Die Saintes-Chapelles (Paris, Saint-Germain-des-Près, Saint-Germain-en-Laye, St. Germer, erzbischöflicher Palast in Reims usw.) sind gleichsam je ein verselbständigter Teil einer Kathedrale. Man könnte sie sich durch Einziehen eines Fußbodens in der Höhe der Sohle des Triforiums aus einem Hochchor entstanden denken. In Wirklichkeit war — nach normannischem und englischem Vorbild — schon am Chor von Amiens (seit 1220) im Kranze der Chorkapellen *eine* — die in der Mittelachse — zu einem Unserer Lieben Frau geweihten Kultraum eigener Art ausgewachsen, der nicht nur, wie es die Chorkapellen seit jeher getan hatten, den Altar und den Zelebrierenden aufnimmt, sondern einer größeren Gemeinde Raum bietet: eine kleine Kirche an der großen (Schneider 144-45). Die Sainte-Chapelle von St. Germer liegt, unverbunden, in der Achse des Kirchenchors, als hätte sie sich aus ihm abgesondert.

Mit symbolischer Klarheit drückt diese neue Form die durch die Liturgiegeschichte erhärtete Tatsache aus, daß das Schwergewicht des Kults sich jetzt gewissermaßen in die Peripherie zieht und die Einzelheiten wichtiger zu werden beginnen als das Ganze. Die Kapelle ist der sichtbare Ausdruck der Loslösung kleiner, durch Berufs- und Familienbeziehungen bestimmter Gruppen aus der allesumfassenden Gemeinschaft der Kathedrale, und für „das Aufkommen immer neuer Gattungen der individuellen Andacht und des privaten Gebets . . . ., Neuerungen, wie sie schließlich auch im Kultgebäude in der zunehmenden Vorliebe für seitliche, den Kirchenraum begleitende Kapellen und für intime, eng umhegte Andachtsstätten ihren Ausdruck gefunden haben" (Weise 132-33).

Die Sainte-Chapelle von Paris ist nicht nur Paradigma eines Umschwungs ins Kleine und Nahe, sondern bahnbrechend für das Neue, das jetzt beginnt.

Sie führt, abgesehen von ihrer Kleinheit, die Tendenzen der Kathedrale auf den Gipfelpunkt: denn sie erreicht ein Maximum an Durchlichtung, an Vereinheitlichung des Raums nach Grund- und Aufriß und an äußerster Sublimierung des Materials. Das Hochfenster — das ist aber die restlos „verklärte" Mauer — beherrscht den Eindruck. Was an der Kathedrale nur einer unter anderen Aspekten war, wird jetzt einseitig herausgetrieben: im Innenraum ist der Steincharakter ganz geleugnet und alles ins Edelsteinhafte und Edelmetallene verwandelt. Man hat mit Recht den Schreincharakter dieses Innenraums betont, in dessen kultischem Mittelpunkt ein zweiter Schrein die kostbaren Reliquien weithin sichtbar umschließt, denen die Kapelle ihre Entstehung verdankt.

Die neue Haltung läßt sich, wenigstens in ihrem Kern, im Formalen und im Menschlichen mit einem einzigen Wort bezeichnen, es ist: das *Preziöse*.

Nur so ist es zu verstehen, daß zum Beispiel der roten Farbe, welche die Säulen der Arkatur überzog, kleine Spitter aus Glas und Spiegelglas beigemengt waren — ein Zug, der uns sonst als absurde Spielerei erscheinen müßte. Sie sollten ein Glitzern hervorrufen, als wäre der Bau mit Edelsteinen übersät, der Stein mit Edelsteinen durchwachsen. Wie der Effekt in Wirklichkeit war, kann man sich schwer vorstellen. Überhaupt ist alles getan, um die niedrige Sockelzone, die einzige, die nicht im Edelsteinglanz der leuchtenden Wände strahlt, der sublimen Stofflichkeit dieses herrschenden Materials anzugleichen. So heben sich die Märtyrerszenen, die die Vierpässe der Arkaden einnehmen, zum Teil von einem Grund ab, der durch Glas gebildet wird, das dunkelblau untermalt und durch Goldornamente in seiner Glanzwirkung gesteigert war. Ja sogar hinter den skulpierten Engeln der Arkaden-Zwickel sind solche Glashintergründe angebracht. Ihre Aufgabe ist es, zwischen dem farbig getönten Stein und dem Edelsteinglanz der Fenster zu vermitteln. Diese Effekte, die für unser Gefühl in gefährliche Nähe eines Flitterwerks führen, verraten wie nichts anderes die Absicht, *allen* Teilen des Baus das Lichte und Leuchtende edler verklärter Stoffe mitzuteilen.

Dabei ist die Himmelsbedeutung der Kathedrale durchaus festgehalten. Die Gewölbe der Baldachine waren mit goldenen Sternen auf blauem Grund besät, die Rippen vergoldet.

In den Tafeln der Fenster, die aus sehr kleinen Scheiben bestehen, herrscht der Dreiklang der nun *hell*blauen Himmelsfarbe mit Scharlachrot und Gold; daneben gibt es als „Oberstimmen" Gelb, zwei Violett, zwei Grün, ein grünliches Weiß. Auch die Sainte-Chapelle ist ohne jeden theologischen Kommentar als Bild des Himmels zu erkennen, freilich eines Himmels, der das Unermeßliche der Kathedrale abgestreift hat und „intim" geworden ist.

Den Eindruck dieser „cage de verre lumineuse" umschreibt eine spätere Interpolation zu einer deutschen Dichtung der Mitte des 13. Jahrhunderts. Neben einem Palast — wie die Sainte-Chapelle auch — erhebt sich, nicht von Menschenhand gebaut, die „*capella vitrea*" (Lichtenberg):

> „die kappel die ist glesin
> gar sichtig und gar vin
> oben und neben über all:
> das glass ist sterker dann der stal."

Der einfache Außenbau trägt wie die Kathedrale das Christussymbol des Radfensters. Seine ursprüngliche Gestalt ist auf einer
Miniatur der „Très riches heures" des Duc de Berry in Chantilly
zu sehen. Noch die neue Fensterrose des 14. Jahrhunderts unterstellt ihre Bilder der Himmelsvision der Apokalypse: ausgehend
von der Mitte, wo der Menschensohn auf einem Regenbogen
thront, und endend in einem Feld mit der „vision dorée" des
Himmlischen Jerusalem.

Neu ist das Erscheinen von Baldachinstatuen im Innenraum:
in Frankreich kennt sie vor der Sainte-Chapelle nur der Chor
der Kirche von Montierender. Unter ihren Baldachinen an den
Diensten, wie jene ursprünglich ganz vergoldet, stellen sie die
Apostel dar und erklären die Träger des Himmelsgewölbes, an
denen sie befestigt sind, als Symbole der Zwölf — noch immer
derselbe Gedanke wie an der „ersten Kathedrale" in St. Denis.

Alle Ausstattung dieses Raumes nimmt teil an der Qualität
des Preziösen, an der Verkleinerung des Formats und einem „in-
timeren" Verhältnis zum Betrachter. Ganz besonders gilt das für
die neue Form des Buchs und für die neue Buchillustration, die
erst jetzt „Miniatur" in dem engeren Sinn einer zierlichen Klein-
malerei wird. Sie setzt sich „schroff gegen die vorangehende Stil-
richtung ab"; Vitzthum hat *englische Vorstufen* vermutet. Ihr
Hauptwerk ist das Evangeliar der Sainte-Chapelle.

KAPITEL 141

Das Aufkommen der „Splitterflächen"

Auch die Splitterfläche, die jetzt erst am Außenbau erscheint,
stammt aus der verfeinerten und preziösen Welt der „Kapelle".
Sie verdichtet in einer einzigen formelhaften Form die Neigung
zum Flächigen, Durchbrochenen, Schlanken und spitzenhaft
Filigranen. Sie ist ihrer Funktion wie Erscheinung nach Verkörperung des *„Zierlichen"* (des Zierenden und des Gezierten)
schlechthin und als dichtester Ausdruck der Zeittendenzen von
unbegrenzter Wirkung auf das Kommende, die über *Jahrhunderte* reicht. Es gibt in der Geschichte der Kunst nur wenig
Formen, die sich so sehr nach allen Richtungen und in allen Dimensionen verbreitet haben. Ihre Schöpfung macht Epoche: sie
ist — wie das Maßwerk — hochgotische Leitform par excellence
(Abb. Seite 67). „En réalité les arcatures gablées, inconnues à
l'époque romane" — und, füge ich hinzu, unbekannt auch der
Frühgotik und der klassischen Stufe — „sont une véritable
création des architectes gothiques" (Lefèvre-Pontalis).
Nach Lefèvre-Pontalis wäre „le véritable créatur des arca-

tures gablées *à jour* Jean de Chelles", der Erbauer der Querschiff-fassaden von Notre-Dame, die seit 1258 entstanden. Marcel Aubert nennt als die frühesten Beispiele die Giebel an den seitlichen Kapellen von Notre-Dame, die seit 1235 im Bau waren; dabei kann man am Übergang von den älteren Kapellen am südlichen zu den jüngeren am nördlichen Querschiff die frühe Entwicklung der Form klar verfolgen. Nach 1243 und vor 1248 erscheinen sie an der Sainte-Chapelle. Ich sehe nicht, daß an irgendeiner der Kathedralen ein früheres Beispiel nachzuweisen wäre. Sie gehören nicht nur ihrem Charakter nach zur Welt der Kapellen, sondern sind auch historisch an ihnen aufgekommen.

Der Versuch Viollet-le-Ducs, ihre Entstehung aus technischen Überlegungen zu erklären, wurde von P. Abraham mit Recht vernichtend kritisiert. Diese Formen sind nicht nur so unpraktisch wie nur möglich, sondern sie geben den von ihnen besetzten Bauten eine Gebrechlichkeit, wie sie keine andere Architektur besitzt. Ihre Werkstücke müssen von Zeit zu Zeit ausgetauscht und erneuert werden, so daß Bauten dieser Art, angefangen von ihrer Entstehung bis auf den heutigen Tag, immer wieder im Gerüst stehen. Die unglaubhafte Form der „gâbles vitrés", die in das Maßwerk der Splitterfläche am Außenbau (!) kleine farbige Glasscheiben einsetzt — sie erscheint schon zwischen 1262 und 1265 an St. Urbain von Troyes — würde allein schon zeigen, daß diese Form den Auftrag hat, den Außenbau in ein völlig unwirkliches Gespinst zu hüllen und ihm märchenhafte Züge eines überirdischen Baues anzudichten.

Der Hergang der Entstehung ist nur zu begreifen, wenn man Struktur und Funktion der Form verstanden hat, welcher mit der Bezeichnung „Wimperg" nicht beizukommen ist (vgl. oben Kapitel 14). Viel besser ist die französische Benennung „arcatures gablées". Sie läßt erkennen, daß dieses Gebilde aus *zwei* Bestandteilen besteht: aus einer Arkade, die, wie die der Fenster gebaut, zunächst auch gar nichts anderes ist als die Außenform des Fensterwerks, und aus einem „Wimperg" (gable). Es kann daher auch nicht früher erscheinen, als das Fensterstabwerk voll ausgebildet ist, also frühestens nach den Fenstern von Reims. Im „Musterbuch" des Villard de Honnecourt kommen zwar Giebelformen vor, aber noch keine wirkliche „arcature gablée". Auch an der Fassade von St. Nicaise sind die Giebel noch „aufgesetzt", nicht mit der Arkade verwachsen.

Für das zweite Element, den Giebel, gibt es verschiedenartige Vorformen. Unter diesen ist die weitaus wichtigste jene, die Lefèvre-Pontalis an Turmkronen des Limousin und über Portalen aus dem Beginn des 12. Jahrhunderts im Gebiete Aisne-Oise-Somme nachgewiesen hat. Dort löst sich — bei noch ganz

Kapelle von Vincennes

„romanischer" Struktur der Wand — die vorderste Wandplatte in auffallend steilen Spitzgiebeln von der Wandunterlage und steigt, oft mehrere Stockwerke überschneidend, als dünne flächige Spitze frei empor wie die Zinke einer Spitzenkrone, schon in derselben Art wie an der Sainte-Chapelle. Erstaunliche Beispiele solcher früher Spitzgiebel z. B. an der Kirche von Vernon (siehe Lefèvre-Pontalis) um 1150, das älteste Beispiel an dem Portal in Rhuis. Im weiteren Sinn ist die genetische Vorbedingung für das Entstehen dieser Form die „Plattenstruktur" der westromanischen Wand überhaupt, die erstmals Peter Meyer klar charakterisiert hat.

Die Verbindung von Giebel und Fensterarkatur zur Einheit dieser neuen Form kommt zuerst dort zustande, wo die Fläche des Außenbaus durch Strebepfeiler und polygonale Brechung in schmale hohe Fensterfelder zerfällt war; erst später werden auch einheitliche Flächen in Reihen von Splitterflächen aufgelöst.

Die reiche Entfaltung des Motivs an den Fassaden sei wenigstens durch zwei Beispiele angedeutet: die Fassade der „Sainte-Chapelle" von Saint-Germer, erbaut zwischen 1259-66, mit ihrem ganz durchbrochenen Giebel, und die prachtvolle der „Sainte-Chapelle" von Vincennes, wo drei große Splitterflächen, immer eine größer als die andere, sich hintereinander hervorschieben, das mit Laon aufgekommene Prinzip der „Teleskop"-Geschosse ins rein Flächenhafte übertragend (Abb. Seite 381).

Die universale Anwendbarkeit dieses Motivs innerhalb der Gotik beruht darauf, daß es wie kein zweites die Mauer zu einer „Gittertafel aus Steinfiligran" sublimiert (Peter Meyer). Dann aber darauf, daß es an und für sich eine bedeutungshafte, auszeichnende Form ist. Wie Peter Meyer scharfsichtig erkannt hat, kommt ihr *etwas Monstranzenhaftes* zu. Kraft dieser Eigenschaft kann sie als verklärender Rahmen um Statuen oder Bilder, über Altar oder Sessio und überhaupt um alles, was *„gezeigt"* werden soll, erscheinen: *sie wird zur „Monstranz" im eigentlichen Sinne des Wortes.* Beim Übergang zur flächigen Struktur der späteren Gotik übernimmt sie in der Fläche oft dieselbe oder eine ähnliche auszeichnende Funktion, die früher das räumliche Gebilde des Stadtkronenbaldachins inne hatte. Ja es hat den Anschein, daß ihr manchmal als pars pro toto geradezu Himmelsbedeutung zukommt. Jedenfalls hat sie — in ihren zahllosen Abwandlungsformen — für die Gotik von 1250 bis ins 16. Jahrhundert hinein extensiv eine ähnliche Bedeutung, wie die Säulenordnungen und die „Würdeform der Säule" (Evers) für Hochrenaissance, Barock und Rokoko oder die Arkade für die Spätantike.

KAPITEL 142

„La cour céleste"

Man müßte nichts von der Wandlung des dichterischen Himmelsbildes wissen, um aus der Existenz eines Werks wie der Sainte-Chapelle allein zu erschließen, daß die Vorstellung vom Himmel sich in dieser Zeit — noch näher gebracht — ins Intime und Höfische gewandelt haben muß.

Dieses zu erwartende Himmelsbild findet sich denn auch überall in der zeitgenössischen Literatur. Reiches Material dazu hat G. Weise zusammengetragen; leider ohne genügende Beachtung der Chronologie.

Es herrscht jetzt das Bild, das den Himmel als „cour de ciel" ausmalt und ihn dabei oft bis ins Peinliche travestiert. Eines der typischsten Beispiele aus dem Bereich der französischen Literatur des späteren 13. Jahrhunderts ist das Gedicht „La cour de paradis". „Ganz nach dem Vorbilde der irdischen Hoffeste wird erzählt, wie Gott am Feste aller Heiligen die Himmelsbewohner durch den hl. Simon zu einem großen Hoffeste im Paradiese einladen läßt. Zuerst erscheint die große Zahl der Engel und Erzengel mit Gabriel an der Spitze. Sie begrüßen Christus, der neben seiner Mutter sitzt. Ihnen folgen die Erzväter, die Apostel, die Märtyrer, die Bekenner, die unschuldigen Kindlein, die heiligen Jungfrauen, die frommen Witwen, zuletzt die verheirateten Frauen, die in Liebe und Treue zu ihrem Gatten lebten. Das Fest beginnt. Christus mahnt zur Fröhlichkeit. Petrus muß Sorge tragen, daß kein Ungebetener ins Paradies kommt. Auf Christi Aufforderung beginnt Maria gemeinschaftlich mit Magdalena zu tanzen und zu singen: „Tuit cil qui sont enamourez viegnent danssier, li autre non." Die fröhlichste Stimmung verbreitet sich. Die vier Evangelisten blasen auf Hörnern von Gold und Silber. Die Engel tragen süßen Weihrauch umher. Christus ergreift die Hand der Maria, tanzt und singt ein Liedchen: „Qui sui je donc, regardez moi, et ne me doit on bien amer?" Maria bemüht sich, ihrem Sohn möglichst zu Gefallen zu sein. Sie faßt die herabhängenden Enden ihres Kleides und tanzt und singt: „Agironées depart mes amors agironées" (Becker).

Verwandte Darstellungen gibt es bei Guillaume le Clerc, Gautier de Coincy, in dem „Tornoiement Antecrit" und in der englischen Literatur. „Irdische und himmlische Liebe fließen ineinander. Die starren sakralen Formen sind gebrochen. Gott wird nicht mehr wie in der angelsächsischen Zeit in erster Hinsicht als Schöpfer verehrt, als der erhabene „metod" und der strenge „dryhten", er ist vielmehr so galant geworden, daß er von seinem Thron aufsteht, wenn die Jungfrauen singen; vor seinem

Herrschersitz wird musiziert, sogar getanzt, und auf die Dauer geht es ihm wie dem König Artus, der gegenüber Guinevre, Gawain, Lanzelot und seinen anderen Rittern das Interesse ganz einbüßt: Maria, Jesus und die Heiligen drängen ihn in den Hintergrund" (Schücking).

Dieses neue Bild des Himmels, mit seiner mondänen Verfeinerung und Verniedlichung, zeigt, daß der *kleine* Maßstab auch der bildenden Kunst nicht zufällig, von der Bauaufgabe her bestimmt, sondern ganz allgemein Ausdruck der *inneren* Gesinnung dieser neuen Stufe ist.

Sie äußert sich sehr früh schon in den Apostelgestalten der Sainte-Chapelle, die ohne Zweifel früher entstanden sind als die bekannten Werke des Josephsmeisters von Reims. Mit Recht hat Weise hier den „Einschlag raffinierter mondäner Zierlichkeit und Eleganz" gesehen, die im Leben wie in der Kunst, von dieser Generation angefangen, die großgesinnte Idealität der klassischen Stufe in ganz neue Kategorien umgießt: die des Anmutigen, Eleganten, Raffinierten, und als Zentralwert immer wieder den des *Preziösen*.

Von der Versinnlichung des Himmels und der Himmlischen ist diese Stufe zu seiner „Vergegenwärtigung" — das heißt seiner vollständigen Angleichung an die verfeinerten Lebensformen der damaligen „Gegenwart" — übergegangen. Für die neuen Formen der Manteldrapierung, die freilich sehr bald unter dem Einfluß abstrakter Tendenzen zu einer kaum noch die Wirklichkeit berücksichtigenden Idealgewandung erstarrt ist, läßt sich die ursprüngliche Übereinstimmung mit der zeitgenössischen Mode erweisen, ebenso für die Bildung des Leibes und der Köpfe, für die Art sich zu geben und zu gehaben, für das konventionelle Lächeln. „Wie stark das mondäne Ideal einer zierlichen Verfeinerung und einer sorgfältig stilisierten gepflegten Eleganz" die neue Stilstufe der vierziger Jahre und die ihr folgenden bestimmt hat, das können gerade die Apostel der Sainte-Chapelle zeigen: „mit den feingeschnittenen Zügen, den geringelten Locken und Bärten sowie dem stets gleichbleibenden freundlichen und verschmitzten Lächeln" (Weise 110).

Die auf dieser Stufe vollzogene Säkularisation des Himmels erreicht Grade, die auch von der „Frivolität" des Rokoko kaum überboten worden sind. Sie läßt es als durchaus begreiflich erscheinen, daß im 14. Jahrhundert in Frankreich die entscheidende Entwicklung der Kunst sich überhaupt nicht mehr an den Kirchen abgespielt hat, sondern an den Königs- und Fürstenhöfen, in den Königs- und Fürstenschlössern und hier besonders in der privaten, „intimen", gewissermaßen weiblichen Sphäre des Schlosses.

KAPITEL 143

Wandlung der Musik: Die Motette

Eine überraschende Parallele zur Entstehung der „Kapelle" in dem hier umschriebenen Sinn bildet die Entstehung der musikalischen Kunstform der „Motette".

Wie die Kapelle sich zunächst gewissermaßen im Rahmen der Kathedrale bildet und dann als selbständige Form aus dem Gesamtbau der Kathedrale herauslöst, so bildet sich die Motette im Rahmen der ungleich umfassenderen Form des „Organums", löst sich aus ihm heraus, durchsetzt sich wie die Kapelle mit weltlichen Elementen und wird endlich gänzlich verweltlicht. Auch Zeit und Ort dieses Vorgangs sind die gleichen. Er vollzieht sich in der Pariser Schule, setzt ein zu Beginn des 13. Jahrhunderts, erzeugt die neue Form der kleinen zweistimmigen Motette um die Mitte des 13. Jahrhunderts. Im 14. Jahrhundert folgt ihre Verweltlichung.

Im Rahmen des drei- und vierstimmigen Organums jener Form, die mit Perotin erreicht worden war, wurde — wohl in der auf Perotin folgenden Generation—eine Wirkungssteigerung durchgeführt: der Tenor sang wie im alten Organum *eine* oder wenige liturgische Textsilben einer Melodie, die Oberstimmen sangen aber dazu dieselbe Melodie nicht nur in einem anderen rhythmischen „Modus", sondern mit einem ihr geschickt unterlegten selbständigen Text, der in den Zusammenhang des ganzen Organums paßte.Der Tenor verkörpert mit oft weit gedehnten Vokalen einzelner Silben, Wörter, kurzer Phrasen die zugrundeliegende tiefste Stimme. Das Wort Motetus bezog sich zunächst auf die darüberliegende Kontrapunktstimme (früher duplum oder auch discantus genannt); sein neuer Text führt zunächst — allenfalls zusammen mit weiteren Oberstimmen (triplum und quadruplum) — das „mot" weiter aus. Mit diesem Text wurde die Motette im Organum vorgetragen, oder — erste Stufe der Verselbständigung — auch losgelöst vom Organum, als *selbständige* „Motette".

Die Motette blieb nicht lange auf diese drei- und vierstimmige Form beschränkt,auch nicht lange auf Kompositionen liturgischen und geistlichen Charakters. Bald bemächtigte sich auch die weltliche französische Kunst der Motettenform. Sie schuf daraus zuerst in Nachahmung lateinischer Vorbilder, später aber in origineller vielgestaltiger Weiterbildung:

Erstens die geschmeidige, bewegliche lebhafte Form der kleinen französischen *zwei*stimmigen Motette — ein französisches Lied mit begleitender Baßstimme (anderen Modus?). Diese war zunächst noch immer dem liturgischen Melodienschatz entnommen, hier aber wahrscheinlich rein instrumental vorgetragen. Zweitens die duettierende, gelegentlich sich auch zum Terzett erweiternde Doppel- und Tripelmotette mit der gleichen Begleitung — *das erste große mehrstimmige Repertoire von rein weltlichen Werken in der Musikgeschichte!*

In der zweiten Hälfte des 13. Jahrhunderts gelangen die lateinische und französische Motette zur absoluten Vorherrschaft, ja vielfach Alleinherrschaft auf dem Gebiete der mehrstimmigen Musik.

Im 14. Jahrhundert steht die Weiterentwicklung der mehrstimmigen kirchlichen Musik eine zeitlang still, ja sie wird sogar künstlich gehemmt. Aus der alten Conductus- und Motettenform entstehen neue, wesentlich weltliche, mehrstimmige Kunstformen zunächst in verschiedener Entwicklung in Frankreich und Italien. Sie werden während des ganzen 14. Jahrhunderts vielfach ausschließlich gepflegt. Dadurch trägt die moderne mehrstimmige Musik des 14. Jahrhunderts einen vorwiegend und vielerorts sogar ausschließlich weltlichen Charakter (H. Schroll).

Hand in Hand damit geht die weitere Steigerung des sinnlichen Charakters dieser Musik; ja *„die Steigerung des Affektmäßigen zu visueller Gegenständlichkeit"*. Sie betont in dieser Zeit der englische Philosoph Roger Bacon (1214-1294), indem er erklärt, daß instrumentale und vokale Kunst erst dann zur vollen sinnlichen Ausdruckswirkung gelangen, wenn sie von mimischen Gebärden und körperlichen Bewegungen begleitet seien. Im 14. Jahrhundert berichtet der Theoretiker Simon Tunstede (gest. 1369), „daß manche beim Singen bald emporschnellen, bald sich zusammenkrümmen, gleichsam als seien sie vom Fieber geschüttelt; sie drehen sich während des Singens herum und achten darauf, ob sie wohl *gesehen* würden, um möglichst viel Lob von den Zuschauern einzuheimsen" (R. Ficker).

Diese ganze Entwicklung ist nicht nur eine erstaunliche Analogie zur Entwicklung der Kapelle aus der Kathedrale — bezeichnend auch die Mischung von liturgisch-geistlichen und weltlichen Elementen am Beginn dieser Form —, sondern man darf mit hoher Wahrscheinlichkeit annehmen, daß diese Form sich mit und für die „Kapelle", in der Sphäre des französischen Königshofs, gebildet hat. Und so wie die Kapelle ihre eigentliche Nachfolge in der rein profanen Kunst der französischen Königs- und Fürstenschlösser des 14. Jahrhunderts hat, ist auch die Verweltlichung der Musik auf dem gleichen Wege erfolgt.

KAPITEL 144

Die Umwertung der Skulptur: Die Wimperg-Baldachine

Die neue Tendenz ist in der Skulptur auch jetzt an dem Gestaltwandel der Skulpturbaldachine mit höchster Prägnanz zu verfolgen. Die reich individualisierten Stadtkronenbaldachine, die wie schöne kleine Zentralbauten wirkten, verschwinden um 1250 wie mit einem Schlage und machen wenigen typisierten, einförmigen Bildungen Platz. Unter diesen ist die charakteristischste eine Form, die ich mit einem ohne weiteres verständlichen Ausdruck „Wimpergbaldachin" nenne. Auch für diese Form ist, wenn schon nicht die Sainte-Chapelle von Paris selbst, so doch die Formensprache der „Kapellen" Voraussetzung. Die frühesten Beispiele, am Westportal von Amiens, sind um 1240.

Diese Form gibt — recht betrachtet — den genauesten Kommentar zur Wandlung der Skulptur.

Sie ist formelhaft typisiert, konventionell — wie auch das Menschenideal und die seelischen Äußerungen auf dieser Stufe abgeschliffenen typisierten gesellschaftlichen Formen zustreben, wie auch in der Dichtung die Darstellung des Menschen „keine individuelle Charakteristik zu geben versucht, sondern sich stets mit den gleichen typischen ideal-körperlichen Vorzügen begnügt" (Weise 58).

Die „symbolische" — anschauliche — Hinweisung auf die Himmelsstadt ist aufgegeben; nur in einem ganz allgemeinen farblosen Sinn ist die Bedeutung „Krone" geblieben.

Die Form mit ihren mehr und mehr miniaturhaften Einzelheiten ist „zierlich" in dem erörterten Sinn, verfeinert und gefällig.

Sie ist von auffallender Klarheit — und „clair" ist eine Lieblingskategorie dieser Zeit —, durchsichtig und leicht durchschaubar, ohne das Geheimnisvoll-Visionäre der Stadtkronen. Sie ist ausdrucksloser, trocken, ohne Dynamik und wirkt kristallisch kalt.

Der achteckige Grundriß ist beibehalten und bedeutet, daß auch die Figur ihre Körperlichkeit behält. Aber die Betonung der Mitte wird schwächer, die Zentralmotive der neuen Baldachinform sind oft auffallend schlank und ohne rechte Verbindung mit dem Wimpergkranz. Bald werden sie ganz wegfallen: Symptom dafür, daß hier, wie an den bekrönten Figuren — wie überhaupt — das Schwergewicht vom Kern an die Peripherie verlegt wird, das heißt an der Statue vom leibhaften Kern in die Gewandfalten. Und im selben Maße wird auch das Seelische „oberflächlich".

Notre-Dame in Paris, Querschiff-Fassade

Jeder dieser Züge des „Wimpergbaldachins" ist also getreuer Reflex entsprechender Eigenschaften der neuen Formensprache der Skulptur und zugleich in voller Übereinstimmung mit dem Wandel der Wortsprache, der sich in dem Aufkommen neuer Lieblingswörter spiegelt (Weise).

C

Die Kathedrale in der Auseinandersetzung mit der Kapelle

KAPITEL 145

Die Kathedrale in der Auseinandersetzung mit den neuen Tendenzen
Verwandlung des Außenbaues

Sofort nach Erscheinen der neuen Formen in der Kleinwelt der „Kapelle" treten die großen im Bau befindlichen Kathedralen in eine Auseinandersetzung mit den modernen Ideen ein. Es ist freilich durch Zufälle bestimmt, in welcher Weise und an welchen Bauteilen sich diese Auseinandersetzung vollzieht. Im allgemeinen aber kann man sagen, daß die Kapelle der Kathedrale für den Innenbau kaum etwas zu geben hat — hier treibt sie höchstens die Verwandlung umgangsloser Chöre in „Glas-Laternen" auf die Spitze (Beispiel: Saint-Martin-aux-Bois, um 1280) — wohl aber für den Außenbau. Und daß die neuen Motive in der körperhaften Sockelzone der alten Kathedralen im allgemeinen zersetzend wirken, während sie ihrer Natur nach von den oberen Partien der Kathedrale assimiliert werden. Da bringt vor allem die „Splitterfläche" die letzte große Verwandlung der äußeren Erscheinung der Kathedrale. Es ist gelungen, dieses Motiv für das System der Kathedrale in ungeahnter Weise fruchtbar zu machen. Es hüllt den Körper der Kathedrale in den Kristallmantel eines völlig überwirklichen Gespinstes.

Für diese Auseinandersetzung einige konkrete Beispiele:

An Notre-Dame von Paris wird seit 1258 die Fassade des südlichen Querschiffs von Jean de Chelles neu errichtet. Hier erscheinen die neuen Ideen in radikaler Form für eine Architektur in großen Dimensionen entwickelt (Abb. Seite 388).

Den Aufbau im Großen, der geradezu einen neuen Typus der Fassade begründet, hatte die analoge Querschiffsfassade von Saint-Denis II festgelegt. Noch immer schieben mehrere Geschoß-Flächen sich hintereinander hervor, aber die Stufung ist ganz seicht, und man muß genau zusehen, um zu erkennen, daß sie nicht in *einer* Fläche liegen. Nur die unterste Zone blättert durch ihre steilen Wimpergzacken deutlich ab; sonst sind Splitterflächen und Wimperge nur benutzt, um den rahmenden Strebepfeilern wenigstens stellenweise das Opake zu nehmen. Nur im obersten Geschoß bilden Splitterflächen an den Flanken filigrane Wimpergbaldachine. Das riesige Sonnenfenster — Musterbeispiel eines „style rayonnant", in dem sich schon die Kurven des „flamboyant" vorbereiten — geht in eine *Blütenform* über. Ob man es hier schon als „Rose" sehen und die Rose in mystischer Gleichsetzung auf Maria beziehen darf, ist durch die sorgfältigen Untersuchungen von H. Mersmann nicht entschieden.

Diese Fassade hat Epoche gemacht: sie ist der Prototyp einer ganzen Gruppe französischer und europäischer Fassaden der Hoch- und Spätgotik, an geschichtlicher Bedeutung für das spätere 13. und 14. Jahrhundert mit der zu vergleichen, die Laon für die erste Hälfte des 13. Jahrhunderts hatte. —

In Amiens war beim Auftreten des „neuen süßen Stils" die Fassade des 13. Jahrhunderts schon bis zur Höhe des zweiten Stockwerks ausgebaut; die oberen Teile sind erst später dazu gekommen.

Die sehr folgenreiche Leistung von Amiens auf dieser Stufe ist es, das Motiv der „Splitterfläche" für die Gestaltung der Strebepfeiler fruchtbar gemacht zu haben. Sie verwandeln das Prisma ihres Mauerkerns in einen Kristall aus Splitterflächen oder in eine Kristalldruse aus solchen, wobei die einzelnen schlanken Kristalle, unübersehbar an Zahl, in Stufen hintereinander in die Höhe schießen. Die Nachfolge dieser neuen Strebepfeilerform ist Legion (Tafel VI).

Dieser Stufe der äußeren Erscheinung der Kathedrale am Chor entspricht — nicht in den konkreten Einzelheiten, aber in ihrer neuen Gesinnung — der neuen Fassung des Himmelsbilds in der Dichtung des späteren 13. Jahrhunderts. „Das Himmelsbild wird ... sowohl durch Allegorisch-Gedankliches als durch Anschaulich-Sinnliches" — und, füge ich hinzu, gerade auch durch das Auseinandertreten dieser Elemente — „noch weiter als bisher zerdehnt und subjektivistisch zersetzt" (H. Lichtenberg). „Parallel zur eindruckssteigernden *Häufung* durchempfundener *Einzelheiten* der Himmelsstadt suchen auch die Schilderungen der profanen Stadt Details überschwenglich zu häufen."

Die Übertragung des Motivs der *Splitterfläche in den Innenraum,* wo sie zuerst im Triforium des Chors als Blendform erscheint, zeigt, daß das Gefühl für die Feinheiten der Struktur im Schwinden ist. Das Membranartige der Innenwand wird durch die Applizierung einer zweiten dünnen Wandschicht nur gestört. Später baut man die Innenfassaden mit diesem Motiv in einer Weise aus, als wären sie Außenfronten; ein auffallendes Beispiel ist die innere Querhausfassade von Meaux. —

Gerade umgekehrt wie Amiens hat die Kathedrale von Reims ihr Chorpolygon und die Langseiten noch in klassischer Form ausgebaut, und die Auseinandersetzung mit dem Neuen vollzieht sich an der Fassade, die seit ca. 1260 nach einem neuen Gesamtplan geführt wurde, nachdem man schon früher einzelne stückhafte Verbesserungen versucht hatte.

So hat man — der mit St. Denis II aufgekommenen Tendenz zur Durchlichtung der letzten Wandreste folgend — die Tympana der Portale durch Glaslünetten ersetzt. Das Motiv, vom Innenraum her gedacht, ist als Symptom interessant; für das Kunstwerk der Portalzone bedeutet es künstlerisch und ikonologisch einen schweren Verlust.

Mit dem neuen Plan der Fassade, der auf den vierten Baumeister Bernhard von Soissons zurückgeht, zeigt dann Reims, was an der Fassade mit dem neuen Motiv der Splitterfläche zu erreichen ist. Hier ist die Möglichkeit dargetan, kraft der Abwandlungsfähigkeit dieser Form die heterogenen Gebilde — körperhafte, räumliche und flächenhafte —, aus denen sich die klassische Fassade zusammenbaut, allesamt so auf einen gemeinsamen „Nenner" zu bringen, wie die Leitform des Baldachins die mannigfachen Raumformen des Innenbaus auf einen gemeinsamen Nenner gebracht hatte. Indem sie in drei „Zuständen" erscheinen kann — gefüllt mit Raumgrund, mit dem materialisierten Raumgrund der Glasflächen und mit opakem Flächengrund (Mauer), — moduliert sie in Übergängen, die oben beschrieben worden sind (Kapitel 12), hinüber von einer Form zur anderen.

Dem nun überall auftretenden Zickzack-Motiv der Wimpergbänder zuliebe hat man auch in der Portalzone die Stadtkronenbaldachine über den schweren Figuren durch eine monotone Serie quadratischer Wimpergbaldachine ersetzt, die — in ihrer Starre schlecht zu dem reichen Leben der Statuen passend — kein Gewinn ist.

Erst der Chor von Amiens und die Fassade von Reims *zusammen* ergeben ein Bild der neuen Möglichkeiten, die aus einem einzigen Motiv entspringen.

Durch dieses Motiv der Splitterflächen vollendet sich nun erst endgültig die Angleichung von Innen und Außen an der Kathedrale. *Beide* werden dadurch auf einen gemeinsamen Nenner gebracht: den der *Arkade.* Aus Arkaden — diesem „proteusförmigen" Element (P. Abraham) — baut sich im Innern die Form des Baldachins. Aus Arkaden, die nach dem Prinzip der übergreifenden Form gefügt sind, entsteht das Gitter der Fensterwand. Aus Wimpergarkaden, in unübersehbaren Abwandlungen, bauen sich am Außenbau: Galerien, Fialen, Fenstergruppen, Strebepfeiler usw. Auch in der „verklärten" Mauer der Fenster treibt das gleiche Motiv — schon in Amiens ganz neue Gestalten entwickelnd — immer variierte Gebilde hervor.

Durch die Einverleibung des Motivs der Wimpergarkaden hat das „System" der Kathedrale sich vollendet.

KAPITEL 146

Die Kathedrale in der Auseinandersetzung mit den neuen Tendenzen:
Umwertung des Plastischen

Während die Splitterfläche für das System der Kathedrale fruchtbar gemacht werden konnte, ist die Gesinnung der neuen Plastik im innersten Widerspruch mit dem Geist der Kathedrale. Das Bild der heiligen Menschen, wie es der „höfischen" Welt der „Kapelle", dem säkularisierten Himmel, angehört, steht in der Welt der Kathedrale zunächst als ein Fremdkörper. Das gilt vor allem für die Gestalten des sogenannten „Josephsmeisters" der Reimser Kathedrale, die Weise mit Recht als „eines der charakteristischsten Zeugnisse für die Einwirkung des weltlich-mondänen Elements und einer höfischen Verfeinerung" bezeichnet hat. „Zierlichste Eleganz offenbart die weibliche Gestalt, die als die Prophetin Hannah zu deuten ist, in dem schmächtigen Körper, der anmutig bewegten Haltung und in der feingeschnittenen, schmalen Bildung der Gesichtszüge" — Ideale auch der gleichzeitigen literarischen Menschenschilderung. „Unbekümmert darum, daß durch den biblischen Vorwurf eine würdige Matrone gefordert wäre, wird die Figur ins Höfisch-Elegante und Jugendlich-Zierliche uminterpretiert. Auffallender noch ist der Joseph, der als eleganter Kavalier vor uns steht, in die schwungvolle Manteldrapierung gehüllt, die um die Mitte des 13. Jahrhunderts die schlichte ältere Art der Faltengebung ablöst" — und die als neues Mittel zur Steigerung der plastischen Wirkung etwas früher in den Aposteln der Sainte-Chapelle erschienen ist. „Sorgfältig gepflegt sind das Haar und der Bart; alles andere als religiöse Andacht verraten die Züge und das geistreich frivole Lächeln, das um die gespitzten Lippen spielt." Auch die „Vierge dorée" am südlichen Querhausportal der Kathedrale von Amiens und die Apostelfolge im Türsturz des gleichen Portals gehören in die gleiche, ihrem Ethos nach nicht mehr „kathedrale" Richtung der Skulptur.

Während in dem neuen Gesamtkunstwerk der „Sainte-Chapelle" die Körperlichkeit der klassischen Skulptur beibehalten ist, ja manchmal durch äußerliche Detailmotive scheinbar noch gesteigert wird, kommt an den Kathedralen als Ergebnis der Auseinandersetzung mit dem extrem flächenhaften Motiv der „Splitterflächen" eine neue Tendenz auf, die körperliche Skulptur des frühen 13. Jahrhunderts wieder in die Fläche zurückzubinden. Das auffallendste Symptom dafür ist eine neue Aufstellungsweise der Figuren, die jetzt in die flächenhaften Rahmen von Wimpergarkaden treten (Rampillon).

Das früheste mir bekannte Beispiel dieser Aufstellungsart erscheint an der bahnbrechenden Querhausfassade von Notre-Dame des Jean de Chelles, also nach 1258. Hier stehen die Körper der Statuen in seichten Mulden-Nischen. Die Verbindung von Wimpergarkade und Nische zur Wimpergnische hat weithin gewirkt, noch bis ins italienische Quattrocento hinein. Diese Aufstellungsform läßt gewissermaßen beide Aspekte der Figur zur Geltung kommen: den körperlichen und den flächenhaften, den irdischen und den verklärten.

Wenn aber die Figuren *ohne* solche Mulden an der Fassade gerahmt werden, ist dies Symptom dafür, daß der flächenhafte Aspekt den körperhaften überwiegt. Die Skulpturen werden flacher und frieren — nach einem Wort W. Pinders — an der Rückseite ein; sie erscheinen vor die Fläche „geschrieben". Jetzt erst gelten die Sätze Weises — die für die Skulptur der Sainte-Chapelle und ihre Nachfolge keine Geltung haben —: „Im Reliefstil wie in der Freiskulptur vollzieht sich in zunehmendem Maße eine Einstellung auf die Fläche und mit dieser Flächenhaftigkeit der Übergang zu einer mit festen Formeln arbeitenden kalligraphischen Schönlinigkeit". Die reinsten Beispiele dafür finden sich in der filigranen Flächenwelt der kleinen Elfenbeinreliefs.

„Für ganz Europa hat die französische Hochgotik" der verflächigten Kathedrale „mit der erneuten Betonung der flächenhaften Prinzipien und mit der Ausbildung jener linearen Formeln die bis über das 14. Jahrhundert hinaus wirksame Stilgrundlage geschaffen" (Weise 13).

Das Auftreten quadratischer und einansichtiger Statuenbaldachine — wie in der umgestalteten Portalzone von Reims — ist Anzeichen dafür, daß die gleiche Tendenz auch jene Skulptur ergreift, die noch an der alten Aufstellungsweise festhält.

Schließlich gipfelt dieses Streben, die Vollskulptur in die Fläche zurückzunehmen, in einem einzelnen Werk von höchster künstlerischer und historischer Bedeutung: *der inneren Eingangs-*

wand von Reims, im Bau seit 1265, die Figuren (nach Keller) zwischen 1270 und 75.

An dieser Wand wird die monumentale Statue unter vollkommen neuen Bedingungen versetzt. Sie steht jetzt *in* der Wand, nicht vor ihr. Schon daß die ganze riesige Wand sich in einer einzigen Fläche hält, ist etwas Neues und für die skulpturtragenden Wände der Kathedrale durchaus Ungewohntes. Sie gemahnt an ein riesenhaftes versteinertes Glasfenster. Die Figuren sind an sich durchaus vollplastisch, sie könnten aus den Nischen gehoben als Freiskulptur wirken. Aber eingeschlossen in die dunkelschattende Nische, deren Kleeblattbogen den Zusammenhang der vorderen Fläche betont, *hinter* welcher die Figuren erscheinen, „kippen" sie bei geeigneter Beleuchtung von selbst in die flächenhafte Erscheinungsweise, so daß man gleichsam eine riesige Bilderwand zu sehen meint. Beim Durchblättern der großen Tafeln in dem Abbildungswerk von Vitry glaubt man im ersten Augenblick oft eine in Grisaille-Technik gemalte Figur — etwa aus dem Kreise Giottos — vor sich zu haben. Und dieser Eindruck entsteht nicht nur in der flächenhaften Wiedergabe im Lichtdruck, sondern kommt ebenso vor dem Original zustande und muß früher, als durch die alten Glasfenster die Beleuchtung gedämpfter war, noch stärker gewesen sein.

Mit feinstem Gefühl hat der große Meister, der diese Bilderwand erschaute, sie an der Stelle eingesetzt, die zwischen der plastischen Welt der Außenfront und der flächenhaften der Glasfenster vermittelt. Man muß sich dazu die Wand in ihrer alten, farbigen „Fassung" vorstellen, von der sich Spuren erhalten haben.

Vorbereitet ist diese Aufstellungsweise in den schattenden Galerien an den Außenfassaden der Kathedrale, die hinter der Stirnfläche verlaufen. In diesen Galerien stehen die Gestalten in starrer Frontalität. Hier aber verbindet sich mit dem Gesetz der optischen Fläche ein Maximum an Beweglichkeit der Vollskulptur. Besonders deutlich ist das Verschmelzen echt freikörperlicher und flächenhafter Werte in jenen Nischen, die *in* der Fläche an der Krümmung der Archivolten teilnehmen.

An den Nischenfiguren der Hochrenaissance ist die Rückwand der Nische sichtbar; mit ihren allmählichen Übergängen von Licht zu Schatten gleichsam das Negativ der Lichtmodellierung einer Säule; es suggeriert uns die unsichtbare Rückseite der Figur als ein sich Wölbendes. Hier in Reims aber versinkt die Rückwand, deren Gestalt nicht zu erkennen ist, ganz in dem Tiefschatten, und dieser nimmt die Figuren in einen Raumgrund auf, der als Fläche wirkt.

Mit diesem Werk ist eine Form der Skulptur geschaffen, die als Übergang zu der Wiedergabe von Vollkörpern in einer gemalten Fläche wirkt. Sie hat nicht in die Breite gewirkt, aber umso mehr in die Tiefe (siehe Kapitel 164) und bildet die notwendige Vorstufe zu einer historischen Entwicklung, die über die Grenzen der Gotik hinausführt.

KAPITEL 147

Die Kathedrale erstarrt

Der Vorgang des Erstarrens in einer „doktrinären" Gotik ist so oft geschildert worden, daß es sich erübrigt, ihn noch einmal zu beschreiben. Die ausgezeichnete Beobachtung Killians: „Wie *wach und scharf* tritt der Raum in gotischen Domen auf — das Innere wäre zuweilen vor Sprödigkeit kaum auszuhalten, wenn es nicht in weiches Dämmerlicht getaucht wäre", trifft erst für die Stufen nach 1250 zu. Der Vorgang ist am schönsten zu verfolgen an den Formen des Laubwerks, auch an den Profilen. Er ist Folge des Ausscheidens der plastischen Werte (Kapitel 138) und ethnisch gesehen des mediterranen Elements. Phantastisches und Erzirkeltes wollen seither nicht mehr recht binden.

Dieser Vorgang betrifft aber nicht nur die Erscheinung der Kathedrale, sondern auch ihre Symbolik. Ihr Schwergewicht verschiebt sich jetzt vom „Eingebildeten" auf das Hinzugedachte. „Die Welt war schließlich ganz und gar in jener allesumfassenden Versinnbildlichung verarbeitet, und die Symbole wurden zu steinernen Blumen. Von alters her hatte der Symbolismus die Neigung gehabt, zu einem reinen Mechanismus zu erstarren. Einmal als Prinzip gegeben, entsprießt er nicht nur dichterischer Phantasie und Begeisterung, sondern heftet sich wie eine Schmarotzerpflanze an das Denken, es entartet zu einer reinen Angewohnheit und einer Erkrankung des Gedankens. Namentlich wenn der symbolische Kontakt lediglich aus Übereinstimmung der Zahlen hervorgeht, entstehen ganze Perspektiven ideeller Abhängigkeiten. Es werden Rechenexempel" (Huizinga 299). Analog dazu die unübersehbaren Variationen, Permutationen und Kombinationen der Maßwerkfiguren, die uns wohl in noch größeres Erstaunen versetzen würden, wenn wir die ihnen zugrundeliegenden komplizierten „Spielregeln" *samt* der angehefteten, hier schon fast immer sekundären, Zahlensymbolik ganz durchschauen könnten.

Auch die Symbolik drängt ins Periphere, sie blättert gleichsam ab und hat ihre feste Wurzel im sinnfälligen „Gleichnis" verloren. Sie ist nicht mehr lebendige *Sprache*, sondern esoterisches Zeichenwesen — einigermaßen ähnlich wie in unserer Zeit die Formeln der Logistik.

Und ins Periphere geht jetzt auch die Farbigkeit; die Hauptfarben der Kathedrale weichen den Nebenfarben, „der Hauptkontrast der Glasmalerei vor 1270, Rot-Blau, wird abgelöst durch die *kalte* Skala von Farbentönen" (Schürenberg 282): Gelb, kaltes Grün und Violett.

Zwar ist durch die Ausstoßung der irdischen Elemente der Himmel verklärter geworden — mehr „schönheitlich" (Groß) als mysteriös —, aber auch künstlicher, gläserner und kälter.

KAPITEL 148

Die Kathedrale zersplittert

Gleichzeitig mit der Systemisierung der Kathedrale im Zeichen der „Splitterflächen" beginnt eine „Uni-formierung" aller bis dahin noch unabhängigen Künste und Kunstgelegenheiten, die ohnegleichen ist. Alles, was es innerhalb und außerhalb der Kathedrale an Aufgaben gibt, wird nicht nur — wie überall dort, wo ein Gesamtkunstwerk die Gesamtheit der Künste beherrscht — stilistisch angeglichen, sondern durch Übertragung fertig geprägter Motive aus dem Formenschatz der Kathedrale umgewandelt. Es entsteht eine Gleichförmigkeit, die geradezu dem formalistischen Begriff des „reinen Stils", wie ihn das 19. Jahrhundert konstruiert hatte, entspricht. Die Liste der Gegenstände, die auf solche Weise neu geprägt werden, ist unabsehbar. Bis zu den kleinsten Gegenständen des Gebrauchs hinab wird alles architektonisiert. Es bildet sich ein architektonischer Ornamentstil, der mit verkleinerten Motiven der Großkünste arbeitet. Das Juwelenhafte der Kathedrale — das ihr von ihrer Entstehung und Bedeutung her anhaftet und in dieser Phase auf die Spitze getrieben worden ist — gibt ihr besonders einen ungeheueren Einfluß auf die Werkwelt der Goldschmiedekünste. Aber die Übertragung macht nicht an den Grenzen dieser Sphäre halt; sie ergreift auch ganz andere Techniken: Weberei, Wirkerei und Stickerei, Holz- und Elfenbeinschnitzerei, bis zu einem gewissen Grade auch die Buchmalerei usw. Erst für diese Stufe gilt voll die Schilderung, die L. Schürenberg von der Ausstattung der Kathedrale entworfen hat.

Besonders *ein* Motiv hat eine kaum zu übersehende Verbreitung gefunden, ist auf Gegenstände jeder Art, jedes Formats übertragen und in alle denkbaren Werkstoffe und Werktechniken übernommen worden: die Gestaltung einer Form durch „Splitterflächen" (Wimpergarkaden) und Reihungen solcher Formen. Durchwandern wir den Kirchenraum des späteren 13. Jahrhunderts, so findet sich dieses Motiv überall. (Vgl. dagegen Kapitel 2).

Allein schon der Altar und das, was zum Altar gehört, zeigt es in endlosen Abwandlungen: die Front des Altars in steinernem Blendwerk, das Antependium übertragen in Metall oder in textile Stoffe. Hat der Altar ein Ciborium, so kristallisiert sich jede Seite des Ciboriums in diesem Motiv; ebenso die Ciborien über den erhöhten Reliquientribünen. Das gleiche Motiv baut die Stirnflächen der jetzt aufkommenden Altarretabel; die Seiten der Reliquienschreine bestehen jetzt oft aus Reihen solcher Wimpergmotive. An den seit der Mitte des Jahrhunderts aufkommenden Hostien- oder Reliquienmonstranzen sprießt es überall. Die Einbände der Meßbücher bringen es in verschiedenem Material; die illuminierten Seiten der liturgischen Handschriften setzen ihre Szenen gerne in solche Wimpergrahmen. Es erscheint in den breiten Bordüren der Meßgewänder als Rahmung gewebter oder gestickter Figuren. Es ziert den Knaufansatz des Bischofsstabs wie das Räucherfaß.

Wimpergarkaden umschließen und krönen die Sessio wie den Bischofsstuhl, die Nische für den Meßwein oder eine Piszine ebenso wie ein Wandgrab. In Stockwerken übereinander bauten sie die jetzt entstehenden Sakramentshäuschen. Die flachen Bodengräber mit ihren gravierten und in Metall eingelegten Flächenbildern werden von solchem Wimperggefüge gerahmt. Füllungen von Toren und Türen verwenden es als Ornament.

Es rahmt — außerhalb der Kathedrale — die Arkaden der Kreuzgänge, Fenster und Portale, bald auch profaner Bauten, verziert Kästchen und Gerät aller Art, erscheint an Siegeln und Münzen.

Die Übertragung hat dabei sehr oft etwas Mechanisches, und bei aller scheinbaren Phantastik der Gebilde hat der Prozeß ihrer Erzeugung selbst etwas Konventionelles: er folgt wie im älteren Mittelalter einem „simile", einem „Schimmel".

Doch sind die Übertragungen nicht auf dieses eine Motiv beschränkt. Die Kathedrale bildet in ihrem ungeheuren zusammengewachsenen und „uni-formierten" Formenschatz ein Repertoire für die verschiedensten Möglichkeiten der Gestaltung.

Es ist gelegentlich vorgekommen, daß sogar die ganze Kathedrale für ein Tabernakel oder einen Reliquienschrein in verkleinertem Modell nachgebildet wurde. Auch im Gralstempel des „Jüngeren Titurel" steht in der Mitte des Baus seine verkleinerte Nachbildung als „sacristie", das ist als Hostienbehälter.

In solcher winzigen Verkleinerung erscheinen die beherrschenden Ideen dieser Stufe oft in großer Reinheit, ungehemmt von den technischen Widerständen, die ein Großbau in Stein ihrer letzten Verwirklichung entgegensetzt. Solche Bildungen können die platonische Idee des „Zierlichen" und Preziösen verwirklichen und dabei gewissermaßen kommentieren. Zugleich aber verlieren die Gegenstände die ihnen früher, auch bei kleinen Maßen, eigene Monumentalität: sie bekommen etwas Spielzeughaftes. Kein Wunder, daß man vor Architekturbeschreibungen dieser Zeit oft über den realen Maßstab im Unklaren bleibt.

Doch im Allgemeinen zerbricht bei der Übertragung ihrer Formen die Kathedrale in selbständige Stücke: ein Freigrab oder eine Lichtsäule kann aussehen wie eine abgebrochene Turmspitze, ein Kreuzgang wie ein herausgeschnittenes Stück Wand, ein Altarüberbau wie eine große Fiale der Fassade, ein Wandgrab wie ein Stück Fassadenwand. Und das Gleiche wiederholt sich durch alle Größenmaßstäbe hindurch: eine Monstranz gleicht dem Modell einer Turmspitze mit Strebewerk, ein kleiner Hausaltar einer Fiale, eine Buchseite mit Miniaturen einem Stück der Fassade. Auf unendliche Weise zersplittert die Kathedrale und übersät ganz Europa mit ihren Splittern und mit kleinen Teilspiegelungen ihrer Formenwelt.

Die Uniformierung der Kathedrale und ihre Zersplitterung sind gleichsam nur zwei Seiten desselben Vorgangs.

X

DIE AUSEINANDERSETZUNG MIT DER KATHEDRALE

A

In Frankreich

KAPITEL 149

Die Auseinandersetzung mit der Kathedrale

Das Erscheinen und die Verbreitung der Leitformen der Kathedrale: des Baldachins, der diaphanen Wand, der Baldachinstatue, des Hochfensters, des Maßwerks, des neuen Pflanzenornaments, der Splitterflächen gibt ein feines Instrument, um die Reaktion der verschiedenen Kunstlandschaften Frankreichs und Europas mit geradezu naturwissenschaftlicher Genauigkeit zu verfolgen. Wie kennzeichnend ist es allein schon, daß die monumentale Skulptur unter Stadtkronenbaldachinen in Deutschland begeistert aufgenommen wird und höchste Leistungen der Kunst zeitigt, während England sie so gut wie nicht beachtet; daß Spanien zwar frühzeitig die Säulenfigur übernimmt und entwickelt, nicht aber die Skulpturenbaldachine; daß in Italien die monumentale Skulptur der Kathedrale nur sporadisch erscheint und bei ihrem ersten Erscheinen schon in jener halbrunden antikischen Nische steht, die in der Hochrenaissance ihr kanonischer Ort sein wird — wobei die Stadtkronenmotive auf die Fläche der Nischenwölbung projiziert sind, welche später die Muschel (auch sie ursprünglich ein Himmelsmotiv) tragen wird; daß nur in Italien die Monumentalskulptur der Kathedrale die Malerei befruchtet hat. Doch würde, wenn man nur diese Einzelelemente verfolgte, nicht hervortreten, wie Frankreich und Europa auf das *Gesamte* der Kathedrale geantwortet haben.

Die Annahme eines gotischen „Einheitsstils", der, mit der Kathedrale aufkommend, die Vielfalt der romanischen Baulandschaften überwunden haben sollte, ist — sogar schon für Frankreich und erst recht für Europa — eine Fiktion. Das späte 12. und das 13. Jahrhundert zeigen, deutlich voneinander gesondert, eine Anzahl miteinander ringender geistig-künstlerischer Richtungen — *jede verkörpert in der Gestalt eines Kirchengebäudes und der Gesamtheit der ihm zugehörigen Künste*. Unter ihnen erlangen einige das Übergewicht und bestimmen die europäische Kunstgeschichte. Die lebendigen Stilströmungen der Zeit — nicht die Abstraktionen eines künstlichen Stilbegriffs — bilden sich in Auseinandersetzung mit dem *Ganzen* der Kathedrale. Ihrem Gesamtkunstwerk antwortet jedesmal eine andere gesamte Kirchenform. In dieser Auseinandersetzung entscheidet es sich, was an Gedanken, was an geprägten Einzelformen aus der Kathedrale übernommen werden kann und welchen Sinn es in seinem neuen Ganzen bekommt.

Neu ist dabei die freiere Beweglichkeit mehrerer Kirchenformen und nicht nur derjenigen, die durch Orden verbreitet werden, während die romanischen „Schulen" stärker vegetativ an die Mutterlandschaft gebunden waren.

Und nur in dem Sinne kann man von einem Primat der Kathedrale in dieser Zeit sprechen, als kaum eine neue Bewegung um eine Auseinandersetzung mit der Kathedrale herumgekommen ist. Nicht *der* gotische Stil, sondern eine Mehrzahl gotischer Stilbewegungen ist im 12. und 13. Jahrhundert von Frankreich ausgegangen. Ihre relative historische Bedeutung ist nicht an ihrer Ausbreitung allein zu ermessen, sondern vor allem daran, ob sie Werke von europäischem Rang hervorgebracht haben.

Im Hinblick auf die Ausbreitung kann man sagen, daß die Kathedrale nach und nach ganz Frankreich — von wenigen Landschaften abgesehen — erobert und gleichzeitig ganz Europa — ausgenommen allein den Balkan — mit einzelnen Vertretern, sozusagen punktförmig, besetzt hat.

Die Gegenbewegungen gegen die Kathedrale haben in Frankreich kaum gewirkt und sind im allgemeinen auf das Gebiet beschränkt geblieben, in dem sie entstanden waren. Sie bilden hier nur eine *regionale Opposition* gegen die Kathedrale. Dagegen haben einige von ihnen außerhalb Frankreichs in weitesten Grenzen Nachfolge gefunden.

Auf ihrer ersten Stufe, von 1140 bis 90, ist die Kathedrale nur die Kirchenform des französischen Kronlands. In Deutschland und Italien kommen in dieser Zeit noch bedeutende spätromanische Richtungen auf. In England siegt damals das bodenständig Romanische über das Normannische. In Frankreich aber gibt es keine neue romanische Richtung von Bedeutung mehr.

Auf der zweiten Stufe, von 1190 bis 1250, beginnt mit der Ausbreitung des französischen Kronbereichs jene Ausbreitung der Kathedrale, die wir oben angedeutet haben. Sie bedeutet zunächst nur, daß sich eine kleine „Herrenschicht" von Kathedralen wie Zwingburgen über Landschaften setzt, die bei ihrer hergebrachten Kirchenform verharren. Es beginnt die Auseinandersetzung des „Auslands" mit der Kathedrale. Zuerst in der Normandie und in England entstehen aus ihrer Übernahme Sonderformen, die in England zu einer ganz selbständigen geschlossenen Entwicklung führen. Westspanien übernimmt um 1220 die französische Kathedrale. Deutschland tritt mit einzelnen sehr verschiedenen, aber hochbedeutenden Werken in die Auseinandersetzung mit der Kathedrale ein.

Auf der dritten Stufe, nach 1250, verdichtet sich das Netz der Kathedralen über Frankreich. Um diese Zeit hat die Kathedrale in fast ganz Europa Fuß gefaßt.

Ostspanien entwickelt im späten 13. Jahrhundert eine Sonderform der Kathedrale. Am spätesten unter allen Ländern setzt sich Italien mit der Kathedrale auseinander (Giovanni Pisano).

Im 14. Jahrhundert erreicht die Kathedrale Ungarn, Böhmen, Mailand und Portugal. —

Die Gegenbewegungen: Erste Stufe: an drei Stellen beginnt die Auseinandersetzung, sofort im Anjou und bei den Zisterziensern in Burgund, eine Generation später im Poitou. Auf dieser Stufe bleibt die Bedeutung dieser Bewegungen auf ihre Landschaften beschränkt. Da sie durch außerordentlich bedeutende Bauten vertreten werden, zeigt Frankreich in dieser Zeit eine Vielfalt von *vier* gotischen Richtungen, die nicht an Zahl, aber an Rang gleichwertig nebeneinander stehen. Man kann vielleicht sogar sagen, daß mindestens das Poitou mit seinen wenigen Bauten künstlerisch die *frühen* Kathedralen Franziens übertrifft und moderner ist als diese.

Auf der zweiten Stufe kommen *neue* Gegenbewegungen in Frankreich nicht mehr auf. Mit Chartres kann sich nirgends in den anderen französischen Ländern etwas vergleichen. Aber die beiden frühesten Gegenbewegungen — die angievinische und die zisterziensische — breiten sich jetzt mächtig über weite Gebiete Europas aus und zeitigen Werke von hoher Bedeutung.

Auf der dritten Stufe entsteht, als Widerspruch gegen die „veräußerlichte" Kathedrale, die bisher vehementeste Opposition in der Gegenkirche der *Bettelordenshalle*. In Frankreich setzt sie sich gar nicht durch, umsomehr aber im übrigen Europa, vor allem in Deutschland, wo ihr volkstümliche Unterströmungen entgegen kommen. Dort verbindet sich ihre Ausstrahlung mit jener der fast hundert Jahre früher entstandenen *Hallenkirche des Poitou;* ihr Wirkungsbereich ist noch größer als der der beiden älteren Gegenrichtungen, und vor allem hält ihre Wirkung unvergleichlich länger an, bis zum Ende des Mittelalters. Nebeneinander oder miteinander verbündet, ja verschmolzen, repräsentieren sie überall die antikathedrale Kirche, wirken mächtig in Deutschland und später in Spanien, die Halle des Poitou auch in einigen hochbedeutenden Werken Italiens, gar nicht in England.

Der Kampf zwischen der kathedralen und der antikathedralen Richtung ist nirgends so fruchtbar und folgenreich gewesen wie in Deutschland. Im 13. Jahrhundert stehen sie im wesentlichen noch unvermittelt einander gegenüber; im 14. Jahrhundert, das in ganz Europa eine Zeit großer Synthesen ist, beginnt die Geschichte ihrer Verschmelzungen und zeitigt besonders im östlichen deutschen Sprachgebiet Werke von größter Bedeutung.

In Frankreich aber hat die Opposition der Bettelorden gegen die Kathedrale nur vorübergehende Bedeutung. Hier ist die Kathedrale zunächst *die* Kirchenform geblieben. Zwar tritt an ihre Stelle seit dem 15. Jahrhundert mehr und mehr die Hallenkirche, mit Einzelformen der Kathedrale verbunden. Sie wird im 16. Jahrhundert *die* Kirchenform Frankreichs und hält sich unter antikischen Maskierungen bis ins 17. und 18. Jahrhundert. (Die Geschichte der französischen Hallenkirche ist eines der dringendsten Desiderata einer europäischen Kunstgeschichte.) Aber aus ihr ist kaum eine Schöpfung von europäischem Rang hervorgegangen. Und neben ihr hält sich weiterhin überall die Kathedrale. Noch im 16. Jhdt. um 1560 ist die Kathedrale von Orléans im gotischen Stil begonnen und bis ins 18. Jahrhundert hinein weitergeführt worden. Die „Gotik", mit gotischen Einzelformen oder antikisch verhüllt, bleibt, trotz der importierten italienischen Kuppelkirche, in Frankreich im Grunde *der* sakrale Stil. Noch die Schloßkapelle von Versailles ist — so haben es auch Zeitgenossen verstanden — mit antiken Elementen im Sinne eines gotischen Baus mit „diaphaner" Wand erbaut, ja geradezu die „neue Sainte-Chapelle"; nicht zufällig ist ihre Ikonologie ganz auf Ludwig den Heiligen ausgerichtet.

Diese allgemeinen Feststellungen, die nur den Rahmen geben, werden ins Konkretere geführt durch die Beobachtung, *daß so wie in Frankreich auch in ganz Europa die Kathedrale Königskirche ist.* Ihre Standorte sind die Residenzen königlicher Metropoliten oder die Königsabteien (vgl. Kapitel 167). Jede Ausnahme von dieser Regel bedarf besonderer Begründung.

Sind im großen Ganzen die Hauptlinien auch völlig klar, so wird das konkrete Geschehen doch außerordentlich unübersichtlich nicht nur dadurch, daß diese Richtungen, besonders die antikathedralen, sich vielfach vermischen, sondern auch dadurch, daß die einzelnen Richtungen in wachsender „individualistischer" Willkür sich verschiedener Typen bedienen. In höchstem Maße gilt das für die Kirchen der Bürger; aber auch die Bettelorden und die Zisterzienser des 13. Jahrhunderts halten nicht mehr so klar an einem Grundtypus und seinen Varianten fest, wie die Zisterziensergründungen des 12. Jahrhunderts. Schon 1252 klagt einer der großen Leiter des Dominikanerordens: „Nos autem fere quot domos tot varias formas et dispositiones officinarum et ecclesiarum habemus."*) Das ist schon die typische geistige Situation des Spätmittelalters.

KAPITEL 150

Die Templerkirche und die Kathedrale

Die Templerkirche wird im Zusammenhang der Baukunst des 12. und 13. Jahrhunderts gewöhnlich zu wenig beachtet. Das liegt vor allem daran, daß nach der Katastrophe des Jahres 1308 — der Auflösung des Ordens — die Templerkirchen fast überall zerstört worden sind. Nur wenige haben sich erhalten, vor allem in England und in Portugal, wo der Templerorden in den Christusorden übergeführt wurde. Ob sich aus anderen Bauten, die sich in ihrer Gestalt der Templerkirche angeschlossen hatten, noch Rückschlüsse gewinnen ließen, bliebe zu klären. Man darf über den kläglichen Resten nicht vergessen, daß der Templerorden im späten 12. und im 13. Jahrhundert einer der mächtigsten, verbreitetsten und reichsten Orden war.

Seine äußere und innere Geschichte ist von der „Stilgeschichte" seiner Bauten nicht abzutrennen. Sie läuft auffallend parallel mit der Entstehungsgeschichte der Kathedrale. Die 1109 gegründete neue religiöse Genossenschaft der pauperes commilitones Christi, denen König Balduin II. von Jerusalem einen Teil des alten Tempelplatzes neben der zur christlichen Kirche gewordenen Omarmoschee zugewiesen hatte — dort stand die achteckige (?) Mutterkirche des Ordens — erhielt am Provinzialkonzil von Troyes 1128 die Regeln. „Ihr Verfasser war niemand anderer als der große Abt von Clairvaux, der Mystiker und Kirchenlehrer Bernhard, das Orakel des Jahrhunderts. St. Bernhard war auch der große Herold und Propagator des neuen Ritterordens. Seine Schrift „De laude novae militae" brachte dem ursprünglich recht unansehnlichen Kreise der Templer eine ungeheure Verbreitung in ganz Europa und dem nahen Orient. Schon 1139 wurde durch die Bulle Papst Innozenz' II. der Orden der Jurisdiktion der Bischöfe entzogen und unmittelbar dem heiligen Stuhl unterstellt. Alexander III. erweiterte die Privilegien. Im

---

*) Humbertus de Romans, Legenda Beati Dominici, Opera omnia II. p. 5, zitiert nach Vermeulen Seite 394, Anmerkung 2.

Besitze dieser weitgehenden und immer mehr sich erweiternden Vorrechte nannten sich die Ritter fortan *Tempelherren*. Ludwig VII. schenkte ihnen ein Gebiet außerhalb von Paris, den sogenannten „Temple", und von da ab war Paris der Mittelpunkt des Ordens. Schon 1133 hatte König Alfons von Navarra und Aragonien den Templern Güter in einem Umfang vermacht, daß über kurz oder lang mit der Errichtung eines Templerstaates mit landesherrlicher Souveränität — vergleichbar den Territorien der Johanniter oder des Deutschen Ordens — zu rechnen war. Vorübergehend besaßen die Templer Cypern (John).

Die Kirche des Ordens ist durch zwei Dinge auffallend: Einmal durch den zentralen Grundriß, der im allgemeinen im Abendland nur an Palastkirchen vorkommt (abgesehen von den Baptisterien). Von welchem romanischen Typus der Gründungsbau abhängig war und weshalb er das Oktogon, weshalb andere Templerkirchen das Hexagon für ihre Kirche wählten, ist nicht genügend geklärt. — Zweitens dadurch, daß er sich seit dem Aufstieg des Ordens in der Zeit Ludwig VII. im Aufriß so eng an die französische Kathedrale anschließt wie keine andere Kirchengestalt Frankreichs und Europas. Für die Frühzeit muß man wohl mit zisterziensischen Einflüssen rechnen, und der Aufbau der Templerkirche von Paris hatte noch schwere Einzelformen.*) Der erhaltene Bau der Templerkirche von London aber, geweiht 1185, zeigt eine — zum vollen Rund ergänzte — Variante eines nordfranzösischen Kathedralchors der Stufe Notre-Dame von Paris: über kräftigen wohlproportionierten Rundpfeilern im Erdgeschoß steigt mit fadendünnen Diensten der obere Bau auf, den ein mit Rippenstäben besetztes Klostergewölbe schließt. Himmelsbedeutung scheint wahrscheinlich (Achtzahl!).

Werner Grosz hat in anderen Gebieten den engeren Zusammenhang der *Ritterordensbauten* mit der Formenwelt der Kathedrale beobachtet: „So bilden in Deutschland Stifts- und Ritterordenskirchen auch bei bescheidenen Anlagen eine strenger kathedralgotische Gruppe" (Ritterstift Wimpfen im Tale; Deutschordenskirche in Würzburg; Marburg, Elisabethkirche). Und so weist die Verwandtschaft im Aufriß von Templerkirche und Kathedrale darauf hin, daß seit ungefähr 1160-70 die geistige Haltung der „Tempelherren" sich der der französischen Königskirche genähert hat. Die für eine Ordenskirche völlig ungewöhnlichen zentralisierten Grundrisse aber weisen in zwei ganz andere Richtungen: einerseits auf jene Rundkirchenformen

---

*) Abb. Viollet-le-Duc, Dictionnaire, Bd. IX.

404

des Abendlandes, die Abbilder der Kirche des heiligen Grabes in Jerusalem sein wollen (vgl. Krautheimer), anderseits auf jene phantasierten Rundbauten, die in der Dichtung der Zeit den Grals*tempel* darstellen. Und in gewissem Sinn ist die Templerkirche ein Gralstempel in nuce.

KAPITEL 151

Die angievinische Gotik (Style Plantagenet)

Die Auseinandersetzung mit der werdenden Kathedrale hat am frühesten im Anjou eingesetzt und zwar von der Grundlage her, die die Kuppelkirchen Aquitaniens geschaffen hatten.

Beides ist historisch verständlich: das letztere aus kunstgeschichtlichen, das erstere aus politisch-geschichtlichen Voraussetzungen.

Die innere Voraussetzung ist, daß hier eine Form des Baldachinbaus schon früher als in der Île-de-France erschienen war, die sich mit der neuen Form des gotischen Baldachins verbinden ließ.

Die äußere: daß seit 1137 durch die Heirat Eleonores von Aquitanien mit dem französischen König Ludwig VII. enge politische und kulturelle Beziehungen zwischen dem Königsland und Aquitanien entstanden waren. Die „Residenz" Eleonores ist Angers.

In Angers entsteht als Schöpfungsbau des neuen Kirchentypus die monumentale Kathedrale St. Maurice, 1148 im Bau. Ihre Glasfenster (zwischen 1161 und 1177) und ihr Statuenportal zeigen, daß direkte Beziehungen zu Saint-Denis bestanden haben müssen. Ihr erster Bauherr, Bischof Ulger, war mit Suger befreundet.

Nach Brutails wäre ihr um einige Jahre das Schiff der Kathedrale von Bordeaux vorangegangen. Wie Angers hatte es „domikale" Kuppeln mit Kreuzrippen; letztere entstanden zweifellos unter dem Einfluß der Architektur des Nordens, denn sein Erbauer, der Erzbischof Geoffroi de Leroux (1135-1153) war gleichfalls ein Freund Sugers, und in Bordeaux war 1137 Eleonore von Aquitanien zur Königin von Frankreich gekrönt worden (vgl. P. E. Schramm).

Die Verbindung der Kuppelbaldachine mit den neuen Kreuzrippenbaldachinen der Île-de-France — die in Angers in vollkommener ausgebildeter Form, mit Schildbogen, übernommen werden — bewirkt im Eindruck eine starke Erleichterung der Struktur und dadurch zugleich eine Steigerung des räumlichen Elements, das schon in dem Ausgangssystem angelegt ist, weil dieses eben selbst kein eigentliches romanisches, sondern ein importiertes byzantinisches war. Man kann diese Wirkung überall leicht nachprüfen, wo in einem Bau Baldachine des älteren und des jüngeren Typus nebeneinander stehen. Leider ist über die ursprüngliche Farbigkeit nichts Bestimmtes festzustellen; daß diese Bauten Himmelsbedeutung trugen, darf man aber mit Gewißheit annehmen.

Diese Verschmelzung der beiden führenden Raumsysteme der Zeit könnte als Ausdruck der angestrebten kulturellen Verschmelzung der beiden Landschaften aufgefaßt werden, und es scheint mir auch sehr wahrscheinlich, daß diese Synthese mit voller Absicht angestrebt worden ist. Die Heirat Eleonores mit Ludwig scheint Suger selbst betrieben zu haben; die Werkleute des Portals und der Glaswerkstatt könnten von ihm entsandt worden sein. Die Scheidung Eleonores von Ludwig 1152 hat diese Verbindung zerrissen; ihre Heirat mit Heinrich von Anjou, der zwei Jahre später König von England wurde, hat die Landschaft dem gegnerischen Lager angeschlossen. Die Verschmelzung der Systeme blieb bestehen, weil sie einer künstlerischen Tendenz der Zeit entgegenkam. Sie verbindet das Leichte, Schwebende der neuen Baldachinform mit der monumentaleren Gesinnung und dem schwereren Rhythmus der romanischen Stufe — darin ähnlich gewissen Tendenzen der staufischen Kunst Deutschlands. Auch in Le Mans, erbaut nach 1145 und vor 1158 — aber meines Erachtens *nach* Angers begonnen —, ist auf romanischer, nicht byzantinischer Basis ähnliches angestrebt (die Maine gehörte zum Besitz Eleonores von Aquitanien).

Die angievinische „Schule" bleibt historisch ein hochinteressantes Schauspiel, durch das uns gezeigt wird, wie aus dem Baldachinprinzip auch noch ganz andere Stilgestaltungen hervorgehen konnten als jene, denen tatsächlich die Oberhand geblieben ist (frei nach Dehio II 51-52).

St. Maurice von Angers ist ein Kunstwerk hohen Ranges und künstlerisch von mächtigem Eindruck. Mit 16 Meter Spannweite übertreffen seine Gewölbe damals bedeutend die aller Bauten in der Île-de-France und in der Normandie. Schon die Zeitgenossen hatten sie bewundert: „volituras lapideas *miro effectu* aedificare coepit".

Dem entspricht ihre unerwartet starke historische Ausstrahlung, welche diejenige der *frühen* Kathedrale weit überbietet. Man findet Wölbungen und Bauten dieses Typus in England, in Deutschland, in Holland, in Dänemark, in Schweden, in Italien, in Spanien und in Portugal. In Deutschland sind sie in dem welfischen Gebiete des Nordwestens bestimmend geworden; dabei ist die Beziehung der Welfen zu England in Betracht zu ziehen und auch darauf hinzuweisen, daß in der welfischen Kunst das byzantinische Element besonders stark ist. Im allgemeinen ist ihr Ausbreitungsgebiet begrenzt durch einen Streifen in der englischen „Einflußsphäre" entlang den Westküsten Europas (vgl. Kienast 64). Ihre Einwirkung auf Italien ist ermöglicht durch das Ausgeglichene, „Südliche" ihres Raumeindrucks (Kapitel 162).

Aber ihre Zeit ist begrenzt. Mit dem Ende der spätromanischen Epoche in Europa, um 1250, sind ihre Wirkungen zuende.

KAPITEL 152

Die Zisterzienser-Gotik

Etwas später als im Anjou, kurz nach der Entstehung von St. Denis, setzt die Auseinandersetzung mit der Kathedrale in der Zisterzienserbaukunst von Burgund ein. Ihre Grundlage bildet die ältere, tonnengewölbte Form der Zisterzienserkirche von dem Typus, der sich in der 1147 geweihten Abteikirche von Fontenay erhalten hat.

Bald danach muß der Übergang zum Baldachinsystem vollzogen worden sein, das unter den erhaltenen Bauten zuerst in Pontigny, um 1160-1170, erscheint. Eine genauere Fixierung dieses Datums, in minutiösem Vergleich der Profile, wäre notwendig.

Man könnte annehmen, daß sich in Burgund der Kreuzrippenbaldachin *neu* gebildet habe, denn Voraussetzungen dafür waren in einer Gruppe romanischer Bauten mit gratkreuzgewölbten Baldachinen und oblongen Feldern gegeben; es gab also mindestens im Technischen eine Tradition des Baldachinbaus (siehe oben Kapitel 56). Trotzdem ist das wenig wahrscheinlich. Vielmehr wurde die Idee des Baldachins aus der Île-de-France rückübernommen, und die Übernahme anderer Motive zeigt, daß dies in einer Auseinandersetzung mit der Kathedrale geschehen ist. Die inneren Voraussetzungen dafür liegen allerdings in dem lokalen burgundischen Baldachinbau, die äußeren darin, daß zwischen Suger und Bernhard persönliche Beziehungen bestanden.

Die neue kreuzrippengewölbte Kirchenform der Zisterzienser steht zur Kathedrale ähnlich, wie die ältere tonnengewölbte Form zu dem Prachtbau von Cluny III stand. Sie sagt ein entschiedenes Nein gegen das Prächtige, Reiche, Übersteigerte, Sinnliche und Farbige der Kathedrale — schon das obligate unsinnliche Grau ihrer Glasfenster bestätigt, daß die farbige Gesamtstimmung sehr zurückhaltend gewesen sein muß —, dasselbe Nein, das Bernhard in seinen Schriften gegen den spätromanischen Kirchenbau ausgesprochen hatte.

Sie sagt Ja vor allem zum *Lichten* der Kathedrale. Ihre Beziehung zur Kathedrale ist begründet in dem Verhältnis zum Licht: „Die Zisterzienserkirche will als *lichter* Raum aufgefaßt werden" (Rose 137). Sehr auffallend wird das daran, daß sie aus der Kathedrale jene Motive, aber auch *nur* jene, übernommen hat, die ein Ausdruck der Lichtmystik der Kathedrale sind. So vor allem das Radfenster, das um diese Zeit noch von keiner anderen „Schule" übernommen wurde. Da die „grauen Mönche" alle bloß dekorative Bereicherung des Baus ablehnen, darf es als gewiß gelten, daß dieses Motiv seiner symbolischen Bedeutung wegen übernommen, das heißt als Lichtsymbol der Sonne — Christi — verstanden wurde; singt doch auch eine Hymne des heiligen Bernhard von Gottvater: „generans prolem, *aequitatis solem, lucis auctorem*". Sie übernehmen sogar, in Abänderung des ursprünglichen Kirchenschemas, das zweite große Lichtmotiv der Kathedrale, den einheitlich durchlaufenden Kapellenkranz. Sie übernehmen die Lichtmaterie der Glasfenster, nicht aber ihre Edelsteinfarben.

Sie übernehmen neben diesen Lichtmotiven aus der Kathedrale die Auffassung der Baldachinträger als Gebilde, die sich vom Gewölbe her nach unten senken. So nur ist die paradoxe Form der nach unten abgekappten Dienste zu verstehen; die Erklärung aus praktischen Gründen ist sinnlos. Dem Motiv wird der Illusions-Charakter, den es in der Kathedrale hat, genommen. Es behält nur symbolische Bedeutung. Es bildet nicht einen urbildlichen Himmelsbau nach — für die Zisterzienser ist der Kirchenraum nicht *Abbild* der Himmelsstadt, sie nennen ihn bescheiden nur „Oratorium", das ist Betsaal —, erklären aber durch diese Form in der Sprache der Architektur die Kirche als einen Bau „von obenher".

Dem System der Kathedrale gleicht ihres in der Einheitlichkeit, mit der der Innenbau in allen seinen Teilen — unter Verzicht auf eine Betonung der Vierung — durchaus aus Baldachinzellen aufgebaut wird.

Endlich geben sie den dicken Innenwänden eine ungestufte *glatte* Form, die eine Absage an die Vielstufigkeit westromanischer Mauern bezeichnet. Was an plastischen Gliedern im Innenraum da ist, gehört zum Baldachin, nicht zur Wand.

Trotz ihrer konservativen Haltung wird so die Zisterzienserkirche im Ringen mit den Gedanken der Kathedrale zum Wegbereiter der Gotik (Rose) oder — richtiger — gewisser gotischer Sonderformen (Gall 51 Anm. 3).

Die Verbreitung der Zisterzienser-Gotik wird nicht durch künstlerische Affinitäten bestimmt, sondern durch die Ausbreitung der Ordensniederlassungen und reicht mit diesen über ganz Europa. Sie verliert ihre Wirksamkeit auch nach 1250 nicht ganz, und zwar deshalb nicht, weil sie sich durch ihre Beziehung zum Licht, auch durch die rasche Jochfolge der rechteckigen Baldachine und die stufenlose Wand, viel stärker von der „romanischen" Grundlage losgelöst hatte als die Mischgotik des Anjou. Sie kann deshalb besonders gut mit der poitevinischen Kirche Synthesen eingehen (siehe das folgende Kapitel).

Eine Sonderform der Zisterzienserkirche, die — an antike Gestaltungen anknüpfend — die seitlichen Kapellen senkrecht auf die Achse des Hauptschiffes orientiert, ist wesentliche Voraussetzung für *einen* Bestandteil der typischen Hochrenaissancekirche: den halbbasilikalen Saal mit Kapellen (vgl. Peter Meyer). In der Zisterzienserkirche überschichten sich also, in die Zukunft weisend, Ideen verschiedenen Alters.

KAPITEL 153

Die poitevinische Gotik (Hallenkirche)

Der erste entscheidende Widerspruch gegen die Kathedrale geht von der Landschaft des Poitou aus. Dabei wird der Kathedrale nicht von einer älteren romanischen Grundlage her widersprochen, sondern von ihrer eigenen Grundlage her.

Die Idee des Kreuzrippenbaldachins wird übernommen und in einer Weise entwickelt, die — rein vom Technisch-Architektonischen her gesehen — viel konsequenter ist als das „System" der Kathedrale.

Die reine Form des Baldachins — sozusagen seine platonische Idee und gewiß auch seine Urform — ist der nach allen Seiten frei stehende Baldachin. In der Kathedrale gibt es nur an *einer* Stelle diese reine Form: über der Vierung. Die neue Kirchenform des Poitou stellt sämtliche Baldachine des Hauptschiffs in diesem frei, indem sie die Gewölbe der Seitenschiff-Baldachine in gleicher Höhe ansetzen läßt wie die des Hauptschiffs, und den Scheidebogen gleiche Stärke und Profilierung gibt wie den Gurtbogen, die die Joche des Hauptschiffs trennen. Nicht eine diaphane Wand begrenzt das Hochschiff, sondern ein Mantel rein aus Raum. Die Außengrenze wird durch eine glatte Wand gebildet, die als sehr zart erscheint, weil sie nur von den dünnen Diensten besetzt ist; in ihr sitzen riesige Fenster — Fenster von einer Größe und Schlankheit, wie sie bis dahin unbekannt war. Die Träger der Wölbung — schlanke hohe Pfeiler mit Diensten — stehen *mitten im Raum* (Abb. Seite 411).

Technisch gesehen werden die Gewölbe des Hauptschiffs verstrebt durch die niedrigeren Gewölbe des Nebenschiffs; sie sind niedriger, weil einem quadratischen Hauptschiffjoch (anders als in der Kathedrale) ein quadratisches Seitenschiffjoch entspricht. Die Gewölbe der Seitenschiffe werden verstrebt durch schlichte Strebepfeiler an der Außenmauer.

Im Hauptschiff erscheinen die das Gewölbe tragenden Organe in ihren technisch geforderten Dimensionen: das System ist „wahrhafter" als das der Kathedrale, das heißt, es strebt keine Illusion an, oder doch nicht in dem Sinne wie die Kathedrale. Nur die sehr schlanken Dienste der sechs Rippen lassen die Pfeiler noch etwas schlanker erscheinen als sie sind.

Diese gotische Hallenkirche ist die reinste Form des Baldachinbaus. Sie überbietet die Kathedrale zugleich an Lichtfülle. Alles Licht kommt von der Seite — eine „natürlichere" Form der Beleuchtung. Die Gewölbe stehen mit ihren Pfeilern auf dem Boden — eine „natürlichere" Form des Struktiven. Auch das System der Verstrebung ist einfacher und natürlicher. Der Eindruck ist von höchster Klarheit, Durchsichtigkeit, dabei Monumentalität, und ins Überwirkliche erhoben durch die große Höhe der Baldachine und die gewaltige Lichtfülle.

Sein Nachteil gegenüber der Kathedrale ist die Einförmigkeit. Da in diesem technischen System nur rechteckige und quadratische Baldachine auftreten, gibt es keine Steigerung. Kein Raumteil ist ausgezeichnet — für einen sakralen Bau zweifellos ein Mangel.

Der bahnbrechende Bau ist die Hauptkirche von Poitiers, St. Pierre. Sie ist in den Chorteilen 1161 begonnen und offenbar rasch durchgeführt worden, da schon 1171 in dem benachbarten La Couronne eine Nachbildung entsteht. Das Schiff, zu Beginn des 13. Jahrhunderts angebaut, bemüht sich durch ein etwas höheres Ansetzen der Hauptschiffgewölbe die Gerichtetheit des Mittelschiffs stärker zu betonen und zugleich Chor und Hauptschiff zu unterscheiden; der Versuch ist wenig überzeugend. Im 14. Jahrhundert hat der Bau seine großartige einförmige Fassade erhalten: die Chorfassade ist eine riesige, 35 Meter (!) hohe Fläche, belebt nur mit sparsamen zarten Blendgliederungen.

Der Gegensatz zur Kathedrale hat mehrere Gründe.

Er ist politisch begründet durch die Tatsache, daß das Poitou, das 1152 mit der Guyenne und Gascogne (dem übrigen Besitz Eleonores) an Heinrich von Anjou gekommen war, jetzt dem mächtigsten Gegner des Kronlands gehört. Die Kathedrale von St. Pierre ist von Heinrich II., jetzt auch König von England, und seiner Gemahlin Eleonore, der Gräfin des Poitou, gestiftet worden. Die angievinische Gotik war der Versuch eines Ausgleichs — unter Hervorkehrung des Gemeinsamen; die um eine Generation jüngere poitevinische ist der Versuch, die Kathedrale

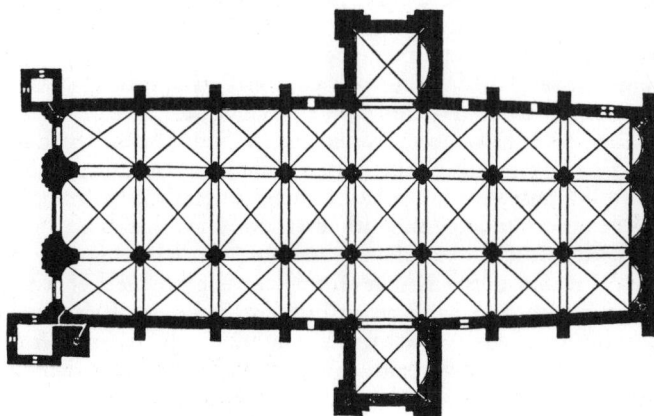

St. Pierre in Poitiers, Querschnitt durch den Chor und Grundriß mit ihren eigenen Mitteln zu überbieten — unter Hervorkehrung des Unterschiedlichen.

Der Gegensatz ist aber auch der Gegensatz zweier Generationen. Die Kathedrale von Poitiers ist um genau eine Generation jünger als St. Denis. Sie ist stufengleich mit Notre-Dame in Paris, und hier wird man etwas Gemeinsames in dem großzügigen Bauen aus klaren Kuben fühlen.

Der Gegensatz ist endlich — im Rahmen des Westfranzösischen — ein Gegensatz zwischen „Norden" und „Süden", also einer von Landschaften.

Hier im Poitou hatte es eine Tradition sogenannter romanischer Hallenkirchen — welche genau genommen keine Hallen sind — gegeben, mit Tonnen über Haupt- und Nebenschiffen, die in gleicher Kämpferhöhe ansetzen. Das unmittelbare Vorbild sind aber nicht diese Pseudo-Hallen, sondern — wie der kastenförmige ungegliederte Grundriß zeigt — die echten Hallen großer gewölbter Profanräume, von Kapitelsälen oder Refektorien, nur ins Erhabene und Gewaltige gesteigert. Die Gewölbepfeiler von St. Pierre sind 16 Meter hoch, das Hauptschiff 12,5 Meter breit. Die Vorstufen sind in der Profanarchitektur der Gegend noch nachzuweisen; der große Saal im Hospital von St. Jean in Angers, auf den Clasen hinweist, ist allerdings erst 1175 entstanden.

Und in diesen Zusammenhängen ist sehr wahrscheinlich auch die sinnbildliche Bedeutung der neuen Kirchenform zu suchen. Sie ist vermutlich Darstellung des Himmels*saals*, der „aula Dei", möglicherweise gerade des himmlischen Speisesaals der Eucharistie. Diese Deutung bleibt noch zu überprüfen. Die ursprüngliche Farbigkeit wird wohl kaum mehr zu erschließen sein, doch darf man vermuten, daß auch hier die Gewölbe blau bemalt waren, vielleicht mit goldenen Sternen.

Die Wirkung dieser Kirchenform war ebenso klein in Frankreich, wie groß und dauernd in Europa. Sogar im Poitou selbst ist ihr hochmodernes System nur für eine sehr kleine Gruppe bedeutender Bauten vorbildlich geworden; im englischen Südwesten Frankreichs herrscht im allgemeinen weiter der Style Plantagenet.

Ihre Stunde war erst gekommen, als in vielen Teilen Europas eine Opposition gegen die Kathedrale entstand, getragen einerseits von den Bürgerkirchen, anderseits von den Bettelordenskirchen. Das Klare, halb Profane, Verständige ihres Gefüges, das doch nicht ohne den Zauber großer Raum- und Lichtwirkung ist, macht sie jetzt zu einer der beiden antikathedralen Kirchenformen der Gotik und sichert ihr eine Ausstrahlung über fast ganz Europa, mit Ausnahme von England. Vor allem nach

Deutschland, aber auch nach Italien, was erst die neueste Forschung erkannt hat (siehe Kapitel 163).

Im Poitou selbst aber entsteht jene Korrektur der reinen Hallenkirche, welche — darin den romanischen Hallenkirchen wiederum näher — die Gerichtetheit des Baus zum Altar hin eindeutig festlegt, indem sie die Baldachine des Mittelschiffs etwas hochzieht und mit einem nur wenig über die Seitenschiffe erhöhten unbelichteten Obergaden versieht: die sogenannte „Staffelkirche", die man besser und präziser als „pseudobasilikale Halle" bezeichnet. Schon die jüngeren Teile von St. Pierre in Poitiers (nach 1200) haben diese Gestalt. Sie hat in ganz Europa noch nachhaltiger gewirkt als die reine Halle selbst.

KAPITEL 154

Die normannische Kathedrale

Der Typus, den die Normandie der Kathedrale entgegenzusetzen hat, ist nicht so selbständig, wie der des Anjou oder Poitou (oder auch der Maine), und hat auch keine Zukunft. Das normannische und das franzische System sind zu nah verwandt, um, miteinander verbunden, fruchtbar zu werden; auch bewahrheitet sich hier das historische „Gesetz" Eugen Rosenstocks, wonach ein Gebiet, das Epoche gemacht hat, in der darauf folgenden Epoche brach bleibt.

Abgelehnt wird von der Normandie die Vierstöckigkeit; sie kommt erst an wenigen späten, zum Teil schon hochgotischen Bauten vor. Abgelehnt wird aber auch der dreigeschossige Typus von Chartres mit Hochfenstern. In der Normandie sitzen die „Fenster" des dritten Geschosses noch immer in den Lünetten der Wölbung, und richtige Hochfenster gibt es erst sehr spät.

Festgehalten wird am System des „mur épais". Das heißt: auch das dritte Geschoß bleibt zweischalig — wie es schon in Saint Étienne von Caen und in Cerisy war (Kapitel 53). Die Fenster sitzen in der äußeren Schale, die innere wird durch eine diaphane Arkaden-Kulisse gebildet (Beispiel: Coutances). Diese innere Schale kann aber auch entfallen.

Plastik ist selten und ohne Einfluß auf das architektonische Leben des Baus, der mit seinen gehäuften feinen Profilen trocken und ziseliert wirkt, „aristokratisch kühl, ja eisig" (P. Meyer). Zweifellos muß auch die ursprüngliche Farbigkeit dieser Werke eine kühlere gewesen sein als in Franzien. Das Fehlen des zentralen Sonnenfenster-Motivs ist schon Dehio aufgefallen.

Die originellste Leistung der Zeit in der Normandie sind die reichen Turmgruppen, besonders die kleinen Türme an der

Choransicht von St. Étienne in Caen

Chorpartie (Beispiel: Chor von St. Étienne in Caen, nach Gall um 1200 von Meister Wilhelm), „dessen vier Türmchen die stufenförmigen Ringe des Chorschlusses in prachtvoller Wirkung abgrenzen und sich doch mit den hohen Westtürmen" und dem Vierungsturm „zu einem Ganzen von männlich herber Schönheit vereinen" (Gall 78), das sehr auffallend an die architektonischen Abbreviaturen der Himmelsstadtkronen gemahnt (Abb. Seite 414).Eine historische Wirkung ist davon nicht ausgegangen.

Der früheste Bau, der das neue System nach der Normandie bringt, die Kathedrale St. Pierre in Lisieux (begonnen zwischen 1170 und 82) ist franzischer Import: „ce fut sans doute par son intermédiaire que le style français pénétra en Basse Normandie" (Huard 23). Eine intensivere Auseinandersetzung beginnt erst, als 1204 das Herzogtum der Normandie dem Kronland einverleibt wurde; sie zeitigt reizvolle Varianten, die oft ins Abstrakte gehen, aber keine bleibende Gesamtantwort auf die Kathedrale. Eine originelle, aber vereinzelte normannische Leistung ist die Kreuzung des englischen Kathedraltypus mit der französsichen Hochfenster-Kathedrale im Langhaus von Bayeux (nach 1243). Der bedeutendste Vertreter der Kathedrale auf normannischem Boden erscheint erst im 14. Jahrhundert: Saint Ouen in Rouen.

Das Wissen darum, daß das hochgotische Kirchengebäude den Himmel darstellt, ist gerade für die Normandie ausdrücklich bezeugt (vgl. Kapitel 135).

Zwei Sonderleistungen der Normandie im Rahmen der Kathedrale seien noch notiert, weil sie dem Wesen der Gotik so nahe liegen und hier zuerst entwickelt worden sind: das *Übereckstellen ganzer Türme*, zuerst an St. Ouen in Rouen, — das über deutsche Bindeglieder bis in barocke Turmfassaden weiterwirkt — und die polygonale Brechung der *Eingangsfront*: Vorhalle von St. Maclou in Rouen.

KAPITEL 155

Burgundische Sonderformen — Die Auvergne

Die burgundische Sonderform der Kathedrale ist eigentlich schon von Sens festgelegt worden. Das vierstöckige System ist in Burgund — sei es in Mouzon oder in dem originellen Versuch der Vorhalle von Cluny — immer etwas Fremdes, in Mouzon Import aus der Champagne. Aber auch das neue System von Chartres und seine Leitform, das „Hochfenster", hat Burgund *nicht* angenommen. Es verharrt ähnlich wie die Normandie bei

Zweischalige Wand im Aufriß: Notre-Dame in Dijon

dem dreistöckigen Aufbau alten Stils, bei dem die Fenster sich in der Schildbogenzone der Gewölbe halten.

Die originellste Gesamtantwort auf die Kathedrale, die Burgund zu geben hat, ist die Notre-Dame von Dijon, begonnen um 1220, vollendet um 1240. Ihr ist wohl der Hoch-Chor der Kathedrale von Auxerre vorangegangen, der um 1215 begonnen worden sein dürfte. Es ist nicht richtig zu sagen, daß hier das System von Chartres übernommen wurde; Dijon nimmt davon keine Notiz. Es übernimmt *nicht* die Hochfenster; die maßwerklosen Fenster gehen nur ganz wenig unter den Ansatz der Wölbung herunter. Sie werden in die Außenfläche der Wand (Fläche der Triforiums*rück*wand) verlegt. Das Kapitell der Dienstbündel sitzt nicht, wie oft in normannischen Beispielen, im Abschlußgesims des Triforiumsgeschosses, sondern ist deutlich höher gezogen. Diese zwei Mittel bewirken, daß sich die Träger des Gewölbes so scharf wie nirgends sonst aus der Wand lösen, und daß die Wandfläche, in welcher die Arkaden des Erdgeschosses und das Triforium sitzen, als *zwischen* die Träger gezogen erscheint. Da die Gewölbe nirgends an die Wand anlaufen, scheinen die Baldachine nur von dem dünnen Dienstbündel gehalten zu sein.

Notre-Dame in Dijon betont dieses Freistehen der Baldachine noch dadurch, daß es den Schildbogen von der äußeren Abschlußwand vollkommen loslöst. So konnte P. Abraham gerade an diesem Gebäude den gotischen „Illusionismus" des Bauens exemplifizieren. Das Rückgreifen auf *sechs*teilige Gewölbe und das Schweben des Oberbaus über dem Säulenerdgeschoß (System Notre-Dame von Paris) bedeutet um diese Zeit eine bewußte Rückkehr zur Stufe *vor* Chartres.

Das starke Betonen der Baldachine und des schwebenden oberen Baus läßt keinen Zweifel, daß der Bau einen himmlischen Bau vorstellen soll, was sehr wahrscheinlich durch die Bemalung der Gewölbe vollends verdeutlicht wurde. Doch ist dieser Himmelsraum intimer, „bürgerlicher" als der der französischen Kathedrale.

Die Fassade dagegen gibt sich absichtlich profan, so daß man daran denken konnte, sie durch Angleichung an Profanbauten zu erklären (Schürenberg), wozu man noch bemerken könnte, daß Notre-Dame die *Pfarr*kirche von Dijon war. Sie wirkt wie die Übersetzung einer toskanischen Zweischalen-Fassade (z. B. Santa Maria di Pieve in Arezzo) in die Formensprache der Frühgotik; und gerade auch für diese toskanischen Fassaden ist der Zusammenhang mit der Profanarchitektur zweistöckiger Laubengänge nachgewiesen (Swoboda). Entstanden ist sie aber gewiß nicht durch eine Übersetzung aus dem Italienischen ins Französische, sondern durch *Verräumlichen* analog gebauter romanischer Stockwerksbauten, deren Wand aus zwei aneinanderklebenden Wandstufen bestand (Beispiel: Echillais). Übrigens zeigt sie, wie eine gotische diaphane Wand in reinem *Horizontalsystem* aussieht (Abb. Seite 416).

Aus diesen Ideen spricht eine gewisse Opposition gegen die Gestalt der klassischen Kathedrale. Der Typus des Innenraums von Notre-Dame in Dijon, den man wirklich als „Reduktion" der „großen" Kathedrale ansehen kann, hat in den späteren burgundischen Niederlanden weithin und lange nachgewirkt. —

Der originelle Versuch, das System schwebender Baldachine, die von der Deckplatte der Erdgeschoßpfeiler aufsteigen, mit dem alten romanischen System der *Auvergne* zu verbinden, sei noch gesondert vermerkt: St. Julien in Brioude, um 1180.*) Es ergibt im Gegensatz zu den burgundischen Spielarten, obwohl nur zweistöckig, sehr steile Raumverhältnisse. Himmelsbedeutung ist auch hier wahrscheinlich.

KAPITEL 156

Der Süden. — Die Dominikanerkirche von Toulouse

Der stärkste Widerspruch gegen die Kathedrale, der auch historisch in ganz Europa, besonders aber in Deutschland gewaltig gewirkt hat, ist vom Süden ausgegangen. „Noch am Ende des 13. Jahrhunderts fühlten sich die Bewohner der Languedoc nicht als Franzosen, sondern standen in tiefer innerer Abneigung gegen den Norden, der jedes eigene geistige Leben in ihrem Lande erstickte und dessen besondere Kultur vernichtete" (Vossler).

Hier im Süden war die Kathedrale von Toulouse, erbaut von dem Grafen Raimund VI. in den ersten Jahren des 13. Jahrhunderts, der erste Großbau, der sein Mittelschiff mit mächtigen Kreuzgewölben überdeckte. Seine Spannweite — 19 Meter! — war im damaligen Europa etwas Einzigartiges. Aber seine rechteckigen Kreuzgewölbe sind *keine* Baldachine, die Wand ist massiv und wenig durchbrochen. Dieser mächtige, aber isolierte Bau läßt ahnen, daß der Süden von dem hier bodenständigen Rippengewölbe ganz anderen Gebrauch zu machen beabsichtigte als der Norden, bevor das Land 1229 in die Hand der französischen Krone kam. Gleichsam deren Herrschaftszeichen ist das damals eingesetzte „Sonnenfenster" — das einzige „gotische" Motiv an diesem Bau.

---

*) Frankl Abb. 275.

Aber nicht aus einer *regionalen* Opposition — denn diese hatte nach dem Unterliegen des Landes nicht mehr die Möglichkeit, mit Großbauten zum Wort kommen — ist die bedeutendste Gegenbewegung gegen die Kathedrale hervorgegangen, sondern aus einer „weltanschaulichen" Ablehnung des poetisch-sinnlichen Gesamtkunstwerks der Kathedrale, welche *die Bettelorden* tragen. Sie lehnen die Kathedrale als Ganzes ab, setzen sich aber mit ihr tiefer auseinander, als alle bisherigen Richtungen, und übernehmen aus ihr wesentliche Ideen. Gerade dadurch sind ihre Bauten die größten und fruchtbarsten Gegenspieler der Kathedrale geworden.

Das erhaltene Hauptdenkmal dieser Gegenbewegung steht in dem Hauptort der Dominikaner, dort, wo alljährlich das Generalkapitel zusammentrat: es ist die der hl. Jungfrau geweihte sogenannte Jakobinerkirche von Toulouse (den Namen Jakobiner — dem die Revolution von 1789 einen neuen Sinn gegeben hat — tragen die Dominikaner nach ihrem ersten Versammlungsort in Paris, der sich in der Nähe einer Kirche des hl. Jakob von Compostela befand). Die Toulouser Hauptkirche ist das großartigste Beispiel dieses architektonischen Widerspruchs gegen die Kathedrale, aber nicht das früheste. Der entscheidende Bau muß dort entstanden sein, wo auch der „Über-Mut" der Kathedrale seinen Höhepunkt erreichte: in der Île-de-France. Es war wohl die nicht mehr erhaltene Dominikanerkirche von Paris; von ihr ist nur bekannt, daß sie gegen 1250 begonnen wurde und daß sie — geflissentlich die Form einfachster Profanbauten nachahmend — eine Flachdecke trug. Doch nicht von diesem Bau, sondern von dem gewölbten Riesenbau in Toulouse — dem Werk eines überlegenen Meisters — ist unermeßliche Wirkung ausgegangen. Dieser Bau war 1245 geplant, wurde erst 1260 begonnen und 1292 geweiht.

Seine künstlerische Bedeutung hat am besten E. Rey erkannt. „Man glaubt zu träumen, wenn man bedenkt, daß dieses Meisterwerk, eines der pursten Juwele Frankreichs, im Laufe des 19. Jahrhunderts eine Beute des Vandalismus wurde. Die Glasscheiben wurden herausgenommen, die Fenster halb vermauert, die Kapellen demoliert, das Schiff durch eine Holzwand geteilt und in eine Kaserne oder einen Stall verwandelt."

Das ungeheuer Neue des Baus ist, daß hier zum erstenmal in einer Kirche die das Gewölbe tragenden riesigen *Rundpfeiler* auf der Achse des Baus und des Altars *mitten im Raum* stehen, ein Motiv, das in der *Sakral*architektur seit den dorischen Tempeln nicht mehr möglich gewesen ist.

Man sollte einen Kirchenraum dieser Art nicht zwei*schiffig* nennen, sondern diesen Ausdruck nur jenen Kirchen vorbehalten, bei denen jedes Schiff eine gesonderte Endigung hat, wie zum Beispiel an der Kirche Saint-Sauveur von Rocamadour in Südfrankreich, oder jenen nicht seltenen, wo das eine Schiff sogar schmäler ist als die anderen. Wo aber die Säulen *nicht zwischen zwei Räumen, sondern mitten in einem einheitlichen Einraum* stehen, wird man besser von einem zweiteiligen oder, wenn man will, zweihäusigen Raum sprechen.

Der Gedanke der *zweiteiligen Halle* war bis dahin der profanen Architektur der Kapitelsäle, Refektorien, Dormitorien, Spitalsäle, Speicher usw. vorbehalten. Der Sinn der Aufnahme dieser Form durch den Bettelorden der Dominikaner ist ganz offenbar der, das Kirchengebäude seines mystisch-poetischen Charakters weitgehend zu entkleiden, als ein Versammlungsgebäude zu erklären und die Sphäre des Heiligen auf den Altar einzuschränken. Rey hat das richtig erkannt, wenn er die Toulouser Kirche als einen ins Monumentale erhobenen Kapitelsaal sieht („conçu comme une immense salle capitulaire"). Seine Beobachtung erklärt aber noch nicht die Gestalt des Chors. Der schließt mit einem halbierten Zentralbau von zwölfeckigem Grundriß, welcher wiederum, wie der Langraum, den Gedanken der „Säule mitten im Raum" verkörpert. Diese Form des Einsäulenrunds mit den palmenartig ausstrahlenden Rippen der Mittelsäule ist aber ihrerseits die typische Form von Kapitelhäusern in England. Und ein Kapitelhaus ist die Kirche auch tatsächlich nach ihrer Bestimmung, Versammlungsort des Generalkapitels bei festlichen Gelegenheiten zu sein. Sie war zugleich Universitätskirche der Dominikaner, in ihr wurden Sitzungen des Professorenkollegiums und — wie in der Kathedrale auch — feierliche Prüfungen abgehalten.

Die Teilung in zwei Häuser kommt dem Wunsche der Bettelorden entgegen, sich dem Volke gleichzustellen, indem man die Kirche mit ihm teilt (Rey), keinen abgeschlossenen Raumteil für sich zu behalten — während in den Kathedralen die Domkapitel sich dem Volk unsichtbar in einer Sonderkirche *in* der Kirche versammelten. In Toulouse war der nördliche Teil, der an den Kreuzgang angrenzte, den Mönchen vorbehalten; in diesem Schiff wurde im 14. Jahrhundert vor dem Vieleck des Chors das Grab des hl. Thomas von Aquin errichtet. Das Südschiff war der Raum der Laien.

Architektonisch ist der Raum doppelt orientiert. Er ist einerseits Längsraum mit dem Schwerpunkt am Chorpolygon, wo der Hauptaltar steht. Er hat aber noch einen zweiten Schwerpunkt in der Kanzel, die genau in der Mitte der Nordwand, über dem Eingang ins Mönchsschiff angebracht ist. Während der Predigt — und auch bei den erwähnten Versammlungen in der

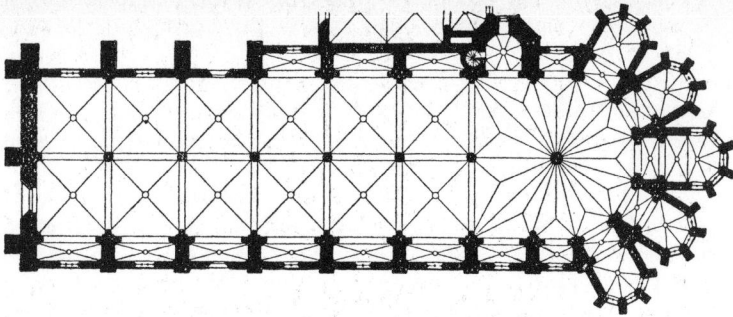

Grundriß der Dominikanerkirche von Toulouse

Kirche — verwandelt sich die Kirche zeitweise in einen *Breitraum*. Den Breitraum hat H. Evers als die typische Form des profanen Versammlungsraums erwiesen. Tatsächlich ist auch der Kapitelsaal des Dominikanerklosters in Toulouse ein Breitraum, mit einer kleinen polygonalen Apsis in der Mitte einer seiner Langseiten und zwei Säulen „mitten im Raum".*)

Drei vollkommen neue Elemente also, alle drei von revolutionärer Neuheit: die Angleichung an Profanräume — vorbereitet durch die weniger radikalen Hallenkirchen des Poitou —; die Zweiteilung der Länge nach, die Mönche und „Volk" auf einer langen Linie einander gleichstellt; die doppelte Orientierung (daher Eingänge an der Langseite).

Das Element aber, auf dem die Mächtigkeit des Raums beruht, ist seine durch praktische Rücksichten nicht zu rechtfertigende *Höhe*, und gerade davon geht die Wirkung der schlichten Formen aus. 22 Meter hoch — höher als ein fünfstöckiges Haus — steigen bis zum Ansatz der Gewölbe die nackten Wände und die glatten Rundpfeiler auf; sie sind die höchsten in Frankreich. Der Eindruck, der dadurch erzielt wird, ist unvergleichlich; unter den deutschen Bauten läßt der Chor der Franziskanerkirche in Salzburg eine ähnliche überwältigende Wirkung erleben.

Diese Raumverhältnisse sind jedoch aus der bekämpften Kathedrale übernommen. Bekämpft und aufgegeben ist der verwirrende Reichtum der Kathedrale, die sich gerade in diesen Jahren veräußerlichte, und das „poetische" Element an ihr, der Anspruch, Abbild des Himmelsbaus zu sein.

---

*) Vergl. die Abbildung in Lenoir, Architecture monastique, tome II, p. 324, nr. 475.

421

Die Dominikaner haben überall das Poetische bekämpft — so im Süden die Troubadourpoesie, deren Geist in die Kathedrale eingeflossen war — zugunsten einer verstandesmäßigen Klarheit. Die aus der Kathedrale übernommenen Riesenmaße bekommen, übertragen auf die profane Grundform und die Schlichtheit des Gefüges, einen neuen Sinn. Die Absicht war, den Bau zu vergeistigen, *ohne* ihn reich zu machen. Das Erschütternde des vollkommen durchsichtigen Raumes liegt einmal in dem unfaßbar Räumlichen, das durch das Aufsteigen ungeheurer Pfeiler im Raum geschaffen wird, in der Fülle des Lichts, das — wie in der Halle des Poitou — durch die riesigen Lanzettfenster seitlich einströmt: sie sind 18 Meter hoch. Leider ist über die Art der Verglasung nichts bekannt, zu vermuten, daß sie grau gehalten war, wie in den Zisterzienserkirchen. Aus der Kathedrale stammt endlich die Verbindung eines Langbaus mit einem selbständigen, wenn auch eng verbundenen, Ostpolygon zu einem wannenförmigen Gesamtgrundriß. Die Mitte des Ostpolygons bildet die siebente, etwas weiter von den anderen abgerückte Einsäule — im Volksmund der „Palmbaum" genannt, der die Rippen des klar und kühn erfundenen Sterngewölbes auf sich sammelt. Es eilt seiner Zeit voraus. Noch 1368, als der Leichnam des heiligen Thomas von Aquin den Dominikanern von Toulouse überlassen wurde, konnte Papst Urban V. erklären, daß diese Kirche alle Kirchen des Ordens an Schönheit übertreffe (Rey 57).

Überall neue Mittel und neue Eindrücke. Hier zum erstenmal beginnt der baumhafte Eindruck der Säulen, wenigstens als Möglichkeit.

In der Zahl der Säulen spielt eine Symbolik mit; die Siebenzahl ist ohne Zweifel mit Bezug auf die Stelle in den Sprüchen Salomos gewählt: „Sapientia aedificavit sibi domum, excidit columnas septem" (Rey). (In der Jakobinerkirche von Paris waren es 12 Pfeiler — gewiß die Apostel symbolisierend — gewesen.) Diese Stelle aus den Sprüchen Salomos IX, 1 kommentiert der dem Dominikanerorden angehörige hl. Albert der Große so: „Die Weisheit hat sich ein Haus gebaut und sieben Säulen ausgehauen. Jenes Haus ist die hl. Jungfrau, die sieben Säulen sind *die sieben freien Künste*."*) Die Universitäts-Kirche der Jakobiner ist „Haus der Weisheit". Auf einen solchen Bedeutungssinn des Kirchengebäudes verzichten nicht einmal die Bettelorden. Doch ist er hier schon nicht mehr symbolischer — und schon gar nicht anschaulicher —, sondern *allegorischer* Art.

Technisch ist der Bau ein Baldachinsystem einfachster Form.

*) Albertus Magnus, Mariale oder der englische Gruß, Frage 98.

Außen erscheint er halb als Festung (nicht „Burg"), halb als monumentaler Speicher, ähnlich wie die berühmte „Merveille" Philipp Augusts am Mont-Saint-Michel. Die Folge der oben durch Arkaden verbundenen Strebepfeiler — die Arkaden verstreben die Schildbogen der Baldachine — hat die trockene Monotonie eines Aquädukts.

Alles in allem ist diese Kirchenform ebenso ein Inbegriff der vollständig geänderten Geistigkeit des späteren 13. Jahrhunderts wie der Dominikanerkirche, die sich nicht minder in den „modernen" Formen der um 1256 festgelegten Dominikaner-Liturgie ausprägt (Jungmann). Im Dominikanerorden vollzieht sich auch der Übergang von dem Platonismus — auf dem die Kathedrale wesentlich beruht — zum konsequenten Aristotelismus.

Die Nachfolge dieses Typus beschränkt sich in Frankreich auf einige mittelmäßige Bauten im Bezirk von Toulouse. Für das nördliche Spätmittelalter aber hat er eine Bedeutung gewonnen, welche die von Saint-Denis und Chartres — im Extensiven — noch übertrifft. Seine Wirkung in Deutschland ist auslösender Art: er bringt eine uralte, lange verdeckte Unterschicht architektonischen Gestaltens an die Oberfläche (siehe Kapitel 161) und hält sich dort bis ins 16. Jahrhundert (Dominikanerkirche in Augsburg, begonnen 1512). In protestantischen Kirchenräumen lebt sein Grundgedanke manchmal noch später auf.

KAPITEL 157

Die Minoritenkirche von Toulouse. — Albi

Von kaum geringerer Bedeutung ist der Bau der Franziskanerkirche von Toulouse. Wie jene der Dominikaner wurde sie im 19. Jahrhundert profaniert und nach einem Brand im Jahre 1871 abgetragen. Sie ist der Kunstgeschichte wenig bekannt und nicht genügend berücksichtigt. Zur Zeit ihrer Erbauung war sie wohl die bedeutendste Franziskanerkirche Europas. Formal bildet sie das franziskanische Gegenstück zu jener. Auch ihre Baugeschichte verläuft ganz ähnlich. Begonnen wurde sie, nach Rey, wenig später als die Dominikanerkirche; ein Legat um 1260 zeigt, daß damals die Arbeiten in Gang kamen; sie zogen sich in den angebauten Kapellen, wie dort, bis ins 14. Jahrhundert. Eine genauere Untersuchung der Baugeschichte wäre von Wichtigkeit.

Von außen gleicht sie in den Teilen, die über die Dächer der umgebenden Häuser aufragten, der Dominikanerkirche bis zum Verwechseln. Die Größenmaße waren genau die gleichen. Aber

Himmelsfestung: Choransicht der Kathedrale von Albi

auch im Inneren ist — obwohl die Franziskanerkirche einen
durchaus anderen Raumtypus vertritt — das Proportionsgefühl
und die Ponderierung dermaßen ähnlich, daß ich sie demselben
Architekten zuschreiben möchte. Sie ist sozusagen die Übersetzung der zweiteiligen Halle in einen *ein*schiffigen Saal mit

niedrigen Kapellen statt der Seitenschiffe. Statt auf annähernd quadratischen, basiert sie auf rechteckigen Baldachinen, deren zarte Träger in der Wand stehen und bis zum Boden reichen.

Ihre originellste Leistung ist das System des Wandaufbaus. Es ist zweigeschossig und macht — wie in ganz anderer Weise die Jakobinerkirche — in großartiger Weise von dem Kathedralmotiv der Hochfenster Gebrauch. Über den niedrigen Arkadenöffnungen der seitlichen Kapellen — die nicht einmal ein Drittel der seitlichen Gewölbehöhe erreichen — steigen in der Wand die riesigen lanzettförmigen Hochfenster auf — 14,50 Meter hoch, bei nur 2,30 Meter Breite — und durchfluten den ganzen Raum mit einer Fülle von Licht. Auch dieses Raumbild ist von durchsichtiger Klarheit, feingliedriger als das der Halle und überirdischer. Über die farbige Gestaltung wird man wohl niemals etwas erfahren, wenn man auch annehmen darf, daß die Fensterverglasung durch Grisaillen gebildet war.

Die Großartigkeit und Verklärung dieser *Wand*form ist von späteren Bettelordenskirchen des gleichen Typus wohl nie ganz erreicht worden. Als Typus hat sie aber weithin gewirkt.

In dem aus den sieben Seiten des Zwölfecks entwickelten Chor — der, im Erdgeschoß von den gleichen Kapellen umzogen, nahtlos an das Schiff anschließt — erscheint ein zweiter neuer und origineller Gedanke. Hier wird die Wand, in der die Hochfenster sitzen, in die Flucht der *äußeren* Strebepfeilerstirnen verlegt, so daß über dem unteren Kapellenkranz ein oberer Kranz hoher Kapellenräume entsteht, die — nach der Annahme von Rey — mit Altären besetzt und durch Türen in den nun *im* Innenraum stehenden Strebepfeilern miteinander verbunden waren (wie in der Franziskanerkirche von Salzburg).

Das aber ist jenes Raumsystem, das sich in dem großartigen Bau der Kathedrale von Albi auf den ganzen Bau erstrecken wird.

Die Franziskanerkirche von Toulouse steht — obwohl sie durchaus der Narbonner Franziskanerregel folgt: „Ordinamus *quod aedificiorum curiositas* (!) evitetur" — in ihrem anschaulichen Charakter der Kathedrale näher: wie jene ist sie „Lichtfülle von oben". Sie ist weniger „profan" als die Jakobinerkirche, und zugleich — da sie den Chor durch einen Lettner von der Laienkirche trennt — weniger volkstümlich.

Albi ist das erste grandiose Beispiel dafür, wie jene „Kürzung" kathedraler Motive, die sich im Bau der Bettelorden herausgebildet hatte, nun ihrerseits den Bau einer Bischofskirche entscheidend bestimmt. Die äußere Gestalt dieser „troublante cathédrale" (Courajod) zielt nicht so sehr darauf ab, eine wirkliche Wehrkirche zu schaffen, als darauf, in symbolischer Weise die

Erscheinung der Kirche — mit ihrem Donjon, ihren „Basteien" und bewehrten Toren — einer Burg, oder besser noch einer Festung anzugleichen. In ihrer festungshaften, kastenartigen Kahlheit erinnert sie an Kathedralen Englands, zu dessen Herrschaftsbereich Albi damals gehörte (Abb. Seite 424).

B

In Europa

KAPITEL 158

England und die französische Kathedrale

I

Von allen Ländern Europas tritt am frühesten England in eine Auseinandersetzung mit der Kathedrale ein. Um diese Zeit ist die „gotische" Kathedrale nicht die französische, sondern nur die franzische Kirchenform. Die Einwirkung der anderen „Schulen" Frankreichs ist verschwindend gering. Während der ersten Phase der Kathedrale, von 1140 bis 1180, verharrt auch England noch auf romanischer Basis. Aber bezeichnenderweise wird das normannische Element zurückgedrängt, ja ausgeschieden. Der westenglische Typus von Tewkesbury-Pershore-Gloucester dringt nach Ostengland vor. Zum Baldachin ist nicht die geringste Neigung zu spüren; kein Land Europas verharrt in seinen Monumentalbauten länger bei der hölzernen Flachdecke als England. Die wesentlichste Neuerung — zu der es außerhalb Englands Vergleichbares nirgends gibt — ist das Einziehen dünner, auf Konsolen hängender Füllwände oder „Soffitten" in den *oberen* Teil der Mammut-Arkaden, von denen die Erdgeschoßarkade und die kleinen Bogen des Triforiums übergriffen werden; so in Oxford (nach 1154), Dunstable, Jedburgh (um 1175) und noch in Glastonbury (seit 1184): Ansatz zu einer Differenzierung tragender und füllender Teile.

II

Erst der *zweiten* Phase Frankreichs entspricht — zeitlich ziemlich genau — die englische Frühgotik, die man mit einem glücklich gewählten Namen „early english" nennt. Die erste „gotische" Kathedrale Englands, die von Canterbury, wird von einem französischen Baumeister, Wilhelm von Sens, begonnen, von einem Engländer weitergeführt. Und sofort äußert sich das Englische auf unverkennbare Weise.

Es ist für das Verständnis der englischen Umdeutung der Kathedrale nicht günstig, vom Grundriß auszugehen. Der eigentümlich weitläufige Grundriß — der besonderen religiösen Zuständen entspricht, die weniger durch die Liturgie als durch die soziologischen Formen kirchlichen Lebens in England bedingt sind — ist keine Besonderheit der gotischen Stufe, sondern schon in der vornormannischen Zeit klar ausgebildet (vgl. Frey).

Die wesentlichen Unterschiede liegen im Aufbau. England lehnt das straff struktive Element, das Frankreich aus der Normandie übernommen hat, ab. Es übernimmt die Idee des Baldachins, aber ohne ihm eine klare struktive Funktion zu geben, und es nimmt sich aus der Kathedrale dasjenige Element zurück, das die Kathedrale selbst gerade aus englischen Voraussetzungen entwickelt hatte: das Schweben der Baldachine. In den frühen Beispielen, die in dieser Hinsicht der in Frankreich mit Notre-Dame erreichten Stufe entsprechen, erreichen die Dienste noch die Deckplatte der Arkadensäulen des Erdgeschosses; so in Canterbury, begonnen 1175, und in der Templerkirche von London — die man wahrscheinlich als Variante der Pariser Templerkirche auffassen darf —, begonnen 1181. Nichts kann bezeichnender sein, als daß in Canterbury *sogar an den Pfeilern der Vierung* die Gewölbedienste *nicht* bis zum Boden geführt werden, sondern auf dem Eckplattenkranz eines kantonierten Rundpfeilers enden. Aber schon in den entscheidenden nächsten Bauten — im Chor von Wells, begonnen zwischen 1174 und 80, geweiht 1226, und in Lincoln, seit 1191, vollendet 1239 — erreichen sie die Deckplatten nicht mehr, sondern enden etwas höher oben im Arkadenzwickel auf spitzen Konsolen; dann werden sie noch weiter hinaufgerafft und verwandeln sich schließlich in kurze Dienststummel, die nur ein kleines Stück unter die Lünettenzone der Fenster in die Zwickel des Triforiums hinunterhängen. Die Baldachine schweben hoch oben zwischen den Wänden, wie Spinnweben, die ihre Fäden an den massiven Mauern heruntergelassen haben. Und je weniger sie durch die Höhe der Wand durchgreifen, umso stärker wird das gleichförmige horizontale Durchlaufen von Stockwerksbändern, die die Wand bauen. Wo ausnahmsweise Dienste bis zum Boden geführt werden, geschieht es unter französischem Einfluß.

In der Wölbungszone der Baldachine wird sehr bald die französische Reihung aus einzelnen Baldachin-Individuen aufgegeben. Die Kappen werden flacher und verschmelzen schon im 12. Jahrhundert zu einer Form, die konstruktiv eine einheitlich durchlaufende Tonne mit Stichkappen ist, wobei eine Scheitelrippe das Durchlaufen betont. Auf ihrer einheitlichen Fläche können sich rein dekorative Rippen beliebig ausbreiten. Mit Lincoln setzt die Sonderentwicklung des anglo-gotischen Gewölbebaus ein.

England übernimmt zwar die Frühform der französischen diaphanen Wand. Da es aber die Baldachine nicht als primäres Element des Struktiven kennt, kommt es auch nicht zu der Form der dünnen, als Membrane zwischen die Baldachinträger gespannten Gitterwand. Die Wand behält ihre Vielstufigkeit — besonders deutlich sichtbar in der Zone der falschen Emporen —, ja indem die Stufen in Angleichung an die Dünne der „Dienste" jetzt dünner werden, kann ihre Zahl noch über das Romanische anwachsen.

Mit dem Struktiven lehnt England auf dieser Stufe auch *das Hochragende* ab. Den in Frankreich aus westenglischen Chören entlehnten vierstöckigen Aufbau hat es nicht übernommen. Es hält an dem dreistöckigen Aufbau mit falschen Emporen — oder an ihrer Stelle Triforien — fest, wie ihn auf der französischen Frühstufe Sens zeigt, und wie in Sens sind die Raumquerschnitte ausnahmslos auffallend breit.

England lehnt das *plastische* Element ab. Die wenigen Säulenportale sind Import. Im 13. Jahrhundert verschwindet die Säulenstatue. Die von Frankreich übernommene vollkörperliche Skulptur bannt man sofort in ein flächiges Netz oder Wabenwerk der Fassaden, das sie wie einen Teppich ausbreitet. Den plastischen architektonischen Gliederungen fehlt die körperliche Fülle und Spannkraft. An den englischen Kathedralen kann man ermessen, was das plastische Element bedeutet: die bindende Mitte. Ohne rechte Verbindung klaffen auseinander kahle kastenartige Grundformen und nun wirklich „dekorative", oft filigrane und flimmernd gehäufte Einzelformen. Dies ist seit den frühesten Zeiten der konstanteste Grundzug der englischen Baukunst. Durch ihn ist England führend in gewissen Strömungen des Spätmittelalters und vor allem im späten 18. und im 19. Jahrhundert, denn es ist geradezu eine Grundbestimmung der Baukunst des 19. Jahrhunderts, daß die Einzelform „appliziert" und „Dekoration", übergeworfenes Formen-Gewand ist.

Reinste Verkörperung der plastischen Gesinnung ist in der Architektur die Säule, in der Skulptur das Vollbild des Menschen, größtes Beispiel das griechische. Weil England antiplastisch in seiner Gesinnung ist — es besitzt keinen einzigen Bildhauer von europäischem Rang —, fehlt ihm das bedeutende Menschenbild, fehlt die echte Statue; und hat es in der Epoche der europäischen Kunst, in der das Zentralthema der bildenden

428

Künste der „große Mensch" geworden ist, von 1470 bis gegen 1750, kein eigenes Wort zu sagen. In der Bilderwelt der Kathedrale verschiebt sich der Brennpunkt seiner Phantasie von der Vorstellung des leibhaften Menschen auf die des Engels, als des Wesens, von dem es keine sinnenhafte Erfahrung gibt und das „unleibhaftig" ist. Engelsthemen scheinen in der Ikonologie der englischen Kathedrale einen breiten Raum eingenommen zu haben; der Name England wird frühzeitig als Engelland gedeutet.

Das Verhältnis zum Licht ist eigenartig; es läßt sich an der Gestaltung der Oberflächen ablesen. Dem Licht wird eine schimmernde und rieselnde Qualität gegeben: Vorliebe für polierte Oberflächen. Zu der Steigerung des Lichterlebnisses, wie auf der Stufe von Chartres, kommt es nicht: England will nur die Lünettenfenster der Frühstufe, *nicht das Hochfenster*. Und vor allem nicht die beiden strahlenden Lichtmotive der Kathedrale: das Radfenster und den durchlaufenden Chorkapellenkranz.

Es fehlt eine genaue Wiederherstellung der *ursprünglichen* Farbigkeit englischer Kathedralen. Zu vermuten wäre eine weniger betonte Rolle der Lichtfarben, des Blau und des Gold, und ein fast vollständiges Zurückdrängen der Körperfarbe, des Roten, das nur in kleinen Partikeln zugelassen wäre.

Alles in allem: zurückgedrängt ist das nordische und fast ausgeschieden das südliche Element, zugunsten des „Keltischen".

Von hier aus erkennt man deutlicher, daß in der französischen Kathedrale das „Keltische" nur ein „Einschlag", wenn auch ein wesentlicher, ist; daß seine Maß- und Formlosigkeit durch das Struktive und das menschlich Maßvolle gebändigt wurde. Für die englische Kathedrale aber gilt nun wirklich sowohl für ihre Innenräume wie für die Fassaden das, was man von der keltischen Sprache festgestellt hat: „Kein wuchtiges Fortschreiten, sondern ein *Nebeneinander gleichgeordneter Gedanken,* und der Schluß kehrt in den Anfang zurück" (W. Krause). Darin gründet die Verwandtschaft mit dem Orientalischen, dem Prinzip des Fortgangs ohne Ende. Nur ist alles trockener als im Keltischen. Das Phantastische und Gehäufte ist in England stärker entfaltet, das Sinnliche in Frankreich stärker aufgeblüht.

Echt keltischen Geistes sind besonders auch jene gotischen Formen, die sonst nirgends vorkommen; wie die großen, sich kopfstehend spiegelnden Bogen im Querhaus von Salisbury und in der Vierung von Wells, die in traumhafter Weise die Erde leugnen und ein Gefühl schwindelerregender Halluzination hervorrufen.

So ist es auch kein Wunder, daß von England die Wiedergeburt des keltischen „scroll-works" im „flamboyant" ausgegangen ist.

429

Wenn also im „early english" das Keltische gewissermaßen in Reinkultur erscheint, so ist zu fragen, warum es hier der westenglischen Kunst des späten 11. und frühen 12. Jahrhunderts, die wir gleichfalls als „keltisch" angesprochen haben, dermaßen unähnlich ist. Aber keltisch ist beides: die Übersteigerung des Körperlichen (nicht des Menschlich-Plastischen) bis zum Ungetümen, schwerfällig Grotesken und die Übersteigerung des Körperlosen, Schwerlosen, Spinnwebartigen: die plumpen Riesen und die Elfen — das Riesige und das Winzige — Brobdingnag *und* Liliput. Das eine ist die der romanischen, das andere die der gotischen Stilstufe entsprechende Erscheinungsweise keltischer Phantastik; beides wirkt lange, bald unterirdisch, bald offen zutage tretend, weiter in der englischen Kunst. Noch bei Swift und Dickens sind seine Reflexe im literarischen Bereich zu finden.

Es kann kein Zweifel sein, daß auch die englische Kathedrale den Himmel darstellt. Das würde schon die Ikonographie ihrer Fassaden beweisen, die meines Wissens noch nie im Zusammenhang des Ganzen untersucht worden ist, obwohl reiches Material vorhanden wäre. Nach den vorliegenden Feststellungen ist es eine mit großem Aufwand entfaltete, in der Fläche gleichmäßig ausgebreitete typische Porta Coeli — ikonologisch häufig scheinbar mit einer Betonung der Chöre der Seligen, in Rängen geordnet. Aber auch das ausschließlich englische — zuerst in Tewkesbury in *West*england erscheinende — Motiv der riesigen Nischen in der Fassade ist nur als Bild des Himmelstors (oder der Himmelstore) ganz zu verstehen, das hier die Form einer „Hohen Pforte" annimmt und — wieder einmal — auffallend an Persisch-Altorientalisches, an das Liwan-Motiv, erinnert: die Ähnlichkeit der Fassade von Lincoln mit der des Taq-i-Qisra von Ktesiphon ist bedeutend, aber gewiß nicht durch den Kurzschluß einer Annahme direkter Beziehungen zu erklären.

III

Auf dieser Sonderform der englischen Kathedrale, die das Early English aus der dreistöckigen Ausgangsform von Sens Schritt für Schritt entwickelt hat, beruht die weitere Entwicklung, die nirgends so reich verläuft wie hier.

Aus ihr heben sich jene Kathedralen scharf heraus, die eng an die französische Kathedrale anschließen. Es sind nur wenige und bezeichnenderweise jene, die in engster Verbindung mit dem englischen Königshaus stehen. Vor allem die Westminster Abtei — das englische „Saint-Denis". Der Neubau, begonnen unter

Heinrich III., 1245, folgt im Aufbau der Wand etwa dem Typus von Châlons. Stark französisch auch die Westteile der Kathedrale von York, seit 1291, unter Eduard I. begonnen.

IV

Die englische Gotik hat bis 1250 nur rein lokale Bedeutung. Ihre Wirkung beginnt erst, als auch die französische Kathedrale und die europäische „Gotik" von sich aus das Körperhafte zugunsten des Flächenhaften zurückdrängt und zu Häufungen gleichartiger Formen übergeht. Ja es wäre möglich, daß England schon auf die Ausbildung dieser Stufe, die durch die Leitform der „Splitterfläche" gekennzeichnet ist, stärker eingewirkt hat, als wir heute annehmen. Einwirkungen auf die französische Miniaturmalerei dieser Phase sind bekannt (Vitzthum).

Von starker Wirkung in einer nördlichen Zone Europas ist dann seit dem späten 13. Jahrhundert das englische Wölbungsornament. Schon im ersten Drittel des 13. Jahrhunderts treten in England Formen auf, die im übrigen Europa typisch spätgotisch sind. Schon damals hat es auf das englische Anjou und teils über diese Landschaft, teils auch direkt auf Frankreich gewirkt. Das früheste Beispiel einer Wölbung mit dekorativen Zwischenrippen an einer Kathedrale — die Vierung von Amiens, 1272 — liegt in der Picardie.

V

Die nächste entscheidende Leistung Englands ist die Ausbildung der nun wirklich englischen, nicht englisch-keltischen Sondergotik des „perpendicular style", die noch weit bis in die englische Renaissance und den sogenannten „Barock" hinein die Grundlage typisch englischer Formauffassung ist (vgl. Peter Meyer). Neueste Forschungen haben ergeben, daß der Schöpfungsbau dieses „Stils" nicht der spätgotische Chor der Kathedrale von Gloucester *ist*, sondern daß er am englischen Hof entspringt. Der Wiegenbau dieses „court style" war die Hofkapelle des hl. Stephan in London — die englische „Sainte-Chapelle" (J. M. Hastings). Auch in England leitet also die Hofkunst der „Kapelle" (um 1300) eine neue Phase ein. Sie verdient höchstes historisches Interesse.

KAPITEL 159

Spanien und die Kathedrale

I

Auch hier kommt es uns nur darauf an, die Akzente zu setzen. Dabei ist es notwendig, zwischen Westspanien, das sich im Laufe der Reconquista immer mehr nach dem Süden ausbreitet, und Ostspanien, dem Lande südlich der Pyrenäen, dem im Laufe des 13. und 14. Jahrhunderts Valencia (1238), die Balearen, Sizilien und Sardinien zuwachsen, scharf zu unterscheiden. Das Jahr 1137, mit dem in Frankreich die Gotik beginnt, ist für beide Hälften Spaniens ein Stichjahr: damals verbinden sich im Westen die Königreiche Leon und Castilien (Castilla la vieja), die sich zwar 1157 wieder trennen, aber seit 1230 dauernd vereinigt bleiben. Und im selben Jahr vereinigen sich im Osten Aragon und Katalonien; obwohl auch hier das Bündnis immer wieder unterbrochen wurde, wurde es doch immer wieder hergestellt.

1134 wird das kleine Navarra am Südwest- und Nordwestfuß der Pyrenäen Königreich; seine künstlerische Stunde wird erst im 15. Jahrhundert schlagen.

Im 12. Jahrhundert unterscheiden sich alle diese Gebiete nur in Nuancen. Anders im 13. Jahrhundert. Nur in Westspanien hat die Kathedrale der Île de France Fuß gefaßt, und abgesehen von England hat nur Ostspanien aus den Voraussetzungen der Kathedrale eine selbständige Sonderform der Kathedrale entwickelt, aus der Kunstwerke von europäischem Rang erwachsen.

II

In Spanien gibt es — anders als in Deutschland — keine selbständige Entwicklung zum Baldachin, noch zur diaphanen Wand hin. Länger als irgend ein anderes europäisches Land verharrt es auf der romanischen Grundlage. Das einzige bedeutende Element der Kathedrale, das hier schon seit dem 12. Jahrhundert vorkommt, ist die Großplastik; doch kommt die *„Säulen*figur" (Sangüesa in Navarra, um 1160) offenbar über Burgund. Noch gegen Ende des Jahrhunderts, an dem Hauptwerk der Monumentalplastik, am Portico della Gloria von Santiago da Compostela (seit 1187) zeigt sie sich *ohne* Statuenbaldachine, verläßliches Anzeichen dafür, daß diese ebenso eine Schöpfung Franziens, nicht Burgunds sind, wie der echte Kreuzrippenbaldachin auch.

Von diesem gibt es um 1150 in Spanien erst Stücke: Kreuzrippen mit diagonal gestellten Diensten, denen der Schildbogen fehlt und die haltlos im Raum stehen, oft mehrere zusammengehörige Bogen in verschiedener Kämpferhöhe zusammengestellt (Beispiel: Irache in Navarra, Lozoya 456). Und auch in S. Vincente d'Avila fehlen nicht nur die Schildbogen, sondern sind die Dienste, auf welche die Kreuzrippen aufsetzen, schwere romanische Vorlagen, die zur Wand zählen.

Die ersten *kompletten* Baldachine bringen die Zisterzienserkirchen, doch bleiben sie oft wie versunken in das Massive des romanischen Mauer-Wölbungs-Blocks (Beispiel: Fitero, Abb. bei Lozoya II).

Zur diaphanen Wand ist nirgends der geringste Ansatz zu sehen.

Die erste Auseinandersetzung mit dem Gesamtsystem der Kathedrale, und zwar in ihrer burgundischen Version, wie sie etwa der Chor von Vézelay, 1198 bis 1206, vertritt, bedeutet *der Bau des Domes von Avila*. Die Bauzeit ist nicht gesichert, doch ist das Werk jedenfalls *nach* Vézelay begonnen. Der doppelte Chorumgang setzt den von St. Denis voraus, seine Kapellen stecken in dem gewaltigen Mauerwerk der großartigen Stadtbastion, dem „cimorro", welche das Chorhaupt umpanzert. Der Innenraum, in dem „las luces y las penombras juegan las mas singulares combinaciones" (Lozoya), hat etwas von der Unruhe und Unentschiedenheit staufischer Bauten. Die Empore über dem inneren Umgang wurde im 15. Jahrhundert, um Licht zu gewinnen, entfernt; aus dieser Zeit stammen die Strebebogen.

III

Erst eine zweite Gruppe von Zisterzienserkirchen und von diesen abhängige Bischofskirchen *West*spaniens, die sich weitere burgundische und gelegentlich auch poitevinische Elemente einverleibten, bringt die Befreiung der Baldachine aus der Fesselung der Wand und jene Lichte des Raums und seiner Gliederungen, welche den Empfang der gotischen Kathedrale vorbereiten.

Der früheste dieser Bauten, die Kathedrale von Cuenca, ist zwischen 1199 und 1208/10 begonnen, entspricht also zeitlich ungefähr Magdeburg. Ihm folgen um 1220 die verwandten: die Klosterkirche von Huerta, der Dom von Sigüenza, die Klosterkirche Las Huelgas bei Burgos. Jenen allen geht an Lichträumigkeit voran die *Königskirche von Navarra*, Santa Maria de Tudela; ihr Hauptaltar geweiht 1204 (Lozoya II 160). Erscheint hier im Langhaus sogar schon ein Ansatz zum Hochfenster, so in Cuenca zum erstenmal eine zweischalige diaphane Wand in

Gitterstruktur*), wobei sich dieses Lichtmotiv bezeichnenderweise mit den Gestalten baldachingekrönter Engel verbindet, die, geradezu karyatidenhaft, das Mittelsäulchen der durchsichtigen Bogenkulisse ersetzen.

IV

Die *Übernahme der nordfranzösischen Kathedrale* folgt diesen Schrittmacher-Bauten auf dem Fuße, um eine volle Generation früher einsetzend als in Deutschland. Die frühgotischen Teile der Kathedrale von *Burgos,* seit 1221-22, und die entsprechenden der Kathedrale des von den Mauren rückeroberten *Toledo,* seit 1226-27, — der alten und der neuen Residenz der Könige von Kastilien — sind in ihrem, während der langen Bauzeiten vielfach geänderten Entwurf die ersten Beispiele der französischen Kathedrale auf spanischem Boden, früher als irgendwo in Europa, England allein ausgenommen — Toledo, mit 120 Meter Länge, sogleich auch eine der größten in Europa überhaupt. Sie vertreten, bei dreiteiligem Aufbau, die Stufe *vor* Chartres: die Fenster sitzen noch in der Lünette der Wölbung.

Eine Generation später wird mit der Kathedrale Nuestra Señora von *Leon* — der Hauptstadt des gleichnamigen Königreichs, begonnen 1255, — die reinste Verkörperung der klassischen Stufe außerhalb Frankreichs erreicht, zugleich aber durch Elemente, die aus St. Denis übernommen sind, ins Nachklassische überschritten. Damals ist Alfons X., von Frankreich unterstützt, Bewerber um die deutsche Kaiserkrone. Nur hier findet sich in Spanien Glasmalerei großen Stils, wie nur in Burgos ein mit französischen Kathedralen an Umfang vergleichbarer Skulpturenzyklus.

Von diesen drei Hauptwerken hat nur Burgos schulbildend gewirkt.

Diese westspanische Kathedralen-Gotik des 13. Jahrhunderts ist die Stilgrundlage, auf der im 15. Jahrhundert spätgotische Formen aus der Nachfolge der deutschen Kathedralen-Gotik, von deutschen Meistern (Hans und Simon von Köln) aufgepfropft und mit maurischen Elementen angereichert, prachtvoll gedeihen werden. Die Kathedrale von Burgos selbst ist — darin Straßburg ähnlich — das großartige Beispiel, wie diese Flora später Kathedralgotik sich mit der französischen Grundform zu einem Gesamt von hohem Reiz verbindet.

Auch bei ihrem Erscheinen auf westspanischem Boden ist die franzische Kathedrale also wesentlich Königskunst.

---

*) Abbildung: Lambert Fig. 83.

Ist der spanische Westen das Gebiet der französischen Kathedrale — ähnlich wie in Deutschland der Rhein —, so bringt der Osten seit dem Ende des 13. Jahrhunderts eine durchaus selbständige Spielart der Kathedrale. Ausgangspunkt dieser Sonderform ist, sowohl im Grundriß wie im Aufriß, das System der Kathedrale von Bourges (Dehio, Weise). Im Grundriß wird das äußere der fünf Schiffe und meistens auch seine Fortsetzung im Chorumgang — einer allgemeinen Zeittendenz, aber auch südfranzösischen Gepflogenheiten entsprechend — in gesonderte Kapellen zerlegt. Im Aufriß werden die Träger der Hauptschiffs-Arkaden noch über das Maß von Bourges erhöht und nicht nur das Triforium, sondern auch die Arkadenbogen des Hauptschiffs in die Lünetten der mächtigen, meist querrechteckigen, oft auch quadratischen Baldachingewölbe hinaufgerafft — ein Gedanke, der außerhalb Spaniens nur selten auftritt oder doch nie zu so monumentalen Wirkungen benutzt wurde. Es ist durchaus falsch, hier von „Hallenkirchen" zu sprechen, das zeigen schon die Strebebogen: es sind Basiliken mit Hallenwirkung, die man am besten „halbbasilikale Hallen" nennt. Die Kleinheit der Triforiumsgliederung oben läßt die ohnehin schon überhohen Baldachinträger ins völlig Unermeßliche wachsen. Außen zeigen die Kuben dieser Bauten — die meistens aus Ziegeln errichtet sind — jene nüchterne Klarheit und trockene Größe, welche auch die gleichzeitigen Bauten der Languedoc auszeichnet, doch mit einem Zusatz herber Feinheit, der jenen fehlt.

Diese Kirchenform ist neben der englischen die einzige selbständige Spielart der Kathedrale in Europa, und auch diese ist wesentlich Königskunst. Ihre Hauptwerke entstehen in den Hauptstädten der mit der Krone von Aragon verbundenen Königreiche und Länder: in Palma auf Mallorca, in Saragossa und Barcelona. Hier in Barcelona, das damals Haupt eines Seestädtebundes war, welcher das gesamte westliche Mittelmeer beherrschte, verbindet sich mit dem Geist der ostspanischen Königskirche etwas von jenem Geist, der auch die gewaltigen Stadtkirchen der nordischen Hanse — Lübeck, Stralsund, Danzig —, die in der gleichen Zeit entstanden, auszeichnet.

Der Schöpfungsbau dieser klar umrissenen Gruppe mächtiger Bauten scheint die Königskathedrale des 1276 gegründeten Königreichs der Balearen — des „reyno di Mallorca" — gewesen zu sein, das — seit 1228/32 den Almohaden entrissen — unter Jakob II. seine kurze Blüte erlebte, ehe es 1343 mit der Krone von Aragon vereinigt wurde: *die Kathedrale von Palma auf Mallorca.* Schon 1273 war der niedrigere Chor entstanden, seit ungefähr 1300 dürfte der neue Plan für den herrlichen Hauptbau entstanden sein — „sin duda uno de los màs bellos edificios que el orden gotico haya producido en ningùn pays y en ningùn tiempo" (Lozoya). Der Bau, der erst im 17. Jahrhundert vollendet wurde, zeigt zum erstenmal das beschriebene Schema, doch reichen die Arkadenbogen, darin dem Vorbild von Bourges näher, noch nicht in die Lünette der Baldachine hinauf. Er atmet die wunderbare Klarheit, welche die Werke der Stilstufe um 1300 in ganz Europa auszeichnet. Die Fassade verwandelt ihre vier Strebepfeiler in Türme, zwischen die sich die Wände spannen; die Langseiten umstellen Hauptschiff und Kapellenreihe mit einem doppelten Zinnenkranz von Pfeiler-Türmchen: ohne Zweifel ist die Vorstellung der Himmelsburg noch lebendig. Das gewaltige Rundfenster an der Oststirn des Hauptschiffs stellt seinen Maßwerkstern in das „Zeichen Salomonis", den Bau als Nachfolger des Salomonischen Tempels und als Tempel der Weisheit erklärend.

Von Architekten des Königshauses wird der Bau der gewaltigen *Kathedrale von Barcelona,* der Hauptstadt Kataloniens geführt. 1298 begonnen, kommen die Arbeiten erst seit 1317 in Gang, als im Auftrag des Königs ein Baumeister aus Palma di Mallorca die Bauführung übernimmt, und ziehen sich weit bis ins 15. Jahrhundert.

In der zur gleichen Zeit (seit 1313) entstehenden großen gotischen Kathedrale der Hauptstadt des Königreichs Aragon, *Saragossa,* genannt La Seo (das ist: der Dom), schlägt das gleiche System im Laufe der Ausführung in das einer reinen Halle mit fünf gleich hohen Schiffen um.

(Nur die schon 1262, unmittelbar nach der Reconquista, begonnene Kathedrale des Königreichs Valencia in *Valencia* — heute von späteren Überbauungen verschlungen — zeigt einen anderen Plan, der eingehende Untersuchungen verdient.)

Diesen königlichen Bauten folgen andere: Santa Eulalia in Palma, Santa Maria del Mar in Barcelona (1328-1382), die Seo von Manresa: Santa Maria del Aurora, Tortosa, der Chor des Doms von Gerona. Aber sogar im späteren 16. Jahrhundert wurden Kirchen begonnen, deren Plan noch auf diesen ostspanischen Kathedraltypus zurückgeht, so die größte gotische Kathedrale und nach St. Peter in Rom der zweitgrößte christliche Kirchenbau: die Kathedrale von Sevilla (136 Meter lang, 41-56 Meter hoch).

VII

Für das Wesen der spanischen Kirchenkunst ist es höchst aufschlußreich, daß das in Frankreich und im übrigen Europa so gut wie unbeachtete System von Bourges, mit seiner doppelten basilikalen Steigerung der Räume, nirgends eine solche Rolle gespielt hat wie in Spanien, und zwar — wenn auch in verschiedener Weise — sowohl in Ost-, wie in Westspanien (Burgos). In dem Geheimnisvollen dieses Raumgefüges (siehe Kapitel 87) liegt seine Anziehungskraft auf die spanischen Künstler: nur von hoch oben, darin romanischem Empfinden verwandt, fällt schweres buntes Licht in die moscheeartig dämmernden, ja im Halbdunkel schwimmenden Räume. Wir haben den Raum von Bourges oben „rembrandthaft" genannt, aber auch Rembrandt steht in tiefer innerer Sympathie zum Orient. Die große Höhe der Arkaden ist auch in Bourges ursprünglich Erbgut aus Burgund, mit dem Spanien durch so viele Fäden in allen Perioden seiner Geschichte verbunden ist (vgl. Huizinga).

VIII

Die Himmelsbedeutung der spanischen Kathedrale müßte noch von jenem Motiv her aufgeschlossen werden, das für die spanischen Kirchen aller Spielarten und fast aller Zeiten so überaus charakteristisch ist: den sogenannten „Cimborios". Die achteckige, meist durch Trompen vermittelte Kuppel der Romanik *mit* Laterne — ein ursprünglich byzantinisches Motiv (Kapitel 31) — wird gotisiert und durch zwei Elemente bereichert: durch Sterngewölbe, welche die Motive islamischer Mihrabs ins Gotische übertragen *innen, außen* durch die begleitenden Türme, welche den Tambour ähnlich umringen, wie die Fialentürme den Turmkern in Laon, oder wie die kleinen Laternen byzantinischer Kreuzkuppelkirchen die große Laterne. Dieses Komposit wird in Kirchen aller Richtungen eingesetzt: in kathedrale ebenso wie in antikathedrale. Noch die in ihrer Struktur einer Moschee angenäherte Kathedrale von Sevilla — ein Konglomerat gleichwertiger Schiffe — verwendet es. Dem Cimborio kommt aber — wie schon sein Name vermuten läßt — sehr wahrscheinlich als pars pro toto Himmelsbedeutung zu, denn der Himmelssinn von Altarciborien war dem Mittelalter immer gewiß; ja möglicherweise trugen ihn auch die Sternwölbungen der Mihrabs (?). Gerade auch für die Himmelsbedeutung der Figurenbaldachine sind aus Spanien schöne Belege bekannt; so erscheint in einer Miniatur des 14. Jahrhunderts*), von Engeln getragen, der typische „Wimpergbaldachin" in seiner einfachsten Form als Thron„himmel" über dem König (Lozoya II Fig. 400). Diese Frage müßte im Zusammenhang mit der ursprünglichen Farbigkeit der Gebäude oder Gebäudeteile untersucht werden, wofür mir alle Unterlagen fehlen.

IX

Die Störung der Idee der Kathedrale durch Einbauten ist in Spanien stärker als irgendwo. Zerschneiden in England die großen „screens" noch schroffer als in Frankreich die Kathedrale in aneinandergeschobene Kirchen, so sperrt in Spanien *die Verlegung des Chors der Geistlichen* — den mit dem Altarraum ein Gang (eine „solea") verbindet — *in das Langhaus* durch hohe Umhegung den Laien nicht nur die Sicht auf den Hauptaltar, sondern auch in das Hauptschiff selbst. Den an die Peripherie abgedrängten Laien bleibt nur ein „Umgang", während der Klerus eine Kirche in der Kirche bildet: eine liturgisch absurde, aber religionsgeschichtlich symptomatische, ja symbolische Form.

Was diese Verhältnisse für die Ausbildung der Ikonologie bedeutet haben, bliebe zu untersuchen.

X

Nirgends hat sich die Kathedrale als führender Typus der Kirche länger gehalten als in Spanien. Die Hallenkirche, von den Niederlanden und Nordfrankreich her eindringend, gewinnt hier erst seit 1500 an Boden; unter ihren zahlreichen Vertretern ist keiner von europäischer Bedeutung; ihre Domäne sind die kleineren städtischen Gemeinwesen (Weise). Noch im 16., ja sogar im späteren 16. Jahrhundert sind in Spanien Kathedralen (des ostspanischen Typs und seiner Derivate) — wenn auch in Renaissanceformen verkleidet — *begonnen* worden (Salamanca seit 1513, Segovia seit 1525, Granada seit 1529) — wie auch nirgends die Bindung zwischen Königtum und katholischer Kirche eine so enge geblieben ist wie hier.

Dabei hat sich gerade hier schon seit dem 13. Jahrhundert jene Kirchenform vorbereitet, die, unter dem einengenden Namen der „Jesuitenkirche" bekannt, mit der italienischen Hochrenaissance (Alberti, Peruzzi, Vignola), zum führenden Kirchentypus Europas aufsteigen sollte (Mâle, Weise).

---

*) Liber de Privilegis, Landesarchiv Mallorca, 1334, die Krönung Jacobs II. darstellend.

KAPITEL 160

Portugal und die Kathedrale

Der Verlauf des Geschehens in Portugal ist bis zum Beginn der gotischen Epoche dem in Spanien einigermaßen ähnlich. Die Kirche der alten Hauptstadt Coimbra folgt noch dem romanischen System von Santiago da Compostela; auch die der neuen Hauptstadt Lissabon — die 1147 den Mauren entrissen worden war — hatte noch ein tonnengewölbtes Langhaus. Schrittmacher der Kathedralen-Gotik waren auch hier, wie fast überall in Europa, Zisterzienserbauten.

Den Gang der Entwicklung mögen hier zwei Bauten abstecken: die Grabeskirchen der ersten und die der zweiten burgundischen Dynastie.

Der eine ist die gewaltige, 106 Meter lange Kirche des Zisterzienserklosters von *Alcobaça*, dem in der Kulturgeschichte Portugals eine so überragende Rolle zukommt. 1140 — in dem Jahre, als Portugal sich zum Königreich erhob — wurde von dem ersten König Alfonso Henriques der Grundstein gelegt. Das Merkwürdigste sind die gleiche Höhe der drei Schiffe, von denen die Seitenschiffe Verhältnisse von einer Steilheit zeigen, wie sie nur Arles erreicht, und die kuppeligen Rippengewölbe, die nach dem *Poitou* weisen.

Der zweite Bau ist gegründet auf dem Felde des Sieges von Aljubarrota (1385), der die Unabhängigkeit Portugals von Spanien endgültig sicherte und mit der zweiten burgundischen Dynastie den Aufstieg Portugals und seiner künftigen Größe begründete: die 120 Meter lange Abteikirche Santa Maria della Vittoria des mächtigen Königsklosters von *Batalha*, die Grabeskirche der Könige — ein portugiesisches „Saint-Denis". *1388 begonnen, dürfte dies die letzte Königskirche Europas sein, die noch einmal auf das Schema der französischen Kathedrale greift.* Ihr Innenraum folgt in seinem zweiteiligen Wandaufbau jener Gestalt, die das nordfranzösische Schema in Südfrankreich angenommen hat. Doch sind die Erdgeschoßarkaden — wenn auch nicht so extrem wie an den gleichzeitigen Bauten Spaniens — auch hier „burgundisch" hoch; die Baldachine — deren Steilheit dem Geist der europäischen Stufe um 1390 entspricht — durchzieht eine „englische" Scheitelrippe, und auch am Außenbau mischt sich in die einheimischen Elemente der „perpendicular style" Englands, zu dem Portugal damals enge Beziehungen unterhielt. — Die nicht beendete Grabeskirche in der Achse des Hauptbaus — die „capellas imperfeitas" — hätte, das Schema eines Kathedral-Chors zu einem vollen Vieleck ergänzend, eines der überaus seltenen Beispiele eines Zentralbaus im Kathedralen-System gebildet.

Wiederum: auch hier bei ihrem letzten Erscheinen ist die Gesamtgestalt der Kathedrale eng dem Königsgedanken — und der Verehrung der Himmelskönigin — zugeordnet.

KAPITEL 161

Deutschland und die Kathedrale

Die Auseinandersetzung der deutschen Gebiete mit der Kathedrale und ihren Gegenformen schildern, hieße die Geschichte der deutschen Kunst von der staufischen Zeit bis zum Ende der Gotik schreiben und damit das Lebenswerk Dehios und Pinders neu aufnehmen. Daß das hier nicht die Absicht sein kann, ist klar. Doch erlauben die neu eingeführten Begriffe des „Baldachinraums", der „diaphanen Wand" und die Erkenntnis von dem abbildenden Sinn des gotischen Kirchengebäudes, manches in neuem und klarerem Licht zu sehen. Wir müssen uns mit Andeutungen begnügen.

I

Wie für die gleichzeitige englische Kunst existiert auch für die deutsche frühstaufische die Kathedrale *als Ganzes* noch nicht. Doch kennt sie bereits echte Kreuzrippenbaldachine. Da der Begriff des „Baldachinbaus" neu ist, gibt es zwar Untersuchungen zur Entstehung der frühesten Kreuzrippengewölbe, aber keine zusammenfassende Untersuchung über die Frühformen des Baldachinraums. Dabei wäre besonders auf Diagonaldienst und Schildbogenrippen zu achten. Komplette Kreuzrippenbaldachine finden sich zuerst in zwei Gebieten: im Westen Deutschlands, im Elsaß, auf französischer oder burgundischer Grundlage (Kautzsch) und früher noch im Osten, in Österreich (Oettinger) auf lombardischer. Ob es daneben eine autochthone Entstehung deutscher Kreuzrippenbaldachine gibt — wobei nur das Kreuzrippengewölbe von außen übernommen worden wäre, seine Ausbildung zum vollen Baldachin sich aber aus eigenen Voraussetzungen vollzogen hätte —, bleibt auch dann noch zu untersuchen, wenn es eher unwahrscheinlich erscheint.

Die frühen deutschen Baldachine stehen im allgemeinen in einem ungelösten Gegensatz zu der romanischen Wand. Sei es, daß ihre Träger noch zur Wand gerechnet werden und das Verhältnis unklar bleibt, sei es, daß ihr an sich lichter und luftiger Raum von altertümlich massiven Wänden ummantelt bleibt — ein Kontrast, der auch gewollt sein kann und besonders kraß dort erscheint, wo der Baldachin die Schlankheit französischer Baldachingliederungen erreicht. Dieser Gegensatz ist höchst charakteristisch für das zwiespältige Wesen der staufischen Kunst, ja der staufischen Epoche überhaupt, die janusgesichtig mit ihren „Gottesburgen" und Lichtkronen zurück zur ottonischen Zeit, mit Teilen ihrer profanen Dichtung und ihrer Plastik, als ein Vorspiel der „Renaissance", einer „modernen", innerlich verweltlichten Kunst entgegen blickt. Dies ist im Felde der Kunst derselbe Zwiespalt, der ihren Charakter auch geistesgeschichtlich bestimmt und ihre Tragik, wie auch ihre Größe ausmacht (vgl. F. Heer).

Gerade vom Baldachingedanken her gesehen, hebt sich von der staufischen Kunst im engeren Sinn eine *welfische* ab. Ein Bau wie der Dom von Braunschweig, seit 1173, zeigt ein vollständig selbständiges Baldachinsystem, das von keinem anderen europäischen abhängt und eher an Byzantinisches erinnert. Seine massiven, nicht aus plastischen Gliedern, sondern aus reinen Flächen gebildeten Träger, seine flächenhaften Kreuzgewölbe sind in ihrem Charakter altertümlich und ohne Zukunft, machen es aber verständlich, daß im welfischen Bereich gerade jenes französische Baldachinsystem übernommen werden konnte, dessen Grundform der aus reinen Flächen konstituierte Baldachin war: die angievinischen Baldachine. Sie konnten einer bodenständigen Richtung aufgepfropft werden. Die realgeschichtlichen Voraussetzungen dieser Übernahme sind bekannt. Heinrich der Löwe, der Erbauer des Braunschweiger Doms, hatte 1167 Mathilde geheiratet, die Tochter Heinrichs des II. von England, an dessen Hof er zeitweise in der Verbannung lebte. Der kapetingisch-angievinische Gegensatz trat — was auch die Kunst deutlich zeigt — in den Hintergrund vor einem angievinisch-staufischen. Von 1187 an stehen einander auf der einen Seite Frankreich und der staufische Kaiser, auf der anderen England und die welfische Partei gegenüber (Kienast). Otto, der zweite Sohn Heinrichs des Löwen, war am Hofe seines Oheims, des englischen Königs Richard Löwenherz, erzogen, nahm an den Kriegen gegen Philipp August teil und wurde von Richard von England 1196 zum Herzog von Aquitanien und Grafen von Poitou erhoben. Als Gegenkönig Philipps von Schwaben von der niederrheinisch-westfälischen Partei 1211 in Aachen gekrönt, war er mit den Engländern unter den Geschlagenen der Schlacht von Bouvines 1214, die nicht nur die Vormacht Frankreichs, sondern auch der französischen Kunst begründete. Diese welfischen Baldachinbauten bilden also gewissermaßen den altertümlichsten rechtesten Flügel der deutschen Kunst dieser Zeit, die zwiespältigen eigentlich staufischen die Mitte, und die Rezeptionen der franzischen Kunst — die mit dem Bau von Magdeburg, begonnen 1209, einsetzen, — den „modernen" Flügel.

II

Als Vorform der „diaphanen" Wand entstehen im staufischen Rheinland jene doppelschaligen Wandgliederungen, die besonders Gall untersucht hat. Ihre Herleitung aus der Normandie ist jedoch nicht ganz gesichert. Eine Wandform, wie die im Chor von Heisterbach, begonnen 1202, kann geradezu als Paradigma einer raumunterlegten diaphanen Wand genommen werden. „Heisterbach ist der erste Bau, bei dem wir ein deutliches Verständnis der eigentlich gotischen Ideen verspüren" (Gall 90). Auch hier hat die Entdeckung Jantzens das Problem präzisiert und die Basis für neue Untersuchungen geschaffen.

Doch ist es nun gerade für die Lage der deutschen Kunst charakteristisch, daß die wahlverwandten Elemente des neuen luftigen „lichten" Kreuzrippenbaldachins und der durchlichteten Wand aus Eigenem *nicht* zusammenfinden.

III

Von allen Elementen der Kathedrale hat die staufische Kunst keines so begeistert aufgegriffen wie die „Baldachinstatue". Die neue Schönlebendigkeit der Plastik war in Deutschland mit der Stufe von 1180-90 autochthon vorbereitet, wobei weit mehr als in Franzien das byzantinische Element — das auch in die rheinische Baukunst um 1200 stark hereinwirkt — lösend gewirkt hatte. „Die große nordfranzösische Plastik erwächst an der Gotik und durch sie, die deutsche trotz fehlender Gotik, also ohne sie" (Pinder). Aber die entschiedene Loslösung aus der Wandfläche bringt erst die Übernahme der Baldachinskulptur aus Frankreich seit Straßburg-Ost.

Der ganz andersartige Ort dieser Plastik im Gesamten des staufischen Kirchengebäudes ist schon oft geschildert worden. Auch die Ikonologie dieser staufischen Skulptur hat andere Schwerpunkte als die der Kathedrale. Oft liegt das Schwergewicht noch in der Vorstellung des Gerichts. Straßburg verbindet dieses altertümliche Programm mit neuen Motiven und mit der neuen menschlichen Nähe der Gestalten; daß aber das Bild des Gerichts im Inneren der Kirche und in räumlicher Nachbarschaft des Hochaltars erscheint, wäre innerhalb des Himmelsbildes der Kathedrale unmöglich. Und welcher Abstand, auch im Ikonologischen, zwischen der Sainte-Chapelle und dem, noch immer nicht eindeutig erklärten, Bilderzyklus des Westchors von Naumburg! (Kapitel 172).

Die Ikonologie der staufischen Kirchen — so schwierig zu untersuchen deshalb, weil sie, wie deren Gestalt, von Bau zu Bau wechselt — verspricht (wie die Ergebnisse von Adelheid Kitt über die staufische Lichtkrone von Aachen und die noch unveröffentlichten Erkenntnisse Karl Oettingers zum vielerforschten Bildprogramm von Bamberg zeigen) noch bedeutende Aufschlüsse.

Auch die staufische Plastik ist durchzogen von einem verdeckten Zwiespalt.

IV

Erst um 1210 beginnt in Deutschland die Auseinandersetzung mit dem *Gesamtorganismus* der Kathedrale. Der enge Anschluß an französische Vorbilder — wie in dem unausgeführten Plan von Magdeburg — ist in dieser Zeit noch Ausnahme. Die Stufen dieser Auseinandersetzung zwischen 1210 und 1250 sind oft geschildert worden (Dehio, Pinder).

Erste Stufe: Das um diese Zeit schon veraltete vierstöckige System von Laon wird in Limburg an der Lahn (begonnen vor 1220) ins Staufische rückübersetzt, in St. Peter in Bacharach (um 1235) sogar ins Romanische. Der Vergleich dieser drei Bauten ist eines der klassischen Paradigmen der Kunstgeschichte. Nicht nur ist die Auffassung der Wand und aller Einzelheiten jedesmal charakteristisch verschieden, sondern nicht minder der Gesamtcharakter: Limburg ist noch immer „Gottesburg" und deshalb in dieser Spätzeit gralhaft „romantisch". — In St. Gereon in Köln (1219-1227) macht die Übertragung des französischen vierstöckigen Baldachinraums auf die spätantike Grundform — welche der Staufik mit ihrer geheimen Neigung zum Zentralbau und zum Zweipoligen entgegenkommt — den hohen Reiz dieser Kirche aus. Die Himmelsbedeutung steht zweifellos fest, schlägt aber stärker als an der Kathedrale ins Kosmische, das schon in den unerhörten Dimensionen des Baues — 18 zu 22 Meter bei 39 Meter Scheitelhöhe — anklingt: die Wölbung trug auf blauem Grund nicht nur Sterne, sondern das Bild der Sonne (Detzel). Der Bau ist eben so einmalig, wie die Steigerung des an der Kathedrale aufgekommenen Motivs des Sonnenfensters zu einer ins Apokalyptische reichenden lichtmystischen Phantastik: die kreisenden Sonnen in dem herrlichen Westchor von Worms (um 1234).

Zweite Stufe: Aufbau und Stofflichkeit der Liebfrauenkirche

zu Trier (1242-1253) ist vollkommen frühgotisch. Hier zum erstenmal auf deutschem Boden ist, nach franzischem Vorbild, das neue Baldachinsystem *und* die diaphane Wand in unlöslicher Einheit und völliger Klarheit da: reine Frühgotik der Stufe *vor* Chartres — *ohne* Hochfenster. Aber die Umwendung eines frühgotischen Chorteils (Typus St. Yved in Braisne) gibt dem Ganzen einen neuen Sinn. Es ist derselbe Vorgang, durch den 20 Jahre später der Dichter des „Jüngeren Titurel" aus einem hochgotischen Kathedralchor seine Vision des Gralstempels gewinnen wird. — Der gleichen Stufe gehört der Ostteil der Elisabethkirche von Marburg (1235-38) an, gegründet von dem Deutschritterorden, und als Grabkirche der hl. Elisabeth vielleicht ursprünglich als Zentralbau, wie Trier, gedacht (Dehio). — In diesen Werken ist die Zerrissenheit des Staufischen überwunden zugunsten einer neuen Verklärung und *des „Anmutigen"* (einer neuen, *gotischen* Kategorie), allerdings unter Einbuße des Chthonischen (der Krypten) und des Dunkel-Mysteriösen.

Erst an der Schwelle des Interregnums erscheinen in Deutschland die reifen Kathedralen. Diese *dritte Stufe* der Auseinandersetzung bleibt auf den Rhein beschränkt. An einem Bau wie dem Dom von Köln ist das Deutsche nur mehr eine — wenn auch klar faßbare — Nuance. Die Gegenüberstellung Köln-Amiens (und Saint-Denis II) ist wiederum ein klassisches Paradigma, bis ins Einzelne durchschaubar und durchschaut (Dehio, Pinder, W. Groß, Pfitzner); es genügt darauf zu verweisen. — Ähnlich aufschlußreich für die deutsche Version der Kathedrale ist das Verhältnis des Langhauses von Straßburg (Umbau begonnen nach 1252) zu dem von St. Denis II und dem von Leon.

An der Fassade von Straßburg aber ist im sogenannten „Riß B" die letzte Steigerung der französischen „porta coeli" ins zauberisch Unwirkliche erreicht, mit einem Überfluß der Formmyriaden, der eben so deutsch-überschwänglich ist wie die Gralstempelvision des Albrecht von Scharffenberg aus ungefähr der gleichen Zeit. Die Ikonologie von Straßburg verdient eine eingehende Untersuchung; an der Fassade durchdringt sich ein christologisches Programm (horizontal) mit einem mariologischen (vertikal), und die unsymmetrische historisch-erzählende Darstellung der Heilsgeschichte beginnt, im Konflikt mit dem „Gesetz" der Architektur, über die symmetrische anagogische zu siegen (Walzer 152).

Mit der deutschen Version der Kathedrale erscheinen aber zugleich die neuen Gegenkirchen der Kathedrale, während die alten — die Zisterzienserkirchen alten Typs und die angievinischen Kirchen Westfalens — nun bedeutungslos werden. Es sind vor allem drei Formen, die zusammen mit der deutschen Kathedrale das weitere Geschehen wesentlich bestimmen:

Eine Form der Zisterzienserkirche, die den Ausgleich mit der Kathedrale sucht. In dem mittelmäßigen Bau von Marienstatt im Westerwald (begonnen 1243), bringt sie noch *vor* Köln zum ersten Male den vollen französischen Kathedralchor und den Strebebogen nach Deutschland und leitet — darin historisch bedeutsam — die Vermittlungen zwischen den kathedralen und den antikathedralen Richtungen ein; ihr folgt seit 1255 Altenberg.

Die Hallenkirchen des Poitou, welche der Dom von Paderborn (um 1240, beendet 1267) und die ihm nahe verwandte Münsterkirche von Herford unzweideutig als ihre Vorbilder anerkennen. Mit dem Langhaus der Elisabethkirche von Marburg (zweites Joch des Langhauses begonnen 1255, Langhaus im Mauerwerk 1270, in den Gewölben 1283 fertig) dringt sie nach Mitteldeutschland vor.

Erst eine volle Generation später zeigt sich der jüngste, dritte Gegenspieler der Kathedrale: die Bettelordenskirche. Und zwar:

Die zweiteilige der Dominikanerkirche von Toulouse, zuerst vertreten durch bescheidene, aber zukunftsreiche Bauten in Österreich (Dominikanerinnen in Imbach, um 1280; Klarissinnen in Dürnstein, gegründet 1289), zweifellos unter direkter Einwirkung der südfranzösischen Mutterkirche.

Jene Form, die in Deutschland der Minoritenkirche von Toulouse entspricht: die *baldachin*-gewölbte Basilika mit zweigeschossigem Aufbau, niedrigen Seitenräumen und hoher glatter Hochwand, aber zum Unterschied von jener *ohne* Hochfenster. Dieser Typus ist repräsentiert durch die Dominikanerkirche von Regensburg (Langhaus erst 1275), wo der große Dominikaner Albertus Magnus von 1260—62 den Bischofsstuhl inne gehabt hatte.

Mit Recht hat man darauf hingewiesen, daß für diese Reduktion der Kathedrale das alte „ostromanische" Gebiet Deutschlands, welches die Vielstufigkeit der westromanischen Wand nie konsequent aufgenommen hatte, einen besonders günstigen Boden abgibt (Peter Meyer).

Aus der Auseinandersetzung dieser antikathedralen Hauptrichtungen (von denen besonders die zweite und dritte bald enge Bündnisse mit den aufkommenden bürgerlichen Stadtkirchen eingehen) untereinander und mit der Formenwelt der Kathedrale erwächst der großartige innere Reichtum der deutschen Gotik des frühen 14. Jahrhunderts, der Zeit der großen deutschen Mystiker. Diese Auseinandersetzung ist nur selten eine rein formale, fast immer auch eine zwischen verschiedenen Gesamtbedeutungen des Kirchengebäudes. Die Rolle der Vermittlung fällt dabei, territorial gesehen, vor allem Österreich als dem Hausmachtsgebiet der neuen deutschen Kaiser zu, religionsgeschichtlich gesehen, mindestens in der ersten Phase dieser Ausgleichsversuche um 1300, den Zisterziensern: Hallenchöre von Heiligenkreuz, Zwettl; Neuberg (Bachmann). „In der österreichischen Ländern findet im späten 13. und im 14. Jahrhundert der Gedanke der Bettelordenshalle eine Verbreitung wie nirgends sonst in Deutschland. Daß die Pfarrkirchen der aufkommenden Bürgergemeinden, die auch sozial den Bettelorden nahe stehen, diese Form aufgreifen, ist leicht zu verstehen. Aber auch die höfischen Kreise in Wien nehmen sich dieser Form an (ihre Beziehung zu den Bettelorden ist historisch belegt). Mit sparsam gewählten Elementen aus der Kathedrale — mit ein paar Rundstäben, feingliedrigen Blendarkaden, Glasfenstern — verwandeln sie die Bettelordenskirche in das zurück, was sie ihrem Programm nach nicht sein sollte: in ein Kunstwerk, das nun freilich eine der Kathedrale fremde Durchschaubarkeit des Gefüges und nüchterne Klarheit besitzt. Die Kirche der Augustiner-Barfüßer in Wien, damals die Hofkirche der neuen deutschen Dynastie, die anstoßende Georgskapelle des Ritterordens der „Templaise", die Kapelle der Walseer (der getreuen Parteigänger der Habsburger) in Enns, alle durch verständnislose Restaurationen vernüchtert, lassen das neue Ideal noch heute ahnen" (H. S.).

Eine für diesen Ausgleich zwischen Betsaal und Himmelsschau höchst typische Form ist die Verbindung einer schlichten kurzen „stehenden" Halle mit einem überirdisch feinen und lichten, schmalen „Hochchor", der im Grunde nichts anderes ist als eine an die irdische Kirche angeschobene „Sainte-Chapelle". Solch ein Chor „ist in wörtlichem Sinne die Verklärung des Mittelschiffs" (P. Meyer) und zugleich Schrein um den Altar, über dem nun aus dem Altarretabel das neue Gesamtkunstwerk des Spätmittelalters erwächst (siehe Seite 449). Sein Ursprung ist noch nicht genau nachgewiesen; er hat sich weithin verbreitet und verkörpert, kirchengeschichtlich gesehen, in neuer Weise, unvergleichlich gemäßigter als in England oder Spanien, das Sich-Absondern der Geistlichkeit von den Laien.

VII

Zum letztenmal wird die Kathedrale im deutschen Sprachgebiet am Sitz der Luxemburger Kaiser in Prag aufgenommen. Die historischen Voraussetzungen dieses Rückgriffs sind vollkommen klar: daß der Karlsname in diese Übernahme zum erstenmal seit dem großen Karl außerhalb Frankreichs wieder aufgegriffen wird, würde allein schon die enge Verbindung mit der französischen Königssphäre bezeugen. Die genaue Analyse des Prager St. Veitsdoms — einer echten Kathedrale — ist höchst aufschlußreich; es genüge hier auf sie zu verweisen. Mit Recht hat sich K. M. Swoboda unserer grundsätzlichen Erkenntnis angeschlossen, daß auch hier — bei ihrem letzten Erscheinen — die Kathedrale Abbild des Himmels, der mit der irdischen Kirche vermählten Himmelskirche ist: „Dem ganzen unteren Geschoß gibt er (Parler) den Charakter eines massiveren, weniger gezierten Sockels. Schon damit griff er einen Zug des ursprünglichen gotischen Kathedralbaus auf, in welchem das die irdische Kirchengemeinde aufnehmende Geschoß entsprechend massiver gebildet war und die Leichtigkeit des oberen Geschosses die überirdische Bedeutung des Gebäudes als himmlische Stadt zum Ausdruck brachte." Das ganze Obergeschoß ist zu funkelnder Lichtmaterie verklärte Wand. Eine besondere Bedeutung erhält die mittlere Zone des Triforiums mit durchlichteter Rückseite.

Sehr merkwürdig und konsequent ist die gleichfalls von Parler festgelegte Ikonologie der bildhauerischen Ausstattung: die massive Sockelzone gehört den Toten, „unten die dunkle Vergangenheit, das Begräbnis der Vorfahren, in einer Zwischenzone die Welt der Lebenden (der Stifter, Bauleiter und Meister) und darüber erst die der Himmlischen" (K. M. Swoboda 37). Formale Gestaltung und ikonologische Bedeutsamkeit entsprechen sich in großartiger Einheit. Mit der „klassischen" Kathedrale wird also auch eine ihr entsprechende „heroische" Skulptur heraufgeholt und sinnvoll mit der „modernen" verbunden.

VIII

Es folgt um 1390 die zweite große Auseinandersetzung zwischen der „königlichen" Kathedrale und der bodenständig gewordenen bürgerlichen Hallenkirche, mit dem Mittelpunkt in Wien (vgl. H. S.). Hier tritt in die Synthese als drittes Element der Einschlag der französischen Schloßkunst (Louvre), ebenfalls durch Prag vermittelt. In den höfischen Motiven der Skulptur ist er deutlich faßbar.

Diese synthetische Kunst strahlt ihrerseits weit aus, bis in die Lombardei. Ein Werk wie der Dom von Mailand ist ohne die vorhergegangene Synthese der kathedralen und antikathedralen, der höfischen und der bürgerlichen Kirche nicht vorzustellen.

IX

Das fünfzehnte Jahrhundert bringt eine Gesamtantwort auf die Kathedrale in der Großarchitektur nicht mehr.

Noch immer gibt es Verbindungen von tiefer Wirkung: der berühmte Blick aus dem Dunkel des romanischen Langhauses in den Lichtraum des Chors der Franziskanerkirche von Salzburg. Dort „tut sich ein reines Wunder auf: ein Traum vom Himmel" (Pinder 312). Solcher Konstrast wäre historisch nicht denkbar ohne das Vorangehen jener „Hoch-Chorkirche", die oben (Seite 446) beschrieben worden ist, aber auch nicht ohne den Übergang zum „Bild", zum „Raum im Rahmen". Daß aber die Himmelsbedeutung von Bauten der Zeit noch durchaus feststand, bezeugt kein geringerer als Aeneas Sylvius, Pius II., der (nach Heydenreichs Nachweis) um 1440-50 gerade das Gebiet der Stetthaimerschen Bauten gesehen hat. Er rühmt an den deutschen Hallen die *„Gewölbe mit goldenen Sternen auf blauem Grunde"* (die also in Italien nicht oder nicht mehr gewohnt waren), *„so daß sie dem Anblick des wahren Himmels gleichkommen"*. Er meint etwas Gegenständliches, aber er trifft zugleich das Tiefere und Innerlichere (Pinder 312).

Es beginnt um dieselbe Zeit das Auseinanderlösen jener beiden Sphären, welche die Kathedrale so eng miteinander verschmolzen hatte. Nicht nur in horizontaler Abfolge können sich auf der Achse der Kirche irdischer und himmlischer Raum unvermittelt gegenüberstehen, sondern auch im vertikalen Aufbau beginnen sie sich zu trennen. Fest stehen jetzt irdisch massive Pfeiler auf der Erde, von hoch oben lassen sich die Gewölbehimmel wie mit Luftwurzeln zu ihnen herab. Und im späteren 15. Jahrhundert sind die Sphären nicht nur voneinander gelöst, sondern auch ihr Verhältnis ist ein vollkommen irreales geworden. Keine prästabilisierte Harmonie der Gliederungen ordnet sie mehr einander zu, irrational verschneiden die aus Sterngewölben entlassenen Rippenäste in die „Baumschäfte" mächtiger Säulen.

In dieser Zeit vollendet sich die großartigste Darstellung des Himmels, die nach der Kathedrale erschienen ist: der deutsche Schreinaltar. Nicht nur in den Einzelformen, die er zu letzten Entfaltungen führt — den Baldachinen, „Fialen", Wimpergarkaden —, ist er Erbe der Kathedrale, sondern auch darin, daß er in einer Zeit beginnender Vereinzelung der Künste noch einmal ein alle Künste umfassendes Gesamtkunstwerk schafft. In allem anderen aber gehört er einer Gegensphäre der Kathedrale: der des Bürgers, nicht der Könige, der des Holzes, nicht des Steins, der „Zunft", nicht der „Hütte" (Pinder). Wohl ist er noch Architektur, aber doch zugleich schon Bühne, Bild, ja Buch, „in dem das Kirchenjahr blättert" (Pinder).

Seinen Himmelssinn hat Pinder klar erkannt. Doch ist die Darstellungsweise nicht Überwirkliches realisierend wie die der Kathedrale, sondern sie hat, obwohl von gewaltigen Maßen, die Form einer geheimnisvollen Abbreviatur. Der Schrein gibt gleichsam einen Ausschnitt aus dem Innersten des Himmels, im Goldglanz geheimnisvoll leuchtend, in einem Leuchten, dem — mystisch, deutsch — auch dunkler Glanz beigemengt ist. Und dieser Schrein ist ein *verborgener Himmel,* der sich nur an hohen Festen ganz erschließt, wenn sich (zu welchen uns verlorenen Klängen?) seine Flügel öffnen wie die Türen eines Weihnachtszimmers. Doch stellt ihn das überirdisch zarte goldene Sprengwerk auch schon bei geschlossenen Flügeln in eine architektonische Himmelsgloriole: in eine „*Monstranz*" (deren Vorbild auf die Ausgestaltung dieser Form stärker eingewirkt haben könnte, als man bisher angenommen hat).

KAPITEL 162

Die Provence und die Kathedrale

Die Provence in einer Darstellung der Kunst des 12. und 13. Jahrhunderts den französischen Landschaften anzuschließen, gibt ein unrichtiges Bild. Nicht das ist freilich für ein richtigeres maßgebend, daß dieses Land — das Arelat — als Markgrafschaft des Königreichs Burgund seit 1038 zum deutschen Reich gehört, daß Friedrich Barbarossa, ja noch Karl IV. sich in Arles zu Königen von Burgund krönen ließen, denn der Charakter der hochburgundischen Kunst ist ein völlig anderer. Sondern maßgebend ist einmal, daß es in der Zeit der Blüte der Kathedrale mit dem staufischen Deutschland und dem staufischen Apulien und Sizilien zu einer Gürtelzone gehört, die besonders abweisend gegen die künstlerischen Neuerungen ist, die mit der franzischen Kathedrale aufgekommen waren.

Hier gibt es bis zur Zeit Karls von Anjou keinen gotischen Bau von Bedeutung, keine Antwort auf die Kathedrale. Sie existiert für diese Gebiete nicht. Die außerordentliche Steilheit der Raumverhältnisse in der mit Spitzbogentonne gewölbten Kirche St. Trophîme in Arles, der Königskirche des Arelat — entstanden sehr wahrscheinlich um 1178, als Friedrich Barbarossa sich dort krönen ließ — ist eben *nicht* gotisch, denn die gotische Kathedrale dieser Stufe kennt solche Steilräume (1 : 3½ im Mittelschiff, 1 : 5 in den Seitenschiffen) *nicht*, sondern nordburgundisch-romanisch, Übertreibung von Cluny III. (Nordburgund nicht zu verwechseln mit dem zur Krone Frankreichs gehörenden Herzogtum Burgund, der „Bourgogne"; siehe Kapitel 155.) Der feine gotische Baldachinbau der kleinen Kirche von Le Thor steht ganz allein in dieser Landschaft, in der spätromanische Strömungen mit solchen der „Protorenaissance" ringen.

Auch die berühmte Monumentalplastik der Provence — an den Portalen und Kreuzgängen von St. Gilles und St. Trophîme in Arles — ist nur sekundär von der Portalplastik der frühen Kathedrale her bestimmt: sie kennt nur — wie der Südwesten — die Eckfigur und die frontale Vollfigur, in seichte Raumbühnen gestellt und ganz offenbar von den gerade in Arles reichlich erhaltenen antiken Sarkophagen abgeleitet, nicht aber die Säulenfigur und schon gar nicht den Baldachin. Aber obwohl sie formal romanisch ist, „dem Stein verhaftet, wie breitgeschlagen und zusammengebacken", plastisch erhöhte Zeichnung, nicht wie die Antike zum Relief reduzierte Freiplastik (Peter Meyer), gehört sie ihrem Geist nach doch zu der neuen Zeit, die auf andere Weise auch die Kathedrale verkörpert. Eine, wenn auch seichte, Raumschicht ist da — ja die Säulen bilden ein Gitter vor der gesamten Wandfläche (Rothkirch), entfernte Analogie zur „Diaphanie" — und der Wunsch nach *Nähe* des Heiligen. Doch drängt sich, darin Zukunft weisend, im Gegensatz zur Kathedrale über das Anagogische das Historische vor: „Auf menschennahen Sockeln stehen, wie an einem antiken Triumphbogen, die Apostel *dicht über der Erde*. Was sie von den Menschen trennt, ist ... nur die kühl reservierte Haltung nach römischem Vorbild. Man versucht in einer Renaissance der Antike (Protorenaissance) diesen Aposteln die Natürlichkeit und Lebendigkeit des natürlichen Daseins zu geben" (Hamann). Schon deshalb ist Saint Trophîme erst um 1178 zu datieren, Saint Gilles um 1160-70. Doch führt von diesem ersten Schritt kein Weg weiter: nur die Säulenfigur unter Baldachinen bringt die Blüte *und* Frucht.

Daß diese „feierliche Herbststimmung des Antikisierens" geistes-geschichtlich mit der hellen Beschwingtheit der Troubadourlyrik nichts zu tun hat, hat Worringer richtig gesehen. Diese ist ja primär in Aquitanien entstanden, die Provence ist nur eines ihrer Ausstrahlungsgebiete und in der Sakralkunst hat sie sich begreiflicherweise auch in Aquitanien nicht reflektiert. Beachtung verdient der Hinweis Hamanns auf geistesgeschichtliche Zusammenhänge mit jenen religiösen Richtungen, die das Menschentum Christi besonders betonen. Die ethnischen Voraussetzungen des Phänomens aber hat wiederum Worringer erkannt: offenbar ist hier das Fortleben oder Wiederdurchschlagen *lateinischen* Geistes besonders stark. „Wir sind weit von allem Griechischen, weit von allem Gotischen entfernt."

KAPITEL 163

Italien und die Kathedrale

I

Die eigentümliche Stellung Italiens in der europäischen Architekturgeschichte des 12. Jahrhunderts ist dadurch gegeben, daß es in der Lombardei ein selbständiges Kreuzrippenbaldachinsystem hervorgebracht hat. (Über die Voraussetzungen seiner Entstehung siehe Kapitel 64). Obwohl in den ehemals byzantinischen Gebieten Italiens, im venezianischen Bereich wie in Süditalien, durch Ableger der Ostkirche dem Baldachingedanken der Boden bereitet war und sich daraus stellenweise originelle Neubildungen entwickelt hatten (Canosa), hat das lombardische System auf das übrige Italien überhaupt nicht gewirkt, sondern ausschließlich auf den Norden, wo am Ostende der Nordalpen Klosterneuburg von S. Ambrogio in Mailand, am Westende Basel von S. Michele in Pavia das lombardische Baldachinsystem übernimmt. Ganz besonders erweist sich die Toskana als refraktär gegen den Baldachingedanken.

Doch zeigen auch die Baldachinbauten der Lombardei, daß von ihnen her ein Weg zu einer lombardischen „Sondergotik" nicht führt. Es fehlt die diaphane Wand und ihre Vorform, der „mur épais".

II

Dabei hat es in Italien, ungefähr zur selben Zeit wie in der Normandie, eine Vorform der diaphanen Wand gegeben, noch dazu in der Nachbarschaft der Lombardei, in Toskana.

Dies gilt wenigstens dann, wenn man — wie wir es tun — die neue Datierung des Florentiner Baptisteriums, die Horn ausführlich begründet hat, in die Zeit um 1060 annimmt, in jene Zeit also, in der „alle Fäden der kirchlich-reformerischen und der antikaiserlichen Politik hier zusammenlaufen", der Legat Hildebrandt — der spätere Papst Gregor VII. — in Florenz seinen Sitz hat und die Reform den Charakter einer nationalitalienischen Auflehnung gegen den Kaiser annimmt. 1059 ist die Taufkirche des hl. Johannes — das „neue Pantheon" (Villani) — gegründet. Sein großer Baumeister schafft in einer Synthese aus Romanischem, Altrömischem und Byzantinischem das erste Meisterwerk der italienischen Baukunst (W. Paatz). Das ist nicht nur historisch der wahrscheinlichste Augenblick für die Entstehung eines so großartigen Plans, sondern seit Bonys Erkenntnis des „mur épais" auch kunstgeschichtlich der wahrscheinlichste Zeitpunkt für die Entstehung einer Wandform, wie sie San Giovanni zeigt. Nicht nur besteht, wie in den normannischen Bauten der gleichen Stufe, die Innenwand aus zwei Schalen, sondern wie dort verbirgt sich auch hier zwischen den Schalen ein System mächtiger Tragepfeiler. Doch sind gerade diese verborgenen Organe in der sichtbaren Gliederung, die in der Ecke des Baus sogar eine Lücke läßt, *nicht* betont.

Deshalb wäre eine fruchtbare Verbindung des lombardischen Baldachinsystems mit der Wandform von San Giovanni kaum vorzustellen. Wie jenes ist der „mur épais" des Baptisteriums isoliert und ohne Nachfolge geblieben.

III

Seit 1210 entsteht im Toskanischen eine entwickeltere Form der zweischaligen, raumdurchsetzten — wenn schon nicht „diaphanen" — Wand, und zwar am Außenbau: die Fassaden des Doms von Lucca, San Martino (obere Stockwerke seit 1204), von San Michele in Lucca (seit 1210), Santa Maria delle Pieve in Arezzo (gleichzeitig), San Paolo in Ripa d'Arno in Pisa (gleichzeitig), des Doms in Pisa (seit 1250) und die Außenseite des Campanile (seit 1260) sind Gefüge übereinandergestellter rundbogiger Zwerggalerien, deren Struktur (nicht Funktion) dem eines frühgotischen Triforiums durchaus entspricht. Sie hängen vor die blinde Wand einen lichten durchsichtigen Arkadenschleier. Ihre stufenweise ansteigenden Galerie-Schrägen zeigen die gleiche Unempfindlichkeit für feste Proportionen, wie die „überschnittenen" Formen der Gotik (Kapitel 19). Diese Wandform entsteht, analog wie die von Dijon (Kapitel 155), durch Verräumlichung eines zweistufigen romanischen Wand-kompakts, wie das von San Giovanni Fuorcivitas von Pistoja (nach Frankl um 1170), — als verspätete Parallele zu den ana-logen Tendenzen an der Kathedrale. Mit gotischen Einzelformen zeigt den gleichen Aufbau die Fassade von Sta. Caterina in Pisa (1253).

Eine Übertragung des Prinzips auf den Innenraum ist nie versucht worden.

IV

Vielmehr geschieht die erste Verbindung von Baldachin-prinzip und diaphaner Wand auch in Italien unter direkter Ein-wirkung der Kathedrale.

Am Baptisterium von Parma — im Bau seit 1196 bis 1216, die Kuppel seit 1259 — sind außen die zweischaligen Wandteile zwischen hohe vertikale Pfeiler (oder richtiger Wandstücke) ge-spannt. Und hier ist das gleiche System auch auf die Innenwand übertragen.

Gerade der Innenraum aber zeigt, daß sein System von den frühgotischen Bauten Franziens abhängig ist. Denn dieser Auf-bau ist *vier*stöckig und trennt scharf den zarteren dreistöckigen Oberbau von der massiveren Sockelzone. Der Erbauer, Antelami, hat zweifellos Bauten der Île-de-France, Stufe Notre-Dame in Paris, gekannt; wie seine Monumentalfiguren zeigen, daß er eben-so die Großskulptur von Arles gekannt hat. Mit beiden setzt er sich vollkommen selbständig auseinander. So ist das Baptiste-rium von Parma die erste *Gesamt*antwort Italiens auf die Ka-thedrale, aber für lange Zeit auch die letzte.

Es fehlt vollkommen die Durchlichtung, obwohl sie hier sehr leicht zu erreichen gewesen wäre. Die zweischalige Wand zeigt sich ohne „Diaphanie", so wie in Sant' Ambrogio der Baldachin ohne Lichte. Dieser Dunkelraum, in den nur von hoch oben Licht fällt, ist noch romanisch. Was aber an Licht verloren geht, kommt der körperhaften Geschlossenheit zugute, die auch von den Nischenfiguren Antelamis gesucht wird.

V

Auch in Italien erscheinen zuerst unter den Gegenspielern der Kathedrale *die baldachingewölbten Bauten der Zisterzienser* (Casamari 1203-17). Sie bringen noch früher mit dem Sonnen-fenster der Kathedrale *das erste große Lichtmotiv* in die italienische Kunst, das sich gerade in Italien durch hinzugefügte Zwickelskulpturen oft unzweideutig als Majestas-Symbol erklärt.

Auf *zisterziensischer* Grundlage erwächst, seit etwa 1246, der Bau von Santa Maria Novella in Florenz, der den Beginn der gotischen Architektur in Florenz und Toskana bezeichnet, und zugleich den einer selbständigen Auseinandersetzung des Italienischen mit jener Gegenform der Kathedrale, die den eigenen Neigungen verhältnismäßig am nächsten steht. Die in mächtigen Bogen schreitenden Arkadenöffnungen, das Verlangen nach Raumweite, die Ersetzung gotischer „Dienste" durch Bauglieder, die sich antikisch als Pilaster geben, gibt dem „Baldachinraum" der Zisterzienser einen anderen, sonoreren Klang.

VI

Um 1230 zeigt sich mit einem Bau von entscheidender Bedeutung in der Mutterkirche der Franziskaner-Bewegung, San Francesco von Assisi (begonnen 1228) *die antikathedrale Kirchenform des Anjou* auf italienischem Boden. Das direkte Vorbild ist die großartige Kathedrale von Angers, Saint Maurice (Krönig). Historisch ist diese Übertragung ermöglicht durch die zahlreichen Fäden, die von Franziskus selber und seiner Gründung nach Südfrankreich laufen, kunstgeschichtlich durch das Ausgeglichene des Raumeindrucks und die Bewahrung der Wandfläche. Mit der edlen Sparsamkeit der Einzelgliederungen bringt dieser Bau die neue Lichtfülle des Raums.

Ihn übersetzt ins Italienische der Bau von Santa Chiara in Assisi, seit 1257, indem er den Laufgang in die Kämpferhöhe des Gesimses hinaufrückt und an dieser Stelle ein kräftiges Konsolengesims durchzieht (Krönig). So wird *die Einheit des Baldachins zerschnitten* und der Raum aus großen ruhigen Wandflächen und einen auf die Wand gelegten *„Deckel"*, den Kreuzrippen bilden, konstituiert. Das ist schon jene, der Antike innerlich nahe, Auffassung des Raumgefüges, die der Dom von Florenz an einer anderen Raumform in monumentalster Weise vertreten wird. — Dem entspricht es, daß Italien den Diagonaldienst so gut wie nicht verwendet.

„Diese an den gewölbten Kirchen sichtbar werdenden Tendenzen lassen es begreiflich erscheinen, daß die weitaus größte Zahl der einschiffigen Bettelordenskirchen in Umbrien und Mittelitalien sich mit der flachen Decke begnügte" (Krönig).

VII

Ganz analog vollzieht sich, wie Krönig gezeigt hat, zwei Generationen später die Aufnahme und Verwandlung der *poitevinischen Hallenkirche* in Italien. Die eigentlichen Verbreiter dieser Raumform in Umbrien sind wiederum die Bettelorden — eine Tatsache, die gerade auch im Hinblick auf die kirchliche Baukunst des übrigen Europa von Wichtigkeit ist: die Bettelorden bedienen sich *sämtlicher* antikathedralen Kirchenformen Frankreichs. Genau so wie sich San Francesco von Assisi zu Angers verhält, verhält sich die 1292 begonnene Kirche von S. Fortunato in Todi zu ihrem Vorbild, den Hallenkirchen des Poitou. Sie ist der Erstlingsbau einer kleinen Gruppe gotischer Hallenkirchen. Und wiederum: genau so wie Santa Chiara das Französische von San Francesco ins Italienische übersetzt hatte, überträgt der nicht mehr erhaltene großartige Hallenraum von San Domenico in Perugia (seit 1304) und der Dom von Perugia, San Lorenzo, das System von Todi ins Italienische, wobei sie sogar das Wandsystem von Santa Chiara übernehmen.

Die Aufnahmebereitschaft für das reine Hallensystem des Poitou in Todi wird erklärt durch eine Gruppe von Bettelordensbauten, die *ungewölbt* und mit einem nur wenig über die Seitenschiffe erhöhten unbelichteten Obergaden als „pseudobasilikale" Hallenkirchen eine landschaftlich gebundene, rein italienische Raumform darstellen (Krönig).

VIII

Der Architekt von San Domenico zu Perugia ist der große *Giovanni Pisano*. In seinem Lebenswerk vollzieht sich aber nicht nur die Übersetzung der poitevinischen Kirchen ins Italienische, sondern nach Antelami die zweite, unvergleichlich tiefere *Auseinandersetzung mit der Welt der Kathedrale*. Seine Fassade des Doms von Siena (unter Giovannis Leitung seit 1284 bis 1320) bringt zum erstenmal für Italien die Verbindung von Architektur- und Monumentalplastik (Krönig). Daß er um 1270 in Nordfrankreich gewesen ist, hat man mit großer Wahrscheinlichkeit nachgewiesen. Der Vergleich seines Entwurfs mit der eben gegen 1270 vollendeten Querschiffsfassade von Notre-Dame ist tief erhellend; es genüge hier auf die beiden Arbeiten von Paatz und von Keller zu verweisen. Wie im staufischen Deutschland wirkt auch im Italien des späten Dugento unvergleichlich tiefer als die Architektur der Kathedrale, von der nur ihre modernen Einzelformen imponieren, die Skulptur, und zwar die der nachklassischen Stufe (Innenwand von Reims).

Die einzige Chance für die Kathedrale, auf italienischem Boden Fuß zu fassen, lag in dem seit 1268 angiovinischen Königreich Neapel, der eigentlichen Vormacht Italiens. Die sogleich nach dem Siege von Benevent 1266 begonnene, dem hl. Lorenz gelobte Kirche Karls I. von Anjou hat „die schönste französische Bildung mit Umgang und Kapellenkranz als einzige dieser Art in Neapel"; sie zeigt, daß hier eine Rezeption der französischen Kathedrale durchaus möglich war. Die Gründung des, der himmelfahrenden heiligen Jungfrau geweihten, neuen Doms durch Karl I. bot die äußere Gelegenheit. Erst unter Karl II. scheint der Bau in Gang gekommen zu sein, den Robert der Weise 1323 vollendete und ein Erdbeben von 1456 zerstörte. Seine ursprüngliche Gestalt ist fraglich, und alle jene Bauten der Anjou, die Rückschlüsse ermöglichen würden, sind verschwunden: die Kirche der Königsabtei Realavalle — ein Abbild des Klosters Royaumont —, die Kirchen auf dem Schlachtfeld von Benevent und auf dem von Scurcola (Madonna della Vittoria). Die Hauptfrage ist, ob die Königs-Kathedrale von Neapel noch ein echter Baldachinbau war, oder ob auch an dieser ersten Rezeption der Kathedrale — wie an denen aller anderen französischen Kirchenformen — schon die Trennung in Tragwand und Decke (sei diese flach oder gewölbt gewesen) erfolgte.

Ähnlich wie am Hofe der Habsburger scheint hier in Neapel eine fruchtbare Auseinandersetzung zwischen der Königskunst und der Architektur der von den Anjou geförderten Bettelorden in Gang gekommen zu sein, von deren Großartigkeit der gewaltige Bau von Santa Chiara — aus südfranzösischer Kirchengestalt entwickelt — trotz aller Entstellungen noch heute zeugt.

Eine gründliche Ermittelung und Auswertung aller erhaltenen Baureste aus dieser Zeit der Anjou, in der Neapel das führende kulturelle, wennschon nicht das künstlerische Zentrum Italiens war, ist eines der wesentlichsten Desiderata der Kunstgeschichte des Trecento.

X

So sind zwar an einzelnen Punkten die antikathedralen Kirchenformen Frankreichs in Italien übernommen worden, aber wohl nirgends die Kathedrale als Ganzes, nirgends auch ihr radikalster Gegensatz: die zweiteilige Halle. Auch wandeln, ganz anders als in Deutschland, die antikathedralen Richtungen

Dachpartie des Mailänder Doms

sich sehr schnell in Bildungen, die gerade *jenen Grund-*
gedanken verneinen, *der den gemeinsamen Boden der Kathe-*
drale und ihrer Gegenkirchen bildete: den Gedanken des Baldachinbaus. Da auch die diaphane Wand in Italien nie angenommen wurde, „fehlt jedes Verständnis für die Schichten-
struktur und Gitterstruktur der gotischen Maßwerktafel"
(P. Meyer); und wenn seit 1280 die Vokabeln der gotischen Ge-
meinsprache auch in Italien sich verbreiten, werden sie einer
Formunterlage aufgepfropft, auf der sich Sinn und Gestalt jeder
Einzelheit grundlegend ändert. Den relativ günstigsten Nährboden finden die gotischen Einzelformen dabei in jenen Gebieten, in denen sich byzantinischer Geist länger als anderswo
gehalten hatte:

In Neapel, das noch bis 1130 byzantinisch war. In Siena, wo
die noch lebendige byzantinische Tradition reibungsloser als
sonstwo in die gotische übergeht, wo man sogar eine zurück-
gebliebene keltische Urbevölkerung vermutet hat (Worringer)
und von wo die stärkste Rückwirkung auf Frankreich ausgeht. In Pisa. In Venedig, wo byzantinische Flächigkeit und
Glanz sich leicht mit gotischen Lichtformen und gotischem Filigran verbindet.

XI

Wie weit und in welchem Sinne den italienischen Kirchengebäuden des späten 12., des 13. und 14. Jahrhunderts eine
Himmelsbedeutung zukommt, welche die Gestaltung der Bauten
aktiv bestimmt, ist, da die Fragestellung selbst neu ist, noch nicht
untersucht worden. Von vornherein wahrscheinlich ist sie wohl
nur bei den Ablegern der poitevinischen Kirchen. Im allgemeinen
sind aber die italienischen Kirchen nicht nur in ihren auf die Renaissance verweisenden Raumverhältnissen, sondern auch darin
„moderner" als die des gesamten Westens und Nordens, daß sie
diese Bedeutung nicht mehr kennen oder anerkennen.

In dem Maße aber als das Gebäude der Kirche selbst un-
mysteriös wird, verlegt sich das Schwergewicht der „bildenden
Künste" in ihr auf bedeutungsvollere Formgelegenheiten: auf
den Altar, im Dugento besonders auch auf die Kanzel — welche
nun die neue Bedeutsamkeit des „Wortes" versinnlicht —, im
Trecento vor allem auf das Grab. An diesen Aufgaben bilden
sich neue Gesamtkunstwerke, die Architektur und Skulptur und
manchmal auch Malerei umfassen und mit die größten Leistungen
der Epoche umschließen. Für die großen Kanzeln der Pisani hat
Braunfels zum mindesten wahrscheinlich gemacht, daß sie Bilder
des Himmlischen Jerusalem sind — in dem „das Wort"

wohnt —, doch mehr symbolisch als versinnbildlichend gestaltet.

XII

Die erste großartige Verkörperung der „italianità" in der Baukunst schafft der Florentiner Dom des Arnolfo di Cambio, seit 1294; er stellt auch die neuen konstruktiven Probleme. Es ist der erste Monumentalbau Europas, der nicht in einer — sei es auch mittelbaren — Auseinandersetzung mit der Kathedrale entsteht; nur noch in den Maßen rivalisiert er mit der Kathedrale. Er stellt sich damit außer die Kontinuität, die mit der Entstehung der Kathedrale begonnen hatte.

KAPITEL 164

Giotto und die Kathedrale

In einem kurzen aber gewichtigen Aufsatz hat H. Jantzen klargestellt, daß man eine Berührung Giottos mit der „nordischen Gotik" — das heißt aber mit der Kathedrale — als wesentliche Voraussetzung für die Stilbildung in den Paduaner Fresken gelten lassen müsse. Bei der Bedeutung, die die Paduaner Fresken haben, heißt das zugleich, daß durch sie Elemente der Kathedrale in Giottos Schaffen überhaupt eingegangen sind. „Obwohl Giotto völlig im Italienischen wurzelt und obwohl seine Kunst mit Recht immer als eine im besonderen Maße italienische erkannt und bewertet worden ist, so ist doch das Neue, das er im Vergleich mit der voraufgehenden italienischen Malerei bringt, nicht ohne Berührung — sei es mittelbarer oder unmittelbarer Art — mit dem Norden zu verstehen", ganz konkret gesprochen aber: mit der Kathedrale. Und zwar gilt das — wie Jantzen prägnant gezeigt hat — sowohl für die Bildung der Einzelfigur wie für bestimmte Züge in der kompositionellen Anordnung der Figurengruppen, und endlich ist auch „der Bildraum Giottos in seinen Grundzügen ein gotischer Reliefraum und durchläuft in Padua selbst in nuce die Stilstufen, die auch in der nordisch-gotischen Reliefskulptur (der Kathedralen) zu erkennen sind".

Die Kathedralen-Skulptur der klassischen Stufe hatte ihre tiefste Auswirkung in der staufischen Bildhauerkunst. Die der nachklassischen Stufe, und zwar in der Form, wie sie an der inneren Eingangswand von Reims erscheint, ist *wesentliche Voraussetzung* einer mit der Plastik wetteifernden Malerei, die mit Giottos Kunst für ganz Europa entsteht und eine neue Epoche der Malerei einleitet. (Übrigens scheint es eine Gesetzlichkeit der Kunstgattungen zu sein, daß überall, wo es in der Geschichte zu einer „modellierenden" Malerei kommt, eine bestimmte Form reliefartiger Freiplastik — einer Freiplastik, die unter „optische Bedingungen versetzt ist" — vorangegangen sein muß, in der Altsteinzeit ebenso, wie in der Antike und wie hier bei Giotto.) Die unmittelbare Beziehung zu der Eingangswand von Reims ist durch Jantzens Feststellungen erwiesen; Giotto hat in der Bardi- und Peruzzikapelle von Santa Croce an der Fensterwand statuarisch aufgefaßte Einzelfiguren von Heiligen in spitzbogig abgeschlossenen Nischen dargestellt, und zwar in übereinanderstehenden Nischen. „Ein solches Motiv kommt in der voraufgehenden italienischen Malerei oder Skulptur nicht vor. Wohl aber findet es sich in einzigartiger Weise an der inneren Westwand der Reimser Kathedrale." Von diesem Werk ist also durch seine Verwandlung in Malerei eine unabsehbare historische Wirkung ausgegangen. Sogar seine Einwirkung auf Giovanni Pisano, die H. Keller nachgewiesen hat, ist damit verglichen unwichtig.

Als Vorbild für die Auffassung der Figur bei Giotto hat nicht die *zeitgenössische* gotische Plastik gewirkt, sondern gerade die hohe Monumentalität der klassischen und spätklassischen Stufe in Reims. Giottos Kunst führt das hohe statuarische Menschenideal der klassischen Kathedrale in der Malerei weiter und wird es über Masaccio auf die ganze kommende Zeit vererben.

Für eine modellierende Malweise hat die byzantinische Malerei Italiens manches Erbe der Antike überliefert, das durch direkte Rückgriffe auf antike Denkmäler ergänzt werden konnte. Es ist übrigens typisch, daß auch für die Malerei an dieser epochemachenden Wende die byzantinische Kunst die „Aufbewahrerin der Antike" (Worringer), gleichsam „Schrittmacher" des Neuen ist, wie sie um 1200 der Schrittmacher für die neue schönheitliche Skulptur gewesen war. Und auch hier ist es bezeichnend für die innere Verwandtschaft, wie leicht sich Byzantinisch-Antikes mit „Gotischem" verbindet.

Was aber die „modellierende" Körpermalerei der italienischen Byzantinisten nicht vorbereiten konnte, ist gerade das Wetteifern der Malerei mit der wirklichen steinernen Plastik. Schärfster Ausdruck dafür ist das Aufkommen der in Byzanz völlig unbekannten und dort innerlich unmöglichen Form der „Steinmalerei", der Wiedergabe steinerner Skulpturen durch die Malerei, die von da ab die neue Malerei ständig weiterbegleiten wird, von Giotto über Eyck bis in die „finti di marmi e di bronzo" der Renaissance und des Barock. Diese gemalten Skulpturen sind mitunter geradezu wie ein Ersatz für wirkliche, und sie bestimmen ihrerseits mit die Gattung des „Grisaille-Bildes". Über diese Dinge hat Theodor Hetzer das Beste und Tiefste gesagt.

Er hat auch darauf hingewiesen, daß in den frühen Tafeln Giottos die Farbigkeit der Kathedrale weiterlebt: der typische Kathedralen-Akkord von Rot, Blau und Gold (Hetzer 147). Die Steinfarbigkeit der Paduaner Fresken aber, ihre neue Farbskala, die nichts mehr mit der Mosaikfarbigkeit des Byzantinischen zu tun hat, ist m. E. vorgeformt durch die neue Farbigkeit der *nachklassischen* Kathedralen-Skulptur (Stufe: Innere Westwand Reims), für die die feineren, nicht allein auf die Grundfarben ausgerichteten Steintönungen charakteristisch sind. Auch die typischen hellblauen Hintergründe finden sich in Kathedralen-Reliefs.

Daß Elemente der Kathedralen-Skulptur auch für die Architekturen in den Bildern Giottos vorbildlich geworden sind, hat schon Panofsky bemerkt: „Giotto und Duccio zeigen in ihren Werken zum erstenmal wieder geschlossene Innenräume", die wir mit Teilen ihres Außenbaus gleichzeitig erblicken (Horb) — und „die wir in erster Linie nur verstehen können als malerische Projektionen jener Raum„kästen", wie sie die nordische Plastik (der Kathedrale) gestaltet hat". Freilich hat Felix Horb in einer feinen und vorsichtigen Untersuchung überzeugend gezeigt, daß es für diese Raumkästen auch ganz andere Voraussetzungen gibt: in antiken Gebilden, die durch altchristliche, byzantinische und wohl auch durch original-antike Muster überliefert waren, und ferner — ein sehr origineller und überraschender Nachweis — in großen Kasten-„Möbeln": Ciborien, Pultkästen, Betthimmeln, und — füge ich hinzu — wohl auch in den „Mansionen" (Gehäusen) der gleichzeitigen Bühne. Doch hat er dabei die vorbildhafte Bedeutung jener Skulpturbaldachine unterschätzt, die auch als Bestandstücke der Kathedralen-Reliefs eine so wesentliche Funktion übernehmen. Auch in dieser neuen Darstellung geschlossener oder umschlossener Räume im gemalten Flächenbild verschmelzen also antike Elemente mit gotischen aus der Welt der Kathedrale.

KAPITEL 165

Die Niederlande und die Kathedrale

In den Gesamtübersichten über die europäische Baukunst des 12. und 13. Jahrhunderts tritt die Rolle der späteren „Niederlande" nur undeutlich hervor. Flandern, zumal sein zur französischen Krone gehörender Teil, das sogenannte „Kronflandern" ist mit hochbedeutenden, aber zum großen Teil verschwundenen Bauten (Tournai, Cambrai, Arras, Valenciennes) — ähnlich wie die Champagne — eine blühende Provinz der franzischen Kathedrale. In Brabant und Limburg, in Holland und Seeland entstehen zwar vereinzelt bedeutende Bauten: St. Gudula zu Brüssel (seit 1227), die Kathedrale von Utrecht (seit 1254) und die St. Janskirche von 's-Hertogenbosch (seit 1280). Der Plan der Kathedrale von Utrecht dürfte entstanden sein, als Wilhelm von Holland zwischen 1254 und 56 von fast allen deutschen Fürsten und dem rheinischen Städtebund als *deutscher König* anerkannt war. Mit den beiden anderen aber treten zum erstenmal *Bürger*kirchen — denn nur Utrecht ist Bischofssitz — im Gewande einer Kathedrale auf. Alle drei inspirieren sich an den großen Kathedralen Nordfrankreichs.

Eine selbständige Version der Kathedrale von europäischer Bedeutung entwickeln diese Gebiete auch dann nicht, als sie am Ende des 14. und zu Beginn des 15. Jahrhunderts als „pays-bas" dem Herzogtum Burgund angeschlossen werden und ihre Malerei zu europäischer, ja weltgeschichtlicher Bedeutung aufsteigt.

Bemerkenswert ist aber, daß *ein reduzierter Typus der Kathedrale* mit drei- oder zweistöckigem Wandaufbau, den die Île-de-France bei bescheideneren Kirchen angewendet hatte und den Burgund bevorzugt, sich hier weit verbreitet und lange hält, jener, bei dem auf schweren Rundpfeilern des Erdgeschosses der Oberbau mit ganz zarten Baldachinen schwebt.

Die Gegenspieler der Kathedrale — die sich auch hier alle einstellen — haben weder ein hervorragendes Kunstwerk, noch einen historisch folgereichen Typus hervorgebracht.

Und doch sind aus diesen Gebieten drei sehr bedeutende Bewegungen ausgegangen, die jede in anderer Weise mit der Kathedrale zusammenhängen oder sie betreffen.

Neben den Backsteingebieten Südfrankreichs um Toulouse und Albi und Spaniens um Toledo, die nur lokale Bedeutung haben, entsteht hier, in Friesland und in der Provinz Groningen, die Umsetzung der Gotik in den Ziegel — und zwar sowohl der kathedralen wie der antikathedralen Kirchentypen — und strahlt von hier über die niederdeutschen Gebiete und Dänemark in die Ostseegebiete (vor allem Lübeck), nach Brandenburg und ins Gebiet des deutschen Ritterordens, wo sie besonders großartige Werke hervorbringt, nach Schweden, in die baltischen Länder und nach Finnland aus. Dabei zeigt es sich, daß das Material für die geistige Haltung nicht so gleichgültig ist, wie man es in übertriebenem Widerspruch gegen den „materialistischen" Stilbegriff der Semper-Schule behauptet hat. „Nur schon stofflich erlaubt der Backstein nicht die gleiche plastische Zerklüftung und Ziselierung wie der Haustein. Er zwingt überall zu flächiger Modellierung der Wände in wenig vorspringendem Relief; der Mauerkörper behält stets einen Rest des alten Massencharakters. Das niederdeutsch-baltische Backsteingebiet gehörte ursprünglich obendrein zum Bereich des ostromanischen Stils, wo man auch aus Stilgründen flächige Wände bevorzugte" (P. Meyer). Für unsere Fragestellung ist es wesentlich, welche Verwandlungen unter diesen Bedingungen die Idee des Baldachinraums, die diaphane Wand und, untrennbar von beiden, die Darstellung des Himmels durch das Kirchengebäude erfahren. Diese Fragen stellen noch ungelöste Aufgaben der Forschung.

Zweitens geht aus den gleichen Gebieten um 1380 die neue hochbedeutsame Geistes- und Glaubensbewegung der „devotio moderna" hervor, die vertiefte Religiosität von Laiengemeinden „mit Ordenscharakter ohne gemeinsame Regel" (Wentzlaff-Eggebert 138). Es ist eine arge Lücke, daß wir über die diesen Gemeinden der „Brüder vom gemeinsamen Leben" wesenhaft zugehörige Kirchenform, ihren kunstgeschichtlichen Charakter, ihre Herkunft und ihr Verhältnis zu den bisher behandelten Kirchenformen viel zu wenig wissen.

Drittens haben die Niederlande, stärker als alle anderen Gebiete, das höllische und untrennbar davon das grotesk-komische Element der Kathedrale aufgegriffen und weiter entfaltet. Gerade dort, wo Hieronymus Bosch die malerische Darstellung der Hölle zum höllischen Weltbild vollendet (Kapitel 174), war an den Strebebogen der Kathedrale seiner Heimatstadt 's-Hertogenbosch, St. Jan, — vorbereitet und vermittelt durch die Dachzonen des Kölner Doms — um 1480 die Welt des Dämonischen und Komischen zu ungeahnter Fülle und Ausdrucksgewalt ausgewuchert (Vermeulen). Es läuft also eine direkte Ahnenreihe von Bruegel über Bosch zurück zur Höllensphäre der Kathedrale. Auch sind im nachmals niederländischen Gebiet am frühesten in das geistliche Schauspiel volkstümliches Beiwerk, Wirtshaus- und Diebesszenen eingewoben worden, und hier hatten die Narrenspiele am kräftigsten geblüht. „Le théâtre comique français s'est constitué tardivement, au XIIIe siècle seulement, en retard sur le roman courtois. Ses premières manifestations les plus éclatantes se trouvent à Arras et à Tournai." Das erste Spiel mit Narren — das Jeu de la Feuillé — ist für das Jahr 1276-77 bezeugt. Schon in diesen Schauspielen des 13. Jahrhunderts, die in ursprünglicher Verbindung mit der Kathedrale entstanden waren, aus denen sich aber bald antikathedrale „bürgerliche" Sonderformen abgespalten haben — wie in der Baukunst auch —, ist die Thematik der späteren niederländischen Malerei in erstaunlicher Weise vorgezeichnet.

In diesen drei Sonderleistungen: in der Entwicklung der Back-
steingotik, in der „devotio moderna" und in der Entfaltung der
Welt des Höllischen und Närrischen, des Niedrigen und Komischen zu selbständiger Bedeutung stehen die Niederlande in
weitester Entfernung zum Himmelskönigreich der Kathedrale
und seiner Frömmigkeit und weisen am stärksten in die Zukunft.
Den Punkt größter Nähe aber bezeichnet die Malerei der
van Eyck (Kapitel 173).

KAPITEL 166

Der Orient und die Kathedrale

I

Nach Dehio sind die gotischen Bauten in den dem Islam ent-
rissenen Gebieten des Morgenlandes „die älteste gotische Schule
außerhalb Frankreichs". Doch kann man von einer geschlossenen
selbständigen Gruppe nicht sprechen — in der Kreuzfahrergotik
verschlingen sich Zweige der französischen, aragonesischen und
süditalienischen Gotiken — und eine selbständige Entwicklung
wird man hier nicht erwarten. Ihre Kirchenformen sind meist
hybrid, nicht selten mischen sich Elemente der verschiedenen
gotischen Kirchen nicht nur miteinander, sondern auch mit solchen der byzantinischen Kirchen (Beispiel: St. Nikolaus in
Nicosia). Uns gehen hier nur die Ableger der Kathedrale an.
    In den Resten des 1187 zusammengebrochenen *Königreichs
Jerusalem,* die sich um Akkon behaupteten, sind die gotischen
Bauten verschwunden. Dagegen stehen unter den erhaltenen rein
gotischen Kirchen des 1191 eroberten und durch die poitevinischen Lusignans zum *Königreich* erhobenen *Cypern* echte Kathedralen, vor allem die um 1200 begonnene Sta. Sophia am Sitz
des Metropoliten in *Nicosia* und die Kathedrale der Residenz
Famagusta, seit etwa 1300. Sie entwickeln sich aus der burgundischen Sonderform der Kathedrale; es genüge hier auf sie zu
verweisen (vgl. Enlart). — Auf dem seit 1309 vom Johanniter-
orden besetzten Rhodos wird man — eben weil hier ein Königt-
tum fehlt — eine echte Kathedrale nicht erwarten. Die kleinen
Dynasten der Kreuzfahrerstaaten von Athen, Achaja und Eu-
böa haben es zu keiner Großarchitektur gebracht.

II

Auf Cypern baut auch die Ostkirche gelegentlich in gotischen Formen (griechische Kathedrale von Famagusta). An

diesen Begegnungen der griechischen Kirche mit der Kathedrale ist die Art und Weise aufschlußreich, wie sich die Gedanken der Kathedrale in diesem fremden Medium spiegeln. Deutlich berichten davon die Formen der *Panagia Paragoritissa in Arta*, einer zu Beginn des 13. Jahrhunderts errichteten Palastkirche der aus einer Seitenlinie der Komnenen entsprossenen Despoten von Epirus, die sich hier während des lateinischen Kaisertums behaupteten. „Der gotische Kleeblattbogen, der sich in einer der obersten Ecknischen erhalten hat, und der figurierte Nebenbogen verraten, daß der Baumeister durch diesen kühnen Aufbau mit dem konstruktiven (richtiger: dem „illusionistischen") System der Gotik zu wetteifern versucht hat" (Wulf); die Kuppel auf Pendentifs wird von Diensten getragen, deren Basen von der *Unterseite* sichtbar sind, die also völlig frei zu schweben scheinen: Beweis dafür, daß auch hier im Osten der obere Teil des gotischen Kirchengebäudes *als ein schwebender oberer Bau gesehen wurde.**)

III

Ähnlich aufschlußreich ist die Umsetzung der Wand-Struktur einer Kathedrale in die Sprache gleichzeitiger islamischer Sakralarchitektur im 1284 gegründeten Mausoleum des Sultans Kalaun (Muristan Qala'un) in Kairo: die Dienste verwandeln sich dabei aus einer körperhaft-plastischen Form in eine körperlose Hohlform. Die Fenstergruppe, aus zwei Fenstern mit übergreifenden Bogen und Oculus darunter, und die massiven Pfeiler im Erdgeschoß zeigen deutlich, daß ein Rundbau aus der Deszendenz der Notre-Dame von Paris das Vorbild war; sehr wahrscheinlich — denn das Mausoleum ist ein Zentralbau — eine Templerkirche dieses Typs. Auch in den überhöhten Proportionen der Fassade und den Profilierungen des Tambours sind gotische Vorbilder unverkennbar. Und da der Vollender des Baus, Mohammed Nassir, in seiner daneben liegenden Medresse tatsächlich das gotische Portal eines Kreuzfahrerbaus aus Akka hierher versetzt hat (H. Glück), hat wohl auch das Vorbild, das die erwähnten Motive anregte, in Akka gestanden.

In diesen Begegnungen der Kathedralen-Formen mit byzantinischem und islamischem Denken leuchtet uns ihre Eigenart noch einmal in neuem Lichte auf.

---

*) Wulf II, Abb. 398, Außenansicht und Grundriß Abb. 398.

KAPITEL 167

Die Kathedrale als europäische Königskirche

Bei dem Versuch, die Ausbreitung der nordfranzösischen Kathedralen in ganz Europa systematisch zu untersuchen, wurde ich zuerst in Spanien, Portugal, England, Dänemark und Schweden darauf aufmerksam, daß es Kathedralen von nordfranzösich-gotischem Typus nur an Orten gibt, die in engstem Zusammenhang mit dem Königtum der einzelnen Königreiche stehen. Altcastilien und Neucastilien erhalten seit 1221 bezw. 1226 in Burgos und Toledo solche Bauten; nach der Wiedervereinigung der westspanischen Königreiche (1230) entsteht seit 1255 die Kathedrale von Leon.

Ähnlich steht es in Ostspanien. Auch hier ist die Kathedrale wesentlich Königskunst und steht in den Hauptstädten der mit der Krone von Aragonien verbundenen Königreiche und Länder; doch folgt sich hier nicht dem eigentlich französischen Typus (Notre-Dame, Saint-Denis oder Reims), sondern entwickelt aus dem Typus der Kathedrale von Bourges eine eigenartige Sonderform. Die aragonesischen Königskathedralen entstehen erst seit dem späten 13. Jahrhundert, als früheste wohl die des 1276 gegründeten ephemeren Königreichs der Balearen — des „reyno di Mallorca" — in Palma di Mallorca (Kapitel 159).

In Portugal standen in der alten Hauptstadt Coimbra und in der neuen Lissabon, sowie in der alten Königsabtei Alcobaça Bauten aus vorgotischer Zeit. Die einzige Kirche, die hier den entwickelten französischen Kathedraltypus zeigt, ist die Kirche Santa Maria della Vittoria der Königsabtei Batalha, errichtet seit 1388. (Vgl. Kapitel 160.)

England hat aus einer Frühform der nordfranzösischen Kathedrale — nämlich der des Erzbistums in Sens, welche sozusagen die burgundische Variante des franzischen Grundtypus darstellt und 1175 in Canterbury übernommen wird — eine englische Sonderform der Kathedrale entwickelt, die von den meisten Bischofskirchen des 13. und 14. Jahrhunderts übernommen wurde. Aus dieser Masse englisch-gotischer Kathedralen heben sich scharf die Kirchen des nordfranzösischen Kathedraltypus heraus. Es sind zwei: die seit 1245 unter Heinrich III. erbaute Kirche der alten Königsabtei Westminster — zugleich Krönungs- und Grabeskirche der Könige von England, das englische Reims und Saint-Denis in einem — und die seit 1291 begonnenen neuen Teile der Kathedrale des Erzbischofs in *York*. (Über diese unten.)

In Dänemark wird 1191 in der Residenz der Könige, in *Roskilde*, ein Chor mit Umgang und vierzonigem Wandaufbau, wie ihn nur die *frühen* Kathedralen der Île de France haben, begonnen. Dies ist das früheste Beispiel einer Königskirche nach nordfranzösischem Vorbild in Europa überhaupt. (Dazu Seite 468.)

In Schweden entsteht nach der Reichseinigung unter der neuen Dynastie der Folkunger (1250) am Sitz des Erzbischofs von Upsala, des Primas des Reiches, seit 1258 eine Kathedrale nordfranzösischen Typus'. Wie in Dänemark ist das die einzige Kirche im französisch-gotischen Kathedraltypus im ganzen Reich.

Nach diesen ersten Feststellungen drängte sich folgende Arbeitshypothese auf: Wo immer die nordfranzösische gotische Kathedrale außerhalb Frankreichs auftritt, steht sie in engster Beziehung zum Königtum der einzelnen europäischen Königreiche. Nicht jede Königskirche Europas seit etwa 1200 ist eine „Kathedrale", aber jede Kathedrale außerhalb Frankreichs, die dem Muster der französischen Königskathedralen folgt, *ist* eine Königskirche, oder genauer: eine Königsbischofskirche. Dieser Satz stellt die historische Regel auf. Ausnahmen sind wohl möglich, bedürfen aber jedesmal einer besonderen Begründung, während der Satz selbst sich generell begründen läßt.

Und zwar findet er seine Begründung in dem, was die Forschungen Hans Hirschs zu Geschichte des europäischen Königtums ergeben haben. Hans Hirsch hat zwingend den „Zusammenhang zwischen Königserhebung und Regelung hochkirchlicher Verfassungsfragen" gezeigt: die Organisierung einer Hochkirche mit einem Metropoliten an der Spitze, der die Salbung und Krönung des Königs zu vollziehen hat, ist ein Grundpfeiler der Verfassung solcher neuer Herrschaftsbereiche. Wo immer neue Königreiche entstehen, folgt die Bildung einer Hochkirche auf dem Fuße. Die sichtbare Verkörperung dieser Hochkirche ist die Kathedrale, im 13. und 14. Jahrhundert die *französische* Kathedrale.

Außer der Neugründung von Königreichen ist ein Anlaß zur Erbauung solcher Königskathedralen die Errichtung einer bisher fehlenden Hochkirche (so z. B. in Böhmen), eine Verlegung der Königsresidenz oder des Erzbistums (so in Cypern?), ein Wechsel der Dynastie (Portugal), oder aber auch — wie wir noch sehen werden — der *Anspruch* auf Erhebung zum Königreich oder der Anspruch eines Erzbistums auf landeskirchliche Bedeutung. Noch allgemeiner kann man sagen: die Errichtung einer Kathedrale ist entweder aktuelles Sichtbarmachen der neugegründeten Königskirche, oder Anspruch auf eine solche, oder endlich Festhalten einer verlorenen älteren Stellung. Die Initiative kann in allen Fällen entweder beim König liegen oder — was häufig der Fall ist — bei dem betreffenden Metropoliten.

Daß seit ungefähr 1200 das Vorbild für alle Königskirchen Europas — mit nur ganz wenigen Ausnahmen — die französische Königs-Kathedrale geworden ist, ist nur zum Teil durch persönliche Beziehungen zu erklären. (So erhielt z. B. Dänemark seine Königskathedrale nach französischem Muster, als Philipp II. August mit einer dänischen Prinzessin verheiratet war.) Es hat aber seinen Grund auch nicht darin, daß man dort, wo dies geschieht, eine generelle Überlegenheit der französischen Kultur oder Kunst zuerkennt, denn Länder, welche für ihre Königskirche die französische Kathedralform übernehmen, richten sich in anderen Bezirken des Bauens durchaus nicht nach Frankreich. Ganz auffallend ist das z. B. in England. Der eigentliche Grund liegt vielmehr darin, daß sich Frankreich in seinen Kathedralen eine sichtbare Verkörperung der „königlichen Kirche" geschaffen hat, mit der sich in dieser Zeit in Europa nichts vergleichen konnte, — ein großartiges Symbol des Königtums, auf das jeder greifen mußte, der einen ähnlichen Anspruch erhob.

Es prägt sich in dieser Vorbildlichkeit seiner Kirchengestalt die Vormachtstellung des Königs von Frankreich seit dem 13. Jahrhundert in sinnfälligster Weise ab, den ein englischer Geschichtsschreiber dieser Zeit als „König der irdischen Könige" anspricht (Schramm 130). Kulturell bedeutet im 13. und 14. Jahrhundert die französische Kathedrale — nach einer treffenden Bemerkung von Kurt von Schmedes — mutatis rebus das, was im späten 17. und 18. Jahrhundert der Bau von Versailles für Europa bedeuten sollte: das unüberbietbare Vorbild des architektonisch versinnbildlichten Königtums.

Es ist nun wahrhaft erstaunlich zu sehen, wie eng die Gründung neuer Königtümer, beziehungsweise ihre Anerkennung durch Papst und Kaiser, mit Gründungen solcher Kathedralen verbunden ist. Die Dynasten von Navarra hatten sich schon seit 1130 Könige genannt. Aber erst als Cölestin III. sich herbeiließ, am 28. Mai 1196 Sancho VIII. von Navarra ein erstesmal als König anzusprechen (Hirsch), folgte sofort die Gründung der Kathedrale von Tudela (der heutigen Kollegiatskirche), die 1204 geweiht wurde. Sie zeigt zwar nicht den entwickelten französischen Kathedraltypus, sondern eine Art Reduktion desselben, doch ist diese kleine Kathedrale nach Street eines der feinsten Werke dieser Stufe in ganz Europa. — Als Amalrich von Cypern an Kaiser und Papst die Bitte um Königskrönung richtete, wurde sie vom Papst mit der Entsendung eines Legaten beantwortet, der in Cypern eine Hochkirche zu organisieren hatte (Hirsch). Und wiederum begann der Bau der ersten Kathedrale in Nicosia (begonnen „um 1200"), die gleichfalls eine Art Reduktion des französischen Typus darstellt. — Die Begründung

des ephemeren Königtums Mallorca 1276 zieht sofort die Grundsteinlegung einer Kathedrale nach sich, deren Bau allerdings erst
20 Jahre später in Gang kam. — Es wurde als Mangel des böh-
mischen Königtums empfunden, daß das Bistum Prag dem
Metropolitanbezirk Mainz zugewiesen war; erst Karl IV. hat im
Zuge seiner Selbständigkeitsbestrebungen diesen Mangel beseitigt und Prag zu eigener Geltung als Erzstift gebracht; und
wiederum folgt sofort der Baubeginn der Kathedrale auf dem
Fuße, deren ersten Baumeister, Matthias von Arras, Karl aus
Frankreich kommen ließ. Man hat das mit Karls persönlichen
Beziehungen zum französischen Hof erklärt, nicht mit Unrecht.
Doch steckt auch hier mehr dahinter: die Errichtung einer französischen Kathedrale in der Residenz des hochkirchlich unter-
bauten böhmischen Königreichs ist nicht minder wie die Annahme des Karlsnamens ein symbolischer Akt. Aber dieser Rückgriff auf die Gestalt der „klassischen Kathedrale" ist weder eine
Ausnahme noch ein „Historisieren". Karl IV. steht damit unter
den Königen Europas keineswegs allein, sondern setzt — wie
jetzt zu zeigen sein wird — eine Tradition fort.

III.

Wir haben vorgegriffen. Die oben aufgestellte Arbeitshypothese verlangte zunächst die Prüfung aller jener Fälle, in denen
ein Zusammenhang zwischen Kathedralgestalt und Königtum
bisher nicht festgestellt worden war. Dabei gab es Fälle, in denen
die Kathedrale bekannt, der „zugehörige" König aber unbekannt war und umgekehrt Fälle, wo mir — wie z. B. in
Ungarn — der König bekannt war — es lag höchstens nahe, von
Ludwig von Anjou die Erbauung einer französischen Königskathedrale zu erwarten —, während der zugehörige Kirchenbau in der geläufigen Literatur nicht erschien.

Die Karl von Anjou als König von Neapel und Sizilien zugehörige Kathedrale in Neapel festzustellen war nicht schwer. Die
Ermittelung ihrer ursprünglich geplanten Gestalt verlangt aber
eine eigene Untersuchung (vgl. oben Seite 456).*)

---

*) In meinem Aufsatz über „die gotische Kathedrale als europäische
Königskirche" (Anzeiger der phil.-hist. Klasse der Österr. Akademie d.
Wiss. 1949, Nr. 17) sind die Angaben über die Kathedrale von Kalocsa
irrig — Folge dessen, daß mir zur Zeit der Abfassung dieses Aufsatzes
wesentliche Bibliotheken unzugänglich waren und ich auf die Angaben
von Mittelsmännern angewiesen war, die zu einer Konfusion führten.
Die erzbischöfliche Kirche von Kalocsa, deren zweiter Bau seit 1218 nach
nordfranzösischem Vorbild entstand, scheidet aus der Reihe der *gotischen*
Königsbischofskathedralen aus.

In York entstand seit 1291 eine Kathedrale von ausgesprochen französischem Typus (wenn auch mit Holzgewölben). Das Rätsel löst sich m. E. damit, daß der Erzbischof von York sich als Primas von Schottland betrachtete und damit das Recht der Krönung des Königs von Schottland für sich in Anspruch nahm. Als 1290 die Königsfamilie von Schottland ausstarb, erzwang Eduard I. von England die Anerkennung veralteter Ansprüche einer englischen Lehenshoheit und entschied zwischen den Thronbewerbern, John Balliol und Robert Bruce, für den ersteren, der sein Königreich als englisches Lehen empfing. Mit diesem Ereignis muß die — zeitlich *genau* dazu stimmende — Erbauung einer „Königskathedrale" in York zusammenhängen. (Ob unter den verschwundenen Bauten der alten schottischen Hauptstadt Perth sich etwa gleichfalls eine Kathedrale französischen Typs befand, kann ich mit den mir zur Verfügung stehenden Mitteln nicht feststellen. Bei den alten Beziehungen Schottlands zu Frankreich wäre es beinahe naheliegend).

Nachdem diese Fälle geklärt waren, wandte sich die Aufmerksamkeit auf das Gebiet der deutschen Könige. Hier schien eine Mehrzahl von Bauten des nordfranzösischen Kathedraltyps die Regel zu durchbrechen, nach der im allgemeinen jedes Königreich nur *einen* Kathedralbau gotischen Stils aufweist. Dann auf Ober- und Niederlothringen, Brabant und Burgund.

In Deutschland ist die Krönung an Aachen gebunden, doch bauen „Königsmacher" des 13. Jahrh. ihre Bischofskirchen als „Königskathedralen".

In demselben Jahre 1209, in dem der nach der Ermordung Philipps von Schwaben auch von der staufischen Partei anerkannte Otto IV. zum Kaiser gekrönt wird, wird der Grundstein zum Dom in *Magdeburg* gelegt. Dessen Erzbischof, ursprünglich Parteigänger des Staufers, war vorübergehend zu Otto übergeschwenkt und hatte 1207 in Rom von Innozenz III. das Pallium empfangen. Sein Bau ist der erste Bau auf deutschem Boden, der *nicht* eine der staufischen Domgestalten, sondern das System der französischen Kathedrale übernimmt. Dehio hatte sich mit Recht gewundert, daß Magdeburg kein Übergangsbau ist, sondern „von vornherein im Gesamtentwurf gotisch, und er ist es *fast ein halbes Jahrhundert früher als irgendein Kirchenbau in Deutschland*". Er hat das damit erklären zu können geglaubt, daß Erzbischof Albrecht an der Pariser Universität studiert hatte. Diese Erklärung ist richtig, greift aber nicht tief genug. Denn was der Erzbischof von dort mitbrachte, war nicht „die Gotik", sondern eine neue und konkrete Vorstellung davon, wie eine Königskirche aussehen könnte und sollte. Eine Vorstellung, die aber erst dann aktualisiert werden konnte, als in seiner

Kirchenprovinz der neue allgemein anerkannte König und gekrönte deutsche Kaiser Otto sich erhob. Nicht weil ein Bischof während seiner Studienzeit ein Bildungserlebnis hatte, sondern weil das neu errungene König- und Kaisertum der Welfen gebieterisch nach einer sichtbaren Verkörperung *seiner Landeskirche* verlangte, ist dieser Bau entstanden. Und er ist in gotischen Formen entstanden, nicht nur weil sein Bauherr die neue Königskirche kannte, sondern weil es außerhalb der staufischen Baukunst kein anderes Vorbild für eine Königskirche in Europa gab. Otto, der in seinen welfischen Hausmachtgebieten Kirchengestalten des Anjou und Poitou bevorzugte, wäre allerdings von sich aus auf diese Kirchengestalt schwerlich verfallen.

Mag man hier noch zweifeln, ob wirklich mehr vorliegt als eine persönliche Vorliebe des neuen Bauherren für das „opus francigenum", so dürften die folgenden Beispiele den Zweifel beheben.

So wenig wie in Magdeburg kann es ein Zufall sein, daß in *Utrecht* der Grundstein zu einer Kathedrale in nordfranzösischen Formen in demselben Jahre 1254 gelegt wird, in dem Wilhelm von Holland von dem Großteil der deutschen Fürsten und dem rheinischen Städtebund als König anerkannt wurde.

Wenn man das aber zugibt, dann müssen die Dome in *Köln* und *Straßburg* die Königsbischofskathedralen der beiden Interregnumskönige sein. Das läßt sich, wie mir scheint, für beide Fälle beweisen.

In Köln ist der Grundstein schon 1248 gelegt worden, ein Datum, das zu denken gibt, denn es ist das Jahr der Erwählung Wilhelms von Holland zum deutschen König, und er war bei der Grundsteinlegung zugegen; aber der Bau, der seit 1257 entstand, war gemeint als Königskirche des unter Anführung des Erzbischofs von Köln gewählten und von demselben Kirchenfürsten in Aachen gekrönten Richard von Cornwallis und Poitou, des Bruders Heinrichs III. von England. Wilhelm Pinder hat das richtig geahnt, wenn er feststellt: „Aber daß die gleiche Persönlichkeit, die politisch für England eintrat, auch in der Geschichte unserer mittelalterlichen Baukunst den entschiedenen Griff nach rein westlicher Form tat, das sollte man sich nun einmal gesagt haben." Für unsere Deutung spricht nicht nur, daß der erste Baumeister des neuen Baus, Meister Gerhard, erst im Jahre 1257 erwähnt wird, sondern noch viel mehr, daß sich in diesem Jahre 1257 Erzbischof Konrad an den König Heinrich III. von England mit der Bitte wandte, in England Spenden für die Kathedrale sammeln lassen zu dürfen, und daß eben dieser Heinrich III. 1245 Westminster Abbey neu in französischen Formen hatte erbauen lassen — ungeachtet der politischen Gegnerschaft gegen Frankreich. Daß Köln eine Königskirche ist, darauf weisen

471

auch die, noch im späten 13. Jahrhundert entstandenen, Scheiben mit Königsgestalten im Chor. Da diese Könige den Reichsapfel tragen, sind es wohl deutsche Könige und Kaiser, wie es in Reims französische waren.

Daß nicht nur der Erzbischof, sondern in diesem Fall auch der König vollen Sinn für den Symbolgehalt eines solchen Baus hatten, ist bei Richard von Cornwallis mit Bestimmtheit anzunehmen, denn er hat sein Interesse an Symbolen der Herrschaft dadurch bekundet, daß er den Reichsschatz in Aachen durch Krone, Scepter, Reichsapfel und kostbare Gewänder vermehrte. Dem Umstand aber, daß er einer der reichsten Fürsten seiner Zeit war, dürfte es zuzuschreiben sein, daß seine Königskathedrale, wäre sie zu Ende geführt worden, die aufwendigste außerhalb Frankreichs geworden wäre.

Mag man hier noch zaudern, die Folgerung zuzugeben, so wird der parallele Fall von Straßburg alle Zweifel beheben. Daß Straßburg eine deutsche Königskirche sein *muß*, würde allein schon die Reihe der Glasfenster mit Idealbildern der 28 deutschen Könige, die man bis 1275 zählte, beweisen. Dehio hat diese Bilderreihe — die er selbst als vollkommen ungewöhnlich bezeichnet — noch so erklären zu können geglaubt: „Damals wurde zwischen den Bürgern und dem Bischof ein blutiger Kampf um die Stadtfreiheit ausgefochten. Die Bürger siegten. Sie hofften auf eine Stütze bei Kaiser und Reich. Ein Denkmal dieser Stimmungen (!) ist die Reihe der Glasfenster." Ja, er dehnte diesen Gedanken auf das „Münsterlanghaus" überhaupt aus, in welchem er das „Siegesdenkmal" der 1262 frei gewordenen Stadt sah, ein Zeugnis „der heroischen Jugendzeit des deutschen Städtewesens". Hier spukt noch Viollet-le-Ducs These, die Kathedrale sei überall die Kirche der autonom gewordenen Stadtkommune. Nach allem, was wir bisher festgestellt haben, ist es aber klar, daß es Bürgern gar nicht zustand, eine Kirche in Gestalt einer „Kathedrale" zu errichten; freilich mögen sie nicht selten und nicht ungern zu ihrer Errichtung beigetragen haben, da sie an einer solchen königlichen Erhöhung des Ansehens der Stadt interessiert waren und die Anwesenheit des Königs in ihren Mauern — nach der jede Kathedrale verlangt — auch große wirtschaftliche Vorteile bieten mußte. Nein: das „Münster" von Straßburg ist zweifellos die Königskirche des zweiten Interregnumskönigs Alfons von Castilien, der als Exponent der staufischen Partei unter Anführung des Erzbischofs von Trier und mit Unterstützung des Königs von Frankreich gewählt worden war.

Dafür spricht vor allem eine gewisse Ähnlichkeit zwischen Straßburg und der zwei Jahre vorher, 1255, begonnenen Königskathedrale von Leon, die sich beide den Neubau von Saint-Denis, mit seinem durchlichteten Triforium zum Vorbild nehmen. Die Ähnlichkeit des einzelnen Wandjochs in Leon und Straßburg ist bedeutend, wenn auch in Straßburg durch den Anschluß an die staufischen Ostteile der Raumeindruck ein ganz anderer wurde. — Dafür spricht, daß das Thema der 28 Könige nur in einer Königskirche am Platze ist und obendrein sein Gegenstück an den Königsfenstern von Reims hat. Auch die Königsgalerie an Notre-Dame von Paris zeigt 28 alttestamentarische Könige — wie Mâle gezeigt hat im Anschluß an das Evangelium Matthäi, das 28 Vorfahren Christi (zwar nicht alle Könige, aber nach der Auffassung der Zeit alle aus königlichem Stamme) zählt; während es in Reims zweimal 28 sein werden. Die letzten Könige der Reihe sind die letzten Staufer Konrad IV. und Konradin, also die unmittelbaren Vorgänger Alfons des Weisen, der mütterlicherseits ein Enkel Philipps von Schwaben war. Auch die beiden ersten Reiterstatuen der Fassade gehören noch in dieses Programm: sie stellen Chlodwig (wie in Reims) und Dagobert dar. Überdies trägt ein Relief des Westportals die Wappen Castiliens.

So dürfte es sich auch erklären, warum man in der Königskathedrale des „staufischen" Königs die staufischen Ostteile pietätvoll geschont hat; ja, aus dem Bestehen dieser mächtigen staufischen Chorpartie erklärt es sich sehr wahrscheinlich, weshalb der Bau nicht in Trier, sondern in dem zum Erzbistum Mainz gehörenden Straßburg entstand. Er entstand eben im Anschluß an die bedeutendste staufische Königskirche der unmittelbar vorangehenden Zeit, weil durch diesen — dem Mittelalter ohne weiteres verständlichen — Symbolakt Alfons von Castilien sich als „Fortsetzer" des staufischen Baus und der staufischen Dynastie deklarierte.

Sieht man diese vier Fälle Magdeburg (Otto IV.), Utrecht (Wilhelm von Holland), Köln (Richard von Cornwallis) und Straßburg (Alfons von Castilien) im Zusammenhang, dazu Prag (Karl IV.), so ist ein Zweifel wohl nicht mehr möglich.

Auf Grund dieser Voraussetzungen darf man eine weitere Annahme wagen und den berühmten „Riß B" (Abb. Seite 65) zur Fassade von Straßburg mit Rudolf von Habsburg in Zusammenhang bringen. Das stimmt nicht nur zeitlich zu dem Plan, der „um 1275" entstanden ist, nicht nur dazu, daß zu den Reiterstandbildern der Fassade (nach einer alten Tradition im Jahre 1291) das Rudolfs hinzugefügt worden ist, sondern auch dazu, daß Rudolf mit diesem Plan als legitimer Fortsetzer der staufischen Dynastie auftritt. Vor allem aber ist es so am besten zu verstehen, daß die geplante Fassade, wäre sie nach dem

„Riß B" vollendet worden, die großartigste Kathedralfassade in ganz Europa geworden wäre: eine Königskathedrale mit kaiserlichem Anspruch. Geldgeber mag hier wie anderswo die Bürgerschaft gewesen sein, der eine solche Auszeichnung durch einen „Königsbau" nur willkommen sein konnte.

IV.

Nachdem sich die Arbeitshypothese für Deutschland so fruchtbar erwiesen hat, wird man sich nicht scheuen, sie auf die anderen Gebiete anzuwenden und hypothetisch anzunehmen, daß sich überall dort, wo ein Königtum nicht besteht und doch eine Kirche in echt französischem „Königskathedralen"-Typus erscheint, sich der Anspruch, eine „Königskirche" zu sein oder zu werden, beziehungsweise der Anspruch auf Grund einer eigenen hochkirchlichen Organisation kundgibt.

Daß in Metz, der alten Hauptstadt Austrasiens, seit ungefähr 1220 eine französische Kathedrale entsteht, wird vielleicht nicht wunder nehmen; warum sie *damals* begonnen wurde, bleibt aber doch genauer zu untersuchen und zu begründen. Die einigermaßen verwickelten Verhältnisse in Reichsflandern, Brabant — das ja zeitweise am Beginn des 13. Jahrhunderts einen Kandidaten für den deutschen Thron stellte —, und weiter für das ganze Gebiet des Herzogtums Burgund und seiner Niederlande verlangen eine gesonderte Darstellung, die den Rahmen dieses Buches sprengen würde.

Für die Richtigkeit der Annahme von oben sprechen auch die bekannten Vorgänge in *Wien*. Aus den Erkenntnissen Hans Hirschs läßt sich zwanglos verstehen, warum Wien — obwohl es unter Albrecht I. Residenz des deutschen Königs war — es zu keiner Kathedrale gebracht hat. Hier fehlt eben die hochkirchliche Grundlage. Auch die Bemühungen Rudolfs des Stifters erreichen zwar mit der einzigartigen Rangerhöhung zum „Erzherzog" die größtmögliche Annäherung an die Stellung eines Königs, aber nicht die notwendige Ergänzung durch ein selbständiges Bistum oder Erzbistum. Der Ersatz dafür ist die Gründung eines Kollegiatskapitels mit einem Propst an der Spitze, der Reichsfürstenrang hat und direkt dem Papst untersteht. Doch genügt das nicht, um aus der Pfarrkirche von St. Stefan eine Kathedrale wie in Prag zu machen. Ihre Gestalt entspricht vielmehr vollkommen der Symbolik des neugeschaffenen Erzherzogshuts. So wie dieser den Herzogshut mit einer Königskrone umgibt, so umhüllt Rudolf IV. „seinen Dom"(!), dessen Weiterführung er seinen Erben testamentarisch aufgetragen hatte, mit dem „Kristallmantel einer Kathedrale", mit Portalen, die Königs- und Fürstenbilder tragen und mit den Herzogs-kapellen, in denen Glasbilder — wie in den Kathedralen — den Stammbaum des Herrschers zeigen; aber unter diesem Königs-mantel bleibt Sankt Stefan das, was es einer kirchenrechtlichen Stellung nach ist, die zur „Erzherzogskirche" aufgewertete Hallenkirche einer reichen und mächtigen Bürgergemeinde.

Ähnlich und doch anders ist die Situation in Mailand. Der 1387 gegründete neue Dom wird seit der Erhebung Mailands zum Herzogtum 1395 mit einem Anspruch und in Maßen aus-gebaut (Länge 148 Meter, Breite des Mittelschiffs 19 Meter, Höhe 48 Meter), die alle Kathedralen Europas (ausgenommen allein die später entstandene von Sevilla) überbietet und es ohne weiteres deutlich macht, daß das Ziel des Bauwerks eine Königs-krone war — ja unter Umständen noch mehr. Deshalb sollte sich auch hier der Himmelsmantel überirdisch filigraner Kathedral-formen um einen gewaltigen Raum legen, der seiner Grundgestalt nach doch keine echte Kathedrale, sondern nur eine pseudo-basilikale Halle ist, die allerdings im Querschnitt und in den Verhältnissen an die Königskirche der Krone von Aragonien in Saragossa gemahnt (Abb. Seite 457). (Gleichzeitig ist — mit ähn-lichem System des Innenraums — die Certosa von Pavia als Grabeskirche des neuen Herzogshauses entstanden.)

Dies ist — abgesehen von Batalha — das letzte Erscheinen der „Königskathedrale" in Europa gewesen. Im 15. Jahrhundert entstehen keine neuen Königreiche mehr, und auch die Stellung der ihnen zugeordneten Landeskirchen (Metropoliten) hat sich nicht mehr wesentlich verändert. Die Zeit der französischen Königskathedrale ist vorbei.

V.

Das gewonnene Ergebnis verbindet sich zwanglos mit ande-ren. Denn wenn der König von Frankreich, kraft der Salbung mit dem Himmelsöl, in ganz besonderer Weise Abbild des Him-melskönigs auf Erden ist, so läßt es sich unschwer verstehen, daß seine Kirche — die Königskathedrale — „par excellence" Abbild der Himmelskirche auf Erden ist. Ferner: Die größte ikonographische Neuerung an der Kathedrale ist das Thema der Krönung Mariens zur Himmelskönigin. Die meisten Königs-kathedralen in Europa sind aber „Notre Dame", „Nuestra Se-nora", „Unserer lieben Frau" geweiht und zwar eben als der Himmelskönigin. (In anderen Fällen dem Patron der betreffen-den Landeskirche.) Geistesgeschichte und konkrete politische Geschichte verknüpfen sich also aufs engste mit der Formal-geschichte der Kunst.

DAS ERBE DER KATHEDRALE

KAPITEL 168

Heilige Schrift, Dichtung und Bild.
Der Künstler als „Dichter". — Die „Vision".

> *„Die Sprache der Mythen ist Gesang,*
> *aber die Mythe ist nicht Poesie. Erst*
> *wenn die Begeisterung von der eigent-*
> *lichen Mythe sich gegen das Irdische*
> *wendet, gestaltet sie sich im Konkreten*
> *als Poesie."*
>
> (A. Bäumler)

Mit der Erkenntnis, daß das Gesamtkunstwerk der Kathedrale zu den „bildenden" Künsten zu zählen ist, erscheinen auch
die „inneren" Folgen der Kathedrale in neuer Folgerichtigkeit.

Dieselben Kräfte, welche die Kathedralen hervorgebracht
haben, wirken mit innerer Dynamik in der gleichen Richtung
weiter und schaffen sich neue Ausdrucksformen, die über die
Kathedrale hinausführen.

Das Ereignis mit den weitesten Nachwirkungen dürfte die
gewaltige Erweiterung des „Spielraums" der dichtenden und
erdichtenden Einbildungskraft sein, die sich — am großartigsten
manifestiert an der Kathedrale selbst — seit der Mitte des
12. Jahrhunderts vollzogen hat. Es ergreift *alle* Künste.

Für das ganze Mittelalter, auch noch für das späte, gilt der
Grundsatz, daß in den darstellenden Künsten nichts zur Darstellung kommt, was nicht vorher „in der Schrift" dagewesen
ist, sei es — und sie ist natürlich vor allem bildsetzend — in der
Heiligen Schrift, sei es im Kanon der Messe, sei es in den wenigen anderen Schriften, die in dieser Hinsicht für das Mittelalter
sozusagen kanonische Bedeutsamkeit haben, zum Beispiel der
Psychomachie des Prudentius. (Welche Schriften in diesem Sinn
zu verschiedenen Zeiten der kanonischen zuzuzählen sind, be-
dürfte einer eigenen Untersuchung.)

Die Entstehung der Kathedrale aber macht es besonders deutlich, daß sich seit dem 12. Jahrhundert zwischen die objektive
Sphäre der „Heiligen Schrift" und das darstellende Kunstwerk
die subjektive Sphäre der Dichtung eingeschoben hat. Das Himmelsbild, das die Kathedrale gestaltet, ist nicht sachgetreue Ver-

bildlichung des Schrifttextes, wie es noch das Himmelsbild der ottonischen Lichtkronen war, sondern schließt an die Ausdichtung des Schrifttextes durch geistliche Dichter oder auch an profane Dichtungen an. Diese neue Sphäre der dichtenden und erdichtenden Phantasie (in ihrem erst noch genauer zu bestimmenden Begriff) ist von da ab von grundlegender Bedeutung für die „bildenden" Künste.

Im Verlauf unserer ganzen Untersuchung hat es sich gezeigt, daß viele Bilder der Kathedrale ihr Vorbild in Dichtungen haben: Wie es für die Architektur — mindestens der klassischen Kathedrale — vermutlich eine „dichterische Wurzel" gibt, so gibt es eine dichterische Wurzel des neuen „ritterlichen" Menschenbildes und dichterische Wurzeln auch für die Höllenbilder der Kathedrale. Ja auch in der liebevollen Schilderung der Blumen geht die Dichtung der Plastik voraus (Karlinger 186). Wenn die *These der George-Schule, daß die Dichtung immer und überall den Primat vor der bildenden Kunst habe,* wohl zu weit geht, so gilt sie seit *dieser* Zeit auf lange hinaus zweifellos. Erst seit dem Ende des 18. Jahrhunderts erscheinen neue Quellen der bildlichen Inspiration (vor allem der Traum): die bildende Kunst löst sich von ihrem dichterischen Untergrund ab und die bildende „Phantasie" wird autonom.

Dabei kann diese Zwischensphäre der Dichtung, die zwischen „Schrift" und „Bild" vermittelt, auch von der Phantasie des bildenden Künstlers selbst ausgefüllt werden: *der bildende Künstler verwandelt sich aus einem Gestalter von Sinnbildern der „Schrift" in einen „Dichter".* Das hat Dvořák schön und richtig gesehen: „Die Epoche der großen Phantasiekunst . . . ist tatsächlich schon durch die Gotik eingeleitet worden." Wir fügen hinzu: durch die Kathedrale. Das 12. Jahrhundert ist in diesem Sinn wirklich der „Frühling der Allmacht der Phantasie" und die Kathedrale die erste großartige Manifestation des „Poetischen" (in seinem engeren Begriff) in der bildenden Kunst.

Damals vollzieht sich eine *Poetisierung des Religiösen;* ja das Kultische selbst wird „poetisiert" (Ant. L. Mayer). Sie hat in der Weltgeschichte nirgends ihre Analogie außer in der griechischen Religion und Kunst. Die homerische Götterwelt hat wesentlich dichterischen Charakter (Bäumler). So läßt sich die Berührung von *gotischer* und *griechischer* Form auf dem Höhepunkt der „klassischen" Kathedrale auch noch von dieser Seite her verstehen. Anderseits scheint die Poetisierung des liturgischen Textes nirgends im Abendlande früher eingesetzt zu haben als im *keltischen* Bereich (Hinweis von Otto Mauer).

Sehr vergröbernd darf man also im Großen sagen, daß bis zum 12. Jahrhundert die „bildende Kunst" — und auch die

Architektur soweit sie „bildende" Kunst ist — auf der Grundlage der „*Schrift*" ruht, vom 12. bis zum späten 18. Jahrhundert auf der Grundlage der „Dichtung" und seither auf der Grundlage der „autonomen", bodenlosen Phantasie. Die Verselbständigung der dichterischen, der „aesthetischen" Sphäre — des Künstlerhaften und damit oft auch schon des „Künstlichen" — hat im 12. Jahrhundert noch unter dem Mantel und, wenn man will, dem Protektorat des Kultischen eingesetzt, und damit ist eine unabsehbare Entwicklung eingeleitet. Der nächste entscheidende Schritt wird sein, daß sie sich in den Gestalten der wiederbelebten Antike — die *keine Numina* mehr sind — ein eigenes Reich der dichterischen Phantasie schafft, das bis zum Ende des 18. Jahrhunderts, nun gleichberechtigt neben der christlichen Bilderwelt stehend, die neue Grundlage weiterster Gebiete der bildenden Kunst wird. Und der letzte Schritt in der gleichen Richtung ist seit dem Ende des 18. Jahrhunderts die Autonom-Erklärung der bildenden Phantasie, die sich vom tragenden Boden der Schrift und der Dichtung ablöst und zum Schluß mit der Ausstoßung der sprachlichen Elemente aus der bildenden Kunst (und, wie die Arbeiten Albert Schweizers und Schenks gezeigt haben, auch aus der Musik) ihr eigenes Wesen aufzuheben droht.

Dort aber, wo sich das spiritualisierte Bild des älteren Mittelalters am längsten hält, in der Sphäre der höchsten Verklärung, im Lichtfeld der Edelsteinwände, dort bleibt auch seine Bindung an „Schrift" und „Wort" am längsten bestehen. Mit Recht hat A. Schmarsow an den Fenstern von Chartres-West die Vorherrschaft des Sprachlichen, „der Kunst des Wortes" — oder genauer des Wort-Bilds — „über die des Bildes" betont.

Gleichzeitig mit der Dichtung erschließt sich der bildenden Kunst seit dem 12. Jahrhundert noch eine andere Quelle der Inspiration: die „Vision", und zwar jene Form der Vision, welche *leibhaftigen* Charakter hat und in ihrer Sichtbarkeit der echten Wahrnehmung gleichkommt. Die alte Kirche hatte diese Vision an Wert *unter* die Kontemplation der „intelligentia spiritualis" gestellt, ja sogar ihre Gefährlichkeit betont (Dionysius Areopagita). Nun beansprucht sie gleichen Rang mit jener oder sogar höheren; übrigens ein Zeichen dafür, daß volkstümliche exoterische Richtungen über die esoterischen siegen. Es ist dabei weniger das Himmelsbild, das sich aus dieser Quelle speist, als das Höllenbild, das seit dem 12. Jahrhundert wesentlich auf solchen Visionen, besonders der Tundalus-Vision, beruht. Ferner die Bilder der heiligen Gestalten: wie zum Beispiel das Pietà-Bild des 14. Jahrhunderts (Pinder-Benz). Nicht selten sind auch die Fälle, daß sich dichterische Vorstellungen von hoher Lebhaftigkeit mit echt visionären Elementen mischen.

KAPITEL 169

Vom makrokosmischen zum mikrokosmischen „Bild“.
Das „Gemälde“.

Es wirkt weiter der Drang zur „Schau“. Er ist auf das genaueste zu verfolgen an neuen Formen der Verehrung des Allerheiligsten. Die Stiftung des Fronleichnamsfestes durch Papst Urban IV., 1264, das seit 1311 allgemein eingeführt wurde, bedeutet einen ersten Höhepunkt im Kulte des in der Hostie sichtbar gegenwärtigen Herrn; sie hat die längerwährende Ausstellung des Allerheiligsten zur Folge, die in einzelnen Gegenden Europas im späten 14. Jahrhundert sogar zur Daueraussetzung der Hostie durch das ganze Jahr führen wird. Dieses Schaubedürfnis schafft sich die der Christenheit bis dahin unbekannte Form der *Monstranz*, des Ostensoriums, in deren Namen schon das neue Verhältnis zum Altargeheimnis zum Ausdruck kommt und die sich mit Vorliebe verkleinerter Motive aus dem Formenkreis der Kathedrale bedient. In gewissem Sinn war doch schon die Fassade der Kathedrale „Monstranz“, wie es denn auch später Monstranzen in Gestalt einer Kirchenfassade gibt, in denen die Hostie die Stelle des Sonnenfensters einnimmt.*) Seit der Mitte des 14. Jahrhunderts kommen christophorische Prozessionen mit dem *sichtbar* getragenen Sakrament auf, das Segnen mit der Hostie in der Monstranz und die Aussetzung des Allerheiligsten zu sakramentalen Andachten und damit die Sakramentshäuschen. Die Folge dieser gesteigerten Sichtbarkeit und dauernden Gegenwärtigkeit ist das Schwinden der Scheu vor dem Geheimnis. Schon seit Beginn des 15. Jahrhunderts wenden sich Reformen dagegen, und vom 16. Jahrhundert an nimmt die Sehnsucht, die konsekrierte Hostie anzuschauen, ab.

Derselbe Wunsch nach Schau, der sich so im beharrenden Bereich des Kults ganz neue Formen schafft, treibt auch ganz neue Formen der Kunst hervor.

Daß mit dem Aufkommen der „gotischen“ Kunst der Übergang von einer bildzeichenhaften zu einer versinnlichenden Darstellung sich vollzieht, hat man oft betont. Früher als in der Malerei vollzieht sich dieser Übergang in der Skulptur, besonders im skulpierten Ornament. Aber — und das ist ein neues Ergebnis — *noch früher als in der Skulptur setzt er im Kirchengebäude selbst ein und am frühesten in der Dichtung.*

Daß dabei die neue versinnlichende Darstellung mit einem Thema beginnt, „das kein Auge gesehen“ — der Versinnlichung des Himmels —, ist überaus aufschlußreich. Der Darstellung die-

---

*) Ein Beispiel bei Braun, Altargerät Abb. 228.

ses Gegenstandes, deren „Richtigkeit" an keiner Erfahrung über-
prüft werden kann, sind die Darstellungsmittel am frühesten
gewachsen. Dem entspricht es durchaus, daß nach Vossler „die
anschauliche, malerische Beschreibung im Roman des 12. Jahrhunderts nur erst auf das Wunderbare, noch nicht auf das Na-
turwahre ausgeht." Es scheint mir eine Erkenntnis von größter
Tragweite, daß bei uns im Abendlande die sinnliche Schönheit
der „Natur" zuerst an der Betrachtung der Edelsteine wiederentdeckt worden ist, also gleichsam am materialisierten Licht,
die des Menschen von der des Himmels her. Die Kühnheit der
Phantasie, die es wagt, sich mit stärksten sinnlichen Farben „aus-
zudichten", wie der Himmel *aussehen* mag, wird es bald wagen,
sich das Aussehen der Himmlischen lebhaft vorzustellen. Erst
dieser Wunsch führt aber die neue Skulptur in jene Nähe zur
griechischen der klassischen Zeit, die man so oft historisch zu begreifen gesucht hat. *„Sinnenhaft wie eine antike Gottheit* erscheint nun Christus an der Pforte des zweiten Paradieses. *Was*
ihn aber von der antiken Gottheit scheidet, ist das auferstandene
Leben" (H. Schrade).

So versucht man auch, in Relief und Malerei den Sinnen nahe
zu bringen, wie es *ausgesehen* haben mag, als jene Szenen sich
abspielten, von denen die heiligen Schriften berichten. Wir sind
allzu leicht geneigt, uns diese Versuche als ein unvollständiges
Historisieren vorzustellen. Für das 13. Jahrhundert ist aber das
„Aussehen" dieser Vorgänge kaum weniger der Nachprüfung
durch Erfahrung entzogen, wie das Aussehen des Himmels und
der Himmlischen, von denen es ja auch keine natürliche Erfahrung gibt, die aber deshalb doch der Versinnlichung durch die
vorstellende Phantasie zugänglich sind.

Derselbe Drang, der in der Kathedrale dazu geführt hat, den
Himmel anschaulich vor Augen zu stellen, ergreift nun die Malerei und schafft etwas vollkommen Neues und unendlich Folgen-
reiches: *das Bild als Mikrokosmos.* Das ist die in ihrer Bedeutung
kaum zu überschätzende Tat eines Einzelnen: Giottos. Niemand
hat das besser erkannt als Hetzer; seine Einsicht ist noch lange
nicht genug aufgenommen und gewürdigt. In das flächige Bild
wird nicht nur die Darstellung des Plastischen aufgenommen —
wozu Ansätze schon bei den Byzantinern vorhanden waren —,
sondern das Architektonische, das den ganzen Bildraum in einer
neuen Weise organisiert.

Seit Giotto ist das Bild „gebaut" in einem streng zu bestimmenden Sinn, ein neuer Inbegriff des Architektonischen, Plastischen und Malerischen in der Fläche: eine Bild-„bühne". Die
Bildgegenstände beziehen sich auf einen „Boden"; sie *bejahen*
die Erde (Rintelen).

„Jetzt erst wird das gemalte Bild eine einheitliche *Schein*welt, ein *Mikrokosmos*, in den der Betrachter gleichsam von außen hineinsieht, wie die Zuschauer bei einer Tragödie" (Gombrich). Dieses Bühnenhafte des Bildes ist ein höchst wesentlicher Zug. „Der Betrachter soll nicht mit dem Ereignis bekannt gemacht werden, es soll für ihn vielmehr in allen seinen Teilen *vergegenwärtigt* werden, wie es sich abgespielt hat oder abgespielt haben könnte."

In diesem Sinn ist das „Gemälde" — es wäre nützlich, diesen Namen der neuen Bildform vorzubehalten — ein mikrokosmisches und individuelles Gesamtkunstwerk, gegenüber dem kollektiven und makrokosmischen der Kathedrale und, nach der tiefen, noch nicht genug verstandenen Einsicht Theodor Hetzers, *Nachfolger der Kathedrale.* „Das ist es ja, was Giotto seine welthistorische Bedeutung und durch ihn der Malerei ihre künftige überragende Stellung gibt, daß in seiner Malerei Gesetz und Würde der Architektur und der Plastik mitenthalten sind, *daß die Fresken das Erbe der Kathedrale antreten*" (Hetzer 50).

Zugleich ist der Mikrokosmos des Gemäldes aber auch *Gegenspieler der Kathedrale.* Ein Gemälde dieser Art ist in der Kathedrale nicht am Platz, nicht aus stilistischen Gründen — da gäbe es genug Verbindungen —, sondern weil es der Illusionswelt der Kathedrale eine eigene Illusionswelt entgegenstellt, die den Betrachter ganz in sich hineinzieht und gleichsam absorbiert und außerhalb ihres „Rahmens" nichts anderes bestehen läßt. Dagegen ist diese Bildform möglich zum Beispiel am Altar jener neuen Kirchenform, die selbst nur mehr Gehäuse, nicht mehr Werk abbildender Kunst ist.

Die historischen Wirkungen dieser Schöpfung übertreffen sogar die der Kathedrale. Ihre Weiterbildungen werden noch bestehen, wenn die Zeit der Kathedrale *und* der antikathedralen Bettelordenskirche längst vorüber ist. Die Malerei löst die Architektur in der Führung ab. Giottos Bildform macht in strengstem Sinn „Epoche".

Dieser neue selbstgenügsame Mikrokosmos ist aber das Werk (auch das Hand-Werk) eines *einzelnen* Menschen und leitet eine Epoche ein, in der dem schöpferischen Einzelnen eine Bedeutung zukommt, die er bis dahin in den bildenden Künsten nicht gehabt hat.

KAPITEL 170

Versinnlichende, vergegenwärtigende, abspiegelnde Darstellung

Mit dem Übergang zur versinnlichenden Kunst, zur *„Kunst der Erscheinung"* (W. Pinder), stellt sich — wie vorher in der Architektur — nun auch in der Malerei das Problem des Räumlichen und zwar einer der natürlichen Erfahrung entsprechenden Darstellung eines homogenen Raumausschnitts in der Fläche. Denn das Problem des Raums *muß* in dem Augenblick auftauchen, wo sich die Absicht des Sehens auf die sinnliche Erscheinung richtet (Hauttmann). Damit hängt das Problem der Perspektive zusammen, das von da an die Maler nicht mehr losläßt. Um sie hatten sich die Künstler seit dem 14. Jahrhundert in wachsendem Maße bemüht als um ein Mittel, die Welt ihrer Bilder im eigentlichen Sinne zu *verweltlichen* (H. Schrade).

Innerhalb dieser neuen Malerei erscheinen nach und nach verschiedene Stufen der Vergegenwärtigung. „Vergegenwärtigen" muß zunächst noch nicht heißen, daß das Darzustellende in einem bestimmten zeitlichen „Augenblick" seiner Gegenwart erfaßt wird. Sondern es wird jetzt mit jener eigentümlichen Leibhaftigkeit vor Augen zu stellen versucht, mit jenen „zufälligen" Einzelheiten, die für die irdische Wirklichkeit einer Erscheinung kennzeichnend sind. Besonders auch mit dem Schatten, der den wirklichen Menschen von dem verklärten unterscheidet, die greifbare Wirklichkeit eines Wesens garantiert. Jetzt erst entsteht das „Porträt" von Menschen, Orten, Ereignissen (das historische Ereignisbild), verstanden als ein Bildnis eines mit Eigennamen zu benennenden Wesens, das Anspruch auf „Ähnlichkeit" erhebt. Eine Menge von Dingen, die nicht zum „Wesen" des Dargestellten gehören — sei dies ein heiliger Raum, eine heilige Person oder Szene —, wird nun „ausmalend" hinzugefügt, denn es ist irdische Erfahrung, daß das gemeinte Sichtbare von solchen zufälligen Dingen umgeben ist. Auch das ist in der Kathedrale — und vorher in der Dichtung — wenigstens angebahnt: das naturalistische Blattwerk der Kapitelle zum Beispiel — in dem man *benennbare* konkrete Gewächse der alltäglichen Umgebung als Auszierung des Himmelsbaus wiedererkennt — gehört nicht mehr zu den Wesensmerkmalen des dichterischen Himmelsbildes, sondern malt sie bereichernd aus und garantiert, sozusagen als Teil fürs Ganze, das Leibhaftige der Himmelserscheinung, ihre mit allen Sinnen faßbare Gegenwart.

Die äußerste Stufe dieser vergegenwärtigenden Malerei bildet dann jene Form der bildlichen Darstellung, die der *Wirklichkeit eines Spiegelbildes* zustrebt, das unter Umständen die Sinne täuschen kann. Um der Welt des Heiligen diesen Grad der Sichtbarkeit zu verleihen, ist es notwendig, sie so zu konkretisieren, daß sie sich dem Wirklichkeitsgrad einer *Wahrnehmung* (nicht einer sinnlich lebhaften Vorstellung) annähert und gleichsam *„Ersatz einer echten Vision"* wird (Franz von Baader, welcher dies fälschlich als Merkmal des Kunstwerks überhaupt ansieht).

Diese Stufe des abspiegelnden Bildes, das zum Weltspiegel wird, heraufgeführt zu haben ist die Leistung der Niederländer, vor allem der van Eyck. Und so erklärt es sich nicht nur, daß auf dieser Stufe Bilder wirklich die Gestalt von Spiegeln annehmen können, sondern auch, daß in solchen Bildern mit Vorliebe selbst wieder Spiegel oder spiegelnde Dinge abgebildet sind, welche Teile des Bildraums oder eines Raums, der räumlich und manchmal auch geistig außerhalb des Bildes liegt, mikrokosmisch spiegeln.

Diese letzte Stufe einer das Heilige durch die Sinnerfahrung vermittelnden Kunst wird nur von der Malerei erreicht; was daraus für ihr Verhältnis zu den anderen Künsten folgt, bleibe hier außer Betracht. *Erst auf dieser Stufe wird es möglich, den vorgestellten Bildraum als eine Fortsetzung desselben Raumes aufzufassen, in dem der Betrachter selbst sich befindet.* Keime dazu sind schon bei Giotto angelegt, aber erst die Wand- und Deckenmalerei der Hochrenaissance macht von dieser *besonderen* Möglichkeit der Illusion hohen Gebrauch, indem sie das Bild, das sich aus der Architektur zu einem Sonderkosmos emanzipiert hatte, wiederum der Architektur ein- und unterordnet, freilich einer Architektur, die nun selbst weitgehend mit bild- und bühnenhaften Elementen durchsetzt ist (vgl. Hetzer, vgl. Sedlmayr).

Diese Andeutungen, die sicherlich noch am konkreten historischen Material genauer zu fassen und durch „kritische Erscheinungen" zu belegen wären, hatten nur die Absicht zu zeigen, daß in dieser gleitenden Stufenreihe der bildzeichenhaften, dann versinnlichenden und vergegenwärtigenden, endlich abspiegelnden Darstellung für die bildenden Künste der *entscheidende Schritt mit dem Versuch getan worden ist, durch Architektur die Himmelsphantasie der Dichtung sinnenhaft darzustellen.* Damit wird die Tradition der bildzeichenhaften Darstellung, die seit mehr als acht Jahrhunderten in Kraft war, abgebrochen, und so ist es denn auch erklärlich, daß, wie Dvořak festgestellt hat, in den Einzelformen die Kontinuität zu der vorangehenden Kunst vielfach abreißt. Da aber in der Kathedrale zugleich ältere Weisen der Darstellung aufbewahrt und kommende Möglichkeiten der vergegenwärtigenden Darstellung, wenigstens im Keim, vorweggenommen sind, bildet die Kathedrale eine großartige Simultaneität jener Möglichkeiten, die von der historischen Entwicklung der Einzelkünste auseinandergelegt und entfaltet werden.

KAPITEL 171

Die Heilige Geschichte. — Die Bilderkapelle.

Aus dem Geschehen, das mit der Kathedrale eingesetzt hat, entspringen in der Folge nicht nur neue Bildformen, sondern auch neue Bildaufgaben, Bilderkreise, die ihre Mitte jedesmal in einer Grundwahrheit des Glaubens haben.

Einer dieser neuen Bilderkreise ist *die Heilige Geschichte:* das Leben des Gottmenschen, der in Menschengestalt geboren wurde, gelebt und gelitten hat, gekreuzigt wurde und auferstanden ist. Neu daran ist nicht das Thema, das seit der christlichen Kunst des vierten Jahrhunderts nie erstorben war, sondern der Wunsch, diese heiligen Gestalten in unmittelbarer Vergegenwärtigung durch das Bild nahegebracht zu bekommen und sie dadurch zu vermenschlichen. Das ist dieselbe Aufgabe, die sich auch die Kathedrale stellt, nur wird sie statt auf die Vergegenwärtigung des Zeitfreien, Zeitentrückten nun auf die *Vergegenwärtigung eines einmaligen historischen Geschehens* angewendet.

Die adäquate Bildform der Vergegenwärtigung haben wir oben beschrieben. Doch gibt das einzelne Bild immer nur *eine* historische Szene und ist insofern der Historie nicht voll gewachsen. Erst eine Reihe von Bildern, in ihrer historischen Abfolge (welche in der Zeitlosigkeit der Glasbilder so oft aufgehoben ist), kann dies leisten; diese Folge kann keine *vertikale* sein — denn das Vertikale hebt die Zeit auf — sondern eine, an der der betrachtende Mensch in zeitlicher Bewegung entlangwandeln kann. Die der historischen Auffassung adäquate Form wäre ein endloser Bildstreifen — und eine solche Idealform historischen Berichts sind die Bildstreifen der Triumphalsäulen des Historikervolkes der Römer oder der Bildstreifen von Bayeux. Soll aber eine solche Bilderfolge dem Betrachter, innerlich wie äußerlich, *nahe*gebracht werden, so muß sie einen Raum von menschlichen Ausmaßen erfüllen, der auch noch das entfernteste Bild bequem überblicken läßt.

Was wir hier, aus der Sache selbst ableitend, beschrieben haben, ist das System Giottos in der Arena-Kapelle: die „Erzählung" des heiligen Geschehens an den Wänden; Stirnwand und Altarraum aber — ruhende Fläche und ruhender Raum — vorbehalten der Darstellung der Zeitlosigkeit. Damit verwirklicht Giotto — anknüpfend, wie so oft auch die italienische Architek-

tur, an „romanische" Tradition — *die neue Kirchengestalt,* die
von da ab bis zur Sixtinischen Kapelle und darüber hinaus so
viele Meisterwerke der italienischen Kunst umschließen wird.
Mit der Darstellung des historischen Ereignisses ist die große
Stunde Italiens in der Malerei gekommen. „Das Problem zyklischer Darstellung ist durch Giotto im Sinne menschlicher Lebensentfaltung gelöst worden" (Rintelen 8).

In allem und jedem ist diese neue Kirchenform der Bilderkapelle der Gegenpol zur Kathedrale: dort vertikale Bahnen,
hier horizontale; dort der unermeßliche Raum, hier der menschlich übersehbare; dort die verklärte Edelsteinwand, hier die
irdische Farbe des Freskos; dort im Allerheiligsten Herrschaft
der Fläche und Zurücktreten des Plastischen, als der geistig geringeren Realisierung, hier im Allerheiligsten die Statue, Steigerung der plastischen und räumlichen Illusion zu realer Räumlichkeit und Plastik. (Von unbeschreiblicher Feinheit, wie diesen
Übergang die Illusionsräume des Triumphbogens vermitteln.)

Dort das Werk vieler, hier im Idealfall das Werk — auch
das Hand-Werk — eines einzigen Menschen; dort die Führung
des Baumeisters, hier das des Maler-Dichters, für den der Baumeister nur den „Grund" bereitet, den jener ganz allein gestaltet.
Denn der Maler mit seinen Fresken schmückt nicht nur, sondern
gliedert die Wände, sein Tun wird dem des Baumeisters gleich
geachtet (Th. Hetzer).

Aber hier *wie* dort, gegenüber dem Romanischen, größere
sinnliche und geistige Nähe, die Verbindung von hoher Würde
und großer Natürlichkeit.

In diesem Sinn ist doch auch diese neue Kirchengestalt der
Bilderkapelle von der Kathedrale vorbereitet worden und zwar
sehr wahrscheinlich in besonderem Maße durch *die Bildbühne
der Kathedrale* (Kapitel 5).

KAPITEL 172

„*Christus humilitatis*"

> „*Dum pauperem vides, o frater, spe
> culum tibi proponitur Domini et pau
> peris matris ejus*"
>
> (S. Franciscus)

I.

Es wirkt weiter der Wunsch, sich „Gott näher zu bringen".
Er führt dazu, daß das, was in den religiösen „Anschauungen"
Bernhards von Clairvaux schon da war, nun auch die bildenden
Künste ergreift. Der irdische Christus, der „Christ selon la

chair", nicht in seiner menschlichen *Hoheit*, sondern in seiner menschlichen *Niedrigkeit* wird Zentralmotiv der bildenden Kunst. Dieser Drang erzeugt nicht nur eine Fülle von neuen ikonographischen Themen und verwandelt die alten, sondern in ihm gründet auch der neue gotische Realismus, der, von hier ausstrahlend, sich Schritt für Schritt neue Seiten der „schlichten" alltäglichen Wirklichkeit erobert.

Daß nun der Gottmensch, die Gottesmutter und die Heiligen im Bilde nicht mehr in überirdischer Entrücktheit, wie in der Romanik, nicht in menschlicher Hoheit, wie auf der vorklassischen und klassischen Stufe des 13. Jahrhunderts oder später noch bei Giotto, gezeigt werden, sondern gebrochen, gequält, armselig, erbärmlich, klein, ja häßlich, das begründet eine neue Sphäre der Kunst, die es bis dahin nicht oder nur in unscheinbaren Ansätzen gegeben hatte.

Freilich ist es ungeschickt und „Geist des 19. Jahrhunderts", nur diese Sphäre des Niedrigen, nicht auch die des Hohen „realistisch" zu nennen. In mittelalterlicher Sprache wäre „realistisch" viel eher die urbildliche Sphäre der spirituellen Bilder, dagegen „nominalistisch" jenes Bild, in dem das Heilige in der Gestalt des Irdisch-Besonderen, als hic et nunc, vor Augen gestellt wird.

Äußert sich der Wunsch, Gott dem Menschen *noch näher* zu bringen, *objektiv* darin, daß sich das Schwergewicht der künstlerischen Einbildungskraft auf die verschiedenen Erscheinungsweisen des „Christus humilitatis" verschiebt, so äußert er sich *subjektiv* darin, daß man diesen nicht nur der Vorstellung, sondern auch dem *Gefühl* näher zu bringen versucht. Man appelliert durch die Art der Darstellung an Mitgefühl und Mitleid. Das Kunstwerk gestaltet nicht nur die neue „Natürlichkeit" des Heiligen und seiner Umwelt, sondern zugleich den Ausdruck eines dem Betrachter abgeforderten Gefühls; es kann voll erlebt überhaupt nur von *dem* werden, der das geforderte Gefühl „andächtig" in sich hervorbringt.

Wie bei der Entstehung der Kathedrale eilt auch bei der Entstehung dieser Bildsphäre die geistliche Dichtkunst der Bildkunst voraus. Bei einem unbekannten Verfasser (der sich unter den unechten Schriften des hl. Anselm findet) zeigen sich schon im 12. Jahrhundert Gedanken, die erst viel später ihre adäquate bildliche Gestaltung erreichen werden: „Guter Jesus, wie süß bist du dem Herzen, das an dich denkt und dich liebt. Ich weiß wahrhaftig nicht und kann es nicht begreifen, daß du dem liebenden Herzen weit süßer bist darum, daß du Fleisch bist, als darum, daß du Wort bist; süßer darum, daß du demütig bist, als darum, daß du erhaben bist. Schafft es doch dem, der an dich denkt, weit mehr Wonne, wenn er betrachtet, wie du geboren worden bist in der Zeit, von der Jungfrau Mutter, als wenn er betrachtet, wie du gezeugt worden vom Vater, glanzumstrahlt vom Morgenstern. Wonniger ist es zu betrachten, wie du dich selbst entäußertest und Knechtsgestalt annahmst, als zu betrachten, daß du in der Gottnatur Gott gleich bist. Süßer ist es, zu betrachten, wie du als Mensch Menschliches getragen, denn als Gott Göttliches getragen hast." *)

Die neue Ikonologie hat ihrerseits zwei klar erkennbare Brennpunkte, an denen der Gottmensch in seiner „Niedrigkeit" geschaut wird, und die auch die übrigen Themen bestimmen und verfärben: „Kreuz" und „Stall".

II.

Soweit die Kathedrale Bild des Himmels ist, ist für die *Vergegenwärtigung* des Kreuzleidens und der Leidensgeschichte in ihr kein Ort. Wohl können diese Bilder in ihr erscheinen, aber nicht zur bitteren Vergegenwärtigung, denn gegenwärtig ist hier selbst im Leiden allein der Sieger über Leiden und Tod, sondern erhoben in die zeitfreie Sphäre der ewigen Vorausbestimmtheit oder der verklärten „Erinnerung", etwa so, wie in Dürers Allerheiligenbild, das noch bei Carel van Mander einfach als „ein Himmel" bezeichnet wird, der Gekreuzigte „im Himmel" erscheint. Wohl hat das Bild der Kreuzigung einen hervorragenden Platz an der Fassade der Kathedrale, wo es aussagt, daß man „in den Himmel" durch das Kreuz und den Gekreuzigten eingeht. Aber auch hier ist es dem Krassen einer irdisch-realistischen Vergegenwärtigung entrückt, anagogisches Symbol.

Das Zentrum der neuen „realistischen" und gefühlshaften Auffassung des „Kreuzes" ist der mit dem Lettner eng verbundene *Kreuzaltar,* der Altar der Laien, Mittelpunkt einer neuen volkstümlicheren Frömmigkeit.

Aus dieser Welt der Lettner (und der verwandten Aufgaben) ist der überragende Meister hervorgewachsen, in dessen Werk sich die neue Vermenschlichung und Verinnerlichung des Gottmenschen einen alle Zeiten überdauernden Ausdruck geschaffen hat: *der Naumburger Meister,* das erste individuelle „Genie", dessen persönliches Erlebnis der Zeit voraneilt und doch noch anonym verborgen bleibt. Seine unbeschreibliche Größe, die ihn neben die Allergrößten stellt, neben Rembrandt vor allem, mit

---

*) Betrachtungen des hl. Anselm. Verdeutscht von P. B. Barth und P. Alfons Hug. München 1926.

dem man ihn oft verglichen hat, besteht darin, daß er die neue Nähe des Gottesleidens in der Menschengestalt und die Tiefe des Gefühls *innerhalb der Formenwelt der klassischen Kathedrale* verwirklicht, die er *bricht.* So ist schon seine bildhauerische Form selbst das anschauliche Aequivalent für die Darstellung von Größe *und* Elend des Menschensohnes.

Vor dem Naumburger Lettner hat man im Hinblick auf das Kreuz von Wechselburg mit Recht von einer „Herabholung des Gottessohnes auf Erden" gesprochen und zwar des leidenden und fast verzweifelnden Gottessohnes, der der *Menschen*sohn ist. Der Naumburger Meister will, daß der Gläubige unten im Kirchenraum unmittelbar wirklich und *nahe,* den Gott *sehe,* der durch das Wunder des Worts im Sakrament *gegenwärtig* ist (Schmarsow). Diese Tat aber war vorbereitet durch die Herabholung des Himmels, der Himmelskönigin und des Auferstandenen auf Erden. In der Bildfolge des Lettners erscheint, wie nie bisher, Christus als der Mann aus dem Volke (Jantzen), der von Schmerz, Tod und Qual gepeinigte Menschengott. Noch keiner hatte, wie der Naumburger, das *niedrige Volk:* die Bettler, Mägde, Diener, das Nächtliche und das Übermaß des Schmerzes, der häßlich macht — das smesurato — dargestellt. Ganz anders noch als für Giotto hat sich ihnen die heilige Geschichte *verweltlicht.*

Wie weit auf dieser Stufe die Verweltlichung schon gehen kann, zeigt ein Werk aus der Nachfolge des großen Naumburgers. In den Schlußsteinen der Marien-Magdalenen-Kapelle am Burgberg in Meißen erscheinen in höchst sinnvollem System über dem Altar die Taube, im mittleren Schlußstein Christus in der Majestät, auf den vier nächstliegenden Konsolen die apokalyptischen Tiere, in der tieferen und entlegeneren Zone aber nicht, wie man es nach der Tradition erwarten würde, kosmische Symbole, nicht die vier Paradiesesströme oder die vier Elemente oder Winde, sondern vier tätige Handwerker, die ihr Gerät in den Händen halten: Bergmann, Schmelzer, Former und Gießer. „Das ist lebendigste Gegenwart der Epoche" (Küas), wenn auch noch immer mit dem geheimen Sinn des „Läuterungsweges" beladen.

Und im gleichen Sinn sind gewiß auch die vielumrätselten Gestalten im Westchor von Naumburg zu betrachten. Wie in Meißen an Stelle kosmischer Mächte irdische Repräsentanten treten, so sind dort an Stelle der Apostel, der ersten Begründer der *allgemeinen Kirche,* die „primi ecclesiae fundatores", die ersten Begründer *dieses besonderen* Kirchengebäudes getreten. Auch die Kunst wendet sich von der Darstellung des Universellen zu der des Besonderen.

Der Bilderkreis um die Gestalt des erniedrigten Gottmenschen hat seine zweite Mitte in der Vergegenwärtigung
der *Geburt*. Sie ist bildlich vorbereitet z. B. in der dichterischen
Andacht, die der hl. Franziskus diesem Ereignis widmet. „Franz
lebte mit den heiligen Figuren des Evangeliums als ob er zu
ihnen gehöre. Das Weihnachtsfest wurde von ihm einmal in
Greccio mit Wiederholung aller äußeren Umstände der Geburt
Christi gefeiert: mit einer Krippe, die zum Niederlegen des Kindes mit Heu gepolstert wurde, mit einem Ochsen und einem Esel
dabei, mit Fackeln, die während der heiligen Nacht leuchten sollten; und er predigte dazu den herbeigeströmten Bewohnern der
Gegend mit tiefster Liebe vom Christkind ... So dringen durch
ihn die Geschichten des Evangeliums in einer neuen Form in die
Bevölkerung ein: *aus der Ferne wurden sie zur Nähe*, zum Mit-
erleben bestimmt, göttlich und doch zugleich menschlich, durch
poetische Verklärung noch stärker in die Gemüter hineinversetzt
als durch ihren heiligen Inhalt. Franz von Assisi hat der Kunst
damit unzählige neue Aufgaben gestellt: sie greift diese *Vergegenwärtigung* der Evangelien, wie er sie *mit Worten* durchführt, mit allen Mitteln auf und schuf jenes Reich christlicher
Kunst, das ihm, dem unbeabsichtigten Anreger, so völlig fern
lag, wie dem Asketen jeder Schmuck des Lebens fern liegen
mußte" (Benz).

Die spätere Zeit hat diesen Vorgang noch mehr verinnerlicht:
der ewige Vorgang der Gottesgeburt realisiert sich ewig in der
Wiedergeburt der menschlichen Seele. „Meister Eckhart betont
nicht das Kreuz, sondern die Geburt Christi. Das zentrale Heils-
geschehen ist die Geburt Christi. Und zwar nicht so sehr die historische Menschwerdung, sondern die Geburt Christi in der
Seele" (E. Seeberg). Die Verbildlichung dieser Glaubensform
führt zu jener Lyrisierung des Ereignisses, das dem frühen
14. Jahrhundert im Norden so eigentümlich ist.

Endlich bildet sich von diesem Thema und dem der Verkündigung her die neue Form der christlichen Idylle in einer Verklärung der schlichten Wirklichkeit. Keime dazu sind schon bei
Giotto und noch mehr in der sienesischen Malerei angelegt gewesen (Fresken im linken Seitenschiff von San Francesco von
Assisi; um 1340). Aber herrschende Macht wird dieser Realismus
des Alltags erst in dem Werk des Meisters von Flémalle. Erst
hier erreicht die neue mikrokosmische Malerei Grade der Verweltlichung, wie sie in der Plastik das Werk des Naumburgers
angebahnt hatte, geht aber zugleich weit darüber hinaus.

So werden in der Geburt Christi (Dijon) die, sonst bei Geburtsdarstellungen in dieser Zeit üblichen, himmlischen Personen fortgelassen und statt dessen weitere irdische eingeführt. Auch im Merode-Altar ist die Figur Gottvaters — sonst bei Verkündigungen dieser Zeit unerläßlich — fortgefallen. In der Salting-Madonna (London) ist an Stelle des Heiligenscheines ein geflochtener Ofenschirm eingesetzt: Ersetzung der übernatürlichen Symbole durch natürliche Gegenstände, die eine neue Einschätzung der letzteren zur Voraussetzung hat. Bei der Madonna in Aix wird die Mandorla durch natürliche Wolken gebildet; ihren Heiligenschein bildet die natürliche Sonne (Tolnai 332 Anm. 17 A). Landschaft und Innenräume sind von gewollter Schlichtheit, genrehafte Züge drängen sich vor. Auch die Skala der Farbigkeit ist eine neue, prunklose. Und doch verhüllt sich in der schlichten Erscheinung überall tief erlebte Symbolik, und über den alltäglichsten Einzeldingen liegt ein feiner silbriger „übernatürlich verklärender Glanz, durch den sie als kostbare und geheiligte Wirklichkeit erscheinen" (Tolnai).

In der Kunst des Naumburger Meisters hat man Beziehungen zur Sekte der Waldenser zu finden gemeint, wohl zu Unrecht. Welcher religiösen Strömung der Zeit seine Kunst wirklich entspricht, bleibt noch zu klären. Die Kunst des Meisters von Flémalle aber steht der Laienfrömmigkeit der „devotio moderna" in ihrer schlichten Heiligung des Alltags so nahe, als das ohne Verzicht auf das Bild überhaupt möglich ist. Hier sind wir zum erstenmal im Spätmittelalter wirklich in einer durch und durch „bürgerlichen" Sphäre: am äußersten Gegenpol der Königskunst der Kathedrale. Und doch ist auch diese Entwicklung zum „deus propinquissimus" durch die Kathedrale eingeleitet worden.

KAPITEL 173

Der verirdischte Himmel (Jan van Eyck)

Mit dem Aufkommen des „Gemäldes" übernimmt dieses auch *die* Aufgabe, die bisher die Kathedrale hatte: das Bild des Himmels *in visu* vor Augen zu stellen. Es bleibt darin zunächst von der Kathedrale weit übertroffen; die Bilder des Himmels bei Giotto, bei den Sienesen, bei den französischen Hofmalern des 14. Jahrhunderts bleiben weit hinter dem überwältigenden, faszinierenden Himmelsbild der Kathedrale zurück. Erst wenn das neue mikrokosmisch abgeschlossene Gemälde imstande ist, die Totalität der Wirklichkeit selbst widerzuspiegeln (Tolnai), wird es der Darstellung des Himmels gewachsen sein.

Da aber nun die Darstellung des Heiligen in der irdischen,

ja in der schlichten alltäglichen Wirklichkeit die Hauptaufgabe des Malers geworden ist, muß auch der Himmel in diese Wirklichkeit gleichsam hineingespiegelt, muß er verirdischt werden. Das vollbracht zu haben, ist die große Leistung des Jan van Eyck. Mit Recht hat Tolnai festgestellt, daß in der Anbetung des Lammes am Genter Altar *die himmlische Vision auf die Erde versetzt* und der einmalige Vorgang in ein ewig sich wiederholendes, kirchlich sakramentales Geschehen verwandelt wurde: durch das ewig währende Opfer ist die Natur selbst zum Paradiese verwandelt (Tolnai 335, Anm. 17 B).

Dieselbe Auffassung der irdischen Wirklichkeit als Paradieses-Symbol ist für alle übrigen Bilder Jan van Eycks kennzeichnend. An die verschiedensten Vorstellungen des Paradieses knüpft er an. In der Madonna in der Kirche (Tafel XVI) verkörpert ein gotischer Kirchenraum das Paradies, in der Dresdner Madonna, der Paele-Madonna, der Mellonschen Verkündigung ein romanischer Kirchenraum. In der Madonna am Brunnen (Antwerpen) knüpft er an die Vorstellung vom Paradiesesgärtlein mit dem Lebensbrunnen an. In der Rolin-Madonna greift er die Vorstellung vom Paradies als glanzvoller, von Edelsteinmauern umschlossener hochgelegener Burg auf, worin die Himmelskönigin haust. Auch auf diesem Bild wird das Jenseits mit der irdischen Wirklichkeit identifiziert, *das Paradies auf die Erde herabgeholt* (vgl. dazu und zum folgenden ausführlich Tolnai a. a. O.).

Nicht nur schöpft Jan van Eyck dabei zum Teil aus denselben literarischen Quellen, aus denen sich auch die Himmelsvorstellung der Kathedrale gespeist hatte: die „minnigliche Burg", die das Paradies ist, stammt aus der irischen Legende von St. Brandans Meerfahrt (Hinweis von Tolnai). Nicht nur ist ihm die Vorstellung, daß die gotische Kathedrale das Paradies oder der Himmel sei, vollkommen geläufig. Sondern auch die Aufgabe, den Himmel auf Erden herabzuholen, ist im Grunde die gleiche. So ist es nicht zu verwundern, daß Jan van Eyck sich ähnlicher Mittel bedient:

1. „Nur von diesem inhaltlichen Grundgedanken her wird die eigentümliche Pracht der van Eyckschen Bildwelt verständlich: sie ist Ausdruck des paradiesischen Zustandes". Ebenso versteht man:

2. Die neue himmlische *Klarheit,* mit der jede Einzelheit in *überirdischem Lichtglanz aufleuchtet,* in einem wahren Himmelslicht.

3. Das *Edelsteinhafte* und Verklärte der Materie und der Farben, das auch im Gegenständlichen zu einer Vorliebe für das Juwelenhafte führt (Korallen, Rubine, Smaragden am Boden, geschmeidehaft glitzernde Bäume, Kronen usw.).

4. Der Darstellung des Lichtglanzes und des Geschmeide-
haften dient die *neue Technik der Licht- und Glanzmalerei*, die
flüssige Ölfarbe. „Da unter seinem Pinsel das Öl wie ein Glas-
fluß dem *durchscheinenden* Grunde sich auflegte, bildete sich
eine Art catoptrische Glasmalerei. Der Schmelz stand auf seinen
Bildern wie ein klarer, durchsichtiger Luftkreis", und in diesem
„gläsernen Meer" spiegelt sich die Welt (J. Görres 86).

5. Nun zeigt auch das Gemälde eine *Spannung zwischen den
größten und den kleinsten Formen*, zwischen Monumentalität
und Miniatur, die es bisher in der gesamten Geschichte der Malerei noch nie gegeben hat — sie übersteigt besonders alle Möglichkeiten der antiken Kunst — und außerhalb der Malerei nur in
der Kathedrale. Die Mikrowelten im Bilde, die Teile des Bild-
kosmos verkleinert wiederholen, sind gleichfalls typisch für die
Kathedrale, so wenn sich zum Beispiel in der Sacristie des Gralstempels der ganze Tempel miniaturhaft „spiegelt".

Ja wir verstehen rückwirkend gerade diesen Zug der Kathedrale noch besser. Denn dadurch, „daß das Auge mit lupen-
hafter Genauigkeit zu den kleinsten Einzelzügen hindrang, so
die Willkür und das Irren menschlicher Wahrnehmung ausschal-
tend und das von ihr unabhängige Sein begreifend, *wurde die
Existentialität gesteigert*". Es spiegelt sich in dieser malerischen
Darstellungsweise die „vollendete Gesichertheit der Gottes-
schöpfung vor Verfall".

6. Wie in der Kathedrale herrscht auch in diesen Bildern vollkommene *Ruhe*. „Denn die Gnade im *Dasein*, die Seligkeit des
bloßen Bestehens ist gerade in der wunschlosen Ruhe der sichtbaren Dingwelt am reinsten erlebbar. Auch die Menschen gleichen sich dem seligen Dingbereich an; die gefühlsgesättigten
Wallungen des späten 14. Jahrhunderts ersetzte ein stummer
Seelenfriede, die Geschehnisse und Taten der Legende ein bloß
ruhendes Beisammensein."

Das Werk Jan van Eycks bedeutet also — in anderer historischer Lage — für die Geschichte der Malerei genau das Gleiche,
was die Kathedrale für die Geschichte der alle Bildkünste anfüh-
renden Architektur. *Ja es ist die direkteste Nachfolge der Kathedrale* — nicht nur formal, sondern auch dem Inhalt nach — und
deshalb erscheinen in ihm charakteristische Züge der Kathedrale
transponiert in die Sprache einer neuen, für diese Gehalte geschaffenen Malerei.

Auch Eycks Werk liegt eine hohe Lichtmystik zugrunde, die,
durch verschiedene Kanäle vermittelt, bei Lionardo in neuem
Sinne erscheinen wird (siehe die wichtigen Hinweise bei R.Bayer).
Übrigens scheint es auch im Ikonologischen Entsprechungen
zur Kathedrale zu geben. Am Genter Altar haben die äußeren

Flügel gleichsam das verkürzte Programm einer „Fassade": das Innere birgt die Himmelsvision. In der Rolin-Madonna werden irdische Sphäre (links) und himmlische (rechts) im übergreifenden Rahmen einer Himmelsvision miteinander verbunden (Vgl. Rudolph).

Sozialgeschichtlich gesehen ist die Kunst Jan van Eycks keineswegs bürgerlich, sondern sie gehört im wesentlichen zur Sphäre des Burgundischen Hofs, dem auch so viele von van Eycks Auftraggebern verbunden sind, und eines Patriziertums, das sich den Hofkreisen gleichzustellen trachtet (Huizinga 388). Gleichwohl enthält sie bürgerliche Einschläge. „Der neue Realismus ist Ausdruck einer neuen, der höfischen Kunst des 14. Jahrhunderts gegenüber vertieften Religiosität" (Tolnai). Ihre religionsgeschichtliche Stellung ist aber eine deutlich andere als bei dem Meister von Flémalle: Glanz und Pracht rücken sie weit ab von der Sphäre der „devotio moderna".

Seit van Eyck und bis Hieronymus Bosch „sind in der niederländischen Kunst alle Vorstellungen des himmlischen Paradieses verbunden mit der Erde oder irdischer Gestalt".

KAPITEL 174

Die verirdischte Hölle (Bosch)

Der Nachfolger des Höllenbildes der Kathedrale in der Malerei ist Hieronymus Bosch.

Auch hier gibt es eine ununterbrochene Ahnenreihe zur Kathedrale zurück. Gewiß wurzelt sein Höllenbild zunächst in dem des frühesten 15. Jahrhunderts, doch hat es nicht nur seine dichterische Hauptwurzel — die Tundalus Vision — mit der Kathedrale gemeinsam, sondern es läuft auch noch eine direkte „Filiation" über die Dachzone des Kölner Doms, wo das dämonische Element schon im Ansteigen ist, zu der St. Janskirche in Boschens Heimatstadt 's-Hertogenbosch (siehe Kapitel 165).

Wesentlicher aber ist, daß sich Bosch mit Mitteln der Malerei die gleiche Aufgabe stellt, wie die Höllenzone der Kathedrale mit bildhauerischen Mitteln. Nicht nur höllische Wesen und Gegenstände sollen gezeigt werden, sondern eine Welt unnatürlicher und widernatürlicher Art. Doch erst bei Bosch erwächst aus einzelnen höllischen Themen *ein höllisches Weltbild* nicht nur mit eigenen Darstellungsgegenständen und -motiven und einer eigenen „Landschaft", sondern mit einem eigenen Erzeugungsprinzip und eigenen Strukturgesetzen, die das Chaos ins Bild bringen. Ihr Erzeugungsprinzip ist das Widernatürliche — die Kosmische Un-Zucht, durch die sogar tote Dinge sich mit lebendigen vermischen können —, ihre Struktur das Widergeordnete: eine

493

dämonische Weltanschauung von wahrhaft ungeheurer Konsequenz und mit unabsehbaren historischen Folgen (Vgl. H. S.). Daß aber die Hölle zu einer eigenen Sphäre, zu einer Gegenwelt des Himmlischen *und* des Irdischen wird, das hat sich zuerst an der Kathedrale angebahnt.

Wie das auf die Erde herabgeholte Paradies bei van Eyck alles Irdische verklärt, so tritt bei Bosch die Höllensphäre aus ihrem Verließ, bricht ins Irdische ein und durchtränkt alles mit Verfall und Unordnung. Es ist nicht so, daß am irdischen Schauplatz Dämonen erscheinen: die Substanz der Erde selbst wird infernalisiert.

„Die einstige Pracht ersetzten die entheiligten Gegenden, die einstige kindliche Unschuld die entstellte teufelsverhexte Traumlandschaft ... Das ewigkeitsfeste Juwel wurde zum schwankenden Trugbild, die göttliche Pracht zur zerbrechlichen Vanitas, das Weltheim zur Weltfremde". „Alles Klare wurde zum Nebeldunst, alles Beständige zum Labilen, alle Körper entkörpert." Das Unerschütterliche der Architekturen aus „lebendigem Stein" verwandelt sich in den Zerfall baufälliger Gerippe, abgebröckelten Mauerwerks und morscher Dächer. Die Menschen werden, soweit sie noch Menschengestalt bewahren, „zu flachen Schwebekörpern, zu hohlen Larven, Scheinwesen, schwankenden Schattengestalten. Seltsam ist ihre Gebärdung, fremdartig und magierhaft ihre Gewandung" (Tolnai). Die Einbruchsstelle des Höllischen in die Welt sind Versuchungen heiliger Menschen und die Quälung des Gottmenschen.

Verfall und Trug werden zum Wesenszug des dämonisch ausgehöhlten Irdischen: es gibt nichts *Heiles* in dem „heillosen" Durcheinander der Welt, in der Gewalt, Krieg und Plünderung toben und in der selbst das Göttliche sich in bescheidenen Verstecken verbergen muß, in scheinbar hoffnungsloser Gegenwehr gegen die Sintflut der Hölle.

So nimmt auch die Form diese Erdbildes einen ganz anderen Charakter an als bei van Eyck. Das Trugbild mit seiner substanzlosen Erscheinung ist Ausdruck der Gottverlassenheit dieser Erde und ihres schwankenden Wesens.

Darüber hinaus *ergreift die Sphäre des Höllischen sogar die des Paradieses* und schafft sich ein dämonisches Zerrbild des Paradieses in dem *paradisus voluptatis,* dem Garten der Lüste, das als dritte Form des Paradiesesbildes neben dem himmlischen und dem himmlisch-irdischen Paradies steht.

Wo die christliche Weltanschauung in Kraft ist, kann solches Höllen-Weltbild immer nur *Gegen*bild zu Himmel oder Erde oder zu beiden sein (wie an der Kathedrale auch): ein Flügel des großen kosmischen Triptychons. Der Einbruch des Höllischen in die Welt aber hat innerhalb des Christlichen den Charakter einer Versuchungs-Vision: nicht zufällig ist die „Versuchung" ein Urerlebnis des Bosch. Wenn aber in altarähnlichen Gebilden eine dämonisierte Welt oder ein dämonisches Paradies das *Haupt*thema wird (wie im „Heuwagen" oder im „Garten der Lüste"), so ist das ein Anzeichen dafür, daß die christliche Sphäre verlassen ist und wir in den Bereich der Sektierer eingetreten sind. Ob Fraengers Deutung, die den „Garten der Lüste" als Bekenntnisbild der adamitischen Sekte der „Freien Geister" deutet, zu behaupten ist, werde hier nicht geprüft. Gewiß scheint mir aber, daß kein christlicher Ort und Zweck zu finden ist, für den dieses Bild geschaffen, an dem es untergebracht werden könnte.

In Boschs Zeit — die im Schatten der Hexenbulle Innocenz' VIII. (1484) und des malleus maleficarum, des Hexenhammers (1489) aufwächst — nimmt die Darstellung des Höllischen so überhand, daß ein Zeitgenosse klagen konnte: „Nicht mehr die selig, sondern die gräulich Kunst in Abconterfeyung des Teufels und der Gespenstern findet die meisten Macher und Liebhaber, dieweil es dahin gekommen, daß man durch die Kunst mehr Schrecken und Furcht einjagen, denn getrösten will."

Im Rückblick erweist sich so die Himmel, Erde und Hölle umfassende Überwelt der Kathedrale als gemeinsames *Quellgebiet mächtigster Ströme der europäischen Kunst,* die in die verschiedensten Richtungen fließen: aus der Himmelssphäre der Kathedrale entspringt das Himmelsbild des van Eyck, aus der Sphäre irdischer Hoheit Giotto, aus der Verbindung irdischer Hoheit mit irdischer Niedrigkeit (Sphäre der Lettner) der große Naumburger — um nur den Hauptarm dieses Stromes zu benennen —, aus der Höllensphäre endlich Hieronymus Bosch.

KAPITEL 175

Die Idee des Paradieses als Leitmotiv der französischen Kunst

Die gleichen Anschauungen, die das sachlich-symbolische Himmelsbild der romanischen Epoche in das poetisch-sinnliche Himmelsbild der Kathedrale verwandelt haben — die „keltische" Vorliebe für die Darstellung von feenhaften Paradiesen und zugleich jene Lichtmystik, die am Ursprung der Kathedrale steht — wirken weiter an fast allen Höhepunkten der französischen Kunst. Sie machen es z. B. möglich, daß in der französischen Hofkunst der Brüder Limburg das erste Paradies als eine kreisrunde *Insel* (!) gezeigt wird mit einem zierlichen gotischen Gebäude in der Mitte.

Sie lassen in der zweiten Blütezeit der französischen Kunst, im 17. Jahrhundert, die beiden größten Meister der Malerei, Poussin und Claude Lorrain, aus dem Bereich der antiken Mythologie mit Vorliebe jene Bilder entfalten, die dem Themenkreis des „Goldenen Zeitalters" oder auch „Arkadiens", des Hirtenparadieses, angehören und bringen es dabei zu reinsten Gestaltungen der Idee des Paradiesischen. So wird in Poussins erhabenem Jahreszeitenzyklus der Frühling gesehen in Gestalt des ersten Paradieses. In Claude Lorrains „Acis und Galathea" hat kein geringerer als Dostojewkij den Traum vom „Goldenen Zeitalter" verkörpert gefunden:

„In der Dresdner Galerie hängt ein Bild von Claude Lorrain, das im Katalog als „Acis und Galathea" angegeben ist — ich habe es immer „Das goldene Zeitalter" genannt, weshalb, weiß ich selbst nicht... Dieses Bild sah ich nun im Traum, aber nicht als Bild, sondern als Wirklichkeit. Übrigens weiß ich selbst nicht recht, was mir da eigentlich träumte . . . Ich sah jedenfalls — ganz wie es auf jenem Bild zu sehen ist — ein Eckchen des Griechischen Archipels, und auch die Zeit war gleichsam um 3000 Jahre zurückversetzt; ich sah blaue, schmeichelnde Wellen, Inseln und Klippen, ein blühendes Gestade, eine wunderbare Ferne, und dazu die untergehende rufende Sonne — es ist mit Worten gar nicht wiederzugeben. In diesem Bild hat die europäische Menschheit die Erinnerung an ihre Wiege festgehalten, und der Gedanke daran erfüllte meine Seele wie mit Heimatliebe. Hier war einmal *das irdische Paradies* der Menschheit: die Götter stiegen vom Himmel herab und gingen mit den Menschen Verwandtschaft ein... Oh, dort lebten schöne Menschen. Glücklich und schuldlos erwachten sie und schlummerten sie ein, die Wiesen und Haine waren erfüllt von ihren Liedern und ihrem Jauchzen; der große Überschuß an frischen Kräften strömte in Liebe und reine Freude aus. Die Sonne umgab sie mit Wärme und Licht und freute sich an ihren schönen Kindern... Welch ein wunderbarer Traum, welch eine erhabene Irrung der Menschheit. Das goldene Zeitalter ist von allen Illusionen, die die Menschheit jemals gehabt, die allerunwahrscheinlichste." („Der Jüngling".)

Damals erschafft die französische Kunst in dem Gesamtkunstwerk von Versailles — das durch die rein künstlerisch viel bedeutendere Schöpfung von Vaux-le-Vicomte vorbereitet worden war — gleichsam das weltliche Gegenstück zur Kathedrale: die Kultstätte des göttergleichen „Königs Sonne". Der ganze riesige Bezirk von Schloß und Park ist einer einheitlichen Idee und Ikonologie unterstellt: er ist das Reich des Lichtgottes, Apoll-Helios, der hier „im Westen", in den hesperischen Gärten von seinen Taten ausruht — das heißt aber des „Roi soleil", der auf Erden sein Abbild ist.

Alles steht hier im Dienst einer säkularisierten Lichtmystik. Im Bereich der Form äußert sich das schon in der gewaltigen Rolle, die dem Element des „Spiegels" eingeräumt ist, angefangen von der Spiegelgalerie des Schlosses und seinen spiegelnden Parketten, die das Licht mehren (Gegenstück zum Kristallboden des Gralstempels), dem lichtbringenden „französischen" Fenster — das von hier seinen Siegeslauf durch das 18. Jahrhundert antritt —, über die Kristallwelt der zahllosen Fontänen, die schwerelos und durchsichtig das Licht brechen und vervielfachen, bis zu dem Kristallozean des Großen Kanals, aus dem in plastischer Gruppe das Viergespann des Helios aufsteigt. Die durchsichtigen Hecken werfen unwirklich leichte, aufgehellte Schatten. In dem Garten sollte der Tempel der Helios errichtet werden — kultisches Gegenstück zu dem Lichtraum der Palastkapelle, welche die Sainte-Chapelle ins Antikische übersetzt. Sein Hauptsaal wäre ganz mit Spiegeln verkleidet gewesen (Böhmker).

Diese Lichtmystik äußert sich in großartigster Weise im Bereich der gesamten Ikonologie von Schloß und Park, angefangen von der Grotte der Thetis, wo der Gott ausruht, über den Aufstieg Apolls und seiner Verherrlichung in den Deckengemälden der Großen Galerie. Ja das Zeremoniell des „Lever" und „Coucher" in dem mittelsten Raum, wo das goldene Bett des „Roi soleil" steht, ist in seinem tieferen Sinn nicht zu verstehen ohne die allegorische Allusion auf den täglichen Aufgang und Untergang des „Lichts der Welt." So ist es auch nur verständlich, daß, entgegen allem Herkommen, das Zentrum nicht ein Thron- oder Empfangssaal, sondern das Schlafzimmer einnimmt und daß es, ebenso allen Vorschriften der Baulehre widersprechend, nicht an der stilleren Parkseite, sondern an der Hofseite liegt: es muß wie die Apsis einer Kirche „geostet" sein. Und auch das Strahlenmotiv der großen Alleen, die alle von diesem idealen Zentrum ausgehen, ist allegorisches Sinnbild.

Mit diesem Zentralgedanken verflechten sich überall Züge einer überwältigenden Paradiesesschilderung. Heere von Statuen verkörpern die Himmlischen dieses Lichtreichs. Aus den Bosketts ertönt verborgene Musik. Der ganze Garten ist erfüllt von raffiniert komponierten Symphonien süßer Düfte: wir wissen, daß Ludwig XIV. für diese Wirkungen eine besondere Vorliebe hatte. Und auch die „Liturgien" der großen Feste, die Festspiele und Feuerwerke, in denen die Nacht zum Tage wird, kreisen um die gleiche kultische Mitte.

Auf Versailles läßt sich Wort für Wort übertragen, was man von dem Gralstempel, dem phantasierten Bruder der Kathedrale, gesagt hat: „Der ganze Tempel ist geheimnisvoll belebt, ins Überirdische geweitet, als Lichtgehäuse Gottes gedacht und empfunden". Nur geht die Weitung jetzt — im Zeitalter der irdischen Epiphanie des „Gottes" — nicht in die Höhe, sondern über die verklärte Erde hin in die Breite.

Wie die intime Welt der „Sainte-Chapelle" der Kathedrale antwortet, so antwortet dem Wunderwerk von Versailles der verkleinerte Sonnentempel des Grand-Trianon. —

Viel deutlicher, weil unverhüllt durch die antikischen Motive, tritt in den Bildern Watteaus — des größten französischen Meisters der folgenden Generation — das „keltische" Paradieses-ideal im Kostüm des werdenden 18. Jahrhunderts hervor. Die Idee des großen Menschen — die aus dem „Süden", der italienischen Renaissance stammte — ist aufgegeben, und aufgegeben ist der antike Olymp. Watteaus ganzes Werk enthält kaum einmal antike Mythologie; es spiegelt eine Traumwelt, die „sich nie und nirgendwo begeben", in der sich idealisiert Zeitgenössisches, Scheinwelt des Theaters und Paradiesisches — changierend wie seine Farben — mischt. Die Leitidee ist die Darstellung des Landes der selig Liebenden, ewiger Jugend, Heiterkeit, Schönheit und verklärter Sinnlichkeit. Aufgegeben ist die geometrische Ordnung: träumende Auen, Weiher und Gestade, in Rosenlicht gebadet, sind der Schauplatz der Paradieseswonnen. Die keltische Insel der Seligen taucht unter dem antikischen Namen der Insel Cythere wieder auf. Dieses Ideal hat die Lebensform von drei Generationen bis hinein in Kleinigkeiten des Alltags mit bestimmt.

(Nebenbei: Jetzt ist die Stunde gekommen, wo England, aus seiner keltischen Grundlage heraus, sein selbständigstes Wort in der Geschichte der Kunst spricht. Auch im englischen Park — den die Landschaften Watteaus vorbereitet hatten —, der seit 1720 entsteht und vorbildlich für ganz Europa wird, erscheint die Idee des Paradiesgartens, doch bald getrübt und verdüstert durch Einschläge einer nordischen, „ossianischen" Schwermut und Sentimentalität. Der abbildende Sinn dieses Gebildes — das Elysium, den Garten Eden, Miltons Paradies widerzuspiegeln — war den Zeitgenossen durchaus bewußt.) —

Und noch einmal, an der Schwelle des neuen Zeitalters des „autonomen Menschen", erscheint in einem geplanten Gesamt-kunstwerk, das Architektur und Landschaft verbindet, die „Vision des irdischen Paradieses", die sich in mehr als einem Zug deutlich als eine Säkularisation der Idee der Himmelsstadt und formal zugleich als ein industriell-kollektives Gegenstück zu dem feudal-persönlichen von Versailles erweist. Claude Nicolas Ledoux, der gewaltige Erschütterer der europäischen Baukunst — Prophet des „neuen bauens" um 1900 — entwirft seine ideale Industriestadt Chaux, deren Durchführung in den

Anfängen stecken geblieben ist. Sie projiziert das Ideal der vollkommenen Gesellschaft in eine auf Erden erreichbare, nahe bevorstehende Zukunft: „in eine Welt, in der es keine Krankheiten gibt, in der die bösen Triebe gebändigt sind, wo in einem „Pacifère", ohne Strafe und Furcht, alle Streitigkeiten geschlichtet werden, wo die Selbstsucht ausgelöscht ist und die Einigkeit herrscht; wo frische Lüfte erquicken und aromatische Pflanzen ihren Wohlgeruch verbreiten. Dort thront auf dem Richterstuhl ein Richter, geliebt von den Menschen, dessen Stimme lieblich und süß ist (Kommentar Ledoux' zu seiner Idealstadt). „Tels furent sans doute les premiers jours du monde, dans son enfance."

In der Mitte dieser verirdischten Himmelsstadt aber steht das „Haus des Direktors" (!). —

Tritt in der Verhärtung dieses kalten Geistes das Lichtmotiv im Anschaulichen zurück, so bricht es mit umso größerer Vehemenz durch in den Visionen des zweiten großen Sehers, der mit den neuen Mitteln des Glases und des Eisens von Frankreich her die Lichtmanie des modernen Bauens einleitet. Schon der Name „Kristallpalast", den ein repräsentatives Werk dieses neuen Glaseisenbaues tragen wird, ist charakteristisch für das Pathos, mit dem die Möglichkeiten des neuen Materials ergriffen werden. Hector Horeau plant um 1840 aus fadendünnen Eisenstäben und aus „Kristall" gesponnene Verkörperungen eines Lichtraumes in riesigen, die Technik seiner Zeit übersteigenden Ausmaßen — mit 85 Metern Spannweite —, die äußerlich als Ausstellungshallen motiviert werden. Sein Idealplan durchflicht sie noch mit Motiven eines Gartens, den der Lichtdom überwölbt. Man kann diese Utopie, die bald im Dienste der Maschine realisiert werden sollte, nicht anders bezeichnen als das säkularisierte Gegenstück zu dem Kristallbau der Kathedrale, wobei der Drang in die Weite zu Räumen von kosmischen Ausmaßen geht. Und diese Kunst des „Bauens mit Licht" wird bald begleitet von einer neuen Lichtmalerei, die, so profan sie sich auch gebärdet, im Grunde genommen getragen ist von einer säkularisierten „Mystik" des natürlichen Sonnenlichts.

Zum drittenmal nach der Kathedrale und nach Versailles ist also von Frankreich eine Lichtvision gestaltet worden, und immer wieder hat sie sich mit der, in den Medien verschiedener Zeiten und verschiedener Volkskomponenten gebrochenen, Idee des Paradieses verbunden, mit der das Französische in der Kunst im 12. Jahrhundert geboren worden ist und die seither zum dauernden Bestand der französischen „Imagination" gehört.

Das wäre ebenso zu belegen an der Vorliebe der französischen *Dichtung* für Paradiesesschilderungen, angefangen vom Adamsspiel des 12. Jahrhunderts, über den Roman de la Rose und die

„Astrée" zu „Paul et Virginie" oder der prachtvollen Schilderung des Couësnon Tals in Balzacs „Chouans", die nur als die Ein-Bildung des Paradieses in eine wirkliche französische Landschaft verstanden werden kann, bis zum Schlußbild von René Clairs Film „À nous la liberté", Vision des seligen Lebens der Menschen nach dem Sieg über die Maschine.

Es wäre zu zeigen, wie dieses Zentralthema die Wertigkeit der religiösen Themen bestimmt: derjenigen, die dem französischen Vorstellen liegen und die ihm weniger liegen. Wie es die Wertigkeit und den Charakter der Bildgattungen bestimmt, die bevorzugt werden. Wie es endlich die Sphäre der Kunst im Ganzen und das Verhalten des Beschauers zum Kunstwerk bestimmt: das Genießen mit *allen* Sinnen, das den Gegensatz zwischen den höheren und den niederen Sinnen nicht kennt.

Die französische Ästhetik ist zu erweisen als eine Ästhetik des Paradieses. „Là tout n'est qu' ordre et beauté, luxe, calme et volupté" (Baudelaire, Invitation au voyage).

Das was sich in der Kathedrale zum erstenmal und am überwältigendsten verkörpert hat, wirkt in Frankreich nach bis auf den heutigen Tag. Dort schminkt sich auch noch die abstoßendste Thematik des modernen Pan-Chaotismus mit den Farben des Paradieses.

Die französische bildende Kunst hat — Poussin allein ausgenommen — kein Genie, in dem umfassenden Begriff des Wortes, das sich mit den Genies der europäischen Kunst, etwa mit Beethoven, Shakespeare, Dante, Cervantes, Rubens, Rembrandt vergleichen könnte. „Der französische Held, das ist die Kathedrale" (Élie Faure).

Vierter Teil

BEDEUTUNG UND WERT
DER KATHEDRALE

XII

HISTORISCHE BEDEUTUNG UND WERT
DER KATHEDRALE

KAPITEL 176

Die Kathedrale in der Weltgeschichte der Kunst

Mit der Kathedrale vollendet sich im mittelalterlichen Europa ein Geschehen, das in der Weltgeschichte der Kunst auf verschiedenen Ebenen Analoga hat: der Übergang vom „Tremendum" zum „Faszinosum" (Rudolf Otto). Am Bild der Gottheit ist beides nur unselbständiges „Moment", im historischen Prozeß verschiebt sich das Schwergewicht von einem Pol zum anderen.

Dieser Übergang ist zugleich ein Übergang von der Gestaltung des Dunklen oder doch Lichtlosen zu den Gestaltungen des Lichts, und in diesem Sinn immer auch ein Absehen vom Tode. Und meistens — wenn schon nicht immer — auch ein Übergang vom Unterirdischen zum Oberirdischen, vom Chthonischen zum Ätherischen, ferner vom Starren zum Lebendigen.

So folgt auf die schwere Gebundenheit der neusteinzeitlichen Kunst, die ihr Zentrum im Totenkult hat, die Helligkeit der Bronzezeit, die, wie schon im Glanz des neuen goldartigen oder wirklich goldenen Materials, in ihrer ganz neuen Ornamentik und ihrer Symbolik zum erstenmal in Europa ein tiefes Verhältnis zur Sonne und ihren Kulten großartig offenbart.

So folgt auf das dunkle vorhomerische Zeitalter der griechisch-archaischen Götterwelt das lichte homerische der „olympischen" Götter mit ihrer neuen Heiterkeit und dem Absehen vom Tode.

So folgt auf die Grabeswelt der Katakomben, deren Ikonologie um den Gedanken der Errettung aus Todesnot kreist, die Himmelswelt der neuen konstantinischen Kirchenkunst mit ihren Goldhimmeln und der Lichtmaterie der Mosaiken.

So folgt auf den Dunkelraum der Romanik und ihrer Krypten die verklärte Heiterkeit der Kathedrale.

Und ähnlich auf die Todeskälte des Manierismus mit seinem Zentralaffekt der Angst, seinen gewaltigen Grabmälern und der Starre seiner Formensprache das Lichte, Warme, Heitere und Lebendige des Barock, dessen großartigste Symbole im Gebiete der religiösen Kunst die Sonnenmonstranz und die Sonnenglorien der Altäre sind.

Wenn endlich am Beginn des neuen Zeitalters des „autonomen Menschen", als Rückschlag auf die Aufklärung, zum erstenmal seit der Romanik die Kunst um 1800, zumal die Architektur, wiederum in einem Urverhältnis zum Unterirdischen und zur Nacht steht, antwortet ihr die Lichtarchitektur des neuen Glas-Eisenbaus und die Lichtmalerei des „plein-air": ein trivialisierter Kult des gestaltlosen natürlichen Sonnenlichts.

Architekturgeschichtlich gesehen bedeutet diese Wandlung jedesmal das Erscheinen einer Architektur, die das Massive der Wand beseitigt und auf ihren Höhepunkten die Himmelsarchitektur der Baldachinräume erschafft: die durchleuchtete Sonnentorarchitektur von Stonehenge, die jonischen Tempel, zum Teil sogar ohne Dach, die Baldachinsysteme der mittelrömischen, der justinianischen, der gotischen und der spätbarocken Baukunst, die Kristallpaläste des 19. Jahrhunderts.

Mit der Kathedrale vollzieht sich der Übergang zur Vermenschlichung des Gottesbildes, der seine polytheistische Analogie in der Menschlichkeit der griechischen Götterwelt hat, und damit die Erschließung der Welt und Umwelt des Menschen.

„Die Welt wird heiterer, jene düsteren Elemente klären sich auf, entwirren sich, der Mensch greift nach ihnen, sie auf andere Weise zu gewältigen. Eine frische gesunde Sinnlichkeit blickt umher, freundlich sieht sie im Vergangenen und Gegenwärtigen nur ihres Gleichen. Dem alten Namen verleiht sie neue Gestalt, anthropomorphisiert, personificiert das Leblose und das Abgestorbene und vertheilt ihren eigenen Charakter über alle Geschöpfe. So lebt und webt der Volksglaube, der sich von allem Abstrusen, was aus jener Urepoche übrig geblieben sein mag, oft leichtsinnig befreit. Das Reich der Poesie blüht auf und nur der ist Poet, der den Volksglauben besitzt oder sich ihn anzueignen weiß. Der Charakter dieser Epoche ist freie, tüchtige, ernste, edle Sinnlichkeit, durch Einbildungskraft erhöht." So schildert Goethe die „zweite Geistesepoche".

Himmel und Erde kommen sich nahe, ja vermählen sich (v. Scheltema). Ihre Vermählung ist Symptom und Symbol jener kurzen Epochen, die wir die „klassischen" nennen.

KAPITEL 177

Die Kathedrale in der Geschichte der christlichen Kunst

> *Als Napoleon I. nämlich in die Kathedrale von Chartres eintrat, sagte er: „ein Atheist würde hierin sich nicht wohl befinden."*
>
> (Bulteau)

Für eine Geschichte der christlichen Kunst sind die stärksten Kategorien der Unterscheidung, die sich überhaupt denken lassen: Himmelskunst, Kunst der Erde, Kunst der Hölle. Und zwar keineswegs nur in ikonographischer, sondern gerade auch in eigentlich künstlerisch-formaler Hinsicht. Denn die künstlerischen Mittel zur Darstellung dieser ihrem Wesen nach zutiefst unterschiedenen Sphären *müssen* sich stärker unterscheiden als alle anderen formalen Möglichkeiten des „Stils". Jede dieser Sphären begründet eigene und grundverschiedene Darstellungsweisen nicht minder, wie bestimmte Darstellungsgegenstände und -gehalte.

Die Kunst der Erde aber hat ihrerseits zwei Grundgestalten; die Erde selbst und alles was sie trägt, geht in die christliche Kunst unter zwei Aspekten ein, beide begründet in dem, der ihre Mitte ist: im Bilde des Gottmenschen, des erhöhten und des erniedrigten, des in irdischer Gestalt verklärten und des in irdischer Gestalt verhüllten Gottmenschen, der „nicht schön war von Gestalt" (Klemens von Alexandrien).

Der Höllensphäre dagegen kommt nicht die gleiche Realität zu, wie den beiden anderen Sphären. Denn innerhalb des Christlichen kann die Hölle niemals Zentralthema werden. Erst innerhalb einer entchristlichten oder antichristlichen Kunst kann diese Sphäre zur Führung kommen. Sie ist aber auch deshalb weniger real, weil sie — soll sie Kunst bleiben — das Chaos selbst noch in der Gestalt künstlerischer Ordnung zeigen muß. Der vollständige Chaotismus müßte auch die Kunst verneinen und aufheben (und hat es getan). Die Höllensphäre ist — wie schon die Gestalten des großen Reimser Masken-Meisters erkennen lassen — ungemein vielfältig an Gestaltmöglichkeiten, denn alle Schönheit konvergiert, ihre Negationen aber divergieren.

Dies sind gleichsam die drei Grunddimensionen, in deren Raum die Geschichte der christlichen und entchristlichten Kunst einzuzeichnen ist.

Die ganze Kunst der alten Kirche bis zum Ende der Romanik ist wesenhaft Himmelskunst. Alles Unterhimmlische — Erde und Hölle — zeigt sich in den Geheimniszustand des Jenseitigen erhoben.

505

Die Kunst der Gotik und der Renaissance-Barock-Epoche ist wesenhaft Kunst der Erde: auch Himmel und Hölle werden auf die Erde herab- und heraufgeholt. Steht die Gotik im Zeichen des „descensus", des Gott*menschen,* so Renaissance-Barock im Zeichen des „ascensus", des *Gott*menschen.

Die entchristlichte Kunst des 19. und 20. Jahrhunderts ist in ihrer ersten pantheistischen Phase wesentlich die Kunst irdischer Ersatz-Paradiese: der Natur- und Kunstparadiese (Park, Museum, Theater). Doch mischen sich schon hier dämonische Elemente ein, und der Tod wird jetzt erst als etwas erfahren, in dem nichts von Leben mehr ist.

Die kurze Mitte des Jahrhunderts — Manet, Cézanne — mit der Darstellung des entgöttlichten Menschen und der „nackten" Natur ist gleichsam ein Indifferenzpunkt. „Die Abkehr vom wahren Cultus und die Indifferenz gegen denselben ist nur ein juste milieu zwischen ihm und dem Cult der Dämonen, wovon wir bereits die ersten Spuren gewahr werden" (Franz von Baader, um 1830). Und in der Tat bricht seit dem Ende des 19. Jahrhunderts das Dämonische mit einer Macht in die Bilder der Kunst ein, der sich nichts in älteren Epochen vergleichen läßt. Auch die Darstellung von Himmel und Erde gelingt jetzt nur aus der Perspektive des Dämonischen, gleichsam aus der Vorhölle: als Apokalypse, Enthüllung.

In diesem historischen Ablauf ist die Stellung der Kathedrale bestimmt:

Sie steht an der Stelle, wo die Himmelskunst in die Kunst der Erde umschlägt, wo der Himmel auf die Erde herabgeholt und die Hölle „realistisch" wird (Kapitel 108 und 109).

Ihre Zentralgestalt ist der auferstandene Gottmensch und der in den Himmel erhobene vollkommene Mensch, Maria.

Doch umschließt sie im Kreuzaltar auch schon Ansätze zur Darstellung des erniedrigten Gottmenschen.

Sie umschließt also — wie das mittelalterliche Mysterienspiel, das aus ihr hervorwächst — Himmel, Erde und Hölle und die Erde in *beiden* Gestalten.

Sie ist die umfassendste Kirchengestalt, die in der Geschichte der christlichen Kunst erschienen ist, die umfassendste und die „jüngste". Keine Reflexion, kein historischer Relativismus vermag ihr den Charakter des Jugendfrischen, Frühlingshaften zu nehmen, den des „Erneuerten". Er kommt ihr nicht nur deshalb zu, „weil neue Völker in die Geschichte der christlichen Kunst eingetreten sind" — denn was diese in der späten Romanik schaffen, ist unendlich „alt" —, sondern wesenhaft, ontologisch. Nur für Chartres gelten voll die Worte des Hohen Liedes: „Schon ist der Winter vorüber, die Regenzeit vorbei. Die Blumen erscheinen auf unserer Flur, die Zeit des Rebenschnittes ist gekommen. Der Turteltaube Stimme läßt sich hören in unserem Lande; der Feigenbaum setzt seine Knospen an, die Weinberge hauchen Blütenduft. Steh auf, meine Freundin, meine Schöne, und komm." Und obwohl die Gebilde von Chartres als Erzeugnisse einer kindlicheren, harmloseren Menschheit erscheinen — wie die Wunderwerke klassisch-antiker Skulptur auch (Worringer 62) —, sind sie doch von den großen Schauern nicht unberührt geblieben.

KAPITEL 178

Die Kathedrale als klassische Kunst

> „Chartres ruft uns zu, daß sich in gewissen großen Stunden der menschliche Geist wiederbelebt, zu heiterer ruhiger Ordnung zurückkehrt und dann das für alle Ewigkeit Schöne erschafft."
>
> (Rodin, Die Kathedralen Frankreichs)

Auf der künstlerischen Ebene gibt es vor den Meisterwerken der Kathedrale nur eines: Bewunderung mit allen Fasern. Chartres und Reims sind Höhepunkte der neueren europäischen Kunst: ihr Olympia und Parthenon.

Sie verkörpern das höchste Maß der Kunst: das Klassische. Nicht im Sinne einer absoluten Vorbildlichkeit des Hellenentums: von ihm ist die Kathedrale weit entfernt. Auch nicht im Sinne einer Vorbildlichkeit der Kathedrale: sie kann nicht wiederholt, nicht wieder-geholt werden.

Doch wenn Kunst überhaupt die Sphäre ist, in der Geistiges und Sinnliches sich am nächsten kommen und eines das andere durchdringt — und damit Sinnbild der Vollmenschlichkeit —, so ist das Klassische Dasjenige, in dem Geist und Natur sich, im Werk harmonisch vermählt, die Waage halten — das kraft- und lichtvolle Umfassen der menschlichen Extreme — und also das vollkommen gewordene Kunstwerk. Ihre Vereinigung bedeutet das, was für die Religion die „Fülle der Zeit" ist: eine kurze Spanne, in der das Göttliche in die sinnliche Form einstrahlt und in ihr sichtbar, diaphan wird.

Deshalb ist das Klassische jeweils nur ein „Augenblick". Es ist in der Kunst zugleich das Ewige (als Idee) und das Vergänglichste (in der Realisierung). In dieser notwendigen Flüchtigkeit des Klassischen liegt die geheime Trauer, die seine Betrachtung in fühlenden Geistern auslöst, liegt die Unmöglichkeit zu ihm zurückzukehren — was jeder Klassizismus verkennt. Es kann nur auf einer neuen Ebene, wiederum nur für einen Augenblick, erreicht werden, und kein Genie des größten Künstlers vermag diesen Augenblick zu erzwingen. Denn damit das klassische, das vollendete Werk entstehe, ist es notwendig, daß der größte — und im Mittelalter müssen wir sagen: die größten — Künstler der Zeit sich mit der größten Aufgabe, welche die Zeit zu stellen hat, begegnen.

Die größte Aufgabe *dieser* Zeit war es, zugleich den Himmel und den vollkommenen Menschen in seiner Verklärung zu versinnlichen. Deshalb steht die Kathedrale, wie Henry Adams an Chartres im ganzen richtig erkannt hat, im Zeichen des in den Himmel erhobenen vollkommenen Menschen, Mariä, und ihr eigentliches Zentralthema ist die Krönung Mariä, zugleich Symbol für die Vermählung Christi, des Himmelskönigs, mit seiner Braut, der Kirche. Der Bau der Kathedrale an sich ist seinem Thema nach die Vermählung des Himmels mit der Erde: sie ist *die* Ermöglichung christlicher Klassik. Chartres und Reims sind ihre Vollendung.

KAPITEL 179

Die Kathedrale als Krise der Religion

> „*Religious art is the measure of human depth and sincerity*"
>
> (Henry Adams)

Die künstlerische Bewertung der Kathedrale verharrt, wenn sie den Maßstab des Klassischen anlegt, noch in der autonomen Sphäre der Kunst, und dies kann nicht das letzte Wort sein. Die Kathedrale ist nicht nur ein Kunstwerk. Die kunstgeschichtliche Betrachtung kann nicht darüber hinwegsehen, daß in der Kathedrale ein Höhepunkt der Kunst mit einer unbestreitbaren Krise der Religion zusammenfällt und, umgekehrt, ein Höhepunkt der Religion die Kunst in eine Krise bringt.

Die klassische Kathedrale fällt zeitlich und räumlich zusammen mit einem mehr und mehr subjektiven Verhalten der Gläubigen zum Sakrament, das sie vom Objektiven des Kultmysteriums — welches das Kunstwerk gerade nahebringen wollte — *entfernt*. Die eucharistische Bewegung, die in einem neuen Verhältnis zum Kunstwerk ihr ästhetisches Analogon hat, „hat nur *scheinbar* die Annäherung an das Sakrament, tatsächlich aber den *Abstand* von ihm zum Gegenstand. Nicht der Gebrauch des Sakraments, sondern sein Kult ist das Ziel" (J. Jungmann). Gewiß treibt der Wunsch nach Schau auch im Gottesdienst eine Fülle neuer, zum Teil höchst eindrucksvoller

Formen hervor. Während aber hinter der neuen geistlichen Dichtung die Heilige Schrift unverändert bestehen bleibt, wird in der Liturgie die alte gemeinschaftliche und objektive Form der Mysterien-Liturgie durch neue subjektive und individualistische Andachtsformen *ersetzt*. „Sind auch diese Formen, die so entstanden sind, im allgemeinen durchaus legitim und eine Bereicherung der aus anderen Wurzeln erwachsenen Formen eucharistischer Frömmigkeit, in deren Gefüge sie sich schließlich einordnen" — denn man kann das eine tun und das andere nicht lassen — „so bleibt doch bestehen, daß sie *vor* dieser Einordnung eine von dem ursprünglichen Sinn des Sakraments eher wegführende Entwicklung darstellten" (J. Jungmann). Wenn der Wunsch nach Schau so stark wird, daß — wie es uns aus dem späteren Mittelalter berichtet ist — die Gläubigen nach der Elevation der konsekrierten Hostie die Kirche verlassen, weil sie sich durch die bloße Augenkommunion geistig gesättigt fühlen, ist die Krise ganz offenbar. Die Keime dieser Krise sind schon gleichzeitig mit dem Höhepunkt der Kathedrale da und haben die gleiche geistige Wurzel, aus der später die Krisen der Kunst erwachsen.

Zur selben Zeit aber wird das, was die Kathedrale im Felde der Kunst versucht hatte, im Felde der Religion um ein unendliches überboten durch die Gestalt des Heiligen Franz von Assisi. Sie ist genau gleichzeitig mit der Hochblüte der Kathedrale erschienen: 1182 ist Franz geboren und 1210, ein Jahr bevor Reims begonnen wurde, hat er seinen Orden gegründet. In ihm ist der Wunsch nach größerer Gottesnähe gesteigert bis zur Imitatio Christi, die in der Verleihung der Wundmale ihre Bestätigung gefunden hat. In seinem Leben ist ein Maximum an Gottesnähe verbunden mit einem Maximum an Weltnähe; „die Synthese ist gelungen": im Zeichen der vollständigen Armut.

Von hier aus muß die „betäubende Herrlichkeit" der Kathedrale ein Ärgernis werden, es muß nicht nur ihr Anspruch, das den Sinnen schlechterdings Unzulängliche den Sinnen so nahe zu bringen, die Worte der Schrift als bloßen *Anlaß* der künstlerischen Phantasie zu nehmen, ein Anstoß sein, sondern es besteht die Gefahr, daß wegen der „Augenlust", die sie erweckt, der anagogische Charakter nicht nur der Kathedrale, sondern der Kunst überhaupt verkannt und die Kunst entweder ganz abgelehnt oder in ihrer geistigen Bedeutsamkeit, gleichsam als Sakramentale, nicht mehr anerkannt, degradiert wird und aus dem Leben und Denken der Gläubigen ausscheidet. Wenn diese Konsequenz auch nur von den extremen Richtungen der Bettelorden gezogen wurde, so beginnt damit doch das, was später zur völligen Vertrocknung der bildenden Kunst in der protestantischen Kirche, zu ihrer Verbannung in die private Sphäre und damit schließlich zur Ästhetisierung, zur Entgeistigung der Kunst führen wird.

Diese doppelte Krise dauert ungelöst bis heute.

KAPITEL 180

Die Kathedrale als Revolution

> *„Denn bei jeder Revolution ist ein Stück Himmel eingefallen und auf die Erde geholt worden"*
>
> (Eugen Rosenstock)

Die Gefahr des Strebens, den Himmel nahebringen zu wollen, und der gesteigerte Wunsch nach Schau nimmt vollends verhängnisvolle Formen an, sobald er aus dem Kult ins Profane und aus der Kunst in die Praxis abgedrängt wird. Das erstere findet dann seinen vehementesten Ausdruck in dem Plan, die Himmlische Stadt hier *auf Erden* zu verkörpern, ein irdisches Paradies zu schaffen. Es hat sich schon am Ende des 18. Jahrhunderts in der idealen Industriestadt des Ledoux, in deren Mitte das „Haus des Direktors" steht, ein unheimlich klares Symbol geschaffen, lebt gleichzeitig im utopischen Kommunismus auf und wird das zielweisende, wenn schon nicht das treibende Element in jenen revolutionären sozialen Bewegungen, die man als soziale Chiliasmen bezeichnet hat: „Wir werden einen Kristallpalast bauen . . . . . " (Dostojewskij). *Der Gedanke des nahegebrachten Himmels wird bei seiner Verwandlung aus dem Ästhetischen ins Praktische geradezu zu einem geistigen Ekrasit* (Berdjajev).

Der Wunsch nach Schau aber führt, säkularisiert, zu dem Verzicht, mit Gott und mit dem göttlichen Geist eine reale Kommunion zu haben, ihn sich einzuverleiben und zum Prinzip des Lebens und der Natur zu machen: man begnügt sich mit einem bloß erbaulichen Verhalten. In der säkularisierten Form bedeutet das die Abtrennung der zu nichts verpflichtenden Bewunderung von der Tat, in der allein sie sich bezeugen könnte — die ästhetische Krankheit, die niemand so scharf erkannt und so beißend verspottet hat, wie Kierkegaard.

Aber auch die Gefahr der „antikathedralen" Ablehnung der Kunst wird immer sichtbarer, je mehr sie ins Extrem geht. Sie führt einen so reinen Geist wie Ferdinand Ebner zu folgenden Sätzen: „Wie darf eine Kultur es wagen, sich in das Zeichen des

Geistes zu stellen? Die es tut, wird zur Lüge im tiefsten Sinne, wie sie die antike Kultur ganz gewiß nicht war. Man denke nur an die von Schopenhauer schon ähnlich empfundene architektonische Lüge des gotischen Dom- und Turmbaues, die vortäuscht, alle Erdenschwere und alle Last der Materie sei überwunden und so könne man denn direkt von der Erde weg in den Himmel hineinfliegen." Diese Kritik der Kathedrale schlägt in blinden Affekt, ins Maßlose und Ungerechte um, wenn Ebner die Gotik „dieses doppelte Vergehen am Geiste der Schönheit und am Geiste des Christentums nennt". Denn wenn Chartres ohne Schönheit ist, dann ist es *jede* christliche Kunst. Dann bleibt die „wahre Schönheit" allein der Antike vorbehalten; sie ist vergangen, eine historische Kategorie. Im Christlichen aber ist alte Dreigemeinschaft des Wahren, Guten *und* Schönen zerrissen; nur das Wahre und Gute ist noch bereit zusammenzuhalten, das Schöne ist abgetrennt und fraglich. Sollte nicht gerade darin die Sterilität der christlichen Kunst des 19. und 20. Jahrhunderts begründet sein?

Charles Péguy denkt anders, liebevoller und gerechter: *„O Volk, das die Kathedrale erfand, ich habe dich nicht leicht an Glauben gefunden ....."*

Daß bei Christen, ja bei katholischen Christen, die noch dazu derselben Generation angehören, ein so tiefer Gegensatz in der Bewertung der Kathedrale eintreten kann, hat aber seinen historischen Grund selbst noch in geistigen Bewegungen, die bis in die Zeit der Vollendung der Kathedrale zurückreichen.*)

Schluß

Schon in der reifen Kathedrale, schon in Reims, haben Zerspaltungen begonnen, die uns noch heute beschäftigen: das Zerspalten von abstrakter und naturalistischer Form — so sinnfällig in den zwei Ornamentarten der Kathedrale —, von technischer und poetischer Sphäre, von Verstand und Gefühl. Eine der tiefsten Antinomien des Mittelalters aber tritt uns in dem gleichzeitigen Erscheinen der vollendeten Kathedrale und des heiligen Franziskus entgegen: sie ist noch heute nicht gelöst und stellt auch

---

*) Ebners Urteil schwankt. An anderer Stelle (Wort und Liebe 78) heißt es bei ihm: „Es liegt etwas unendlich Beruhigendes in der Gesamtwirkung des Innern eines gotischen Domes..., etwas, das alle zerstreuenden, mittelpunktlosen Regungen in uns zusammenfaßt wie nach einem Mittelpunkt hin, um sich von dort über unser Inneres als Sammlung und *Kontemplationsfähigkeit* auszubreiten."

uns vor Entscheidungen.*) Für jene Zeit, auch für den heiligen Franz selbst, bestand aber hier kein „Entweder-Oder", sondern nur ein „Sowohl-Als auch". In der erhabenen Gestalt Ludwigs IX. verbindet sich das Königliche mit dem Heiligen, berührt sich geistig die Welt der Kathedrale mit der Armut im Geiste, die „kosmische" mit der „spirituellen" Schönheit. Doch gleichzeitig wird in der verweltlichten Nachfolge der Kathedrale und in der spiritualistischen Nachfolge des Heiligen von Assisi der Widerspruch offen und unüberbrückbar. Seit der Mitte des 13. Jahrhunderts brechen jene Spaltungen auf, die zeitweise verdeckt, seither immer wiederkehren und schließlich aus dem 19. Jahrhundert und der ersten Hälfte des 20. Jahrhunderts die Zeit der Spaltungen schlechthin, die Welt-Zeit ohne Mitte machen. In diesen geistigen Bewegungen hat es wesentlich den Grund, daß wir *das Ganze der Kathedrale* aus dem Auge verloren haben und das, was doch offen zutage liegt, in mühsamster Arbeit der Vergangenheit entreißen müssen. Aber auch, daß wir weder zu der Kunstform Kathedrale, noch zur Lebensform des heiligen Franz eine entscheidende Haltung finden können und uns oft damit begnügen, in unfruchtbarem Schwanken zwischen „sic et non", beide gegeneinander auszuspielen.

---

*) Und der Charakter dieses geschichtlichen Augenblicks wird zu höchster Komplexheit gesteigert, wenn man bedenkt, daß die Kathedrale und der „Poverello" Zeitgenossen Friedrichs II. sind, der wieder in dem gleichen Jahr 1211 deutscher König wurde, in dessen Hofkunst die „Protorenaissance" zum erstenmal monumentale Werke hervorbrachte, und der damals vielen als der Antichrist erschien!

Die technischen Probleme der Kathedrale*)

Die Beurteilung der technischen Probleme der Kathedrale ist durch Sabouret und durch Pol Abraham vollständig verschoben worden. Die wichtigsten Punkte sind dabei folgende:

I

1. Ein Kreuzgewölbe mit Graten funktioniert bei sonst gleicher Gestalt nicht anders als eines mit Rippen. „Das Kreuzgewölbe besitzt gegenüber allen anderen Gewölbearten" (das ist ungenau: denn das Folgende gilt auch für Kuppelwölbungen auf Pendentifs) „den statischen Vorzug, daß es die Gewölbelast" (richtig: die Druck- und Schubkräfte) „fast ausschließlich" (und bei manchen Formen praktisch ausschließlich) „auf die Ecken des überwölbten Raums" (genauer auf die Auflager) „überträgt". Diese Definition aus Wasmuths Lexikon der Baukunst ist zwar voll von kleinen Schiefheiten und wenig elegant, aber im Kern richtig. Es ist nach dieser so einfachen Einsicht jedenfalls unmöglich zu sagen — wie es immer wieder gesagt und nachgesagt worden ist —, „daß das Kreuz*rippen*gewölbe vor anderen Gewölbearten den Vorzug hat, daß es alle Druck- und Schubkräfte auf die vier Ecken überträgt".

Die elegante Analyse Sabourets ergibt: In jedem Kreuzgewölbe, ob mit oder ohne Rippen, sind das tragende Element schmale sich kreuzende Bahnen entlang den Graten, die annähernd die Breite der Diagonale des Auflagers haben, sowie die Gurt- und Schildbogen. Die Kappen dazwischen sind funktionell bloße Füllung (einerlei wie sie handwerklich ausgeführt sind).

Nur wenn im Verband mit dem Gewölbe stehende Rippen annähernd diese Breite erreichen, haben sie technische Funktion. Sie festigen das Gewölbe gegen Druck von oben, vermehren aber zugleich die Druck- und Schubkräfte auf die Auflager. Solche Gewölbe mit breiten Gurtrippen sind typisch in Untergeschossen von Türmen (wobei es gleichgültig ist, ob ihre Dimensionierung statisch gerechtfertigt ist oder bloß gefühlsmäßig für nötig ge-

---

*) Dieser Abschnitt sollte eigentlich mit den Abschnitten über die Phänomene der Kathedrale und die Ikonologie der Kathedrale den ersten Teil dieser Arbeit bilden (der jetzt an erster Stelle stehende Abschnitt „Die wiederhergestellte Kathedrale" ein Vorspiel dazu). Er ist in den Anhang abgeschoben und verkürzt worden, um dem in technischen Dingen unbewanderten Leser die Lektüre des Ganzen zu erleichtern. An sich aber sind die technischen Probleme von gleichem Rang, auch innerhalb der Kunstgeschichte, wie die eigentlich künstlerischen und ikonologischen: sie gehen unabtrennbar in die künstlerische Gestaltung ein.

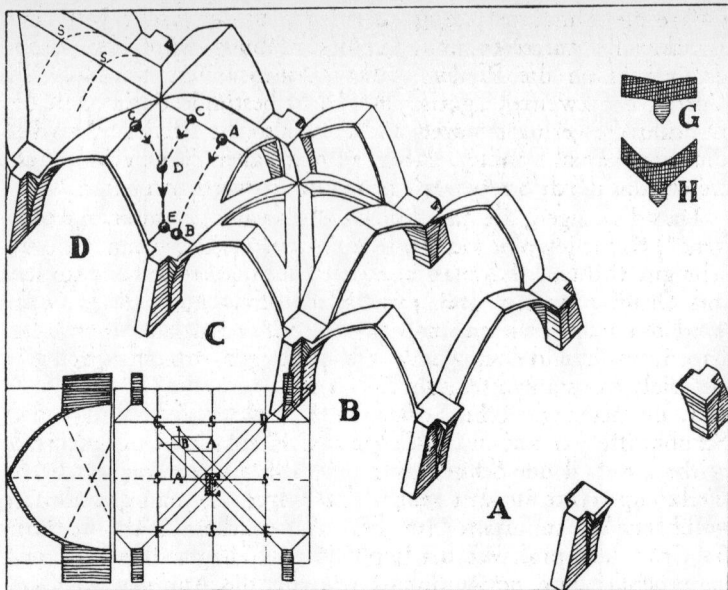

Konstruktion und Funktionen in einem Kreuzgewölbe ohne Rippen

halten wurde. Man darf nicht vergessen, daß die Bauerfahrung im Mittelalter rein empirisch fortschreitet). Insofern ist es gerechtfertigt, von verschiedenen (technischen) Typen des Kreuzrippengewölbes zu sprechen: dem mit funktionierenden und mit technisch (nicht künstlerisch) gesehen „dekorativen" Rippen.

2. Ein Kreuzrippengewölbe in Bruchsteinmauerwerk mit Mörtelbettung funktioniert bei gleicher Gestalt nicht wesentlich anders, als eines mit Kappen aus Hausteinen oder Ziegeln (gilt nicht für Beton). Das läßt sich experimentell demonstrieren: siehe Pol Abrahams Experiment mit den Bleifolien. Auch in dem Gewölbe aus Bruchsteinwerk treten nicht nur Druck-, sondern auch Schubkräfte auf. Die Behauptung, daß ein solches Gewölbe wie ein „monolithe artificiel" wirke, die am nachdrücklichsten wohl A. Choisy formuliert und die man gleichfalls oft nachgesprochen hat — auch ich selber —, ist unhaltbar. Die Größe des Schubs einer Wölbung ist unabhängig von der Natur des Materials und der Technik seiner Verbindung (Abraham).

Es ist also nichts mit der Annahme, daß die erstere Form die romanische, die zweite die „gotische" Form des Kreuzrippengewölbes wäre — eine Annahme, die noch Gall vertreten hat.

514

(Wäre die Annahme richtig, so würden in der ersten Form nur Druckkräfte auftreten und eine Verstrebung wäre überflüssig, dafür müßten die Pfeiler stärker dimensioniert werden; der Vorteil der zweiten, „gotischen" Form bestünde darin, daß die Druckkräfte geringer wären und man also die Pfeiler schwächer dimensionieren könnte; dafür würden aber Schubkräfte auftreten, die durch Strebewerk neutralisiert werden müßten.)

Daß diejenigen, die das „konkrete" (das ist „zusammengebakkene") Kreuzgewölbe aus Bruchsteinmauerwerk verwendet haben, sehr gut wußten, daß man in solchen Gewölben keineswegs nur mit Druck-, sondern auch mit Schubkräften zu rechnen habe, wird dadurch bewiesen, daß sie es für notwendig befunden haben, in irgendeiner Form Verstrebungen anzubringen. *Ein* Beispiel: Konstantinsbasilika in Rom.

3. Bei Kreuzgewölben *ohne* Stich wirken alle Druck- und Schubkräfte *nur* auf die Auflager. Bei Kreuzgewölben *mit* Stich wirkt ein Teil der Schubkräfte auch auf die Stirnmauer. Diese Teilkomponente ist aber sehr viel geringer, als man gewöhnlich gefühlsmäßig annimmt. Nur bei *sehr* starkem Stich — über 35 Grad, also praktisch bei kuppeligen Kreuzgewölben — wird sie erheblich und nötigt dazu, nicht nur die Auflager, sondern auch die Schildbogenlinie zu verstreben. (Das kann geschehen, indem man den Schildbogen selbst verbreitert, wozu eine Vertiefung der Auflager nötig ist, wie bei der Hagia Sofia, oder indem man, wie der Architekt von S. Ambrogio, einen eigenen Strebebogen unter Dach an den Scheitel des Schildbogens führt.)

Dieser Unterschied ist aber keinesfalls der zwischen „romanischen" und „gotischen" Gewölben. Denn es gibt bekanntlich auch romanische Gewölbe *ohne* Stich und gotische mit *starkem* Stich.

4. Die *Form* der Kreuzgewölbe — rundbogiger oder spitzbogiger Querschnitt — ist statisch viel weniger maßgebend als gewöhnlich angenommen wird; sie fällt viel weniger ins Gewicht als die Dicke der Wölbung und das spezifische Gewicht des verwendeten Materials. Pol Abraham hat das klar vorgerechnet:

a) bei gleicher Form und Dicke der Wölbung, aber *verschiedenem spezifischen Gewicht* des verwendeten Materials kann das Gewicht der Wölbung im Verhältnis 1 bis 3 variieren;

b) bei gleicher Form der Wölbung und gleichem spezifischen Gewicht des verwendeten Materials, aber *verschiedener Dicke der Wölbung* kann das Gewicht der Wölbung zwischen 1 und 4 variieren;

a-b) bei gleicher Form, aber *verschiedener Dicke der Wölbung und verschiedenem spezifischen Gewicht* des Materials kann das

Gewicht demnach zwischen 1 und 12 variieren, also in enormem Grade;

c) bei gleicher Dicke der Wölbung und gleichem spezifischen Gewicht des Materials, aber *verschiedener Gestalt der Wölbung* (spitzbogiger Querschnitt) variiert das Gewicht praktisch nur im Verhältnis von 1 zu etwa 1'5.

Es geht also nicht an, den spitzbogigen Wölbungsformen aus diesem Grunde einen wesentlichen statischen Vorzug vor den rundbogigen einzuräumen (der Vorteil liegt nur in der größeren Modulierbarkeit dieser Formen in Bezug auf Grundriß und Aufriß, ist also *konstruktiver*, aber nicht *statischer* Art). Es ist nicht möglich, darauf eine Unterscheidung des „gotischen" Kreuzrippengewölbes vom romanischen zu begründen.

Zusammenfassend 1-4: *Es gibt im Hinblick auf die statischen Verhältnisse keinen Unterschied, der es erlauben würde, romanische von gotischen Gewölben zu unterscheiden. Die Gotik ist von der Statik her nicht zu definieren.*

Vom Statischen her ist entscheidend vielmehr der Übergang zu den Gewölben mit *gesonderten* Auflagern, von denen die *Kreuz*gewölbe ein Sonderfall sind (siehe unten S. 519 ff). Ihre Überlegenheit gegenüber *Kuppel*gewölben auf gesonderten Auflagern besteht darin, daß sie im allgemeinen keinen oder einen vernachlässigbaren Schub auf die Gurt- und Schildbogen ausüben. — Einen weiteren Fortschritt bringt die Verringerung des *diagonalen* Schubs in den Kreuzgewölben.

Eine minimale statische Verbesserung bedeutet die Ersetzung der rundbogigen Kappenprofile durch spitzbogige — aber nur wenn die Wölbungen sonst gleiche Dicke haben, aus gleich schwerem Material bestehen und gleichen Stichwinkel zeigen.

II

Die spezifischen technischen Probleme der Kathedrale und der Gotik überhaupt werden nicht von einer neuen Form der Wölbung her gestellt, sondern durch den Wunsch, die Wölbungen auf möglichst hohe und möglichst schlanke Pfeiler zu legen und durch den anderen Wunsch, unter der Wölbung möglichst hohe lichtbringende Fenster anzubringen. Diese Anliegen sind aber nicht mehr technischer Art.

Hier liegt nun wirklich ein wesentliches Problem: denn bei gleicher Wölbung und also bei gleichem Schub, ist die Stabilität eines Pfeilers umso geringer — das „moment de renversement" umso größer — je höher der Pfeiler und je geringer sein Querschnitt ist (von P. Abraham Seite 70 ausführlich demonstriert).

Dieses Problem wird fortschreitend schwieriger, wenn man

die Wölbung zugleich auch zu vergrößern versucht, weil man das überwölbte Schiff *verbreitern* möchte.

Die großen technischen Leistungen liegen dort, wo Gewölbe annähernd gleicher Größe auf die höchsten und schlanksten Pfeiler gelegt werden; oder dort, wo auf Pfeiler gleicher Höhe und gleichen Querschnitts die Gewölbe mit größter Spannweite gelegt werden. Es ist offenbar, daß die Gotik die Schwierigkeiten auf der ersten Linie sucht, die Renaissance auf der zweiten.

Das so gestellte Problem umschließt zwei Teilprobleme: das eine betrifft die Druckkräfte, das andere die Schubkräfte.

Was die Druckkräfte betrifft, so kommt es darauf an, den Pfeiler so gut zu fundieren und in sich so homogen als möglich zu machen, daß er dem ihm zugemuteten Druck gewachsen ist und nicht durch Ausweichen aus der Senkrechten (durch einseitiges Nachgeben der Fundierung) Kräfte in Gang bringt, die die Stabilität gefährden.

Bei den Schubkräften kommt es darauf an, sie zu neutralisieren. Das kann auf sehr verschiedene Weise geschehen: entweder durch Zug (Zuganker von innen) — diese Möglichkeit erörtere ich nicht, weil sie zum Unterschied von italienischen Kirchen des 13. und 14., auch 15. Jahrhunderts im allgemeinen vom Norden abgelehnt wurde —; oder indem man die Schubkräfte durch massive Widerlager auffängt, die in sich selbst keine Schubkräfte haben; oder drittens, indem man den „moment de renversement", das die Schubkräfte erzeugen, ein gleichwertiges „moment de renversement" in der Gegenrichtung entgegenwirken läßt.

Bei der Diskussion und dem Durchdenken dieser Frage werden gewöhnlich zwei Dinge übersehen:

Erstens, daß die eigentlich frei tragende Wölbung (und also ihr Schub) nicht dort anfängt, wo die Kurve der Wölbung beginnt, sondert dort wo das Auflager endet, das ist ungefähr im unteren Drittel des aufsteigenden Astes der Wölbungskurve (siehe Abbildung Seite 514).

Zweitens, daß es nicht notwendig ist, den Schubkräften die Gegenkräfte dort entgegenzusetzen, wo die Schubkräfte an den Pfeiler angreifen. Es ist nur notwendig, daß das „moment de renversement" von gleicher Größe ist (siehe dazu ausführlich Pol Abraham) und daß dabei keine allzustarke Knickwirkung entsteht.

Für das Verständnis der Besonderheit des technischen Systems der Kathedrale ist es höchst aufschlußreich, sich sämtliche Möglichkeiten der Verstrebung der Gewölbeträger vorzustellen. Sie stehen in engem Zusammenhang mit bestimmten Raumformen, die wiederum jede ganz bestimmte Licht-Eigenschaften haben.

Eine Lösung ist die Verstrebung durch angeschobene Strebe-pfeiler (Strebemauern), welche die Baldachinträger zu ihrer Stirn-seite haben: Typus die südfranzösische „Saalkirche" mit Seiten-kapellen, deren Trennungswände das verstrebende Organ dar-stellen. Paradigma: Albi. Die Füllwand ist hier nach außen ver-schoben; eine Abart dieses technischen Typus kann die Füllwand aber auch an die innere Grenze (zwischen die Baldachinträger) ziehen. Auch können Emporen eingebaut werden. Zeitlich ist dieser einfachste Typus der späteste.

Zweite Lösung: Die Verstrebung der Gewölbe des Haupt-schiffs durch niedrigere Gewölbe von Nebenschiffen, die in glei-cher Kämpferhöhe ansetzen, und die ihrerseits außen durch Strebepfeiler verstrebt werden, die sich an die Gewölbeträger der Seitenschiffe anlehnen (und schwächer dimensioniert werden können, als wenn sie das Hauptschiff selbst zu verstreben hätten). Typus: die Hallenkirche des Poitou. Paradigma: Poitiers. Auch dieser Typus ist — in seiner gotischen Ausprägung mit Kreuz-rippengewölben — später als die Kathedrale. Er erhält viel Licht von der Seite.

Eine Abart dieses Typus (systematisch, nicht historisch be-trachtet) ist die sogenannte „Hallenkirche mit eingebauten Em-poren". Typus: die Emporenhallen der Lombardei. Paradigma: Sant' Ambrogio in Mailand. Der Hauptraum empfängt wenig Licht.

Dritte Lösung: Bei allen diesen Typen kommt das Licht wesentlich von der Seite. Besondere Schwierigkeiten bereitet das Problem der Verstrebung, wenn man Baldachinräume mit *„Licht von oben"* schaffen will, und die Schwierigkeiten wachsen, je höher die oberen Lichtfenster werden sollen. Vereinzelte An-sätze am Rhein und in Burgund bringen es zu keinem Typus der Verstrebung (Vézelay arbeitet mit Zugankern). Den Typus schaffen die Normandie und England, indem sie die Verstrebung von Emporen leisten lassen und von schrägen Strebemauern, die unter dem Dach der Emporen verborgen sind. An die Stelle der Strebemauern können Strebebogen treten. Diese unter dem Dach verborgenen Strebebogen sind als Organ schon ganz ana-log, wie die später offen am Außenbau sichtbaren.

Der Nachteil dieses Verstrebungssystems ist, daß man die Stärke dieser Verstrebungsorgane nicht frei wählen kann und ihren Anfallspunkt nur innerhalb sehr enger Grenzen (dadurch, daß man z. B. das Emporendach sehr steil führt).

Diese Mängel behebt erst das System der frei geführten Strebe-bogen. Es ist für das System mit den „Hochfenstern" — Para-digma: Chartres — das erforderte.

518

> „Wenn eine Wissenschaft zu stocken und,
> unerachtet der Bemühung vieler tätiger
> Menschen, nicht vom Fleck zu rücken
> scheint, so läßt sich bemerken, daß die
> Schuld oft an einer gewissen Vorstel-
> lungsart, nach welcher die Gegenstände
> herkömmlich betrachtet werden, an einer
> einmal angenommenen Terminologie
> liege, welchen der große Haufe sich ohne
> weitere Bedingungen unterwirft und
> nachfolgt, und welchen denkende Men-
> schen selbst sich nur einzeln und nur in
> einzelnen Fällen schüchtern entziehen."
>
> (Goethe, Versuch einer allgemeinen Vergleichs-
> lehre)

Bisher wurde immer nur von dem Kreuzgewölbe gesprochen; dieses ist aber selbst nur ein besonderer Fall unter den Gratgewölben (oder besser „Kappengewölben") — sei es mit, sei es ohne Rippen —, nämlich ein Gratgewölbe über quadratischem, rechteckigem oder Trapezgrundriß. Es gibt daneben Gratgewölbe über polygonalem Grundriß: die Kathedrale zeigt sie am Chorhaupt. Und über quadratischem Grundriß gibt es außer den vierteiligen auch drei-, fünf-, sechs-, acht-, zehn-, zwölfteilige Gewölbe.

Die Gratgewölbe sind aber selbst wiederum eine Unterklasse der Gewölbe mit getrennten Auflagern.

Das Fehlen einer klaren und logischen Klassifikation ist bis jetzt von sehr nachteiliger Wirkung auch für die Beurteilung der historischen Zusammenhänge gewesen. Denn genetische Zusammenhänge werden auf Grund von Ähnlichkeiten erschlossen, es kommt also alles darauf an, ob diese Ähnlichkeiten richtig und wesentlich erkannt sind. Wie sehr es daran fehlt, dafür ist ein anschaulicher Beweis die mangelhafte Erkenntnis des tieferen Unterschieds zwischen den Kuppeln auf Trompen und den Kuppeln auf Pendentifs.

Ein Schema der Klassifizierung, das nach weiterer Verbesserung und Verfeinerung verlangt, sei hier vorgelegt:

Bei den Wölbungen mit durchgehendem Auflager müßte man, genau genommen, noch unterscheiden zwischen Wölbungen mit geschlossenem Auflager (Kuppel, Klostergewölbe) und solchen mit fortlaufendem, nicht geschlossenem Auflager (Tonne). Bei einem mit Tonne gewölbten Raum treten Wände auf, die von der Wölbung nicht belastet werden, also bloße Füllwände sind (wenn sie unter die Tonne gezogen werden) oder Hüllwände (wenn sie an die Stirnseite der Tonne angeschoben werden). Die

SCHEMA DER WÖLBUNGEN, DIE NUR AUF DRUCK UND SCHUB BEANSPRUCHT WERDEN

WÖLBUNGEN

I — MIT DURCHGEHENDEN AUFLAGEN
(»voûtes couverclées«)

II — MIT GESONDERTEN AUFLAGEN
(»voûtes à retombées multiples«)

I — A

KUPPEL

a) *auf durchgehenden der Wand*

b) *auf Trompen*

I — B

KLOSTER-GEWÖLBE

a) *auf durchgehenden der Wand*

b) *auf Trompen*

(alle mit und ohne Rippen)

ABLEITUNGEN DES KLOSTER-GEWÖLBES

(*Spiegelgewölbe, Muldengewölbe*)

I — C

TONNE

II — C

TONNE MIT STICH-KAPPEN

II — B

KAPPEN-GEWÖLBE

(*Gratgewölbe Sonderfall: Kreuzgewölbe*)

II — A

a) KUPPEL AUF PENDENTIFS

b) KUPPEL MIT HÄNGE-ZWICKELN

(*Segelgewölbe*)

(alle mit und ohne Rippen)

D

SCHWIBBOGENGEWÖLBE

(FLACHDECKEN AUF SCHWIBBOGEN)

Tonne steht also in der Mitte zwischen den Gewölben mit geschlossenem und den Gewölben mit gesondertem Auflager.

Die Gewölbe mit *durchgehenden* Auflagern haben als Träger „Wände", seien diese Wände selbst massiv, seien es Architrave auf Säulen, seien es Arkadenwände. Die Wölbungen mit *getrennten* Auflagern haben als Träger, im technischen Sinn, immer Pfeiler (das ist technisch: einzelne schmale Wandstücke), mögen diese Pfeiler auch in der Wand oder hinter einer Füllwand verborgen sein. Darin und.in nichts anderem besteht der Unterschied von Kuppeln auf Trompen und Kuppeln auf Hängezwickeln oder Pendentifs. *Die einen sind auf die Wand hingeordnet, die anderen auf Pfeiler.* Die Trompe setzt immer *zwei* Wände, im Winkel aneinanderstoßend, voraus, zwischen denen vermittelnd sie ein geschlossenes Auflager herstellt.

Man sieht an diesem Schema, daß sich Kuppel und Kuppel, Gratgewölbe und Klostergewölbe, Tonne ohne und Tonne mit Stichkappen als Korrelate entsprechen. Die Tonne mit Stichkappen steht statisch den Gratgewölben viel näher als der Tonne ohne Stichkappen.

Eine gewöhnlich viel zu wenig beachtete, durchaus selbständige Klasse der Gewölbe mit gesonderten Auflagern sind die Schwibbogenwölbungen, die nicht zu verwechseln sind mit Schwibbogen unter Flachdecken (seien diese aus Holz oder Stein).

Diese sämtlichen Gewölbe gibt es *mit* und *ohne* Rippen. Nur das Schwibbogengewölbe gibt es nur in *einer* Form.

Besondere Betrachtung verdient dabei die Gruppe der „Schwibbogengewölbe" — ein Ausdruck, der bisher noch kaum angewendet wurde, dessen Einführung aber nach den Arbeiten H. Glücks und Baltrusaitis' unbedingt notwendig ist. Hier ist noch sehr viel Forschungsarbeit zu leisten, denn weder Alter, Herkunft, noch Verbreitung dieser Wölbungsform ist bekannt, auch nicht die statischen Eigenschaften dieser Gebilde. Von „Wölbungsform" zu sprechen scheint eigentlich falsch; der Schwibbogen an sich ist ein Element, das sich sowohl mit der Flachdecke wie — darin der Rippe vergleichbar — mit vielen verschiedenen Formen der Wölbung verbinden kann: mit Tonne, Klostergewölbe, Gratgewölbe und Kombinaten dieser. Doch gibt es Wölbungsformen, die sich *nur* aus dem Schwibbogen entwickeln lassen.

Das gegenseitige Verhältnis von Rippe und Schwibbogen zu klären, ist eine wesentliche Aufgabe für eine vergleichende Morphologie der Gewölbe: es gibt offenbar fließende Übergänge zwischen diesen Formen.

Konstruktiv scheint der Hauptunterschied der zu sein, daß der Schwibbogen als selbständiges Teilglied die Wölbung wirklich durchdringt und in einzelne Kappen zerlegt, während die Rippe der Wölbung „einverleibt", aufgelegt oder unterlegt ist.

IV

Diese wenigen Andeutungen sollen nur dazu dienen, die Probleme nach dem heutigen Stand der Forschung etwas zurechtzurücken. Dabei ist nicht zu übersehen, daß die Baukonstruktion nur einen *Teil* einer umfassenden *Technologie der Kathedrale* bildet, die im engsten Zusammenhang mit der *Phänomenologie* der künstlerischen Struktur *und* mit der Ikonologie entwickelt werden und sämtliche Kunstzweige umfassen müßte.

ANHANG II

Zeitgenössische Fachausdrücke für Formen der Kathedrale

Die Erkenntnis der architektonischen Struktur der Kathedrale macht es möglich, den Sinn zeitgenössischer Fachausdrücke für einige spezifisch „gotische" Formenelemente, deren Bedeutung bisher noch nicht endgültig geklärt werden konnte, genauer anzugeben. Wir beschränken uns dabei auf jene wenigen Elemente, die *konstitutiv* für die Struktur der Kathedrale sind:

1. „espace", „espase" — zum Beispiel „espases de la nef" — ist, nach Hahnloser 56, ein Stück Wand, das durch architektonische Glieder gegliedert ist. Wir können jetzt genauer bestimmen: es ist die Füllwand unter einem übergreifenden Bogen (die auch Glaswand sein kann) — *die „übergriffene Form",* — der architektonisch gegliederte „Zwischenraum" zwischen den Baldachinträgern.

2. „formes" ist das Gefüge des „Gitters", sei es in der Glaswand, sei es auf der Steinwand, doch vorzüglich das erstere, also das Stab- und Maßwerk. Das wird bestätigt durch die deutsche Bezeichnung „Formen in den Fenstern", die Buberl aus einem Bauvertrag für Zwettl veröffentlicht hat. — Daß unter den vielen Formen der Kathedrale gerade diese: *„Formen"* *(schlechthin)* genannt werden, darin drückt sich unwillkürlich die hohe Bedeutung dieses Elements für das gotische Baudenken aus.

3. „montée" — nach Hahnloser bei Villard „stufenförmiger Ausbau", eigentlich Treppe — bezeichnet sehr treffend jene Stufung oder Abtreppung in der Vertikalen — an Fassaden, Strebepfeilern usw. —, die wir oben (Kapitel 13) beschrieben und untersucht haben. —

4. Eine gute Bestätigung unserer Theorie ist es, daß es auch für jene konstitutive Form des Baus, die wir „Baldachin" ge-

nannt haben, einen terminus technicus gibt, diesmal in lateinischer Sprache. In der von dem Mönch Gervasius verfaßten genauen Baugeschichte der Kathedrale von Canterbury — der ersten auf englischem Boden in dem neuen System (siehe Kapitel 158) — heißt es:

„Factum est itaque *ciborium* inter quatuor pilarios principales" — also der Baldachin über der Vierung — „in cujus ciborii clavem (Schlußstein) videntur quodammodo chorus et cruces convenire".

Dann fährt er fort: *„Duo quoque ciboria hic et inde ante hiemen facta sunt"* — „auch die beiden Baldachine diesseits und jenseits der Vierung" — also der erste Baldachin von Langhaus und Chor — „sind vor dem Winter errichtet worden". Gervasius gebraucht also für diese raumkonstituierende Bauform dieselbe Bezeichnung, die man damals allgemein für den Überbau über dem Altar verwendete.

Dieser Umstand zeigt, daß Strzygowskis Protest, der Begriff „Baldachin" bedeute „die Einschmuggelung eines Möbels in die Baugeschichte", hinfällig ist. Das wird dazu beitragen, den ohnehin schwindenden Widerstand gegen die Anwendung des terminus „Baldachin" und „Baldachinsystem" endgültig zu überwinden.

Ob der Ausdruck „ciboire" im Französischen im gleichen Sinn gebraucht wurde, kann ich nicht nachweisen. Bei Albrecht von Scharffenberg werden die kleinen Kronenbaldachine über den Statuen „ciborie" genannt — was wiederum unserem terminus „Baldachin" entspricht. In Spanien heißen noch jetzt die Kuppeln in den Vierungstürmen „cimborios", doch wird dabei das Wort einerseits in einem engeren Begriff genommen, da Baldachine an anderen Stellen des Baus — so viel ich sehe — *nicht* so bezeichnet werden, anderseits in einem weiteren, da es heute nur mehr die Kuppel und nicht den gesamten Baldachin meint. Doch vermute ich, daß es ursprünglich gerade dem Vierungs*baldachin* zugeordnet war: dem „ciborium inter quatuor pilarios *principales"*.

Ein philologisch genau gearbeitetes kleines Wörterbuch der zeitgenössischen Fachausdrücke für Formen der Kathedrale in den verschiedenen Sprachen und Ländern wäre ein wesentliches Hilfsmittel der historischen Erkenntnis. Es zeigt sich aber, daß es nur auf einer eindringenden Phänomenologie und Technologie der Kathedrale basiert werden kann.

Jantzens Theorie des gotischen Kirchenraums

„Der richtige Grundgedanke bewährt sich
daran, daß er den Stoff organisiert"
(Goethe)

Jantzens klare Kennzeichnung der gotischen Wand hat für die Beurteilung des gotischen Kirchenraums epochemachende Bedeutung. Sie ist eine der wirklichen, großen Entdeckungen der Kunstgeschichte. Zum erstenmal überhaupt ist hier *von der Wand her* die Bestimmung des eigentlich Gotischen versucht worden und — was die Wand anbelangt — auch schon gelungen; zum erstenmal ist die Bestimmung nicht eine formale, sondern eine substantielle. Viel später haben dann auch französische Forscher — vor allem Bony — eingesehen, daß es sehr einseitig gewesen ist, die Bestimmung des Raums immer nur von den Gewölben her zu versuchen. Leider ist ihnen — zum Schaden von Bonys Kennzeichnung des „mur épais" — Jantzens klassische Arbeit unbekannt geblieben, ebenso wie Jantzens Kritik der älteren Versuche, durch die er sich freie Bahn für seine eigene positive Theorie geschaffen hat. (Diese bahnbrechende Kritik in ihrem ersten Heft veröffentlicht zu haben, bleibt ein Ruhmestitel der „Kritischen Berichte".)

Nicht übersehen werden soll, daß die Beobachtungen M. Niemeyers am gotischen Triforium Jantzen vorgearbeitet hatten.

Ich betrachte meine eigene Theorie des architektonischen Raums der Kathedrale als eine Erweiterung der Jantzenschen. Es liegt hier der Fall vor, der überall dort den echten Fortschritt einer Wissenschaft kennzeichnet, wo schon ein Stück fester Boden gewonnen war: die alte Theorie erscheint als Sonderfall innerhalb einer neuen, sie einschließenden, mit Gültigkeit für einen eingeschränkten Bereich („Klassische" Physik gültig in einem Bereich mittlerer Größen). So bleibt die Jantzensche Theorie gültig für die gotische *Wand*, die aber eben nur als Füllwand in einem eigentümlichen Baldachinsystem ganz zu beschreiben ist. Denn *nur* von der Wand her läßt sich das System und der Raum der Kathedrale nicht erfassen.

Gerade wegen der Bedeutsamkeit der Jantzenschen Theorie ist es notwendig, sie sehr scharf zu prüfen, um alles zu berichtigen, was den Wert dieser Erkenntnis beeinträchtigen könnte.

Es ist unbedingt notwendig, zu der Jantzenschen Kennzeichnung der gotischen Wand als „diaphaner Wand" das unterscheidende Kennzeichen „*Gitter*wand" hinzuzufügen. Merkwürdigerweise steht bei J. diese, erst wirklich die *gotische* Wand erfassende Kennzeichnung nicht im Text seines entscheidenden

Aufsatzes, sondern nur in einer der Anmerkungen. Diaphan im Sinne des Restes der Jantzenschen Definition sind auch manche justinianische und romanische Wandformen. So besteht zum Beispiel in normannischen Apsiden, wie der der Trinité von Caen, die „Wand" tatsächlich aus zwei Schalen und im Eindruck der Hauptsache nach aus vollplastischen Körpern, die mit Raumgrund hinterlegt sind. Die Wandplatte ist bis auf Reste in den Arkadenzwickeln aufgezehrt. Der Zwischenraum zwischen äußerer und innerer Schale hat hier keine praktische Funktion: er ist weder ein eigentlicher Chorumgang, noch im ersten Stock Empore; seine Bedeutung ist rein künstlerischer Art, eben die einer „Raumfolie". Ja man kann sagen, daß das, was J. als diaphane Wand beschrieben hat, kaum irgendwo so rein realisiert ist wie in den Apsiden normannischer Bauten um 1100.

Erst wenn man sich die Säulchen verdünnt und die Rundbogen durch Spitzbogen ersetzt denkt, entsteht eine frühgotische Wandform, mit dem Charakter eines „Gitters" (nämlich „dünner Stäbe") — ungefähr entsprechend der Wand im Chor von Heisterbach. Man könnte sich als Gedankenexperiment eine Entwicklung in dieser Richtung vorstellen, zumal es das Prinzip der zweischaligen durchschienenen Wand auch in normannischen Langhäusern schon gab. Es hätte sich — in der angegebenen Weise umgebildet — vom Chor über das ganze Langhaus fortsetzen können; denn auch im frühen 12. Jahrhundert gab es Langhäuser *ohne* durchgreifende vertikale Gliederung, beispielsweise in Southwell oder in Tournay.

Aber auf diesem Wege wäre die volle Wandform der Kathedrale nie zu erreichen gewesen. Die Kathedrale ist eben mehr als ein Raum mit diaphanen Wänden, sie ist ein Raum im Baldachinsystem mit diaphanen Gitterfüllwänden, wobei die Baldachine in die Hochwand „übergreifen" (H. S.). Sehr richtig sagt Jantzen: „Von der Struktur der *Raumgrenze* wird die Totalität des Raumeindrucks bestimmt." Aber verabsolutieren läßt sich das nicht. In den echten Hallenkirchen zum Beispiel sind für den Raumeindruck *Körper*, die „mitten im Raum" stehen, wesentlich (H. S.). Das Raumerlebnis der Kathedrale ist in hohem Maße von der Wand her bestimmt, nicht minder aber auch „von oben", von den Baldachinen her.

Zur Genesis der diaphanen Wand ist J.s Einsicht sehr wichtig gewesen, daß das Prinzip der diaphanen Wand gerade vom Chor seinen Ausgang genommen hat. „Die Vorliebe für den Chorumgang ist aus kultischen Bedürfnissen *allein* wohl nicht zu erklären. Das Motiv ist ja nicht neu. Aber neu ist die Einbeziehung des Umgangs in die gotische Struktur." Hier setzt sich die „Durchlichtung" zuerst durch (St. Trinité in Caen).

Das Verhältnis zwischen der ästhetischen und der technischen Struktur der gotischen Wand ist vorzüglich bestimmt durch Jantzens Satz: „Von der Konstruktion her gesprochen bedeutet das zweischalige Wandsystem dasjenige Prinzip, das die diaphane Struktur ermöglicht." Aber auch hier ist eine Erweiterung der Theorie notwendig, indem man hinzufügt: „und das technische Baldachinsystem (die Wölbungen auf gesonderten Auflagern) dasjenige Prinzip, das die Baldachinstruktur des Raums ermöglicht, und endlich die Verselbständigung der Randform zur technischen Form des „Stabwerks" dasjenige Prinzip, das die Gitterstruktur der vollgotischen Wand ermöglicht."

Was nun das über die künstlerische und technische Struktur Hinausreichende betrifft, so will auch Jantzen den von ihm beschriebenen gotischen Kirchenraum nicht als ein nur Formales betrachtet wissen. Ihm erscheint der Raum der Kathedrale als „Symbol eines Raumlosen". Diese Auffassung scheint mir das tatsächliche Verhältnis des Sichtbaren und des Unsichtbaren in der Kathedrale nicht richtig wiederzugeben, sondern es — teils noch romanisch, nämlich nach dem Prinzip der „unähnlichen Ähnlichkeit", teils sozusagen schon protestantisch, nämlich einseitig *nur* als Ausdruck einer bestimmten Frömmigkeit, einer „Verzauberung der Herzen" — zu verzeichnen. Im 12. und 13. Jahrhundert ist der sichtbare Raum nicht Symbol eines Raumlosen, sondern Abbild eines objektiven unsichtbaren Raums, zu dem er im Verhältnis einer realen Analogie gedacht wird: ὁρατὸν τῶν ἀοράτων (Vgl. Kapitel 24 ff.).

ANHANG IV

Die Romantiker als Realisten

> „Wir sind Zwerge, die auf den Schultern von Riesen stehen"
>
> (Bernhard von Chartres)

Es ist richtig, „daß die Gegenwart der Romantik überlegen ist durch die Ausdehnung ihres Wissens und durch ihren Reichtum nüchterner Beobachtungen, daß sie dagegen hinter der Romantik darin zurücksteht, weil diese, frei von den vielen Einseitigkeiten moderner Gotikdeutungen, jene Kunst als Produkt der unterschiedlichsten Kräfte und als eine Einheit aus weitgespannten Antithesen begreift" (Lützeler). Aber erst seit diese Sätze geschrieben wurden, hat die neue, wiederum einem Gesamtbild zustrebende, wissenschaftliche Erkenntnis der Gotik gezeigt, daß fast alles, was heute durch streng methodische Erkenntnis gesichert werden kann, bei den Romantikern schon intuitiv gesehen worden war. Es ist überwältigend festzustellen, *wie* viel an dem Bild der Kathedrale bei den Romantikern einfach „stimmt". Auch die modernsten Methoden können es nur konkretisieren, kaum erweitern oder verbessern. Da dies noch wenig bewußt ist, sei es in den Hauptpunkten zusammengefaßt.

Phänomene der Kathedrale. Gesehen ist vor allem, daß der ganze Aufbau dazu dient, eine besondere Beziehung des Menschen zu Gott zu symbolisieren, daß das mystische Element in das formale untrennbar „eingewoben" ist (ein wunderbares Wort). Ferner: Das Zentrale der Lichtvision; das „Licht aus der Höhe"; das Schwebende im Bau; die Emporgipfelung; die selbstleuchtenden Wände, die den Bau hermetisch verschließen. Dann ganz besonders schön das sowohl Kristallische wie Vegetabilische im Charakter der Architektur (der Bezug zum Pflanzlichen betont bei Schelling, Philosophie der Kunst; der zum Kristallischen bei Fr. Schlegel). „Und wenn das Ganze von außen mit all seinen zahllosen Türmen und Türmchen einem Walde nicht unähnlich sieht, so scheint das ganze Gewächs, wenn man etwas näher tritt, eher einem unermeßlichen Gebilde der kristallischen Natur zu vergleichen."

Scharfsinnig ist auch gesehen, daß „die künstlerische Aufgabe in ihren allgemeinsten Grundzügen eine *zweiteilige* ist", „schon von vornherein nach dem Maße einer einseitig idealistischen und einer einseitig statischen Berechnung gestaltet".

Ferner das „Wunderbare" des Innen- wie des Außenbaus. Auch das Äußere „soll in eine Wundererscheinung verwandelt werden".

Weniger klar ist den Romantikern dagegen der *abbildende Sinn.* Zwar wissen sie, daß die Kathedrale etwas darstellt, es ist ihnen aber bezeichnenderweise nichts Bestimmtes und Bestimmbares, sondern „das Unendliche". Doch bemerkt Boisserée in seiner Geschichte des Kölner Doms (45), nachdem er die Sterne aus vergoldetem Metall beachtet hat, mit denen die Gewölbe ausgestattet waren: „Betrachten wir überhaupt den Umfang und die Wirkung der farbigen Glasfenster, *so finden wir jenes bei der Einweihung der Kirche erwähnte Sinnbild des aus Edelsteinen erbauten himmlischen Jerusalems auf die überraschendste Weise vergegenwärtigt*" (Domwerk 24, 25).

Entstehung. Während von dem konkreten historischen Prozeß der Entstehung wenig gesehen ist — richtig erkannt ist das Ausgehen von der normannischen Formbasis bei Kugler —, ist eine der wesentlichen Wurzeln der Kathedrale mit großartiger Klarheit begriffen: das Verlangen nach einer *„Vergegenwärtigung des Heiligen und Überirdischen"*, nach *„unmittelbarer Nähe der wundervollen Geheimnisse".* Das Leben selbst sollte sich im

Widerschein solcher Nähe *verklären*. Das „*Süße der Gottesnähe*" wird als Ziel der Gotik erkannt, die „*Schau*" als Weg.

Sehr schön gesehen ist ferner die Rolle der „Phantasie": „Sie berührt das Untermenschliche und das Übermenschliche" (Fr. Schlegel).

Sehr schön auch eine, die Zeit übergreifende, Einheitlichkeit der Kathedrale.

Bewertung. Wie Lützeler klar herausgearbeitet hat, beruht für die Romantiker die Gipfelung der Gotik in der Kathedrale in drei Dingen. Sie ist ihnen die Kunst der größten Breite: eine Synthese von Natur, Geist und Religion. Sie ist ihnen die Kunst der größten Spannungen: denn sie vereinigt in einer „coincidentia oppositorum" das Vegetabilische und das Kristallische, das Gewachsene und das Konstruierte, das Zierliche und das Unermeßliche; das Größte und das Kleinste; das Höchste und das Nächste. Endlich ist sie ihnen auch die Kunst der größten Tiefe.

Doch darin liegt wohl ein Irrtum: die Kathedrale ist faszinierend und von tiefster Klarheit, aber doch schon mehr phantasietief und poetisch, als eigentlich mystisch.

Die neue wissenschaftliche Gesamtsicht kann dieses Bild nur in Wenigem verbessern. Vor allem durch eine Klärung der eigentlichen Struktur: Baldachinbau und diaphane Wand. „Die Romantiker waren weniger zu einer komplizierten Anschauung der Formen, als zur Deutung entscheidender Grundtatsachen befähigt." Dann in einer konkreteren Vorstellung von dem abbildenden Sinn der Kathedrale, von dem Vorgang der Entstehung, von den treibenden volklichen und politischen Kräften und vielleicht am meisten in der Beurteilung der — äußeren und inneren — *Folgen* der Kathedrale.

Wir sind doch nicht nur Epigonen der romantischen Auffassung, sondern ihre legitimen Nachkommen und Erben, die das lange vergessene Erbe übernommen und — das ist das Ergebnis unserer Arbeit und unsere Genugtuung — es *gemehrt* haben.

ABSCHLUSS UND AUSBLICK

Das Bild der Kathedrale in der Erneuerung

> *„Auf dem Turm (von Laon) begriff ich*
> *die Einheit zwischen jener frühen und*
> *unserer Zeit. Ich fühlte, daß s i e vor al-*
> *lem mir nicht entgleiten darf, und*
> *schwur mir zu, fortan nie zu vergessen,*
> *was ich den Ahnen schuldig bin."*
>
> (Ernst Jünger, Gärten und Straßen)

Das feste Fundament der Fakten, auf dem wir das neue Gesamtbild der Kathedrale errichten können, haben die großen Positivisten des 19. Jahrhunderts gelegt, allen voran Viollet-le-Duc. Aber dieses Fundament enthält kein Leitbild, nach dem der Erkenntnisbau in die Höhe geführt werden könnte. Der geistige Aufriß der Kathedrale ging verloren. Es bleibt uns kurz zu berichten, auf welchen Spuren er wiedergewonnen wurde.

1

Während der Sonnenfinsternis der Kathedrale im späteren 19. Jahrhundert und in den beiden ersten Jahrzehnten des 20. Jahrhunderts war es ein Künstler, der in aller Subjektivität seines Künstlertums und trotz mancher Irrtümer und Entgleisungen unter einer Flut wechselnder Bilder Wesenszüge der Kathedrale klar gesehen und festgehalten hat. *Rodins* „Kathedralen Frankreichs", Frucht einer Reise im Jahre 1877, weiß unvergleichlich mehr von dem Wesentlichen der Kathedrale, als die ganze Wissenschaft von damals. Zwei Seiten hat Rodin besonders klar gesehen: einmal das plastische Wesen der Kathedrale — hier spricht der Bildhauer als kongenialer Versteher. Er wird nicht müde, die plastischen Werte zu bewundern und zu beschreiben; er kennt das Prinzip der „statuarischen Architektur" (193). Dann besitzt er, wie niemand in dieser Zeit, den Zugang zu den Lichtgeheimnissen der Kathedrale. „Niemals habe ich das Sonnenlicht in solcher Pracht sich abstufen gesehen wie in den Bogenrundungen des Reimser Portals." „Die Griechen haben vor uns und vor allen diesen Zauber des Lichtes verstanden, die Gotiker haben ihn aus Eigenem wieder aufgenommen, weil es in der Natur des Menschen liegt, die Sonnenwirkungen anzubeten, sie auszudrücken, indem man sie ihrem natürlichen Sinne gemäß leitet." In diesem Verhältnis zum natürlichen Licht liegt eines zum übernatürlichen Licht eingeschlossen: „Die Künstler, die dieses schufen, haben den Abglanz der

Gottheit in die Welt geworfen" (120). „Es ist übernatürliches Licht, das uns hier erleuchtet" (151).

Von hier aus aber eröffnet sich Rodin eine Erkenntnis, die außer ihm in dieser Zeit wohl niemand mehr besessen hat: die Kathedrale ist Bild des Himmels. „Wenn zum Beispiel die Kirchenfenster des 12. und 13. Jahrhunderts mit ihrem wundervollen, sammetweichen tiefen Blau, mit ihrem süßen schmeichlerischen Violett und ihrem warmen, kräftig leuchtenden Karmin das Auge entzücken, so hat dies darin seine Ursache, daß alle diese Farbentöne die mystische Glückseligkeit ausdrücken, deren die frommen Künstler dieser Zeit in dem Himmel ihrer Träume sich zu erfreuen hofften . . . . So enthält jede Zeichnung, jede Farbenzusammenstellung eine Bedeutung, ohne die sie jeder Schönheit bar wäre" (Gespräche 73). „Die alten Fenster sind dem Himmel ebenbürtig (89), ihre Farbe ist ein ‚seraphisches Blau' " (102). Und noch bestimmter heißt es: *„Jene bewunderungswürdigen Werkleute, die ihr Denken auf den Himmel konzentrierten und dazu gelangten, sein Abbild auf Erden festzuhalten."* „Ich kann die Pracht dieser Schönheit" — an einer anderen Stelle heißt es: „diese betäubende Herrlichkeit" — „nicht ertragen" (169). Im Lichtschein dieser Erkenntnisse werden nun auch manche Einzelheiten viel richtiger gesehen, als bei den wissenschaftlichen Zeitgenossen. Rodin erkennt, daß der Spitzbogen nicht wesentlich für die „Gotik" ist (100), daß die großen „Rosen" in Wahrheit über Tags „Sonnen" sind (141), daß das Fallen und Steigen der Gestalten in den Bogenwölbungen den „Umsturz der Schöpfung", das „Chaos des Jüngsten Gerichts" versinnbildlicht (188), er gewinnt Einsichten über die Funktion der Figurenbaldachine (113), die bedenkenswert sind, er macht uns aufmerksam auf ein Phänomen, das hier übergangen worden ist: die Bedeutung der Glocken — denn gewiß ist auch mit ihrer Stimme damals eine ähnliche Veränderung vorgegangen, wie sie Albrecht von Scharffenberg für den „Widerhall" der Kathedrale beschreibt. Die Fähigkeit, diese Seite der Kathedrale zu begreifen, wächst aus seinem verwandten Urerlebnis: „Bewundern heißt, in Gott leben, den Himmel kennen, — den Himmel, den man immer falsch beschrieben hat, weil man ihn immer allzuferne sucht: *er ist da, wie das Glück, ganz nahe bei uns."*

Und so wie den Zusammenhang mit dem Himmel, spürt er überall den Zusammenhang der Kathedrale mit der Natur: „Die Natur, die doch zweifellos nicht im geringsten mit unseren Daten rechnet, erzählt uns unaufhörlich vom 12., 13., 14. Jahrhundert."

2

Auf den Künstler folgt der Liebhaber der Kunst. Es ist sehr fraglich, ob der geistige Unterschied der normannischen Romanik und der Gotik um 1903 irgendwo so tief und klar gesehen worden ist, wie in dem Buch des kunstreisenden amerikanischen Historikers *Henry Adams* — eines Urenkels der amerikanischen Präsidenten — das, in jenem Jahr erschienen, den Namen trägt: „Chartres und Mont-Saint-Michel". Das Buch ist der europäischen Forschung so gut wie unbekannt oder doch von ihr unberücksichtigt geblieben.*) Der Zeit vorauseilende Erkenntnisse werden hier — wenn auch in unverbindlicher, mehr subjektiver Form — dadurch gewonnen, daß die romanische Kirche unter dem „Zeichen" des hl. Michael, die gotische Kathedrale unter dem Zeichen von „Notre-Dame" gesehen wird. Die Kennzeichnungen reichen tief erhellend bis in das Konkreteste des Formalen.

3

Neben diesem Buch wirkt der expressionistische Versuch *Worringers* gewaltsam. Obwohl er selbst im Bereiche der „Abstraktion" verharrt und nirgends zur „Einfühlung" der Kathedrale kommt, ist *sein* Vorstoß doch der entscheidende. Obwohl seine Methode unzulänglich und mit Recht scharf kritisiert worden ist, bricht er doch in entscheidender Richtung durch. Obwohl er keine einzige Erkenntnis des konkreten Wesens der Kathedrale gibt — mit der er es ja auch nicht zu tun hat, da er auf ein abstractum „die Gotik" (noch dazu in einem denkbar ausgeweiteten Sinn) zielt —, schafft er doch Voraussetzungen, von denen her konkretere Erkenntnisse möglich werden. Dabei steht er freilich auf den Schultern Riegls, und hier wird Riegls Werk nun indirekt doch fruchtbar für das kommende Bild der Kathedrale.

Die wesentlichste Erkenntnis Worringers ist, daß sich mit der Gotik — und heute können wir bestimmter sagen: eben mit der Kathedrale — der Übergang von einer Kunst der „Abstraktion" zu einer der „Einfühlung" vollzieht. Zur abstrakten Kunst aber gehört wesentlich die Fläche — ein Gedanke, den dann besonders Th. Hetzer weitergeführt hat —, zur Kunst der Einfühlung die Darstellung des Raums. Auf dieser Einsicht werden die viel konkreteren Erkenntnisse Panofskys und Jantzens stehen können.

---

*) Ich verdanke den Hinweis auf dieses Werk, auf das ich bei anderer Gelegenheit näher eingehen möchte, Herrn Dr. A. Wandruszka.

Dieser Übergang bedeutet aber zugleich — und das ist schon sehr tief gesehen und geht über Riegl hinaus —: „Die Angst läßt nach und das Vertrauen wächst." Wie fruchtbar diese Erkenntnis ist, haben wir oben gezeigt (Kapitel 108). Und so kann Worringer an dieser Stelle wirklich genial erkennen, daß die neue Kunst mit der Mystik zusammenhängt, die das Göttliche dem Menschen *nahebringt*. An dem hohen Rang dieser Einsicht ändert nichts, daß sie mit argen Irrtümern belastet ist („Die Scholastik ist auf religiösem Gebiet das, was auf künstlerischem Gebiet die Gotik ist — sie ist ein ebenso sprechendes Dokument der erhabenen Hysterie des Mittelalters") und daß Worringer ihre Bedeutung selbst nicht ganz erkannt hat.

Max Dvořaks berühmtes Buch „Idealismus und Naturalismus in der gotischen Skulptur und Malerei" ist der Versuch, Worringers Erkenntnisse auf den Boden historischer Betrachtung überzuführen. Man wird — von der neugewonnenen Basis her urteilend — den Manen Dvořaks nicht zu nahe treten, wenn man feststellt, daß sein Buch mehr die Erkenntnis des Mittelalters gefördert hat als die der Kathedrale. Das Verfahren ist in seiner Art kaum weniger anfechtbar als Worringers Versuch — L. Coellen und G. v. Kaschnitz haben das Methodische scharf, aber mit Recht kritisiert. Nicht nur steht, wie bei Worringer, die Kathedrale noch hinter einer Nebelwand abstrakter Begriffe, aus der nur selten, wie durch einen Riß, eine konkrete Erkenntnis herausleuchtet, zum Beispiel die wichtige, leider isoliert bleibende Einsicht, daß die Skulptur der Kathedrale *schwebt*. Sondern die Kathedrale, statt sie wie Worringer mit der Mystik, einem Einfall Sempers folgend mit der Scholastik zusammenzusehen, ist zweifellos kein Fortschritt gewesen; es gibt kaum eine geistige Erscheinung der Zeit, von der her der Kathedrale so wenig beizukommen war, wie von der Scholastik. Und die Zerspaltung in „Idealismus und Naturalismus" — fruchtbar nur für die spätere Entwicklung seit der Mitte des 13. Jahrhunderts — ist nicht nur sprachlogisch anfechtbar, sondern sie verbaut das Verständnis der Kathedrale vollkommen (siehe oben Kapitel 101). Wahrhaft befreiend ist die entschiedene Absage an den Formalismus. Aber auch schon bei Worringer „erhält die Kunstgeschichte eine der Religionsgeschichte fast gleichgestellte Bedeutung". Und doch hat — trotz aller dieser Bedenken — Dvořaks Buch gleichsam jene Mutterlauge geistiger Erkenntnis bereitet, in der sich die Kristalle einer konkreten Erkenntnis der Kathedrale erst bilden konnten. —

Daß im 12. Jahrhundert mit dem Erscheinen der Gotik sich ein Umbruch vollzogen hat, der tiefer sogar als der der Renaissance ist, den man bis dahin als die entscheidende Zäsur der europäischen Kunstgeschichte betrachtet hatte, wird damals nirgends so deutlich wie in den Arbeiten *Ildefons Herwegens* und seiner Schule. Und hier wird der Boden der konkreten Geschichte erreicht. Besonders in dem Aufsatz *Anton L. Mayers* „Die Liturgie und der Geist der Gotik" (1926), der Gedanken Herwegens ausbaut, ist an ganz konkreten Erscheinungen der Liturgiegeschichte gezeigt, wie ein neues Element der Religiosität erscheint, der „Wunsch nach Schau". Damit sind wir schon in dem zeitlichen und räumlichen Quellgebiet der Kathedrale.

Alle diese Versuche — der Adams, der Worringers, der Dvořaks und der Herwegens — haben eine Art Vorhof der Erkenntnis geschaffen, von dem aus der Zugang zu den konkreten Phänomenen der Kathedrale möglich wurde. Sie umspannen rund eine Generation (1903 bis 1926). Und es ist bemerkenswert, daß sie alle eine religiöse Umwandlung als das entscheidende Ereignis annehmen. Auch bei Worringer ist der Gegensatz „Abstraktion" und „Einfühlung" Funktion eines geänderten Verhältnisses des Menschen zum Transzendenten (Absoluten) und zur Natur, wenn er auch arg verzerrt gesehen ist. Hier hatte Rudolf Ottos Unterscheidung des „Tremendum" und des „Faszinosum" (1917) die notwendige Korrektur gebracht.

4

Und jetzt erscheinen Schlag auf Schlag die neuen konkreten und in einem tieferen Sinn positiven Erkenntnisse. *Jantzens* Theorie des gotischen Kirchenraums (1927), die von einer eindringenden „phänomenologischen" Beschreibung der gotischen Wand ausgeht, ist die erste, die diesen Namen wirklich verdient. Sie wird ergänzt durch eine Theorie des gotischen Kirchenraums als eines Baldachinsystems, die sich mit Jantzens Kennzeichnung der Wand organisch zusammenschließt, und durch eine verbesserte Beschreibung der Wand (H. S., Peter Meyer).

Vorher schon, 1925, war H. Jantzen zu einer entscheidenden Kennzeichnung der gotischen Skulptur gelangt, die *E. Panofsky* und *Dvořak* weitgehend vorbereitet hatten. Auch sie verbindet sich organisch mit der neuen Kennzeichnung der Wand und des Raums. Man beginnt endlich, Architektur und Bildkünste aufeinander zu beziehen *(Rothkirch, 1938)*.

Dann reißen *Sabouret* (1928) und *Pol Abraham* (dessen Arbeit 1934 erschien, aber schon früher vorlag) Viollet-le-Ducs Theorie von dem technischen Wesen der Kathedrale ein, gerade in dem Augenblick, als glücklicherweise die neue Theorie von dem künstlerischen Wesen der Kathedrale schon da war. Sie geben eine grundlegende neue Auffassung des Technischen. Die Versuche der „Konservativen", gegen Abraham das Lehrgebäude Viollet-le-Ducs zu halten, sind im wesentlichen gescheitert. Nun erkennt man aber auch, daß es schon im 19. Jahrhundert eine Viollet opponierende Minorität gegeben hat, von der besonders Arcis de Caumont genannt zu werden verdient.

Und endlich wird der Abbildsinn der Kathedrale erkannt, wozu Arbeiten *Schwieterings* und seiner Schule *(H. Lichtenberg)* den Weg gebahnt hatten. Meine Antrittsvorlesung (1936), die diesen Gedanken skizzierte, wird später unterbaut durch die Arbeiten von Kitschelt, Unterkircher, Mersmann, Kitt.

In den zehn Jahren von 1927 bis 1936 ist der Aufriß für den Neubau erarbeitet worden. Ihm fügen sich zahlreiche Einzelerkenntnisse zwanglos ein.

5

Nun wird es erst möglich, die Frage nach der Entstehung der Kathedrale zu beantworten, aus den älteren Einzelerkenntnissen, die dazu vorliegen, die brauchbaren auszusieben und zusammenzufügen. Die wichtigsten darunter sind *Bilsons* Theorie der Entstehung des normannischen Rippengewölbes, die schon 1899 erschien, aber nicht ausgewertet wurde, weil sie sich in das herrschende Schema nicht recht einordnen ließ — nur Ostendorf hatte von ihr Gebrauch gemacht. Ferner *Auberts* Entdeckung des burgundischen Anteils (Schildbogen), *Bonys* Entdeckung eines spezifisch normannischen Wandsystems (mur évidé) und westenglischer Elemente in der gotischen Architektur (Vierstöckigkeit, schwebende Dienste). Daraus ergibt sich die neue Beurteilung der Vorgeschichte der Kathedrale und ihrer eigentlichen Entstehung, wie sie hier gezeichnet worden ist.

Und wiederum: erst wenn der *Vorgang* der Entstehung einigermaßen geklärt ist, wird es möglich, nach den *Kräften* zu fragen, die ihn in Gang gebracht haben (Abschnitt VI-VII). Jetzt erst wird z. B. der Hinweis Gonses auf die keltische Wurzel, den Worringer, Wimmer und gelegentlich Julius v. Schlosser aufgegriffen hatten, streng erweisbar.

Wenn 1925 Ernst Gall in seinem ausgezeichneten Buch „Die gotische Baukunst in Frankreich und Deutschland" noch sagen konnte: „Wir vermögen nicht einzusehen, wie Rittertum und Mystik die Verwendung eines ganz bestimmten Gewölbesystems erklären können", so dürfen wir heute erwidern: „Wir vermögen sicher einzusehen, wie die Entstehung des gotischen Baldachinsystems und der diaphanen Wand mit der Lichtmystik, wie die in der Kathedrale versuchte Synthese mit dem französischen Königsgedanken, wie bestimmte Züge der Plastik mit dem ritterlichen Menschenideal zusammenhängen."

Und wiederum: erst von hier aus ergibt sich eine neue Beurteilung der „inneren Folgen" der Kathedrale, weil es *jetzt erst* überhaupt möglich wird zu fragen, ob, wie und wie weit die gleichen Kräfte weiterwirken, welche die Kathedrale erzeugt haben. Ihre Kontinuität wird erst jetzt voll sichtbar.

6

Wissenschaftsgeschichtlich gesehen ist das, was hier geschildert wurde, eine große Schlacht im Kampf um eine konkrete, antimuseale Kunstgeschichte. Er wendet sich nicht gegen das Sinnvolle der Institution, sondern gegen die Einseitigkeit des Geistes.

Museal ist im Materiellen die Zerstückelung der Gesamtkunstwerke. Demgegenüber vertreten wir die Betrachtung aller Künste in ihrem ursprünglichen Zusammenhang und ihrer ursprünglichen Funktion und die „Kunstgeschichte als eine Geschichte ursprünglicher großer, meist sakral gebundener Kunstwerk-Komplexe, ihrer Auflösung und der Säkularisation des Erbes". Was dabei zu gewinnen ist, möchte dieses Buch angedeutet haben.

Museal ist die stückhafte Ikonographie anstatt der Ikonologie.

Museal ist im Methodischen die Überschätzung des „Stils", nämlich jener Eigenschaften, die das Wann, Wo und von Wem eines Werkes determinieren, die es also erlauben, es zu datieren, zu lokalisieren und zu attribuieren — notwendige Verfahren, bei denen aber der künstlerische und geistige Gehalt des Werks oft zu kurz kommt.

Museal ist im Genetischen die Zerstückelung des ganzheitlichen Geschehens auf isolierte „Entwicklungsreihen".

Museal ist im Gebiete des Wertens: die „Qualität" als Ersatz für Rang und Wert.

Noch allgemeiner gesehen geht dieser Kampf um „das Konkrete" überhaupt. Im Gebiete der Kunst sind das Abstrakte die Begriffe, die von außen an die Gegenstände gebracht werden, das Konkrete jene Begriffe, die man noch selbst den Gegenständen der Beurteilung entnimmt (Goethe). Abstrakt sind die schematisch konstruierten Typen „mittlerer Allgemeinheit". Konkret ist das einzelne Kunstwerk in seiner Totalität und lebendigen Funktion, konkret ist die natürlich in sich geschlossene Epoche, konkret ist die Universalgeschichte der Kunst, die aber eben nicht auf eine „formale" Kunstgeschichte eingeschränkt werden kann.

Konkret sind jene natürlichen Typen, denen eine historische Realität entspricht — „die Kathedrale" selbst ist ein solcher Typus — im Unterschied zu abstrakten Klassen (wie z. B. der Zentralbau). Echte Geschichte gibt es nur von solchen Typen: es gibt eine Kunstgeschichte der Kathedrale, aber — im strengen Sinn — keine Kunst*geschichte* des Zentralbaus (die nur Hilfskonstruktion sein kann).

Das konkrete Kunstwerk ist eine *geschlossene* Ganzheit, die Geschichte ist eine *offene* Ganzheit. In der Spannung zwischen diesen beiden Erkenntnispolen — die beide unerschöpflich sind — kann der Lichtbogen wirklich „erhellender" Erkenntnisse aufleuchten, und in seinem Lichte wird die Kunstgeschichte aus ihrer abstrakten Phase in die konkrete übergehen. Die 25 Jahre zwischen 1925 und 1950 haben diesen Übergang *eingeleitet*. Ein echter Fortschritt ist nicht zu bestreiten. Er ist — das mag Mut machen — in der Zeit erreicht worden, in der am meisten von der „Krise der Kunstgeschichte" die Rede war.

7

Und doch ist, was ich in diesem Buch vorlege, noch keine *Kunst*geschichte der Kathedrale, sondern nur ihre Vorbereitung. Diese Feststellung wird dem Einwand B. Croces die Schärfe nehmen. Es ist keine *Kunst*geschichte, weil noch nirgends von dem eigentlichen Gegenstand, den Kunstwerken „mit Eigennamen" in ihrer konkreten Ganzheit die Rede war und nur ganz allgemein von deren Rang und Wert. Und es ist keine Kunst*geschichte,* weil noch nirgends von den konkreten Trägern und Bewegern des Kunstgeschehens die Rede war: den Bauherren und den Künstlern.

Es bleibt also die Aufgabe bestehen, die Erkenntnis nach diesen zwei Richtungen weiter ins Konkrete zu führen.

Es war ursprünglich beabsichtigt, die vorliegende Arbeit in eine *Strukturanalyse des Gesamtkunstwerks der Kathedrale von Reims* einmünden zu lassen. Dieser Plan mußte aus äußeren Gründen aufgeschoben werden, bleibt aber bestehen. Von den Arbeiten, die diesen Versuch fundieren müßten, sind einige geleistet, andere stehen noch aus. Vor allem liegt eine ausgezeichnete Analyse der künstlerischen Struktur des Innenraums von Reims (mindestens nach einigen Richtungen) hin vor (Peter Meyer), die zu den besten Strukturanalysen der Architekturgeschichte überhaupt zählt. Das Buch von E. Paillard gibt mindestens eine Hypothese zur Untersuchung der Gesamtikonologie von der Fassade her. Karl Oettinger hat in einer, bei Abschluß dieses Buchs schon weit vorgeschrittenen Arbeit, die ganz neue Einsichten verspricht, die Zahl- und Maßverhältnisse von Reims eingehend untersucht. Sie muß nach der einen Seite verschmolzen werden mit der Strukturanalyse, auf der anderen verlängert in das Gebiet der Symbolik der Zahlen, die für das Mittelalter ebenso real ist, wie die numerischen Verhältnisse (und hier dürfte sie Anschluß an die Ikonologie gewinnen). Was vor allem noch zu leisten ist, wäre eine eingehendere Untersuchung des ikonologischen Programms, geführt — mutatis mutandis — in der Art wie jene, durch die W. Mrazek das konkrete Verständnis der Ikonologie barocker Gesamtkunstwerke aus zeitgenössischen Quellen aufgeschlüsselt hat. Endlich wäre eine bis ins Einzelne gehende Untersuchung der baustatischen, konstruktiven und werkmäßigen (technologischen) Verhältnisse zu leisten — zu der wie kein anderer der ehrwürdige Wiederhersteller und Betreuer der Kathedrale, *Henry Deneux*, berufen ist. Erst durch die Zusammenfassung dieser Arbeiten würde die Strukturanalyse auf festen Boden gestellt. Und erst im Vergleich so eingehend untersuchter Einzelwerke würde der Rang der einzelnen Kathedralen als Kunstwerke sich klären.

Zweitens wäre die Betrachtung der Kathedrale und ihres Werdens überzuleiten aus einer Betrachtung der Ideen in eine der Personen, durch die sich die Ideen verkörpert haben: einerseits der Bauherren, anderseits der ausführenden Künstler, der Architekten, Glasmaler, Bildhauer usw. und, was man meistens vergißt, der Entwerfer der Programme. In der Kirchenkunst des Barock sind das oft die Bauherren selbst oder Geistliche, die für diese Aufgabe besonders begabt und geschult sind, seltener — was für die Kathedrale nicht anzunehmen ist — Laien. Und so wird es auch bei der Kathedrale gewesen sein, was eine allzu zeitbefangene Kunstgeschichte vergeblich bestritten hat. Eine „Prosopographie" der Kathedrale ist gefordert. Damit erst würde sich für die *Erkenntnis* der Kathedrale der gleiche Übergang vollziehen, den für die Kunst die Kathedrale selbst gebracht hat: der zur *Vermenschlichung*.

Das Streben zum allseitig Konkreten erfüllt sich aber erst in einer absoluten Wertung der Kathedrale und der einzelnen Kathedralen. Diese aber kann nicht erreicht werden ohne feste Maßstäbe des künstlerischen und des menschlichen Werts, die nicht gesetzt, sondern nur vorgefunden und anerkannt werden können. Wo solche, der Willkür der Zeit entzogene, Maßstäbe nicht anerkannt werden, wird das Bild einer historischen Erscheinung immer schwankend bleiben.

Was für die Erfüllung dieser Zukunftsaufgaben gefordert ist, ist nicht so sehr die Universalität des einzelnen — die heute nicht mehr genügen würde — als die „Universität" der Forscher. Die Entstehung der „Universitäten" fällt ja nicht nur zeitlich mit der Entstehung der Kathedrale zusammen, sondern sie sind mit jenen auch durch zahlreiche konkrete Fäden verbunden. Die wachsende Bedeutung der Kathedrale in jenem Zeitalter spiegelt sich in der großen Aktivität ihrer Schulen, welche die „Universität" vorbereiten (Reims, Laon, Chartres, Tours) und es mit der Kathedralschule von Paris zu einer „vollständigen" Universität bringen, die dem Kanzler der Kathedralen untersteht (Haskins 371-72); ihre älteste Tochter ist Oxford. Beide, die neue „gotische" Form der Kathedrale und die neue Schulform der Universität, zielen auf die Bewältigung des gesamten „Universums", Irdisches und Himmlisches miteinander in der Sphäre der Kunst wie in der des Wissens verbindend. Und in dieser Hinsicht ist auch das volle Verständnis der Kathedrale heute auf die „Universität" angewiesen, auf jene, die — mehr als eine bloße Addierung sei es noch so ausgezeichneter Fachschulen — diesen Namen wahrhaft verdient, die aber, um ihn zu verdienen, heute auch die technischen Wissenschaften in sich einschließen müßte, weil diese sonst, abgedrängt von der Theologie und den „freien" Wissenschaften, ein Weltbild zu entwerfen streben, das unzulänglich bleibt. Wie das Beispiel der Kathedrale im kleinen zeigt.

Nachwort

Am Schlusse eines solchen Unternehmens sind die Mängel noch deutlicher, ist es noch klarer, daß so viele der „Kapitel" in Wahrheit erst der Aufriß eines Kapitels sind, und daß ein gelöstes Problem neue ungelöste stellt. Doch liegt das meiste davon schon im Wesen eines solchen synthetischen Unterfangens, dessen weite Grenzen die Sache selbst bestimmt. Und wer das am Anfang einsah, hatte nur die Wahl es zu unterlassen, oder es durchzuführen „als ich kann".

VERZEICHNIS DER LITERATUR

In dem folgenden nach Kapiteln geordneten Verzeichnis wird nur jene Literatur zitiert, auf die sich die Darstellung beruft oder stützt. — Auf schon zitierte Werke wird in späteren Kapiteln durch den Hinweis: (zit. Kap. . .) verwiesen. — Werke, die mir nicht erreichbar waren, die ich nur aus Rezensionen oder Zitaten kenne, sind mit einem * bezeichnet. — Arbeiten des Autors werden unter der Signatur H. S. zitiert.

In der Rubrik „Offene Fragen" werden mir wichtig erscheinende Desiderata der Forschung genannt.

EINLEITUNG (Seite 13)

1

Franz Kugler, Handbuch der Kunstgeschichte. Stuttgart 1841 — 42, 3. Aufl. 1859, Bd. II p. 299 ff. — Franz Kugler, Geschichte der Baukunst. Berlin 1855 — 60 Bd. III. — Heinrich Lützeler, Die Deutung der Gotik bei den Romantikern. In: Wallraf-Richartz Jahrbuch Bd. II (1925) p. 9 — 33 (dort die ältere Literatur). — Carl Schnaase, Geschichte der bildenden Künste im Mittelalter (7 Bde.) 2. Aufl. Bd. III. Düsseldorf 1872. — K. Koetschau, Goethe und die Gotik. In: Festschrift zum 60. Geburtstag von Paul Clemen. Bonn 1926 p. 460 — 471.

2

Didron, Annales archéologiques. Paris seit 1844. — E. Viollet-le-Duc, De la construction des édifices religieux en France. In: Annales archéologiques I (1844) p. 179 ff; II (1845) p. 78 ff, 143 ff, 336 ff; III (1845) p. 321 ff; IV (1846) p. 266 ff; VI (1847) p. 194 ff. — E. Viollet-le-Duc, Dictionnaire raisonné de l'architecture française du XIe au XVIe siècle. Paris 1854 — 68, zehn Bände. — Jules Quicherat, De l'ogive et de l'architecture dite ogivale. In: Revue archéologique, Paris 1850. — Felix de Verneilh, Origine française de l'architecture ogivale. In: Annales archéologiques II (1845) p. 133 ff, II (1845) p. 156 ff. — Auguste Choisy, Histoire de l'architecture, tome II. Paris s. d. (1899), p. 258 ff. — Georg Dehio, Die Anfänge des gotischen Baustils. In: Rep. f. Kunstw. XIX (1896) p. 169 ff. — Dehio und Bezold, Die Kirchliche Baukunst des Abendlandes (Stuttgart 1884 — 1901) Bd. II. — Marcel Aubert, L'art gothique, ses origines française. In: Actes du XIIIe congrès international d'histoire de l'art, Stockholm 1933, p. 14 — 15, 35 — 47. — E. Lefèvre-Pontalis, L'architecture religieuse dans l'ancien diocèse de Soissons au XIe et au XIIe siècle. Paris 1894 t. I. p. 57. — Emile Mâle, L'art allemand et l'art français du moyen-âge. Paris 1922, p. 116. — Paul Gout, Viollet-le-Duc, sa vie, son oeuvre, sa doctrine. Paris 1914. — J. A. Brutails, L'archéologie du moyen-âge et ses méthodes. Paris 1900. — Victor Hugo, Das Buch und der Stein (Abschnitt aus Notre-Dame. Paris 1832, deutsch im Insel-Verlag). In der Ztschr. Kunst und Künstler XVI (1918) p. 108 — 121.

3

August Schmarsow, Kompositionsgesetze in der Kunst des Mittelalters, 2 Bde. Bonn-Leipzig 1922, bes. p. 79 ff. — Wilhelm Pinder, Einleitende Voruntersuchung zu einer Rhythmik romanischer Innenräume in der Normandie. Straßburg 1903. — Wilhelm Pinder, Zur Rhythmik romanischer Innenräume in der Normandie. Straßburg 1904.

4

Ernst Gall, Die gotische Baukunst in Frankreich und Deutschland. Leipzig 1925 p. 12 Anm. 3. — R. Kömstedt, Artikel „Gotische Baukunst" in Wasmuths Lexikon der Baukunst Bd. II (Berlin 1930) p. 654 ff. — Hans Weigert, Die Kaiserdome Speyer, Mainz, Worms. Berlin 1933. — Paul Frankl, Meinungen über Wesen und Herkunft der Gotik. In: Walter Timmling, Kunstgeschichte und Kunstwissenschaft, Kleine Literaturführer Bd. 6 Leipzig 1923. — Paul Frankl, Der Beginn der Gotik und das allgemeine Problem des Stilbeginns. In: Festschr. f. Heinrich Wölfflin. München 1924, p. 107 ff. — Paul Frankl, Die Rolle der Aesthetik in der Methode der Kunstwissenschaft. In: Zeitschr. f. Aesthetik und allgem. Kunstwiss. 21 (1927) p. 147 — 148.

KAPITEL 1 (Seite 23)

R. Schneider, L'art français. Le Moyen-Âge. Paris 1928. — Hermann Phleps, Far-
bige Architektur bei den Römern und im Mittelalter. Berlin 1930. — Das Buch von Le
Corbusier „Quand les cathédrales étaient blanches", das Bauprobleme der Gegenwart be-
handelt, geht kaum über den anregenden Titel hinaus. — L. Pfister, Die Farbe in der
Architektur. In: Deutsche Bauzeitung 59 (1925) p. 51 ff, 60 ff, 76 ff. — L. von Fisenne,
Die polychrome Ausstattung der Außenfassaden mittelalterlicher Bauten. In: Zeitschr. f.
Christl. Kunst 1890, p. 66 — 79. — C. H. Pfitzner, Zur farbigen Fassung mittelalterlicher
Innenräume. In: Deutsche Kunst und Denkmalspflege 5 — 6 (1942 — 43) p. 74 — 83. —
L. Courajod, La polychromie de la statuaire au moyen-âge. In Mem. de la soc. des
Antiquaires de la France XLVIII (1887) p. 202. — Louis Brehier, La cathédrale de
Reims, Paris 1920, p. 243 — 45. — H. Stein, Le Palais de Justice et la Sainte - Cha-
pelle de Paris. Nouvelle édition Paris 1937. — E. Bach, La polychromie du Portail peint
de la cathédrale de Lausanne. In Actes du XIVe congrès international d'histoire de
l'art 1936, Annexe au volume de Résumés p. 205 — 206. — Notre-Dame de Paris:
Viollet-le-Duc, Dictionnaire (zit. Einleitung), passim besonders im Artikel „peinture". —
Knauth, in: Straßburger Münster Blatt III (1906), p. 42. — Sulpice Boisserée, Geschichte und Beschreibung des Doms von Köln. Stuttgart 1823. — G. K. Chesterton, Der
heilige Thomas von Aquin. Erste englische Auflage London 1933.

KAPITEL 2 (Seite 30)

H. R. Hahnloser, Villard de Honnecourt. Wien 1935. Dazu die Besprechung von L.
Schürenberg in: Zeitschr. f. Kunstgesch. II (1937) p. 44 ff. — Viollet-le-Duc, Dictionnaire . . . (zit. Einleitung). — Viollet-le-Duc, Dictionnaire du mobilier français, 6 vol,
1854 — 75. — O. Schmitt, Reallexikon der Kunstgeschichte Bd. I (Stuttgart 1937), Bd. II
(Stuttgart 1948), passim. — H. Kohlhausen in: H. Th. Bossert, Geschichte des Kunstgewerbes . . . . Bd. V (Berlin 1932) p. 367 ff. — Emile Molinier, L'orfèvrerie religieuse
et civile, Paris 1902. — Joan Evans, Art in medieval France. London, New York,
Toronto 1948.

Altar und seine Ausstattung: J. Braun, der christliche Altar in seiner geschichtlichen
Entwickelung. München 1924. Dort weitere Literatur. — J. Braun, Das christliche Altar-
gerät in seinem Sinn und seiner Entwickelung. München 1932. — J. Braun, Die liturgi-
schen Paramente in Gegenwart und Vergangenheit. 1924. — Ch. Rohault de Fleury, La
Messe. 4 vol, 1883 — 84, tome 1, besonders p. 229 *(Leuchter am Altar).* — E. Panofsky,
Abbot Suger on the Abbey of St. Denis. Princeton 1946 *(Leuchter Sugers in St. Denis,
Lampen).* — F. Raible, Der Tabernakel einst und jetzt. Freiburg 1908. — A. Lenoir,
Architecture monastique. Paris 1852 — 56 *(Ciborium, Vorhänge).* — V. Leroquais, Les
sacramentaires et les missels manuscrits. IV. Paris 1924. — A. de Laborde, La Bible
Moralisée illustrée. Paris 1911. — H. H. Klihn, Die bildliche Darstellung des Altars im
Mittelalter. Münchener Diss., Würzburg 1941. — *Reliquiare:* J. Braun, Die Reliquiare des
christlichen Kultes und ihre Entwickelung. Freiburg i. Br. 1940. — Margarete Fugmann,
Frühgotische Reliquiare. Diss. Bonn 1931. — *Retabel:* H. Bunjes, Die steinernen Altar-
aufsätze in der hohen Gotik. Marburger Diss., Marburg 1937 p. 5 — 29.

J. Hertkens, Die mittelalterlichen Sakramentshäuschen. Frankfurt a. M. ohne Jahr,
p. 4. — R. de Lasteyrie, L'architecture religieuse en France à l'époque gothique. Paris
1926 — 27 *(Taufbecken, Piszine, Chorgitter).* — W. Loose, Die Chorgestühle des Mittelalters. Heidelberg 1931. — Erika Kirchner-Doberer, Die deutschen Lettner bis 1300. Wiener Diss. 1946. — Ch. Givelet, L'église et l'abbaye de Saint Nicaise à Reims. Reims
1897 *(Fliesen).* — P. Tarbe, Saint Remi de Reims. Dalles du XIII siècle. Reims 1847. —
E. Müntz, Les pavements historiés. Paris 1887.

Offene Fragen: Ursprüngliche Stellung und Gestalt der Altäre — besonders des Haupt-
und des Kreuzaltars — wäre in sämtlichen Kathedralen noch einmal genau zu untersuchen.

KAPITEL 3 (Seite 35)

Otto Ursprung, Die Katholische Kirchenmusik. In: Handb. d. Musikwiss. (1931)
p. 121 ff. — Rudolf Ficker, Die Musik des Mittelalters. In dem Sammelband „Das Mit-
telalter in Einzeldarstellungen", Wien 1930, p. 106 ff. besonders p. 113 — 115. — Rudolf
Ficker, Formprobleme der mittelalterlichen Musik. In: Zeitschr. f. Musikwiss. VII (1924
bis 25) p. 203 ff. — * W. Gurlitt, Kirchenmusik und Kirchenraum. Erscheint in der Zeitschr.
„Musik und Kirche". — Rudolf Ficker, Das Stilerlebnis im mittelalterlichen Kunstwerk.
In: Neue Musikzeitung 49. — Hellmut Schmitt, Die Organa der Notre-Dame-Schule.
Ungedruckte Wiener Diss. 1930. — Friedrich Ludwig, Perotinus Magnus. In: Archiv f.

Musikwiss. III (1921) p. 361 ff. — Perotinus' Organum quadruplum Sederunt principes. Klavierauszug mit Text und kritischer Übertragung von Rudolf Ficker. In: Universal-Edition No. 8211. — Heinrich Besseler, Musik des Mittelalters in der Hamburger Musikhalle 1929 *(Aufführungen der Kathedral-Musik)*. In: Zeitschr. f. Musikwiss. VII (1924 — 25).

KAPITEL 4 (Seite 39)

Chroniquer d'Anchin zit. nach Marcel Aubert, Nôtre-Dame de Paris. Paris 1920. — E. Panofsky, Abbot Suger (zit. Kapitel 2). — J. Braun, Geschichte der liturgischen Gewandung im Orient und Okzident, Freiburg 1907. — J. A. Jungmann, Missarum sollemnia. Eine genetische Erklärung der römischen Messe. 2 Bde. Wien 1948. (Dort weitere Literatur.) — Peter Browe, Die Elevation in der Messe. In: Jahrb. f. Liturgiewiss. 9 (1929) p. 20 ff. — E. Dumoutet, Le désir de voir l'Hostie et les origines de la dévotion au Saint-Sacrament. Paris 1926. — I. Herwegen, Kirche und Seele. Die Seelenhaltung des Mysterienkultes und ihr Wandel im Mittelalter. Münster 1926. — Anton Mayer-Pfannholz, Liturgie und Geist der Gotik. In: Jahrb. f. Liturgiewiss. 6 (1926) p. 94 ff. — Anton Mayer-Pfannholz, Die heilbringende Schau in Sitte und Kult. In der Festschrift für Ildefons Herwegen „Heilige Überlieferung". Münster 1938. — T. Godefroy, Le cérémonial français. 2 vols 1649.

KAPITEL 5 (Seite 41)

H. Rupprich, Das mittelalterliche Schauspiel in Wien. In: Jahrb. d. Grillparzer Ges. Neue Folge Bd. 3 (1943) p. 27 — 73. — E. von Jan, Französische Literaturgeschichte. Leipzig 1937, 2. Aufl. 1944. — Gustave Cohen, Le théâtre en France au Moyen-âge. 2 vol, Paris 1928. — Gustave Cohen, Histoire de la mise en scène dans le théâtre religieux français du Moyen-âge. Paris 1926. — M. Chamard, Le mystère d'Adam. Paris 1925. — Ordo representationis Ade *(Adamsspiel)*, herausg. von H. Chamard. Paris s. d. — Gustave Cohen, Le livre de Conduite du Régisseur. Paris 1925. — E. Young, The drama of the medieval church, 2 Bde., Oxford 1933. — G. Borcherdt, Das europäische Theater im Mittelalter und in der Renaissance. Leipzig 1935. — A. Jeanroy, Le théâtre religieux en France du XIe au XIII siècle, Paris 1924. — Petit de Julleville, Les mystères. 2 vols 1880.

KAPITEL 6 (Seite 44)

Melleville, zit. nach H. Karlinger, Zahl und Maß. Wien 1944, p. 159 ff. — *M. Melleville, Histoire de la ville de Laon et de ses institutions, I. Laon-Paris 1846, p. 189 — 90. — Jean Paul, Über das Lächerliche. In: Vorschule der Ästhetik. Erster Teil, VI. Programm, § 29: Unterschied der Satire und des Komischen (Hamburg 1804).

KAPITEL 7 (Seite 45)

Vorhof: Ch. Givelet, L'église et l'abbaye Saint Nicaise de Reims. Reims 1897. — *Größenmaße:* H. Weigert, Die Kaiserdome Speyer, Mainz, Worms. Berlin 1933, p. 44 ff.

KAPITEL 8 (Seite 47)

H. S., Das erste mittelalterliche Architektursystem. In: Kunstwiss. Forschungen Bd. II (Berlin 1933) p. 25 — 62, besonders p. 31 ff. — H. S., Zur Geschichte des justinianischen Architektur-Systems. In: Byz. Zeitschr. XXXXV (1935) p. 38 — 69, besonders 65 f.

KAPITEL 9 (Seite 50)

Ausgespannte Wand (St. Nicaise): Ch. Givelet (zit. Kap. 7). — „*Diaphane Wand*": Hans Jantzen, Über den gotischen Kirchenraum. In: Mittlgn. d. Freiburger wiss. Ges., 1927. — *Raummantel:* H. Focillon, Art d'Occident. Le moyen-âge roman et gothique. Paris 1937. — R. Schneider, L'art français. Le Moyen-Âge. Paris 1928. — *Wand und Baldachinraum:* H. S., Das erste mittelalterliche Architektursystem (zit. Kap. 8). — H. S., Die gotische Kathedrale. In: Actes du XIVe congrès international d'histoire de l'art 1936, vol. I p. 86 — 88.

KAPITEL 10 (Seite 53)

Max Dvořák, Idealismus und Naturalismus in der gotischen Skulptur und Malerei. Wien 1918, p. 62 — 64. — G. Dehio, Die kirchliche Baukunst des Abendlandes (Stuttgart 1884 — 1901), II. Bd. — H. Oidtmann, Die Glasmalerei. Köln 1898. — D. Frey,

Der Realitätscharakter der mittelalterlichen Kunst. In: Festschrift zum 70. Geburtstag von Heinrich Wölfflin, Dresden 1935, p. 30 — 67. — Matthias T. Engels, Zur Problematik der mittelalterlichen Glasmalerei. In: Neue Deutsche Forschungen. Berlin 1937, besonders p. 23 ff. — H. S., Die dichterische Wurzel der Kathedrale. In: XIV. Ergänzungsband d. Mttlgn. d. öster. Inst. f. Gesch. Forschung (Festschrift Hans Hirsch). Innsbruck 1939, p. 275 — 76. — H. S., Le terme imperiali romane (Bespr. von D. Krenckers Buch über die Kaiserthermen von Trier). In der Zeitschr. „Palladio" Bd. XV (1937) p. 1 — 8.

KAPITEL 11 (Seite 55)

H. S., Das erste mittelalterliche Architektursystem (zit. Kap. 8), p. 26 f. — Viollet-le-Duc-Dictionnaire (zit. Einleitung), Artikel „fenêtre".

KAPITEL 12 (Seite 59)

St. Germer: siehe E. Gall, Gotische Baukunst (zit. Einleitung 4). — *Schweben:* H. S., Die dichterische Wurzel der Kathedrale (zit. Kap. 10) p. 275. — G. Dehio, Die kirchliche Baukunst des Abendlandes (zit. Einleitung 2). — W. Groß, Zur Mittelalterlichkeit der gotischen Kathedrale. In der Festschrift zum 60. Geburtstag von Wilhelm Pinder, Leipzig 1938, p. 165 ff.

KAPITEL 13 (Seite 61)

H. S., Die gotische Kathedrale (zit. Kap. 9) p. 87. — G. Ladner, Die Statue Bonifaz VIII. in der Lateransbasilika und die Entstehung der dreifach gekrönten Tiara. In: Röm. Quartalschrift 42 (1934) p. 35 — 69.

KAPITEL 14 (Seite 66)

H. S., Die gotische Kathedrale (zit. Kap. 9) p. 87. — Peter Meyer, Die ästhetische Struktur der Mauer in westromanischem Stil. In: Actes du XIVe congrès international d'histoire de l'art 1936, vol. I. p. 47 — 48. — Peter Meyer, Europäische Kunstgeschichte, Zürich 1947, Bd. II, p. 220 ff.

KAPITEL 15 (Seite 70)

H. S., Die dichterische Wurzel der Kathedrale (zit. Kap. 10) p. 276. — G. Dehio, Die kirchliche Baukunst des Abendlandes, Bd. II p. 37.

KAPITEL 16 (Seite 72)

H. S., Die gotische Kathedrale (zit. Kap. 9) p. 87. — E. Panofsky, Die Perspektive als symbolische Form. In: Vorträge d. Bibl. Warburg 1924 — 25, p. 276. — H. Jantzen, Deutsche Bildhauer des 13. Jahrhunderts, Leipzig 1925. — Dazu die Besprechung von E. Panofsky in: Repertorium f. Kunstwiss. 47 (1926) p. 61 ff.

KAPITEL 17 (Seite 76)

Max Dvořak, Idealismus und Naturalismus (zit. Kap. 10) p. 46. — H. Jantzen, Deutsche Bildhauer des 13. Jahrhunderts (zit. Kap. 16). — Dagegen: D. Frey, Der Realitätscharakter der mittelalterlichen Kunst (zit. Kap. 10) p. 36.

KAPITEL 18 (Seite 78)

H. S., Vom Wesen des Architektonischen. (Als Manuskript veröffentlicht 1945, vorhanden in mehreren Wiener Bibliotheken). — H. S., Die Kugel als Gebäude oder das Bodenlose. In der Zeitschr. „Das Werk des Künstlers" I (1939 — 40) p. 278 — 310. — *Über antipodische Formen:* vgl. auch W. Paatz, Werden und Wesen der Trecento-Architektur in Toskana, Burg i. W. 1937, p. 174, Anm. 335.

KAPITEL 19 (Seite 79)

„Verzogene Formen": vgl. L. Behling (zit. unter Kapitel 88).

KAPITEL 20 (Seite 81)

Zum Terminus „Gradualismus" (dort in anderem Sinn gebraucht) vgl. G. Müller, Gradualismus. In: Deutsche Vierteljahrsschrift f. Geistesgesch. und Literaturwiss. II (1924) p. 681 ff. — H. Taine, Philosophie de l'art. 4e édition Paris 1885 (2 vol.).

KAPITEL 21 (Seite 84)

E. Viollet-le-Duc, Dictionnaire (zit. Einleitung), Artikel „toit". — *Steincharakter:* H. Evers, Tod, Macht und Raum als Bereiche der Architektur. München 1939. — *Das Juwelenhafte:* H. S., Dichterische Wurzel der Kathedrale (zit. Kap. 10) p. 276. — H. S., Vermutungen und Fragen zur Bestimmung der altfranzösischen Kunst. In der Festschrift für Wilhelm Pinder, Leipzig 1938, p. 18. — *Das Kristallhafte:* J. Killian, Der Kristall. Wien-Berlin-Leipzig 1943, besonders p. 53.

KAPITEL 22 (Seite 85)

Jüngerer Titurel, herausgegeben von K. A. Halm 1842. — J. Schwietering, Die deutsche Dichtung des Mittelalters. In: Handb. f. Literaturwiss. Potsdam 1941, p. 294 — 95. — S. Boisserée, Über den Tempel des hl. Gral. In: Abh. d. Kgl. bayr. Akademie d. Wiss., hist.-phil. Klasse, Bd. I, München 1835. — Zarncke, Der Gralstempel. In: Abh. d. kgl. sächs. Akademie d. Wiss., phil.-hist. Klasse, Bd. VII, Leipzig 1876, Abh. V. — J. Schwietering, Der Gralstempel im Jüngeren Titurel. In: Zeitschr. f. deutsches Altertum 60 (1923) p. 118 ff. — H. Lichtenberg, Die Architekturdarstellungen in der mittelhochdeutschen Dichtung. Münster i. W. 1931.

KAPITEL 23 (Seite 91)

Walter Überwasser, Maßgerechte Bauplanung der Gotik (an Beispielen Villards de Honnecourt), Vortrag auf dem 2. deutschen Kunsthistorikertag in Nymphenburg 1949. — W. Goodyear, Vertical curves and other refinements in the Gothic cathedrals. New York 1914. — M. J. Bilson, La cathédrale d'Amiens et les „raffinements" de M. Goodyear. In: Bull. mon. 71 (1907) p. 32 — 76. — Pol Abraham, Viollet-le-Duc et le rationalisme médiéval. Paris 1934.

KAPITEL 24 (Seite 95)

F. Kugler, Geschichte der Baukunst (zit. Einleitung). — Julius Lange, Ein Blatt aus der Geschichte des Kolorits. In: Ausgewählte Schriften Bd. 2 (1903) p. 130 ff. — E. Gall, Gotische Baukunst in Frankreich und Deutschland, I. Bd. Leipzig 1925. — P. Clemen in: Clemen-Hürlimann, Gotische Kathedralen in Frankreich, 2. Aufl. Zürich-Berlin 1937, p. XXXIV. — Emil Mâle, L'art religieux en France au XIIe siècle, Paris 1922. — R. Schneider, L'art français. Le Moyen-Age, Paris 1938. — J. Bony, Essai sur la spiritualité de deux cathédrales, Nôtre-Dame de Paris et Saint-Etienne de Bourges. In dem Sammelband „Chercher dieu", Paris 1943. — L. Bréhier, La cathédrale de Reims, Paris 1920, p. 60. — R. Kautzsch, Die bildende Kunst und das Jenseits. Jena und Leipzig 1905. — H. S., Die dichterische Wurzel der Kathedrale (zit. Kap. 10). — H. S., Architektur als abbildende Kunst. In: Sitz.Ber. d. Öster. Akademie d. Wiss., Phil.-hist. Klasse, 225. Bd. 3. Abh., Wien 1948.

KAPITEL 25 (Seite 98)

H. S., Architektur als abbildende Kunst (zit. Kap. 24). Dort weitere Literatur. — Dazu: R. Eisler, Weltenmantel und Himmelszelt, München 1910, 2 Bde. — R. Krautheimer, Introduction to an Iconography of medieval Architecture. In: The Journal of the Warburg and Courtauld Institutes V (1942). — F. Weinhandl, Über das aufschließende Symbol. In: Sonderhefte der deutschen philos. Ges. 6 (Berlin 1929).

KAPITEL 26 (Seite 100)

H. S., Architektur als abbildende Kunst (zit. Kap. 24). — F. Unterkircher, Vom Sinn der deutschen Doppelchöre. Wiener Diss. 1941. — J. Braun, Der christliche Altar in seiner geschichtlichen Entwickelung. München 1924. — J. Sauer, Symbolik des Kirchengebäudes und seiner Ausstattung in der Auffassung des Mittelalters. 2. Aufl. Freiburg 1924. — J. K. Huysmans, La cathédrale. 1898. — E. Kris und E. Kurz, Die Legende vom Künstler. Wien 1934.

KAPITEL 27 (Seite 103)

J. Sauer, Symbolik des Kirchengebäudes (zit. Kap. 26). — W. Menzel, Christliche Symbolik (zit. unten Kap. 41). — Ildefons Herwegen, Das Kunstprinzip der Liturgie. Paderborn 1929. — Athanasius Wintersig, Die Selbstdarstellung der heiligen Kirche in ihrer Liturgie. In: „Mysterium", Gesammelte Arbeiten Laacher Mönche. Münster i. W. 1926. — L. Eisenhofer, Handbuch der katholischen Liturgik, 2. Bd., Freiburg i. Br. 1933,

§ 87 p. 483 ff *(Konsekration einer Kirche, jetziger Ritus)*. — J. A. Jungmann, Missarum Sollemnia, 2 Bde., Wien 1948. Dort weitere Literatur. — F. J. Mone, Lateinische Hymnen des Mittelalters, 3 Bde., 1853 — 55. — G. M. Dreves, Die Kirche der Lateiner in ihren Liedern. Leipzig 1908. Dort weitere Literatur. — Hugo Lämmer, Caelestis urbs Hierusalem. Freiburg 1866. — F. Heiler, Gesammelte Aufsätze und Vorträge. München 1926.

KAPITEL 28 (Seite 108)

Die Stellen aus der Hl. Schrift in der Übertragung von Leander van Eß. Wien 1890. — E. Peterson, Himmlische und irdische Liturgie. In: Benediktin. Monatsschrift 1934 p. 39 ff. — E. Peterson, Das Buch von den Engeln. Leipzig 1934, p. 20 ff. — M. Bonwetsch, Die Bücher der Geheimnisse des Henoch. 1922. — C. Tischendorf, Apocalypses apocryphae. Leipzig 1866. — W. Neuß, Das Buch Ezechiel in Theologie und Kunst. Münster i. W. 1912. — Vgl. ferner den Bd. 220 (Index) zu Migne, Patrologia latina unter dem Stichwort „de celo", p. 214 ff und besonders p. 219.

KAPITEL 29 (Seite 111)

Lothar Kitschelt, Die frühchristliche Basilika als Darstellung des himmlischen Jerusalem. München 1938. Dazu die Besprechung von J. Kollwitz in: Byz. Zeitschr. 42 (1942) p. 273. — Erik Peterson, Das Buch von den Engeln, Leipzig 1934, besonders Seite 20 ff. und Anm. zu p. 22, Zeile 17. — *Zum Terminus „Bekenntnisbild":* J. A. Jungmann, Die Abwehr des germanischen Arianismus und der Umbruch der religiösen Kultur im frühen Mittelalter. In: Zeitschr. f. kath. Theologie 69 (1947) Heft 1, p. 39, Anm. 7. — Th. H. Kempf, Christus der Hirt. Ursprung und Deutung einer altchristlichen Symbolgestalt. Rom 1942. — J. Kollwitz, Christus als Lehrer . . . in der konstantinischen Kunst Roms. In: Röm. Quartalschrift 44, p. 45 — 66. — R. Delbrück, Der spätantike Kaiserornat. In der Zeitschr. „Die Antike" VIII (1932) p. 1 — 21. — A. Alföldi, Insignien und Tracht der römischen Kaiser. In: Röm. Mttlgn. L (1934) p. 1 — 171. — A. Grabar, L'empereur dans l'art byzantin. Paris 1936. — A. Grabar, Plotin et les origines de l'esthétique médiévale. In: Cahiers archéol. 1945, p. 15 — 34. — *Alter Orient:* G. v. Kaschnitz-Weinberg, Zur Struktur der ägyptischen Plastik. In: Kunstwiss. Forschungen II (Berlin 1933) p. 7 — 24. — A. Riegl, Zur spätrömischen Porträtskulptur. In „Strena Helbigiana". Leipzig 1900. — *Goldener und gestirnter Dachstuhl:* W. Sackur, Vitruv und die Poliorketiker. Berlin 1925. — *Gold:* J. Bódonyi, Entstehung und Bedeutung des Goldgrundes in der spätantiken Bildkomposition. Diss. Wien 1932. In: Archaeológiai értesitö XLVI (1932 — 33). Dazu die Besprechung von E. Gombrich in: Krit. Berichte 1935 p. 65 — 75.

Offene Fragen: Die Einschränkungen, die J. Kollwitz zu den Thesen Kitschelts macht, sind im wesentlichen anzuerkennen. Doch bleibt bestehen, daß es die Verbindung von Thronsaal *und* Stadtstraße schon in der vorchristlichen Spätantike gab: Diokletianspalast in Spalato (wohl nicht das einzige Beispiel), daß also eine „interpretatio Christiana" der Basilika zum doppelten Himmelsbild der Apokalypse auf dieser Basis durchaus möglich bleibt.

KAPITEL 30 (Seite 116)

H. S., Das erste mittelalterliche Architektursystem. In: Kunstwiss. Forschungen. Bd. I (Berlin 1933) p. 25 — 62. — H. S., Zur Geschichte des justinianischen Architektursystems. In: Byz. Zeitschr. XXXV (1935) p. 38 — 69. — G. A. Andreades, Die Sophienkathedrale von Konstantinopel. In: Kunstwiss. Forschungen Bd. I (Berlin 1931) p. 33 — 94. — Paul Friedländer, Johannes von Gaza und Paulus Silentiarius. Kunstbeschreibungen justinianischer Zeit. In: Sammlung wiss. Kommentare zu griech. und röm. Schriftstellern. Leipzig 1912. — A. Heisenberg, Grabeskirche und Apostelkirche. Leipzig 1912. — O. Wulff, Das Raumerlebnis des naos im Spiegel der Ekphrasis. In: Byz. Ztschr. 30 (1920). — *Himmelsinn der Kuppel:* Karl Lehmann, The Dome of Heaven. In: Art. Bull. 27 (1945), p. 1 — 27.

KAPITEL 31 (Seite 118)

H. S., Das erste mittelalterliche Architektursystem (zit. Kap. 29) p. 59 ff. — N. Brunov, Besprechung von Sotirius Buch über die Johanneskirche von Ephesus. In: Byz. Ztschr. 29 (1929), p. 75 ff. — W. Gass, Symbolik der griechischen Kirche. Berlin 1872 (Symbolik hier gemeint als Lehre vom Bekenntnis, wie in Möhlers berühmtem Buch). —

N. Brunov und M. Alpatov, Altrussische Kunst, 2 Bde. Augsburg 1932. — N. Brunov, Der Breitraum in der christlich-orientalischen und altrussischen Kunst. In: Münchener Jahrb. d. bild. Kunst 4 (1927), p.. 35 ff.

KAPITEL 32 (Seite 120)

Turm: Elsmarie Knögel, Schriftquellen zur Kunst der Merovingerzeit. Bonner Jahrbücher Bd. 140 — 41. — Julius von Schlosser, Schriftquellen zur Geschichte der karolingischen Kunst. Quellenschriften Neue Folge IV. Wien 1892. — Otto Lehmann-Brockhaus, Die Kunst des 10. Jahrhunderts im Lichte der Schriftquellen. Sammlung Heitz, Akadem. Abh. zur Kulturgesch. III. Reihe, Bd. 6. Straßburg 1935. — Otto Lehmann-Brockhaus, Schriftquellen zur Kunstgeschichte des 11. und 12. Jahrhunderts für Deutschland, Italien und Lothringen. 2 Bde. Berlin 1938. — F. Wimmer, Zur Entstehung der kreuzförmigen Basilika. In: Heidnisches und Christliches um das Jahr 1000. Wien 1926. — J. Braun, Das christliche Altargerät (zit. Kap. 2) *(Hostienbehälter in Turmform).* — Reiches Material zu diesen Fragen in der Habil.-Schrift von G. Bandmann (zit. unten Kap. 131), die mir erst nach Abschluß dieser Arbeit bekannt wurde.

Westwerk, Stadttor: O. Gruber, Das Westwerk: Symbol und Baugestaltung germanischen Christentums. In: Zeitschr. d. deutschen Ver. f. Kunstwiss. 3 (1936) p. 146 ff. — H. Schäfer, Origin of the two-tower façade in the romanesque architecture. In: The Art Bull. 27 (1945) p. 85 — 108. — R. Schultze, Das römische Stadttor in der kirchlichen Baukunst des Mittelalters. In: Bonner Jahrbücher 1917 p. 17 — 52. — Ferner G. Bandmann a. a. O.

Arx caelestis, Himmelsburg: M. Lawrence, City-Gate Sarcophagi. In: The Art Bull. 1927 p. 1 ff und 1933 p. 103 ff. — Adelheid Kitt, Der frühromanische Kronleuchter (siehe folgendes Kapitel). — F. Heer, Reich und Gottesreich. Wiener Diss. 1937. — W. Effmann, Romanischer Fassadenschmuck in Metall und Kristall zu Soest. In: Zeitschr. d. Ver. f. d. Gesch. von Soest u. d. Borde. 57 (1939) p. 43 — 47. — * Simson, The sacred fortress. In: Proceedings of the British Academy vol. XXXIII (1947). London.

Bild des Himmels: J. Baltrusaitis, L'image du monde céleste du 11e au 12e siècle. In: Gaz. des beaux-arts 20 (1938) p. 137 — 148.

Neue Bildmotive: K. Künstle, Ikonographie der christlichen Kunst Bd. I. Freiburg 1928. — Julius von Schlosser, Quellenbuch zur Kunstgeschichte des Mittelalters. In: Quellenschriften für Kunstgeschichte Neue Folge VII. Wien 1896. — Paul Clemen, Die romanischen Monumentalmalereien in den Rheinlanden. Düsseldorf 1916. — *Religionsgeschichte:* J. A. Jungmann, Die Abwehr des germanischen Arianismus und der Umbruch der religiösen Kultur im frühen Mittelalter (zit. Kap. 28). — Anton Mayer, Altchristliche Liturgie und Germanentum. In: Jahrb. f. Liturgiewiss. 5 (1925) p. 84 — 86. — H. Lother, Die Christusauffassung der Germanen. 1937.

KAPITEL 33 (Seite 125)

Adelheid Kitt, Der frühromanische Kronleuchter und seine Symbolik. Wiener Diss. 1944. Dort die weitere Literatur.

KAPITEL 34 (Seite 128)

Adelheid Kitt (zit. Kap. 32). — J. Sauer, Symbolik des Kirchengebäudes (zit. Kap. 26).

KAPITEL 35 (Seite 131)

H. S., Die dichterische Wurzel der Kathedrale (zit. Kap. 10). — H. Lichtenberg, Die Architekturdarstellung in der mittelhochdeutschen Dichtung (zit. Kap. 21). — R. Schneider, L'art français. Le moyen-âge roman et gothique (zit. Kap. 9).

KAPITEL 36 (Seite 135)

Sulpice Boisserée, Geschichte und Beschreibung des Doms von Köln. Stuttgart 1823. — H. Oidtmann, Die Glasmalerei. Köln 1898. — H. Lichtenberg (zit. Kap. 22).

KAPITEL 37 (Seite 137)

H. S., Zur Bestimmung der altfranzösischen Kunst (zit. Kap. 21).

KAPITEL 38 (Seite 139)

H. S., Die dichterische Wurzel der Kathedrale (zit. Kap. 10), p. 275. — H. Lichtenberg (zit. Kap. 22). — Adama von Scheltema, Die geistige Mitte. München 1947.

KAPITEL 39 (Seite 140)

H. S., Zur Bestimmung der altfranzösischen Kunst (zit. Kap. 21).

KAPITEL 40 (Seite 141)

Porta coeli: G. Bandmann, Die symbolische und die geschichtliche Bedeutung in der Baukunst des Mittelalters (zit. Kap. 131), p. 79 ff. — E. Mâle, L'art religieux en France au XIIe siècle. Paris 1922. — *Mariensymbolik:* Molsdorf, Christliche Symbolik der mittelalterlichen Kunst, Leipzig 1926, p. 75. — *Symbolik der Kronen:* K. Burdach, Zum 2. Reichsspruch Walther's von der Vogelweide. In: Sitzungsber. der Kgl.-Preuß. Akademie der Wissenschaften, phil.-hist. Klasse, 1902, p. 897 ff, besonders p. 900. — E. Eichmann, Die Symbolik der Reichs- und Kaiserkrone. In: Sitzungsberichte der Münchener Akademie der Wissenschaften, phil.-hist. Klasse 1928, 6. Abh. — Pierre Arnoult, Les statues mutilées de l'église de Montier-en-Der. In: Gaz. d. beaux-arts 1938/I, p. 1 — 12. — *Symbolik der Säulenfiguren:* A. Chastel, La rencontre de Salomon et de la reine de Saba dans l'iconographie médiévale. In: Gaz. d. beaux-arts 1949 (février) p. 99 ff. —

KAPITEL 41 (Seite 144)

H. Mersmann, Die Bedeutung des Rundfensters im Mittelalter. Wiener Dissertation 1944, ungedruckt. Dort die weitere Literatur. — H. Schwarz, Zeichen der Sonne. In der Zeitschr. Wort und Wahrheit 1946, Heft 9, p. 364 — 369. — *Christus = Sol verus:* Wolfgang Menzel, Christliche Symbolik, 2 Teile. Regensburg 1854. (Noch immer sehr brauchbar.) — Heinrich Detzel, Christliche Ikonographie, 2 Bde. Freiburg i. Br. 1894 bis 96, p. 39. — J. Dölger, Die Sonne der Gerechtigkeit. 1918. — J. Dölger, Sol salutis. 1920. H. Rahner, Das christliche Mysterium von Sonne und Mond. Zürich 1947. Dort weitere Literatur. — Annales archéologiques V 1846 p. 218, Anm. 1. — *Arkaden = Himmelsstadt:* R. Dütschke, Ravennatische Studien. Leipzig 1909. — M. Lawrence, City-gate Sarcophagi (zit. Kap. 32). — H. H. Borcherdt, Das europäische Theater im Mittelalter und in der Renaissance. 1935. — Th. Dombart, Der zweitürmige Tempel-Pylon der altägyptischen Baukunst und seine religiöse Symbolik. In der Zeitschr. „Egyptian religion" I (1933), n. 3, p. 87 — 98.

KAPITEL 42 (Seite 148)

E. Mâle (zit. Kap. 40). — M. Th. Engels, Zur Problematik der mittelalterlichen Glasmalerei (zit. Kap. 10). — Erst nach Abschluß der Arbeit hörte ich den Vortrag von Wolfgang Schöne, Die Glasfenster der Kathedrale von Chartres. (Erscheint im Auszug in den Berichten über den II. deutschen Kunsthistorikertag 1949 in der „Kunstchronik"). — * G. Haupt, Die Farbensymbolik in der sakralen Kunst des abendländischen Mittelalters. Diss. Dresden 1941.

Offene Fragen: Die Farbensymbolik der Kathedrale und ihre Wandlungen wäre ausgehend von dem Grundakkord Blau-Rot-Gold der klassischen Kathedrale (vgl. dazu Kapitel 131) erst noch zu begründen. Gerade die Betrachtung der blauen Farbe läßt ihren abbildenden Sinn (Himmelsfarbe) von ihrer anagogischen Symbolik (der Saphir und seine Farbe bedeutet nach Augustin die Hoffnung, nach Durandus die Liebe zu den oberen Dingen, nach Innozenz III. die „serenitas" und die „contemplatio": Hoc pretioso lapide ornati et decorati terram despiciunt caelestia concupiscunt) und von ihrer vielfachen allegorischen Symbolik (so bedeutet das Blau in allegorischem Sinn unter anderem z. B. Naphtali, den Sohn Jakobs) klar unterscheiden. Nur eine „polyphone" Sinndeutung kann der Vielsinnigkeit solcher Symbolik gerecht werden. Wir sind von ihrer Wiedergewinnung noch weit entfernt, aber doch nicht mehr so weit wie jenes Trennungsdenken, das die Form von ihren Bedeutungen abspaltet.

KAPITEL 43 (Seite 150)

Erik Peterson, Das Buch von den Engeln. Leipzig 1934. — Ildefons Herwegen, Die betende Kirche. Berlin 1926. — Johannes Leipoldt, Der Gottesdienst in der ältesten Kirche. Leipzig 1937, p. 58 ff. — A. J. Jungmann, Missarum sollemnia, 2 Bde. Wien 1948. — Louis Bréhier, La cathédrale de Reims, Paris 1920, p. 111 f. — Didron ainé, La divine liturgie. In: Annales archéologiques X (1850), p. 1 ff. — Didron, Manuel d'iconographie. Paris 1845, p. 36 der Einleitung, p. 229 des Textes. — E. Panofsky, Abbot Suger (zit. Kap. 2). — J. Braun, Der christliche Altar . . . (zit. Kap. 2). — *Rauchfaß:* Schedula diversarum artium. In: Quellenschriften für Kunstgeschichte Bd. VII. Wien 1874, Kap. LIX. — Didron ainé, Encensoirs et parfums. In: Annales archéologiques IV, p. 293 — 311.

KAPITEL 44 (Seite 154)

Willibald Gurlitt, Die Musik in Raffaels Heiliger Caecilia. In: Jahrbuch der Musikbibliothek Peters für 1938, p. 84 — 97. — R. Ebel, Die Kirchenmusik als sinnbildlicher Ausdruck der Gemeinschaft der Heiligen im Wandel der Zeiten. In: Liturgisches Leben 5 (1938), p. 223 — 233. — Leo Schrade, Die Darstellungen der Töne an den Kapitellen der Abteikirche zu Cluny. In: Deutsche Vierteljahrsschrift f. Lit.-Wiss. und Geistesgesch. 7 (1929) p. 229 — 266. —

KAPITEL 45 (Seite 157)

Leo Schrade (zit. Kap. 44). — *Aachen:* Max Buchner, Einhardts Künstler- und Gelehrtenleben. Bonn 1922, p. 60, 69, 70 f, 73. — F. J. Dölger, Zur Symbolik des altchristlichen Taufhauses I: Das Oktogon und die Symbolik der Achtzahl. In: Antike und Christentum 4 (1934) p. 153 — 87. — R. Krautheimer, Introduction to an „Iconography of medieval Architecture". In: The Journal of the Warburg and Courtauld Institutes V (1942), besonders p. 9 und 11.

Ferner die Literatur zum Kap. 40.

KAPITEL 46 (Seite 159)

Hans Weigert, Die Bedeutung des germanischen Ornaments. In: Festschrift für Wilhelm Pinder. Leipzig 1938, p. 109 — 110. — Hans Weigert, Die Masken der Kathedrale zu Reims. In der Zeitschr. „Pantheon" XIV (1934/2), p. 246. — W. Fraenger, Die Masken von Reims. Erlenbach-Zürich und Leipzig 1922. — Max Wegner, Blattmasken. In Festschrift für A. Goldschmid zum 70. Geburtstag. Berlin 1933, p. 43 — 50. — * L. B. Bridahan, Gargoyles, chimères and the grotesque in French gothic sculpture (besprochen in der Zeitschr. „Parnassus" 1931). — *Abbildungen:* in Dessins inédits de Viollet-le-Duc. Herausg. von A. de Baudot und J. Roussel, Paris s. d. — H. S., Die Säkularisation der Hölle. In der Zeitschr. „Wort und Wahrheit" 2 (Wien 1947) Heft 11.

KAPITEL 47 (Seite 161)

Kreuzaltar: H. S., Zur Ideengeschichte der christlichen Kunst (In Vorbereitung). — *Lettner:* Erika Kirchner-Doberer, Die deutschen Lettner bis 1300 (zit. Kap. 2). — *Geistesgeschichtlich:* Eugen Rosenstock, Die europäischen Revolutionen. Jena 1931.

KAPITEL 48 (Seite 163)

J. Huizinga, Herbst des Mittelalters. 3. Aufl. München 1931.

KAPITEL 49 (Seite 167)

H. S., Das erste mittelalterliche Architektursystem (zit. Kap. 8). — H. Jantzen, Über den gotischen Kirchenraum (zit. Kap. 9). — R. Kömstedt, Artikel „Gotische Baukunst" in Wasmuths Lexikon der Baukunst Bd. II (Berlin 1930), p. 654 ff. — H. S., Die dichterische Wurzel der Kathedrale (zit. Kap. 10).

KAPITEL 50 (Seite 170)

H. S., Die dichterische Wurzel der Kathedrale (zit. Kap. 10). — W. Pinder, Die dichterische Wurzel der Pietà. In: Rep. f. Kunstwiss. 42 (1920) p. 145 — 153. Wieder abgedruckt in den Gesammelten Aufsätzen, Leipzig 1938, p. 29 ff. — Vgl. dagegen E. Benz (zit. Kap. 168). — A. Rüegg, Die Jenseitsvorstellungen vor Dante, 2 Bde., Zürich 1944. — Fritzsche, Die lateinischen Visionen des Mittelalters. In: Romanische Forschungen II p. 247 ff, III p. 337 ff. — C. S. Boswell, An irish precursor of Dante. A study of the vision of heaven and hell. London 1908. — H. Lichtenberg (zit. Kap. 22).

Offene Fragen: Notwendig wäre eine Untersuchung über die Architekturdarstellungen in der mittelfranzösischen und mittelenglischen Dichtung, in der Art wie sie H. Lichtenberg für die mittelhochdeutsche Dichtung geleistet hat.

KAPITEL 51 (Seite 172)

Arcis de Caumont, Essai sur l'architecture du moyen-âge. In: Mémoires de la Soc. des Antiquaires de Normandie I (1824). — Jean Bony, La technique normande du mur épais à l'époque romane. In: Bull. mon. 98 (1939) p. 103 — 188. — H. S., Das erste mittelalterliche Architektursystem (zit. Kap. 8).

KAPITEL 5 2 (Seite 173)

Caumont (zit. Kap. 51). — W. Pinder, Einleitende Voruntersuchung zur Rhythmik romanischer Innenräume in der Normandie, Straßburg 1904, und: Zur Rhythmik romanischer Innenräume in der Normandie. Straßburg 1905. — Kurt Bauch, Über die Herkunft der Gotik. In: Veröffentlichungen der Freiburger wiss. Ges. 27 (1939) p. 13. — Anders Bugge, The origin, developement and decline of the Norwegian Stave Church. In: Acta Archaeologica VI (Kopenhagen 1935) p. 152 ff. — Gerda Boethius, Hallar, templar og stav kirkor. Stockholm 1930 (mit einer deutschen Zusammenfassung). — P. Frankl, Frühmittelalterliche und romanische Baukunst. In: Handb. d. Kunstwiss., Wildpark-Potsdam 1926. — F. Deshoulières, Éléments datés de l'art roman en France. Paris 1936. — H. Chanteux, L'abbé Thierry et les églises de Jumiéges, du Mont-Saint-Michel et de Bernay. In: Bull. mon. 98 (1939) p. 68 — 72. — E. Gall, Die gotische Baukunst in Frankreich und Deutschland. Leipzig 1925. — E. Gall, Niederrheinische und normännische Architektur im Zeitalter der Frühgotik. Berlin 1915. — E. Lehmann, Der frühe deutsche Kirchenbau. Berlin 1938.

KAPITEL 5 3 (Seite 176)

Jean Bony, La technique normande du mur épais (zit. Kap. 51). — H. Jantzen (zit. Kap. 9). — Paul Rolland, La technique normande du mur évidé et l'architecture scaldienne. In: Revue belge d'archéologie et d'hist. de l'art X (1940), p. 169 — 188. — E. Gall, Niederrheinische und normännische Architektur (zit. Kap. 52). — Peter Meyer, Europäische Kunstgeschichte II. Bd. (Zürich 1948) p. 195, 234.

KAPITEL 5 4 (Seite 181)

Jean Bony, La technique normande du mur épais . . (zit. Kap. 51). — Bouet, Analyse architecturale de l'Abbaye de St. Étienne de Caen. 1868. — C. H. Pfitzner, Studium zur Verwendung des Schwibbogensystems. In der Ztschr. „Architectura" I (1933) p. 161 ff.

KAPITEL 5 5 (Seite 182)

Siehe die Literatur zum Kap. 51. — P. O. Rave, Der Emporenbau in romanischer und frühgotischer Zeit. Bonn-Leipzig 1924. — *Strebebogen:* Andreades (zit. Kap. 30).

KAPITEL 5 6 (Seite 184)

H. Glück, Der Ursprung des abendländischen und römischen Wölbungsbaus. Wien 1933. — E. Lehmann, Der frühe deutsche Kirchenbau. Berlin 1938. — Paul Frankl (zit. Kap. 52). — H. Reinhardt, Die deutschen Kaiserdome des 11. Jahrhunderts. In: Basler Ztschr. f. Gesch. und Altertumskunde 33 (19—) p. 175 — 94. — R. Kautzsch, Der Dom zu Speyer. In: Städel-Jahrb. I (1921) p. 75 — 108. — F. Bond, Gothic architecture in England from the norman conquest to the dissolution of the monasteries. London 1905. — A. W. Clapham, The english romanesque architecture after the conquest. Oxford 1934.

KAPITEL 5 7 (Seite 187)

J. Connant, The third church at Cluny. In: Medieval studies in memory of A. Kingsley-Porter, vol II. — Joan Evans, The romanesque architecture of the order of Cluny, Cambridge 1938. — Marcel Aubert im Congr. archéol. de Lyon-Mâcon 1935.

KAPITEL 5 8 (Seite 188)

H. Focillon, Le problème de l'ogive. In: Bull de l'office internat. des instituts d'archéologie et de l'histoire de l'art I (1935), No 3. — H. Focillon, L'art d'Occident. Paris 1938. — Marcel Aubert, Les plus anciennes croisées d'ogives. In: Bull. mon. 93 (1934) p. 5 — 68 und 137 — 238. — H. Glück (zit. Kap. 56).

KAPITEL 5 9 (Seite 189)

1. E. Gall, Die gotische Baukunst (zit. Kap. 52). — H. Focillon, Le problème de l'ogive (zit. Kap. 58). — G. T. Rivoira, Architettura romana. Milano 1921. — J. Formigé, Notes sur des voutes romains nervées à Arles. In: Bull. mon 77 (1913) p. 125 ff.

2. E. Gall (zit. Kap. 52). — Ernst Gall, Neue Beiträge zur Geschichte vom „Werden der Gotik". In: Monatshefte f. Kunstwiss. IV (1911) p. 309 — 322. — P. Frankl (zit. Kap. 52). — Walter del Negro, Spätromantik und Frühgotik. In: Zeitschr. f. Aesthetik und allgem. Kunstwissenschaft XXX (1936) p. 326 — 332, besonders die Anm. auf p. 327.

3. H. Glück (zit. Kap. 56). — H. Glück, Zur Entstehung des Gurten- und Rippengewölbes. In der Zeitschr. „Belvedere" IX/X (1926) p. 186 ff. — J. Baltrusaitis, Le problème de l'ogive et l'Arménie. Paris 1936.

4. E. Gall (zit. Kap. 52). — A. Choisy, L'art de bâtir chez les Byzantins. 1883. — John Bilson, The beginnings of Gothic architecture: norman vaulting in England. In: Journal of the Royal institute of british architects 1899, march 11 and 25; 1902, may 10. — Derselbe Aufsatz französisch in: Revue de l'art chrétien 1901, p. 365 ff, 463 ff, 1902 p. 213 ff. — John Bilson in Bull. mon. 1908 p. 128 und p. 498. — John Bilson, On the recent discoveries at the east end of the cathedral church of Durham. In: Archaeological Journal LIV, p. 1 — 18. — Jean Bony, Gloucester et l'origine des voutes d'hémicycles. In: Bull. mon 98 (1939) p. 329 — 331. — Hinweise auf Bilson bei E. Gall, Niederrheinische und normännische Architektur . . (zit. Kap. 52) und bei F. Ostendorf, Die Entstehung der gotischen Kunst. In: Ztschr. f. Bauwesen 1913.

Vgl. ferner die Literatur zum Anhang I und die ausgezeichnete Übersicht bei P. Lavedan, Histoire de l'art. Moyen-âge et temps modernes, Paris 1944, p. 204 — 210 (Origines de la croisée d'ogives).

KAPITEL 60 (Seite 193)

Durham: R. W. Billings, Durham cathedral. London 1843. — * Casson W. Greenwell, Durham Cathedral, 4th ed. Durham 1892. — J. Bilson, La c. de Durham et la chronologie de ses voûtes. In: Bull. mon. 89 (1930). — *Lessay:* E. Gall, Neue Beiträge (zit. Kap. 59). — *St. Etienne in Caen:* E. Gall ebenda. — H. Glück, Der Ursprung des abendländischen und römischen Wölbungsbaus. Wien 1933. — G. Lantry, La salle capitulaire de l'Abbaye de Jumièges. In: Bull. mon. 93 (1934) p. 321 — 340. — *„Petite coursiere anglaise":* Jean Bony, La technique normande . . . (zit. Kap. 51).

Offene Fragen: Im Text zähle ich den Kapitelsaal von Jumièges noch unter den Beispielen f r ü h e r Rippengewölbe auf: Schildbogen fehlen. Doch scheint mir das Profil der Rippen — ein Zwillingsgrundstab mit einem schmalen Dreiecksprofil dazwischen — und der Umstand, daß der Diagonalbogen im Halbkreis, nicht wie die frühen normannischen im Kreissegment geführt ist, diese Formen in die Nähe der Gewölbe von St. Paul in Rouen (nach Aubert um 1140/50; vielleicht etwas früher) zu rücken. Auch ist die Apsis des Kapitelsaales „vouté non pas en cul de four, mais bien sur des branches d'ogives." — Die Chronologie der echten und der falschen 6-teiligen Gewölbe, und deren gegenseitiges Verhältnis, muß noch gründlicher geklärt werden.

KAPITEL 61 (Seite 195)

J. A. Brutails, L'archéologie du moyen-âge et ses méthodes. Paris 1900. — Jean Bony, La technique normande . . . (zit. Kap. 51). — E. Gall, Neue Beiträge . . . (zit. Kap. 59). — E. Gall, Die Abteikirche St. Lucien de Beauvais. Ein Rekonstruktionsversuch. In: Wiener Jahrb. f. Kunstgesch. IV (1926) p. 59 — 71.

KAPITEL 62 (Seite 198)

Vgl. die Literatur zum Anhang I.

KAPITEL 63 (Seite 200)

E. Rey, La cathédrale de Cahors et les origines de l'architecture à coupoles d' Aquitaine. Paris 1925. — Jean Valléry-Radot, Les problèmes des églises à coupoles d'Aquitaine. In: Revue de l'art 1930, p. 119 — 132. — C. Enlart, Les églises à coupoles d' Aquitaine et de Chypre. In: Gaz. d. beaux-arts 1926, p. 129 — 152. — H. S., Das erste mittelalterliche Architektursystem (zit. Kap. 30). — G. A. Andreades, Die Sophien-Kathedrale von Konstantinopel (zit. Kap. 30). — G. Dehio. Die Kirchliche Baukunst des Abendlandes Bd. II.

KAPITEL 64 (Seite 204)

E. Kluckhohn, Gestalt und Geschichte der Ambrosiuskirche in Mailand. In: Mttlgn. des Kunsthist. Inst. in Florenz VI (1940), p. 73 — 97. Dort weitere Literatur. — *Abbildungen* bei Kingsley-Porter, Lombard architecture. New Haven 1917. — Die erwähnten Forschungen von K. Oettinger noch unveröffentlicht. — R. Kautzsch, Der romanische Kirchenbau im Elsaß. Freiburg 1917. — R. Kautzsch, Die ältesten deutschen Rippengewölbe. In: Festschrift zum 60. Geburtstag von Paul Clemen, Bonn 1926, p. 304 bis 309. — G. T. Rivoira, Architettura lombarda. 2. Auflage Mailand 1908.

KAPITEL 6 5 (Seite 207)

Wolfgang Graf Rothkirch, Architektur und monumentale Darstellung im Mittelalter. Leipzig 1938. — Wilhelm Vöge, Die Anfänge des monumentalen Stils im Mittelalter. Straßburg 1894. — A. Kingsley-Porter, Romanesque sculpture on the pilgrimage roads 10 vol. Boston 1923. — A. Kingsley-Porter, Spain or Toulouse and other questions. In: Art Bulletin VII (1924) p. 1 ff. — *H. Kraemer, Die Anfänge der monumentalen Steinplastik in Südwestfrankreich um die Wende des 11. Jahrhunderts. Diss. Frankfurt, Darmstadt 1930. — H. Beenken in Rep. f. Kunstwiss. XLXIX, p. 187 ff. — R. Rey, La sculpture romane languedocienne. Paris 1936. — E. Panofsky, Die deutsche Plastik des 11. bis 13. Jahrhunderts. München 1924. — H. Jantzen, Deutsche Bildhauer des 13. Jahrhunderts. Leipzig 1925.

Offene Fragen: So wie es einzelne Baldachine über betonten Bauteilen schon lange vor dem Aufkommen eines Baldachinsystems gibt, so gibt es vereinzelte Vollplastik (nach Keller sogar gelegentlich unter eigenen baldachinartigen Tabernakeln) lange bevor die „gotische" Skulptur sich aus der Wand emanzipiert: und zwar einerseits in Gestalt von Reliquiaren (Hans Keller, Die Entstehung des monumentalen Kultbildes um das Jahr 1000, Vortrag auf dem 2. deutschen Kunsthistorikertag in Nymphenburg 1949) und andererseits in Gestalt großer vollplastischer Kruzifixe (Hinweis von J. Morper).

KAPITEL 6 6 (Seite 208)

D. Frey, Gotik und Renaissance als Grundlage der mittelalterlichen Weltanschauung. Augsburg 1929, p. 71. — E. Gall, Neue Beiträge . . (zit. Kap. 59). — Bonnenfant, Notre-Dame d'Evreux. Paris 1939. — E. Gall, Die Abteikirche von St. Lucien de Beauvais (zit. Kap. 61). — V. Leblond, L'église St. Étienne de Beauvais. Paris 1929. — Marcel Aubert, Les plus anciennes croisées d' ogives (zit. Kap. 58). — E. Gall, Die gotische Baukunst (zit. Kap. 52), p. 28, Anm. 2. — H. Focillon, L'art d'Occident. Le Moyen-âge roman et gothique. Paris 1938. — E. Lefèvre-Pontalis, L'architecture religieuse dans l'ancien diocèse de Soissons au XIe et XIIe siècle, 2 vol. Paris 1894. — Charles F. Ricôme, Structure et fonction du chevet de Morienval. In: Bull. mon. 98 (1939), p. 299 — 318.

KAPITEL 6 7 (Seite 213)

J. Baltrusaitis, Le problème de l'ogive et l'Armenie. Paris 1936. — J. Baltrusaitis, Études sur l'art médiévale en Géorgie et Arménie. Paris 1928. — „Tour Guinette": Viollet-le-Duc, Dictionnaire d'architecture tome V, p. 54 — 56. — E. Lefèvre-Pontalis in: Congrès archéologique Paris 1920, p. 41 ff. — Cappella di S. Zenone: Rivista di archeologia cristiana 1942, p. 186 ff.

KAPITEL 6 8 (Seite 215)

H. Focillon, L'art d' Occident (zit. Kap. 9) p. 147. — M. Aubert, Les plus anciennes croisées d'ogives (zit. Kap. 66). — E. Gall, Die gotische Baukunst (zit. Kap. 51) p. 31.

KAPITEL 6 9 (Seite 217)

Jean Bony, Gloucester et l'origine des voûtes d'hémicycles gothiques. In: Bull. mon 98 (1939) p. 329 — 331. — R. de Lasteyrie, L'architecture religieuse en France à l'époque gothique, 2 vol, Paris 1926, p. 255 ff. — Sens: Congrès archéol. 1907, p. 209 ff und 554 ff. — E. Chartraire, La cathédrale de Sens, Paris s. d.

KAPITEL 7 0 (Seite 220)

London Templerkirche: siehe Kap. 150, 158. — Waltham: Journal of the British Archaeol. Association, New series III (1897), p. 148 ff und XIII (1907) p. 1 ff. — Peterborough: J. Britton, Cathedral antiquities. London 1814 ss.

KAPITEL 7 1 (Seite 221)

F. Bond, Gothic architecture . . (zit. Kap. 56). — Jean Bony, Tewkesbury et Pershore. In: Bull. mon. 96 (1937) p. 281 — 90. — Jean Bony, A propos de Tewkesbury et pershore, ibidem p. 503 — 504. — A. W. Clapham, English romanesque architecture after the Conquest, Oxford 1934, p. 52, note 3. — O. Rave, Der Emporenbau in romanischer und frühgotischer Zeit. Bonn und Leipzig 1924. — Marcel Anfray, L'architecture Normande, son influence dans le nord de la France aux XIe et XIIe siècles. Paris 1939. — Tournai: siehe Gall, Gotische Baukunst (zit. Kap. 52). — Saint Germer: A. Besnard,

L'église de Saint Germer de Fly. Paris 1913. — *Noyon:* Literatur zum Kap. 82. — *Cluny-Vorkirche:* K. J. Conant, The third church at Cluny. In: Medieval Studies in Memory of A. Kingsley-Porter, ed. by W. Koehler, vol. II (Harvard 1939) p. 327 bis 338. — Ch. Oursel, Les étapes de la construction de la grande abbatiale de Cluny. In: Annales de Bourgogne XII (1940), Heft 1—2. — K. J. Conant, Observations on the vaulting problems of the period 1088 — 1211. In: Gaz. d. beaux-arts Juli-Dezember 1944 (Gedenkschrift für H. Focillon) p. 127 — 134. — H. S., Vierstöckige Innenräume des Mittelalters (in Vorbereitung).

Offene Fragen: Das Problem der Vierstöckigkeit ist durch Bonys Hinweis auf vier-stöckige Kirchenräume in Westengland und durch Conants — meiner Meinung nach überzeugende — Frühdatierung der beiden Ostjoche der Vorhalle von Cluny mit ihrem vierstöckigen Wandsystem in ganz neuen Rahmen gestellt. Es erfordert eine eigene eingehende Untersuchung. Bei dieser Gelegenheit wird das chronologische und typo-logische Verhältnis von St. Denis und Sens geklärt werden müssen. Daß das vier-stöckige System von St. Germer älter sein könnte als St. Denis, nimmt heute wohl niemand mehr an.

KAPITEL 72 (Seite 226)

H. Jantzen (zit. Kap. 9). — H. Jantzen, Zur Beurteilung der gotischen Architektur als Raumkunst. In: Krit. Berichte 1927, Heft 1, p. 12 — 18. — K. Bauch, Über die Her-kunft der Gotik (zit. Kap. 52).

KAPITEL 73 (Seite 228)

H. Jantzen (zit. Kap. 9). — H. Focillon, L'art d' Occident, Paris 1938, p. 149. — H. Reinhardt, Hypothèses sur l'origine des premiers déambulatoires en Picardie. In: Bull. mon. 1929, p. 269 — 88. — E. Gall, Studien zur Geschichte des Chorumganges. In: Monatshefte f. Kunstwiss. 1912, p. 134 ff, 358 ff, 508 ff. — *Liturgische Funktion des Kapellenkranzes:* A. Grabar, Martyrium, 2 vol (Paris 1946), I, p. 510 ff.

KAPITEL 74 (Seite 230)

M. T. Engels, Zur Problematik der mittelalterlichen Glasmalerei. In: Neue Deutsche Forschungen, Berlin 1937. — E. Mâle, L'art religieux du XII siècle en France. 1924. — C. R. Morey, Medieval Art. New York 1942.

KAPITEL 75 (Seite 231)

R. Wallrath, Zur Entwicklungsgeschichte der Krypta. In: 22. Jahrbuch des Kölnischen Geschichtsvereins, 1940, p. 273 — 292. — R. de Lasteyrie, L'architecture religieuse . . (zit. Kap. 2) p. 228. — A. Grabar, Martyrium, I (zit. Kap. 73). — E. Panofsky, Abbot Suger . . (zit. Kap. 76). — E. Stückelberg, Geschichte der Reliquiare in der Schweiz. Zürich 1902.

KAPITEL 76 (Seite 233)

E. Panofsky, Abbot Suger on the Abbey Church of St. Denis and its Art Treasures. Princeton 1946. Dort weitere Literatur. — P. Vitry et G. Brière, L'église abbatiale de Saint Denis, Paris 1927. — Der zweite, den Sugerbau betreffende Band von S. Mc.-K. Crosbys Werk über Saint-Denis noch nicht erschienen. — H. Schaefer, The origin of the two-tower façade in Romanesque architecture. In: Art Bull. XXVII (1945) p. 85 ff. — *Radfenster:* H. Mersmann, Die Bedeutung des Rundfensters im Mittelalter. Wiener Diss. 1944.

KAPITEL 77 (Seite 235)

E. Panofsky, Abbot Suger . . (zit. Kap. 76). — G. Dehio, Kirchliche Baukunst des Abendlandes. — E. Medding-Alp, Zur Baugeschichte der Abteikirche von St. Denis. In: Ztschr. f. Kunstgesch. 1936, p. 246 — 50. — S. Mc.-K. Crosby, Early Gothic Architec-ture - New problems as a result of the St. Denis extcavations. In: Journal of the society of architectural historians, vol. 7 (1948), p. 13 — 16. — E. Lambert, L'abbatiale de Saint Germer et l'école de Saint-Denis. In: Bull. mon. 100 (1941) p. 47 — 63. — *Glasfenster von St. Denis:* E. Mâle in Michel's Histoire de l'art, tome II., Paris 1906 p. 372 ff.

KAPITEL 78 (Seite 237)

E. Panofsky, Abbot Suger . . (zit. Kap. 76). — E. Panofsky, Note on a contro-versical passage in Sugers de consecratione ecclesiae Sancti Dionysii. In: Gaz. d. beaux-arts 1944 (Gedenkschrift für Focillon) p. 95 — 114. — E. Panofsky, Postlogium Sugerianum. In: Art. Bull. XIX (1947) p. 119 ff. — F. Weinhandl, Über das aufschließende Symbol (zit. Kap. 25).

KAPITEL 79 (Seite 242)

Zum Grundsätzlichen: H. Jantzen, Deutsche Bildhauer des 13. Jahrhunderts, Leipzig 1925. — E. Panofsky, Die deutsche Plastik des 11. bis 13. Jahrhunderts. München 1924. — G. von Kaschnitz, Von der zweifachen Wurzel der statuarischen Form im Altertum. In: „Neue Beiträge deutscher Forschung", Festschrift für Wilhelm Worringer zum 60. Geburtstag. Königsberg 1943. — *Anfänge:* Marcel Aubert, Gotische Plastik in Frankreich 1140 — 1226. München 1929. — Marcel Aubert, La sculpture française au Moyen-Âge. Paris 1946. — Marcel Aubert, Têtes de statues-colonnes du portail occidental de Saint-Denis. In: Bull. mon. 103 (1945), 243 — 248. — J. Baum, Die Anfänge der gotischen Plastik. In der Ztschr. „Pantheon" 6 (1933), p. 458 — 463. — H. Giesau, Der Stand der Forschung über das Figurenportal. In: Kunstchronik I (1948) Heft 10. — Die Arbeit von Mme Goldscheider über die „premiers portails à statues-colonnes" (Thèse der Sorbonne) war mir nicht erreichbar. — „*Optimismus*" der Gotik: G. Ladner, Die italienische Malerei im 11. Jahrhundert. In: Jahrb. der Kunsthist. Sammlungen Wien, Neue Folge V (1931) p. 87.
Offene Fragen: Es wäre doch noch einmal zu prüfen, ob die allgemein akzeptierte Ansicht, die Normandie habe gar nichts zur Vorgeschichte der gotischen Säulenfigur beigetragen, so durchaus zu recht besteht (Bayeux?).

KAPITEL 80 (Seite 244)

Offene Fragen: Die Vorgeschichte der Skulpturbaldachine und die Vorgänge unmittelbar vor ihrer Entstehung (in Chartres?) sollten eingehend untersucht werden, unter Einbeziehung der frühen Retabel und der Kapitelle mit Stadtkronenmotiven.

KAPITEL 81 (Seite 246)

M. Aubert, Notre-Dame de Paris et sa place dans l'architecture du XIIe au XIVe siècles. Paris 1920, 2. Auflage Paris 1929. — M. Aubert, Notre-Dame de Paris. Architecture et sculpture. Paris s. d. — A. Rhein, L'église Notre-Dame de Mantes. Paris 1932.

KAPITEL 82 (Seite 249)

J. Bony (zit. Kap. 51). — Charles Seymour, Notre-Dame of Noyon in the twelfth century. Yale University Press 1939. — Walter Niemeyer, Das Triforium. In: Kunstwiss. Beiträge, August Schmarsow gewidmet. Leipzig 1907. — H. E. Kubach, Rheinische Triforienkirchen der Stauferzeit. Diss. Köln 1934. — H. E. Kubach, Das Triforium. Ein Beitrag zur Kunstgeschichtlichen Raumkunde Europas im Mittelalter. In: Ztschr. f. Kunstgesch. 5 (1936) p. 275 — 88. — Lucien Broche, La cathédrale de Laon. Paris 1926. — Elie Lambert, Notre-Dame de Laon. In: Gaz. d. beaux-arts 1926, p. 361 — 386. — H. Adenauer, Die Kathedrale von Laon. Düsseldorf 1934. — *Zwerggalerie:* Günther Kahl, Die Zwerggalerie. Beiträge z. Kunstgesch. und Archäologie Heft 3. Würzburg 1934.

KAPITEL 83 (Seite 251)

Bourges: siehe Kap. 87. — *Dijon:* siehe Kap. 155. — *Laon Fassade:* siehe die Lit. zu Kap. 82. Ferner: Hans Kunze, Das Fassadenproblem der französischen Früh- und Hochgotik. Leipzig 1912. — *Portale:* E. Lambert, Les portails sculptés de la cathédrale de Laon. In: Bull. de la société de l'histoire de l'art français, 1936, p. 190 — 93. — O. Walzer (zit. Kap. 95). — *Glockentürme:* René Fage, Le clocher du Limousin. In: Bull. mon. 71 (1907) p. 263 — 68. — Ernst Gall, Gotische Baukunst (zit. Kap. 41). — G. C. Labouchère, Compositie en Dispositie der Franssche Kerktorens in de 11de en 12de eeuw. Diss. Utrecht 1927.

KAPITEL 84 (Seite 254)

E. Houvet, La cathédrale de Chartres, 7 vol, Chartres s. d. — R. Merlet, La cathédrale de Chartres. Paris 1909. — E. Mâle, Notre-Dame de Chartres. Paris 1948. — G. Dehio, Kirchliche Baukunst. — *Soissons:* in Congr. archéol. 1911. — Karl Heyer, Das Wunder von Chartres. Basel 1926, 2. Aufl. 1938.
Offene Fragen: Das postulierte vierstöckige System, aus dem das dreistöckige von Chartres durch Verschmelzung der beiden oberen Stockwerke entsteht, zeigen die drei westlichen Joche der Vorkirche von Cluny III, und zwar: 1. Hohe Erdgeschoßarkade,

2. Triforium, 3. Richtiger Lichtgaden, 4. Fenster in der Lünette des Kreuzrippengewölbes. Das gilt zunächst typologisch, ohne Rücksicht darauf, ob diese Wandform früher oder später ist als die von Chartres; in letzterem Fall würde man wohl annehmen müssen, daß es eine gemeinsame Ahnenform gibt. Andernfalls wäre hier die unmittelbare Vorform des Wandsystems von Chartres entdeckt, das bisher allen Ableitungen trotzte. Im Übergang zu den drei westlichen Jochen wäre die Ausbildung des „Hochfensters" in der Hochwand gleichsam im Entstehungsprozeß zu beobachten und damit eine der großartigsten und folgenreichsten Neuerungen der Gotik genetisch erklärt.

KAPITEL 85 (Seite 258)

E. Gall, Gotische Baukunst . . (zit. Kap. 51) p. 84. — Lefèvre-Pontalis, L'origine des arcs-boutants. In: Congrès archéol. 1919. — H. Focillon, L'Art d'Occident, p. 148. — Louis Barbier, Etude sur la stabilité des absides de Noyon et de Saint-Germain des Près. In: Bull. mon. 89 (1939) p. 515 — 529. — H. Deneux, De la construction en tas-de-charge et du point de butée des arcs-boutants au moyen-âge. In: Bull. mon. 102 (1944) p. 241 — 256.

KAPITEL 86 (Seite 260)

H. Focillon, L'Art d'Occident, p. 148.

KAPITEL 87 (Seite 261)

A. Boinet, La cathédrale de Bourges. Paris s. d. — A. Boinet, Les sculptures de la cathédrale de Bourges. Paris 1912. — Jean Bony, Essai sur la spiritualité de deux cathédrales, Notre-Dame de Paris et Saint-Étienne de Bourges. In dem Sammelband: „Chercher dieu", Paris 1943. — Jean Bony, Tewkesbury et Pershore (zit. Kap. 71). — A. Ledru, La cathédrale du Mans. 1939. — * G. Fleury, La cathédrale du Mans. Paris s. d. (1910).

KAPITEL 88 (Seite 265)

R. Schneider, L'art français (zit. Kap. 1). — L.-L. Behling, Das ungegenständliche Bauornament der Gotik. Halle a. S. (1937) p. 12 — 32. — L.-L. Behling, Gestalt und Geschichte des Maßwerkes. In der Reihe: „Die Gestalt" Heft 16, Halle a. S. 1944. — „Redents": Peter Meyer, Europäische Kunstgeschichte Bd. II p. 221.
L. Demaison, La cathédrale de Reims. Paris 1910. — P. Vitry, La cathédrale de Reims, 2 vol. Paris 1915. — L. Bréhier, La cathédrale de Reims. 1920. — F. Moreau-Nelaton, La cathédrale de Reims. Paris s. d.

KAPITEL 89 (Seite 266)

Siehe die Literatur Kap. 83. — Amiens: G. Durand, Monographie de la cathédrale d'Amiens, 2 vol. Amiens 1901 — 1903. — L. Lefrançois-Pillion, La cathédrale d'Amiens. Paris 1937.

KAPITEL 90 (Seite 268)

Lit. zu Kap. 85 und 43.

KAPITEL 91 (Seite 269)

Spitzbogen: vgl. die Lit. zum Kap. 124.

KAPITEL 92 (Seite 272)

Hans Jantzen, Deutsche Bildhauer des 13. Jahrhunderts. Leipzig 1925. — Zdrawka Mintschewa, Die Entstehung und die Entwickelung der Baldachinformen in Frankreich bis zur Mitte des 13. Jahrhunderts. Diss. Wien 1935 (ungedruckt). — W. Graf Rothkirch, Architektur und monumentale Darstellung . . (zit. Kap. 65). — M. Aubert, Gotische Plastik . . (zit. Kap. 79.)

KAPITEL 93 (Seite 275)

J. Baum (zit. Kap. 79). — E. Mâle, Le portail de Senlis et son influence. In: Revue de l'art ancien et moderne 1911/I, p. 161 — 167. — M. Aubert, Senlis. Paris 1912. — * Pia Wilhelm, Die Marienkrönung am Westportal der Kathedrale von Senlis. Diss. Hamburg 1941. — Jacques Vanuxem, Autour du triomphe de la Vierge du Portail de la cathédrale de Senlis. In: Bull. mon. 103 (1945) p. 89 ff.

KAPITEL 94 (Seite 277)

H. Jantzen, Deutsche Bildhauer des 13. Jahrhunderts. — Abd ul Hak, La sculpture des porches du transept de la cathédrale de Chartres. 1943.

KAPITEL 95 (Seite 278)

O. Walzer, Das Bildprogramm an mittelalterlichen Kirchenportalen. In: Festschrift für Wilhelm Pinder, Leipzig 1938, p. 140 — 164. — W. Graf Rothkirch (zit. Kap. 65), besonders p. 169. — Königsgalerie: E. Mâle, L'art religieux du XIIIe siècle en France. 7e éd. Paris 1931. — Karl Heyer (zit. Kap. 84).

KAPITEL 96 (Seite 280)

H. Weigert, Die Stilstufen der deutschen Plastik von 1250 bis 1350. In: Marburger Jahrb. f. Kunstwiss. IV (1927) p. 147 ff. — G. Weise, Italien und die geistige Welt der Gotik. Halle a. S. 1939. — „Fabliaux": J. Bédier, Les fabliaux. Paris 1893. — Tundalus-Vision: Visio Tungdali, ed. Schade. Halis (Halle) 1869. — * E. Peters, Die Vision des Tundalus. 1885. — J. Bilson, Un bas-relief du XIIe siècle représentant des scènes de l'enfer trouvé à York. In: Bull. mon. 72 (1908) p. 442 ff. — O. Sinding, Mariae Tod und Himmelfahrt. Kristiania 1903.

KAPITEL 97 (Seite 281)

Carl Nordenfalk, Bemerkungen zur Entstehung des Akanthusornaments. Acta Archaelogica V (1935) p. 257 — 265. — Emma Alp, Die Kapitelle des XII. Jahrhunderts im Entstehungsgebiet der Gotik. Detmold 1928. — Denise Jalabert, La flore gothique, ses origines, son évolution du XIIe au XVIe siècle. In: Bull. mon 91 (1932) p. 181 — 246. — Denise Jalabert, La première flore gothique aux chapiteaux de Notre-Dame de Paris. In: Gaz. d. beaux-arts 1931, p. 283 — 304. — H. Weigert (zit. Kap. 96). — Peter Meyer, Europäische Kunstgeschichte Bd. II, p. 223. — G. Weise (zit. Kap. 96). — Maßwerk: siehe Kap. 88.

KAPITEL 98 (Seite 284)

Siehe Literatur zum Kap. 3. — Dazu: R. Ficker, Die Musik des Mittelalters und ihre Beziehung zum Geistesleben. In: Deutsche Vierteljahresschrift f. Lit.-Wiss. und Geistesgesch. III (1925) p. 511 ff.

KAPITEL 99 (Seite 286)

Siehe die Lit. zum Kap. 10. — Dazu: Yves Delaporte, Les vitraux de la cathédrale de Chartres. Chartres 1926. — E. Mâle, Notre-Dame de Chartres. Paris 1948. — Jean Verrier, La cathédrale de Bourges et ses vitraux, Paris s. D. — François Quiévreux, Les vitraux de Bourges. In: Bull. mon. 101 (1943) p. 225 — 275. — * W. Dahmen, Gotische Glasfenster, Rhythmus und Strophenbau. 1922. — * J. J. Gruber, Quelques aspects de l'art et de la technique du vitrail en France (Travaux des étudiants du groupe de l'art de la faculté de lettres à Paris, 1928). — M. Aubert, French cathedral windows of the twelfth and thirteenth century: New York 1939. — Louis Grodecki, A stained glass atelier of the thirteenth century: A study of windows in the cathedrals of Bourges, Chartres and Poitiers. — W. Schöne, Die Glasfenster der Kathedrale von Chartres (zit. Kap. 42).

KAPITEL 100 (Seite 288)

Erika Kirchner-Doberer, Die deutschen Lettner bis 1300. Diss. Wien 1946. Dort weitere Literatur.

KAPITEL 101 (Seite 290)

Charles Seymour, XIIIth century sculpture at Noyon and the development of the gothic caryatid. In: Gaz. d. beaux-arts 1944 (Focillon-Gedenkschrift) p. 163, besonders p. 171. — W. Worringer, Zur Frage der gotischen Monumentalität. In: „Zum Geiste neuer Literaturforschung", Festschrift für Otto Walzel. Potsdam 1924, p. 211 ff.

KAPITEL 102 (Seite 293)

H. Clasen, Gotische Baukunst. In: Handb. d. Kunstwiss., Potsdam-Wildpark 1930 bis 31. — Carl Nordenfalk, Die Spätantiken Kanontafeln. Text- und Tafelband. Göteborg 1938. — Boinet, La miniature carolingienne. Paris 1913. — J. D. Bordona, Spani-

554

sche Buchmalerei. Leipzig 1930. — K. Weitzmann, Die byzantinische Buchmalerei des IX. und X. Jahrhunderts. Berlin 1935. — Georg Humann, Die Beziehungen der Handschriftenornamentik zur romanischen Buchmalerei. Straßburg 1907. — * Dom. A. Wilmart, Les livres de l'abbé Otbert. In: Bull. hist. de la société des antiquaires de la Morinie XIV, p. 169 — 88.

KAPITEL 103 (Seite 296)

Viollet-le-Duc, Dictionnaire d'architecture, Artikel „fenêtre". — H. Mersmann (zit. Kap. 76). — J. Braun, Das christliche Altargerät (zit. Kap. 2).

KAPITEL 104 (Seite 299)

Z. Mintschewa (zit. Kap. 92). — E. Mâle, L'art religieux du XIIe siècle.

KAPITEL 105 (Seite 300)

Ch. Oursel, La miniature du XIIe siècle à l'abbaye de Citeaux. Dijon 1926. — E. Saunders, Englische Buchmalerei. 2 Bde. München 1928. — Mme Goldscheider (zit. Kap. 79).

KAPITEL 106 (Seite 301)

Hans Hirsch, Gotik und Renaissance in der Entwickelung unserer Schrift. In der Ztschr. „Forschungen und Fortschritte" 1932, p. 343 ff. — Maria Hirsch, Das Figurenalphabet des Meisters E. S. In: Kunstwiss. Forschungen II (1933), p. 101 — 112. — H. Fichtenau, Mensch und Schrift im Mittelalter, Wien 1946, bes. p. 186 ff. — * F. Uhlhorn, Die Großbuchstaben der gotischen Schrift. 1924.

Offene Fragen: Die genaue Datierung, Lokalisierung und Charakterisierung der frühesten „gotischen" Schriften. An Aufgaben welcher Art kommen sie zuerst vor?

KAPITEL 107 (Seite 304)

W. Worringer, Formprobleme der Gotik (zit. unter Kap. 117). — J. Jungmann, Missarum sollemnia (zit. Kap. 4). — G. Weise, Italien und die geistige Welt der Gotik (zit. Kap. 117). — W. Kahles, Radbert und Bernhard. Emsdetten 1938. — Wolfram von den Steinen, Franziskus und Dominicus. Breslau 1936. — R. Benz, Ecclesia spiritualis. Stuttgart 1934.

KAPITEL 108 (Seite 305)

G. Weise (zit. Kap. 117). — R. Berger, Die Darstellung des thronenden Christus in der romanischen Kunst, Reutlingen 1926, mit einem Nachwort von G. Weise, p. 204 ff. — W. Kahles (zit. Kap. 107). — Kurt Bauch, Über die Herkunft der Gotik (zit. unten Kap. 117). — E. Wechßler, Das Kulturproblem des Minnesanges (zit. Kap. 116).

KAPITEL 109 (Seite 309)

Siehe Lit. zu Kap. 108.

KAPITEL 110 (Seite 311)

W. Kahles (zit. Kap. 107). — I. Herwegen, Antike, Germanentum und Christentum. Salzburg o. J. — A. Mayer, Die Liturgie und der Geist der Gotik (zit. Kap. 4). — A. Mayer, Die heilbringende Schau (zit. Kap. 4). — F. Browe, Die Verehrung der Eucharistie im Mittelalter. München 1933. — E. Dumoutet, Le désir de voir l'Hostie (zit. Kap. 4). — E. Dumoutet, Le Christ selon la chair et la vie liturgique du moyenâge. Paris 1932. — Th. Müller, Vom Ausdruck des Primitiven in der Plastik des späten Mittelalters. In der Zeitschr. „Kunst", herausg. von Franz Roh, Nr. 1 (1948), p. 17.

KAPITEL 111 (Seite 314)

E. Panofsky, Abbot Suger . . (zit. Kap. 76). — Die Viktoriner, Ihre mystischen Schriften. Wien 1936. — C. Bäumker, Witelo. Ein Philosoph und Naturforscher des XIII. Jahrhunderts. Münster 1908.

Offene Fragen: Während die geistesgeschichtlichen Voraussetzungen des architektonischen „Wunders" von St. Denis in sehr bestimmter Weise geklärt sind, sind sie für das „Wunder von Chartres" noch nicht klar. Was ist die letzte geistige Quelle der hohen Lichtmystik, die der Bau von Chartres so überwältigend verkörpert?

KAPITEL 112 (Seite 317)

H. Tietze (zit. Kap. 113). — Ch. H. Haskins, The renaissance of the 12th century. Cambridge 1927. — Berthold Valentin, Der Engelsstaat. In der Festschr. zum 70. Geburtstag Gustav Schmollers. Berlin 1908, p. 41 — 120. — Erik Peterson, Das Buch von den Engeln (zit. Kap. 28). — N. Vallois, Guillaume d'Auvergne, évêque de Paris (1228 bis 1249). Sa vie et ses ouvrages. Paris 1880. — E. Dumoutet, Le Christ selon la chair (zit. Kap. 111). — P. E. Schramm, Der König von Frankreich (zit. Kap. 129). — *Philo:* L. Bréhier, Les idéees philosophiques et religieuses de Philon d'Alexandrie. Paris 1907.

Offene Fragen: Die Klassische Stufe der Kathedrale scheint also in dem Ausgleich von Platonismus und Aristotelismus zu gründen, der das besondere Anliegen der Schule von Chartres war. Diese μεσοτης selbst wäre aber eben schon aristotelisch.

KAPITEL 113 (Seite 320)

E. Mâle, L'art religieux du XIIe siècle en France, Paris 1928, p. 151 — 185. — H. Tietze, Die typologischen Bilderkreise des Mittelalters in Österreich. In: Jahrb. d. Zentralkomm. Neue Folge II (1904), p. 20 ff *(auch grundsätzlich über das Problem der Typologie).* — W. Molsdorf, Führer durch den symbolischen und typologischen Bilderkreis der christlichen Kunst des Mittelalters. Leipzig 1920. — J. A. Jungmann (zit. Kap. 4). — H. Liebeschütz, Das allegorische Weltbild der heiligen Hildegard von Bingen. In: Schriften der Bibl. Warburg. Leipzig 1930.

Offene Fragen: Das Problem der Renaissance des typologischen Bildprinzips im XII. Jahrhundert ist mit diesen Andeutungen kaum gestellt, geschweige denn gelöst.

KAPITEL 114 (Seite 321)

Gradualismus: Günther Müller, Gradualismus. In: Deutsche Vierteljahrsschrift für Literaturwiss. und Geistesgesch. II (1924) p. 681 ff. — G. Weise (zit. Kap. 117). — Ein Vortrag Erwin Panofskys über die Kathedrale und die Summa des hl. Thomas von Aquin war mir nicht zugänglich.

KAPITEL 115 (Seite 323)

H. P. J. Ahsmann, Le culte de la Sainte Vierge et la litérature française profane du moyen-âge. Utrecht 1930. — Klaus Fuss, Der frühgotische Roman. Studie zur Geistesgeschichte des ausgehenden 12. Jahrhunderts. Würzburg 1941. — K. Künstle, Ikonographie (zit. Kap. 32).

Offene Fragen: Es wäre nötig, in tieferem Sinn zu zeigen, inwiefern die klassische Kathedrale wesentlich *Marien*kirche ist.

KAPITEL 116 (Seite 324)

E. Wechssler, Das Kulturproblem des Minnesanges. Bielefeld und Leipzig 1927. — * M. P. Belperron, La joie d'amour. Contribution à l'étude des Troubadours et de l'amour courtois. Paris 1938. — * A. J. Denomy, The heresy of Courtly Love. New York 1947 (bespr. in der Revue bénédictine XLVIII (1948) p. 275 ff). — Brinkmann, Entstehungsgeschichte des Minnesanges. Halle 1926. — Brinkmann, Diesseitsstimmung im Mittelalter. In: Deutsche Vierteljahrsschrift f. Lit.-Wiss. und Geistesgesch. II (1924) p. 721 ff. — H. Naumann und G. Müller, Höfische Kultur. Halle 1929. — F. Schneider, Heldendichtung, Geistlichendichtung, Ritterdichtung. Heidelberg 1925.
Gegenbilder des Ritterlichen: O. Brunner, Adeliges Landleben und europäischer Geist. Salzburg 1949, passim. — * Paul Lehmann, Die Parodie im Mittelalter. München 1922.

Offene Fragen: Die Erforschung der frühen „Laienkunst" des Abendlandes — einer Kunst mit eigenen, nicht mehr religiösen oder imperialen Themen — wird nach meiner Überzeugung mit einer sorgfältigen Rekonstruktion der Schlösser des frühen 12. Jahrhunderts, zumal ihrer Frauengemächer, beginnen müssen, die alle Schriftquellen wie jeden bescheidensten Rest der ursprünglichen Ausstattung kritisch und doch „produktiv" auswertet.

KAPITEL 117 (Seite 328)

Lord Withington, Historical survey of the ecclesiastical antiquities of France. London 1809. — W. Worringer, Formprobleme der Gotik. 1. Aufl. München 1911, 20.-31.

556

Tausend. München 1930. — Gonse, L'art gothique, Paris 1890, p. I. — J. von Schlosser, Die Kunst des Mittelalters. Berlin 1923, p. 61. — G. Weise, Italien und die geistige Welt der Gotik. Halle a. Saale 1939, p. 61. — W. Worringer, Griechentum und Gotik, 3. Aufl. München 1928. — G. von Kaschnitz-Weinberg, Das Italische als Grundlage der Formstrukturen der italienischen Renaissance und des italienischen Barocks. In: Actes du XIVe congrès int. d'hist. de l'art, I (1936) p. 24 ff. — Kurt Bauch, Über die Herkunft der Gotik. In: Veröffentl. d. Freiburger wiss. Ges. Heft 27 (1939). — C. Schnaase (zit. Einleitung).

KAPITEL 118 (Seite 330)

Kurt Bauch (zit. Kap. 117). — Vgl. die Lit. zum Kap. 52. — Ferner: Werner Hager, Das geschichtliche Ereignisbild. München 1939, bes. p. 45 ff.

KAPITEL 119 (Seite 332)

Wolfgang Krause, Die Kelten und ihre geistige Haltung. In: Schriften der Kgl. deutschen Ges. zu Königsberg, Heft 12 (1936).

KAPITEL 120 (Seite 334)

L. Olschki, Die romanischen Literaturen des Mittelalters. In: Handb. d. Lit.-Wiss. Wildpark-Potsdam 1928. — De Wulf, Histoire de la philosophie Bd. I (1924) p. 279. — Singer, Arabische und europäische Poesie im Mittelalter. In: Ztschr. f. deutsche Philologie 52 (1927), p. 91 ff. — Percy E. Schramm (zit. unten Kap. 129). — Rosenthal (zit. unten Kap. 164) p. 91. — H. Fichtenau, Mensch und Schrift. Wien 1946, bes. p. 142 ff. — * Geneviève Micheli, Le décor de l'Aisne et de l'Oise au XIe siècle, Morienval et son groupe. Diss. 1939. — * Geneviève Micheli, L'enluminure du Haut Moyen-Âge et les influences irlandaises. Brüssel 1939. — * H. Gaidoz, Le dieu gaulois du soleil et le symbolisme de la roue. In: Revue archéol. 1884, p. 14. — J. Handschin, Die Musikanschauung des Johannes Scotus (Eriugena). In: Deutsche Vierteljahrsschr. f. Lit.-Wiss. u. Geistesgesch. V (1927) p. 316 — 341. — Bernhard Schweitzer, Die spätantiken Grundlagen der mittelalterlichen Kunst. Leipzig 1946.

Offene Fragen: Die „Keltische These" wird stark unterbaut durch den mir erst nach Abschluß dieser Arbeit bekanntgewordenen wichtigen Nachweis B. Schweitzers, daß in der religiösen Kunst Galliens zu römischer Zeit die unklassischen, im Grunde auch ganz unantiken Hintergründe des einheimischen (altkeltischen) Formempfindens durchschlagen. „Wir glauben uns nicht zu täuschen, wenn wir hier, auf westfranzösischem Boden künstlerische Kräfte schon zur Zeit des blühenden römischen Reiches am Werk finden, die erst viel später, in der Gotik, ihre Erfüllung finden sollten." (A. a. O., p. 43.) Daß aus dieser Berührung schon damals in der Skulptur „prägotische" Bildungen entstehen, ist sozusagen eine Probe aufs Exempel.

KAPITEL 121 (Seite 336)

J. Bony, Tewkesbury et Pershore (zit. Kap. 71). — C. Voretzsch, Einführung in das Studium der altfranzösischen Literatur. 3. Aufl. Halle a. S. 1925 p. 107 ff. — W. von Jenny, Keltische Metallarbeiten aus heidnischer und christlicher Zeit. Berlin 1935. — *Arthus:* R. S. Loomis, Arthurian legends in Medieval Art. London and New York 1938 (bespr. in „The Art Bulletin 1942, p. 102). — F. Kampers, Vom Werdegang der abendländischen Kaisermystik. Leipzig und Berlin 1924 (Kap. V. Die Sagen von Ogier und Artur) bes. p. 134 — 137. — E. Faral, Geoffrey de Monmouth. In der Zeitschr. „Romania" 57 (1927) p. 1 ff.

Offene Fragen: Die Rekonstruktion der walisisch-westenglischen, nichtnormannischen Kunstsphäre, der Kunst an den um 1090 neu aufblühenden Fürstenhöfen und in ihren Hausklöstern, die durch Bonys „Entdeckung" eingeleitet worden ist, scheint mir eine der wesentlichsten Aufgaben für die Erkenntnis des Hohen Mittelalters. Zum Artus-Problem vergleiche die Diskussion im II. Band (1927) der Zeitschr. „Speculum" (dort weitere Literatur).

KAPITEL 122 (Seite 338)

E. Dumoutet, Le désir de voir l'Hostie. Paris 1926. — K. Vossler, Frankreichs Kultur im Spiegel seiner Sprachentwicklung. Heidelberg 1913. — Friedrich Wimmer, Zur Formentwicklung im La Tène. In: Wiener prähist. Zschr. XIX (1932) bes. p. 11. — D. Frey, Gotik und Renaissance (zit. Kap. 66). — P. Meyer, Europäische Kunstgeschichte Bd. II p. 275. — M. Baud, Les caractères hétérodoxes de l'art gothique. Paris 1913.

557

KAPITEL 123 (Seite 339)

L. Olschki (zit. Kap. 120). — G. Cohen, Chrétien de Troyes et son oeuvre, Paris 1931, bes. p. 449, 457, 497 — 98. — C. G. Boswell, An Irish precursor of Dante. London 1908. — Tuffran, Le merveilleux voyage de Saint Brendan à la recherche du Paradis. 1925. — Emil Winkler, Französische Dichter des Mittelalters II (Marie de France). In: Abh. der Wiener Akademie der Wiss., phil.-hist. Klasse, Wien 1918. — E. v. Jan, Französische Literaturgeschichte in Grundzügen. Leipzig 1944. — F. Wimmer (zit. Kap. 122).

KAPITEL 124 (Seite 342)

W. Krause (zit. Kap. 119). — O. Reche, Zur Rassenkunde der Kelten. Bericht der 52. Tagung der deutschen Ges. f. Anthropologie, Ethnologie und Urgeschichte in Speyer (1934). — N. Brunow und M. Alpatov, Altrussische Kunst. Augsburg 1932. — *Orientalisches in der Gotik:* p. 75, 76. — P. Meyer, Europäische Kunstgeschichte Bd. II p. 331. — Kurt Erdmann, Der Bogen. In: Jahrb. f. Kunstwiss. 1929, p. 100 — 144. — P. Meyer, Muschelnische und Lappenbogen. In: Actes du XIVe congrès de l'hist. de l'art, I, p. 30 — 31. George Marçais, Sur la transmission d'une forme décorative musulmane à l'art gothique. Ebenda p. 27 — 28. — Élie Lambert, Les coupoles des grandes mosquées de Tunisie et d' Espagne aux IXe et Xe siècle. Ebenda p. 25 — 26. — G. Weise, Gli archi mistilinei di provenienza islamica nell' architettura gotica italiana e spagnola. In: Rivista d'arte XXIII (1941), p. 1 ff. — H. Terrasse, L'art Hispano-mauresque des origines au XIIIe siècle. Paris 193. — M. S. Briggs, Gothic architecture and persian origins. In: Burlington Mag. LXII (1932) p. 183 — 89. — Dazu die Erwiderung von A. U. Pope, ebenda p. 25 — 26. — St. Casson, Persian architecture and the west. In: Archit. Review 73 (1932) p. 237 — 40. — M. Semper, Der persische Anteil an Wolframs Parcival. In: Deutsche Vierteljahrsschr. f. Lit.-Wiss. und Geistesgesch. 12 (1934) p. 92 ff.

Offene Fragen: Während zu Beginn des 19. Jahrhunderts die Bedeutung der islamischen Kunst für die Entstehung der Gotik überschätzt wurde, neigt man jetzt dazu, sie zu unterschätzen. Diese Frage verlangt nach einer neuen, alle Einzelergebnisse sichtenden und zusammenfassenden Untersuchung. Mir scheint jenes Element der „Gotik", das der maurischen und persischen Kunst in manchen Zügen „affin" ist, eben das sogenannte „keltische", nicht indogermanische Element der Kathedrale zu sein. — Das Problem der stabartig gelängten Formen ist noch nicht vor genügend weite Horizonte gestellt.

KAPITEL 125 (Seite 344)

Kurt Bauch (zit. Kap. 117). — Brinkmann, Entstehungsgeschichte des Minnesanges, Halle a. S. 1926. —

KAPITEL 126 (Seite 345)

W. Worringer, Griechentum und Gotik. 3. Aufl. München 1928. — Dazu: Carl Linfert, Griechische Form im Mittelalter. In: Krit. Berichte 1930 — 31 p. 74. — H. S., Das erste mittelalterliche Architektursystem (zit. Kap. 30). — H. S., Zur Geschichte des justinianischen Architektursystems (zit. Kap. 30). — W. Worringer, Byzantinismus und Gotik. In: Festschr. zum 60. Geburtstag von Paul Clemen. — (Ein für den byz. Kongreß in Algier 1939 angekündigter Vortrag von P. Lavedan über Byzanz und die Gotik war mir nicht erreichbar). — H. Schrade, Ikonographie der christlichen Kunst. Bd. I: Die Auferstehung Christi. Berlin 1932. — Max Dvořák, Idealismus und Naturalismus (zit. Kap. 10) p. 68. — G. v. Kaschnitz-Weinberg, Über die Grundformen der italisch-römischen Struktur. In Mittlgn. d. deutschen archaeol. Inst., röm. Abt., Bd. 59, 1944 (1946) p. 89 — 128.

Offene Fragen: Die — wie immer — ebenso tiefen wie weitreichenden Perspektiven G. von Kaschnitz-Weinbergs eröffnen für die Ableitung des Baldachingedankens neue Horizonte. So daß die griechische Formulierung dieses Gedankens nur als Gräzisierung eines dem Ursprung nach orientalischen Ur-Gedankens der Architektur aufgefaßt werden dürfte.

KAPITEL 127 (Seite 347)

K. Vossler, Frankreichs Kultur im Spiegel seiner Sprachentwickelung. Heidelberg 1913. — K. Vossler, Frankreichs Kultur und Sprache. 1931.

KAPITEL 128 (Seite 349)

Paul Gout (zit. Einleitung 2). — A. Choisy (zit. ebenda 2).

KAPITEL 129 (Seite 350)

L. Olschki, Der ideale Mittelpunkt Frankreichs im Mittelalter, in Wirklichkeit und Dichtung. Heidelberg 1913. — M. Buchner, Das Vizepapsttum des Abtes von Saint Denis. Paderborn 1928 (wichtig nur für das IX. Jahrhundert). — Percy E. Schramm, Der König von Frankreich. 2 Bde. Weimar 1939. — E. Panofsky, Abbot Suger . . (zit. Kap. 76). — E. Mâle (zit. Kap. 40).

KAPITEL 130 (Seite 352)

E. Panofsky, Abbot Suger . . (zit. Kap. 76). — O. Cartellieri, Abt Suger von St. Denis. Berlin 1898. — E. Mâle, La part de Suger dans la création de l'iconographie du Moyen-Âge. In: Revue de l'art ancien et moderne XXXV (1914 — 15) p. 91 bis 102, 253 — 262, 339 — 449. — E. Mâle, L'art religieux du XIIe siècle, Paris 1920, p. 151 ff.

Offene Fragen: Daß sich die Kathedrale auch und gerade als Königskathedrale an den „populus", das ist aber auf dieser Stufe wesentlich das früh-„bürgerliche" Stadtvolk wendet, steht mit der Erkenntnis, daß die Kathedrale ihrer Genesis nach Königs- und keineswegs Bürgerkunst ist, nicht in Widerspruch. In dieser Bezogenheit gründet jener Zug zur Ostentation, zur Befriedigung der Schaulust, die sie wesentlich von der größeren Unnahbarkeit der romanischen Kaiserkunst unterscheidet. (Worauf mich eine Frage Th. Adorno-Wiesengrunds aufmerksam gemacht hat).

KAPITEL 131 (Seite 354)

H. S., Das justinianische Architektursystem (zit. Kap. 8) p. 62 ff. — H. S., Die politische Bedeutung des deutschen Barocks. In: Festschr. für Heinrich von Srbik, Wien 1938, p. 126 — 140. — Edgar Lehmann, Die Bedeutung des Investiturstreits für die deutsche hochromanische Architektur. In: Ztschr. d. deutschen Ver. f. Kunstwiss. VII (1940), p. 75 ff. — Walter Paatz, Die Hauptströmungen in der Florentiner Baukunst des frühen und hohen Mittelalters und ihr geschichtlicher Hintergrund. In: Mttlgn. d. kunsthist. Inst. in Florenz VI (1940) p. 33 ff. — G. Bandmann, Die symbolische und die geschichtliche Bedeutung in der Baukunst des Mittelalters. Habilitationsschrift Bonn 1948. — E. Gall (zit. Kap. 52). — Fritz Haeberlein, Grundzüge einer nachantiken Farbenikonographie. In: Röm. Jahrb. f. Kunstgesch. 3 (1939) p. 75 — 126.

KAPITEL 132 (Seite 357)

E. Mâle (zit. Kap. 130). — Percy E. Schramm (zit. Kap. 129). — H. Fichtenau, Mensch und Schrift (zit. Kap. 106) p. 185. — A. Watson, The early iconography of the tree of Jesse. London 1943. — Königsstammbäume: H. Keller, Die Entstehung des Bildnisses am Ende des Hochmittelalters. In: Röm. Jahrb. f. Kunstgesch. 3 (1939) p. 227 — 256.

Offene Fragen: Der gesamte Bilderkreis der Königs-, der Kreuzzugsbilder sowie der Darstellungen aus der Karlssage wäre zusammenfassend zu untersuchen.

KAPITEL 133 (Seite 359)

K. Vossler, Frankreichs Kultur im Spiegel seiner Sprachentwicklung (zit. Kap. 127). — Percy E. Schramm (zit. Kap. 129). — Walter Kienast, Der französische Staat im XIII. Jahrhundert. In: Hist. Zeitschr. 148 (1933) p. 457 — 519. — Walter Kienast, Deutschland und Frankreich in der Kaiserzeit. Leipzig 1943. — * Maurice Rousset, Étude biographique sur Etudes de Sully evêque de France. In: Positions de thèses de l' Ecole des Chartres (zitiert nach M. Aubert, Nôtre-Dame). — W. M. Newmann, Le domaine royal sous les premiers Capétiens (987 — 1180). Diss. Paris 1937. — Fritz Kern, Die Anfänge der französischen Ausdehnungspolitik bis zum Jahre 1308. Tübingen 1910. — Bedeutung des Festes überhaupt: Karl Kerényi, Die antike Religion. Amsterdam 1940 und andere Arbeiten des gleichen Verfassers.

KAPITEL 134 (Seite 362)

H. Meyer, Die Oriflamme und das französische Nationalgefühl. In: Nachr. der Ges. f. Wiss. Göttingen, phil.-hist. Klasse, 1930 - II, p. 133 ff. — Dagegen: C. Erdmann, Kaiserfahne und Blutfahne. In: Sitz. Ber. d. Berliner Akad. d. Wiss., phil.-hist. Klasse, 1932 (XXVIII). — H. Kienast, Deutschland und Frankreich in der Kaiserzeit (900 bis 1270). Leipzig 1943. — H. Graf, Opus francigenum. Stuttgart 1878.

559

KAPITEL 135 (Seite 363)

Kult der Karren: A. Kingsley - Porter, Medieval architecture II (New Haven 1912) p. 151 ff. — * C. G. Coulton, Art and Reformation, New York 1928, p. 338 ff (zit. nach E. Panofsky, Abbot Suger, p. 214). — *Kreuzzug und Himmlisches Jerusalem:* Carl Erdmann, Die Entstehung des Kreuzzugsgedankens. Stuttgart 1935. — K. Burdach, Vorspiel I. — A. Choisy (zit. Einleitung 2). — *Urkunde von St. Ouen:* Quichérat, Mélanges d'archéologie et d'histoire de l'art, tome II, Paris 1886, p. 217.

KAPITEL 136 (Seite 369)

W. Pinder, Die Deutsche Plastik vom ausgehenden Mittelalter bis zum Ende der Renaissance. In: Handb. d. Kunstwiss. Wildpark-Potsdam 1924. — H. Weigert, Die Stilstufen der deutschen Plastik von 1250 bis 1350. Leipzig 1938. — G. Weise, Italien und die geistige Welt der Gotik. Halle a. Saale 1939 (Dort weitere Literatur). — W. Groß, Die abendländische Baukunst um 1300, Stuttgart o. J. (1948), wurde mir erst nach Abschluß dieser Arbeit bekannt.

KAPITEL 137 (Seite 372)

Carlheinz Pfitzner, Die Anfänge des Kölner Dombaus und die Pariser Bauschule in der ersten Hälfte des 13. Jahrhunderts. In: Ztschr. d. Deutschen Ver. f. Kunstwiss. IV (1937), p. 203 — 217. — Paul Vitry und Gaston Brière, L'église abbatiale de St. Denis. Paris 1928. — H. Stein, Pierre de Monterau architecte de l'église abbatiale de Saint-Denis. In: Mémoires de la Soc. des Antiquaires de France LXI (1902). — H. E. Kubach, Rheinische Triforienkirchen (zit. Kap. 82). — A. Babeau, Saint Urbain de Troyes. Troyes 1891.

KAPITEL 138 (Seite 373)

Ch. Givelet, L'église et l'abbaye de Saint Nicaise de Reims. Reims 1897. — H. Deneux, L'ancienne église Saint-Nicaise de Reims. In: Bull. mon. 85 (1926) p. 117 bis 142.

KAPITEL 139 (Seite 375)

G. Dehio, Kirchliche Baukunst des Abendlandes II, p. 110 ff. — V. Leblond, La cathédrale de Beauvais. Paris 1926.

KAPITEL 140 (Seite 376)

R. Schneider, L'art français. Moyen-Age. Paris 1928. — F. Gebelin, La Sainte-Chapelle et la conciergerie. Paris 1931. — H. Stein, Le Palais de Justice et la Sainte-Chapelle de Paris. Nouvelle édition Paris 1937. — Jeanette Dyer-Spencer, Les vitraux de la Sainte-Chapelle de Paris. In: Bull. mon. 1932, p. 333 — 398. — Georg Graf Vitzthum, Die Pariser Miniaturmalerei von der Zeit Ludwig des Heiligen bis Philipp von Valois. Leipzig 1907. — G. Weise (zit. Kap. 117). — R. Koechlin, Ivoires gothiques français, 2 vol et album. Paris 1924. — *Capella vitrea":* siehe H. Lichtenberg, Die Architekturdarstellungen in der mittelhochdeutschen Dichtung. Münster 1931. — *Statuen im Innenraum:* Pierre Arnoult, Les statues mutilées de l'église de Montier-en-Der. In: Gaz. d. beaux-arts 1938 / I, p. 1 — 12. — *Saint Martin aux Bois:* Jean Vergnet-Ruiz und Jacques Vanuxem, L'église de l'Abbaye S. M. aux B. In: Bull. mon. 103 (1945) p. 137 bis 173.

KAPITEL 141 (Seite 379)

E. Lefèvre-Pontalis, Les origines des gâbles. In: Bull. mon. 71 (1907) p. 92 — 112. — M. Aubert, Notre-Dame de Paris. Paris 1920. — Viollet-le-Duc, Dictionnaire d'architecture, Artikel „gâbles". — Pol Abraham (zit. Anhang I). — Renée Fage, Le clocher du Limousin. In: Bull. mon. 71 (1907) p. 263 — 286. — P. Meyer, Die ästhetische Struktur der Mauer im westromanischen Stil (zit. Kap. 14). — H. R. Hahnloser, Villard de Honnecourt. Wien 1935. — *„Gâbles vitrés":* siehe Bull. mon. 1907, p. 106 (Chor von St. Urbain in Troyes). — *Säulen als „Würdeform":* H. Evers, Tod, Macht und Raum als Bereiche der Architektur. München 1939. — *Symbolbedeutung der Arkade:* H. Focillon, L'art des sculpteurs romans. Paris 1931 (Abschnitt: *„le personnage sous arcade").* — *Monstranzenhaftes* der Wimperg-Arkade: Peter Meyer, Europäische Kunstgeschichte II, p. 221.

KAPITEL 142 (Seite 383)

G. Weise, Italien und die geistige Welt der Gotik. Halle a. Saale 1939, besonders der ganze Abschnitt „Die Wesenszüge der ritterlich-höfischen Kultur"; für die Apostel der Sainte-Chapelle p. 59. — H. Becker, Die Auffassung der Jungfrau Maria in der altfranzösischen Literatur. Diss. Göttingen 1906. — Hecht und Schücking, Die englische Literatur im Mittelalter. In: Handb. d. Lit.-Wiss. Bd. 11 (Wildpark-Potsdam 1927.) — H. Naumann und Günter Müller (zit. Kap. 116): das Kapitel „Der höfische Gott".

KAPITEL 143 (Seite 385)

F. Ludwig, Repertorium organorum recentioris et motetorum vetustissimi stili. Halle a. S. 1910, Bd. I, Abt. 1., p. 1 ff. — Wilhelm Meyer, Der Ursprung des Motetts. In: Nachr. von der Kgl. Ges. zu Göttingen, phil.-hist. Klasse 1898, p 113, 120, 126, 128. — Hugo Leichtentritt, Geschichte der Motette. In: Kleine Handbücher der Musikgeschichte nach Gattungen, herausg. von H. Kretzschmar, Leipzig 1908, p. 9 — 10. — J. Handschin, Über den Ursprung der Motette. In: Baseler Kongreßberichte 1925. — Hugo Riemann, Musiklexikon, 11. Aufl. Berlin 1929, p. 1214 ff. — Dazu mündliche Mitteilungen von Frau Dr. Helma Schroll, der ich diese Angaben verdanke. — R. Ficker, Einleitung zu Perotins Organum quadruplum „Sederunt principes". In: Universal-Edition No. 8211.

KAPITEL 144 (Seite 387)

H. Weigert, Stilstufen (zit. Kap. 136). — Paul Vitry, La sculpture française sous le règne de Saint-Louis. Paris 1929. — G. Weise (zit. Kap. 142.)

KAPITEL 145 (Seite 389)

Notre-Dame de Paris Querschiffsfassaden: M. Aubert (zit. Kap. 81). — H. Stein, Pierre de Montereau et la cathédrale de Paris. In: Mémoires de la soc. nat. des antiquaires de la France 71 (1911) p. 14 ff. — Die Analyse von W. Groß in „Abendländische Baukunst um 1300" (München o. J.) wurde mir erst nach Abschluß dieser Arbeit bekannt.
Amiens: Georges Durand, Monographie de l'église Notre-Dame, cathédrale d'Amiens. Paris 1901. — L. Lefrançois-Pillion, La cathédrale d'Amiens. Paris 1937. — H. Lichtenberg (zit. Kap. 22). — *Meaux:* M. Deshoulières, La cathédrale de Meaux. Paris s. d. — *Reims Fassade:* vgl. die Lit. zum Kap. 89, ferner: H. R. Hahnloser, Entwürfe eines Architekten um 1250 aus Reims. In: Actes du XIIIe congrès internat. d'hist. de l'art, Stockholm 1933, p. 260 — 262.
Arkade: Pol Abraham (zit. Kap. 23).

KAPITEL 146 (Seite 392)

G. Weise (zit. Kap. 142). — P. Vitry, La cathédrale de Reims. Paris 1915. — H. Keller, Die Bauplastik des Sieneser Doms. In: Kunstgesch. Jahrb. der Bibl. Hertziana I (1937), p. 139 — 222.

KAPITEL 147 (Seite 395)

J. Killian, Der Kristall (zit. Kap. 21). — L. Schürenberg, Die Kirchliche Baukunst in Frankreich zwischen 1270 und 1385. Berlin 1934. — Werner Groß, Die Hochgotik im deutschen Kirchenbau. In: Marburger Jahrb. VII (1933). — Werner Groß, Zur Mittelalterlichkeit der gotischen Kathedrale. In: Festschr. für Wilhelm Pinder, Leipzig 1938. — Werner Groß, Abendländische Baukunst um 1300, Stuttgart o. J. (1948), konnte ich für diese Arbeit nicht mehr verwerten. — *Zur Änderung der Farbigkeit:* J. J. Gruber, Quelques aspects de l'art et de la technique du vitrail en France. In: Travaux des étudiants du groupe d'histoire de l'art de la faculté de lettres de Paris. 1928.

KAPITEL 148 (Seite 396)

L. Schürenberg, Literaturbericht über H. R. Hahnloser, Villard de Honnecourt. In: Zeitschr. f. Kunstgesch. VI (1937) p. 44 ff.

KAPITEL 149 (Seite 399)

J. Brutails, La géographie monumentale de la France. Paris 1923. — Werner Groß, Abendländische Architektur um 1300. Stuttgart o. J. (hier nicht mehr verwertet). — * T. Hsia, Die spätgotische Hallenkirche in Frankreich. Diss. Tübingen 1932. — Louis Hautecoeur, Les survivances gothiques dans l'architecture française du XVIIIe siècle. In: Actes du congrès internat. de l'hist. de l'art, Paris 1921. p. 183 f.

KAPITEL 150 (Seite 403)

Viollet-le-Duc, Dictionnaire d'architecture tome IX p. 12 ff („Temple"). — Dehio, Kirchliche Baukunst I p. 554. — Lasteyrie, L'Architecture religieuse (zit. Kap. 2) I, p. 192. — *Laon:* E. Lambert, L'église des Templiers de Laon. In: Rev. Archéol. XXIV (1926), p. 224 — 226. — *London:* in Royal Commission of Historical Monuments: London IV (London 1921) p. 137 ff. — *Geschichte des Ordens und Geistesgeschichte:* M. J. Lejeune, Histoire de l'Ordre des Chevaliers du Temple, dits Templiers. Paris 1789. — Wilcke, Geschichte des Tempelherrenordens, 3 Bde., Leipzig 1826 — 35; 2. Aufl. 2 Bde. Halle 1860. — Robert L. John, Dante. Wien 1946; passim. — *Saal in Schloß Coucy:* E. Lefèvre-Pontalis, Le château de Coucy. Paris s. d.

KAPITEL 151 (Seite 405)

G. Dehio, Die kirchliche Baukunst des Abendlandes II p. 50 ff. — Basseboeuf, L'architecture Plantagenet. 1897. — J. Berthelé, L'architecture Plantagenet. In: Congrès archéol. 1903. — J. A. Brutails, La survie de la coupole dans l'architecture gothique. In: Bull. mon. 85 — 86 (1926 — 27) p. 249 — 60. — * W. Born, Introduction of the bulbous dome into Gothic architecture and its subsequent development. In der Zeitschr. „Speculum" 19 (1944) p. 208 — 21. — J. A. Brutails, Églises de la Gironde. Bordeaux 1912. — *Historisch:* P. E. Schramm, Der König von Frankreich (zit. Kap. 129) p. 282 ff. — H. Kienast, Deutschland und Frankreich (zit. Kap. 134). — *Angers:* siehe Congrès archéol. de Saumur 1910. — Ch. Urseau, La cathédrale d'Angers. 1930. — Hugues de Chamblancé et les vitraux de la nef de la cathédrale d' Angers. In: Bull. mon. 96 (1937) p. 327 — 333.

KAPITEL 152 (Seite 407)

H. Rose, Die Baukunst der Zisterzienser. München 1916. — Marcel Aubert (avec la collaboration de la Marquise de Maillé), L'architecture cistercienne en France, 2 vol., Paris 1943 (Dort weitere Literatur). — Ernst Gall, Die gotische Baukunst (zit. Kap. 52). — C. Fontaine, Pontigny abbaye cistercienne. 1928.

KAPITEL 153 (Seite 409)

G. Dehio, Die kirchliche Baukunst des Abendlandes I p. 366 ff, II p. 117. — Baudot, La cathédrale de Poitiers. Poitiers s. d. — Congrès archéol. 1903. — E. Maillard, La sculpture de la cathédrale de Saint Pierre de Poitiers. Poitiers 1921. — Robert Grinell, Iconography and philosophy in the crucifixion window at Poitiers. In: The Art Bull. XXVIII (1946) p. 171. — Ch. Urseau, La grande Salle de l'hôpital Saint-Jean en Angers. In: Bull. mon. 81 (1922).

KAPITEL 154 (Seite 413)

G. Dehio, Die kirchliche Baukunst des Abendlandes II. — G. Huard, L'art en Normandie. 1928. — Marcel Anfray, L'architecture normande. Paris 1939. — E. Lambert, Caen roman et gothique. 1935. — J. Valléry-Radot, La cathédrale de Bayeux. Paris s. d. — E. Lefèvre-Pontalis, La cathédrale de Coutances. In: Congrès archéol. 1908. — Abbé Loisel, La cathédrale de Rouen. Paris 1913. — A. Masson, L'église Saint-Ouen de Rouen. Rouen 1930. — *„Himmlisches Jerusalem":* Jules Quicherat, Mélanges d'archéologie et d'histoire, tome II, Paris 1886.

KAPITEL 155 (Seite 415)

Hans Jantzen, Burgundische Gotik. In: Sitz. Ber. der bayr. Akad. d. Wiss., phil.-hist. Klasse, 1948, Heft 5. (Diese Untersuchung wurde mir erst nach Abschluß meiner eigenen Arbeit bekannt; ich habe sie nicht mehr verwertet). Dort die weitere Literatur.

Offene Fragen: Ähnliche knappe und eindringende Untersuchungen für die übrigen Kunstlandschaften Frankreichs würden die Forschung auf ganz neue Grundlagen stellen. So fehlt z. B. eine modernen Ansprüchen genügende zusammenfassende Darstellung der frühen und hohen Gotik Flanderns, besonders Kronflanderns.

KAPITEL 156 (Seite 418)

R. Vossler, Frankreichs Kultur . . (zit. Kap. 127). — Raymond Rey, L'art gothique du midi de la France. Paris 1934. — E. Lambert, L'église et le couvent des Jacobins de Toulouse et l'architecture dominicaine en France. In: Bull. mon. 104 (1945) p. 141 bis 186. — Gustav Gisbert Sölch, Hugo von St. Cher und die Anfänge der Dominikaner-liturgie. Köln 1938. — *„Säulen mitten im Raum"*: H. S., Österreichs bildende Kunst. Im Österreich-Buch von Srbik-Nadler. Wien 1936. — *Breitraum:* H. Evers, Tod, Macht und Raum (zit. Kap. 141). — Baron de Guilhermy, Les Jacobins de Toulouse. In: Annales archéologiques 6 (1847). Dieser Aufsatz, der mir erst nach Abschluß des Buches erreichbar wurde, enthält Angaben über die ursprüngliche Farbigkeit und Ausstattung.

KAPITEL 157 (Seite 423)

R. Rey (zit. Kap. 156). — R. Krautheimer, Die Kirchen der Bettelorden in Deutschland 1925. — Jean Laran, La cathédrale d'Albi. Paris s. d. — Joan Evans, Art in medieval France. London, New York, Toronto 1948.

Offene Fragen: Eine der größten Lücken unserer Erkenntnis des 12. und 13. Jahrhunderts ist es, daß wir über die Kulträume der Häretiker und ihre Ausstattung so gut wie garnichts wissen.

KAPITEL 158 (Seite 426)

M. Hürlimann und Peter Meyer, Englische Kathedralen. Zürich 1948. — K. Escher, Englische Kathedralen. München-Berlin 1929. Dort weitere Literatur. — K. Escher, Englische Baukunst. In: Wasmuths Lexikon der Baukunst II (1931) p. 354 ff. — R. Hamann, Geschichte der Kunst, Berlin 1935, p. 340 — 358 (Die mittelalterliche Kunst in England). — D. Frey, Englisches Wesen in der bildenden Kunst. Stuttgart-Berlin 1942. — * J. Bilson, The architecture of the cistercians in England. In: Archeol. Journal 1901. — J. M. Hastings, The court style. In: Architectural Review, January 1949. — Max M. Tamir, The english origin of flamboyant art. In: Gaz. d. beaux-arts 1946, p. 257 — 268.

KAPITEL 159 (Seite 432)

Elie Lambert, L'art gothique en Espagne aux XIIe et XIIIe siècles. Paris 1931. — * C. Enlart, Les origines françaises de l'architecture gothique en Espagne et en Portugal. In: Bull. archéol. 1894. — E. Lambert in Bull. mon. 1924, p. 263 *(Vézelay und Avila).* — Pierre Lavedan, L'architecture gothique religieuse en Catalogne, Valence et les Baléares. Paris 1935. — * L. F. Marques de Lozoya, El arte gotico en España. Barcelona 1935. — *Weitere Literatur:* L. F. Marques de Lozoya, Historia del arte hispanico, 4 Bde., Barcelona 1931 ss. — G. Weise, Die Hallenkirche der Spätgotik und der Renaissance im mittleren und nördlichen Spanien. In: Ztschr. f. Kunstgesch. 4 (1935), p. 214 bis 27. — G. Weise, Studien zur spanischen Architektur der Spätgotik. Reutlingen 1933. — H. Terrasse, L'art hispano-mauresque des origines au XIIIe siècle. Paris 1933. — *Plastik:* Ernst H. Buschbeck, Der Portico della Gloria von Santjago de Compostela. Berlin und Wien 1919. — H. H. Mahn, Kathedralplastik in Spanien. Die monumentale Figural-Skulptur in Alt-Kastilien, León und Navarra zwischen 1230 und 1380. Reutlingen 1935.

KAPITEL 160 (Seite 439)

Literatur zu Kap. 159. — Ferner: W. C. Watson, Portuguese architecture. London 1908. — * Feilchenfeld, Die Meisterwerke der Baukunst in Portugal.

KAPITEL 161 (Seite 440)

I

R. Kautzsch, Die ältesten deutschen Rippengewölbe. In: Festschrift für Paul Clemen, Bonn 1926, p. 304 ff. — R. Kautzsch, Der romanische Kirchenbau im Elsaß. Freiburg 1947. — Die Arbeiten K. Oettingers über die frühen Rippengewölbe in Österreich, noch unveröffentlicht. — *Welfischer Kunstraum:* G. Swarzenski, Aus dem Kunstkreis Heinrichs des Löwen. In: Städel-Jahrbuch Bd. 7 — 8 (1932) p. 203 — 227. — W. Burmeister, Die westfälischen Dome. Berlin 1936. — H. Kienast, Deutschland und Frankreich in der Kaiserzeit. Leipzig 1943.

II

E. Gall, Niederrheinische und normännische Architektur im Zeitalter der Frühgotik. Berlin 1915. — A. Verbeek, Romanische Westchorhallen und die Anfänge der rheinischen Zweischalen-Wandgliederung. In: Wallraf Richartz Jahrb. 9 (1936) p. 54 — 87.

III

H. Jantzen, Deutsche Bildhauer des 13. Jahrhunderts. Leipzig 1925. — H. Jantzen, Deutsche Plastik des 13. Jahrhunderts. München 1941. — W. Pinder, Die Kunst der deutschen Kaiserzeit. Leipzig 1935. — Peter Metz, Zur Deutung der Meissener und Naumburger Skulpturenzyklen des 13. Jahrhunderts. In: Zeitschr. f. Kunstgesch. (1940) p. 145 ff. — Kurt Reißmann, Romanische Portalarchitektur in Deutschland. Münchener Diss. 1934. München 1937.

IV

Ernst Gall, St. Georg in Limburg an der Lahn und die nordfranzösische Frühgotik. In: Festschr. f. A. Goldschmidt zum 60. Geburtstag. Leipzig (1923) p. 7 ff. — K. Wirz, Die Pfarrkirche St. Peter zu Bacharach am Rhein. Diss. Frankfurt a. M. 1922. — H. E. Kubach, Die deutsche Westgrenze und die Baukunst des Mittelalters. In Deutsches Archiv f. Landes- und Volksforschung II (1938) p. 326 ff. — G. Gretz und O. Koch, St. Gereon zu Köln. Köln 1939. — H. Detzel (zit. Kap. 41). — R. Kautzsch, Der Meister des Westchors am Dom zu Worms. In: Zeitschr. d. deutschen Ver. f. Kunstwiss. I (1934) p. 3 — 15. Walter Greischel, Der Magdeburger Dom. Berlin 1929. — R. Kömstedt, Die Anfänge der Gotik in Deutschland. Leipzig 1922. — Reichensperger, Die Liebfrauenkirche zu Trier. — H. Bunjes, Die Skulpturen der Liebfrauenkirche in Trier. In: Trierer Zeitschr. 12 (1937) p. 180 — 226. — G. Dehio, Geschichte der deutschen Kunst Bd. I (Berlin und Leipzig 1921) p. 296. — R. Hamann und K. Wilhelm Kästner, Die Elisabethkirche zu Marburg und ihre künstlerische Nachfolge.

Paul Clemen, Der Dom zu Köln. In: Kunstdenkmäler der Rheinprovinz 6. Bd., 3. Abt. Düsseldorf 1937. — Helene Rosenau, Der Kölner Dom. Köln 1931. — Der Kölner Dom. Festschr. zur Siebenhundertjahrfeier 1248 — 1929. Köln 1948. — W. Grosz (zit. weiter unten V). — C.-H. Pfitzner (zit. Kap. 137). — Johannes Schuhmacher, Von Heisterbach bis Altenberg. Ein Beitrag zur Baukunde rechtsrheinischer Zisterzienserkirchen. In der Zeitschr. „Das Münster" 2 (1948) p. 12 — 22. — Georg Dehio, Das Straßburger Münster. München 1922. — Hans Jantzen, Das Münster zu Straßburg. Burg b. Magdeburg 1933. — O. Kletzl, Meister Erwin von Steinbach und seine Bedeutung für die deutsche Gotik. In: Forschungen und Fortschritte 11 (1935) p. 67 — 69. — O. Walzer (zit. Kap. 95).

V

Werner Grosz, Die Hochgotik im deutschen Kirchenbau. In: Marburger Jahrb. f. Kunstwiss. 7 (1933) p. 290 ff. — Werner Grosz, Zur Mittelalterlichkeit der gotischen Kathedrale. In: Festschr. f. Wilhelm Pinder, Leipzig 1938, p. 165 — 181. — Werner Grosz, Die abendländische Architektur um 1300. Stuttgart o. J. (1948). — E. Krautheimer, Die Kirchen der Bettelorden in Deutschland. Köln 1925. — R. K. Donin, Die Bettelordenskirchen in Österreich. Baden b. Wien 1935. — E. Bachmann, Sudetenländische Kunsträume im 13. Jahrhundert. Brünn und Leipzig 1941, besonders p. 25. — Erich Bachmann, Eine spätstaufische Baugruppe im mittelböhmischen Raum, Brünn und Leipzig 1940, besonders p. 46 f. *(Zisterzienserhalle).* — W. Burmeister, Die westfälischen Dome. Berlin 1936.

VI

H. S., Österreichs bildende Kunst. Im Österreich-Buch von Nadler-Srbik, Salzburg-Leipzig 1936. — E. Bachmann (zit. oben V). — Peter Meyer, Europäische Kunstgeschichte Bd. I (Zürich 1948). p. 248.

VII

K. M. Swoboda, Peter Parler. Der Baukünstler und Bildhauer. Wien 1940. — K. M. Swoboda und Erich Bachmann, Studien zu Peter Parler. Brünn und Leipzig 1939. — Erich Bachmann, Karolinische Reichskunst.

VIII

H. S., Österreichs bildende Kunst (zit. oben). — H. S. Österreichs Rolle in der Geschichte der deutschen Kunst. In: Forschungen und Fortschritte 13 (1937) p. 418 ff.

IX

W. Pinder, Die Kunst der ersten Bürgerzeit, Leipzig 1937, bes. p. 312 — 313. — L. H. Heydenreich, Pius II. als Bauherr von Pienza. In: Zeitschr. f. Kunstgesch. 6 (1937) p. 105 — 146.

X

W. Pinder (zit. IX). — E. Hempel, Der Flügelaltarschrein, ein Stück deutscher, vlämischer und nordischer Kunst. In der Zeitschr. „Jomsburg" 1938 p. 137 ff. — Karl

564

Schultz, Der deutsche Altar im späteren Mittelalter. Würzburg 1939. — Wolfgang Wegner, Der deutsche Altar des späteren Mittelalters. In: Münchener Beiträge z. Kunstgesch., hrsg. von H. Jantzen, Bd. VII (München 1941).

XI (Zur Geistesgeschichte)

Hashagen, Zur ideengeschichtlichen Stellung des staufischen Zeitalters. In: Deutsche Vierteljahrsschr. f. Literaturwiss. u. Geistesgesch. 9 (1931) p. 350 ff. — K. Simon, Diesseitsstimmung in spätromanischer Zeit und Kunst. Ebenda 12 (1934) p. 49 — 91. — F. Heer, Reich und Gottesreich. Diss. Wien 1937.

KAPITEL 162 (Seite 449)

Jean Valléry-Radot, Le domaine de l'école romane de Provence. In: Bull. mon 103 (1945) p. 5 — 63. — R. Hamann, Deutsche und französische Kunst im Mittelalter. Bd. I: Südfranzösische Protorenaissance. Marburg an der Lahn, 2. Aufl. 1923. — * W. Horn, Die Fassade von St. Gilles, Eine Untersuchung zur Frage des Antikeneinflusses in der südfranzösischen Kunst des 12. Jahrhunderts. Diss. Hamburg 1937. — W. Worringer, Griechentum und Gotik (zit. Kap. 126).

KAPITEL 163 (Seite 451)

I

E. Kluckhohn, Gestalt und Geschichte der Ambrosiuskirche zu Mailand (zit. Kap. 64). — E. Bertaux, L'art dans l'Italie méridionale. Paris 1904 *(Canosa)*. — C. Marangoni, L'architetto ignoto di San Marco. In: Archivio Veneto, Serie V, vol. XIII (1933). — * S. Bettini, L'architettura di San Marco (1943).

II

Walter Horn, Das Florentiner Baptisterium. In Mittlgn. d. kunsthist. Inst. in Florenz V (1938) p. 100 — 151. — Walter Paatz, Die Hauptströmungen in der Florentiner Baukunst des frühen und hohen Mittelalters und ihr geschichtlicher Hintergrund. Ebenda VI (1940) p. 33 ff.

III

M. Salmi, Architettura romanica in Toscana. Milano-Roma s. d. — Paul Frankl (zit. Kap. 52), p. 280 — 82.

IV

Guglielmo de Angelis d'Ossat, Cronologia costruttiva del battistero di Parma. In der Zeitschr. „Palladio" III (1939) p. 145 ff.

V

C. Enlart, Origines françaises de l'architecture gothique en Italie. Paris 1894. — W. Krönig, Literaturbericht in: Zeitschr. f. Kunstgesch. 6 (1937) p. 63 — 73. — Werner Paatz (zit. unten VIII).

VI

Assisi: W. Krönig, Hallenkirchen in Mittelitalien. In: Röm. Jahrb. f. Kunstgeschichte IV (1940) p. 1. 142. — Derselbe kurz in: Forschungen und Fortschritte 14 (1938), Nr. 16.

VII

Todi, Perugia: W. Krönig, Hallenkirchen in Mittelitalien (zit. VI).

VIII

H. Keller, Die Bauplastik des Sieneser Doms. In: Kunstgesch. Jahrb. der Bibl. Hertziana I (1937) p. 139 — 222. — H. Keller, Giovanni Pisano. Wien 1942. — W. Paatz, Werden und Wesen der Trecentoarchitectur in Toskana. Burg b. Magdeburg 1937.

IX

A. Schmarsow, Italienische Kunst im Zeitalter Dantes. Augsburg 1928.

Peter Meyer, Europäische Kunstgeschichte I (1947) p. 248. — W. Worringer, Griechentum und Gotik (zit. Kap. 126) p. 86.

W. Braunfels, Zur Gestalt-Ikonographie der Kanzeln des Nicola und Giovanni Pisano. In der Zeitschr.: „Das Münster" 2 (1949), Heft 11 — 12, p. 321 — 348.

Werner Groß, Abendländische Baukunst um 1300. Stuttgart o. J. (1948). — W. Paatz, Werden und Wesen der Trecentoarchitektur in Toskana 1937.

Offene Fragen: Die wesentlichste Leistung der Untersuchung von W. Grosz über die europäische Baukunst um 1300 sehe ich in dem Nachweis, daß mit dem Raum von Sta. Croce eine grundsätzlich neuartige Art der Raumgestaltung aufgekommen ist, die den Raum *aus der Wandfläche* konstituiert und damit einerseits den Renaissance-Raum vorbereitet, anderseits aber „mittelalterliche" Elemente in sich aufnimmt. Hier werden weitere Untersuchungen ansetzen müssen. Behält Grosz recht, so liegt hier eine Zäsur, die ähnlich tief einschneidet, wie Giottos neue Auffassung des „Bildes" und mit dieser zusammengesehen werden darf.

KAPITEL 164 (Seite 459)

Rintelen, Giotto. Basel 1923. — Th. Hetzer, Giotto. Frankfurt a. M. 1941. — Th. Hetzer, Vom Plastischen in der Malerei. In: Festschr. für Wilhelm Pinder 1938. — Th. Hetzer, Über das Verhältnis der Malerei zur Architektur. In: Neue Jahrbücher für deutsche Wissenschaft 1937. — Th. Hetzer, Tizian. Geschichte seiner Farbe. Frankfurt a. M. 1935 (Kapitel über *Giotto).* — H. Jantzen, Giotto und der gotische Stil. In der Ztschr. „Das Werk des Künstlers", 1939 — 40, Heft 5 — 6, p. 441 — 454. — H. Jantzen, Giotto und die französische Gotik. In: Kunstrundschau 1938, März-Heft. — M. Alpatov, Italianskoe iskustvo epokhi Dante i Dzhotto. Moscow 1939. (Die italienische Kunst der Zeit Dantes und Giottos. Die Quellen des Realismus in der Kunst West-Europas). — E. Rosenthal, Giotto in der mittelalterlichen Geistesentwickelung. Augsburg 1924. — H. Keller, Die Bauplastik des Sieneser Doms (zit. Kap. 133) p. 139 ff. — W. Paatz, Wesen und Werden der Trecentoarchitektur (zit. Kap. 133) p. 133. — Felix Horb, Das Innenraumbild des späten Mittelalters. Seine Entstehungsgeschichte. Zürich und Leipzig o. J. — E. Panofsky, Perspektive als symbolische Form (zit. Kap. 16).

KAPITEL 165 (Seite 461)

Jan Vermeulen, Handboek tot de Geschiedenis der Nederlandsche Bouwkunst, II. Teil, Haag 1928. — * R. Lemaire, Les origines du style gothique en Brabant, tome I, Brüssel 1906. — *Hertogenbosch:* Jan Mosmans, De St. Janskerk te's Hertogenbosch. Nieuwe geschiedenis. Hertogenbosch 1931. — M. Coppens und P. Concordius van Goirle, Gedachten in Steen. De kathedrale Basiliek van St. Jan te 's Hertogenbosch. Utrecht o. J. (1941). — Siehe ferner die Literatur zum Kapitel 46. — Else Hardick, Prämonstratenserbauten. Bonner Diss. Tongerloo 1935. — E. Maeterlinck, Le genre satirique dans la peinture flamande et wallonne. Paris 1910. — *Devotio moderna:* siehe den Artikel „Brüder vom gemeinsamen Leben" in O. Schmitt, Reallexikon.

KAPITEL 166 (Seite 464)

Camille Enlart, Les monuments des Croisés dans le Royaume de Jérusalem. Paris 1928. — Camille Enlart, L'art gothique et la Renaissance en Chypre, 2 vol, Paris 1899. — * Camille Enlart, Quelques monuments d'architecture gothique en Grèce. In: Revue de l'art chrétien, 1897. — Otto Wulff, Byzantinische Kunst. In: Handb. der Kunstwiss., München 1914 *(Panagia Paragoritissa).* — Heinrich Glück, Die Kunst des Islam. In: Propyläen Kunstgesch. Bd. V *(Mausoleum des Sultans Ka'alun).*

KAPITEL 167 (Seite 466)

H. S., Die gotische Kathedrale Frankreichs als europäische Königskirche. In: Anzeiger der Öster. Akad. d. Wiss. 1949, Nr. 17, p. 319 — 409.

KAPITEL 168 (Seite 476)

H. S., Die dichterische Wurzel der Kathedrale (zit. Kap. 10). — A. Bäumler, Einleitung zur Neuausgabe von A. Bachofen „Der Mythus von Orient und Okzident". München 1926. — Max Dvořak, Idealismus und Naturalismus (zit. Kap. 10). — Anton L. Mayer, Liturgie und Geist der Gotik (zit. Kap. 4). — *Sprachcharakter der Kunst (Musik):* H. Schenk, Das historische Gefüge des musikalischen Kunstwerks. In: Almanach der Öster. Akad. d. Wiss. Wien 1949. — A. Schmarsow, Kompositionsgesetze romanischer Glasgemälde in frühgotischen Kirchenfenstern. In: Abh. d. sächs. Ges. d. Wiss. in Leipzig 33 (1916) und 36 (1919), besonders p. 11 ff. — *Primat der Dichtung:* * E. Landmann, Georgika. Heidelberg 1920, p. 1 ff (zit. nach F. Dornseiff in: „Die Welt als Geschichte" I (1935) p. 184). — W. Pinder, Die dichterische Wurzel der Pietà (zit. Kap. 50). — E. Benz, Christliche Mystik und christliche Kunst. In: Deutsche Vierteljahrsschrift f. Lit.-Wiss. u. Geistesgesch. 12 (1934), p. 22 — 48. — *Mystik und Dichtung:* J. Schwietering, Der Tristan des Gottfried von Straßburg und die Bernhardinische Mystik. In: Abh. d. Preuß. Akad. d. Wiss. Jg. 43, phil.-hist. Klasse, Nr. 5.

KAPITEL 169 (Seite 479)

J. Jungmann (zit. Kap. 4). — Anton L. Mayer (zit. Kap. 4). — J. Hertkens (zit. Kap. 2). — H. S., Die dichterische Wurzel der Kathedrale (zit. Kap. 10). — Hubert Schrade (zit. Kap. 170). — Rintelen, Giotto. Basel 1923. — Th. Hetzer, Giotto. Seine Stellung in der europäischen Kunst. Frankfurt a. M. 1941. — E. Gombrich, Referat über J. Bódonyi, Entstehung und Bedeutung des Goldgrundes. In: Krit. Berichte 1935, p. 65 bis 76. — Ker, Epic and Romance. Essays on mediaeval literature. London 1922.

KAPITEL 170 (Seite 482)

M. Hauttmann. In: Festschr. f. Heinrich Wölfflin, 1924, p. 67. — Hubert Schrade, Frühchristliche und mittelalterliche Kunst. In: Deutsche Vierteljahrsschr. f. Lit.-Wiss. und Geistesgesch. 7 (1929) p. 348 ff. — W. Hager, Das geschichtliche Ereignisbild. München 1939. — Franz von Baader, Sämtliche Werke. Bd. 3, p. 300. — H. S., Die dichterische Wurzel der Kathedrale (zit. Kap. 10). — Th. Hetzer, Über das Verhältnis der Malerei zur Architektur (zit. Kap. 164).

KAPITEL 171 (Seite 484)

Vgl. die Literatur zu Kap. 163. — Ferner: M. Alpatov, The parallelism of Giottos Padua Frescoes. In: The Art Bulletin XXIX (1927) p. 149 — 154.

KAPITEL 172 (Seite 485)

E. Dumoutet, Le Christ selon la chair et la vie liturgique du Moyen-Âge. Paris 1932. — E. Dumoutet, Les origines de la dévotion à l'humanité de Christ. In: Revue apologétique 53 (1931) p. 534 — 555. — H. Maschek, Die Christusgestalt im Drama des deutschen Mittelalters. Diss. Wien 1931. — W. Lipphardt, Marienklage und Liturgie. In: Jahrb. f. Liturgiewiss. XII (1932) p. 198 — 205. — H. Jantzen, Deutsche Bildhauer des 13. Jahrhunderts. Leipzig 1925. — H. Beenken, Der Meister von Naumburg. Berlin 1939. — G. Schmarsow, Der Stifterchor zu Naumburg. In: Zeitschr. f. Kunstgesch. 3 (1934) p. 1 — 17. — Peter Metz, Der Stifterchor des Naumburger Doms. Berlin 1948. — H. Küas, Ein unbekannter Zyklus der Naumburger Werkstatt. In Zeitschr. d. deutschen Vereins f. Kunstwiss. 4 (1937) p. 63 — 75. — Peter Metz, Zur Deutung der Meißener und Naumburger Skulpturenzyklen des 13. Jahrhunderts. In: Zeitschr. f. Kunstgesch. 9 (1940) p. 145 ff.

Meister von Flémalle: Karl von Tolnai, Zur Herkunft des Stiles der van Eyck. In: Münchener Jahrb. d. bild. Kunst, Neue Folge Bd. IX (1932) p. 302 — 338. — Dazu: K. C. Weigelt, Sienesische Malerei des 14. Jahrhunderts. München 1930. — Millard Meiss, The Madonna of Humility. In: Actes du XIVe congrès de l'hist. d'art, 1936, I. — Desgl. in: The Art Bulletin 33 (1937) p. 435 — 67. — *„Devotio moderna":* Paul Mestwerdt, Die Anfänge des Erasmus. Humanismus und „Devotio moderna". Leipzig 1917. Besonders p. 83 ff. — F. W. Wentzlaff-Eggebert, Deutsche Mystik zwischen Mittelalter und Neuzeit. Tübingen 1947. Besonders p. 130 ff. Dort p. 311 ff. weitere Literatur zur „devotio moderna". — Grundmann, Religiöse Bewegungen des Mittelalters. 1935.

KAPITEL 173 (Seite 490)

Karl von Tolnai, Zur Herkunft des Stiles der van Eyck. In: Münchener Jahrb. der bild. Kunst, Neue Folge Bd. IX (1932), p. 302 — 338. — Herbert Rudolph, Die Rolin-

567

Madonna des Jan van Eyck. In der Zeitschr. „Das Werk des Künstlers" I (1939), Heft 2, p. 146 — 161. — Karl von Tolnai, Hieronymus Bosch. Wiener Diss. 1925 *(Himmelsbild der Malerei vor Bosch).* — *Lichtmalerei:* Léonard de Vinci et l'Académie platonicienne. In: Actes du XIVe congrès internat. d'hist. de l'art, 1936, p. 96 — 97. — J. Huizinga, Herbst des Mittelalters. München 1928. — Hans Kauffmann, Jan van Eycks „Arnolfinihochzeit". In der Zeitschr. „Geistige Welt", IV. Jahrg. (1950) Heft 2, p. 45.

Offene Fragen: Der schöne Aufsatz von H. Kauffmann über die Arnolfinihochzeit bekräftigt, aus ganz anderer Betrachtungsweise heraus, mehrfach die tiefe innere Beziehung, die zwischen der Bildwelt Jan van Eycks und der Kathedrale besteht.

KAPITEL 174 (Seite 493)

Karl von Tolnai, Hieronymus Bosch (zit. Kap. 173). — Charles de Tolnay, Hieronymus Bosch. Basel 1947. — W. Fraenger, Hieronymus Bosch, Das tausendjährige Reich. Grundzüge einer Deutung. Berlin 1947. — H. S., Die Säkularisation der Hölle. In der Zeitschr. „Wort und Wahrheit" 2 (Wien 1947), Heft 11.

KAPITEL 175 (Seite 495)

H. S., Vermutungen und Fragen zur Bestimmung der altfranzösischen Kunst. In: Festschr. f. Wilhelm Pinder, Leipzig 1938, p. 9 — 27. — Theodor Hetzer, Claude Lorrain. Frankfurt a. M. 1947. — H. S., Zeichen der Sonne. In der Zeitschr. „Wort und Wahrheit" I (Wien 1946), Heft 9. — * Elie Faure, La révolution gothique (zit. nach Clemen-Hürlimann, Gothische Kathedralen in Frankreich. 1937). — Carola Böhmker, Spiegelräume in Versailles, Diss. Wien 1946. — Pierre Pradel, Le symbolisme de la Chapelle de Versailles. In Bull. mon. 1937 p. 335 — 355. — L. Olschki, Der geometrische Geist in Literatur und Kunst. In: Deutsche Vierteljahrsschr. f. Literaturwiss. u. Geistesgesch. 8 (1930) Heft 3. — Jean Daniélou, Das verlorene Paradies. Der französische Geist auf der Suche nach dem Mysterium. In der Zeitschr. „Wort und Wahrheit" IV (Wien 1949) p. 587 — 596.

KAPITEL 176 (Seite 503)

Goethe, Geistes-Epochen. 1818. — Rudolf Otto, Das Heilige. Breslau 1917. — Adama von Scheltema, Die geistige Mitte. München 1947, p. 52 — 64. — *Zum Thema Vorzeit und Gotik ferner:* Van Gineken, De geschiedenis der Middel-Nederlandsche letterkunde in het licht der ethnolog. Literaturwetenschap. 1928, p. 28 ff. — K. M. Swoboda, Gotik und Vorzeit. In: Mittlgn. d. Ges. f. vergl. Kunstforschung in Wien 2 (1949), Nr. 1, p. 31 — 33. — Ludwig Coellen, Der Stil in der bildenden Kunst. Darmstadt 1921.

KAPITEL 177 (Seite 505)

M. T. Bulteau, Monographie de la cathédrale de Chartres. Chartres 1887 — 1907. — H. S., Die Säkularisation der Hölle (zit. Kap. 174). — H. S., Verlust der Mitte, Die Kunst des 19. und 20. Jahrhunderts als Symbol der Zeit. Salzburg 1948. — Franz von Baader, Sämtliche Werke 3, p. 327. — W. Worringer, Abstraktion und Einfühlung. München 1908. — Carl Linfert, Griechische Form im Mittelalter. In: Krit. Ber. 1930 — 31, Heft 3. — Ker, Epic and Romance. Essays on medieval literature. London 1922.

KAPITEL 178 (Seite 507)

A. Rodin, Die Kathedralen Frankreichs. Übertragung von Max Brod. Leipzig o. J. — Roger Hinks, ‚Classical' and ‚classicistic' in the criticism of ancient art. In: Krit. Berichte VI (1937) p. 94 ff. — H. v. Hofmannsthal, Einleitung zum Griechenland-Buch. — Ignaz Zangerle, Die Bestimmung des Dichters. In der Zeitschr. „Der Brenner" XVI. Folge (1946), p. 112 — 199. — Theodor Haecker, Über die Sprachkunst.

KAPITEL 179 (Seite 508)

Henry Adams, Mont Saint Michel and Chartres. Cambridge (Mass.) 1905. — J. Jungmann, Missarum sollemnia (zit. Kap. 4). — H. S., Die dichterische Wurzel der Kathedrale (zit. Kap. 10). — Hubert Schrade, Frühchristliche und mittelalterliche Kunst. In: Deutsche Vierteljahrsschr. f. Lit.-Wiss. und Geistesgesch. 7 (1929) p. 348 ff.

Eugen Rosenstock, Die europäischen Revolutionen. 1931. — Ferdinand Ebner, Das Wort und die geistigen Realitäten. Regensburg 1921. — Ferdinand Ebner, Wort und Liebe, Regensburg 1935. — Charles Péguy, Le mystère des Saints Innocents. 32. edition Paris 1941.

ANHANG 1 (Seite 513)

Paul Planat, Encyclopédie d'architecture. Paris. — V. Sabouret, Les voûtes d'arètes nervées. In: Le génie civil, mars 3e 1928. — V. Sabouret, L'évolution de la voûte romane du XIe siècle au début du XIIe siècle. In: Le génie civil, mars 17e 1934. — Pol Abraham, Viollet-le-Duc et le rationalisme médiéval. Paris 1934. — Desgl.: in Bull. mon. 93 (1934 — 1) p. 69 — 88. — Pol Abraham, Nouvelle explication de l'architecture religieuse gothique. In: Gaz. d. beaux-arts 1934 — 1, p. 255 ff. — Pol Abraham, Le problème de l'ogive. In: Bull. de l'office des instituts d'archéologie et d'hist. de d'art, novembre 1935, p. 88 ff. — Wilhelm Rave, Über die Statik mittelalterlicher Gewölbe. In: Deutsche Kunst und Denkmalspflege 1939 — 40, p. 193 — 98. — Die bedeutendste *Erwiderung gegen Abraham:* Henri Masson. Le rationalisme dans l'architecture du moyen-âge. In: Bull. mon. 94 (1935) p. 29 — 50. — *Zusammenfassung der Debatte:* In der Zeitschr. „Recherche" no. 1. (1939) unter dem Titel „Le problème de l'ogive".

Ferner: H. Deneux, De la construction en tas-de-charge et du point de butée des arcs-boutants au moyen-âge. In: Bull. mon. 102 (1944) p. 241 — 256. — George Kubler, A late gothic computation of rib vaults thrusts. In: Gaz. d. beaux-arts 1944 p. 135 bis 148. (für die Klassische Kathedrale nur mit Vorsicht auszuwerten). — James A. Ackermann, „Ars sine scientia nihil est". Gothic theory of architecture at the cathedral of Milan. In: The Art Bull. 1949, june, p. 84 — 111.

Zu dem wenig beachteten Problem der *Entlastungsbogen in der Wand* siehe E. Gall, Niederrheinische und normännische Baukunst (zit. Kap. 52) p. 15.

ANHANG II (Seite 522)

H. R. Hahnloser, Villard de Honnecourt. Wien 1935. — „*Formen":* Paul Buberl, in Österr. Kunsttopographie Band Zwettl, Baden b. W. 1941, p. 41. — „*Ciboria":* Gervasii monachorum Cantuar. Chron. I (ed. W. Stubbs London 1879) p. 19, 21. — H. S., Ein zeitgenössischer Fachausdruck für die Raumform „Baldachin". In: Anzeiger d. Österr. Akad. d. Wiss., phil.-hist. Klasse, 1949, Nr. 23, p. 535 — 539. — „*Ciborie" (über Statuen)* siehe „Jüngerer Titurel", hrsg. von K. A. Halm 1942. — Ferner: V. Mortet, Recueil de textes relatifs à l'histoire de l'architecture et de la condition des architectes en France au Moyen-Age, 2 vol., Paris 1911 — 29.

ANHANG III (Seite 524)

Siehe die oben Kap. 9 und 72 (sowie in vielen anderen Kapiteln) zitierten Arbeiten von Hans Jantzen. Ferner von demselben Verfasser: Über den kunstgeschichtlichen Raumbegriff. In: Sitz.-Ber. d. Bayer. Akad. d. Wiss., phil.-hist. Kl., 1938. — Walter Niemeyer, Das Triforium. In: Kunstwiss. Beiträge August Schmarsow gewidmet. Leipzig 1907.

ANHANG IV (Seite 526)

Vgl. die Literatur zur Einleitung, 1. — Ferner besonders: Sulpice Boisserée, Ansichten Risse und einzelne Teile des Doms zu Köln. Stuttgart 1822 — 31. — Sulpice Boisserée, Der Dom zu Köln. In: Abh. d. kgl. Bayer. Akad. d. Wiss. 1824.

ABSCHLUSS UND AUSBLICK (Seite 529)

1

Auguste Rodin, Les cathédrales de la France (Erstausgabe 1914 und zahlreiche weitere Ausgaben, hier benutzt die deutsche Übertragung von Max Brod, Leipzig. o. J. — Auguste Rodin, Die Kunst, Gespräche des Meisters gesammelt von Paul Gsell. Leipzig 1937.

2

Henry Adams, Mont Saint Michel and Chartres. Cambridge (Mass.) 1905.

3

Die Arbeiten Worringers zit. Kap. 117. — Die erste Auflage von „Abstraktion und Einfühlung" erschien 1908, von „Formprobleme der Gotik" 1911. — Zur Kritik von Max Dvořaks „Idealismus und Naturalismus" siehe Ludwig Coellen, Über die Methode der Kunstgeschichte. Traisa-Darmstadt 1924. — Guido v. Kaschnitz-Weinberg in der Zeitschr. „Gnomon" 1929 (Bespr. der Neuherausgabe von A. Riegls, Spätrömische Kunstindustrie). — Die Arbeiten Ildefons Herwegens und Anton Mayer-Pfannholz' zit. Kap. 4. — Rudolf Otto, Das Heilige. Breslau 1917.

7

Reims: Peter Meyer, Das Innere der Kathedrale von Reims. In der Zeitschr. „Das Werk" 25 (1938), Heft 8, p. 235 ff. — E. M. Paillard, Portail de Reims. Reims 1936. — Wie ich höre, bereiten H. Reinhardt und R. Hamann-Maclean Arbeiten über die Kathedrale von Reims vor.

8

Ch. H. Haskins, The rise of the universities. New York 1923.

570

VERZEICHNIS DER TAFELN

VERZEICHNIS DER ABBILDUNGEN IM TEXT

ABBILDUNGSNACHWEIS

Wer das Tafelwerk von *Dehio-Bezold* oder das zweibändige Werk von *de Lasteyrie*, L'architecture religieuse en France à l'époque gothique, zur Hand hat, wird andere Abbildungswerke entbehren können. — Für die ersten Teile des IV. Abschnitts finden sich alle wesentlichen Dinge abgebildet in dem Buch von Ernst *Gall*, Die gotische Baukunst in Frankreich, dessen II. Band (die Baukunst seit 1190) leider nicht erschienen ist. Als Ersatz dafür *Clemen-Hürlimann*, Die gotischen Kathedralen Frankreichs. Ausgezeichnete Photos der Hauptwerke auch in dem Buch von *Peters*, Dome und Kathedralen, und in den Bilder-Mappen der „Edition Tel" und der Sammlung „Parthenon". — Die Plastik der Epoche ist am besten zu übersehen an Hand der Tafelwerke von *Aubert* und von *Vitry*. — Abbildungswerke zu den einzelnen Ländern (Abschnitt X) sowie zu besonderen Fragen sind nachgewiesen in den Literatur-Angaben zu den betreffenden Kapiteln (Seite 539 ff).

REGISTER

In das Register sind nur jene Stichwörter aufgenommen unter denen an der betreffenden Stelle etwas für die Kathedrale Wichtiges ausgesagt ist, ebenso nur jene Autoren, die an der betreffenden Stelle etwas unmittelbar oder mittelbar für die Erkenntnis der Kathedrale Wesentliches aussagen.

575

582

584

EIN NACHWORT ALS EINFÜHRUNG (1976):

DIE ENTSTEHUNG DER GOTIK UND DER FORTSCHRITT DER KUNSTGESCHICHTE *

1

Saint Denis

Daß mit dem Bau des Chores der Abteikirche des heiligen Dionysius bei Paris in den Jahren 1140 bis 1144 die erste gotische Kirche, der Archetypus der gotischen Kathedralen Frankreichs und Europas geschaffen worden ist, darüber sind heute die Forscher verschiedenster Richtungen in seltener Weise einig. Der Bau hat unermeßliche kunstgeschichtliche Folgen gehabt, ja man darf vielleicht sagen, daß es überhaupt keinen zweiten Bau der Geschichte der europäischen Baukunst gibt, der in diesem Maße Epoche gemacht und eine so hervorragende Nachkommenschaft hervorgebracht hat wie der Chorbau von Saint Denis.

Darüber hinaus zeigt gerade dieser Bau mit großer Klarheit, welche Fortschritte die kunstgeschichtliche Erkenntnis der Gotik in den letzten fünfzig Jahren gemacht hat. Zu der entscheidenden Frage, durch welche Kräfte, durch welche Faktoren diese erste gotische Kirche ins Leben gerufen worden ist, haben drei aufeinanderfolgende wissenschaftliche Generationen in jedesmal ganz verschiedener Weise Stellung genommen. Die älteren Anschauungen sind nie ganz aufgegeben worden. Doch leben sie nur mehr als untergeordnetes Moment in den neueren Erkenntnissen fort. Das möchte ich zu zeigen versuchen.

Doch vorher ist es notwendig, die Baugeschichte in Erinnerung

---

* Dieses Nachwort ist 1961 als Beitrag zur Festschrift für Walter Heinrich im 5. Jahrgang der Zeitschrift für Ganzheitsforschung veröffentlicht worden. Ich habe es durch einige Stellen aus einem Vortrag ergänzt, der im XII. Band der von Theodor Mayer herausgegebenen Vorträge und Forschungen unter dem Titel „Die Wende der Kunst im 12. Jahrhundert" erschienen ist (1968).

zu rufen und die Rekonstruktion des ursprünglichen Baues vor Augen zu stellen, über die wir durch die Grabungen Crosbys ganz neue, unerwartete Aufschlüsse bekommen haben.

Über die Baugeschichte sind wir aus erster Hand unterrichtet durch die Schriften des Bauherrn, des großen Abtes Suger selbst und durch die von ihm an dem Bau reichlich angebrachten Inschriften. Die Schriften sind: die „Ordinationes", verfaßt in den Jahren 1140 bis 41, das Buch „De consecratione ecclesiae", 1144 bis 1146 oder 47, und das Buch „De administratione", 1144 bis 1148—49. Erwin Panofsky, der in seinem Buche „Abbot Suger" 1946 diese Schriften in hervorragender Weise kommentiert hat, betont mit Recht, es sei ein einzigartiger Fall, daß uns ein Bauherr über sein Werk so gründlich unterrichtet.

Nach Ansicht mehrerer moderner Forscher ist der Beschluß zum Kirchenbau in jenem Jahre 1125 gefaßt worden, als das nach Frankreich eingebrochene kaiserliche Heer Kaiser Heinrichs V. durch die französischen Königsheere kampflos zum Rückzug gezwungen wurde. Dieses „Wunder" schrieb man in hohem Maße dem Wirken des heiligen Dionysius zu, auf dessen Altar in Saint Denis die Reichsfahne Franciens, das Dionysiusbanner, verwahrt wurde und von wo sie der König Ludwig VI. zu diesem Feldzug aufgenommen hatte. Es sind die Jahre, in denen der heilige Dionysius mehr und mehr an Stelle des heiligen Martin zum Schutzpatron Frankreichs wird und seine Kirche besonderes Ansehen gewinnt. Doch sind die Arbeiten am Bau erst in den 30er Jahren in Gang gekommen. Aus mehreren Gründen möchte ich annehmen, daß dabei das Jahr 1137 eine ganz entscheidende Rolle gespielt hat. In diesem Jahre bestieg der zusammen mit Abt Suger im Kloster zu Saint Denis erzogene junge König Ludwig VII. den Thron und feierte in Bordeaux seine Hochzeit mit Elianore von Aquitanien, wodurch große Teile Westfrankreichs an die französische Krone fielen. Bei dieser Hochzeit war Suger anwesend. Der Neubau der Kirche des Heiligen Dionysius ist ein Ereignis nicht nur in der Geschichte der Kunst, sondern in der politischen Geschichte Frankreichs. Es sollte dem König von Frankreich eine ungeheure Mehrung an Ansehen bringen und seiner Domaine, der Ile de France, die bis dahin rückständig gewesen war, die kulturelle Vorherrschaft über alle Teile Frankreichs, ja es sollte die Einigung Frankreichs mit bewirken. Diese Frage wollte ich, da von ihr nicht mehr die Rede sein wird, wenigstens kurz berühren. Denn dadurch erklärt es sich, daß sämtliche frühen gotischen Kathedralen im engsten Zusammenhang mit dem französischen Königtum stehen; man kann das von Kathedrale zu Kathedrale, von Bauherrn zu Bauherrn zeigen. Niemand, der die Stellung Sugers, die Bedeutung des hl. Dionysius und deshalb von Saint Denis für das französische Königtum kennt, wird darüber verwundert sein. Das ist mit einer der Gründe dafür, daß die Gotik von einer einzigen Landschaft Frankreichs, der königlichen Krondomäne, ja von einer einzigen Kirche den Ausgang genommen hat.

Für die ganze Baugeschichte ist es nun wichtig, folgendes zu wissen: Noch stand die alte Kirche des Bischofs Fulrad, die erste Königskirche der Karolinger im Jahre 775 geweiht. Sie galt durch lange Zeit irrtümlich als die Kirche, die der Frankenkönig Dagobert hatte erbauen lassen und in der am Vorabend der Einweihung Christus selbst mit dem Gefolge vieler Engel erschienen war, um den Bau zu weihen. Dies ist zweifellos der Grund dafür, daß Suger die alte Kirche zunächst nicht antastete, sondern ihr als neuen königlichen Eingang den mächtigen Block der Westfassade mit ihren drei prächtigen Portalen und dem ganz neuen Motiv des Sonnenfensters in der Mitte der Front vorgesetzt hat, wobei nur eine alte Vorkirche abgebrochen werden mußte. Dieser Westbau wurde im Jahre 1140 geweiht; damals waren die Türme noch nicht begonnen. Statt zunächst diese auszubauen, begann Suger plötzlich den noch ungleich großartigeren und kühneren Neubau des Chores östlich von dem karolingischen Querhaus; wiederum konnte der Hauptbau der alten geheiligten Kirche unbeschädigt stehen bleiben. Damals muß er den genialen neuen Meister gefunden haben, der hier am Chorbau zum Begründer der Gotik werden sollte. Sein Werk unterscheidet sich stilistisch vollständig von dem Westbau des älteren Meisters. Dieser Ostbau wurde in der kurzen Zeit von 1140 bis 1143 fertiggestellt und am 15. Juni 1144 im Beisein des Königs, der Königin, der Königin-Mutter und der hervorragendsten Kirchenfürsten ganz Frankreichs, der Normandie und Englands mit größter Feierlichkeit geweiht. Erst nach 1144 begann der Umbau des Querhauses der Kirche, ihres Langhauses sowie der Türme, die in ihrer luftigen Bildung sich deutlich von dem älteren Teil des Westbaues abheben und als Werk desselben Meisters zu erkennen sind, der den Chor geschaffen hat. Wiederum ging Suger mit äußerster Schonung des geheiligten alten Baues vor. Er änderte nicht die Breite des Querhauses, sondern nur seine Tiefe und seinen Aufbau, und er fing an, die alte dreischiffige Kirche von außen zu ummanteln, indem er zunächst im Norden die Mauern eines äußeren Seitenschiffes aufzuführen begann. Der Neubau sollte fünfschiffig werden, und Fünfschiffigkeit ist von jeher das Anzeichen dafür, daß eine Kirche einen besonderen, kaiserlichen oder königlichen Anspruch erhebt; da durchgehende Fünfschiffigkeit nur an zwei anderen gotischen Kathedralen vorkommt – in Paris und Bourges, dem Sitz des Primas Aquitaniae –, muß die Fünfschiffigkeit der „ersten Kathedrale" besonders beachtet werden. Dann kamen die Arbeiten ins Stocken. In den Jahren 1147 bis 1149 war König Ludwig VII. auf dem zweiten Kreuzzug und Suger, der Verweser des Königreiches und Regent, hatte offenbar keine Zeit, sich dem Bau zu widmen. 1151 starb Suger, und der Bau blieb unvollendet. Erst im 13. Jahrhundert wurde die alte Kirche durch den glänzenden Neubau Pierre de Montereaus ersetzt. In diesem Neubau blieb der ganze Block der Fassade und glücklicherweise auch der untere Teil des Chores mit dem Umgang und den Kapellen erhalten.

Nun zur Rekonstruktion. Die Fassade wurde im 18. und besonders im 19. Jahrhundert durch ungeschickte Ausbesserungen arg verändert. Darauf möchte ich nicht eingehen, sondern nur darauf hinweisen, daß die Fassade heute um fast zwei Meter tiefer in der Erde steckt als die Sugers und dadurch gedrückt wirkt. Siehe die nach den Angaben Crosbys angefertigte Rekonstruktionszeichnung (von Simson, The Gothic Cathedral, Tafel 19).

An der Chorpartie sind die Kapellen und der Umgang innen und außen relativ gut erhalten, auch ihre Gewölbe. Die Säulen im Chor aber sind spätestens bei dem Umbau im 13. Jahrhundert, nach einer anderen Annahme sogar schon im späteren 12. Jahrhundert, um vieles verstärkt worden. Man muß sie sich ursprünglich fast so schlank vorstellen wie die inneren Säulen des Umganges, ungefähr so wie die Säulen, die man noch heute im Chor der Kathedrale von Noyon sieht. Auf diesen zarten, nur $1^{1}/_{2}$ Fuß, das sind 52 cm, im Durchmesser messenden Säulen ruhte der ganze hohe Oberbau des Chorteiles. Aber wie sah dieser Oberbau ursprünglich aus? Das ist eine große, noch immer nicht völlig beantwortete Frage. Ganz sicher kann man aus zwei Stellen in den Schriften Sugers nur entnehmen, daß der Chor kreuzgewölbt war, und zwar in einer ganz neuen Konstruktionsweise, und daß er auf den Säulen „plötzlich" in die Höhe stieg – columnae repente in altum subrigebant aedificium –, also offenbar ganz anders aussah als die Erdgeschoßarkade. In allen anderen Dingen ist man bei der Rekonstruktion auf Vermutungen angewiesen, Panofsky rekonstruiert den Chor mit einem Emporen- und einem Fenstergeschoß, also etwa so wie in der kleinen Kirche von Domfront. Crosby denkt an einen dreigeschossigen Aufbau ohne Emporen, den man sich also ähnlich vorstellen müßte wie den der ungefähr gleichzeitig entstandenen Kathedrale in Sens, nur mit schlichten Säulen im Erdgeschoß. Meines Erachtens sollte man zum Vergleich vor allem jene Kirchen heranziehen, die so wie Sugers Bau Säulen im Erdgeschoß haben. Der älteste dieser Bauten ist der Chor der Kathedrale von Noyon, wo die Säulen ebenso unwahrscheinlich dünn sind wie ursprünglich im Chor vom Saint Denis. Der Chor von Noyon, nur wenige Jahre nach Saint Denis begonnen, hat einen viergeschossigen Aufbau, und es scheint mir nicht unmöglich, diesen auch für Saint Denis anzunehmen. Es ist ja dieser viergeschossige Aufbau, der Epoche gemacht hat; die meisten großen Kathedralen des 12. Jahrhunderts folgen ihm. Der *Prototyp muß ein sehr berühmter Bau gewesen sein,* ich glaube, eben der Chorbau von Saint Denis. Es wäre kaum vorstellbar, daß ein Bau von einer künstlerischen und kirchenpolitischen Bedeutung wie sie Saint Denis hatte, ohne eine zahlreiche Nachfolge geblieben wäre, auch ist es unwahrscheinlich, daß die Entwicklung von einer Kirche relativ unbedeutenden Ranges wie Noyon ausgegangen sein sollte. Der Einwand, die dünnen Säulen im Saint Denis-Chor hätten einen dreigeschossigen Aufbau darüber nicht tragen können, wird durch den Noyon-Chor widerlegt, wo sie ihn ja noch heute tragen. Es ist viel wahrscheinlicher, daß Saint Denis diese Kühnheit zum erstenmal gewagt hat, als daß sie in Noyon zum erstenmal versucht worden wäre.

Da die meisten Kathedralen des 12. Jahrhunderts sechsteilige Rippengewölbe haben, werden gewiß auch in Saint Denis solche geplant gewesen sein. Auch darf man annehmen, daß das Wand- und Wölbesystem des Chores in Querhaus und Langhaus einheitlich durchgeführt werden sollte, wie man überhaupt als ein weiteres Merkmal von Saint Denis das Streben nach vollkommener Vereinheitlichung des Kirchengebäudes hervorheben muß. Das ist ganz unromanisch. In der Romanik konnten die verschiedenen Bauteile nach ihrer baulichen Struktur und ihrem anschaulichen Charakter denkbar verschieden, in geradezu „chimärischer" Weise (nach einem Wort Brutails) miteinander verbunden werden. Dieses Systematische ist ein weiteres Charakteristikum der Gotik schon auf dieser frühen, aber doch schon entschiedenen Stufe. Im Aufriß bedeutet das: Durchführen der gleichen Geschoßteilung und -gliederung gleichmäßig über alle Teile des Baues. Im Grundriß hat es zur letzten, nicht überall eingehaltenen Konsequenz, daß das Querschiff nicht über die

Flucht der Seitenschiffe vorspringt: so in Sens und so auch an dem geplanten Mittelstück von Saint Denis. Von außen wird sich der Chor etwa so aufgebaut haben, wie der der frühen Kirche von S. Germer, doch in viel sorgfältigerem Steinwerk; also *ohne* Strebebogen und daher ganz ungotisch wirkend. Innen aber wäre der *ganze* Bau im Erdgeschoß auf dünnen Säulen gestanden, fast wie eine altchristliche Basilika, und nur von einer dünnen Schale aus Stein und Glas umgeben. In diesen Dingen ging der Bau weit über alle romanischen Strukturen hinaus und eilte seiner Zeit voran.

Wenn man alle diese Dinge zusammennimmt: Fünfschiffigkeit, nicht vorspringendes Querhaus, vierstöckigen Aufbau, Säulen im Erdgeschoß, die ganze „systematische" Vereinheitlichung, dann muß man — glaube ich — zu dem Schluß kommen, daß der Saint Denis ähnlichste Bau, der noch heute steht und an dem man sich am ehesten eine Vorstellung von dem ursprünglichen Bau von Saint Denis bilden kann, *Notre Dame in Paris,* begonnen 1163, ist. Auch außen muß Saint Denis mit den „pyramidierenden" Dächern seiner Schiffe ähnlich ausgesehen haben wie Notre Dame. Ganz anders aber war die Verteilung der Gewichte im Aufbau des Innenraums, gerade umgekehrt wie in Saint Denis, nämlich kräftige starke Säulen im Erdgeschoß, zarte fadendünne Dienstbündel in den Obergeschossen. Das entspricht der Stilstufe von 1160–70. Möglicherweise ist auch das Radfenstermotiv, welches am ursprünglichen Bau von Notre Dame die Triforienzone ersetzte und erst im 13. Jahrhundert durch die Erweiterung der Lunettenfenster nach unten verdrängt wurde, als typisches Lichtmotiv gerade von Saint Denis übernommen worden.

2

Die technische Struktur der Kathedrale:

Das Kreuzrippengewölbe

Als charakteristische Merkmale des gotischen Architektursystems hat man seit Viollet-le-Duc durch lange Zeit den Spitzbogen, das Kreuzrippengewölbe und das Strebewerk angesehen. So gelangte Dehio 1901 zu folgender Formel: „Diese drei sind also die Erzeuger der gotischen Konstruktion: die Kreuzrippen, der Spitzbogen, das Strebewerk. Die Reihenfolge, in der wir sie nennen, bedeutet zugleich ihre Rangordnung. Die Kreuzrippen sind das absolut Wesentliche; die spitze Form der Bögen und die

Bogenform der Streben können abwesend gedacht werden." Und 1922 schrieb Emil Mâle: „*Das erzeugende Prinzip der gotischen Architektur ist, alle Welt weiß es heute, das Kreuzrippenge-wölbe.*" Er drückt damit nur eine allgemein gewordene Ansicht aus. Diese Erklärung war also eine technische. Sie beruht auf der typischen Überschätzung des technischen Faktors, die so kenn-zeichnend für das 19. Jahrhundert ist. Diese These ist heute als offensichtlich falsch erkannt, denn es gibt zahlreiche Bauten mit Rippengewölben, auch spitzbogigen, die noch einen ganz und gar romanischen Eindruck machen. Diese technische Erklärung der Gotik ist später verbessert worden und wird noch weiter ver-bessert. Doch ändert das nichts daran, daß allein vom technischen Standpunkt aus der eigentümliche Charakter der Gotik nicht richtig bestimmt werden kann. Denn einmal werden die spezifi-schen technischen Probleme der Kathedrale und der Gotik über-haupt nicht von einer neuen Form der Wölbung gestellt, sondern von dem Wunsch, die Wölbungen auf möglichst hohe und schlanke Pfeiler zu legen und durch den anderen Wunsch, unter der Wölbung möglichst große lichtbringende Fenster anzubringen. Diese Ziele sind aber nicht mehr technischer Art. Zweitens sind die Formen, die im gotischen Gewölbebau scheinbar die Gewölbe tragen, die stengelartig gelängten hohen Rundstäbe, die man „Dienste" nennt, sehr viel schlanker als die dahinter in der Mauer sich verbergenden Pfeiler, welche die Gewölbe tatsächlich tragen. Das aber widerspricht technischem Denken. So hatte schon Dehio richtig gesehen: „Die Dienstgruppe, welche die Rippen der Hoch-schiffsgewölbe (scheinbar) trägt, ist eine Kunstform und hat weit mehr ästhetische als konstruktive Bedeutung." Es ist vielmehr geradezu charakteristisch für die gotische Kathedrale, daß sie das technische Gerüst nicht offen zeigt, sondern durch Formen ver-hüllt, die viel zarter sind, als sie ihrer technischen Funktionen nach je sein könnten. Pol Abraham spricht deshalb mit Recht von einem Verfahren, das eine Illusion erzeugen soll, nämlich die Illu-sion überirdischer Leichtigkeit. Man hat ihm einzelne seiner Thesen bestritten. Dieser Hauptpunkt seiner Thesen aber ist nie widerlegt worden.

Seit den Zwanzigerjahren hat sich bei den Kunsthistorikern die Überzeugung durchgesetzt, daß eine technische Theorie die kon-krete Gestalt der gotischen Kathedrale nicht erklären kann. Diese positive Erkenntnis hat aber eine negative Folge gehabt. Seither kümmern sich die Kunsthistoriker viel zu wenig um die technische Konstruktion der Kathedrale. Deren Erforschung ist seit Sabouret und Pol Abraham auf die Architekten übergegangen. Das liegt zum Teil wohl daran, daß die technischen Probleme viel komplizierter sind, als man sie im 19. und im frühen 20. Jahrhundert dargestellt hatte, und die Kunsthistoriker technisch zu wenig geschult sind, um noch mitreden zu können. So stammt auch eine jüngere Arbeit über „Das wechselseitige Verhältnis von Konstruktion und Formung an den Kathedralen Nordfrankreichs", 1957, von einem Ingenieur (Helmut Weber). Wenn aber auch die technischen Verhältnisse die gotische Kathedrale nicht erklären können, so dürfen sie doch (auch von Kunsthistorikern) nicht vernachlässigt werden. Sie *schaffen* nicht die Gestalt der Kathedrale, aber sie *ermöglichen* sie.

Vor allem aber sollte man nicht vergessen: Diese technische Erklärung der Kathedrale war, nach der grandiosen, aber doch wie in Nebeln schwebenden Vision des gotischen Kirchengebäudes, welche die Romantiker und ihre Schüler zwischen 1800 und 1840 entworfen hatte, *die erste wirkliche Theorie der Kathedrale*. Es gilt heute als guter wissenschaftlicher Ton, über die technische Erklärung der Kathedrale die Nase zu rümpfen. Vor allem aber wird sie gewöhnlich viel zu vereinfacht dargestellt und dabei verzerrt. In Wirklichkeit war sie durchaus geistvoll, und man kann die Faszination, die von ihr ausgegangen ist, noch heute verstehen, wenn man nur bereit ist, sich wirklich in sie zu vertiefen. Vor allem ist sie getragen von einer Unsumme echter Erfahrung aus erster Hand. Ein Viollet-le-Duc, aber auch noch ein Choisy kannten die Bauten, von denen sie sprachen, aus ganz anderer Intimität als jene späteren Kunsthistoriker, die auf wenigen kurzen Kathedralreisen, ein paar Stunden oder bestenfalls ein paar Tage lang, mit dem Notizbuch in der Hand vor den Kathedralen gestanden sind.

Daß diese Theorie nicht das Ganze der Kathedrale erfaßt — nicht ihre Plastik, nicht ihre Glasfenster —, nicht einmal das Ganze ihrer Architektur, ist heute jedem klar. Aber der Versuch ist großartig gewesen.

Ihn in seinem ganzen Reichtum und seiner Subtilität darzustellen, ist nur vor einem Publikum von geschulten Technikern möglich. Ich habe hier nur seine Prinzipien herausgehoben. Darin besteht ja gerade die Überlegenheit dieser Theorie, daß ihre Urheber nicht nur etwas, sondern sehr viel davon verstanden haben, wie ein Bau dieser Art *in praxi gemacht* werden kann, gemacht worden ist. Solange die Theorie noch von so bauerfahrenen Leuten wie Viollet-le-Duc, Auguste Choisy oder Georg Dehio vertreten wurde, war sie in ihrer Art auf der Höhe. Die Lektüre dieser Autoren ist in der bestechenden Klarheit und Eleganz ihrer Darstellung, sogar in ihren literarischen Qualitäten noch heute ein Genuß. Die Theorie ist erst degeneriert, seitdem sie von Kunsthistorikern nachgesprochen wurde, welche von den technischen Vorgängen nichts wirklich verstehen und nur eine leere Formel beibehalten.

Die technische Theorie ist wieder interessant geworden, seit Victor Sabouret und Pol Abraham, also Ingenieure, sich in die Diskussion eingeschaltet haben. Damals in den Zwanzigerjahren entstand eine häretische Abart der technischen Theorie, welche gerade vom Technischen her und mit technischen Argumenten die Stichhaltigkeit einer technischen Erklärung bestritt. Dieser Streit hat mit dem Erscheinen von Pol Abrahams Schrift „Viollet-le-Duc et le rationalisme médieval", 1934, seinen Höhepunkt erreicht. Und wiederum verflacht er erst in dem Augenblick, in dem sich die Kunsthistoriker einmischen. Er ist, auch nach dem Resümee von Masson, im Grunde unausgetragen geblieben. Wir können ihn hier ruhig liegenlassen, denn sein wesentlichstes Ergebnis ist ganz einfach: Über das Funktionieren des angeblichen „principe générateur" der Gotik, des Kreuzrippengewölbes, läßt sich nichts allgemein Zutreffendes aussagen, weil Kreuzrippengewölbe sehr verschieden konstruiert sein und demgemäß statisch sehr verschiedenartig funktionieren können. *Die Frage muß von Fall zu Fall gestellt und beantwortet werden.* Was die Entstehung der Kathedrale betrifft, so müßte jede einzelne der frühen Kathedralen genau daraufhin untersucht werden. Eben das ist aber noch nicht geschehen. Weder die Gewölbe von Saint Denis' Chorumgang und Westbau, noch die von Sens, von Noyon, von Laon und Notre-Dame de Paris sind unter technologischen konstruktiven und statischen Gesichtspunkten mit wirklich modernen Methoden jemals untersucht worden.

Woran ist nun die technische Theorie gescheitert?

Einmal daran, daß sich kreuzrippengewölbte Räume von ganz anderem Charakter als die gotischen hätten bilden lassen und gelegentlich auch gebaut worden sind, zum Beispiel die Kathedrale von Toulouse: Überspannungen nicht möglichst großer Höhen, sondern möglichst großer Breiten.

Zweitens, daran, daß Kreuzrippengewölbe über Saalkirchen mit nach innen gezogenen Strebepfeilern einen ganz anderen Organismus ergeben; zum Beispiel die Kathedrale von Albi. Die typische „gotische Kathedrale" aber hat für den halbbasilikalen oder basilikalen Querschnitt optiert, das heißt, man hat gewünscht, Licht von hoch oben, von *sehr* hoch oben in einen mehrschiffigen Raum zu bringen. Das aber ist kein „technischer" Wunsch.

Drittens daran, daß die Glieder, die in der Kathedrale *scheinbar* die Wölbung tragen, viel dünner sind als die Bauteile, welche die Wölbung *tatsächlich* tragen. Das ist jene „Unwahrhaftigkeit", welche man der Kathedrale nicht selten vorgeworfen hat, das, was Abraham — meines Erachtens vollkommen zutreffend — als „Illusion" bezeichnet hat. Dieser Ausdruck ist von der schulmäßigen Kunstgeschichte geradezu mit Affekt abgelehnt, aber niemals widerlegt worden. Wenn eine scheinbare Raumerweiterung mit malerischen Mitteln Illusion heißen darf, dann darf auch eine scheinbare „Entschwerung" des Baugefüges durch plastische Mittel Illusion heißen.

Viertens, und vor allem, daran, daß man alle konstitutiven Elemente der technischen Theorie: das Kreuzrippengewölbe, den Spitzbogen, die Strebepfeiler und -bogen verwenden kann und doch kein gotischer Raumeindruck zustandekommt.

3

Die künstlerische Struktur:
Diaphane Wand und Baldachinsystem

Wenn also die technischen Erfindungen die gotische Kathedrale nicht charakterisieren, was charakterisiert die gotische Kathedrale dann? Auf diese Frage hat Jantzen 1927 jene ganz neue Antwort gegeben, die lange Zeit hindurch die Grundlage unserer Anschauungen geblieben ist. Nach ihm unterscheidet sich die Gotik von der Romanik durch eine ganz neue Form der Wand, die Jantzen „diaphane Wand" nennt. Das ist eine sehr überraschende Wendung gewesen, da man bis dahin die Gotik immer vom Gewölbe her zu erfassen versucht hatte. Nach Jantzen ist die typisch romanische Wandform die in mehreren frontalen Stufen hintereinander gestufte kompakte Mauer, wie sie sich am deutlichsten in der charakteristisch romanischen Form des Stufenportals äußert. Die Wand ist eine zusammenhängende, in der Breite sich entfaltende Mauermasse, sie hat Plattenstruktur. In der diaphanen Wand der Gotik aber bilden an Stelle der kompakten Wand plastisch geformte Körper: runde Pfeiler, kleine Säulen, zylindrisch geformte Einzelglieder ein Gitter, das mit einem hellen oder dunklen, kontinuierlichen Raumgrund hinterlegt ist. „Für den Raumcharakter der französischen Gotik", sagt Jantzen, „erscheint das Prinzip der diaphanen Wandstruktur sinnfälliger als Einzelheiten der Formensprache und entscheidender als die Verwendung von Spitzbogen und Kreuzrippengewölbe". Das läßt sich leicht erkennen bei Gegenüberstellung solcher Bauten, die zwar Spitzbogen und Kreuzrippengewölbe in der Konstruktion benutzen, die Wand aber nicht nach dem Prinzip der diaphanen Wandstruktur behandeln. Als überzeugendes Beispiel nennt Jantzen die Kathedrale von Langres, die dreißig Jahre später als Saint Denis begonnen wurde, wo aber die Wand noch immer als homogene Mauermasse behandelt ist. Die schönsten Beispiele der „diaphanen Struktur" aber findet man in den Kathedralen der Ile de France, und zwar gerade in ihren Chorpartien. Wenn man dieses Phänomen auf der reifen Stufe, der des Innenraums von Chartres, 1194 begonnen, erschaut hat, kann man von da Stufe für Stufe zurückgehen über Soissons — ein wunderschönes Beispiel diaphaner Struktur — und Laon zum Chor von Noyon. Jantzen meint, daß dieses Prinzip sich am energischsten in der Chorpartie entfaltet hat. In dem Chor von Noyon, entworfen zu Beginn der 50er Jahre, ist dasselbe Prinzip noch in Entwicklung begriffen; in der Triforienzone hat sich die Diaphane noch nicht durchgesetzt, noch kleben die Arkaden als Relief „romanisch" an der Mauerplatte; hier wird sich später Raumgrund dazwischen schieben. Von Noyon kann man Rückschlüsse auf die ursprüngliche Gestalt des Chores von Saint Denis ziehen, (über dessen Rekonstruktion noch zu sprechen sein wird), wo sich das diaphane Prinzip zum erstenmal verkörpert hat. In Noyon kann man bemerken, daß es durchaus nicht notwendig mit dem Spitzbogen verbunden sein muß; es gibt da Wandjoche, die ganz mit Rundbogen durchgeführt, doch dieselbe diaphane Struktur zeigen. Man kann über Saint Denis noch weiter zurückgehen und zum Beispiel in der normannischen Kunst an einzelnen Stellen der Bauten Vorformen der diaphanen Struktur sehen, die aber niemals den ganzen Bau bestimmen. In den Apsiden gewisser romanischer Kirchen, die noch im 11. Jahrhundert entworfen sind, wenn auch ihre Ausführung oft ins 12. Jahrhundert hineinreicht, z. B. an der Trinité in Caen, einer der Hauptkirchen der Normandie, treten Formen auf, die nach Jantzens Definition eine diaphane Struktur zeigen, wenn auch nicht die „gotische" diaphane Gitterwand. Um gotisch zu sein, muß die diaphane Wand Gitterstruktur haben, d. h. die einzelnen plastischen Glieder müssen relativ dünn sein. Doch eine Vorform der diaphanen Struktur ist die Apsis der Trinité jedenfalls.

An einer solchen Architektur sieht man aber, daß sie Jantzens Definition der Gotik, so tief eindringend sie auch ist, für sich allein noch nicht ausreicht. Im *gotischen System treten zur diaphanen Wand Glieder hinzu, die aus der Wand nicht zu verstehen sind.* Es stehen an der gotischen Wand vertikale Glieder — stengeldünne, gelängte Rundstäbe —, die nicht mit Raum hinterlegt sind, sondern mit anderen Körpern oder mit Wand. Es stehen zweitens an der gotischen Wand Glieder, die nicht aus der Wand entwickelt sein können, weil sie diagonal zur Wand stehen, also aus dem frontalen Wandzusammenhang auch der diaphanen Wand herausgenommen worden sind. Ferner, drittens, stehen an der gotischen Wand durchgehende vertikale Glieder; durch die Definition der diaphanen Wand sind solche vertikale Gliederungen nicht erfordert. Viertens läßt sich zwischen Wand und Wölbung in der gotischen Kathedrale überhaupt keine klare Grenze ziehen: es gibt Gliederungen der Wand, die zur Wand gehören, und es gibt Gliederungen der Wand, die ohne Zweifel nicht zur Wand, sondern primär zur Wölbung gehören.

Ich habe deshalb seit 1931 zu zeigen versucht, daß noch ein zweites Prinzip notwendig ist, um den gotischen Kirchenraum zu erzeugen, und dieses Prinzip nenne ich den „Baldachin". Damit meine ich eben die Tatsache, daß es im gotischen Bau Glieder gibt, die enger zur Wölbung als zur Wand gehören: die „Dienste". Ein gotisches Gewölbe setzt sich in seiner einfachsten Form aus sechs Bogen zusammen: den zwei Diagonalbogen, den zwei Gurtbogen (doubleau) und zwei Schildbogen (formeret). Solche Gewölbe hatten auch schon romanische Bauten. Doch erst wenn jeder dieser Bogen sich nach unten in zwei Diensten fortsetzt, entsteht die Grundform des Baldachins. Das erkennt man mit großer Sicherheit daran, daß nun die Dienste der Diagonalbogen *schräg stehen,* d. h. ein über Eck stehendes Kapitell und eine über Eck stehende Basis haben. *Dadurch eben sie deutlich zu erkennen, daß sie nicht mehr zur Wand gehören, denn über Eck stehende Formen können sich aus der frontalen Wand, auch der diaphanen, nie entwickeln,* sie gehören zur Wölbung. Solche Baldachine entstehen nun fast genau gleichzeitig mit den Frühformen der diaphanen Wand, und beide sind zutiefst miteinander verwandt. Denn beide enthalten Raum. Die Baldachine formen einen Raum, der seitlich überhaupt nicht begrenzt ist, sondern nur oben, in der Wölbung. Die diaphanen Wände aber werden mitgeformt durch den Raumgrund, mit dem sie hinterlegt sind. Man kann also sagen, daß in dem Prinzip des Baldachins und in dem Prinzip der diaphanen Wand das räumliche Moment über das Kompakte der Mauer und der Wölbung siegt, und das wird später noch für viele Einzelformen der Gotik bestimmend sein, nicht zuletzt auch für ihre Plastik.

Doch erst wenn *beide* Elemente zusammentreffen, wenn das neue Wölbeprinzip, der Baldachin, mit der neuen Wandform, der diaphanen Wand, sich verbindet, ist das gotische System komplett. Das aber ist wahrscheinlich gerade im Chor von Saint Denis, 1140, geschehen. Von der diaphanen Wand dieses Chores war Jantzen ausgegangen. Aus den Schriften Sugers aber hören wir, daß die Gewölbe aus einzelnen hohen Bogen aufgemauert wurden wie ein Gerüst, also offenbar Baldachin-Struktur hatten.

Kreuzrippen-Baldachine der geschilderten Form, ohne die diaphane Wand, ergeben keinen gotischen Raum; Kathedrale von Langres, 1170 begonnen. Diaphane Wände ohne Baldachin-System ergeben kein gotisches System, es fehlt ihnen das typisch vertikale Element; zum Beispiel die Kirche von Kelso in England, um 1170. Sie hat zweifellos „diaphane Struktur", wenn auch nur in der triforiumartigen Ausbildung; es mangeln ihr aber die vertikalen Gliederungen und damit etwas Entscheidendes zum vollen gotischen Eindruck, es mangeln ihr auch die diagonalen Glieder, die in keiner gotischen Kathedrale fehlen. Es läßt sich also nicht bestreiten: erst Baldachin-System und diaphane Wand zusammen erzeugen das „künstlerische System" der Kathedrale.

So schien nun endlich dieses System in den Grundzügen definiert zu sein. Um 1945 herum konnte man noch sagen: *Das erzeugende Prinzip der gotischen Kathedrale, alle Welt weiß es heute, ist der Kreuzrippen-Baldachin mit diaphanen Wänden.*

Aber im Eifer dieser Erkenntnisse hatte man ganz übersehen, wie merkwürdig es doch ist, daß dieses System sich nur an einer *einzigen* Stelle Europas, nur an einer *einzigen* Stelle Frankreichs gebildet hatte, nur in Saint Denis. Denn die Elemente, aus denen es sich hatte bilden können, waren in der Normandie und in der Picardie schon längere Zeit vorhanden. *Wie ist es zu erklären, daß das gotische System nur in Saint Denis entstanden ist?*

Uns will es heute scheinen, daß auch diese zweite Erklärung der gotischen Kathedrale nicht mehr genügt. Es will uns scheinen, daß es den Erbauern der gotischen Kathedralen gar nicht so sehr auf die diaphane Struktur angekommen ist, sondern auf etwas ganz anderes, viel Einfacheres, und daß das, was Jantzen die diaphane Wand genannt hat, sich aus diesem anderen *ergibt*. Und dieses andere ist das *Licht* und die Bedeutung, die das Licht für die Erbauer von Saint Denis hatte. Seit Panofsky im Jahre 1948 seinen lichtvollen Kommentar zu den Schriften Sugers veröffentlicht hat, sehen wir das ganz klar. Dies hat zu einer dritten Erklärung der Gotik geführt.

4

Die geistige Struktur der Kathedrale:
„Lux Mirabilis" und Schaubegierde

Die neue Erkenntnis, die eine neue, die dritte Theorie der gotischen Kathedrale begründet, ist also: *das erzeugende Prinzip der gotischen Kathedrale* (noch weiß es heute nicht alle Welt) *ist, ein neues Verhältnis zum Licht.* Dieses Verhältnis muß genauer bestimmt werden.

Für diese dritte Theorie hat Panofsky in seinem Kommentar zu Sugers Schriften 1946 den Grund gelegt. Otto von Simson hat sie in einer glänzenden kleinen Studie, die den bezeichnenden Titel „Light and Measure" trägt, 1948 skizziert. Und unabhängig davon habe ich sie in meinem Buch „Die Entstehung der Kathedrale", das in demselben Jahr 1948 in Satz ging, entwickelt.

Bei Jantzen war das Licht (wie das Dunkel) nur die Folie für die diaphane Wand. Jetzt wird das Licht die Hauptsache und die diaphane Wand ergibt sich, als eine unter anderen charakteristischen Bildungen der Kathedrale, aus diesem primären Lichtdrang.

Es genügt, den Chor von Saint Denis zu betrachten, um das zu sehen. Das Motiv der ausstrahlenden Kapellen ist an sich ein Lichtmotiv, denn die sich verwölbende, mit Fenstern versehene Wand holt mehr Licht in den Raum als die flache. Dieses Motiv ist nicht neu. Es ist aus der romanischen Baukunst Mittelfrankreichs übernommen, wo es um das Jahr 1000 am Hervaeus-Bau von S. Martin de Tours zum erstenmal erschienen war. Aber indem die Kapellen sich in großen Fenstern öffnen und so nahe aneinanderrücken, daß zwischen ihnen kein Stück der Mauer des Umgangs stehen bleibt, entsteht eine Begrenzung des Chorraumes, die fast nur mehr aus leuchtenden Flächen besteht. Der letzte Rest der Wand wird weggeschafft, indem die Kapellen dort, wo sie einander berühren, sich aufeinander öffnen. So entsteht ein „zweiter

Umgang". Die Säulen der Umgänge sind so leicht gebildet wie nur möglich. Die Lichtführung um das Chorhaupt herum ist so, daß sie die Körperschatten durch Kreuz- und Gegenlicht so gut wie aufhebt. den Körpern also eine bis dahin nie gesehene Verklärung verleiht. Das Motiv des Kapellenkranzes ist auf das Chorhaupt beschränkt und zeichnet diesen heiligsten Raumteil vor allen anderen aus. Darin kommt aber zum Ausdruck, daß das Wesentliche in künstlerischer Beziehung — nämlich das, was imstande ist, das Allerheiligste auszuzeichnen — vor allen Dingen im Licht gesehen wird.

Dieses Licht ist aber nicht das alltägliche Licht, wie das der weißen Fensterscheiben unserer modernen Glasbauten. Es hat einen ganz besonderen Charakter. Es läßt sich überhaupt nicht beschreiben, ohne seine abbildende Bedeutung, seine anagogische Qualität mit einzubeziehen. Der Bauherr selbst nennt es einmal *„lux mirabilis"*, ein wunderbares Licht, und spricht von den *„sacratissimae vitrae"*, den allerheiligsten Fenstern. Daß das Licht der gotischen Kathedralen „wunderbar" ist, ist auch uns unmittelbar verständlich. Es scheint gleichsam nicht von außen zu kommen, sondern von den Fenstern selbst auszustrahlen, als ob die Mauern selbst leuchtend geworden wären und aus Edelsteinen bestünden, die nach dem mittelalterlichen Glauben selbst leuchten. So scheinen die Worte des Kirchenweihhymnus bauend verwirklicht zu sein, die von der himmlischen Kirche, nach deren Abbild die irdische erbaut wird, sagen: *Edelsteine sind deine Mauern.* Wieso aber Suger die Fenster als „allerheiligste" ansprechen konnte, das werden wir noch erfahren.

Die Betrachtung des Chores von Saint Denis ergibt also, daß der wesentlichste Zug dieses ersten gotischen Baues eine ganz neue Fülle des Lichtes war. Genau dasselbe aber tritt hervor, wenn man die Schriften Sugers oder seine Inschriften liest, mit denen er den Bau reichlich versehen hat. Sie sind, wie Panofsky gesagt hat, eine wahre Orgie neuplatonischer Lichtmetaphysik. Über die Quelle dieser Lichtmetaphysik, die zugleich eine Lichtästhetik ist, kann kein Zweifel sein. Die Abtei bewahrte als Geschenk des Kaisers Ludwig des Frommen seit dem 9. Jahrhundert die Schriften des großen Lichtmystikers der Ostkirche des Dionysius (Pseudo) Areopagita aus dem 5. Jahrhundert, der in Frankreich mit dem gleichnamigen Apostel Galliens, dem Schutzpatron des französischen Königshauses, zu einer Person verschmolzen war. Noch im 9. Jahrhundert waren diese Schriften von dem großen irischen Philosophen am Hofe Kaiser Karls des

Kahlen in Saint Denis ins Lateinische übersetzt worden. Und eben als der Neubau Sugers 1137 begann, hatte Hugo von S. Victor, ein Freund Sugers, sie neu kommentiert. *Die neuplatonische Licht-metaphysik ist also eine der Wurzeln, aus denen die Gotik er-wächst.* Daß dabei Suger den Pseudoareopagiten mißverstanden, daß er dessen Idee der Analogien aufs äußerste vereinfacht hat, ist gewiß. Aber dieses Mißverständnis war in höchstem Maße produktiv.

In dieser Metaphysik ist die höchste Wesenheit das Urlicht, Gott selbst. Und alle Dinge dieser Welt sind umso wesenhafter und umso schöner, je mehr sie am Licht teilhaben. Diese Teilhabe ist eine „anagogische". In Stufen wird der Geist vom sinnlich Schaubaren „nach oben", zum eigentlich Geistigen, dem sinnlich Unschaubaren geführt. Das gilt besonders auch von den Werken der Kunst. Sie sind ein Vehikel, um den Menschen per visibilia ad invisibilia, vom Sichtbaren zum Unsichtbaren hinaufzuführen.

In der sehr ertragreichen Dissertation von Hubert Glaser aus der Schule Johannes Spörls – „Beati Dionysii qualiscumque abbas" (1957) – wird festgestellt, daß sich Sugers Ausführungen über den anagogischen Weg gerade im Zusammenhang mit seiner Baubeschreibung finden, daß Sugers anagogisches Erlebnis von der Betrachtung eines Kunstwerkes ausgeht, *ja daß Suger sich um die Interpretation von Schriftquellen nur im Zusammenhang mit Kunstwerken bemüht.* Suger ist bei seinen Bemühungen um die Sinngebung des Kirchenraumes und seiner Ausstattung nicht von den zeitgenössischen Schulautoren ausgegangen, sondern von den Vorstellungen des Kirchenpatrons. Sein Tun ist gespeist aus der Tradition des abendländischen Platonismus. Johannes Scotus betont in seinem Kommentar zur „Himmlischen Hierarchie des Dionysius, *daß gerade Kunstwerke zu den „materialia" gehören, welche die „immaterialia" widerzuspiegeln vermögen:* „materialia lumina sive quae in terris *humano artificio* efficiuntur, sive quae naturaliter in coelestibus locis ordinata sunt, *imagines sunt intelli-gibilum luminum, super omina ipsius verae lucis".* Die Betrach-tung der Himmelskörper und der mit Edelsteinen besetzten Kunstwerke – auch der farbigen, edelsteingleichen Glasfenster – bieten den vornehmsten Ausgangspunkt für die „ascensio ad immaterialem". Soweit Glaser. So erst versteht man, warum Suger die neuen Glasfenster als *allerheiligste* ansprechen konnte. Es sind eben jene Teile des Baus, seine edelsteinernen Mauern, die am meisten an der „vera lux" des Himmlischen Jerusalem teilhaben, ja deren Abbild (imago) sind. In seinen Schriften schildert Suger wunderbar das Erlebnis der *Entrückung in ein Zwischenreich,* in dem sich der Mensch nicht mehr ganz auf der Erde und noch nicht im Himmel befindet, *durch die Betrachtung eines Kunstwerkes,* nämlich des mit Edelsteinen geschmückten Altars.

Das sollte denen zu denken geben, die sich noch immer gegen die Einsicht sperren, daß diese Lichtmetaphysik die Kathedrale mit geschaffen hat, ja die führende Rolle bei ihrer Entstehung spielt. Diese Einsicht ist aber meines Erachtens unbestreitbar. *Denn nur so erklärt es sich, warum die Gotik nur von einem einzigen Ort ihren Ausgang genommen hat.* Jede andere Erklärung führt zu Künstlichkeiten. Hier in Saint Denis entwirft ein genialer Künstler einen durch und durch lichthaften Chor. Und hier schwelgt der Mann, der diesen Chor in Auftrag gegeben hat, in Schilderungen des Lichts und häuft in seinen Inschriften Ausdrücke wie clarus, clarere, clarificare. Sollte wirklich das eine mit dem anderen nichts zu tun haben? Ist so etwas im Mittelalter überhaupt möglich, ein solches Auseinanderspalten von Bauherrn und Baumeister, von Geistigem und Formalem? Ich behaupte, daß das im Mittelalter nicht möglich, sondern, daß diese Auffassung nur die Konsequenz einer rein formalen Kunstgeschichte ist. Man darf vielmehr mit Bestimmtheit sagen: Beim Bau von Saint Denis war Suger von der platonischen Lichtmystik inspiriert und er hat seinerseits den Architekten inspiriert, das äußerste an Lichthaftigkeit und überirdischer Leichtigkeit aus dem Bau herauszuholen. Natürlich war das nur möglich, weil die vorangehende Baukunst schon Mittel vorbereitet hatte, die es erlaubten, dem Bau seine Schwere zu nehmen und die kompakte Mauer weitgehend zu beseitigen. Aber diese Mittel waren auch an anderen Stellen vorhanden und doch ist die Gotik nur in Saint Denis entstanden.

Dieses neue Lichtverhältnis ist das eine.

Doch auch das genügt noch nicht. Man muß den „modus", in dem diese areopagitische Lichtmystik wirksam und gestaltend wird, noch genauer bestimmen. In dieser Hinsicht besteht ein sehr starker Unterschied zwischen den Westpartien von Saint Denis, die ja gleichfalls von Suger geplant worden sind, und der Ostpartie, für deren Ausführung er offenbar einen neuen Architekten gewonnen hat, der imstande war, mit modernen Baugedanken diese Lichtvisionen ganz anders unserem Leben nahezubringen als der Architekt des Westbaus. Es muß also noch etwas anderes mit bedacht werden, nämlich ein bestimmtes Verhältnis zwischen dem sinnlich Schaubaren des Kunstwerks und jenem Übersinn-

601

lichen, das mit dem sinnlich Schaubaren gemeint ist. Hier spielt in den Vorgang jene für das 12. Jahrhundert von nun ab grundlegende Bewegung herein, die man *Schaubegierde* (im weitesten Sinn) genannt hat und die uns zum ersten Male deutlich geworden ist, als Anton Mayer, Passau, und neben ihm Dumoutet die Bedeutung der Hostienschau für die werdende Gotik klarlegten. Das was an der Hostienschau in gesteigerter Weise sichtbar wird, ist eine allgemeine Bewegung, die zum Beispiel auch in der Reliquienschau zum Ausdruck kommt. Und nun darf man wohl ohne weiteres extrapolieren und sagen: So wie man damals die Hostie zu schauen wünschte, wie man die Reliquien zu schauen wünschte, so hat man auch den Kirchenbau aufgefaßt und gesehen. Man wünscht mit den Wesenheiten, die sich in Hostie, Reliquie, Bau verkörpern „in visu" zu kommunizieren. Diese Vorgänge sind auch chronologisch parallel: Dumoutet, Anton Mayer, Jungmann haben gezeigt, daß die Anfänge der Hostienschau um 1120 oder etwas später liegen, wenn sie auch ihren Höhepunkt, genau wie die Gotik, erst um 1200 erreichte. Scheinbar bedeutet die Hostienschau eine größere Annäherung, Annäherung durch das Medium des Auges, an das Geheimnis des Altarsakramentes. In Wirklichkeit ist es eher eine Entfernung davon, weil man das Altarsakrament nun nicht mehr unbedingt nimmt, sondern es oft damit genug sein läßt, die Hostie zu sehen, wie einen Gral, von dem Wunderkraft ausgeht. In dieser Weise, meine ich, beginnt man nun auch die Formen des Kirchengebäudes zu sehen. Man sieht das sinnlich schaubare Licht, die „lux mirabilis" im Chor von Saint Denis, und an diesem sinnlich schaubaren „wunderbaren" Licht ersättigt man sich schon vollkommen, da in ihm das intelligible Licht — das Licht Gottes oder der Stadt Gottes — mitenthalten ist, auf welches das schaubare Licht hinweisen sollte. Das war am Westbau noch nicht so. Die Westfassade von Saint Denis läßt sich gut rekonstruieren (Simson T. 19): Lichtmotive sind auch hier vorhanden, mehr als eines. So sitzt zum Beispiel hier zum erstenmal und relativ klein im dritten Stockwerk der Fassade jenes ursprünglich mit Speichen ausgestattete Rundfenster, dessen Bedeutung vollkommen klar wird, wenn man die im 19. Jahrhundert, aber wohl auch schon ursprünglich vorhandenen Figuren dazu nimmt, die um dieses „Licht" herum angeordnet sind (Simson T. 14). Es sind die vier apokalyptischen Wesen; das Ganze ist also eine „abstrakte", halb architektonische Majestas-Darstellung, bei der das Bild Christi durch eine „diaphane" Radform ersetzt ist. Das Rad ist die Sonne, die Sonne aber bedeutet Christus: „Advero juxta spiritualem intelligentiam sol Christus est", schreibt Hugo von Saint Victor in seinem Kommentar zur „Caelestis Hierarchia" des Areopagiten genau im Jahre der Erbauung der Westfassade. Das Radmotiv ist hier ein Lichtmotiv, aber es zeigt sich nicht den Sinnen als Licht, sondern man muß die Lichtbedeutung hinzu*denken*. Vielleicht war das Rad ursprünglich vergoldet — wir hören später noch öfter von de facto vergoldeten Radfenstern an analoger Stelle —, aber auch dann wäre das Gold nur ein *Hinweis* auf „Licht". Das Radfenster öffnete sich innen nicht auf das Hauptschiff der Kirche, sondern nur auf eine relativ kleine Kapelle dahinter und nur in dieser Kapelle enthüllte es seinen Lichtcharakter ganz. — Ähnliches gilt für das große Portal. Es war vollkommen vergoldet, dabei aber massiv geformt, keine Spur von Diaphanie oder direktem Zeigen von Licht. Das Lichtmotiv daran war das Gold. Die Inschrift „nobile claret opus, sed opus quod nobile claret, clarificet mentes, ut eant per lumina vera, ad verum lumen, ubi Christus janua vera", ist reinste areopagitische „Idee" mit areopagitischen topoi durchgeführt. Dieses Kunstwerk des Portals ist ein „lumen", durch das ich zu Christus eingehen kann — *per lumina vera ad verum lumen* —, in die Kirche.

Im Chorteil der Kirche ist das alles ganz anders. Da sehe ich die sinnlich leuchtende *lux mirabilis* der Fenster unmittelbar und in dem mit den Augen des Leibes Erschaubaren offenbart sich mir das „dahinter" stehende Mysterium des intelligiblen Lichtes, doch so nahegebracht, daß ich es mir förmlich mit den Augen des Leibes einverleiben kann. Ich glaube, daß es nicht unerlaubt ist, so zu deuten. Man hört oft den Einwand, Erlebnisse zu haben, das wäre gar nicht mittelalterlich. Ich glaube, das ist die Übertreibung eines an sich richtigen Gedankens. Denn wir lesen ja bei Suger, daß und welche Erlebnisse er vor Kunstwerken dieser Art hatte. Er schildert, wie er bei dem Betrachten der mit Gold und Edelsteinen verkleideten Altare, beim Anschauen dieser Lichtmaterien in eine Art Trance versetzt wird, in der er nicht mehr weiß, ob er sich noch im Schlamm der Erde oder schon im Glanz des Himmels befindet. Durch die Betrachtung dieses lichthaften Kunstwerks wird er in ein Zwischenreich „transportiert". Das zu bewirken ist aber, meiner Meinung nach, die Funktion nicht nur dieses Kunstwerks, sondern ebenso die Funktion des ganzen Kirchengebäudes. Sie ist nicht allein zum Anschauen da, sondern um uns im Anschauen ein Stück des anagogischen Weges hinaufzuführen. *So erst wird die Kirche mit den Augen ihres Erbauers gesehen.*

Für Suger hatten in dieser Hinsicht die Formen des Westbaues dieselbe Funktion wie die des Chores. Doch erst der neue Architekt, der imstande war, uns die Lichtvisionen so nahe zu bringen, daß wir im Chor die Edelsteine der glänzenden Mauern der himmlischen Stadt unmittelbar zu sehen meinen, hat den neuen Stil in seiner neuen Schaubarkeit begründet, die von nun ab zu allen folgenden Phasen der Gotik gehören wird.

Das neue Verhältnis zum Licht läßt sich also so bestimmen: Es ist ein neues Verhältnis zwischen dem wörtlichen Sinn, der sinnlich schaubaren Lichtgestalt, und dem dahinter liegenden geistigen Sinn, der lux vera. Sinnliches und Geistiges sind ganz nahegerückt, im sinnlichen Licht offenbart sich ganz unmittelbar das geistige Licht. *Das sinnliche Licht ist nicht mehr Symbol, sondern Abbild (imago) des wahren des intelligiblen Lichtes.*

Jedes christliche Kirchengebäude seit der konstantinischen Zeit trägt dominant, neben und vor anderen Bedeutungen die Bedeutung, das „Himmlische Jerusalem" zu sein. Darin unterscheidet sich die gotische Kathedrale durchaus nicht von romanischen Kirchen. Aber sie unterscheidet sich eben darin, daß die Lichtstadt Gottes nun den Sinnen nahe gekommen, ein „caelus propinquior" geworden ist.

Ja man kann noch einen Schritt weiter gehen. In gotisch-mittelalterlicher Auffassung muß man nach de Bruyne drei Grade der Vollkommenheit der Materie unterscheiden: reine Lichthaftigkeit, Durchsichtigkeit, Undurchsichtigkeit. Reine Lichthaftigkeit kommt dem Himmel im engeren Sinne, dem Empyreum zu; Undurchsichtigkeit dagegen ist das Erbteil der Erde. Das Durchsichtige ist eine Eigenschaft intermediärer Körper wie des Feuers, des Äthers, der Edelsteine, des Kristalls, des Glases. Sie sind „partim lucida, partim *diaphana*". Die Diaphanie, nun in einem anderen Sinn als bei Jantzen, ist charakteristische Eigenschaft jenes Zwischenbereiches zwischen Himmel und Erde, in das sich Suger bei Betrachtung dieser Lichtmaterien versetzt fühlt (siehe oben). Die gotische Kathedrale selbst ist schon durch ihre neue Stofflichkeit ein solches Zwischenreich.

Doch über der mehr oder weniger materiellen Welt und der Transfiguration des Lichtes in den Lichthimmeln existiert das Licht der geistigen Welt. Gott ist im mittelalterlichen Platonismus das Licht im eigentlichen Sinne des Wortes. Und auf dieses geistige Licht hin sind nun die „diaphanen" Materien und Gebilde ihrerseits *diaphan*, in einem dritten, transzendenten Sinn. Das Kunstwerk der Kathedrale ist ein diaphanes Abbild (imago) des superessentiellen Lichtes. Und es ist deshalb großartiges Vehikel des „angogicus mos".

Das erzeugende Prinzip der gotischen Architektur ist also, so dürfen wir heute sagen, die neuplatonische Lichtmystik, die in Saint Denis zu Hause war, und der in dieser Zeit allgemein aufbrechende Wunsch nach Schau. Die künstlerischen Mittel, diese Lichtvision zu verkörpern, sind vor allem die diaphane Wand und das Baldachin-System. Und beide wieder werden ermöglicht durch die neuen technischen Erfindungen der leichten Rippenwölbung und des Spitzbogens.

So ist endlich nach mehr als hundert Jahren Forschung die richtige Rangordnung der „Ursachen" hergestellt, welche die Kathedrale hervorgebracht haben: *geistige Wurzel, künstlerische Realisierung, technische Ermöglichung,* und jetzt zum ersten Male stimmt die moderne Auffassung mit der überein, die aus den Schriften des Bauherrn zu uns spricht. Das aber ist für den Historiker eine große Befriedigung.

Das 19. Jahrhundert hatte die Gotik, hatte Saint Denis vom Standpunkt der technischen Konstruktion aufgefaßt. Das war nicht genügend, hat aber doch eine Menge positiver Kenntnisse über die Kathedrale gebracht, von denen zwar viele unhaltbar waren, die aber zu einer richtigeren Beurteilung der gotischen Bautechnik geführt haben. An diesen Fragen wird noch immer weitergearbeitet.

Das frühe 20. Jahrhundert hatte die Gotik und Saint Denis rein ästhetisch beurteilt. Auch das hat uns wieder viele wertvolle Erkenntnisse über die Struktur der gotischen Kathedrale gebracht. Aber es hat nicht zu verstehen vermocht, daß für den mittelalterlichen Menschen der gotischen Zeit die Kunst nur ein Vehikel war, um die Gläubigen, die in der Kirche sich versammeln, per visibilia ad invisibilia zu führen. Deshalb, weil ihre Auffassung rein ästhetisch gewesen ist, fällt es manchen Forschern noch schwer, zuzugeben, daß die Symbolik des Kirchengebäudes nicht nur etwas nachträglich von Theologen Hinzugedachtes, sondern in den Erbauern der Kathedrale selbst Wirkendes gewesen ist. Es hilft dann gar nichts, wenn man von den weltübersteigenden Zügen der Kathedrale spricht, solange man nicht zeigen kann, wie dieses Weltübersteigende die Kathedrale mitgeformt hat.

Erst heute erkennen wir oder beginnen wir zu erkennen, daß eine mittelalterliche Kirche nicht in erster Linie schön sein, sondern eine höhere Wirklichkeit vermitteln will, *und daß sie für ihre Erbauer in dem Maße schön war, als sie an dieser Wirklichkeit teilhatte.* Da aber in der platonischen und neuplatonischen Theologie und Metaphysik die höchste Wirklichkeit das superessentielle Licht ist, hat das gebaute Werk an dieser höchsten Wirklichkeit um so mehr Anteil, *je lichthafter es ist.* Der Drang zum Licht bei Suger und seinem Architekten ist also kein ästhetisches Ideal, sondern entspringt aus dem Wunsch, die gebaute irdische Kirche und durch sie die Gläubigen an dem göttlichen Licht teilhaben zu lassen.

5

Chartres

So betrachtet, erscheinen nun auch die Vorläufer wie die Nachfolger von Saint Denis in ganz anderer Weise.

Die innere Vorgeschichte von Saint Denis spielt nicht dort, wo sich die einzelnen Formen der Strukturen vorbereiten, sondern dort, wo vor Saint Denis ein ähnlich aufgefaßtes Verhältnis zum Licht realisiert worden ist. In der romanischen Kunst hat den höchsten Grad von Lichthaftigkeit der Bau der dritten Kirche von Cluny angestrebt, die 1088 begonnen und 1118 fertig geworden war. Davon zu sprechen ist hier nicht der Ort*. Geht man noch weiter zurück, so ist die Hagia Sofia das große Beispiel einer Lichtarchitektur. Wir wissen, daß Suger von diesem Bau Nachricht hatte und daß es ihn hoch befriedigt hat, zu hören, daß sein Chor der Hagia Sofia angeblich nicht nachstand.

Aber auch in der weiteren Entwicklung der gotischen Kathedrale werden die großen epochemachenden Sprünge vor allem durch weitere Intensivierung des Lichtes bezeichnet. Die epochemachenden Bauten sind der Neubau der Kathedrale von Chartres seit 1094, also genau fünfzig Jahre nach der Vollendung von Sugers Chor begonnen, und die Vollendung von Saint Denis seit 1231.

Es ist überaus bezeichnend, daß noch 1954 ein sonst sehr gutes Buch über Chartres erscheinen konnte, das vom Licht nur ein einziges Mal und ganz flüchtig spricht. In Wirklichkeit aber ist Chartres undenkbar ohne eine ganze Anzahl großartiger Lichterfindungen, welche die Lichtfülle des Baues um ein mehrfaches steigern. Die Lichtfülle, aber nicht die Helligkeit. Denn das Licht

---

* H. S., Die Ahnen der dritten Kirche von Cluny, in: „Das Werk des Künstlers", Festschrift für Hubert Schrade, 1960, S. 69 ff.

der Glaswände von Chartres ist ein schweres, dunkles und geheimnisvolles Licht, wesentlich bestimmt durch das edelsteinartige, tiefe Rot und Blau seiner Glasbilder, die den Raum in ein rötlich-violettes Dämmerlicht tauchen.

Schon der neue Wandaufbau von Chartres ist nur vom Licht her ganz zu verstehen und zu beschreiben. Das Neuartige dieses Wandaufbaues hat die Forschung seit jeher betont, aber bis heute nicht richtig beschrieben. Ganz falsch ist es, das System von Chartres mit dem von Sens zusammenzubringen. Auch das „Abwerfen der Emporen" (Jantzen) allein könnte das System der Hochwand von Chartres nie erzeugen. Das wesentlich Neue ist vielmehr, daß die Fensterzone über den Triforien nicht, wie an fast allen älteren Bauten, auf die Lunetten der Wölbung sich beschränkt, sondern *daß sich zwischen Triforium und Gewölben eine eigene hohe Wandzone neu gebildet hat,* in der nun riesige Fenstergruppen, vierzehn Meter hoch, bis zum Scheitel der Schildbogen aufsteigen. Ich habe vorgeschlagen, diese Art von Fenstern, die früher schon in Seitenschiffen vorkommen, *Hochfenster* zu nennen. Das Hochfenster also ist die epochemachende Erfindung des Architekten von Chartres. Man kann diese Neuerung auch so ausdrücken: Erst in Chartres ist der vollbasilikale Querschnitt der christlichen Basilika oder auch des dritten Baues von Cluny in der Kathedrale wiederhergestellt worden, und zwar in großartigster Weise, während die Kathedralen des 12. Jahrhunderts alle nur den halbbasilikalen Querschnitt, das heißt Fenster nur in der Wölbezone hatten. Da nun die Kreuzrippengewölbe nicht mehr unmittelbar über den Emporen ansetzen und von ihnen verstrebt werden, sondern auf einer hochaufragenden und noch dazu von riesigen Öffnungen durchbrochenen Mauer aufliegen, mußte der Architekt von Chartres jene riesigen kyklopischen, turmartigen Pfeiler aufrichten, die durch zwei starke Strebebogen Schub und Druck der Gewölbe auffangen und neutralisieren. Diese Strebepfeiler sind ein ganz neues Organ der Wölbebaukunst und wurden von da an, immer schlanker gestaltet, typisch; in einem Siegeszug verbreiten sie sich über ganz Europa. Aber letzten Endes sind auch sie dem Lichte zuliebe erfunden.

Noch ein anderes großartiges Lichtmotiv hat Chartres zwar nicht erfunden, aber in ungeahntem Maße entfaltet: das Motiv der Sonnenfenster. Über dem Eingang von Saint Denis öffnete sich das einzige Radfenster in der Wand einer Kapelle über der Vorhalle, war aber im Inneren der Kirche unwirksam. In Chartres aber beherrscht das riesige Radfenster der Eingangsseite das ganze

Langhaus, und ähnliche riesige Rundformen von zehn Metern Durchmesser, über einer Reihe von Lanzettfenstern angeordnet, stehen wie kolossale Sonnen in den Stirnseiten der Langhäuser und „durchstrahlen mit unirdischem Feuer" den ganzen Kathedralenraum.

Chartres ist nach Saint Denis die erste und einzige Kirche, die das Motiv des doppelten Chorumganges aufnimmt. Er mußte hier auf die Fundamente der alten Krypta Rücksicht nehmen, und deshalb blieben zwischen den Kapellen hie und da schmale Streifen geschlossener Mauer stehen. In den Kapellen selbst hat sich aber über einer geschlossenen unteren Zone die ganze Mauer ebenso restlos in leuchtende Wandfläche verwandelt wie in der Apsis vom Triforium aufwärts.

Die wenigen Stellen am Bau, wo geschlossene Wandflächen noch stehen geblieben waren, wird die kommende Entwicklung durchlichten.

Mit der gesteigerten Lichtfülle verbindet sich in Chartres eine bisher nicht erreichte Einheitlichkeit und eine großartige maßvolle Abstimmung weniger großer Elemente aufeinander. Diese concordantia partium ist für den gotischen Bauherrn und Architekten ebenfalls ein wichtiges Ziel, wie Otto von Simson mit Recht betont hat. Schon Suger hatte geplant, den Aufriß und Grundriß seiner Kirche so weit wie möglich zu vereinheitlichen. Chartres strebt das Ganze auf eine neue Weise an, welche die klassische Stufe kennzeichnet. Dazu nur wenige Hinweise, die auch keineswegs neu sind. Im Aufriß der Hochwand halten Arkadenzone und Fensterzone einander annähernd die Waage. Zwischen diese mächtig aufragenden, leuchtenden Wandzonen spannt sich das dunklere Triforium. Ein ähnliches freies Gleichgewicht wird im Grundriß hergestellt. Chartres wählt zum Grundriß die Kreuzform, bei der auch das Querschiff von Seitenschiffen begleitet ist. Langhaus und Querschnitt sind dreischiffig, der kürzere Chorteil aber fünfschiffig. Dabei ist der Plan so ausgewogen, daß die Zahl der Haupt- und Seitenschiffsjoche im Chorteil annähernd der Zahl derselben Joche im dreischiffigen Langhaus entspricht. Diese Claritas der Verhältnisse hat selbst etwas mit dem Lichtstreben zu tun, wie leicht einzusehen ist. So könnte man auch auf Chartres die Worte der Inschrift anwenden, mit denen Suger ein goldenes Portal von Saint Denis erläutert hat. „Nobile claret opus, sed opus quod nobile claret, clarificet mentes, ut eant per lumina vera ad verum lumen. . ."

Es kann meines Erachtens kein Zweifel sein, daß hinter diesem

Wunderwerk ebenso eine metaphysisch verankerte Lichtästhetik steht wie in Saint Denis, wenn wir auch deren Quellen noch nicht so genau angeben können wie dort. Man denke aber daran, daß gerade aus Chartres sich ein Strom der Lichtmetaphysik ergossen hat, der durch das ganze hohe Mittelalter weiterfließt — ich nenne nur den Namen Grosseteste.

6

„Deus propinquior"

Dazu kommt noch ein weiterer Faktor, der besonders für die Bilderwelt der gotischen Kirche maßgebend geworden ist: das neue Gottesbild. Auch für die Art, wie zum Beispiel am Südportal von Chartres der milde Christus dargestellt worden ist — die Reliefform analysiere ich nicht mehr — kann man „vorbildliche" Texte suchen, und man findet sie auch: in den Schriften des hl. Bernhard. So heißt es in den „Sermones": „Gott der Vater hat dem Sohne die Macht zum Gericht übergeben, und nicht weil er sein, sondern weil er des *Menschen* Sohn ist. O wahrhaft barmherziger Vater! Er will, daß die Menschen von einem Menschen gerichtet werden, damit bei dem Zittern und der Verwirrung der Bösen den Erwählten Vertrauen erwächst beim Anblick eines ihnen ähnlichen Richters." Und ebenda an einer anderen Stelle: „der Güte ist zugekommen, was an Majestät verlorengegangen ist *(profecto accessit pietati quicquid majestati visum est deperiisse)."* In diesem letzten Satz ist geradezu die Entwicklung der hundert Jahre von 1120 bis 1220 vorweggenommen: die Entwicklung von dem „rex tremendae majestatis" der Portale von Moissac, Vézelay, Autun zum evangelischen Menschensohn-Christus des Südportals von Chartres. Eine direkte Einwirkung der Schriften des hl. Bernhard auf dieses Portal anzunehmen, ist auf dieser Stufe nicht mehr notwendig. Denn schon ist die ganze Aura der Zeit gesättigt von dem neuen bernhardinischen Gottesbild, das man am besten mit einem Terminus bezeichnet, der wiederum bei Bernhard selbst vorkommt: *Deus propinquior.* Durch sein Leiden nimmt Christus Anteil an den Versuchten und Leidenden. *„Quo quidem experimento non dico ut sapientior efficeretur, sed propinquior videretur"* — nicht wissender sollte Christus durch jene Erfahrung werden, sondern vor allem uns *näher* erscheinen." *„Deus tuus factus est frater tuus." „Per quam experimentiam non illi (sc. Christo) scientia, sed nobis fiducia crevit, dum ex hoc* *misero genere cognitionis, is quo longe erraveamus factus est proprior nobis."* Erst dieses Nahekommen Gottes — einmalig in der Geschichte der Menschwerdung und täglich im Altarsakrament — macht es unsererseits möglich, uns ihm zu nähern. Das Bewußtsein von dem Nahesein Gottes begründet ein neues Gesamtgefühl des Lebens. Und dazu gehören eben ganz neue Formen des Bildes. Es ist ja nicht nur ein neuer ikonographischer Typus da — Christus gezeigt nicht in seiner furchtbaren Erhabenheit, sondern in seiner irdischen Milde —, es werden auch ganz neue Register des Stils gezogen.

So wie wir ausgehend von der diaphanen Struktur der Wand im Neubau von Chartres zu den Quellen des neuen Stils zurückgeschritten sind, so kann man von dem Christus des Südportals von Chartres auf die nächsten Stufen zurückgehen, etwa zu Chartres-West, 60 bis 70 Jahre früher als Chartres-Süd und nur wenig später als Saint Denis. Da ist ikonographisch noch der romanische Typus der Majestas, aber der Ausdruck ist schon hier vollkommen gewandelt. Schon ist, wenn auch erst im langsamen Aufkeimen, etwas von dem Christusbild da, von dem Bernhard sagt: *,,accessit pietati, quidquid majestati visum est deperisse."* Dabei hängen die formalen Wandlungen des Stils — vor allem die Verräumlichung der Formen — und die inhaltlichen Wandlungen — die Beseelung — eng miteinander zusammen. Mit der Verräumlichung der Kathedrale zieht in ihre Reliefs, in ihre Figuren die Beseelung ein. Das hat man auch schon früher gesehen, aber diese Beseelung hat einen ganz bestimmten Sinn. Sie ist nicht nur eine allgemein menschliche Beseelung, sondern sie ist der Reflex einer neuen Frömmigkeit, in welcher einerseits in der zweiten göttlichen Person die menschliche Seite hervortritt, Christus sich im gnadenvollen descensus zeigt und damit die ganze Welt in einer neuen Weise erschlossen wird, andererseits aber der vollkommenste der irdischen Menschen, der begnadet war, Christus selbst auszugebären, in die himmlische Region hinaufgehoben wird. Das große Thema der Marienkrönung, welches der ganzen Ostkirche fremd ist — wohl die größte ikonographische Neuschöpfung des 12. Jahrhunderts — ist ohne die vorangegangene Entwicklung der bernhardinischen Frömmigkeit und ihres Themas *,,sponsus et sponsa"* nicht zu denken.

Es ist freilich nicht der eigentlich bernhardinische Typus der Frömmigkeit, der in der Kathedrale, in ihrer Bilderwelt rezipiert wird, aber seine Grundlage ist doch jene Umwälzung, die in der bernhardinischen Liebesmystik hervorgetreten ist. In der Kathedrale bleibt das Gewicht stark auf der Seite der Erhabenheit, auch wenn diese menschlich ist; der Auferstandene, der verklärte Christus, spielt an der Kathedrale eine große Rolle. Erst in gewissen Richtungen, die das bernhardinische Erbgut weitertragen, in der franziskanischen Richtung und der aus ihr hervorgehenden Kunst, wird sich der Akzent auf die Armseligkeit des Gottmenschen in Stall und Krippe, im Leiden und am Kreuz verschieben. Dann werden neue ikonologische Schwerpunkte sich bilden. — Hier muß noch viel gearbeitet werden. Es muß feiner unterschieden werden, wie die bernhardinische Frömmigkeit, die auf ihrer ersten Stufe der Kathedrale scharf opponiert hatte, nun doch in die kathedrale Bilderwelt mit hineinklingt, dabei aber auch schon leise Spannungen in deren Gefüge hineinbringt. Das Bernhardinische und das Areopagitische bindet nicht überall. Und doch gibt es ein beide Bewegungen übergreifendes Prinzip. So wie es dem Architekten Sugers gelungen ist, den Himmel, den kein menschliches Auge gesehen, dem sinnlichen Erleben nahezubringen, so ist es den späteren großen Bildhauern der Kathedralen gelungen, die göttlichen Gestalten den Menschen nahezubringen. Und nun entsteht jene paradoxe Doppelbewegung, die bisher keine Theorie erklären konnte: Die göttlichen und menschlichen Gestalten werden immer menschennäher, immer natürlicher, bis zum Schlusse eine Annäherung an die antike Götter- und Menschenwelt eintreten kann; die Architektur der Kathedrale aber wird immer phantastischer, immer überirdischer, immer weniger noch irdischen Schweregesetzen unterworfen. Diese Doppelbewegung ist aber nur scheinbar paradox, verläuft nur scheinbar in entgegengesetzter Richtung. Wenn ich den Himmel vergegenwärtigen und dem Erleben nahebringen will, so muß ich immer mehr die Register des Phantastischen ziehen; wenn ich mir die Himmlischen nahebringen will, dann muß ich sie immer mehr in ihrer menschlichen Gestalt und in ihrer Menschlichkeit überhaupt auffassen und darstellen. So schließen sich diese beiden Vorgänge zu einer Einheit zusammen.

7

Die Entstehung der Kathedrale
und die Entstehung der Gotik

Damit könnte ich nun schließen. Es ist aber doch noch notwendig, sich über das Verhältnis der gotischen Kathedrale zu *der*

„Gotik" klar zu werden. Es gibt ja neben der kathedralen Gestalt des gotischen Kirchengebäudes, die in der Abteikirche von Saint Denis — der ersten gotischen Kathedrale — aufgekommen und die von den großen gotischen Bischofskirchen des 12. Jahrhunderts übernommen worden war, noch ganz andere Formen des gotischen Kirchengebäudes: die gotische Form der Zisterzienserkirche, die gotischen Hallenkirchen des Poitou, die gotischen „saintes chapelles", die gotischen Bettelordenskirchen des 13. Jahrhunderts usw. Die ältere Forschung hatte nun irrtümlich angenommen, daß diese Kirchenformen unabhängig und „parallel" zur gotischen Kathedrale aus einem allgemeinen gotischen Kunstwollen entstanden seien. Heute können wir mit Bestimmtheit zeigen, daß diese Auffassung falsch gewesen ist. Alle diese Kirchenformen haben sich mit der frühen gotischen Kathedrale auseinandergesetzt. Die frühe Form der Zisterzienserkirche zum Beispiel ist, wie Hahn ein für allemal gezeigt hat, noch keine gotische, sondern ist burgundische Romanik in einer besonderen Ausprägung. Die Zisterzienser-*gotik* bildet sich erst in einer Auseinandersetzung mit der gotischen Kathedrale. Dasselbe läßt sich von anderen Kirchengestalten sagen. Die Hallenkirche des Poitou hat es zum Beispiel schon in romanischer Zeit gegeben, aber erst in der Auseinandersetzung mit der gotischen Kathedrale bildet sich daraus in den 1170er Jahren, wie in der Zisterziensergotik, eine Sonderform der Gotik heraus.

Von der gotischen Kathedrale übernehmen diese „Gotiken" (wenn man so sagen darf) Einzelformen, wie den Spitzbogen, die Gewölbeformen, die Dienstbündel, das Sonnenfenster, den Chorkapellenkranz, geben ihnen aber in einem neuen Zusammenhang jedesmal einen neuen Sinn. Gemeinsam ist ihnen nur ein gotisches Vokabular, eine gotische „Morphologie". Aber dieses Vokabular, diese Morphologie ist eben wesentlich von der gotischen Kathedrale geschaffen worden — aus welchen geistigen, künstlerischen und technischen Voraussetzungen, wissen wir nun — und ist ohne sie undenkbar. Ja man kann noch weiter gehen: es ist wesentlich von dem Schöpfungsbau der Gotik am Chorteil von Saint Denis geschaffen worden; denn wenn auch auf der Stufe von Saint Denis noch andere Ansätze in der Richtung auf die Gotik hin vorhanden waren — z. B. in der Kathedrale von Sens — so hätten diese Ansätze nicht genügt, um die gotische Kathedrale im Vollsinn zu erzeugen und damit „die" Gotik auszulösen.

Nicht „die" Gotik erzeugt also die gotische Kathedrale, sondern die gotische Kathedrale erzeugt die Gotik.

612

Daß die Gotik aus einer einzigen historischen „Quelle" entspringt, die Romanik aber aus vielen verschiedenen Quellen, ist allein schon ein sie charakterisierender Zug. Dagegen wird ihre Verbreitung durch den gleichzeitig überall aus dem Volksgrund aufbrechenden „Wunsch nach Schau" (désir de voir) bestimmt. Die Gotik hat also eine esoterische, lichtmetaphysische und eine exoterische, aus der volkstümlichen Schaufrömmigkeit wachsende Wurzel.

Diese Erkenntnis bedeutet, daß die Kunstgeschichte von dem *abstrakten* Denken des 19. und frühen 20. Jahrhunderts zu dem *konkreten*, historischen Verstehen übergegangen ist. Auch das aber ist ein wirklicher „Fortschritt der Kunstgeschichte" als historischer Wissenschaft.

8

Schluß

Ich komme zum Schluß. Für die Gesammelten Aufsätze meines Lehrers Max Dvořák hat mein verstorbener Studienkollege Felix Horb den Titel „Kunstgeschichte als Geistesgeschichte" geprägt, der ein Programm bedeutete. An diesem Programm ist mit Recht scharfe Kritik geübt worden. Die damalige Methode der Geistesgeschichte war das Parallelisieren. Man parallelisierte zum Beispiel den Geist der gotischen Kathedrale mit dem Geist der Scholastik und suchte Gemeinsamkeiten herauszuarbeiten. Ein solches Parallelisieren genügt uns nicht mehr. Wir wollten zu zeigen versuchen, daß bestimmte mittelalterliche Geistesströmungen bei der Entstehung der Kathedrale konkret am Werk gewesen und ihr wahres „principe générateur" gewesen sind. Wie weit es mir gelungen ist, die Leser von dieser Methode zu überzeugen, weiß ich nicht. Es ist aber nach meiner Überzeugung die Linie, auf der die Forschung weiterarbeiten wird müssen.

Der ausgezeichnete Chesterton hat einmal den Satz ausgesprochen, es sei die Aufgabe des Historikers, Athen mit den Augen der Athener, Rom mit den Augen der Römer zu sehen usw. Ich glaube, wir müssen diesen Satz, wenn aus ihm eine Methode werden soll, präzisieren. Es hätte keinen Sinn zu sagen: „Wir müssen die Kathedrale mit den Augen des gotischen Menschen sehen", denn dieser gotische Mensch wäre eine Abstraktion, und es ist gar kein Zweifel, daß z. B. Saint Denis auch im Mittelalter auf allerverschiedenste Weise gesehen worden ist. Dagegen ist

613

es wirklich historisches Ziel, die Kathedrale mit den Augen ihrer Erbauer, mit den Augen Sugers und seiner Architekten zu sehen. Diese Aufgabe ist präzis, und es lassen sich Methoden für ihre Lösung entwickeln. Deren Maxime hat schon 1877 der große Kunstkritiker Konrad Fiedler ausgesprochen: Erst wenn wir nicht mehr fragen, wie das Kunstwerk wirkt, sondern wie es aus dem künstlerischen Bewußtsein hat hervorgehen können, gewinnen wir das richtige Verständnis des Kunstwerkes. Und in dem künstlerischen Bewußtsein der Erbauer der ersten gotischen Kathedrale standen an erster Stelle weder technische, noch ästhetische Erwägungen, sondern der Wunsch, die Kirche des hl. Dionysius zu einem Instrument seines Geistes zu machen.

WEITERE SONDERAUSGABEN

Ingeborg Meyer-Sickendiek:
Gottes gelehrte Vaganten
Die Iren im frühen Europa

Fesselnd und anschaulich schildert die Autorin den Ursprung und die Entwicklung der irischen Mission, die von den Druidenpriestern und der keltischen Stammesgesellschaft zur religiösen Führungsmacht in Europa wurde und die abendländische Kultur entscheidend prägte. Die Abbildungen zeigen Kirchen, Klöster u.v.a. aus Irland, Frankreich, England, Bayern, Franken u.v.a. Aus dem Inhalt: Die Inselkelten / Die Wikingernot / Orden der Wandermönche / Die Schottenklöster u.v.a.
ISBN 3-928127-72-1

Jakob Grimm:
Deutsche Mythologie – 3 Bände
Unveränderter Nachdruck der Ausgabe von 1875–78

Das zu Grimms Lebzeiten bereits weltberühmte Monumentalwerk ist auch heute noch eine Fundgrube für jeden an Sprachkunde, Altertumskunde, germanisch-deutscher Religionsgeschichte, Kulturgeschichte und Volksglauben interessierten Leser. Aus dem Inhalt: Tempel und Altar / Priester / Götter / Göttinnen / Weise Frauen / Wichte und Elbe / Himmel und Gestirne / Entrückung / Teufel / Zauber / Aberglaube / Kräuter und Steine / Sprüche und Segen u.v.a.
ISBN 3-922383-68-8

Gerhart B. Ladner:
Handbuch der frühchristlichen Symbolik
Gott – Kosmos – Mensch

Die umfassende und allgemeinverständliche Einführung in die vielgestaltige Symbolwelt der ersten christlichen Jahrhunderte wird mit Beispielen der spätantiken und frühchristlichen Malerei, Plastik und Architektur illustriert – wobei die Mosaiken aus Ravenna eine bevorzugte Stellung einnehmen. Gegenstand der ganzheitlichen Betrachtung sind die frühchristliche Kunst, Techologie, Kosmologie, Anthropologie sowie das gesamte kirchliche Leben.
ISBN 3-928127-36-5

WEITERE SONDERAUSGABEN

Hans Biedermann:
Lexikon der magischen Künste
Alchemie – Sterndeutung – Hexenglaube –
Geheimlehren – Mantik – Zauberkunst

Mit einer Fülle von Zeichnungen, Holzschnitten, magischen Zeichen und
Quadraten, Geheimschriften, Faksimiles aus alten Astrologiewerken und
Zauberbüchern u.v.a. illustriert, informiert das Nachschlagewerk umfas-
send über Personen und Begriffe aus dem Bereich der Magie von der Spät-
antike bis zum 19. Jahrhundert.
ISBN 3-928127-59-4

Otto Mazal:
Die Sternenwelt des Mittelalters
Bild- und Textband

Einer der bekanntesten Kenner der mittelalterlichen Kunst stellt in diesem repräsentativen Band die eindrucksvollsten kosmischen Darstellungen – darunter Miniaturen aus Stundenbüchern und Prachthandschriften,
Bibeln, Wandteppichen, Ikonen, Plastiken u.v.a. vor. Der sachkundige
Text befasst sich mit: Kosmos des Mittelalters / Die Sterne und das Göttliche / Sternbilder und Sagen / Rhythmus des Lebens u.v.a.
ISBN 3-928127-75-6

Johanna Lanczkowski:
Lexikon des Möchtums und der Orden
Alles über Gründer, Klöster, Regeln, Begriffe

Das Nachschlagewerk bietet in wissenschaftlich fundierten Artikeln gründliche und umfassende Informationen über Orden, Kongregationen, Klöster, Gründer, wichtige Persönlichkeiten, Regeln, Begriffe, Realien und
über das Alltagsleben in den verschiedenen Gemeinschaften. Vorangestellt
wurde eine ausführliche Einleitung, die dem religionsgeschichtlich interessierten Leser einen historischen Überblick gibt.
ISBN 3-928127-41-1